LTr 60 anos 1996

Nas próprias palavras modestas do autor o plano da obra assim se desenvolve:

"1) Elaboração de um interrogatório sôbre as principais questões em tôrno do salário;

2) Pesquisa nos autores nacionais sôbre as respostas que apresentam para cada questão;

3) Consulta, na jurisprudência, nos mesmos moldes;

4) Reunião da matéria em forma sistemática, com notas explicativas que se limitam a registrar a orientação predominante em cada assunto.

Cada capítulo, e são 16, é precedido de breve informação histórica expositiva".

E finalizando acrescenta:

"É prático e procura tratar o direito como experiência valendo-se dos dados da realidade do nosso ordenamento jurídico positivo. Se fôsse o caso de caracterizar o seu método, diríamos que é o fenomenológico a partir de critérios indutivos".

Lecomte du Nouy ressalta a influência que a escala de observação cria no fenômeno. Mudada a escala, altera-se o fenômeno.

E exemplifica "segundo a nossa escala de observação humana, como já o dissemos, o gume duma navalha de barba é uma linha contínua. Segundo a escala microscópica, é uma linha quebrada mas sólida. Segundo a escala química, são átomos de ferro e carbono. Segundo a escala subatômica, são eléctrons em perpétuo movimento, que circulam à velocidade de cêrca de duzentos mil quilômetros por segundo. Todos êstes fenômenos são, na realidade, manifestações do mesmo fenômeno básico: o movimento dos eléctrons. A única diferença que existe entre êles é a escala de observação.

Êste feito fundamental foi pôsto em relêvo, pela primeira vez, por um brilhante físico suíço que morreu em 1942, o professor Carlos Eugenio Guye. Permite-nos compreender muitas coisas e evitar graves erros filosóficos".

Proclamamos, para não mais nos alongar, que o Salário, nesta obra, foi examinado sob tôdas as formas que a escala de observação no mundo jurídico enseja.

Qualquer que seja o ângulo necessitado pelo leitor, terá clara, concisa, histórica, doutrinária e jurisprudencialmente a resposta fornecida por arguto, culto e esperto observador.

Mais uma vez a Justiça do Trabalho se impõe pelo denodado esfôrço cultural de um de seus valiosos membros.

Mais uma vez congratulamo-nos com a L.T.R. por mais esta esplêndida edição.

HÉLIO DE MIRANDA GUIMARÃES

São Paulo, fevereiro de 1968

ÍNDICE DAS QUESTÕES

(Vide também o Índice Alfabético, pág. 409)

CAPÍTULO I — SALÁRIO E REMUNERAÇÃO.

1. Que é salário?
2. Que é remuneração?
3. Remuneração e salário são conceitos equivalentes?
4. Que é salário justo?
5. Que é salário vital?
6. Que é salário equitativo ou corretivo?
7. Que é salário garantido?
8. Que é salário coletivo?
9. Que é salário judicial ou convencional?
10. Que é salário legal ou contratual?
11. Que é salário voluntário ou imperativo?
12. Que é salário supletivo?
13. Que são salários peculiares e compatíveis?
14. Que é salário característico?
15. Que é salário fixo?
16. Que é salário direto e indireto?
17. Que são salários simples e compostos?
18. Que é supersalário?
19. Que é salário ficto?
20. Que é salário diferido?
21. Que é salário adicional para a indústria?
22. Que é salário em sentido lato e restrito?
23. Que é salário "complessivo"?
24. Que é salário de contribuição?
25. Que são honorários?
26. Que é salário-família?
27. Que é salário nominal e real?
28. Que é salário mínimo?
29. Que é salário profissional?
30. Que é salário por unidade de tempo?
31. Que é salário por unidade de obra?
32. Que é salário por tarefa?
33. Existe diferença entre o salário por unidade de obra e por empreitada?

CAPÍTULO II — PRINCÍPIOS GERAIS SÔBRE SALÁRIO.

34. Quais os elementos que integram o salário?
35. O salário é um elemento essencial do contrato de trabalho?
36. Se o contrato de trabalho é nulo, justifica-se o pagamento de salário?
37. Se ao trabalhador é dada oportunidade de ganho proveniente de terceiros, essa retribuição é salário?
38. Enquanto aguarda ordem sem a efetiva prestação de serviços, o empregado tem direito a salário?
39. É lícito estabelecer salário condicional ou aleatório?
40. Qual o critério para a fixação judicial do salário omitido no contrato individual de trabalho?

41. O empregado já contratado tem direito a salário enquanto aguarda o dia de início da prestação de serviços?
42. O empregado reserva tem direito a salário enquanto aguarda a substituição?
43. Se o empregado exerce cumulativamente dois cargos terá direito a dois salários?
44. Se da carteira profissional do empregado consta que o salário tem base horária, terá direito ao salário apenas das horas em que o empregador lhe der serviços?
45. A remuneração correspondente ao exercício do mandato recebido da assembléia de sociedade anônima constitui salário?
46. O pagamento substitutivo do aviso prévio não cumprido em tempo é salário?
47. O salário do empregado que falece é transmissível como direito dos herdeiros?
48. É válida a cláusula de gratuidade do trabalho no período de experiência?
49. O empregado a domicílio pode ser remunerado por unidade de tempo?
50. Qual a natureza da remuneração do trabalho penitenciário?
51. Pode o salário ser totalmente variável, sem parcela fixa?
52. Qual a retribuição do empregado que servirá de base para os cálculos da indenização?
53. É remunerado o tempo de transporte do trabalhador da sua residência até o estabelecimento?
54. O empregado pode paralisar o serviço por atrasos de pagamento de salário?

CAPÍTULO III — MEDIDAS DE PROTEÇÃO AO SALÁRIO.

TÍTULO I — O MEIO DE PAGAMENTO DO SALÁRIO.

55. A lei proibe o pagamento de salário em moeda estrangeira?
56. Se o empregador não paga o salário em moeda corrente do país está obrigado a fazê-lo novamente?
57. A lei admite o pagamento do salário por simples lançamento em conta corrente?
58. É admitido o pagamento de salários mediante ações da sociedade empregadora?
59. O salário pode ser pago por meio de vales e mercadorias?
60. É admitido o pagamento de salário através de título de crédito?
61. O salário pode ser pago integralmente em utilidades?
62. As utilidades fornecidas gratuitamente são consideradas salário?
63. Se o empregador fornece habitualmente utilidades mas não desconta dos salários as respectivas percentagens, poderá fazê-lo, unilateralmente, a qualquer momento?
64. Nos aumentos de salário mínimo é lícito desconto superveniente do valor da habitação antes gratuita?
65. Os descontos de 70% de utilidades referem-se também aos salários superiores ao nível mínimo?
66. Em que condições o transporte fornecido ao empregado constitui salário "in natura"?
67. O empregado pode exigir do empregador o pagamento em dinheiro e não mais em utilidades?
68. Por ato unilateral o empregador pode converter o salário utilidade em pecúnia?
69. A permissão de estacionamento do automóvel do empregado nas dependências da emprêsa é salário "in natura"?
70. Modificado o salário mínimo o empregador pode alterar proporcionalmente o valor das utilidades fornecidas?
71. O vestuário ou equipamento é salário "in natura"?

72. A alimentação fornecida ao empregado é salário-utilidade?
73. Em que condições a habitação fornecida ao empregado é considerada salário "in natura"?
74. O simples abrigo na obra de construção civil autoriza os descontos correspondentes à utilidade habitação?
75. A moradia do zelador de edifício é salário-utilidade?
76. O empregado pode ser transferido legitimamente de uma habitação para outra?
77. Se vários empregados ocupam a mesma habitação qual o critério para os descontos salariais do valor da utilidade?
78. É possível a alteração do valor do salário-utilidade nas majorações salariais decorrentes de lei, sentença normativa ou convenção coletiva?
79. A elevação das percentagens, estabelecidas para as utilidades nas novas tabelas do salário mínimo, autoriza a alteração do valor do desconto dos salários?
80. Não usufruída a utilidade em virtude de férias ou repouso semanal, o empregado tem direito ao valor em pecúnia?
81. Os descontos de utilidades podem decorrer de ajuste tácito?
82. O cálculo das horas extraordinárias é feito tendo em vista também as utilidades recebidas pelo empregado?
83. As utilidades são computadas na indenização?

TÍTULO II — PROVA DE PAGAMENTO DO SALÁRIO.

84. Se o empregador não tiver recibo dos salários é obrigado a pagá-los novamente?

TÍTULO III — INALTERABILIDADE DO SALÁRIO.

85. É admitida a alteração no modo do pagamento do salário?
86. É admitida a alteração da forma de pagamento do salário?

TÍTULO IV — IRREDUTIBILIDADE DO SALÁRIO.

87. O direito trabalhista permite redução de salário?
88. É lícita a redução do salário nos casos de fôrça maior?
89. Nos casos de prejuízos devidamente comprovados é admissível a redução dos salários?
90. É lícita a redução quantitativa do trabalho e do correspondente salário?
91. Para fins do artigo 483, letra "g", da C.L.T., qual a redução de salários que deve ser considerada sensível?
92. A adoção da semana inglêsa autoriza a emprêsa à redução dos salários do sábado à tarde?
93. Os descontos decorrentes de fôrça maior recaem sôbre tôda a remuneração ou apenas sôbre os salários dos dias correspondentes?
94. Racionamento de energia elétrica é fôrça maior que autoriza a redução salarial?
95. O sinistro pelo fogo é fôrça maior que autoriza redução salarial?

TÍTULO V — A INTANGIBILIDADE DO SALÁRIO.

96. A lei permite descontos no salário?
97. Pode a convenção coletiva estabelecer descontos a serem procedidos nos salários dos empregados?
98. O empregado está sujeito aos descontos salariais das mensalidades destinadas ao Sindicato?
99. São admitidos descontos de prêmios de seguro de grupo no salário do empregado?
100. Os descontos no salário para caução ou garantia são lícitos?

101. É lícito o desconto em fôlha para aluguel ou aquisição de casa própria?
102. São lícitos os descontos para pagamento das quotas da cooperativa?
103. São lícitos os descontos previdenciários destinados ao custeio da assistência médica, cirúrgica e hospitalar?
104. Se o empregado falta para convolar núpcias sofre descontos no salário?
105. O empregado pode sofrer descontos pelas faltas dos dias nos quais comparece à Justiça do Trabalho?
106. Ao empregado é garantido o salário das faltas motivadas por falecimento de parentes?
107. O empregado pode ser descontado no salário correspondente à falta determinada pela necessidade de registrar o nascimento do filho?
108. O empregado pode sofrer descontos das faltas para doar sangue?
109. As faltas para alistamento eleitoral acarretam desconto no salário do empregado?
110. São lícitos os descontos salariais das horas não trabalhadas em virtude de chuva?
111. Sôbre os adiantamentos incidem juros?
112. Os adiantamentos concedidos para descontos parcelados vencem-se antecipadamente na rescisão do contrato de trabalho?
113. Os adiantamentos de valor superior ao salário podem ser descontados até a sua totalidade?
114. Na rescisão do contrato de trabalho o empregador pode fazer descontos previdenciários sôbre os salários vencidos?
115. O salário pode sofrer descontos por danos causados à emprêsa no exercício do trabalho?
116. A chefia pode ser descontada pelos pagamentos indevidos efetuados aos trabalhadores?
117. O acôrdo para descontos dos danos culposos deve ser prévio ou pode ser posterior ao fato?
118. Se o dano decorre de caso fortuito cabe o desconto?
119. As dívidas civis e comerciais do empregado podem ser cobradas mediante descontos no salário?
120. As dívidas do empregado perante terceiros autorizam descontos nos salários?
121. Os empréstimos contraídos pelo empregado com o empregador autorizam descontos nos salários?
122. É penhorável o salário do empregado?
123. É lícita a retenção ou compensação?

TÍTULO VI — A MULTA E O SALÁRIO.

124. A lei permite multa sôbre o salário do empregado?

TÍTULO VII — A RENÚNCIA DO SALÁRIO.

125. O Direito Trabalhista admite renúncia do salário?
126. É lícita a cessão do salário?

TÍTULO VIII — O LOCAL DO PAGAMENTO DO SALÁRIO.

127. Em que local os salários devem ser pagos?
128. Se o pagamento do salário fôr efetuado fora do local de trabalho o empregador sujeita-se a alguma sanção?
129. No caso de emprêsas com vários estabelecimentos qual o local do pagamento dos salários?

TÍTULO IX — OS PRAZOS DE PAGAMENTO DO SALÁRIO.

130. Qual a época normal de pagamento do salário?
131. O pagamento do salário deve se dar dentro ou fora da jornada de trabalho?

TÍTULO X — A MORA SALARIAL.

132. Como se configura a mora salarial?
133. Quais as conseqüências jurídicas da mora salarial?
134. Em caso de litígio a mora salarial pode ser purgada com o pagamento dos salários em audiência?
135. Se o contrato é rescindido por mora salarial é admissível a combinação do salário em dôbro?
136. Nos contratos em curso é cabível a cominação em dôbro dos salários incontroversos e não pagos à primeira audiência?
137. Se a emprêsa é revel pode ser condenada ao pagamento do salário em dôbro?
138. A contestação genérica em audiência libera o empregador do pagamento dos salários em dôbro?
139. Sôbre o salário retido e pago à primeira audiência recaem juros?

TÍTULO XI — O SALÁRIO NA FALÊNCIA E CONCORDATA.

140. Na falência os créditos salariais gozam de preferência?
141. No concurso de credores os créditos trabalhistas gozam de preferência?
142. Os salários são cercados de garantias nas concordatas?
143. A concordata libera o empregador do pagamento em dôbro dos salários incontroversos não satisfeitos à primeira audiência?

TÍTULO XII — O SALÁRIO E A CORREÇÃO MONETÁRIA.

144. Os créditos salariais estão sujeitos a correção monetária?

CAPÍTULO IV — O SALÁRIO MÍNIMO.

145. Podem as partes de um contrato de trabalho ajustar vàlidamente salário inferior ao mínimo legal?
146. O empregado pode renunciar ao salário mínimo?
147. Nas jornadas inferiores à duração normal o salário mínimo sofre redução proporcional?
148. O trabalhador por peça e o tarefeiro têm direito ao salário mínimo?
149. Se o trabalhador por peça ou tarefa, por baixa produtividade, não atinge o salário mínimo, o empregador está obrigado à complementação?
150. O salário mínimo entra em vigor à data da publicação no órgão oficial ou no prazo de 60 (sessenta) dias do artigo 116 da C.L.T.?
151. Estabelecidos novos níveis qual a situação salarial dos empregados que percebem o mínimo em dinheiro mais utilidades?
152. Nos municípios criados por desmembramento, qual o salário mínimo a vigorar?
153. A parte variável da remuneração é computada na formação do salário mínimo?
154. O trabalhador rural tem direito ao salário mínimo?
155. Ao trabalhador a domicílio estendem-se as disposições do salário mínimo?
156. O pessoal regido pela Lei n. 1.890, de 1953, das emprêsas industriais pertencentes a pessoas jurídicas de direito público, tem direito ao salário mínimo?
157. Os contratos de empreitada submetem-se às disposições do salário mínimo?
158. Ao escrevente de cartório não oficial é assegurado o salário mínimo?
159. O salário mínimo do vigia corresponde a oito ou a dez horas?
160. O salário mínimo pode ser pago integralmente em utilidades?
161. As comissões são computadas na formação do salário mínimo?
162. Se o comissionista não atinge o salário mínimo o empregador está obrigado à complementação?

163. As gratificações são computadas na complementação do salário mínimo?
164. O prêmio produção entra na formação do salário mínimo?
165. O adicional de transferência entra na composição do salário mínimo?

CAPÍTULO V — A IGUALDADE SALARIAL.

166. Empregados que prestam serviços de igual valor podem perceber salários diferentes?
167. Pode haver diferença de salários em razão de sexo?
168. Empregados de emprêsas diferentes têm direito a equiparação salarial?
169. Empregados de localidades diferentes podem ser equiparados?
170. Empregados de filiais diferentes da mesma emprêsa podem ser equiparados?
171. O empregado interino pode ser equiparado ao titular?
172. O empregado substituto tem direito ao mesmo salário do substituído?
173. Para a isonomia salarial é necessária a simultaneidade na prestação de serviços?
174. Para a equiparação a identidade exigida pela lei é na função ou no cargo?
175. Se a desigualdade salarial é conseqüência do cumprimento de acôrdo coletivo ou sentença normativa há direito a equiparação salarial?
176. A assiduidade do empregado influirá no seu direito a equiparação salarial?
177. A diferença de tempo de serviço para equiparação salarial é de função ou de emprêgo?
178. Se a emprêsa tem quadro organizado de carreira os empregados têm direito a equiparação salarial?
179. Empregados que exercem cargos de confiança podem ser equiparados?
180. Entre horistas e tarefeiros é possível equiparação?
181. Serventes, entre si, podem ser equiparados?
182. Trabalhadores rurais podem ser equiparados?
183. Entre chefes de secções ou departamentos de uma mesma emprêsa é possível equiparação salarial?
184. Artistas ou profissionais liberais subordinados a contrato de trabalho podem ser equiparados?
185. Para a equiparação de nacionais e estrangeiros basta a analogia ou é preciso identidade de funções?

CAPÍTULO VI — OS ADICIONAIS LEGAIS.

TÍTULO I — O ADICIONAL DE HORAS EXTRAORDINÁRIAS.

186. Se o trabalho suplementar é exigido por motivo de fôrça maior é devido o adicional de horas extraordinárias?
187. As horas suplementares prestadas para atender serviços inadiáveis são retribuídas com o adicional?
188. Nos sistemas de compensação é devido o adicional de horas extraordinárias?
189. Se a mulher trabalhar além da jornada normal diária mas em sistema de compensação, terá direito ao adicional de horas extras?
190. É lícito estipular prévio salário superior para retribuição das horas extraordinárias?
191. Nos casos de acôrdo escrito ou convenção coletiva, o empregador é obrigado a remunerar sempre o empregado, mesmo sem a prestação de serviços extraordinários?
192. Se a jornada de trabalho é reduzida, as horas excedentes mas inferiores de oito, serão extraordinárias?

longamento de serviços por meio de revezamentos forçados, fornecimento de gêneros por abonos etc.

Essas idéias infundiram ao movimento operário alma nova, cristalizaram aspirações traduzidas com bastante felicidade pelo renomado autor e que ecoaram profundamente em nosso ambiente. Seguiu-se o trabalho de Deodato Maia, em 1.912, "A Regulamentação do Trabalho", um refôrço aos pontos de vista sustentados por Evaristo de Morais, proposto nos seguintes têrmos: — a) fazem-se necessários dispositivos legais referentes ao regime industrial; b) é preciso um conjunto de leis sociais sôbre acidentes do trabalho; c) indispensável estabelecer uma duração do trabalho para o operário; d) já é tempo de assegurar o recebimento dos salários hebdomadários ou mensais, quer sejam os patrões o Estado ou particulares; e) é necessário organizar a taxa mínima de salários.

Em 1.916, a Lei 3.071, de 1.1.1.916, alterada depois, pela Lei 3.725, de 15.1.1.919, introduziu o Código Civil, sem maiores pretensões no campo trabalhista, mas dispondo sôbre locação de serviços e estabelecendo, entre outras coisas: 1) prazo de prescrição de ações para cobrança de salários dos serviçais, operários e jornaleiros (art. 178, n. V); 2) privilégio nos concursos, dos salários de trabalhadores agrícolas (art. 759 § único); 3) a possibilidade de ser contratada remuneração em tôda a espécie de serviço ou trabalho lícito, material ou imaterial (art. 1.216); 4) arbitramento de salário cuja taxa não tenha sido ajustada (art. 1.218); 5) normas gerais relativas ao salário nas rescisões contratuais.

Muito mais expressiva para o Direito Trabalhista veio a ser a Lei 4.982, de 24.12.1.925, sôbre férias remuneradas de 15 dias aos empregados do comércio.

O primeiro compromisso internacional assumido pelo Brasil, consubstancia-se na Convenção n.º 26, de 1.928, da Conferência Internacional do Trabalho da O. I. T., realizada em Genebra e entrou em vigor em 14.6.1.930, dispondo sôbre métodos de fixação de salários mínimos. Foi o primeiro passo para o acolhimento, em nosso ordenamento jurídico, das idéias que já vinham sendo sustentadas em nosso país naquela ocasião.

Quarta fase. — Com a Constituição de 1.934 inicia-se, realmente, o período de franca prosperidade do Direito do Trabalho, a começar pelos preceitos estabelecidos na Carta Magna, a respeito da ordem econômica e social. O artigo 121 declara que — "A lei promoverá o amparo da produção e estabelecerá as condições de trabalho na cidade e nos campos, tendo em vista a proteção social do trabalhador e os interêsses econômicos do país. Paralelamente, como princípios constitucionais, determinou-se: a) a proibição de diferença de salário para um mesmo trabalho, por motivo de idade, sexo, nacionalidade ou estado civil; b) salário mínimo individual; c) remuneração das férias; d) reconhecimento das convenções coletivas; e) instituição da Justiça do Trabalho.

Acompanharam-se medidas das mais profícuas, como o Decreto n.º 24.637, de 10.7.1.934, que dispôs sôbre indenização de acidente e definindo o salário como a justa e uniforme remuneração do trabalho percebida pelo empregado em dinheiro ou qualquer outra utilidade. Através da Lei 185, de 14.1.1.936, foram instituídas as comissões de salário mínimo. Na lei 62, de 5.6.1.935, que assegura indenização ao empregado da indústria ou comércio, o artigo 11 permitiu a redução do salário nos casos de prejuízos devidamente comprovados e nos de fôrça maior que justifiquem medidas de ordem geral.

Em 1.936, em Genebra, o Brasil assinou a Convenção n.º 25, sôbre férias remuneradas entrando em vigor em 22.9.1.939.

A Constituição de 1.937, reproduziu princípios da Carta de 1.934, relativos ao salário mínimo, férias remuneradas etc., mas, por outro lado, trouxe inovações ao declarar o direito ao repouso semanal remunerado e ao adicional noturno, representando, portanto, no plano constitucional, um progresso.

Em 1.943, através do D. L. 5.452, de 1/5, a legislação trabalhista é reunida e ampliada com a Consolidação das Leis do Trabalho, que não se limitou a recolher as leis ordinárias regulamentadoras do trabalho e que permaneciam esparsas, mas foi além, dispondo sôbre um sistema de proteção ao trabalhador considerado dos mais avançados para a época; dos artigos 457 até 467 trata da remuneração em geral, estabelece em outros textos normas sôbre a insonomia salarial, o adicional noturno, o salário mínimo, a remuneração das férias etc., direitos já definitivamente inseridos em nosso ordenamento jurídico.

O ano de 1.944 é marcado pelo impulso da regulamentação do salário profissional. O D. L. 7.037 e o D. L. 9.144 contêm normas sôbre a remuneração dos jornalistas. O D. L. 7.858, de 1.945, destina-se aos revisores. Em 1.945, também os médicos (D. L. 7.961) e os funcionários de emprêsas de radiodifusão (D. L. 7.984) viram-se beneficiados pela proteção específica.

Com a Constituição Federal de 1.946 solidificaram-se as idéias já acolhidas pelo direito positivo, acrescentando-se, ainda, o direito à participação nos lucros, a remuneração da gestante nos períodos de parto, além do direito de greve.

Novos compromissos foram assumidos pelo Brasil na Conferência Geral da Organização Internacional do Trabalho, em 1.949; a Convenção n.º 95, sôbre a proteção do salário, é o documento mais expressivo que o nosso país já firmou sôbre a matéria, porque são estabelecidas normas a respeito de local, modo de pagamento de salários, descontos salariais, muitas já antecipadas pela nossa lei ordinária.

As Convenções n.º 99 sôbre salário mínimo na agricultura, n.º 100 sôbre igualdade de salário e n.º 101, a respeito de férias remuneradas na agricultura, ratificadas em 1.951 e 1.952, completam o elenco de princípios sôbre salários que o nosso país adotou nêsse período de inegável progresso.

Quinta fase. — A partir da Revolução de 1.964 teve início uma fase de intervencionismo estatal em matéria de salários, com a regulamentação pública dos critérios de fixação dos reajustamentos salariais em dimensões até então desconhecidas entre nós, com o propósito de combater a inflação e o alto custo de vida. É o período da *estatalidade salarial* como expressão de estatalidade econômica-jurídica.

Através do Decreto 54.018, de 14.7.1.964, foi reorganizado o Conselho Nacional de Política Salarial e estabelecidas as normas de política salarial do govêrno no âmbito do serviço público federal e da administração descentralizada. A seguir, a Lei 4.725, de 13.7.1.965, alterou os processos de dissídios coletivos. Depois, o Decreto-Lei 15, de 29.7.1.966 e o Decreto 17, de 22.8.1.966, explicitaram a regra da Lei 4.725. Os salários, antes reajustados nos contratos e dissídios coletivos com base nos índices de aumento do custo de vida, passaram a resultar da reconstituição do salário real médio dos 24 meses anteriores à reivindicação, considerado o índice de aumento de produtividade e o resíduo inflacionário.

1. CONCEITO DE SALÁRIO. — QUE É SALÁRIO?

A DOUTRINA.

1. DORVAL DE LACERDA (O Contrato Individual de Trabalho, 1.939, pg. 165): "Salário é a remuneração, devida pelo empregador à pessoa que a êle está ligada por um contrato de trabalho, em virtude da prestação de serviços oriunda dêsse contrato".
2. ARAÚJO CASTRO (Justiça do Trabalho, 1.941, pg. 124): "No sentido restrito, salário é a remuneração que o operário ou empregado recebe do patrão ou empregador em pagamento do seu trabalho."
3. ORLANDO GOMES (O Salário no Direito Brasileiro, 1.947, pg. 25): "O têrmo salário foi reservado para a retribuição paga diretamente pelo empregador"; pg. 24: "Qualquer remuneração paga ao empregado sem trabalho prestado não é tècnicamente salário".
4. CESARINO JÚNIOR (Consolidação das Leis do Trabalho, 1.950, pg. 421, vol. 1): "A nossa legislação social não conceitua expressamente o salário. Dá, porém, elementos, nos artigos 457 e 458 da Consolidação das Leis do Trabalho, para que se compreenda quais os elementos que o integram".
5. ARNALDO SUSSEKIND (Duração do Trabalho e Repousos Remunerados, 1.950, pg. 333): "O salário é, isto sim, a retribuição devida ao trabalhador pela sua contribuição em favor da produção".
6. JOSÉ DE ANCHIETA NOGUEIRA JÚNIOR (Soluções Práticas de Direito do Trabalho, 1.950, pg. 63): "O conceito de salário vai ampliando-se no sentido de englobar, não só o que o trabalhador recebe diretamente em dinheiro, mas, também, as prestações que o empregador está obrigado a fazer e que se destinam a custear serviços e utilidades a favor de seus empregados".
7. EMÍLIO GUIMARÃES (Dicionário Jurídico Trabalhista, 1.951, vol. 7, pg. 386): "É tudo quanto o empregado recebe em retribuição do seu trabalho".
8. ADAUCTO FERNANDES (Direito Industrial Brasileiro, 1.952, pg. 189): "O Salário é a remuneração dada pelo patrão-empregador, ao operário-empregado, em pagamento ao serviço que êste lhe presta, diária, semanal ou mensalmente".
9. HÉLIO DE MIRANDA GUIMARÃES (Repertório de Jurisprudência Trabalhista, vol. I 1.953, pg. 850): "Contraprestação dos serviços prestados pelo empregado, a cargo exclusivamente do empregador".
10. MOZART VICTOR RUSSOMANO (O Empregado e o Empregador no Direito Brasileiro, vol. II, pg. 550, 1.954): "Mas o vocábulo *salário*, na prática jurídica, deve ser reservado para significar a *contraprestação devida* pelo empregador em face do serviço desenvolvido pelo empregado".
11. MOZART VICTOR RUSSOMANO (Manual Popular de Direito do Trabalho, vol 1, 1.954, pg. 87): "O salário é a contraprestação devida pelo empregador em face do serviço desenvolvido pelo empregado".

12. WILTON PEREIRA DA SILVA (Legislação Trabalhista e Conhecimentos Úteis, 1.958, pg. 51): "O salário é a contraprestação paga pelo empregador ao empregado pelos pelos serviços recebidos".
13. ALONSO CALDAS BRANDÃO (Consolidação das Leis do Trabalho Interpretada, 1.959, pg. 443): "Salário é a contraprestação do serviço, pago pelo empregador, como decorrência do contrato de trabalho".
14. MOZART VICTOR RUSSOMANO (Comentários à Consolidação das Leis do Trabalho, vol. III, 1.960, pg. 684): "Dêsse modo, o salário *é a contraprestação devida pelo empregador em face do serviço do empregado*".
15. JOSÉ MARTINS CATHARINO (Tratado Jurídico do Salário, 1.951, pg. 90): "Contraprestação devida a quem põe seu esfôrço pessoal à disposição de outrem em virtude do vínculo jurídico de trabalho, contratual ou instituído".
16. ARNALDO SUSSEKIND (Instituições de Direito do Trabalho, 1.957, pg. 353): "Como se infere, *salário* é a retribuição dos serviços prestados pelo empregado, por fôrça do contrato de trabalho, sendo devido e pago diretamente pelo empregador que dêles se utiliza para a realização dos fins colimados pela empresa".
17. ALUYSIO SAMPAIO e PAULO JORGE DE LIMA (Dicionário Jurídico Trabalhista, 1.962, pg. 150): "É a remuneração devida pelo empregador ao empregado, como contraprestação direta pelos serviços prestados ou postos à disposição em virtude do contrato de trabalho".
18. OCTAVIO BUENO MAGANO (Contribuições do IAPI Sôbre Gratificações, LTr. n.º 26/15): "A palavra salário, conforme vem definida na C.L.T., significa o pagamento feito pelo empregador ao empregado como contraprestação dos serviços por êste prestados (v. art. 457). Essa é também a conceituação de salário consagrada pela doutrina".
19. CESARINO JÚNIOR (Direito Social Brasileiro, vol. II, 1.963, pg. 158): "... o salário entendido em sentido amplo, ou seja, o que a nossa legislação denomina remuneração".
20. ROBERTO BARRETO PRADO (Direito do Trabalho, 1.963, pg. 161): "Na sistemática do direito brasileiro, o salário é a contraprestação que o empregado recebe *diretamente* do empregador, por fôrça do contrato de trabalho".
21. BRENO SANVICENTE (Introdução ao Direito Brasileiro do Trabalho, 1.963, pg. 187): ""Por Salário, no *sentido jurídico*, devemos entender a *contraprestação, direta e imediata, devida ao empregador pelo empregador, como conseqüência da prestação laboral devida*".
22. JOSÉ MARTINS CATHARINO (Trabalho dos Menores e das Mulheres LTr. n.º 27/41): "Salário é a contraprestação devida a quem põe seu esfôrço pessoal à disposição de outrem, por fôrça de uma relação de emprêgo".
23. PONTES DE MIRANDA (Tratado de Direito Privado, 1.964, pg. 272): "Temos, pois, que se chama "salário" o que se prometeu como remuneração ao empregado, na qual se tem por incluídas as percentagens e as gratificações oriundas de acôrdo, as gorjetas, se assim se estipulou, ou se resulta de uso, ou, na falta de cláusula ou pacto em contrário, as diárias para viagem acima de cinqüenta por cento do salário".
24. AMARO BARRETO (Tutela Geral do Trabalho, vol. 1, 1.964, pg. 10): "Salário é a terceira característica do contrato de trabalho. Sua forma, de fixar-se, ou pagar-se, não importa. Basta que seja remuneração do trabalho não eventual prestado *sub ordine*".
25. ARNALDO SUSSEKIND (Comentários à Consolidação das Leis do Trabalho e à Legislação Complementar, 1.964, vol. III, pg. 326): "... *salário* é a retribuição dos serviços prestados pelo empregado, por fôrça do contrato de trabalho, sendo devido e pago diretamente pelo empregador que dêles se utiliza para a realização dos fins colimados pelo respectivo empreendimento".
26. DÉLIO MARANHÃO (Direito do Trabalho, 1.966, pg. 153): "Salário é a retribuição pelo trabalho prestado paga, *diretamente*, pelo empregador".

A JURISPRUDÊNCIA.

1. STF (A. de 24/10/1.947, R.F., vol. 118, pg. 113): "A importância normal que o empregado recebe a título de interêsse no final do exercício financeiro é salário, que em sentido geral, compreende tôda remuneração dada em recompensa de um trabalho ou serviço."
2. TFR (A. u., M.S. n.º 1.107, D.J.U. de 25/2/1.952): "Tudo quanto recebe o empregado do empregador é salário ou remuneração normal, excluídos os acréscimos eventuais."
3. STF (A de 1.951, LTr. n.º 151/44): "Integralizam-se nos salários os pagamentos feitos reiteradamente. A sua suspensão, importando na redução salarial, é vedada por lei."
4. TRT, 1.ª (P.365/57, r. Ferreira da Costa, Calheiros Bomfim, Dicionário de Decisões Trabalhistas, 1.959): "Salário é contraprestação de serviço; tempo de serviço é o em que o empregado está trabalhando ou à disposição do empregado, aguardando ordens."
5. 4.ª JCJDF (R.D.S., 43/181, apud CLT. Cesarino Júnior, vol. I, pg. 323): "Por salário se deve entender a importância que em contrato de trabalho escrito ou verbal, respeitado o mínimo que a lei estabelece, o empregador e o empregado convencionam como sendo a contraprestação devida a êste por aquêle."

OBSERVAÇÕES.

O salário não é definido em lei.

Mas os seus componentes acham-se enumerados no artigo 457 da Consolidação. Além da importância fixa estipulada, integram-no as comissões, percentagens, gratificações ajustadas ou legais, diárias para viagem e ajudas de custo que excedam de 50% da parte fixa, os abonos, além dos adicionais compulsórios, prêmios habituais e utilidades.

Prevalece na doutrina, a orientação do salário contraprestação, isto é, a correspondência entre o trabalho prestado pelo empregado e a retribuição paga pelo empregador.

Vale dizer que só será salário a remuneração do serviço efetivo; desde que a lei obrigue pagamento sem trabalho, haveria uma indenização.

As interrupções do contrato de trabalho estariam nesse caso.

Assim, parece-nos que o pensamento sustentado pelos autores repousa na idéia de que o nexo de casualidade do salário é estabelecido não de forma subjetiva com o estado de empregado, mas objetivamente e em reciprocidade direta com a função desempenhada.

Essa fórmula encontra apoio em outros sistemas jurídicos.

Ao comentar a Lei do Contrato de Trabalho da Espanha, Manuel Alonso Garcia diz o seguinte: se o que se quer afirmar é que têm a condição de salário os benefícios que correspondem ao trabalho ou serviço prestado, é êsse o caminho acertado para um conceito técnico de salário, mas se, pelo contrário, o que se quer dar a entender é que salário é tudo quanto se receba uma vez celebrado o contrato laboral, sem causa próxima ou remota no mesmo, então será preciso repelir essa interpretação por inexata (Curso de Derecho del Trabajo, 1.964, pg. 459). Tal lei define salário como "a totalidade dos benefícios que o trabalhador obtém por seus serviços ou obras, não só o que receba em dinheiro ou em espécie como retribuição direta e imediata do seu labor, como também as indenizações por espera, por impedimentos ou interrupções do trabalho, assim como o obtido por uso de casa-habitação, água, luz, manutenção e conceitos semelhantes, sempre que o receba por razão ou em virtude do trabalho ou serviço prestado."

O entendimento de que o salário é contraprestação do trabalho vem sofrendo, ùltimamente, sérias oposições. Formou-se uma corrente de opinião no sentido de sustentar ponto de vista diferente: o *empregado é retribuído pelo fato de pôr à disposição da emprêsa suas energias.* Intérprete dêsse pensamento é Mário Deveali (Lineamientos de Derecho del Trabajo, pg. 287): "El salario es la remuneración correspondiente al hecho de poner el trabajador sus energias a disposición del empleador; si el patrón no utilize dichas energias, porque nu puede o no quiere hacerlo, no por esto es exonerado de su obligación de abonar el salario."

Em nosso Direito posições semelhantes são assumidas por Arnaldo Sussekind e José Martins Catharino (n.ᵒˢ 5 e 15).

Na verdade, é impossível a contra-prestatividade; basta verificar que em diversas ocasiões o empregado não trabalha e recebe salários. Ex.: férias remuneradas, descansos semanais etc. Se houvesse uma correspectividade dessa natureza, se o salário fôsse relacionado com a quantidade de serviço, deveria, por lógica, acompanhar as oscilações do trabalho, sua maior ou menor intensidade de acôrdo com o maior ou menor esfôrço físico ou intelectual do empregado. Não há um só trabalhador que apresente o mesmo ritmo de trabalho todos os dias. Dêsse modo, partindo-se do pressuposto de que o salário deve corresponder à atividade laborativa, seria preciso chegar a conclusões falhas porque o empregador poderia pagar só, quando e quanto, proporcionalmente, por sua vez, viesse a receber, o que é insustentável.

Entendemos que *salário é o pagamento efetuado pelo empregador (sujeito ativo) ao empregado (sujeito passivo) para que possa aproveitar o trabalho dessa pessoa, sem que necessàriamente o faça; à obrigação de pagar salário corresponde o direito de contar com o trabalhador em ocasiões normais.* Sujeito ativo é o empregador, assim considerado a emprêsa individual ou coletiva que assume os riscos do empreendimento e dirige a prestação pessoal de serviços. Sujeito passivo é tôda pessoa física que prestar serviços de qualquer condição ou natureza, intelectual, técnica ou manual. Quanto ao seu objeto, a retribuição consiste sempre numa obrigação de dar certa quantidade de dinheiro ou bens que o substituam e suscetíveis de avaliação econômica. São *características do salário:* 1) a essencialidade, por ser elemento fundamental para a existência de uma relação de emprêgo, sendo irrelevante para o Direito do Trabalho a prestação gratuita de serviços de mera cortesia; 2) *reciprocidade,* porque a causa jurídica do salário reside na circunstância de alguém pertencer a um corpo de trabalho utilizado pelo empresário sujeito ativo da obrigação de pagar; 3) *sucessividade,* no sentido de corresponder, em linhas gerais, a um estado ou relação jurídica que não é instantânea mas protrai-se no tempo; 4) *periodicidade* porque da sucessividade da relação jurídica resulta a necessidade do trabalhador auferir, em intervalos curtos, os meios com os quais poderá manter a subsistência pessoal e familiar.

2. **CONCEITO DE REMUNERAÇÃO. — QUE É REMUNERAÇÃO?**

A DOUTRINA.

1. WALDEMAR GOLA (Comentários à Consolidação, 1.943, pg. 130): "No conceito legal, remuneração é a totalidade dos proventos auferidos pelo empregado, em razão do seu emprêgo."
2. JOSÉ MARTINS CATHARINO (Tratado Jurídico do Salário, 1.951, pg. 132): "Com êste intuito analítico a C. L. T. começou distinguindo o que "é devido e pago diretamente pelo empregador, como contraprestação do serviço" do que é percebido pelo empregado *de terceiro*, ou sejam as gorjetas, denominando o total de *remuneração*, reservando o têrmo *salário* para a parcela recebida, pelo empregado, do empregador."
3. HÉLIO DE MIRANDA GUIMARÃES (Repertório de Jurisprudência Trabalhista, vol. II, 1.953, pg. 826): "Quantia total em numerário ou em numerário e utilidades na proporção fixada em lei, percebida pelo trabalhador, além do salário, em virtude da prestação pessoal de serviços ao empregador. Soma do salário com os demais proventos obtidos pelo empregado do empregador ou de terceiros, em virtude do trabalho."
4. MOZART VICTOR RUSSOMANO (Manual Popular de Direito do Trabalho, vol. I, 1.954, pg. 87): "Tudo quanto o empregado aufere em conseqüência do fato de prestar serviços é remuneração, mesmo quando o pagamento não é feito pelo empregador, como no caso da gorjeta."
5. ALONSO CALDAS BRANDÃO (Consolidação das Leis do Trabalho Interpretada, 1.959, pg. 443): "*Remuneração* tem sentido mais lato, por forma a abranger não apenas o salário, prèviamente fixado, mas tôdas as parcelas que integram o *quantum* percebido pelo empregado, como sejam: percentagens, comissões, abonos, gratificações ajustadas, diárias excedentes de 50%, adicional de horas suplementares, gorjetas, etc."
6. JOSÉ MARTINS CATHARINO (Contrato de emprêgo, 1.962, pg. 117): "*A remuneração pode ser definida nos seguintes têrmos: é a prestação devida a quem põe seu esfôrço pessoal à disposição de outrem, em virtude de uma relação de emprêgo.*"
7. ALUYSIO SAMPAIO e PAULO JORGE DE LIMA (Dicionário Jurídico Trabalhista, 1.962, pg. 144): "Remuneração é, na sistemática da Consolidação, todo provento legal e habitualmente auferido pelo empregado em virtude do contrato de trabalho, seja pago pelo empregador, seja por terceiros."
8. ORLANDO GOMES e ELSON GOTTSCHALK (Curso Elementar de Direito do Trabalho, 1.963, pg. 187): "A remuneração pode consistir, portanto, em *salário* mais *gorjetas.*"
9. BRENO SANVICENTE (Introdução ao Direito Brasileiro do Trabalho, 1.963, pg. 187): "Materialmente pois, por salário, ou melhor dito, remuneração, devemos compreender não apenas a retribuição em dinheiro, mas tôdas as outras prestações devidas em razão e por motivo de trabalho. E tal circunstância, leva-nos a conceituar a *remuneração como o conjunto de todos os haveres que o empregado tem a receber como decorrência direta da relação jurídica de emprêgo.*"
10. DÉLIO MARANHÃO (Direito do Trabalho, 1.966, pg. 153): "Entende-se por remuneração o total dos proventos obtidos pelo empregado em função do contrato e pela prestação de trabalho, inclusive aquêles a cargo de outros sujeitos, que não o empregador."

o salário judicial ou normativo fixado pelos tribunais do Trabalho, nos têrmos dos arts. 123, § 2.º, da Constituição, 766 e 868, da C. L. T. e o salário convencional, resultante da pactuação do contrato individual de trabalho."
3. ADAUCTO FERNANDES (Direito Industrial Brasileiro, 1.952, pg. 516): "A fixação judicial, como o próprio têrmo indica, resulta do *quantum* apurado pela Justiça do Trabalho, nos litígios entre empregado e empregador, relativos ao preço do trabalho prestado a hora, dia, semana, quinzena ou mês."

OBSERVAÇÕES.

Na jurisprudência nada é encontrado sôbre a conceituação de salário judicial e convencional. A doutrina é escassa.

O salário judicial resulta não só dos dissídios coletivos de natureza econômica, como também dos dissídios individuais de equiparação salarial e arbitramento de salários não estipulados no contrato; quanto a esta última hipótese, a regra do artigo 460 da Consolidação é bastante clara: na falta de estipulação do salário ou não havendo prova sôbre a importância ajustada, o empregado terá direito a perceber salário igual ao daquele que, na mesma emprêsa, fizer serviço equivalente, ou do que fôr habitualmente pago para serviço semelhante.

10. SALÁRIO LEGAL E CONTRATUAL. — QUE É SALÁRIO LEGAL E CONTRATUAL?

A DOUTRINA.

1. JOSÉ MARTINS CATHARINO (Tratado Jurídico do Salário, 1.951, pg. 383): "Distingue-se, ainda, o salário judicial do legal porque o primeiro pressupõe a existência de dissídio, seja individual seja coletivo, ao passo que o segundo independe de lide."
2. AMARO BARRETO (Tutela Geral do Trabalho, 1.964, pg. 49): "O salário legal consta de cláusula normativa cogente, expressa ou implícita, no contrato de trabalho. Não pode o empregador pagar o trabalho com *quantum* inferior ao da lei." ..."Contratual é o salário livremente ajustado entre o empregado e o empregador, como contraprestação do serviço, devida e paga diretamente pela emprêsa."
3. CESARINO JÚNIOR (Direito Social Brasileiro, 1.963, pg. 186): "Em matéria de salário, há ou houve cinco formas de salário legal, isto é, impostas por lei: a) o salário mínimo; b) o salário adicional para a indústria; c) o salário compensação; d) o salário profissional; e) o salário familiar."
4. ADAUCTO FERNANDES (Direito Industrial Brasileiro, 1.951, pg. 517): "A fixação legal do salário é a que resulta da própria lei e segundo o nosso direito nenhum outro salário lhe pode ser inferior."

OBSERVAÇÕES.

Jurisprudência sôbre o conceito de salário legal e contratual, não existe, e a doutrina é incipiente.

O princípio da autonomia da vontade, no contrato de trabalho, sofre necessárias restrições, pois parte da idéia de que o indivíduo é o melhor defensor de seu próprio interêsse, concepção preponderante no Século XIX mas totalmente inadaptada ao campo do trabalho humano.

O tempo revelou que a liberdade deixada ao exercício das vontades individuais convertera-se, muitas vêzes, na desgraça de um dos contratantes em face da posição de desigualdade frente à outra parte, na negociação das condições de trabalho.

Os fatos históricos o comprovam; a teoria divorciou-se da realidade e o aparecimento do direito do trabalho foi uma reação contra êsse estado de coisas.

Assim, o Estado intervém na relação jurídica laboral.

E o faz através de um processo intervencionista que se desenvolve em tríplice aspecto: o *legislativo,* ditando o conteúdo e os requisitos mínimos dessa relação, o *judiciário,* no desenvolvimento das atividades de arbitramento nos conflitos trabalhistas, e o *executivo,* estabelecendo medidas que se resolvem, às vêzes, em exercício de faculdades quase legislativas.

Nos três planos o Estado dita ordens sôbre o salário.

O salário legal é o resultado do primeiro tipo de manifestação: as leis de salário mínimo, salário profissional, o chamado salário-família etc.

O salário judicial é a conseqüência do segundo plano de interferência estatal no domínio da vontade dos contratantes, através dos reajustamentos salariais coletivos, as equiparações salariais etc.

Quando o Poder Executivo intervém, quer aparelhando o Judiciário para o desempenho dos seus mistéres, quer fixando decretos de salário mínimo, o Estado completa o seu dirigismo contratual no campo das relações jurídicas do trabalho.

Essa intervenção é hoje universalmente aceita como necessária.

Mesmo nos países que se orientam nos princípios do liberalismo econômico, o Estado intervém, através de, entre outras, normas de salário mínimo.

O salário contratual, de outro lado, é aquêle que resulta do livre entendimento das partes, a partir dos mínimos fixados pela norma jurídica produzida ou pelo Poder Público ou pelos próprios grupos sociais interessados.

11. SALÁRIO VOLUNTÁRIO E IMPERATIVO. — QUE É SALÁRIO VOLUNTÁRIO E IMPERATIVO?

A DOUTRINA.

1. JOSÉ MARTINS CATHARINO (Contrato de Emprêgo, 1.961, pg. 124): "Quanto à fonte: voluntárias e imperativas. As primeiras podem ser unilaterais, quando originárias da vontade solitária do empregador. As bilaterais surgem da vontade conjunta dos contratantes diretamente manifestada, ou indiretamente, no caso de fixação por terceiro árbitro, escolhido pelas partes. As segundas, imperativas, resultam da lei formal (ex.: salário profissional), ou imediatamente de lei material (ex: salário mínimo); ou de convenção sindical de condições de trabalho; ou, ainda, de sentença judicial, normativa (nas controvérsias coletivas econômicas), ou não."

OBSERVAÇÕES.

O enunciado de salário voluntário e imperativo não é encontrado na jurisprudência e pouco destaque recebe na doutrina.

Conforme a fonte de que emana o salário será voluntário, sempre que resultar da livre manifestação das partes, e imperativo quando isso não se der.

12. SALÁRIO SUPLETIVO. — QUE É SALÁRIO SUPLETIVO?

A DOUTRINA.

1. JOSÉ MARTINS CATHARINO (Tratado Jurídico do Salário, 1.951, pg. 404): "Entre os chamados salários judiciais podem ser distinguidos dois tipos: o salário judicial individual ou supletivo e o coletivo ou normativo. Entre as causas de processos individuais sôbre salários podem ser citadas: omissão do contrato individual do trabalho em relação ao salário; ausência de estipulação contratual quanto ao valor da remuneração; necessidade de avaliação judicial das utilidades pagas pelo empregador como contraprestação ao serviço prestado; pagamento pelo patrão de salário ilegal ou contrário às normas contratuais. Quando ocorre uma das três primeiras situações mencionadas, o salário tem que ser suprimido judicialmente, sendo que a terceira causa, apontada como determinante da intervenção judiciária para fixação do salário, difere das duas primeiras."
2. JOSÉ MARTINS CATHARINO (Contrato de Emprêgo, 1.961, pg. 124): "Em processo individual, pode a remuneração ser fixada por sentença comum, seja para suprir a deficiência do contrato (art. 460 — salário supletivo), seja para corrigi-lo (arts. 5 e 461 — salário equitativo)."

OBSERVAÇÕES.

O caráter pragmático da jurisprudência trabalhista não se presta às conceituações de salário e suas várias acepções, daí nada existir quanto ao salário supletivo.

Salário supletivo, no dizer de Catharino, é forma de salário judicial destinado a suprir as lacunas ou omissões do contrato individual de trabalho.

Parece-nos tratar-se da mesma figura denominada por alguns autores de salário analógico.

13. SALÁRIOS PECULIARES E COMPATÍVEIS. — QUE SÃO SALÁRIOS PECULIARES E COMPATÍVEIS?

A DOUTRINA.

1. JOSÉ MARTINS CATHARINO (Contrato de Emprêgo, 1.961, pg. 125): "Finalmente, os salários são classificáveis, segundo a natureza jurídica da estipulação, em: peculiares (ex: por unidade de tempo) e compatíveis ou assimiláveis (exs.: por unidade de obra ou peça, participação nos lucros, comissões etc.) se a modalidade de retribuição fôr comum ao contrato de emprêgo e a outro que tenha por objeto o trabalho, v. g., empreitada e mandato."

OBSERVAÇÕES.

Partindo-se do entendimento de que o salário por unidade de tempo é a forma característica encontrada no contrato de emprêgo, não obstante a existência de formas combinadas com outros tipos próprios de relações jurídicas de outra natureza, é adotada a expressão salário peculiar.

Na jurisprudência, nada é encontrado sôbre a matéria.

14. SALÁRIO CARACTERÍSTICO. — QUE É SALÁRIO CARACTERÍSTICO?

A DOUTRINA.

1. JOSÉ MARTINS CATHARINO (Tratado Jurídico do Salário, 1.951, pg. 145): "O salário não sujeito a qualquer outra condição pode ser denominado característico."

OBSERVAÇÕES.

O vocábulo destina-se a caracterizar a parte dos salários complexos, isto é, compostos de uma parte fixa e outra parte sujeita a uma condição, que não se submete à álea.

Trata-se de terminologia ainda não cogitada pela jurisprudência.

15. SALÁRIO FIXO. — QUE É SALÁRIO FIXO?

A DOUTRINA.

1. CESARINO JÚNIOR (Direito Social Brasileiro, 1.963, vol. II, pg. 162): "A C.L.T., no art. 457, § 1.º, ao tratar do salário em sentido amplo, ou seja, da remuneração, se refere à importância fixa estipulada."
2. M. A. CARDONE (Viajantes e Pracistas no Direito do Trabalho, 1.963, pg. 36): "Esta modalidade de pagamento de remuneração não oferece particulares aspectos quando feita a vendedores viajantes e pracistas. É o tipo de salário que os autores costumam dizer ser fixado por unidade de tempo. É uma quantia fixa, paga geralmente por mês ou por qualquer outra modalidade de tempo (semana, quinzena etc.) sem levar em conta nenhum outro fator a não ser o transcurso do tempo."

OBSERVAÇÕES.

É freqüente o uso da expressão salário fixo para designar a quantia invariável percebida pelo empregado, ao passo que salário variável, é em contrapartida, a parcela sujeita às flutuações normais decorrentes da sua própria natureza como no caso das comissões, dos prêmios de produção ou de assiduidade, dos abonos etc.

O salário é inteiramente variável, isto é, sem parte fixa, sempre que a forma contratada seja por peça ou tarefa, ou ainda, nos casos ùnicamente de comissões.

A parte variável integra-se na remuneração para todos os efeitos da lei: repouso semanal remunerado, férias, indenizações etc. Quando o salário tem uma parte fixa e outra variável é *salário misto ou composto*.

A jurisprudência não se ocupa com a conceituação de salário fixo, mesmo porque o assunto não oferece maiores dificuldades quanto ao significado da expressão.

16. SALÁRIO DIRETO E INDIRETO. — QUE É SALÁRIO DIRETO E INDIRETO?

A DOUTRINA.

1. CESARINO JÚNIOR (Direito Social Brasileiro, 1.963, pg. 179, vol. II): "Quanto ao modo de corresponder à sua finalidade, há o salário direto e o indireto. O primeiro seria apenas o pagamento feito pelo empregador ao empregado de uma certa quantia de dinheiro ou de determinadas utilidades. O segundo pode provir do acréscimo concedido por encargos de família, por número de filhos, por qualidade de trabalho, por quantidade produzida, por distribuição para obras de assistência ou pela própria realização destas obras."
..."Existe, porém, outra acepção de remuneração indireta. A distinção entre estas duas formas de remuneração, direta e indireta, neste segundo sentido, está nítida na disposição do art. 457, da Consolidação das Leis do Trabalho, ao dizer que se incluem na remuneração, além do salário pago DIRETAMENTE pelo empregador, também as gorjetas. Na mesma ordem de idéias o art. 76, define o salário mínimo, como "a contraprestação mínima devida e paga *diretamente* pelo empregador a todo trabalhador..."

2. CESARINO JÚNIOR (Salário Indireto, Revista de Direito Social, vol. V, n.º 22, pg. 25, 1.944): "... para demonstração da ocorrência de um salário indireto bastará em muitos casos provar que a intenção do prestador de serviços não era desinteressada, o que, lògicamente, exclui a gratuidade dêsses mesmos serviços." ... pg. 26. "Logo, a *contrário sensu*, a Consolidação considera a remuneração um gênero, com duas espécies: o salário direto, que é o pago pelo empregador em dinheiro ou em utilidades, e o salário indireto que é o recebido pelo empregado de outrem, que não o empregador, mas em conseqüência dos serviços a êste prestados, ou as vantagens obtidas do próprio empregador, porém não consistentes de prestações em natureza ou em espécie."

3. ADAUCTO FERNANDES (Direito Industrial Brasileiro, 1.952, vol. I, pg. 195): "Denomina-se salário direto tudo o que é dado ao trabalhador pelo patrão em virtude da convenção trabalhista estabelecida entre êles dois. Compreende, assim, o salário pròpriamente dito, ou ordinário e o salário impròpriamente dito, ou extraordinário. Chama-se salário extraordinário, àquele que é formado de subsalários, ou salários extras. O salário indireto não é outra coisa que as subvenções acordadas pelo patrão, para qualquer trabalho além do estipulado em cada horário, dado a título de ajuda, ou a título gracioso."

A JURISPRUDÊNCIA.

1. TRT, 1.ª (A. de 21.11.58, R.O. 1.353/58, r. Pires Chaves, in S.T. Pires Chaves, vol V, pg. 29): "A gorjeta constitui salário indireto e que não se estima como liberalidade do empregador, de vez que resulta da condição especial em que é exercido o trabalho. É salário aleatório, oriundo de terceiros e que, por isso mesmo, se entende como incompensável do salário contratual."

2. TRT, 1.ª (A. de 2.5.1958, R.O. 274/58, r. Ferreira da Costa, in S.T. Pires Chaves, vol. V, pg. 39): "Mas relativamente às gorjetas, entendo-as inincomputáveis no cálculo dos salários normais. É sôbre-salário a remuneração que acresce àquele e integra a esta, mas não obriga o empregador a mantê-la invariável. Por se tratar de remuneração indireta, paga pelo freguês, no quantum que quiser e que lhe convier, a gorjeta não pode ser estimada sob a modalidade de um salário estável, dependente de obrigação imutável."

OBSERVAÇÕES.

No Primeiro Congresso Internacional de Direito Social, realizado em São Paulo, de 8 a 15 de outubro de 1.954, o jurista venezuelano, Carlos Tinoco Rodil, apresentou tese — El Contrato Individual de Trabajo — na qual é fixado o conceito de salário indireto nos seguintes têrmos: é o salário que *não* tem como fim principal e imediato retribuir por parte do empregador o trabalho realizado pelo empregado sob sua dependência, incluindo-se sob essa denominação as "vivendas econômicas", os economatos, os auxílios concedidos pelos empregadores nos casos de enfermidade ou acidentes de trabalho, contribuições patronais tôdas essas que vêm a construir um aumento da retribuição percebida pelo trabalhador, aumento que embora não haja recebido diretamente, constitui um suporte econômico do qual derivam importantes benefícios (Annales du 1er. Congrès International de Droit Social, 1.955, 1er. vol.). O problema da conceituação de salário indireto é ventilado pela doutrina mas não o é pela jurisprudência que se omite sôbre tal matéria.

17. SALÁRIOS SIMPLES E COMPOSTOS. — QUE SÃO SALÁRIOS SIMPLES E COMPOSTOS?

A DOUTRINA.

1. JOSÉ MARTINS CATHARINO (Tratado Jurídico do Salário, 1.951, pg. 147): "O salário é composto quando pago parcialmente em dinheiro e em utilidades."
2. JOSÉ MARTINS CATHARINO (Contrato de Emprêgo, 1.961, pg. 125): "Quando determinado salário compreende mais de duas formas diferentes, diz-se composto. Caso contrário, simples."

OBSERVAÇÕES.

Na linguagem freqüente, salário composto é entendido como o mesmo que salário misto, isto é, composto de uma parte fixa e outra variável. Contudo, parece não ser êsse o sentido empregado por Catharino (ver n.º 1). Usa-se salário simples, também, em oposição a salário em dôbro ou triplo, isto é, pagamento singelo do salário em audiência e pagamento simples da remuneração do repouso semanal.

18. SUPERSALÁRIO. — QUE É SUPERSALÁRIO?

A DOUTRINA.

1. EURÍPEDES CARMO (Salário Racional, pg. 53, Dicionário de Doutrina Trabalhista, Tostes Malta, pg. 226): "Consiste numa percentagem de acréscimo ao salário normal, correspondente às horas de trabalho extraordinário."

OBSERVAÇÕES.

Para Eurípedes Carmo, supersalário é o adicional de horas extras. No entanto, o acréscimo salarial sôbre a jornada suplementar tem o nome de adicional de horas extraordinárias e não de supersalário, tanto na lei, na doutrina, como também na jurisprudência.

19. SALÁRIO FICTO. — QUE É SALÁRIO FICTO?

A DOUTRINA.

1. JOSÉ MARTINS CATHARINO (Tratado Jurídico do Salário, 1.951, pg. 410): "Em outras oportunidades apesar do salário ter sido aparentemente estipulado, torna-se necessária a intervenção judicial. Queremos nos referir aos casos em que o empregador realmente não combina o valor da remuneração devida, mas estabelece um salário ficto para certos fins legais. Anota na carteira profissional do empregado um salário teórico, quase sempre coincidente com o mínimo, e fornece, sob a forma de vales, outras parcelas remunerativas. Quando isto acontece o "modus vivendi" contratual permanece estável, mas logo que ocorre divergência vem à baila a questão da determinação veraz do salário. Apresenta-se então a oportunidade para o juiz resolver a contenda."

OBSERVAÇÕES.

O vocábulo "salário ficto" presta-se inteiramente à situação prevista por Catharino, uma situação de fraude consistente na formalização de um salário sem correspondência subjetiva. É o caso do empregador que exige do menor recibos assinados nos quais consta o pagamento de salário mínimo integral, quando, na realidade, o que é pago ao menor é bastante inferior ao salário mínimo.

Essa prática censurável felizmente não é muito comum mas ainda existe em nossos dias, mesmo nos grandes centros.

Sujeita o infrator a sanções inclusive da natureza penal por consistir numa declaração de conteúdo ideològicamente falso, com a qual, a nosso ver, materializam-se dois crimes. O do artigo 173 do Código Penal: abusar, em proveito próprio ou alheio, de necessidade, paixão ou *inexperiência* de menor ou da alienação ou debilidade mental de outrem, induzindo qualquer dêles à prática de ato suscetível de produzir efeito jurídico, em prejuízo próprio ou de terceiro. E o do artigo 203: frustrar mediante *fraude* ou violência, direito assegurado pela legislação do trabalho. No primeiro caso a pena é de reclusão, de dois a seis anos, e multa de um a cinco mil cruzeiros. No segundo caso a pena é de detenção, de um mês a um ano, e multa de dois a dez mil cruzeiros.

Salário ficto é denominação ainda não acolhida pela jurisprudência.

20. SALÁRIO DIFERIDO. — QUE É SALÁRIO DIFERIDO?

A DOUTRINA.

1. JOSÉ MARTINS CATHARINO (Tratado Jurídico do Salário, 1.951, pg. 621): "Sendo finalidade legal a de tutelar o direito do empregado em receber o salário, a própria lei pode permitir a redução do seu valor desde que o faça em benefício do próprio empregado. É o caso, por exemplo, dos descontos para o seguro social, mas, mesmo assim, à contribuição obrigatória do empregado corresponde outra de igual valor paga pelo empregador e por muitos considerada como salário diferido."

# O SALÁRIO

AMAURI MASCARO NASCIMENTO

O SALÁRIO

Edição Fac-similada

Editora LTr
SÃO PAULO

Dados Internacionais de Catalogação na Publicação (CIP)
(Câmara Brasileira do Livro, SP, Brasil)

Nascimento, Amauri Mascaro, 1932 —
O salário / Amauri Mascaro Nascimento. — Ed. fac-similada. — São Paulo : LTr, 1996.

ISBN 85-7322-216-6

1. Salários 2. Salários — Brasil I. Título.

96-4435   CDU-34:331.2

Índices para catálogo sistemático:

1. Salários : Direito do Trabalho 34:331.2

Produção Gráfica   Impressão
LTr   DAG

(Cód. 1436.8)

© Todos os direitos reservados

EDITORA LTDA.

Rua Apa, 165 - CEP 01201-904 - Fone (011) 826-2788 - Fax (011) 826-9180
São Paulo, SP - Brasil

1996

NOTA DA EDITORA

É com justificado orgulho que apresentamos esta reprodução fac-similada do livro "O Salário", de *Amauri Mascaro Nascimento* escrito em 1968.

Este livro é o ponto de partida da projeção, hoje internacional, de *Amauri Mascaro Nascimento*, no campo do Direito do Trabalho.

Esta obra é também senão a primeira, uma das primeiras dos mais de 1350 títulos específicos sobre Direito do Trabalho editados pela LTr.

Unidos pelo mesmo ideal e fraterna amizade, juntos estamos crescendo em obras e realizações no admirável mundo do trabalho.

Armando Casimiro Costa

Amauri Mascaro Nascimento

Juiz do Trabalho. Presidente da Junta de Conciliação e Julgamento de Taubaté.
Professor da Faculdade de Direito "Braz Cubas", de Mogi das Cruzes.
Professor da Faculdade de Ciências Econômicas, Contábeis e Atuariais, da Pontifícia Universidade Católica de São Paulo.
Ex-Promotor de Justiça do Ministério Público do Estado de São Paulo.

O SALÁRIO

LTr. EDITÔRA LTDA.
Rua Quirino de Andrade, 219, 3.º andar
SÃO PAULO

Amauri Mascaro Nascimento

O SALÁRIO

PREFÁCIO

Esta obra dá oportunidade para considerações várias.

Em primeiro lugar vem a de refutar a assertiva impensada e injusta de Paulo Sarazate que, em recente obra, afirma: "especialização (da Justiça do Trabalho) embora seus integrantes, na maioria dos casos e nos órgãos inferiores, não disponham de recursos intelectuais". Não desconhecesse, como desconhece, a literatura jurídico-trabalhista, não teria aquêle homem público feito tão ultrajante comentário à primeira instância trabalhista, pois é dela que promana a maioria das obras, dos estudos profundos que aí estão a nortear a quantos se dediquem com seriedade ao estudo do Novum Jus. Bastaria citar as obras de Russomano, hoje, na segunda instância, para demonstrar que lamentàvelmente Sarazate, infingindo preceito silogistico, generalizou algum particular... Aí vão para repelir de vez a ligeireza do comentário alguns nomes, que não esgotam a lista, como o de Aluysio Sampaio, Paulo Jorge de Lima, Lamarca, Júlio Malhadas, Wagner Giglio, Barreto Prado etc... Sem se mencionarem outros magistrados e de outras regiões da Justiça do Trabalho.

Êste o primeiro desabafo que êste livro proporciona.

Mas, se encararmos, de início, os juízes de primeira instância em sua generalidade, vamos focalizar o autor na sua especificidade.

Amauri caracteriza-se pela serenidade até no simples conversar. Sente-se nêle o homem realizado. Aquêle que encontrou a vocação e a ela se entregou de corpo, que não lhe falta, e de espírito e cultura, que lhe sobejam.

Poderia estar hoje alcançando as culminâncias do Ministério Público de São Paulo.

No entanto, atendendo a clamor interno, deixou aquela carreira que sem dúvida seria brilhante, para se dedicar à Justiça do Trabalho, que só lhe tem acarretado canseiras, travores e até mesmo prejuízos remuneratórios.

A sua paz interna permitiu na mesma ocasião em que tantos se deixaram levar até ao ponto da histeria coletiva, na discussão dos próprios níveis de vencimentos, que êle se dedicasse a êste exaustivo e magnífico estudo do salário alheio...

Ronald de Carvalho entendia "que os brasileiros somos geralmente historiadores de curto vôo e críticos de pouca profundidade". Nem possuiríamos a estabilidade necessária ao equilíbrio nos conceitos nem justeza nos comentários, além de não ser o espírito de síntese o nosso forte.

Conceitos válidos, talvez, para a época em que viveu o que foi proclamado, pouco antes de seu prematuro passamento, "o príncipe dos prosadores brasileiros", em substituição a Coelho Neto.

Na obra de Amauri defrontamos com a solidez indispensável a um pesquisador de porte e o espírito de síntese é o ponto alto da obra. Orienta o leigo, revigora a memória do estudioso, norteia o técnico, define posições, assinala o debate apontando soluções tidas por predominantes nas várias esferas da organização judiciário-trabalhista.

Quando os viajores do Nordeste do Lácio iam em busca do sal existente em quantidade nos pântanos da foz do Tibre, contribuindo dessa forma para desenvolver a atividade comercial de Roma e sedimentar a Via Salária jamais poderiam ter imaginado que erigiam a temática que iria empolgar as civilizações vindouras, máxime a atual.

Sim, porque uma das características da atual civilização é o salário, já o ponderou Frank Tannebaum. Cada vez mais, maior número de pessoas depende, para assegurar a subsistência e a dos seus, do que recebe de outrem como contraprestação de serviço.

"Transformamo-nos numa nação de assalariados", conclui êle, referindo-se aos Estados Unidos.

193. Se por motivo de fôrça maior a mulher prestar serviços extraordinários terá direito ao adicional?
194. Os adicionais de insalubridade e periculosidade integram a remuneração para fins de pagamento de horas extraordinárias?
195. Se houver prorrogação ilícita da jornada de trabalho é devido o adicional?
196. O adicional de horas extraordinárias pode ser acumulado com outro adicional?
197. Os comissionistas têm direito ao adicional de horas extras?
198. Os vendedores pracistas e viajantes têm direito ao adicional de horas extras?
199. Se o empregado trabalhar durante os intervalos obrigatórios terá direito ao correspondente adicional de horas extraordinárias?
200. O tarefeiro tem direito ao adicional de horas extraordinárias?
201. O empregado que trabalha para recuperação de tempo tem direito ao adicional de horas extras?
202. Sôbre a parte variável dos salários recai o adicional de horas extras?
203. O trabalhador a domicílio tem direito à majoração?
204. Ao vigia é garantido o acréscimo de horas extraordinárias?
205. O zelador de edifício tem direito a horas extraordinárias?
206. O pessoal diretivo tem direito ao adicional de horas extraordinárias?
207. O motorista que trabalha em serviços externos tem direito ao acréscimo de horas suplementares?

TÍTULO II — O ADICIONAL NOTURNO.

208. Nos sistemas de revezamento é devido o adicional noturno?
209. Nas empresas cujo trabalho noturno decorra da natureza das suas atividades, quando o salário do empregado exceder o mínimo acrescido de valor correspondente ao adicional noturno, êste é devido?
210. Qual o salário que servirá de base para o adicional noturno, nas empresas que não têm trabalho diurno?
211. O vigia tem direito ao adicional noturno?
212. A duração especial da hora noturna dispensa o pagamento do adicional?
213. Aos artistas é assegurado o adicional noturno?
214. O vendedor pracista ou viajante tem direito ao adicional noturno?
215. O porteiro de edifício de apartamentos tem direito à majoração?

TÍTULO III — O ADICIONAL DE INSALUBRIDADE.

216. A perícia judicial de insalubridade dispensa o enquadramento da atividade pelo Ministério do Trabalho?
217. O adicional de insalubridade é devido se a remuneração contratual fôr superior ao mínimo acrescido de valor correspondente à taxa?
218. O adicional de insalubridade integra a indenização?
219. A partir de que momento passa a ser devido o adicional de insalubridade?
220. Na incidência de mais de um fator de insalubridade o adicional será devido em dôbro?

TÍTULO IV — O ADICIONAL DE PERICULOSIDADE.

221. O empregado de pôsto de revenda de combustível líquido tem direito ao adicional de periculosidade?
222. O adicional de periculosidade pago em caráter continuado integra a indenização?
223. O adicional de periculosidade será calculado sôbre o salário contratual ou o mínimo legal?

224. No trabalho prestado simultâneamente em condições de insalubridade e periculosidade, os adicionais serão reunidos?
225. O pessoal que trabalha com explosivos (dinamite) tem direito ao adicional?
226. Basta a existência, na emprêsa, de inflamável, ou é necessário o contacto permanente do empregado para ter direito ao adicional?
227. O empregado de escritório situado em área perigosa tem direito à majoração?

TÍTULO V — O ADICIONAL DE TRANSFERÊNCIA.

228. O adicional de transferência incorpora-se ao salário?
229. Se o empregado transferido volta a trabalhar na localidade de origem, o adicional pode ser suprimido?
230. Além do adicional a emprêsa é obrigada a pagar as despesas da transferência do empregado?
231. Se do contrato constar cláusula de transferência, o adicional será devido?
232. Nas transferências a pedido do empregado é devida a majoração?
233. Em se tratando de viajantes é devida a majoração?
234. Ao pessoal da construção civil é assegurado o adicional de transferência?
235. Se a transferência provisória torna-se definitiva pode ser suprimido o adicional?

CAPÍTULO VII — AS COMISSÕES DOS EMPREGADOS VENDEDORES.

236. A Lei 3.207, de 18 de julho de 1957, é aplicável só aos vendedores viajantes e pracistas ou a outros empregados comissionistas?
237. É lícito estipular salário exclusivamente por comissão?
238. Comissão e percentagem são a mesma figura?
239. Comissão e participação nos lucros constituem a mesma figura?
240. A comissão é remuneração por unidade de obra?
241. É lícita a redução das comissões?
242. Pelas vendas diretas efetuadas em zona fechada o vendedor tem direito à comissão?
243. O vendedor tem direito à comissão dos negócios que, sem culpa sua, causaram dano à emprêsa?
244. A lei permite seja convencionada a cláusula *del credere?*
245. A zona de trabalho do vendedor pode ser ampliada ou restringida com prejuízo das comissões?
246. Aceita a transação pela emprêsa nasce o direito do vendedor às comissões pela venda encaminhada?
247. Quais os prazos de pagamento das comissões?
248. O empregado terá direito às comissões de negócios encaminhados mas concluídos após a cessação das relações de trabalho?
249. Se o negócio é desfeito pelo comprador desaparece o direito às comissões?
250. Se o negócio é desfeito por motivo de fôrça maior subsiste o direito às comissões?
251. Qual o critério para o cálculo das comissões do período de afastamento do empregado reintegrado ao emprêgo?
252. As comissões devem ser calculadas sôbre o preço da tabela dos produtos ou sôbre o preço resultante dos descontos concedidos pela emprêsa?
253. Se o comprador é insolvente, o vendedor perde o direito às comissões?
254. Qual o salário que servirá de base para o cálculo da indenização do comissionista?

CAPÍTULO VIII — O DÉCIMO TERCEIRO SALÁRIO.

255. Qual é a natureza jurídica do décimo terceiro salário?
256. O décimo terceiro salário integra a indenização?
257. A gratificação natalina contratual é compensável com o décimo terceiro salário?
258. O décimo terceiro salário é devido nos contratos de duração determinada?
259. O valor das utilidades é computado no décimo terceiro salário?
260. Nos afastamentos do empregado por enfermidade ou acidente do trabalho é devido o décimo terceiro salário?
261. Ao trabalhador rural é devido o décimo terceiro salário?
262. Nas despedidas indiretas é devido o décimo terceiro salário?
263. O empregado que pede demissão tem direito ao décimo terceiro salário?
264. Os adicionais compulsórios integram a base do cálculo do décimo terceiro salário?
265. Ocorrendo culpa recíproca na rescisão do contrato de trabalho é devido o décimo terceiro salário?
266. Nas remunerações variáveis a base do cálculo será o salário de dezembro ou a média salarial dos doze meses do ano correspondente?
267. As gratificações integram o salário?

CAPÍTULO IX — GORJETAS, DIÁRIAS, AJUDAS DE CUSTO, PRÊMIOS E PARTICIPAÇÃO NOS LUCROS.

268. As gorjetas podem ser computadas para complementação do salário mínimo?
269. Qual o critério para determinação do valor das gorjetas para fins de indenização?
270. As diárias que ultrapassam de 50% dos salários, nêles são incorporadas pela totalidade ou só pelo excesso?
271. Ajuda de custo e diária são a mesma coisa?
272. Os prêmios podem ser suprimidos?
273. Os proventos advindos da participação nos lucros são considerados salário?

CAPÍTULO X — DA SUSPENSÃO E INTERRUPÇÃO.

274. São devidos salários dos períodos de paralisação das atividades por conveniência da emprêsa?
275. São devidos salários dos períodos de paralisação das atividades, por ato de autoridade pública?
276. O empregado tem direito aos salários do período de suspensão disciplinar?
277. O empregado afastado para prestar serviço militar tem direito a salário?
278. O empregado afastado para exercer mandato sindical tem direito de perceber salário?
279. O empregado tem direito aos salários do período de afastamento por acidente do trabalho?
280. Ao empregado são assegurados os salários do afastamento por enfermidade?
281. A percepção das diárias de acidente do trabalho exclui a possibilidade de receber auxílio-enfermidade?
282. Ao empregado são garantidos os salários dos dias de greve?
283. O salário dos dias de descanso, nos quais o empregado trabalhou sem folga compensatória, é duplo ou triplo?
284. Se o feriado recair em domingo, será dupla a remuneração do repouso?
285. Os comissionistas têm direito à remuneração do repouso?

286. As horas extraordinárias são computadas na remuneração do repouso?
287. Os adicionais integram a remuneração do repouso?
288. As gratificações são computadas no cálculo da remuneração do repouso semanal?
289. O prêmio produção integra a remuneração do descanso?
290. As comissões são computadas na remuneração do repouso?
291. Nas férias indenizadas é computada a remuneração dos descansos intercorrentes?
292. O salário das férias do empregado horista corresponde à média do período aquisitivo?
293. O estável tem direito a salário durante o afastamento do inquérito judicial?
294. O salário das férias do tarefeiro corresponde à média do período aquisitivo?

CAPÍTULO XI — OS SALÁRIOS PROFISSIONAIS.

295. O salário profissional e o salário mínimo se equivalem?
296. O salário profissional pode ser instituído por lei?
297. Os reajustamentos salariais coletivos constituem salário profissional?
298. O salário dos médicos e dentistas guarda proporcionalidade com as horas trabalhadas?
299. O médico que presta serviços à emprêsa no seu próprio consultório tem direito ao salário profissional mínimo?
300. O médico estagiário tem direito ao salário profissional mínimo?
301. O salário profissional dos engenheiros estende-se às relações de emprêgo público?
302. As horas excedentes de seis, da jornada de trabalho do engenheiro, são remuneradas com majoração salarial?
303. Está em vigor a Portaria 204 que estabelece critérios para a fixação de salário do professor?
304. As majorações salariais dos professôres podem ser feitas através de dissídios coletivos perante a Justiça do Trabalho?
305. O jornalista tem direito às horas extraordinárias?
306. Se a jornada contratual do jornalista é reduzida o salário corresponderá a 5 (cinco) horas?
307. Os estagiários de jornalistas têm direito a salários?
308. O jornalista tem direito ao adicional noturno?
309. Os períodos que o radialista destinar aos ensaios ou gravações de *video-tape* são remunerados?
310. O radialista tem direito à remuneração do repouso semanal?
311. O tempo de duração das viagens do radialista é remunerado?
312. O radialista que trabalha simultâneamente para mais de uma emprêsa sofrerá redução salarial?
313. É permitido o trabalho gratuito em emprêsas de rádio e televisão?
314. Como é fixada a remuneração dos agenciadores de propaganda?
315. Como é estabelecido o salário do pessoal da área do pôrto?
316. O tempo de transporte do mineiro da bôca da mina ao local de trabalho é remunerado?

CAPÍTULO XII — O SALÁRIO DA MULHER E DO MENOR.

317. O menor de 18 anos tem direito ao salário mínimo?
318. Se o menor de 12 anos empregar-se, terá direito a salário?
319. O menor pode trabalhar sob o sistema de compensação de horas?

320. Nos afastamentos para o parto a mulher tem direito a salários?
321. A empregada gestante dispensada sem justa causa antes do período de afastamento remunerado, tem direito ao auxílio-maternidade?
322. No caso de gêmeos, a mulher terá direito a duplo auxílio-maternidade?
323. Na circunstância de nascimento sem vida é devido o auxílio-maternidade?
324. Se o contrato de trabalho é rescindido por culpa recíproca antes do licenciamento da gestante é devido o auxílio-maternidade?
325. Se a empregada trabalhar durante o período de afastamento obrigatório receberá o auxílio-maternidade mais os salários correspondentes?
326. Suspenso o contrato de trabalho a emprêsa é obrigada ao pagamento do auxílio-maternidade?
327. A mulher casada pode dispor livremente do seu salário ou depende de autorização do marido?

CAPÍTULO XIII — O SALÁRIO DO TRABALHADOR RURAL.

328. Nos contratos de trabalho rural é lícito o pagamento integral "in natura"?
329. Se o trabalhador rural permanece à disposição do empregador, terá direito a salários?
330. O trabalhador rural tem direito ao adicional de horas extraordinárias?
331. O trabalhador rural tem direito ao adicional noturno?
332. O salário do trabalhador rural está sujeito a descontos?
333. O salário do trabalhador rural pode sofrer descontos estabelecidos através de contratos coletivos?
334. Os salários do trabalhador rural estão sujeitos a descontos das utilidades vestuário, higiene e transporte?
335. Sem ajuste expresso, podem ser descontados os danos dolosos provocados pelo trabalhador rural?
336. O trabalhador rural pode sofrer descontos salariais pelas faltas ao serviço?
337. Quais os prazos de pagamento dos salários do trabalhador rural?
338. Os resultados da plantação intercalar podem ser computados na formação do salário mínimo?
339. O trabalhador rural terá direito à remuneração do repouso semanal?
340. Ao trabalhador rural é assegurada remuneração das férias?
341. A trabalhadora rural terá direito aos salários nos afastamentos para o parto?
342. Os salários do trabalhador rural gozam de privilégio na falência?
343. Ao trabalhador rural é garantido o adicional de transferência?
344. Em caso de rescisão contratual, os salários devem ser pagos até a audiência sob a cominação em dôbro?

CAPÍTULO XIV — OS REAJUSTAMENTOS SALARIAIS.

345. A Lei 4.725, de 13 de julho de 1965, é inconstitucional?
346. Qual o critério a ser observado nos reajustamentos salariais verificados através dos dissídios coletivos de natureza econômica?

CAPÍTULO XV — O SALÁRIO E O FUNDO DE GARANTIA.

347. Qual o salário base para os descontos do fundo de garantia por tempo de serviço?

CAPÍTULO XVI — O SALÁRIO-FAMÍLIA

348. Se afastado do serviço o empregado tem direito ao salário-família?
349. O salário-família incorpora-se à remuneração do empregado?
350. Se os filhos são ilegítimos é devido o salário-família?
351. Em caso de desquite a quem será pago o salário-família?
352. Quando pai e mãe forem empregados o salário-família será duplo?
353. O trabalhador com mais de um emprêgo receberá mais de um salário-família?
354. Se o empregado é transferido para localidade de salário mínimo menor pode sofrer redução do salário-família?

CAPÍTULO I
EVOLUÇÃO HISTÓRICA DO SALÁRIO NO BRASIL.

O problema salarial teve origem quando o primeiro empregador forneceu materiais, ferramentas ou local de trabalho ou as três coisas e remunerou outras pessoas para executar serviços sob a sua direção. As relações estabelecidas em virtude dêsse tipo de contrato, nem sempre preocuparam o Direito, razão pela qual não é possível falar em problema salarial a não ser em épocas mais recentes. No entanto, alguns aspectos marcam a evolução do salário em nosso país, desde a sua origem.

Primeira fase. — De 1.500 até 1.822, desenvolve-se o período colonial do trabalho indígena, do negro e, paralelamente, do homem livre; não existe um Direito Social porque é desconhecido, de uma forma geral, o trabalho como exercício legal de uma atividade defendida e amparada pelo Estado. Reinavam as Ordenações do Reino, imperava um regime feudal, prevalecia o Direito das Cartas de doação das Capitanias.

Segunda fase. — O início da nossa independência política em 7 de setembro de 1.822 verifica-se, ainda, sôbre uma base jurídica da estrutura econômica do trabalho escravo, desenvolvendo-se até 13 de maio de 1.888, quando foi suprimida a escravidão. No entanto, algumas leis sôbre o trabalho, ainda que inexpressivas, representam o primeiro passo na elaboração jurídica específica. Assim, seis anos depois da constitucionalização do Império, D. Pedro I promulgou a Lei de 13 de setembro de 1.830, que regulou os contratos de prestação de serviços entre brasileiros e estrangeiros, de duração determinada ou por empreitada, dentro ou fora do país, dispondo sôbre: — a) possibilidade de transferência dêsse contrato desde que inalterada para pior a condição daquele que se obrigou a prestá-lo; b) obrigação de pagamento dos jornais, soldada ou preço, sob pena de prisão, no caso de não cumprimento da condenação imposta pelo Juiz de Paz, dentro do prazo de dois dias, ou à falta de caução substitutiva. Essa lei compunha-se de oito artigos e no dizer de Adaucto Fernandes (Direito Industrial Brasileiro, vol. I, pg. 147), foi o passo mais agigantado que marcamos na história de nossa legislação trabalhista, desde o Império até 1.888, não só pelo alcance econômico mas pelo fundo sócio-ético-filosófico de seus princípios jurídicos.

Em 11 de outubro de 1.837 a Assembléia Legislativa decretou e o Regente Interino, em nome do Imperador, sancionou a Lei n.º 108, estabelecendo normas para os contratos em geral, relativos à locação de serviços dos colonos. Outra medida da época foi a Resolução de 6 de dezembro de 1.835, baixada pelo Visconde de Paraná, regulando o pagamento do salário dos contratados para colônias militares quando licenciados ou enfermos; no primeiro caso nada percebiam e no segundo caso tinham direito ao abono de metade dos respectivos salários.

O ano de 1.850 foi marcado por dois acontecimentos expressivos para o nosso Direito, o Código Comercial de 26 de junho e o Regulamento 737, de 25 de novembro, assegurando aos empregados, vítimas de acidentes imprevistos e quando não culpados, a percepção dos seus vencimentos ou salários por um prazo não excedente de três meses. Esta é considerada a maior conquista social do continente americano em 1.850. Garantiu-se, também, ao trabalhador o salário substitutivo do aviso prévio não dado oportunamente.

Como se verifica, o avanço do nosso sistema jurídico é evidente, continuado pelo Decreto Imperial n.º 2.318, de 22.12.1.858, do qual resultou a Consolidação das Leis Civis de Teixeira de Freitas. Êste corpo de leis faz algumas referências à retribuição do trabalho nas relações entre amo e criados e que podem ser assim resumidas: a) *obrigação de observar a remuneração contratada:* "art. 680 — Havendo contrato expresso entre amos e criados, guardar-se-á o convencionado; art. 681 — Não o havendo, a soldada será regulada segundo o costume do lugar, tempo de serviço e a qualidade dêle e do criado"; b) *a possibilidade de descontos por danos:* "art. 682 — O amo pode descontar na soldada o valor do dano que o criado lhe causar; art. 683 — Para ter, porém, ação contra o criado, deve protestar pela sua indenização no ato da despedida"; c) *o dever de pagar o saldo de salários após a rescisão do contrato:* "art. 684 — Concede-se ao amo quatro dias para provar o dano causado pelo criado e só se lhe dará mais tempo no caso de pagar logo a soldada; art. 685 — O amo pode despedir o criado antes de findo o tempo do contrato, mas deve pagar-lhe a soldada por inteiro."; d) *o direito de retenção:* "art. 686 — O criado que sem justa causa deixar a companhia do amo antes do prazo convencionado, será judicialmente compelido a acabar o tempo de serviço; art. 687 — Não tendo em tal caso recebido a soldada, o amo ficará desonerado de pagá-la e tendo-a recebido, deve restituí-la e servir sem vencimento todo o tempo que faltava."; e) *proteção ao salário do menor:* "art. 688 — Se o criado fôr menor e fugir por culpa do amo em razão de o maltratar, não será obrigado a servir o tempo convencionado e terá direito à soldada vencida."; f) *normas sôbre o pagamento do salário*: "art. 691 — A ação de soldada é sumária e sua prova depende de escritura pública, quando a quantia passar da taxa de lei; art. 692 — Não excedendo de 30$000 a soldada em demanda, basta para a absolvição do amo seu juramento a respeito da paga, uma vez que em substância deponham alguns dos outros familiares que a viram fazer; art. 693 — Tratando-se de quantia maior basta a quitação particular do criado por êle feita e assinada, e não sabendo escrever, assinada por alguém a seu rôgo, e mais outra testemunha; g) *normas processuais:* "art. 741 — Se fôr de petição de soldada, o locatário não será ouvido sem que tenha depositado a quantia pedida; mas esta não será entregue ao locador, ainda mesmo que preste fiança, senão depois de sentença passada em julgado; h) *normas de prescrição:* art. 865 — A ação de soldadas dos criados prescreve por três anos, a contar do dia em que sairão da casa dos amos; art. 866 — Se os criados forem menores, os três anos começarão a correr da maioridade em diante; art. 867 — Se servirem por mês, não podem pedir a soldada passados três meses depois de deixarem a casa dos amos."

Em 15 de março de 1.879, passou a vigorar o Decreto n.º 2.827, dispondo sôbre o contrato de locação de serviços na agricultura, revogando a Lei de 13.9.1.830 e a Lei 108; a partir de então, êsse contrato passou a ser celebrado perante o Escrivão de Paz ou Tabelião de Notas. O diploma era constituído de oito capítulos e oitenta e seis artigos sôbre locação de serviços, parceria, pecuária, matéria penal, processual e competência judiciária.

Terceira fase. — Com a abolição da escravatura em 13.5.1.888, teve início um período inspirado por princípios totalmente diferentes, de maior respeito à pessoa humana e de proteção à liberdade de trabalho; foi o comêço, por assim dizer, de uma fase de serviços assalariados como conseqüência da proscrição da mentalidade escravagista. Por ato do Generalíssimo Manuel Deodoro da Fonseca, chefe do govêrno Provisório da República (Decreto 213, de 22.2.1.890) ficaram revogadas tôdas as leis Imperiais relativas aos contratos de locações e serviços agrícolas, iniciando-se um período fértil em normas trabalhistas, porém de sentido eminentemente assistencial. A Constituição de 1.891 no artigo 72 § 24, garante o livre exercício de qualquer profissão, moral, intelectual e industrial, omitindo-se, no entanto, sôbre as questões sociais e, portanto, salariais.

O livro de Evaristo de Morais, "Apontamentos de Direito Operário", editado em 1.905, é sem dúvida, uma contribuição importante para o desenvolvimento do nosso Direito do Trabalho. Na ocasião, o autor registra a existência de um movimento operário, a constituição de agremiações e, inclusive, a deflagração de greves na luta pela conquista da jornada de 8 (oito) horas. São as seguintes as idéias e proposições contidas na obra do eminente jurista: 1) o homem é livre, tem o direito de vender o seu trabalho pelo preço e nas condições que quiser, mas na vida industrial moderna essa liberdade de trabalho só tem gerado a opressão e a miséria, a exploração do operariado e seu rebaixamento; 2) já é tempo de se cuidar, no terreno legislativo, de abrir caminho a alguns institutos jurídicos, especialmente destinados à proteção das classes trabalhadoras e à modificação das suas condições de existência; 3) os salários sujeitam-se à lei de concorrência pelo melhor preço; 4) é necessária a regulamentação do preço do trabalho ou taxa do salário através de leis e animação dos sindicatos profissionais que serão chamados a colaborar com as autoridades; 5) é indicada a intervenção estatal para estabelecer justas condições de trabalho; 6) a taxa de salário sofrerá benéfica influência do intervencionismo oficial no sentido de impedir a diminuição da remuneração por meios indiretos tais como substituição de adultos por crianças e mulheres, trabalho noturno, pro-

A JURISPRUDÊNCIA.

1. TST (A. p. 6.815/47, LTr., junho, 1.948, pg. 220, apud Comentários, à C. L. T., Gavazzoni, vol. II, pg. 190): "O conceito de salário é, legalmente, o de contraprestação de serviço; além dos dispositivos invocados pela recorrente, pode ser invocado o texto do art. 457 da Consolidação. J. A. Nogueira Júnior, em sua monografia "Contrato de Trabalho e Rescisão", pg. 18, n.º 21, salienta que, nesse dispositivo, a Consolidação, sem expressa preocupação, deixa dito o que considera, pròpriamente salário, concluindo: "Podemos dizer, assim, que salário, segundo a lei, é a contraprestação do serviço paga diretamente pelo empregador; e remuneração os proventos habituais do emprêgo, havidos em função dêle, compreendendo, portanto, o salário pròpriamente dito e as gorjetas."
2. TST (A. de 1/10/58, TP., p. 56/58, r. Télio Monteiro, A C.L.T. vista pelo TST, Calheiros Bonfim, 1.963, pg. 188): "Salário e remuneração não se confundem, títulos que são absolutamente distintos. Veja-se a própria lei dispondo sôbre o valor da indenização de antigüidade, manda seja ela calculada com base na maior remuneração e não na do maior salário percebido (art. 477)".
3. TRT, 4.ª (A. in T.I.C., 1.950, n.º 37, pg. 727, apud Russomano, Comentários à C.L.T., vol. III, pg. 801): "A indenização deve ser calculada sôbre a maior remuneração percebida pelo empregado e não sôbre o maior salário. Remuneração tem sentido mais amplo e nela se compreendem gratificações, abonos etc."

OBSERVAÇÕES.

A lei não define remuneração.

Indica, apenas, que nela compreendem-se, além do salário devido e pago diretamente pelo empregador, como contraprestação do serviço, as gorjetas que receber.

Duas posições doutrinárias são encontradas: a da remuneração como gênero de que o salário seria uma espécie e a da absoluta identidade de conceitos.

3. **DIFERENÇA ENTRE SALÁRIO E REMUNERAÇÃO. — REMUNERAÇÃO E SALÁRIOS SÃO CONCEITOS EQUIVALENTES?**

A DOUTRINA.

1. CESARINO JÚNIOR (Salário Indireto, Revista de Direito Social, vol. V, n.º 22, 1.944, pg. 26): "... a Consolidação considera a remuneração um gênero, com duas espécies: o salário direto, que é o pago pelo empregador em dinheiro ou em utilidade, e o salário indireto, que é o recebido pelo empregado de outrem, que não o empregador, mas em conseqüência dos serviços a êste prestado, ou as vantagens obtidas do próprio empregador, porém não consistentes de prestações em natureza ou em espécie."
2. ORLANDO GOMES (O Salário no Direito Brasileiro, 1.947, pg. 25): "O dispositivo estabelece nìtidamente a distinção entre remuneração e salário. Com o primeiro vocábulo traduz tudo quanto o empregado percebe no exercício do trabalho, provenha do empregador ou não. O têrmo salário foi reservado para a retribuição paga diretamente pelo empregador."
3. JOSÉ MARTINS CATHARINO (Tratado Jurídico do Salário, 1.951, pg 21): "Assim, no conceito legal, o salário sempre é parte da remuneração, mas esta pode abranger parcela que, a rigor, não é considerada salário."
4. MOZART VICTOR RUSSOMANO (Manual Popular de Direito do Trabalho, vol. I, 1.954, pg. 87): "O direito brasileiro, porém, distingue nìtidamente,

o "salário" da "remuneração". O conceito desta é mais amplo. Tudo quanto o empregado aufere em conseqüência do fato de prestar serviços é a remuneração, mesmo quando o pagamento não é feito pelo empregador, como no caso da gorjeta."

5. F. MOURA BRANDÃO FILHO e J. GOMES TALARICO (Interpretação e Prática da Legislação Trabalhista Brasileira, 1.955, pg. 173): "Do ponto de vista legal, a remuneração é um todo de que o salário e a gorjeta são partes".

6. MOZART VICTOR RUSSOMANO (O Empregado e o Empregador no Direito Brasileiro, vol. II, 1.954, pg. 558): "No direito brasileiro, há uma distinção bastante nítida entre *remuneração* e *salário*. O conceito da remuneração é mais amplo. Tudo quanto o empregado aufere como conseqüência do trabalho que êle desenvolve constitui remuneração, mesmo quando o pagamento não é feito às expensas da emprêsa, como no caso da gorjeta."

7. ARNALDO SUSSEKIND (Instituições de Direito do Trabalho, vol I, pg. 353, 1.957): "Como se infere, *salário* é a retribuição dos serviços prestados pelo empregado, por fôrça do contrato de trabalho, sendo devido e pago diretamente pelo empregador que dêles se utiliza para a realização dos fins colimados pela emprêsa; *remuneração* é a resultante da soma do salário percebido em virtude do contrato de trabalho e dos proventos auferidos de terceiros, habitualmente, pelos serviços executados por fôrça do mesmo contrato. Essa distinção, oriunda dos conceitos legais de remuneração e de salário, é de inquestionável importância para a aplicação das diversas normas jurídicas atinentes às relações de trabalho, inclusive as que tangem à Previdência Social".

8. LUIZ JOSÉ DE MESQUITA (Das Gratificações no Direito do Trabalho, 1.957, pg. 14): "De sorte que, em nossa lei, a palavra remuneração é mais amplá do que o vocábulo salário, neste se incluindo certas gratificações, ou seja, as ajustadas, expressa ou tàcitamente, e dêle se excluindo as não ajustadas."

9. YARA MULLER (Empregador e Empregado na Justiça do Trabalho, 1.954, pg. 16): "A lei trabalhista distingue entre remuneração e salário, esclarecendo o artigo 457 da Consolidação que a remuneração compreende as gorjetas que o empregado recebe, além do salário devido e pago diretamente pelo empregador, contra a prestação do serviço."

10. WILSON DE SOUZA CAMPOS BATALHA (Aspectos Constitucionais e Legislativos das Remunerações Mínimas, 1.958, pg. 25): "Distinguiu a Consolidação das Leis do Trabalho, de maneira nítida, remuneração e salário. Salário é a contraprestação do serviço paga diretamente pelo empregador, ao passo que remuneração é tudo aquilo que recebe o empregado em função do trabalho executado."

11. MOZART VICTOR RUSSOMANO (Comentários à Consolidação das Leis do Trabalho, 1.960, vol. III, pg. 084): "No direito brasileiro, estabelece-se uma distinção nítida entre a figura de *remuneração* e a figura de *salário*. O salário é sempre pago, diretamente, pelo empregador. A remuneração envolve idéia mais ampla. Tudo quanto o empregado aufere como conseqüência do trabalho que êle desenvolve, mesmo quando o pagamento não lhe seja feito pelo empregador, é *remuneração*."

12. HÉLIO DE MIRANDA GUIMARÃES (Da Gratificação Compulsória de Natal ou 13.º Salário, LTr. 26/426): "Incontroversa é a distinção entre salário e remuneração na nossa legislação. O art. 457 da C.L.T. é preciso quando nos fornece o elemento distintivo entre ambos. Salário é contraprestação de serviços pago pelo empregador. Remuneração é a soma dos proventos auferidos pelo empregado em decorrência do contrato de trabalho. Abrange, não só, o salário, como até a retribuição aleatória de terceiros, como por exemplo, a gorjeta."

13. ADRIANO CAMPANHOLE (Prática e Jurisprudência Trabalhista, 1.962, pg. 319): "Salário, nos têrmos do artigo supra (art. 457) é uma coisa e remuneração outra. O salário — inclusive o salário mínimo — é a parcela paga diretamente pelo empregador, pela contraprestação de serviços. De modo geral a gorjeta não é salário, porque é paga por terceiros; mas ela se inclui na remuneração. A distinção não é essencial: salário, remuneração e retribuição, são têrmos que, em última análise, se equivalem."

14. ALUYSIO SAMPAIO (Lei do 13.º Salário Comentada, 1.962, pg. 5): "Na sistemática da Consolidação das Leis do Trabalho, distinguem-se, tècnicamente, as expressões "remuneração" e "salário".
15. NILTON JUAREZ DA CRUZ (Comentários à Lei 4.080, de 13 de julho de 1.962 (Lei do 13.º Salário) e ao Decreto 1.881, de 14 de dezembro de 1.962): "A sistemática trabalhista distingue as expressões salário e remuneração."
16. CESARINO JÚNIOR (Direito Social Brasileiro, 1.963, pg. 159): "Insistimos em que, em nossa legislação, o têrmo *remuneração* equivale a salário *lato sensu*, empregando a C. L. T. às vêzes, no mesmo sentido, a palavra *salários* (art. 470, 495, 503) no plural, enquanto *salário* no singular, *stricto sensu*, tem a acepção de salário fixo, de ordenado (art. 457). Outras vêzes, entretanto, salário, no singular, é usado como remuneração (artigos 457, § 1.º, 458, 459, 460, 461, etc.)."
17. ROBERTO BARRETO PRADO (Direito do Trabalho, 1.963, pg. 161): "Na sistemática do direito brasileiro, o salário é a contraprestação que o empregado recebe *diretamente* do empregador, por fôrça do contrato de trabalho. As gorjetas não se incluem no salário. O salário se distingue da remuneração. Esta é constituída por tudo aquilo que o empregado recebe em razão do seu contrato de trabalho, seja diretamente do empregador, seja de terceiros. As gorjetas se incluem na remuneração."
18. ORLANDO GOMES e ELSON GOTTSCHALK (Curso Elementar de Direito do Trabalho, 1.963, pg. 187): "A Consolidação das Leis do Trabalho, seguindo esta orientação uniforme das legislações sôbre salário, propôs-se a distinguir, para determinados efeitos, êste instituto do da *remuneração*. Conceitua-se, assim, como salário, tão só as atribuições econômicas *devidas e pagas diretamente pelo empregador* como contraprestação do serviço. Reserva, por outro lado, o têrmo *remuneração*, para todos os proventos fruídos pelo empregado em função do emprêgo, inclusive os obtidos de terceiros como as *gorjetas*."
19. JOSÉ DE ANCHIETA NOGUEIRA JÚNIOR (Decisões Proferidas pelo Tribunal Regional do Trabalho de São Paulo sôbre a Gratificação de Natal instituída pela Lei n.º 4.090, LTr., 27/26): "Todavia, devemos acentuar que a distinção que se procura fazer entre "remuneração" e "salário" é de alcance secundário, já que a Consolidação a fêz, tão só, para incluir a *gorjeta*."
20. JOSÉ DE ANCHIETA NOGUEIRA JÚNIOR (Contrato de Trabalho e Rescisão, pg. 18, n.º 21): "Podemos dizer, assim, que salário, segundo a lei, é a contraprestação do serviço, paga diretamente pelo empregador; e a remuneração os proventos habituais do emprêgo, havidos em função dêle, compreendendo, portanto, o salário pròpriamente dito e as gorjetas."
21. ALUÍSIO JOSÉ TEIXEIRA GAVAZZONI SILVA (Comentários à Consolidação das Leis do Trabalho, 1.963, vol. III, pg. 185): "Existe, bem acentuada, uma diferença entre *salário* e *remuneração*."
22. BRENO SANVICENTE (Introdução ao Direito Brasileiro do Trabalho, 1.963, pg. 187): "A Consolidação das Leis do Trabalho, em dispositivos que não o presente (art. 3.º), distingue o salário da remuneração, tendo em vista a extensão dos dois conceitos, de forma a compreender o primeiro no âmbito do segundo. Aliás, salário é "espécie" do "gênero" "remuneração."
23. HÉLIO DE MIRANDA GUIMARÃES (Repertório de Jurisprudência Trabalhista, vol. II, 1.964, pg. 826): "Na legislação pátria há nítida distinção entre remuneração e salário. Na remuneração, à vista do disposto no art. 457, da C. L. T., compreende-se para todos os efeitos legais, além do salário devido e pago diretamente pelo empregador, como contraprestação do serviço, as gorjetas que receber." Salário é a retribuição dos serviços prestados pelo empregado por fôrça do contrato de trabalho, sendo pago pelo empregador que dêles se utiliza para a realização dos fins colimados pela emprêsa." O salário faz sempre parte da remuneração. Esta, porém, pode ser constituída por parcelas outras que não sejam salário."
24. AMARO BARRETO (Tutela Geral do Trabalho, 1.964, pg. 50, vol. I): "Distinguem-se, no conceito legal, *salário* e *remuneração*. Salário é o que é devido e pago diretamente pelo empregador, como contraprestação do serviço (art. 457 da C. L. T.). Remuneração é o que o empregado recebe, permanente-

mente, no serviço, diretamente do empregador e de quem quer que seja. Por isso, as gorjetas, recebidas dos fregueses, integram a remuneração, mas não o salário."

25. RENATO FERREIRA LEITE (Aplicação Prática do Estatuto do Trabalhador Rural, LTr., 28/364): "Não obstante resultarem bem distintos, da sistemática da C. L. T. os conceitos de "remuneração" e de "salário" tal distinção no ETR. é de pequena relevância prática. Dos artigos 29 e 457 da C. L. T. infere-se que salário é a retribuição pelos serviços prestados pelo empregado, por fôrça do contrato de trabalho, sendo devido e pago diretamente pelo empregador; remuneração, por sua vez, é a resultante da soma do salário percebido em virtude do contrato de trabalho e dos proventos auferidos de terceiros, habitualmente, pelos serviços executados ou por fôrça do mesmo contrato (Sussekind, Arnaldo — Instituições do Direito do Trabalho — Ed. 1.957 — vol. I, pg. 353). De incontestável importância essa distinção na C. L. T., já no ETR. não se apresenta de tanta utilidade prática. É que o empregado rural, na verdade, não recebe quaisquer proventos de terceiros. Nessas condições em nada se justifica a denominação do Capítulo III, do Título II do ETR: Da Remuneração do Salário Mínimo."

26. ARNALDO SUSSEKIND (Comentários à Consolidação das Leis do Trabalho e à Legislação Complementar, vol. III, 1.964, pg. 325): "No Brasil, a palavra remuneração é empregada, normalmente, com sentido lato, correspondente ao gênero do qual são espécies principais os têrmos salários, vencimentos, ordenados, soldos e honorários."

27. PONTES DE MIRANDA (Tratado de Direito Privado, vol. n.º 47, pg. 449, 1.964): "É de advertir-se que salário é remuneração, porém nem todo salário é remuneração."

28. AGENOR B. PARENTE (Lei do Salário-Família Comentada, 1.964, pg. 26): "Na técnica do legislador brasileiro, o salário é parte da remuneração."

29. DÉLIO MARANHÃO (Direito do Trabalho, 1.966, pg. 153): "Entende-se por remuneração o total dos proventos obtidos pelo empregado em função do contrato e pela prestação de trabalho, inclusive aquêles a cargo de outros sujeitos, que não o empregador. Salário é a retribuição pelo trabalho prestado paga, diretamente, pelo empregador."

A JURISPRUDÊNCIA.

1. TST (A. u., pg. 9.975/47, de 27.9.48, r. Min. Astolfo Serra, R. J. T., Hélio M. Guimarães): "O conceito de remuneração é bem mais amplo que o de salário, e portanto, não cabe no caso a indagação sôbre se deve ou não ser incorporado ao salário o aumento concedido. A indenização deve ser calculada sôbre a maior remuneração percebida pelo empregado na empresa, e tão só."
2. TST (A. de 1.10.58. TP., pg. 56/58, r. Thélio Monteiro A C. L. T. vista pelo T. S. T., Calheiros Bonfim, 1.963, pg. 188): "Salário e remuneração não se confundem, títulos que são absolutamente distintos. Veja-se que a própria lei dispondo sôbre o valor da indenização de antigüidade, manda seja ela calculada com base na maior remuneração e não na do maior salário percebido."

OBSERVAÇÕES.

Entre nós, a doutrina não se detinha, pelo menos antes de 1.943, na distinção entre salário e remuneração, o que é fácil verificar através da obra de Dorval de Lacerda, "O Contrato Individual de Trabalho", de 1.939, na qual o autor omite a palavra remuneração, até mesmo ao comentar os aspectos jurídicos da gorjeta, por êle considerada um provento ou uma gratificação em dinheiro que integra o salário, embora não oriunda do empregador.

O Decreto-lei n.º 65, de 1.937, no artigo 8.º, também não se ocupou do assunto.

No relatório da Comissão que elaborou o Anteprojeto da C.L.T., no entanto, foram feitas algumas considerações que se tornaram fundamentais: "O salário é devido e pago diretamente pelo empregador, não se incluindo, òbviamente, no conceito de salário as gorjetas, que são arbitrárias recompensas atribuídas por terceiros, aos seus eventuais e atenciosos servidores. As gorjetas são computadas, realmente — e daí provém todo o equívoco atualmente existente — no que se compreende sob a denominação de remuneração do empregado, isto é, a totalidade dos proventos auferidos em razão do emprêgo. A remuneração, então, é que deve servir de base para o cálculo das contribuições destinadas às instituições de seguro social, considerando-se essa importância na estimativa das indenizações nos casos previstos de rescisão de contrato de trabalho."

O artigo 457 da C.L.T. acolheu inteiramente êsse critério.

Por êsse dispositivo, salário é a importância fixa estipulada, como também outras parcelas complementares emanadas diretamente do empregador; ao passo que remuneração, todavia, é a totalidade do ganho do empregado, quer procedente do empregador, quer resultante de oportunidade (occasione di guadagno), por êle ensejada ao empregado, para auferir proventos de terceiros.

No plano legal, é da qualidade do sujeito ativo que efetua o pagamento, que resulta, bàsicamente, a distinção entre as duas figuras; quando se tratar de terceira pessoa estranha à relação de emprêgo, a retribuição denomina-se remuneração e terá a forma de gorjeta e quando se tratar do próprio empregador, a retribuição será salário, em espécie, utilidades, ou ainda, através de formas complementares.

No plano doutrinário, no entanto, a dimensão dessa diferença de conceitos é mais ampla, pois a remuneração é tida como gênero de que o salário é uma das espécies.

Não obstante, é freqüente, na prática, o uso dos dois vocábulos como sinônimos.

As afirmações de Cesarino Júnior (n.º 16), José de Anchieta Nogueira Júnior (n.º 19) e Renato Ferreira Leite (n.º 25) impressionam; do critério estritamente legal pode resultar a conseqüência por êste último apontada.

4. SALÁRIO JUSTO. — QUE É SALÁRIO JUSTO?

A DOUTRINA.

1. DORVAL DE LACERDA (O Contrato Individual de Trabalho, 1.939, pg. 194): "O salário, para ser justo, deve corresponder às necessidades para manutenção do operário e de sua família, mas, também deve ser proporcional ao trabalho prestado. Qual será, entretanto, essa proporção? E inversamente, do resultado da produção, qual será a quota que é lícita ao empregado reter? Eis uma questão delicada e que ainda não foi satisfatòriamente resolvida. E tão importante que justifica a afirmação de Méliton Martin, (Le travail hu-

manis, pg. 84): "logo que a experiência houver determinado a forma prática da retribuição, o problema social estará resolvido."

2. EVARISTO DE MORAIS FILHO (Contrato de Trabalho, 1.944, pg. 81): "Em geral, costumam os autores chamar de *salário justo,* principalmente em França, àquele que recebe o empregado bastante para o seu sustento e da sua família, mas como compensação de índole econômica entre a prestação e a contraprestação. Nesta espécie de salário, há proporcionalidade entre o trabalho e o montante a receber."

3. CESARINO JÚNIOR (Direito Social Brasileiro, 1.963, pg. 161): "O justo salário aos trabalhadores refere-se a salário suficiente para a subsistência do trabalhador, a que a Constituição de 1.946 acrescentou a subsistência da família do trabalhador, ao instituir o salário mínimo familiar no artigo 157, n. I."

4. CHRISTÓVÃO PIRAGIBE TOSTES MALTA (Introdução ao Processo Trabalhista, 1.961, pg. 101): "De tudo resulta que não nos cumpre quando se tem em vista o artigo 766 da Consolidação das Leis do Trabalho, procurar um salário justo em têrmos absolutos, mas tão-sòmente um salário relativamente justo, isto é, aquêle que, respeitando nossa organização política e econômica, nosso direito positivo, resguarda os interêsses do trabalhador, porém respeitando o capital, permitindo que o esfôrço do trabalhador assegure lucro ao detentor do capital."

5. BRENO SANVICENTE (Introdução ao Direito Brasileiro do Trabalho, 1.963, pg. 190): "A fórmula do justo salário resume-se no conselho do Papa Pio XII e que já reproduzimos, isto é, "um salário que assegure a existência da família, tornando possível aos pais o cumprimento de seu dever natural de sustentar uma prole sã, alimentada e vestida; uma vivenda digna de pessoas humanas; a possibilidade de dar aos filhos uma instrução suficiente e uma educação conveniente, de prever e prover, nos períodos de necessidade, de doença e velhice."

6. ROBERTO BARRETO PRADO (Direito do Trabalho, 1.963, pg. 158): "O salário é justo quando proporcional à quantidade e à qualidade da utilidade produzida. Êsse seria o limite superior do justo salário, segundo os ensinamentos de Johannes Haessle. O valor do salário não deve ser superior ao valor da utilidade produzida pelo trabalho. Há um aspecto também relevante do salário e que precisa ser analisado. É o trabalho um bem pessoal e constitui um meio ou instrumento para que o homem se mantenha e desenvolva sua personalidade. Ora, para que o trabalho atinja sua finalidade, necessário é que o salário seja suficiente para a conservação e desenvolvimento da vida pessoal do trabalhador e de sua família. Êsse seria o limite inferior do salário, na conceituação de Haessle."

7. DÉLIO MARANHÃO (Direito do Trabalho, 1.966, pg. 294): "A noção de salário justo corresponde à de "salário conforme a justiça social" capaz de assegurar aos trabalhadores uma parte maior da renda nacional."

A JURISPRUDÊNCIA.

1. TRT, 1.ª (in Aldílio Tostes Malta, Direito do Trabalho Aplicado, pg. 80): "O justo salário "s" seria a média geométrica entre o valor representado pela vida de um trabalhador "a" e o valor do produto "p"."

OBSERVAÇÕES.

A idéia de suficiência do salário como meio de proporcionar uma existência, quando menos, digna e moral, ao trabalhador e sua família, não é jurídica, mas sim político-social. Salário justo é a medida das necessidades alimentares do trabalhador.

Porém, como a família tem, por sua vez, direito natural ao sustento, o salário, único meio com que o trabalhador conta para cumprir a obrigação de manter os seus, deve atender às necessidades domésticas ordinárias (Welty, Manual de Ética Social, pg. 348).

Os pensadores católicos, da moral econômica e social, enumeram três fatôres fundamentais que determinam o salário: as necessidades vitais do trabalhador e da família, a situação da emprêsa e o bem comum. Assim, a valoração trabalho-salário não pode perder de vista a altitude do significado dessas três realidades. O programa estatal de salário que fechar os olhos para qualquer uma dessas causas será falho, pois a economia, a sociedade e o Estado fundam-se na estabilidade familiar, para cuja realização se destinam, e que só pode ser encontrada a partir da garantia de uma base econômica sólida mediante ingressos que atendam às necessidades vitais.

5. SALÁRIO VITAL. — QUE É SALÁRIO VITAL?

A DOUTRINA.

1. ADAUCTO FERNANDES (Direito Industrial Brasileiro, vol. II, pg. 526, 1.952): "O salário vital, na conceituação de salário mínimo, é o salário sem o qual ninguém pode viver. Ora, tal condição surge como imperativo de uma necessidade inadiável, e deve assegurar aos trabalhadores, não um nível de vida conveniente, mas, uma *standard* de vida trabalhista, isto é, o mínimo indispensável à realização da vida do homem trabalhador."
2. ARNALDO SUSSEKIND (Comentários à Consolidação das Leis do Trabalho e à Legislação Complementar, vol. I, pg. 402, 1.964): "No que tange ao seu conceito, a legislação comparada registra os seguintes tipos de salário mínimo: I) salário vital, de índole material, em que se deve atender ao custo das necessidades materiais do trabalhador. É o que ainda vigora no Brasil, em virtude da disposição legal que conceitua o salário mínimo como o suficiente para satisfazer as necessidades normais do trabalhador no concernente à alimentação, à habitação, à higiene, ao vestuário e ao transporte (art. 76 da C. L. T.). Vale sublinhar que a Constituição Federal adota conceito mais amplo em norma que, todavia, ainda não foi regulamentada. Conceito similar vigora no Chile; II) salário vital, de caráter pessoal, em que se deve ter em vista o custo das necessidades materiais e espirituais do trabalhador. Neste caso, o salário mínimo é aquêle que, como no Uruguai, leva em conta as condições econômicas existentes numa região, para assegurar ao trabalhador um padrão de vida conveniente, satisfazendo as suas necessidades físicas, intelectuais e morais; III) salário familiar, que deve atender ao custo das necessidades normais, apenas de ordem material ou, também, de natureza pessoal, do trabalhador e de sua família. Êste conceito, aliás, tem tido aceitação na América Latina, estando consagrado na Argentina, na Colômbia, em Costa Rica, no Equador, em Guatemala, no México e no Panamá. No Brasil o conceito de salário mínimo familiar foi consubstanciado pelo art. 157, n. I, da Constituição Federal de 1.946 que o define como "capaz de satisfazer as necessidades normais do trabalhador e de sua família."
3. ORLANDO GOMES e ELSON GOTTSCHALK (Curso Elementar de Direito do Trabalho, 1.963, pg. 236): "Duas tendências se afirmam, no particular, uma considerando a necessidade de fixação de um salário mínimo vital, outra de um salário mínimo industrial. O primeiro, atenderia às exigências de vida do empregado. O segundo, às exigências econômicas das emprêsas."

OBSERVAÇÕES.

Não há jurisprudência sôbre o conceito de salário vital.

O Código Social de Malinas, em seu artigo 114, dispõe: O salário vital, compreendendo a subsistência do trabalhador e da sua família, os seguros contra os riscos de acidentes, doença, velhice, descanso forçado, é o salário mínimo devido pelo patrão, por justiça. *Tem caráter pessoal* e não familiar, nisso consistindo a sua diferença do salário mínimo, que pode ser familiar.

6. SALÁRIO EQÜITATIVO. — QUE É SALÁRIO EQÜITATIVO OU CORRETIVO?

A DOUTRINA.

1. JOSÉ MARTINS CATHARINO (Tratado Jurídico do Salário, pg. 349, 1.951): "... denominamos o salário resultante da equiparação, ordenada por lei e decretada judicialmente, como remuneração corretiva ou eqüitativa."

OBSERVAÇÕES.

Da equiparação salarial prevista na Constituição Federal e no art. 461 da Consolidação das Leis do Trabalho, resulta a possibilidade de fixação judicial do salário do empregado, sempre que violados os princípios inseridos na lei.

Salário eqüitativo ou corretivo, portanto, é todo aquêle que decorra da determinação judicial que assegura a paridade ou isonomia salarial.

7. SALÁRIO GARANTIDO. — QUE É SALÁRIO GARANTIDO?

A DOUTRINA.

1. ARNALDO SUSSEKIND (Instituições de Direito do Trabalho, 1.957, vol. I, pg. 364): "A importância fixa, devida e paga diretamente pelo empregador ao empregado, na execução do contrato de trabalho, constitui, em regra, a principal ou única prestação correspondente ao salário. É o que alguns autores denominam de *salário garantido*, em contraposição ao salário aleatório. Mas, embora fixo, poderão variar os proventos mensais, quando o salário fôr estipulado por unidade de obra. Garantida estará, contudo, a percepção do salário mínimo, ainda que a produção do empregado não atinja a êsse nível."
2. CESARINO JÚNIOR (Direito Social Brasileiro, 1.963, vol. II, pg. 205): "É êste um assunto que interessa mais aos europeus e aos norte-americanos, onde há desemprêgo, porque pode haver até uma forma de salário anual garantido. Nos países em que há desemprêgo, há o risco de o empregado perder o emprêgo e ficar sem salário algum. Os empregadores podem assumir o compromisso de garantir o salário durante um ano todo ou durante um certo tempo. Isto é feito, geralmente, através dos contratos coletivos de trabalho. É claro que, para o salário garantido, os empregados também assumem alguns compromissos. Geralmente, êste contrato é feito com os empregados mais antigos, de modo que assume um certo aspecto de estabilidade."
3. ARNALDO SUSSEKIND (Comentários à Consolidação das Leis do Trabalho e à Legislação Complementar, 1.964, pg. 337, vol. II): Igual ao n.º I.

OBSERVAÇÕES.

Duas acepções diferentes da expressão *salário garantido,* são conhecidas. Para alguns autores, salário garantido é a importância fixa devida e paga diretamente pelo empregador num sentido não aleatório; para outros, consiste nas cláusulas negociadas em contratos coletivos de trabalho em alguns países, assecuratórias de salário durante os períodos de desemprêgo.

No Brasil, todavia, são desconhecidas estas práticas.

O plano de assistência aos trabalhadores desempregados (Lei n.º 4.923, de 23.12.1.965 e Decreto n.º 58.684, de 21.6.1.966) tem natureza previdenciária; não é salário garantido.

Portanto, sem maior utilidade, por enquanto, em nosso vocabulário jurídico, a expressão salário garantido.

A jurisprudência não se preocupa com a sua conceituação.

8. SALÁRIO COLETIVO. — QUE É SALÁRIO COLETIVO?

A DOUTRINA.

1. JOSÉ MARTINS CATHARINO (Tratado Jurídico do Salário, 1.951, pg. 157): "Configura-se o salário coletivo quando um grupo de trabalhadores é considerado como unidade em relação a certo empregador, que paga a retribuição tendo em vista um determinado resultado." .... pg. 404. "Entre os chamados salários judiciais podem ser distinguidos dois tipos: o salário judicial individual ou supletivo e o coletivo ou normativo."

OBSERVAÇÕES.

No plano jurisprudencial nada há sôbre o assunto.

Catharino faz menção a duas hipóteses diferentes:

1) trata-se do salário dividido entre os membros do grupo de trabalhadores contratados em conjunto: trabalhos de estiva, de capatazias nos portos, em atividades agrícolas como derrubada de matas, estabelecido um preço global por alqueire de terra desbravado pelos lavradores.

2) modalidade de salário judicial, reajustamentos salariais procedidos por meio de dissídios coletivos ou acordos inter-sindicais homologados judicialmente.

9. SALÁRIO JUDICIAL E CONVENCIONAL. — QUE É SALÁRIO JUDICIAL E CONVENCIONAL?

A DOUTRINA.

1. JOSÉ MARTINS CATHARINO (Tratado Jurídico do Salário, 1.951, pg. 404): "... assim consideramos aquêle fixado judicialmente, quando · as vontades das partes, isoladas ou representadas por órgãos coletivos, apenas se manifestam processualmente".
2. CESARINO JÚNIOR (Direito Social Brasileiro, 1.963, pg. 186): "... existem ainda outras duas espécies de salário quanto à origem de sua obrigatoriedade:

OBSERVAÇÕES.

O artigo 74 parágrafo único do Código Civil, é a fonte da expressão *salário diferido,* de que são um exemplo os depósitos mensais, efetuados pelas emprêsas, no Fundo de Garantia.

21. **SALÁRIO ADICIONAL PARA A INDÚSTRIA.** — QUE É SALÁRIO ADICIONAL PARA A INDÚSTRIA?

A DOUTRINA.

1. JOSÉ DE ANCHIETA NOGUEIRA JÚNIOR (Soluções práticas de Direito do Trabalho) 1.950, pg. 68): "O salário adicional para a indústria foi instituído pelo DL. 5.473, de 11.5.1.943, havendo sido as respectivas tabelas alteradas pelo DL. 5.979, de 10.11.1.943. Êsse acréscimo só é aplicável na indústria, beneficiando, apenas, os empregados cujo salário seja inferior ao mínimo acrescido da parcela adicional. Vigorou até 1.12.1.946, prorrogada a vigência pela Portaria n.º 183, de 25.6.1.947."

OBSERVAÇÕES.

Situações de momento criam certas necessidades para as quais são estabelecidas medidas transitórias, como é o caso do salário adicional para a indústria para vigorar enquanto perdurasse a situação criada pelo estado de guerra. Com o tempo, cessada a causa, cessaram os seus efeitos. Atualmente, essa figura está afastada do nosso direito positivo.

22. **SENTIDO AMPLO E RESTRITO DE SALÁRIO.** — QUE É SALÁRIO EM SENTIDO LATO E RESTRITO?

A DOUTRINA.

1. JOSÉ MARTINS CATHARINO (Tratado Jurídico do Salário, 1.951, pg. 105): "O salário, em sentido restrito, é aquêle devido ao empregado por estar realmente trabalhando ou por estar à disposição do empregador, situação equiparada por lei à prestação efetiva de serviços." ... pg. 107: "O salário, em lato sentido, é aquêle devido ao empregado quando estiver inapto para trabalhar, estiver impedido de fazê-lo, ou, ainda, quando a lei, ao mesmo tempo que lhe faculta não trabalhar, assegura-lhe a percepção parcial correspondente ao período de inatividade."

OBSERVAÇÕES.

Salário *em sentido restrito,* é a contraprestação do serviço e, *em sentido lato,* é a remuneração, no modo de ver dos autores que consideram esta o gênero de que aquêle é uma espécie.

23. **SALÁRIO COMPLESSIVO.** — QUE É SALÁRIO COMPLESSIVO?

A DOUTRINA.

1. ELSON GOTTSCHALK (Férias Anuais Remuneradas, 1.956, pg. 122): "Admite-se, por exemplo, um salário fixado a *forfait* pago para cobrir as horas ex-

traordinárias, juntamente com o salário ordinário. Realiza-se, assim, o que os italianos denominam de salário complessivo, estabelecido *a priori*, independentemente do cômputo exato das horas extraordinárias prestadas pelo empregado. Essa forma de pagamento pode apresentar-se nas emprêsas onde o trabalho extraordinário constitui um acontecimento normal."

OBSERVAÇÕES.

"Complessivo" é aquilo que compreende o conjunto de uma ou de mais coisas conexas (Dicionário Italiano-Português, João Amendola, pg. 166). Diríamos, em português, *salário complexo*. Ou ainda, complessivo. É a atribuição mensal e contínua ao empregado que trabalha horas suplementares, para pagamento dêsse período complementar da jornada de trabalho. Seria uma espécie de gratificação para cobrir as horas extraordinárias e sua aceitação em nosso direito é discutível.

A licitude dessa estipulação foi reconhecida pelo S.T.F. 2.ª turma, in D.J., de 5.10.1.953. Mas o T.S.T. já decidiu que a lei só admite o excesso de horário mediante acôrdo escrito ou contrato coletivo; não ocorrendo nem uma nem outra hipótese, o ordenado que o trabalhador recebe não pode alcançar horas extraordinárias (A. de 24.7.1.958, T.P., RR. n. 2.320/56, r. M. Thélio Monteiro, in R.T.S.T., 1.960, pg. 240). Quanto ao T.R.T. da 1.ª Região, no p. n. 676/57, considerou ilegal essa prática; mas a admitiu válida, expressamente, no p. 761/58 (LTr. n.º 21/389). Já o T.R.T. da 2.ª Região, no p. 995/59, A. 3.267/59, de 29.10.59, por maioria, relator o Juiz Hélio de Miranda Guimarães, repeliu com veemência o salário "complessivo" (LTr. n. 27/92). Porém, o T.R.T. da 4.ª Região, por unanimidade, no p. n. 2.980/61, relator o Juiz Mozart Victor Russomano, proclamou a possibilidade legal de ajustes nesse sentido (Repertório de Decisões Trabalhistas, vol. III, pg. 323).

Portanto, não é pacífica a orientação da jurisprudência. Na prática, sem prova documental de uma estipulação nesse sentido, será muito difícil ao empregador ver acolhida vàlidamente essa tese porque tal alegação pode ser tida como mero expediente para eximir-se do cumprimento da obrigação legal do pagamento suplementar. Depois, o Código Civil exige quitação especificada da dívida, razão pela qual o pagamento das horas extraordinárias deve ser efetuado contra recibo que as relacione em quantidade (artigo 940). O problema nos parece mais de fato. Em cada caso concreto é que se poderá vislumbrar a existência ou não de um ajuste expresso do tipo "complessivo". Tácito, nunca.

24. **SALÁRIO DE CONTRIBUIÇÃO.** — QUE É SALÁRIO DE CONTRIBUIÇÃO? A LEI.

Art. 76 — Entende-se por salário de contribuição:
I — a remuneração efetivamente percebida, durante o mês, para os segurados referidos nos itens I, II e III do art. 5.º, bem como para os trabalhadores avulsos;
II — o salário-base fixado para os trabalhadores autônomos e

para os facultativos. (Lei Orgânica da Previdência Social, Lei n.º 3.807, de 26 de agôsto de 1.960, DL. 66, de 21.11.1.966).

A DOUTRINA.

1. **ALBINO PEREIRA ROSA** (A Lei Orgânica da Previdência Social, 1.960, pg. 114): "Assim, entender-se-á como SALÁRIO DE CONTRIBUIÇÃO: I — dos empregados — tôda remuneração efetivamente percebida, a qualquer título, em pagamento dos serviços prestados durante o mês; II — dos titulares de firma individual e diretores, sócios gerentes, sócios solidários, sócios quotistas, sócios de indústria, de qualquer emprêsa — o salário de inscrição, compreendendo o ganho efetivamente auferido a qualquer título (art. 77); III — dos trabalhadores avulsos e autônomos — o salário base a ser fixado pelo Ministro do Trabalho e Previdência Social, ouvido o Serviço Atuarial e os órgãos de classe quando os houver, mediante tabelas, onde serão atendidas as possibilidades de ganhos, as peculiaridades das diversas categorias de trabalhadores e o padrão de vida de cada região (art. 78)."

2. **ARNALDO SUSSEKIND** (Previdência Social Brasileira, 1.955, pg. 144): "O conceito de salário contribuição, entretanto, varia fundamentalmente, segundo a categoria do segurado e, subsidiàriamente, em face da legislação atinente à instituição asseguradora. Com efeito, o salário-contribuição corresponde: a) à remuneração do empregado, ou ao salário de classe calculado com base nessa remuneração, se o segurado é empregado (contrato de trabalho subordinado ou contrato de emprêgo); b) ao salário-base se o segurado é trabalhador autônomo; c) ao salário de inscrição se se trata de segurado facultativo.

3. **FÁBIO FANUCCHI** (Principais alterações das contribuições previdenciárias (LTr. — Suplemento, 1.967, n.º 4): "O Salário de contribuição. Na sistemática da Lei Orgânica da Previdência Social, "salário de contribuição" é a expressão usada para determinar um gênero e uma espécie, a um só tempo. Como gênero, o salário de contribuição é a base de cálculo para a contribuição previdenciária devida pelos segurados em geral. Como espécie, era a base de cálculo da contribuição devida pelo segurado "empregado".

O gênero era dividido, na sistemática da Lei n.º 3.807/60, em três espécies: "salário de contribuição" dos empregados; "salário de inscrição" dos segurados empregadores (dirigentes de emprêsa); e, "salário base", dos segurados trabalhadores avulsos e autônomos.

O Decreto-lei n.º 66/66, em seu artigo 19, modifica a redação do artigo 76 da Lei Orgânica, exatamente o dispositivo que tratava do "salário de contribuição", como gênero. Com essa modificação, é "salário de contribuição" espécie, de agora em diante, "a remuneração efetivamente percebida durante o mês, para os segurados": empregados, os titulares de firma individual e diretores, sócios-gerentes, sócios solidários, sócios quotistas, sócios de indústria de qualquer emprêsa, com idade máxima, no ato da inscrição na Previdência Social, de 50 anos, bem como para os trabalhadores avulsos. Dessa forma, aconteceram as seguintes modificações: não existe mais o "salário de inscrição" dos dirigentes de emprêsa, só alterável cada 2 anos; e, os avulsos, passam a contribuir sôbre sua efetiva percepção mensal e não mais sôbre o salário-base. Estão definitivamente equiparados, na contribuição previdenciária, os empregados, e os dirigentes empresariais.

O "salário-base", a segunda e última espécie atual do "salário de contribuição" gênero, é aplicável para os segurados autônomos e para os facultativos. Seu montante decorria de uma declaração do Ministro do Trabalho e Previdência Social, feita por Portaria, não sendo base de cálculo da contribuição previdenciária, como já se disse, o montante da percepção mensal auferida pelo autônomo.

A fixação do "salário-base", de agora em diante, compete ao Departamento Nacional da Previdência Social (artigo 77).

O "salário-base", será reajustado automàticamente, na mesma proporção, sempre que o salário mínimo fôr alterado (artigo 78)."

4. FÁBIO FANUCCHI (Unificação das Contribuições Previdenciárias e Sociais, LTr., 30/59): "Dessas declarações legal e regulamentar, depreende-se existir quatro espécies de "salário de contribuição"; o dos empregados que por falta de uma denominação específica podem adotar a do gênero, isto é, "salário de contribuição"; o dos empregadores (titular de firma individual, sócio-gerente, diretores etc., da sociedade), chamado "salário de inscrição"; o dos avulsos e autônomos, chamado "salário-base"; o dos facultativos denominado, "salário declarado."

OBSERVAÇÕES.

A lei indica o que é salário de contribuição.

Coincide com a remuneração percebida no mês, quando se tratar de empregados. Essa será a base sôbre a qual recairão os descontos previdenciários. O décimo terceiro salário não é computado, não obstante sua natureza salarial. Sôbre êle recai um desconto em separado, o da lei 4.281, de 8 de novembro de 1.963, que instituiu um abono especial para aposentados dos Institutos de Previdência. Os comentários de Fábio Fanucchi são bastante esclarecedores (n.º 3).

25. **HONORÁRIOS.** — QUE SÃO HONORÁRIOS?

A DOUTRINA.

1. HÉLIO DE MIRANDA GUIMARÃES (Repertório de Jurisprudência Trabalhista, vol. II, pg. 490, 1.953): "Honorários. Remuneração ganha por profissional liberal por serviços profissionais."
2. PAULO JORGE DE LIMA (Dicionário Jurídico Trabalhista, 1.962, pg. 256): "Honorário. Remuneração dos serviços prestados pelos que exercem profissões liberais: assim, os honorários de advogado."
3. DORVAL DE LACERDA (O Contrato Individual de Trabalho, 1.939, pg. 166): "... são a retribuição dos profissionais liberais."

A JURISPRUDÊNCIA.

1. TRT, 1.ª (R. O. 434/56, A. de 8/8/56, r. Pires Chaves, in J. T. vol. V, pg. 31, Pires Chaves): "A rigor, o chamado honorário tem significação adequada de remuneração do serviço prestado, no sentido da advocacia ou das profissões liberais. Tratando-se, porém, de contrato de trabalho, espécie de locação de serviços, honorários é o nome que tem a remuneração do empregado, porque, nessa hipótese, o empregador paga o preço da prestação, quer se trate de serviço tìpicamente subordinado, quer se cuide da rtribuição daquele que exerce profissão autônoma ou liberal. Ali se estabelece uma relação de emprêgo, e honorário é, realmente, salário, *stricto sensu*".

OBSERVAÇÕES.

A retribuição dos trabalhos prestados por uma pessoa, subordinados ou não, recebem variadas denominações: vencimentos, ordenados, honorários etc. Podem, ou não, constituir salário. Por exemplo: A remuneração de advogado que presta serviços subordinados através de um contrato de emprêgo.

Sempre que presentes os elementos de um contrato de trabalho regido pela C.L.T., à obrigação do empregador de retribuir os serviços prestados dá-se o nome de salário, ainda que se trate de profissionais liberais.

Portanto, a rigor, honorários não significam o mesmo que salário. Mas, podem significar o salário, numa situação especial.

26. SALÁRIO-FAMÍLIA. — QUE É SALÁRIO-FAMÍLIA?
A LEI.

> Art. 1.º — O salário-família, instituído por esta lei, será devido, pelas emprêsas vinculadas à Previdência Social, a todo empregado, como tal definido na Consolidação das Leis do Trabalho, qualquer que seja o valor e a forma de sua remuneração, e na proporção do respectivo número de filhos. (Lei 4.266, de 3/10/63).

A DOUTRINA.

1. MOACYR VELLOSO CARDOSO DE OLIVEIRA (O Salário-Família do Trabalhador, 1.964, pg. 20): "Não é, portanto, o salário-família, no regime estabelecido pela Lei, como a alguém menos avisado poderia parecer, um nôvo "benefício" do plano de prestações da Previdência Social". É, como vimos, um "encargo" das emprêsas".
2. ANDRÉ FRANCO MONTORO (Salário-Família, Promoção Humana do Trabalhador, 1.963, pg. 19): "O salário-família deve ser considerado dentro de uma perspectiva de ascensão humana do trabalhador. Além de significar um passo à frente na reformulação dos critérios de retribuição ao trabalho, êle constitui um dos aspectos necessários da grande transformação social que se opera em todo o mundo, no sentido da participação efetiva de todos os homens nos direitos e deveres da vida econômica, política e cultural. Por isso, o salário-família impõe-se tanto à empresa individual, como à emprêsa comunitária e à emprêsa estatal. Êle representa sempre uma exigência no sentido da humanização da vida econômica."
3. AGENOR B. PARENTE (Lei do Salário-Família Comentada, 1.964, pg. 3): "Decorre o salário-família de expresso dispositivo constitucional, constante da Carta de 1.946 (art. 157, n. I)."
4. ARMANDO CASIMIRO COSTA (Salário-Família, LTr. n. 27/459): "O salário-família, nos têrmos daquele diploma legal, será devido pelas emprêsas vinculadas à Previdência Social, a todo empregado, como tal definido na Consolidação das Leis do Trabalho, qualquer que seja a forma de sua remuneração, na proporção do número de filhos, de qualquer condição, que tiver, até a idade de 14 anos."
5. LUIZ MÉLEGA (Salário-Família, LTr. 27/461): "Todo empregado, qualquer que seja o valor e a forma de sua remuneração, e desde que preste serviço a emprêsa filiada à instituição, de previdência social, tem direito ao salário-família, por filho menor, de qualquer condição até 14 anos de idade, numa percentagem calculada sôbre o salário mínimo local, arredondado êste para o múltiplo de mil seguinte."
6. OCTAVIO BUENO MAGANO (Salário-Família, LTr. 27/582): "Do ponto de vista econômico, trata-se de um nôvo encargo impôsto ao empregador, equivalente a 6% do salário mínimo local, multiplicado pelo número de empregados da emprêsa."

OBSERVAÇÕES.

Salário-família é o pagamento suplementar atribuído ao empregado, proporcional aos seus encargos de família para cuja manutenção visa contribuir.

Quanto à sua denominação, varia em cada sistema de direito, bem como também a sua natureza.

Para BOUVOISIN denomina-se "allocations"; ELEANOR RATHBONE prefere "family allowance"; na Itália, é "assegni familiari; no Chile, "asignación familiar"; pode ser denominado, ainda, de auxílio, prestação, pagamento, subsídio etc. No Brasil, o DL. n. 3.200, de 19 de abril de 1.941, falava em abono familiar; a Lei 4.266, de 3 de outubro de 1.963, preferiu, no entanto, *salário-família*, que é o nome vigente entre nós.

Vários países o adotam: França, Lei de 11.3.1.932 (Code du Travail, Liv. I, tit. III, capítulo V-Tomo I); Bélgica, Lei de 4.8.1.930; Alemanha, 1.954; Argentina, Lei n. 12.637, de 1.940; Austrália, Lei n. 26, de 11.6.1.947; Áustria, 1.950; Bolívia, 1.953; Bulgária, 1.942; Canadá, 1.944; Tchecoslováquia, 1.945; Chile, 1.937; Congo Belga, 1.951; Espanha, 1.938, Finlândia, 1.943; Grécia; Holanda, 1.959; Inglaterra, 1.945; Irlanda, 1.944; Itália, 1.936; Líbano, 1.943; Luxemburgo, 1.947; Noruega, 1.946; Nova Zelândia, 1.926; Polônia, 1.947; Portugal, 1.942; Rumânia, 1.944; Suécia, 1.947; Suíça, 1.943; URSS, 1.936; Uruguai, 1.943; Iugoslávia, 1951.

Pela Lei 4.266, de 1.963, que o introduziu no Brasil, regulamentando preceito constitucional de 1.946, equivale a uma quota percentual — atualmente de 5% — sôbre o salário mínimo, por filho menor até 14 anos de idade.

No capítulo XVI é examinada a casuística do salário-família.

27. SALÁRIO NOMINAL E REAL. — QUE É SALÁRIO NOMINAL E REAL?

A DOUTRINA.

1. ADAUCTO FERNANDES (Direito Industrial Brasileiro, 1.952, pg. 195): "O salário nominal é a soma de dinheiro que o trabalhador recebe em pagamento de seu trabalho, isto é, o preço "por quanto êle vende ao patrão a sua capacidade manual ou intelectual de realização produtora"... "O salário real pode ser considerado a quantidade de bens e de serviços que o trabalhador pode adquirir em dado momento, mediante a quantia correspondente ao seu salário."
2. CESARINO JÚNIOR (Direito Social Brasileiro, vol. II, pg. 160, 1.963): "O salário nominal é o recebido pelo empregado segundo a designação comum dos valôres adotados em determinado lugar e que, em virtude da mudança de valor da moeda, apesar da permanência do seu valor permutável (de palavra) sofre variações para mais ou para menos e o salário real é o que, tendo em consideração as flutuações da moeda, verdadeiramente cumpre as finalidades próprias do salário, manter a vida e permitir o progresso do trabalhador e de sua família, e cuja solução se prende geralmente à do salário mínimo, por meio das escalas móveis de salários, que variam assim conforme o custo da vida, e pelos abonos familiares, que têm na devida conta o aumento da família do trabalhador, em conseqüência do nascimento de novos filhos."
3. CHRISTÓVÃO PIRAGIBE TOSTES MALTA (Introdução ao Processo Trabalhista, pg. 103, 1.961): "êste (nominal), como se sabe, é mera expressão numérica, enquanto o primeiro (real) representa o poder aquisitivo da importância paga ao trabalhador."
4. JACYR CAMPOS (Aspectos do Salário no Direito Brasileiro, 1.953, pg. 132): "Sem participar totalmente das características do salário real, a remuneração

por comissões percentuais em parte com êle se confunde, por isto que se sobe o custo de vida, igualmente se eleva o resultado auferido pelo comissionista que tem sua percentagem calculada sôbre o preço da venda do produto."

A JURISPRUDÊNCIA.

1. TST (A. p. em 4.11.1.947, p. n. 7.231-47, r. Min. Júlio Barata): "O salário nominal é simples expressão quantitativa em dinheiro. O salário real é a soma de bens e comodidades que o trabalhador pode obter com a remuneração contratada."

OBSERVAÇÕES.

O conceito de salário real e nominal pertence à economia.
O salário real tem implicações diretas na questão trabalhista.
Os aumentos salariais coletivos são aplicados sôbre o salário real médio dos últimos vinte e quatro meses.
O salário real é o poder aquisitivo do salário nominal. Sua característica é a variabilidade de acôrdo com as alterações do custo de vida.

28. CONCEITO DE SALÁRIO MÍNIMO. — QUE É SALÁRIO MÍNIMO?
A LEI.

Art. 76 — Salário mínimo é a contraprestação mínima devida e paga diretamente pelo empregador a todo trabalhador, inclusive ao trabalhador rural, sem distinção de sexo, por dia normal de serviço, e capaz de satisfazer, em determinada época e região do país, as suas necessidades normais de alimentação, habitação, vestuário, higiene e transporte. (DL. n. 5.452, de 1.5.1.943, C.L.T.).

A DOUTRINA.

1. EVARISTO DE MORAIS FILHO (Contrato de Trabalho, 1.944, pg. 82): "O salário mínimo, entretanto, é o mais baixo salário que pode pagar o empregador a seus empregados adultos, sem distinção de sexo, por dia normal de trabalho, como capaz de satisfazer as suas necessidades normais de alimentação, habitação, vestuário, higiene e transporte."
2. JOSÉ MARTINS CATHARINO (Tratado Jurídico do Salário, 1.951, pg. 183): "Definimos o salário mínimo como contraprestação devida a quem põe seu esfôrço pessoal à disposição de outrem em virtude do vínculo jurídico de trabalho."
3. ADAUCTO FERNANDES (Direito Industrial Brasileiro, 1.952, vol. I, pg. 197): "O salário *minimum* é o teor de vida econômica que o trabalho dá ao trabalhador, permitindo-lhe alcançar com êsse *quantum aquisitivo*, tudo que fôr necessário à manutenção de sua vida."
4. WILSON DE SOUZA CAMPOS BATALHA (Aspectos Constitucionais e Legislativos das Remunerações Mínimas, 1.958, pg. 21): "O salário mínimo constitui o salário vital, isto é, o mínimo indispensável à existência digna do trabalhador."
5. ALONSO CALDAS BRANDÃO (Consolidação das Leis do Trabalho Interpretada, 1.959, pg. 443): "Salário Mínimo é a contraprestação mínima devida e paga diretamente pelo empregador, por dia normal de serviço, e capaz de satisfazer, em determinada época e região do país, as suas necessidades de alimentação, habitação, vestuário, higiene e transporte."
5. ARNALDO SUSSEKIND (Comentários à Consolidação das Leis do Trabalho e à Legislação Complementar, pg. 402, vol. I, 1.964): "O salário mínimo, seja quando predeterminado diretamente pela lei, seja quando fixado por orga-

nismos adequados, dos quais participam representantes dos empregadores e dos empregados (solução adotada pela regulamentação internacional do trabalho), constitui, como já assinalamos, um limite abaixo do qual não pode o contrato de trabalho estipular o correspondente salário."

6. ROBERTO BARRETO PRADO (Direito do Trabalho, pg. 183, 1.963): "O salário mínimo é a contraprestação mínima paga pelo empregador ao empregado, por dia normal de serviço."
7. MOZART VICTOR RUSSOMANO (O Empregado e Empregador no Direito Brasileiro, vol. II, pg. 585, 1.964): "Como medida fundamental de proteção ao proletariado, portanto, impõe-se a vigência de leis combinadas que consigam subtrair o salário do trabalhador das imposições da oferta e da procura. Dentre os meios usados pelos legisladores em tal sentido, destaca-se a fixação do salário mínimo, isto é, a estipulação de um nível abaixo do qual a remuneração não pode descer."

OBSERVAÇÕES.

É difícil dizer, não *o que é o* salário mínimo, mas *qual deva ser* o salário mínimo.

O legislador brasileiro, para êsse fim, considerou como necessidades normais relevantes na sua fixação, a alimentação, habitação, vestuário, higiene e transporte, e mereceu críticas, pela omissão de outras necessidades, assim entendidas, também, a cultura e a recreação.

Na Carta Encíclica *Mater et Magistra,* SS. o Papa João XXIII, ensina: ..."para se fixar, eqüitativamente, a remuneração do trabalho, deve ter-se em conta: primeiro, a efetiva contribuição de cada um para a produção; segundo, a situação financeira da emprêsa em que o empregado presta seu trabalho; terceiro, as exigências do bem comum particular de cada nação, sobretudo para se·obter o máximo de emprêgo da mão-de-obra no país; e, finalmente, o que exige o bem comum universal, isto é, das comunidades internacionais, diferentes entre si quanto à sua extensão e aos recursos naturais de que dispõem."

A idéia do salário mínimo repousa na necessidade de ser estabelecida a última escala social abaixo da qual o homem não poderá mais viver com dignidade de ser humano, nem dispor dos recursos indispensáveis para a realização do mínimo suficiente para a manutenção de si próprio e de seus familiares.

A sua elevação periódica significa a gradativa elevação, correspondente, do padrão de vida da imensa faixa de trabalhadores, sobretudo em nosso país, que se debate dentro das limitações impostas pelos baixos salários fixados.

A casuística do salário mínimo é fértil e a ela é dedicado o Capítulo IV desta obra.

29. **SALÁRIO PROFISSIONAL.** — QUE É SALÁRIO PROFISSIONAL?

A DOUTRINA.

1. WILSON DE SOUZA CAMPOS BATALHA (Aspectos Constitucionais e Legislativos das Remunerações Mínimas, 1.958, pg. 83): "O salário profissional nada mais é do que pura e simples modalidade de salário mínimo."

2. EVARISTO DE MORAIS FILHO (Contrato de Trabalho, 1.944, pg. 81): "No salário profissional, como o seu próprio nome está a indicar, leva-se em conta principalmente a profissão do operário; além de se preocupar com a região do país e com a época, inclui-se também em seu conceito a profissão a que pertence o trabalhador, como entidade coletiva, ao contrário do salário justo, que se refere à produção de cada empregado e à natureza particular do seu emprêgo."
3. ARNALDO SUSSEKIND (Instituições de Direito do Trabalho, 1.957, vol. I, pg. 427): "... os níveis mínimos de salários, que representam limites compulsórios à autonomia da vontade, podem ser fixados para os trabalhadores em geral (salário suficiência ou salário mínimo pròpriamente dito) ou para os trabalhadores de determinada profissão ou categoria profissional (salário profissional)."
4. JOSÉ MARTINS CATHARINO (Tratado Jurídico do Salário, 1.951, pg. 243): "Entre os fatôres que têm sido considerados para a determinação compulsória do salário encontra-se a categoria profissional dos trabalhadores. Assim, o salário pode ser fixado para determinada profissão seja por lei baseada em investigações objetivas precedentes, seja por sentença normativa proferida por tribunal do trabalho, seja, enfim, determinado por convenção coletiva."
5. ROBERTO BARRETO PRADO (Direito do Trabalho, 1.963, pg. 202): "As profissões se agrupam em sindicatos e nada mais natural do que reivindicações no sentido de se obter o salário mínimo para determinada categoria profissional. Notamos três modalidades de se obter o salário mínimo profissional: a) Lei; b) Convenção coletiva; c) Sentença normativa proferida pela Justiça do Trabalho."
6. DÉLIO MARANHÃO (Direito do Trabalho, 1.966, pg. 104): "Os níveis mínimos de salário podem ser fixados para os trabalhadores em geral (salário mínimo pròpriamente dito) ou tendo em vista a profissão exercida pelo empregado (salário profissional)."
7. CESARINO JÚNIOR (Direito Social Brasileiro, vol II, pg. 184, 1.957): "... é uma modalidade especial de salário mínimo."
8. CÁSSIO MESQUITA BARROS JÚNIOR (Lei dos Engenheiros, 1.966, pg. 10): "Os salários profissionais, não previstos pelos princípios gerais da legislação do trabalho, têm sido estabelecidos com base no salário mínimo ou então de forma mais ou menos empírica, seguindo os impulsos da experiência no exercício da profissão."

OBSERVAÇÕES.

O salário profissional está destinado a despertar, sob o prisma doutrinário, as mais vivas discussões, a começar pela possibilidade constitucional de sua fixação, pois entendem alguns autores que, tendo o artigo 157 da C.F. de 1.946, proibido distinção entre trabalho manual, técnico e o intelectual, seria de todo conflitante com a Carta Magna qualquer estipulação violadora dêsses princípios. Não mudaria o raciocínio face à Carta de 1.967.

Maior, ainda, é o debate, sôbre a via legislativa, como meio adequado de sua efetivação. Isto porque, por preceito constitucional, cabendo à Justiça do Trabalho a solução das controvérsias sôbre salários, inclusive profissionais, inadmissível seria a solução da matéria por via de lei.

Outro ponto de atrito: salário mínimo e salário profissional são figuras que se equivalem? A casuística sôbre essas questões é apresentada no Capítulo XI.

Se a verdadeira igualdade consiste em tratar desigualmente situações desiguais, o salário profissional é um instrumento de realização da igualdade salarial.

As necessidades indispensáveis para uma retribuição suficiente diferem de acôrdo com a atividade profissional desempenhada pelo indivíduo. No trabalho preponderantemente intelectual, não basta cuidar da alimentação, da habitação, da higiene, do vestuário e do transporte. Há a representação e o aprimoramento dos conhecimentos tão indispensáveis como qualquer outra necessidade vital para o trabalhador comum.

Assim, o salário profissional não é um privilégio, tanto que no Brasil observamos uma ampliação do seu campo: DL. n. 7.961, de 18.9.1.945, Lei n. 2.641, de 9.11.1.955, Lei n. 3.999, de 15.12.1.961 (médicos de emprêsas particulares); DL. n. 7.037, de 10.11.1.944 (jornalistas); DL. 7.858, de 1.945 (Revisores de emprêsas de jornalismo ou de estabelecimentos gráficos); Lei n. 4.950-A, de 22.4.1.966 (Lei dos Engenheiros), marítimos, professôres e pessoal da área do pôrto.

A tendência que se nota é no sentido da sua consolidação, mesmo porque o salário profissional evita distorsões na hierarquia salarial.

30. SALÁRIO POR UNIDADE DE TEMPO. — QUE É SALÁRIO POR UNIDADE DE TEMPO?

A DOUTRINA.

1. DORVAL DE LACERDA (O Contrato Individual de Trabalho, 1.939, pg. 187): "... o prazo de pagamento é que define o salário-tempo; assim, o empregado que tem salário diário, mas que percebe tais salários quinzenalmente é, na verdade, um quinzenalista e não um diarista."
2. JOSÉ MARTINS CATHARINO (Tratado Jurídico do Salário, 1.951, pg. 151): "É o salário determinado segundo a duração do trabalho. Sendo em função do tempo gasto na prestação não sofre influência direta do rendimento do empregado, nem tão pouco do resultado obtido pelo empregador."
3. ADAUCTO FERNANDES (Direito Industrial Brasileiro, 1.952, pg. 190, vol. I): "A remuneração nesse tipo de salário é fixada sempre segundo o combinado, ou por hora, ou por dia, prevalecendo sempre a unidade tempo."
4. MOZART VICTOR RUSSOMANO (O Empregado e o Empregador no Direito Brasileiro, 1.954, vol. II, pg. 560): "Mede-se, em tal caso, o salário em função do número de dias e horas em que o empregado permanece à disposição do empregador, executando ou aguardando ordens. O salário, então, será pago por hora, por dia, por semana, por quinzena ou por mês."
5. ARNALDO SUSSEKIND (Instituições de Direito do Trabalho, 1.957, vol. I, pg. 405): "... o salário por unidade de tempo corresponde a uma importância fixa, paga em razão do tempo que o empregado permanece à disposição do empregador, independentemente do montante de serviços executados no correspondente período."
6. ROBERTO BARRETO PRADO (Direito do Trabalho, 1.963, pg. 165): "No salário por tempo o empregado recebe o seu salário em razão do tempo efetivamente trabalhado. Pode ser: a) por hora (horista); b) por dia (diarista); c) por semana (semanalista); d) por quinzena (quinzenalista); e) por mês (mensalista)."
7. ORLANDO GOMES e ELSON GOTTSCHALK (Curso Elementar de Direito do Trabalho, 1.963, pg. 200): "A unidade de tempo serve como medida, não se levando em conta o resultado da atividade."
8. ARNALDO SUSSEKIND (Comentários à Consolidação das Leis do Trabalho e à Legislação Complementar, vol. III, pg. 335, 1.964): Igual ao n. 5.
9. CLÓVIS SALGADO (Tarefeiro: Cálculo de aviso prévio, indenização, férias e gratificação natalina, LTr. 29/544): "............ uma importância fixa,

em razão do tempo que o empregado fica à disposição do empregador, o qual será objeto de pagamento, não sendo levada em conta, para efeito de remuneração, a produção dada ao empregado."
10. DÉLIO MARANHÃO (Direito do Trabalho, 1.966, pg. 155): "O salário por unidade de tempo corresponde a certa importância devida pelo tempo em que o empregado ficar à disposição do empregador, sem levar em linha de conta, para sua fixação, a produção do empregado."

OBSERVAÇÕES.

A retribuição dos serviços prestados pelo trabalhador deve guardar uma correspondência ainda que aproximada com a quantidade de energia física por êle despendida no desempenho das atividades pelas quais é pago.

No entanto, isso é impossível; não há meios de medir êsse desgaste.

Usam-se, por conseguinte, outros critérios. O salário pode ser estabelecido tendo como medida de avaliação o fator tempo. Nesse caso, independe do resultado objetivo da produção do empregado.

A essa forma de retribuição, dá-se o nome de *salário por unidade de tempo*. É fixada em relação às horas, dias, semanas, quinzenas ou meses trabalhados. (Ver Questão 85).

31. **SALÁRIO POR UNIDADE DE OBRA.** — QUE É SALÁRIO POR UNIDADE DE OBRA?

A DOUTRINA.

1. ADAUCTO FERNANDES (Direito Industrial Brasileiro, 1.953, pg. 190): "O salário por empreitada deve ser proporcional à quantidade de trabalho executado, isto é, sempre igual ao número de peças, ou de utilidades produzidas, no mesmo número de horas em cada dia de serviço."
2. ORLANDO GOMES (O Salário no Direito Brasileiro, 1.947, pg. 27): "A retribuição por unidade de obra (cottimo, salário a destajo) consiste no pagamento de importância proporcional ao resultado do trabalho. O salário é calculado de acôrdo com o produto da atividade do empregado, considerado como todo, constituindo uma unidade de produção. Relativamente, não se leva em consideração o tempo gasto na confecção da obra ou peça."
3. MOZART VICTOR RUSSOMANO (Manual Popular de Direito do Trabalho, 1.954, vol. I, pg. 88): "Temos o salário por tarefa ou por peça quando o mesmo é calculado em função da quantidade de mercadoria produzida pelo empregado."
4. JOSÉ MARTINS CATHARINO (Tratado Jurídico do Salário, 1.951, pg. 153): "A quantidade resultante do trabalho é o fator principal para determinação do salário."
5. ARNALDO SUSSEKIND (Instituições de Direito do Trabalho, 1.957, pg. 405): "... corresponde a uma importância que varia com a quantidade de serviço produzido pelo empregado, sem levar em conta o tempo gasto na sua execução."
6. CESARINO JÚNIOR (Direito Social Brasileiro, 1.963, pg. 204, vol. II): "É a forma de remuneração na qual o empregado ganha de acôrdo com o resultado de seu trabalho, com aquilo que produziu."
7. ROBERTO BARRETO PRADO (Direito do Trabalho, 1.963, pg. 166): "No salário por obra ou por tarefa o empregado recebe o pagamento do seu serviço, segundo as unidades tarefas produzidas."
8. ORLANDO GOMES e ELSON GOTTSCHALK (Curso Elementar de Direito do Trabalho, 1.963, pg. 201): "O salário é calculado em função da produ-

ção, de modo que, relativa e imediatamente, não se leva em consideração o tempo gasto na confecção da obra ou peça."
9. CLÓVIS SALGADO (Tarefeiro: Cálculo de aviso prévio, indenização, férias e gratificação natalina, LTr. 29/544): "Cada unidade-peça tem uma tarifa predeterminada e, portanto, o empregado perceberá como salário o resultado do número de peças produzidas, multiplicado pela tarifa das mesmas.

OBSERVAÇÕES.

Salário por unidade de obra, nos sistemas de direito de outros países, é denominado *cottimo, salaire ou pièce, salário a destajo* etc.

É a forma de retribuição adotada, por exemplo, nas tecelagens; o empregado ganha por metro de pano produzido, de acôrdo com os preços prefixados e constantes de uma tabela com os diferentes artigos ou qualidades de tecidos com que trabalha e os respectivos preços unitários.

Desde a época clássica da antigüidade, êsse sistema é conhecido.

Tem sido objeto de numerosas críticas, porque obriga a um desgaste de energias, traz problemas em virtude das suspensões do contrato de trabalho, nem sempre as tarifas são fixadas de modo a assegurar o salário que seria percebido na retribuição a tempo e há dificuldades em garantir ao trabalhador uma percepção mínima (Ver Questões 86, 148, 149, e 153).

32. SALÁRIO POR TAREFA. — QUE É SALÁRIO POR TAREFA?

A DOUTRINA.

1. ORLANDO GOMES (O salário no Direito Brasileiro, 1.947, pg. 26): "A forma de caráter misto, por excelência, é o salário por tarefa, que resulta da engenhosa combinação entre o salário por unidade de tempo e o salário por unidade de obra."
2. EVARISTO DE MORAIS FILHO (Contrato de Trabalho, 1.944, pg. 60): "É salário por tarefa o que se paga a um operário em consideração ao tempo, mas com a obrigação de produzir, dentro dêle, um resultado mínimo determinado."
3. ADAUCTO FERNANDES (Direito Industrial Brasileiro, vol. I, pg. 192, 1.953): "O que caracteriza pròpriamente êsse sistema, ou modo de remuneração é que os trabalhadores recebem, além do salário fixo estipulado, um tanto por cento sôbre "les profits" como denominam os franceses."
4. JOSÉ MARTINS CATHARINO (Tratado Jurídico do Salário, 1.951, pg. 161): "Pode ser considerado como o tipo representativo do salário combinado, pois é determinado tanto em relação à obra como em relação ao tempo gasto na sua execução"... "A conseqüência jurídica mais importante da estipulação dessa remuneração é a de que se o operário realiza a tarefa contratual não estará obrigado a trabalhar até o final da jornada."
5. HÉLIO DE MIRANDA GUIMARÃES (Repertório de Jurisprudência Trabalhista, vol. II, 1.954, pg. 915): "Tarefeiro. Usualmente é adotado o vocábulo para significar o empregado cuja remuneração é calculada, não em relação ao fator tempo mas em consideração ao número de peças ou tarefas executadas. O que recebe por unidade de obra. Muito embora haja distinção entre o trabalho remunerado por peça e o pago por tarefa o legislador usa essas expressões como sinônimas por mais de uma vez (arts. 78 e 483 da CLT). Tècnicamente é a combinação das duas formas principais e genéricas de remuneração. Deve o empregado realizar certo número de peças dentro de determinada unidade de tempo."

6. ARNALDO SUSSEKIND (Instituições de Direito do Trabalho, 1.957, pg. 406): "É um tipo de salário misto, em que o fator tempo e o fator serviço são computados para o seu cálculo. Normalmente, é predeterminado um mínimo de serviço para cada jornada; atingido êsse limite, tem-se por concluído o dia de trabalho, considerando-se extraordinário qualquer serviço posteriormente executado."
7. CESARINO JÚNIOR (Direito Social Brasileiro, 1.963, pg. 205, vol. II): "É a forma de remuneração na qual o empregado ganha de acôrdo com o resultado de seu trabalho, com aquilo que produziu. Chamam os empregados esta forma de salário "por contrato"; outros usam o nome de contrato de empreitada, embora não se trate de tal, como se vê em Planiol e Ripert."... pg. 206 "A respeito do salário misto, isto é, a combinação do salário por tempo, com o salário por tarefa..."
8. ROBERTO BARRETO PRADO (Direito do Trabalho, 1.963, pg. 167): "No salário misto de tempo e tarefa há uma combinação de produzir em certo tempo determinada soma de tarefas." ... pg. 166, "No salário por obra ou tarefa o empregado..."
9. ORLANDO GOMES e ELSON GOTTSCHALK (Curso Elementar de Direito do Trabalho, 1.963, pg. 203): "O salário por tarefa provém da combinação entre o salário por tempo e o salário por obra."
10. RENATO FERREIRA LEITE (Aplicação Prática do Estatuto do Trabalhador Rural, LTr. 28/359): "Tarefeiro é o empregado que recebe sua remuneração não apenas em função do tempo trabalhado, mas também por unidade de serviços prestados."
11. CLÓVIS SALGADO (Tarefeiro: Cálculo de aviso prévio, indenização, férias e gratificação natalina, LTr. 29/544): "O salário-tarefa é, pois, uma forma mista, na qual entram para o cálculo dois elementos fundamentais: a duração e o resultado."
12. DÉLIO MARANHÃO (Direito do Trabalho, 1.966, pg. 156): "O salário-tarefa compreende, em sua fixação, o fator tempo e o fator resultado. É estabelecido um preço por unidade de tarefa, ficando, por outro lado, o empregado sujeito a uma jornada de trabalho."

OBSERVAÇÕES.

A doutrina firma-se nas seguintes diferentes posições:

1 — *Salário-tarefa igual a salário por peça* (Cesarino, Roberto Barreto Prado); no entanto, êsses ilustres juristas, ressaltam a existência de um tipo misto de salário, resultante da combinação das formas anteriores.

2 — *Salário-tarefa, misto das formas anteriores*, portanto nìtidamente diferente do salário por unidade de obra ou peça (Orlando Gomes, Evaristo de Morais Filho, Catharino, Hélio M. Guimarães, Sussekind, Elson Gottschalk, Délio Maranhão, Renato Ferreira, Clóvis Salgado).

3 — *Salário misto* como salário premiado (Adaucto Fernandes) parece-nos afastar-se um pouco do campo da discussão. O autor quis referir-se, isto sim, ao prêmio-produção.

Predomina, portanto, a seguinte noção: *salário-tarefa é o resultado da combinação das formas de salário por unidade de tempo e por unidade de peça ou obra.*

Seu mecanismo é explicado muito bem por Orlando Gomes: o trabalhador deve cumprir, em certo período, determinado número de peças ou certa quantidade de tarefas. Esta forma mista de pagamento do salário pode ser simples ou composta. No primeiro caso, o operário está adstrito à produção de determinadas unidades calculadas de modo a tomar o seu tempo de serviço em jornada normal, não havendo possibilidade nem interêsse de que cubra produção maior. Se realiza suas tarefas antes de se esgotar a jornada, pode retirar-se. No segundo caso, o salário por tarefa combina-se com prêmios atribuídos pelo empregador aos trabalhadores que excedem a produção normal.

A lei brasileira, todavia, não faz uma distinção, entre essas modalidades, o que já foi ressaltado por Cesarino Júnior e Hélio Guimarães.

Catharino, também, demonstra a confusão reinante a respeito do assunto (Ver Questões 148, 149, 153, 180 e 200).

33. SALÁRIO POR UNIDADE DE OBRA E EMPREITADA. — EXISTE DIFERENÇA ENTRE O SALÁRIO POR UNIDADE DE OBRA E POR EMPREITADA?

A DOUTRINA.

1. ORLANDO GOMES (O Salário no Direito Brasileiro, 1.947, pg. 28): "Em ambas as hipóteses, isto é, no contrato de trabalho e na empreitada, o pagamento é feito tendo-se em vista o resultado do trabalho, mas, de modo diferente, como esclarece Barassi, advertindo que, se o empreiteiro assume a obrigação de apresentar o resultado de seu trabalho, o tarefeiro, ou seja, aquêle que trabalha por unidade de obra, assume a obrigação de prestar uma determinada atividade de trabalho, que é retribuída em razão do resultado."

2. JOSÉ MARTINS CATHARINO (Tratado Jurídico do Salário, 1.951, pg. 160): "Na empreitada, o resultado do trabalho é a finalidade nuclear do contrato; no contrato de trabalho é a prestação do trabalhador, e o salário por unidade de obra constitui apenas a forma da qual se reveste."

3. ORLANDO GOMES e ELSON GOTTSCHALK (Curso Elementar de Direito do Trabalho, 1.963, pg. 203): "Se o empreiteiro não confecciona a obra com perfeição técnica a que se obriga, a outra parte pode eximir-se do cumprimento da obrigação que lhe incumbe. Com o trabalhador subordinado, remunerado por obra, não pode haver essa total recusa. O empregador poderá, ante a obra imperfeita, diminuir a remuneração, mas, em qualquer hipótese, terá que pagá-la, salvo, evidentemente, em caso de dolo."

A JURISPRUDÊNCIA.

1. TST (A. de 21.5.56, 2.ª T. RR. 57/56, r. Min. Oscar Saraiva, RTST., 1.959, pg. 408): "Passando o empregado a empreiteiro, não poderá, posteriormente, reclamar, com os proventos da empreitada, vantagens peculiares à relação de emprêgo."

OBSERVAÇÕES.

A experiência jurídica conduz a uma diferença de conceitos entre salário por empreitada e unidade de obra, não obstante algumas afinidades que existem entre as duas modalidades. A distinção é feita pela natureza do contrato de trabalho. No contrato de emprêgo, é salário por unidade de obra o mesmo que no contrato de empreitada, autônomo e de características diversas, é o salário empreitada. Em ambas as hipóteses o pagamento tem em vista o resultado do trabalho. Porém, êsse fim, no contrato subordinado, é considerado como mero critério de cálculo do pagamento, o que não ocorre na empreitada.

É preciso distinguir a situação do trabalhador rural, dadas as suas peculiaridades, de tal modo que o significado de salário-empreitada, na atividade do campo, é específica. Vale citar Aluysio Sampaio: "Comparando o conceito de empreitada com o conceito de contrato ou relação de trabalho rural, no regime do Estatuto, constata-se o recuo acentuado das lindes da *locatio operis*. O contrato de trabalho rural, na forma conceitual da nova lei, absorve inteiramente a hipótese da empreitada em que o empreiteiro contribui sòmente com o seu trabalho. O trabalhador rural, por pés de café, não é um empreiteiro, mas está vinculado a um típico contrato de trabalho."

Assim, o sistema de empreitada rural consiste apenas numa forma de remuneração que não exclui relação de emprêgo, que torne autônomo o trabalhador assim remunerado, como já reconheceu o TRT, 2.ª, A. 2.221/62, r. Hélio de Miranda Guimarães, in MT., agôsto de 1.962.

CAPÍTULO II
PRINCÍPIOS GERAIS SÔBRE SALÁRIOS

Com base no "Code Internacional du Travail", de Francesco Consentini, redigido sôbre uma base comparativa de tôdas as legislações do mundo e em harmonia com as Convenções Internacionais de Trabalho, é possível estabelecer alguns princípios universais sôbre salários e que passam a ser enumerados.

1 — *Periodicidade de pagamento.* Os salários devem ser pagos ao fim do serviço, segundo os costumes e o contrato; se não houver disposições especiais no contrato o pagamento se fará cada mês ou em intervalos inferiores.

2 — *Pagamento em moeda nacional de curso legal, metálica ou fiduciária.* Esta medida destina-se a impedir o "truck-system" e as legislações fulminam de nulidade estipulações em contrário e proibem a aceitação de mercadorias em pagamento total ou particular dos salários.

3 — *Pagamento do salário diretamente ao trabalhador e no local do trabalho em dia útil.* O princípio visa proporcionar ao trabalhador condições de recebimento dos salários que não acarretem gastos de locomoção nem acréscimo de horas à disposição do empregador; é vedado o pagamento do salário nas horas e dias destinados ao repouso. A menos que delegue podêres a pessoa e em forma legal, só o próprio interessado deve receber os salários.

4 — *Igualdade de salário para trabalho do mesmo valor.* Para fixar o montante do salário em cada categoria de trabalho ter-se-á em conta a quantidade e a qualidade do trabalho. A um trabalho igual, executado em condições de rendimento iguais, deve corresponder remuneração igual, sem diferença em razão de idade, sexo e nacionalidade.

5 — *Salário mínimo.* O salário mínimo é fixado em todos os contratos de trabalho, individuais ou coletivos e deve ser aquêle que permita ao operário a satisfação das necessidades normais de sua vida, sua educação, seus prazeres honestos e de sua família composta de mulher e dois filhos, e terá em conta as condições econômicas e sociais do lugar ou da região onde o trabalho é efetuado.

6 — *Fôrça obrigatória do salário mínimo.* — As taxas mínimas de salários, fixadas de comum acôrdo entre os representantes de sindicatos patronais e trabalhadores, serão obrigatórias para os empregadores e trabalhadores interessados e não poderão ser derrogadas por acôrdo individual nem por contrato coletivo sem autorização geral ou particular da autoridade competente.

7 — *Representação dos interessados na fixação das taxas mínimas.* — A determinação do salário mínimo deve ser precedida de uma "enquête" com a participação direta e paritária dos representantes de sindicatos patronais e obreiros, sôbre as condições da indústria e as condições sociais dos trabalhadores.

8 — *Irredutibilidade salarial.* — Os salários dos trabalhadores não podem ser reduzidos sem causa legal.

9 — *Privilégio dos créditos salariais.* — Os créditos salariais nos concursos de credores e falências são privilegiados sôbre os móveis e imóveis do devedor.

10 — *Proibição da cessão do salário.* — As legislações estabelecem a nulidade da cessão dos salários do trabalhador.

11 — *Salário adicional.* — Se o trabalhador é chamado a fornecer uma soma de trabalho maior que a prevista, tem o direito a um salário suplementar, assim como à remuneração dos dias de repouso obrigatório.

34. COMPONENTES DO SALÁRIO. — QUAIS OS ELEMENTOS QUE INTEGRAM O SALÁRIO?

A LEI.

Art. 457. Compreendem-se na remuneração do empregado, para todos os efeitos legais, além do salário devido e pago diretamente pelo empregador, como contraprestação do serviço, as gorjetas que receber.

§ 1.º — Integram o salário, não só a importância fixa estipulada, como também as comissões, percentagens, gratificações ajustadas, diárias para viagem e abonos pagos pelo empregador.

§ 2.º — Não se incluem nos salários as ajudas de custo, assim como as diárias para viagem que não excedam de cinqüenta por cento do salário percebido pelo empregado.

§ 3.º — Considera-se gorjeta não só a importância espontaneamente dada pelo cliente ao empregado, como também aquela que fôr cobrada pela emprêsa ao cliente, como adicional nas contas, a qualquer título e destinadas a distribuição aos empregados.

Art. 458. Além do pagamento em dinheiro, compreendem-se no salário, para todos os efeitos legais, a alimentação, habitação, vestuário ou outras prestações *in natura,* que a emprêsa, por fôrça do contrato ou do costume, fornecer habitualmente ao empregado. Em caso algum será permitido o pagamento com bebidas alcoólicas ou drogas nocivas. (DL. 5.452, de 1.5.1.943 e DL. 229, de 28.2.1.967).

A DOUTRINA.

1. ROBERTO BARRETO PRADO (Direito do Trabalho, 1.963, pg. 162): "Integra o salário não só a importância fixa estipulada, como também as comissões, percentagens, gratificações ajustadas, diárias para viagens que excedam de 50% do salário e abonos pagos pelo empregador."
2. ORLANDO GOMES e ELSON GOTTSCHALK (Curso Elementar de Direito do Trabalho, 1.963, pg. 194): "Além das gorjetas que, como vimos, para muitos efeitos, integram o salário (cuja estimativa deve ser feita na Carteira Profissional), são seus elementos variáveis: a) indenizações; b) os abonos; c) as

gratificações; d) a participação nos lucros; e) as comissões; f) os prêmios; g) as diárias e ajuda de custo."

3. ALUÍSIO JOSÉ TEIXEIRA GAVAZZONI SILVA (Comentários à Consolidação das Leis do Trabalho, vol. II, pg. 185, 1.963): "O salário pode ter uma parte fixa e outra variável (§ 1.º, do art. 457), esta nem sempre referente a gorjetas, podendo incluir-se nela as gratificações ajustadas, como as comissões, percentagens, diárias e abonos."

4. DÉLIO MARANHÃO (Direito do Trabalho, 1.966, pg. 156): "Reza o § 1.º do art. 457 da Consolidação: "integram o salário, não só a importância fixa estipulada, como também as comissões, percentagens, gratificações ajustadas, diárias para viagens e abonos pagos pelo empregador."

OBSERVAÇÕES.

Nem todos os rendimentos do trabalho entram na composição do salário. A lei brasileira é casuística: a retribuição direta, as comissões, percentagens, gratificações ajustadas, abonos e diárias de viagem ou ajudas de custo que excedam de cinqüenta por cento do valor da parte percebida do empregador, são computadas na retribuição. Acrescente-se, também, o décimo terceiro salário. Não podem ser marginalizados os adicionais de horas extraordinárias, de insalubridade, de periculosidade e noturno, desde que habituais.

Para Orlando Gomes e Elson Gottschalk, indenizações, no sentido empregado (n. 2), significam, de uma maneira geral, os adicionais acima mencionados e a remuneração dos dias de descanso; êsses autores consideram, também, os prêmios e as participações nos lucros, como elementos do salário. Portanto, a tendência da doutrina é para um alargamento das dimensões estabelecidas pela lei.

São extra-salariais, as prestações de caráter familiar, os auxílios ou benefícios da previdência social, os pagamentos destinados às despesas de locomoção, as gratificações por liberalidade e as gorjetas; estas todavia, entram na composição da remuneração.

O adicional por tempo de serviço, é nìtidamente, absorvido pelo salário. O adicional de transferência e a gratificação de função, de natureza eventual, não assumem as características indispensáveis para que sejam considerados componentes do salário, salvo situações particulares.

Ver, sôbre os adicionais, o Capítulo VI; sôbre comissões, o Capítulo VII; sôbre o 13.º salário, o Capítulo VIII; sôbre gorjetas, diárias, ajudas de custo, prêmios e participação nos lucros, o Capítulo IX.

35. **ONEROSIDADE DO CONTRATO DE TRABALHO.** — O SALÁRIO É UM ELEMENTO ESSENCIAL DO CONTRATO DE TRABALHO?

A LEI.

> Art. 3.º — Considera-se empregado tôda pessoa física que prestar serviços de natureza não eventual a empregador, sob a dependência dêste e mediante salário (DL. 5.452, de 1.5.1.943, CLT).

A DOUTRINA.

1. CESARINO JÚNIOR (Salário Indireto, Revista de Direito Social, vol. V, n. 22, 1.944, pg. 31): "A onerosidade é um característico essencial do contrato

individual de trabalho para cuja existência é imprescindível haver uma remuneração."
2. DORVAL DE LACERDA (O Contrato Individual de Trabalho, 1.939, pg. 165): "O contrato de trabalho gera sempre duas conseqüências, essenciais à sua existência e continuidade: o trabalho e o salário."
3. ORLANDO GOMES (Introdução ao Direito do Trabalho, 1.944, pg. 72): "A retribuição do empregado, por qualquer forma, é, com efeito, condição imprescindível à própria configuração do contrato."
4. JOSÉ MARTINS CATHARINO (Tratado Jurídico do Salário, 1.951, pg. 405): "O direito ao salário é, por conseqüência, um elemento necessário ao aludido contrato."
5. MOZART VICTOR RUSSOMANO (O Empregado e o Empregador no Direito Brasileiro, 1.959, vol. I, pg. 212): "Não existe, por sua natureza, um contrato individual de trabalho em que a prestação de serviços seja gratuita."
6. A. B. COTRIM NETO (Contrato e Relação de Emprêgo, 1.944, pg. 170): "... A prestação oneratícia do empregador deve ser infalível."
7. ARNALDO SUSSEKIND (Instituições de Direito do Trabalho, vol. I, pg. 357, 1.957): "... daí porque não se pode falar em relação de emprêgo em que o trabalho seja prestado a título gratuito."
8. ALONSO CALDAS BRANDÃO (Consolidação das Leis do Trabalho Interpretada, 1.959, pg. 32): "O contrato de trabalho é, por sua própria natureza, oneroso. Isto porque o salário, ou a contraprestação do trabalho, é sempre devido na relação de emprêgo."
9. LUIZ ROBERTO DE REZENDE PUECH (Direito Individual e Coletivo do Trabalho, 1.960, pg. 120): "Sem qualquer pagamento em dinheiro, não poderia ter havido relação de emprêgo. Fundamental a existência de salário para que fôssem levadas em conta as formas indiretas."
10. JOSÉ MARTINS CATHARINO (Contrato de Emprêgo, 1.962, pg. 31): "Embora alguns escritores (ROUAST e BARASSI) não neguem, em tese, a possibilidade de um contrato de emprêgo gratuito, no nosso direito positivo a hipótese se nos afigura impossível por fôrça das definições legais de empregador — o que "assalaria", e de empregado — o que trabalha "mediante salário".
11. ARNALDO SUSSEKIND (Comentários à Consolidação das Leis do Trabalho e à Legislação Complementar, 1.964, pg. 100): "Igual ao n. 7.
12. HÉLIO DE MIRANDA GUIMARÃES (Algumas considerações sôbre a remuneração mínima dos médicos, LTr. 26/317): "Inexistindo a especial onerosidade não há contrato de trabalho. O prestador de serviços gratuitos fica assim fora do âmbito de proteção do Direito do Trabalho."
13. BRENO SANVICENTE (Introdução a Direito Brasileiro, 1.963, pg. 185): "... não há contrato gratuito de emprêgo."
14. CESARINO JÚNIOR (Direito Social Brasileiro, 1.963, pg. 67): "É oneroso, por isso que é essencial o requisito da existência de uma remuneração, qualquer que seja a sua forma."
15. ADRIANO CAMPANHOLE (Prática e Jurisprudência Trabalhista, 1.962, pg. 19): "O salário é um dos elementos fundamentais do contrato de trabalho."
16. AMARO BARRETO (Tutela Geral do Trabalho, 1.964, pg. 100): "O contrato de trabalho é oneroso e de caráter comutativo, pelo que pressupõe a remuneração do trabalho."
17. ORLANDO GOMES e ELSON GOTTSCHALK (Curso Elementar de Direito do Trabalho, 1.963, pg. 113): "Se a prestação do serviço fôr gratuita, o contrato não será de trabalho, na acepção técnica e restrita dessa expressão, não havendo, pois, contrato de trabalho sem salário."
18. ROBERTO BARRETO (Direito do Trabalho, 1.963, pg. 66): "Podemos, pois, definir o contrato de trabalho como o acôrdo, expresso ou tácito, em virtude do qual uma pessoa física se obriga a exercer suas atividades profissionais, em caráter continuado, sob a direção de outrem, mediante uma remuneração."
19. DÉLIO MARANHÃO (Direito do Trabalho, 1.966, pg. 29): "... à prestação de trabalho corresponde a contraprestação salarial."

A JURISPRUDÊNCIA.

1. STF (RE. 47.305, de 16.8.61, 2.ª T. r. M. Ribeiro da Costa, A CLT vista pelo STF, Calheiros Bonfim, vol. 3.º, pg. 15): "Não se configura a relação de emprêgo quando os serviços médicos são prestados à sociedade beneficente com o caráter de gratuidade, sem qualquer correspectivo monetário."
2. TST (RR. 135/59, TP, de 1.6.60, r. Min. Delfim Moreira, A C. L. T. vista pelo TST, Calheiros Bonfim, pg. 12): Igual ao n.º 1.
3. TST (P. 2.637-48, rel. Delfim Moreira, D. J. de 31.8.49, in Sussekind, Comentários à C. L. T. e à Legislação Complementar, vol. 1, pg. 101): Igual ao n.º 1.
4. STF (CJ 1.826, r. Min. Edgard Costa, D. J. de 13.4.51, in Sussekind, Comentários à C.L.T. e à Legislação Complementar, vol. 1, pg. 102): Igual ao n.º 1.
5. TRT, 1.ª (P. 916/63, r. Jés E. C. Paiva, A. de 14.10.63, in LTr. 30/187): "Não há contrato de trabalho onde não existe a obrigação de fazer mediante paga regular. São condições mínimas à caracterização da relação de emprêgo."
6. TRT, 2.ª (P. 4.616/64, A. 2.217/65, r. Wilson de Souza Campos Batalha, MT., maio de 1.965): "Para a descaracterização da relação de emprêgo, concorre a circunstância de o reclamante só pleitear os salários de todo o período em que trabalhou, depois de rescindido o contrato."

OBSERVAÇÕES.

A caudal dos doutrinadores considera o salário elemento do contrato de trabalho. Pacífica, portanto, essa orientação em nosso direito.

Barassi admitiria, em tese, contrato de trabalho sem salário. Eis o que disse o jurista peninsular. "La retribuzione è l'obbligazione fundamentale del datore di lavoro; il caso del lavoro gratuito è assolutamente eccezionale e richiede prova rigorosa, all'infuori della prestazione nell' ambito familiare" (Il diritto del lavoro, vol. III, Milano, 1.957, pg. 1). A possibilidade de contrato trabalho sem salário é defendida por GRECO: "Nel contratto di lavoro subordinato, la necessità della retribuizione è normale; ma il lavoro può essere prestato anche a titolo gratuito" (Il contratto di lavoro, Torino, 1.939, pg. 36). Cumpre distinguir, no entanto, duas situações diferentes e que não se confundem, a intenção de prestar o serviço desinteressadamente por benevolência e a falta de estipulação do valor do salário; esta última, em nada descaracteriza a relação de emprêgo.

36. SALÁRIO E CONTRATO NULO. — SE O CONTRATO DE TRABALHO É NULO, JUSTIFICA-SE O PAGAMENTO DO SALÁRIO?

A DOUTRINA.

1. JOSÉ MARTINS CATHARINO (Tratado Jurídico do Salário, 1.951, pg. 82): "A nosso ver a subsistência do salário, apesar da nulidade do contrato, tem fundamento nos princípios gerais de Direito, especialmente o de que ninguém deve enriquecer sem causa." ... pg. 83: "O direito ao salário, no fundo, embora nulo o contrato, resulta do justo reconhecimento de uma situação criada pela circunstância dos sujeitos se comportarem como se lícito tivesse sido atar o vínculo ou como se o objeto do contrato fôsse legal."
2. EGON FÉLIX GOTTSCHALK (Norma Pública e Privada no Direito do Trabalho, 1.944, pg. 210): "A nulidade do contrato de trabalho deixa, portanto,

permanecer a relação de trabalho como situação jurídica *sui generis,* não privando o empregado desta sua qualidade de "empregado" e, destarte, dos direitos, oriundos do simples fato da prestação de trabalho subordinado."

3. ORLANDO GOMES (Direito Privado, 1.961, pg. 284): "Se o interêsse privado do empregado, no contrato de trabalho, é ferido ou lesado, não há nulidade de pleno direito, mas sim nulidade dependente de rescisão." ... 271: "Determinadas normas relativas ao cumprimento da obrigação de pagar salário e à execução do contrato de acôrdo com as suas cláusulas originais, notadamente, têm por fim a garantia de interêsses individuais. Assim, será simplesmente anulável a declaração de vontade que não as observe. Compete ao interessado pleitear a sua anulação."

4. JOSÉ MARTINS CATHARINO (Contrato de Emprêgo, 1.962, pg. 118): "Se nulo fôr o contrato que de fato a gerou, e trabalho houver sido prestado, a remuneração será devida, não em virtude do contrato inválido, mas sim pela aplicação do princípio do enriquecimento sem causa, inspirado na eqüidade e no presumido interêsse material do trabalhador."

5. DÉLIO MARANHÃO (Instituições de Direito do Trabalho, 1.951, vol. I, pg. 281): "... os salários que já foram pagos não devem ser restituídos, correspondendo, como correspondem, à contraprestação de uma prestação definitivamente realizada." ... "E se o empregador ainda não os pagou? O direito não admite que alguém se possa enriquecer sem causa, em detrimento de outrem." ... pg. 281: "Se a nulidade, entretanto, decorre da ilicitude do objeto do contrato, a menos que o empregado tenha agido de boa-fé, ignorando o fim a que se destinava a prestação de trabalho, já não poderá reclamar o pagamento do serviço prestado."

6. A. B. COTRIM NETO (Contrato e Relação de Emprêgo, 1.944, pg. 57): "Só não serão válidos os contratos imorais ou ilícitos, pròximamente, podendo sê-lo aquêles que, embora remotamente ilícitos, têm sua prática cercada de moralidade, inclusa na esfera ética do direito."

7. G. DE CASTILHO FREIRE (Da Culpa e das Nulidades no Direito do Trabalho, LTr. 21/174): "O salário pago é coisa incapaz de ser revertida pois em regra, todo êle é consumido na subsistência do trabalhador. As vantagens e garantias adquiridas no exercício do emprêgo não podem ser sonegadas ao trabalhador sob alegação de vício originário do contrato de trabalho."

8. LUIZ ROBERTO DE REZENDE PUECH (Direito Individual e Coletivo do Trabalho, 1.960, pg. 132): "O princípio do enriquecimento sem causa e a realidade social da dependência econômica. Qualquer dêles, é bastante para a condenação do empregador na contraprestação salarial."

9. CESARINO JÚNIOR (Direito Social Brasileiro, 1.963, pg. 47, vol. II): "... o pagamento de salários se justifica, na hipótese de um contrato nulo, com o recurso à teoria do enriquecimento ilícito."

10. ORLANDO GOMES e ELSON GOTTSCHALK (Curso Elementar de Direito do Trabalho, 1.963, pg. 116): "Deve-se admitir em tôda extensão o princípio segundo o qual trabalho feito é salário ganho. Pouco importa que a prestação de serviço tenha por fundamento uma convenção nula. Em Direito do Trabalho, a regra geral há de ser a irretroatividade das nulidades."

11. AMARO BARRETO (Tutela Geral do Trabalho, vol. II, pg. 31, 1.964): "Apesar de ser ilegal a causa e dela participar o empregado, trabalhando ilegalmente, advém-lhe o direito a se remunerar, porque serve em *status subjectionis,* não lhe sendo livre a manifestação de vontade contrária à prestação do serviço. *In casu,* pois, se não pode reputar a causa dêsse trabalho, embora divorciada da lei, como *injustam vel torpem causam,* para excluir ao empregado as vantagens do ato, como sucede no direito comum, eis que o princípio em tela há de sofrer atenuações no direito do trabalho, atentas as posições de fato e de direito das partes do contrato."

12. PONTES DE MIRANDA (Tratado de Direito Privado, vol. 47, pg. 492, 1.964): "A ilicitude do trabalho sòmente faz nulo o contrato de trabalho se é do trabalho; e não a contraprestação da emprêsa."

13. EVARISTO DE MORAES FILHO (Tratado Elementar de Direito do Trabalho, vol. I, pg. 392): "Se da ilicitude do ato, isto é, do destino da pres-

tação de trabalho, tinha pleno conhecimento o empregado, não poderá mais tarde pleitear em Justiça os direitos (salário, indenização etc.) que dela pudessem decorrer."

A JURISPRUDÊNCIA.

1. TST (A. 601-48, r. M. Waldemar Marques, DJU, 7/12/48): "É certo que êste Tribunal tem entendido, em determinados casos, de anular contratos mais ou menos dessa natureza (contrato de capital e indústria), quando fica provada a burla por parte dos empregadores para subtrair ao empregado os direitos que a Consolidação lhe assegura, seja pela coação econômica exercida, seja pela ignorância do empregado. No caso concreto, porém, se trata de trabalhadores intelectuais, não se podendo, destarte, dizer que houve burla à lei."
2. TST (P. 3.338/55, 2.ª R., 26/9/55, r. M. Waldemar Marques, RTST., 1.957, pg. 259: "Quem contrata estrangeiro que se intitula engenheiro diplomado tem a obrigação de exigir-lhe a habilitação legal para o exercício da profissão. Se aquêle a oculta por omissão, também quem o contrata incide em falta da mesma natureza, se se descuida de providência de igual teor. Em tal caso, caracterizando-se a figura da omissão concorrente, é aplicável a regra do art. 97 do Código Civil, em conjugação com o princípio da lei específica (Consolidação, art. 484), rescindindo-se o contrato anulável (contrato por prazo determinado), e pagando-se ao empregado, por metade, a indenização prevista no art. 479 da C. L. T.)."
3. TST, RR 3.374, 2.ª T., 19.6.1.958, r. M. Luiz França, RTST., 1.960, pg: 139: "Comprovada a existência da relação de emprêgo, não há como admitir se pretenda invocar a ilicitude do negócio para desobrigar o empregador dos ônus decorrentes da legislação do trabalho."

OBSERVAÇÕES.

É entendimento predominante o direito do empregado ao salário nos contratos nulos ou, simplesmente, proibidos. É invocada como fundamento, principalmente, a teoria do enriquecimento sem causa ou, ainda, a irretroatividade das nulidades.

37. **OPORTUNIDADE DE GANHO.** — SE AO TRABALHADOR É DADA OPORTUNIDADE DE GANHO PROVENIENTE DE TERCEIROS, ESSA RETRIBUIÇÃO É SALÁRIO?

A DOUTRINA.

1. CESARINO JÚNIOR (Salário Indireto, 1.944, Revista de Direito Social, vol. V, n. 22 pg. 27): "... há duas espécies de salário indireto: o consistente em prestações de terceiros relacionados com a prestação de serviços ao empregador, e o representado por vantagens obtidas do próprio empregador, mas não consistentes em dinheiro ou em utilidades (ex. aprendizagem)."
2. JOSÉ MARTINS CATHARINO (Tratado Jurídico do Salário, pg. 557, 1.951): "Nada impede que o contrato seja estipulado prevendo-se o recebimento do salário de terceiro."
3. HÉLIO DE MIRANDA GUIMARÃES (Algumas Considerações Sôbre a Remuneração Mínima dos Médicos, LTr. 26/317): "Ora, ocasião de ganho, relações, experiência, melhoria de tirocínio não constituem moeda corrente do país nem podem ser consideradas como parcela *in natura,* como utilidades."
4. JOSÉ MARTINS CATHARINO (Contrato de Emprêgo, 1.962, pg. 124): "... a remuneração pode ser em dinheiro (ver art. 463) ou em utilidades (arts. 76,

81, 82, 458), que são várias e distintas, inclusive serviços (aprendizagem) e simples oportunidade de ganho."
5. CESARINO JÚNIOR (Direito Social Brasileiro, 1.963, pg. 182, vol. II): "A oportunidade de ganho como forma lícita de remuneração é perfeitamente admitida pela doutrina..."

OBSERVAÇÕES.

A oportunidade de ganho como forma salarial é admitida. Tem-se um exemplo na gorjeta. No direito italiano, Barassi sustenta a mesma tese. Outro exemplo é o do engraxate do salão de barbearia. Não é encontrada jurisprudência de interêsse sôbre o assunto.

38. SALÁRIO E INEXECUÇÃO DE SERVIÇOS. — ENQUANTO AGUARDA ORDENS SEM A EFETIVA PRESTAÇÃO DE SERVIÇOS, O EMPREGADO TEM DIREITO A SALÁRIO?

A LEI.

Art. 4.º — Considera-se como de serviço efetivo o período em que o empregado esteja à disposição do empregador, aguardando ou executando ordens, salvo disposição especial expressamente consignada (DL. 5.452, de 1.5.1.943).

A DOUTRINA.

1. ALONSO CALDAS BRANDÃO (Consolidação das Leis do Trabalho Interpretada, 1.959, pg. 38): "... teve o legislador a preocupação de proteger o trabalhador contra abusos muito freqüentes da parte de patrões menos escrupulosos, garantindo-lhe o salário e a continuidade na relação e emprêgo..."
2. AMARO BARRETO (Tutela Geral do Trabalho, 1.964, pg. 20, vol. II): "... o empregador é obrigado a pagar ao empregado o salário respectivo, ainda que não lhe dê o trabalho, desde que o servidor lhe fique à disposição inteira."
3. ROBERTO BARRETO PRADO (Direito do Trabalho, 1.963, pg. 238): "Durante a jornada de trabalho, o empregado fica à disposição do seu empregador, e nessas condições, tem direito ao correspondente pagamento de salários, ainda que não receba serviço para executar."

A JURISPRUDÊNCIA.

1. STF. (RE. n. 48.304, 17.8.1.962, r. M. Henrique D'Avila, a C.L.T. vista pelo STF., Calheiros Bonfim, vol. 3, pg. 17): "O empregado horista faz jus ao salário correspondente à jornada normal, quando deixa de completá-la, por ausência de serviço ou conveniência exclusiva do empregador."
2. TST. (P. 3.235/53, 1.ª R. r. M. Delfim Moreira Jr., DJ. de 11.3.55, apud Sussekind, Comentários à C.L.T. e à Legislação Complementar, vol. 1, pg. 139, 1.964): "Sempre que o empregado comparece para trabalhar e o deixa de fazer por conveniência do empregador, ou por qualquer outro motivo alheio à sua vontade, isto é, desde que o motivo impeditivo não decorra de culpa sua, lhe é devido o salário do tempo não trabalhado. Não constitui fôrça maior, que exima o devedor, a caída de chuva nem o estrago de máquinas. Tais fatos constituem ônus, risco do empregador que não podem ser transferidos para o empregado. Assim sendo, devem ser computadas em favor do empregado as horas não trabalhadas pelo recorrente, que representam diferença de salários nos dias em que ficava parado, aguardando ordens de serviço."
3. TST (P. 651/59, TP., 17.8.60, r. M. Antônio Carvalhal, A C.L.T. vista pelo TST., Calheiros Bonfim, pg. 16, 1.963): "O empregado tarefeiro que fica à

disposição da empregadora quando não há serviço, tem direito ao salário correspondente aos dias de inatividade, calculado à base do mínimo legal. Aplicação do art. 78 da Consolidação."
4. TRT, 1.ª (P. n. 522/58, r. Pires Chaves, LTr. 22/267): "Tem direito a salários o empregado que permanece à disposição da empregadora, sujeito a ponto regular."
5. TRT, 1.ª (P. 518/58, r. Pires Chaves, LTr. 22/267): Igual ao n. 4.
6. TRT, 1.ª (P. 583/58, r. Pires Chaves, LTr. 22/267): Igual ao n. 4.
7. TRT, 1.ª (P. 714/58, r. Pires Chaves, LTr. 22/269): Igual ao n. 4.
8. TRT, 2.ª (P. n. 2.422/59, A. 141/60, r. Hélio de Miranda Guimarães, MT, maio de 1.960): "Paralisada a emprêsa por ato do empregador e ficando os empregados à disposição dêste, fazem jus aos salários correspondentes a êsse interregno."
9. TRT, 2.ª (P. n. 886/59, a. 202/60, r. Carlos Bandeira Lins, MT, maio de 1.960): Igual ao n. 8.

OBSERVAÇÕES.

Doutrina e jurisprudência no mesmo sentido, assegurando a percepção de salários sempre que o empregado estiver à disposição da emprêsa.

Entende-se que o trabalhador está à disposição da emprêsa desde que não possa dispor do tempo, livremente, para assuntos pessoais.

Não é diferente a situação quando o empregado, mesmo dispensado do serviço, ainda continuar vinculado contratualmente ao empregador.

Legislação estrangeira semelhante: D. n. 16.155, de 1.932 (Argentina); Lei Geral do Trabalho, art. 47 (Bolívia); Ordenança n. 15, de 29.1.1.953 (Bulgária); Código de Trabalho, 1.947, art. 116 (Guatemala); DL. 8.950, 1.933 (Uruguai).

39. **SALÁRIO ALEATÓRIO.** — É LÍCITO ESTABELECER SALÁRIO CONDICIONAL OU ALEATÓRIO?

A DOUTRINA.

1. ORLANDO GOMES (O Salário no Direito Brasileiro, 1.947, pg. 25): "... a obrigação patronal de remunerar o trabalho do empregado não pode estar sujeita, no seu conteúdo total, a condição. O contrato perderia, nessa hipótese, sua imanente comutatividade, porquanto não se verificando a condição, o empregado nada perceberia pelo trabalho prestado. Tal seria a estipulação pela qual se comprometesse o empregado a só receber remuneração se a emprêsa obtivesse lucros. Esta condição é evidentemente ilícita, porque pode suprimir o caráter oneroso do contrato. Parte do salário, porém, pode estar subordinada a condição."
2. JOSÉ MARTINS CATHARINO (Tratado Jurídico do Salário, 1.951, pg. 73): "O atributo comutativo exclui o aleatório. Existe a álea quando a correspondência está integralmente sujeita ao azar. O contrato de trabalho repele esta incerteza total do salário."
3. ARNALDO SUSSEKIND (Instituições de Direito do Trabalho, pg. 361, vol. I, 1.957): "As parcelas aleatórias do salário devem ser acessórias e não principais."
4. JOSÉ MARTINS CATHARINO (Contrato de Emprêgo, 1.962, pg. 33): "Quando o empregado tem direito a salário associativo (participação nos lucros), introduz-se o elemento aleatório no contrato de emprêgo, que sobrevive transformado — a base de troca cede à associativa."

5. CESARINO JÚNIOR (Direito Social Brasileiro, vol. II, pg. 184, 1.963): "... aliás, o salário pode ser aleatório noutros casos como o do empregado remunerado sòmente a comissão..."
6. ROBERTO BARRETO PRADO (Direito do Trabalho, 1.963, pg. 162): "Não é possível o salário puramente aleatório, isto é, inteiramente subordinado ao evento de determinada condição."
7. ARNALDO SUSSEKIND (Comentários à Consolidação das Leis do Trabalho e à Legislação Complementar, vol. III, pg. 330, 1.964): "Se o salário sob condição é admissível, é evidente que os fundamentos e objetivos do Direito do Trabalho, exigem que as parcelas aleatórias devem ser acessórias, visto que o salário mínimo constitui salário garantido."

OBSERVAÇÕES.

Doutrina sedimentando-se no sentido da possibilidade do salário condicional apenas quanto à parte acessória da retribuição. Repelida, com veemência, a hipótese de salário totalmente aleatório por conflitar, essa situação, com a onerosidade imanente dos contratos de trabalho.

Não há uma jurisprudência sôbre o assunto.

40. ARBITRAMENTO DO SALÁRIO. — QUAL O CRITÉRIO PARA A FIXAÇÃO JUDICIAL DO SALÁRIO OMITIDO NO CONTRATO INDIVIDUAL DE TRABALHO?

A LEI.

Art. 460. Na falta de estipulação do salário ou não havendo prova sôbre a importância ajustada, o empregado terá o direito a perceber salário igual ao daquele que, na mesma emprêsa fizer serviço equivalente, ou do que fôr habitualmente pago para serviço semelhante (DL. n. 5.452, de 1.5.1.943, CLT).

A DOUTRINA.

1. JOSÉ MARTINS CATHARINO (Tratado Jurídico do Salário, 1.951, pg. 408): "Deve-se considerar, em primeiro lugar, os valôres fixados por lei, por sentenças normativas ou por convenções coletivas. A nosso ver, porém, a determinação judicial não deve ficar adstrita aos valôres básicos dos salários fixados extra-contratualmente."
2. ALONSO CALDAS BRANDÃO (Consolidação das Leis do Trabalho Interpretada, 1.959, pg. 452): "Assim, na falta de sua estipulação ou não havendo prova sôbre a importância ajustada, é de se recorrer ao critério da equivalência, segundo o princípio estatuído no art. 5.º da C. L. T."
3. ARNALDO SUSSEKIND (Comentários à Consolidação das Leis do Trabalho e à Legislação Complementar, vol. III, 1.964, pg. 335): "Na falta de estipulação do salário ou não havendo prova sôbre a importância ajustada, ter-se-á como contratado o salário consoante o prescrito no art. 460."
4. WAGNER D. GIGLIO (Justa Causa para Despedimento do Empregado, pg. 63, 1.966): "À falta de estipulação prevalecem o horário de oito horas diárias e o salário mínimo de lei, salvo as exceções legais."
5. MOZART VICTOR RUSSOMANO (Comentários à Consolidação das Leis do Trabalho, vol. III, pg. 711, 1.960): "O empregado receberá salário igual ao do trabalhador que, na mesma emprêsa, desempenhe função equivalente. Inexistindo, na própria emprêsa, função equivalente à do empregado — receberá o salário habitualmente pago por serviço semelhante, isto é, pago na localidade, para tarefas análogas."

A JURISPRUDÊNCIA.

1. TRT, 8.ª (TSS, 1.947, maio, junho, pg. 85): "Na falta de estipulação do salário ou não havendo prova sôbre a importância ajustada, o empregado terá direito a perceber salário igual ao daquele que na mesma emprêsa, fizer serviço equivalente, ou ao habitualmente pago para serviço semelhante."
2. TRT, 3.ª (RT, junho-julho, 1.951, pg. 366): "Na falta de elementos probatórios do montante do salário, êste pode ser fixado por equidade."
3. TST (RR., 212/58, A. de 12.6.58, 2.ª T. r. M. Oscar Saraiva, RTST., 1.960, pg. 100): "Na falta de salários estipulados deve o Juiz, na sua fixação, e em se tratando de emprêsa que mantém numerosos empregados, arbitrá-los em valor igual ao daquele que fizer serviço equivalente."
4. TRT, 1.ª (P. 898/52, r. Pires Chaves, LTr., 28/32): "Na falta de estipulação salarial ou não havendo prova sôbre a importância ajustada, é da mais desejada reverência aos postulados legais que o Juízo fixe seu valor tomando por base o salário mínimo profissional."

OBSERVAÇÕES.

O salário supletivo é aquêle que resulta do arbitramento judicial à falta de estipulação entre as partes. A doutrina não diverge quanto à intenção da lei em confiar no arbítrio do magistrado, mas estabelece um critério básico de aferição: o serviço equivalente na mesma emprêsa e o serviço semelhante mesmo em emprêsas distintas.

Portanto, a lei não fala neste caso em trabalho de igual valor, daí porque será desnecessário observar os requisitos mínimos da equiparação salarial, isto é, o tempo de serviço igual ou inferior a dois anos e a mesma produtividade e perfeição técnica.

41. SALÁRIO E VIGÊNCIA DO CONTRATO DE TRABALHO. — O EMPREGADO JÁ CONTRATADO TEM DIREITO A SALÁRIO ENQUANTO AGUARDA O DIA DE INÍCIO DA PRESTAÇÃO DE SERVIÇOS?

A DOUTRINA.

1. JOSÉ MARTINS CATHARINO (Tratado Jurídico do Salário, 1.951, pg. 84): "Em princípio, admitido ser o contrato de trabalho meramente consensual (perfeito pelo simples acôrdo de vontades), o equivalente ao salário será devido independentemente do início da execução do trabalho, desde que o empregado não haja trabalhado em virtude do seu empregador não lhe ter dado serviço, embora permanecesse à sua disposição."
2. BRENO SANVICENTE (Introdução ao Direito Brasileiro do Trabalho, pg. 187, 1.963): "O que é preciso ponderar é que, a partir do momento em que o empregado se obriga a trabalhar e o empregador não utiliza, desde logo, a atividade laboral à sua disposição, o direito de perceber salário já nasceu, já se incorporou ao seu patrimônio pessoal, direito êsse que permanece enquanto a responsabilidade contratual estiver a cargo do empregador."
3. JOSÉ MARTINS CATHARINO (Contrato de Emprêgo, 1.962, pg. 118): "Não fará jus à contraprestação o empregado que, embora já contratado, ainda não estiver obrigado a trabalhar (ex. sendo o contrato a têrmo suspensivo ou inicial). Mas fará se, já eficaz o contrato, o empregador não quiser exigir a prestação de trabalho, caso em que, como simples credor, estará em mora."

OBSERVAÇÕES.

Na jurisprudência a matéria não ganha realce.

A doutrina não se define, nìtidamente, numa orientação sôbre o direito do empregado ao salário enquanto aguarda o dia do início da prestação de serviços.

Nessas condições, é recomendável a previsão das partes. Se o contrato é epistolar, melhor será que dêle conste expressamente o dia do início das obrigações recíprocas.

Na omissão dos interessados, o "dies a quo" será o momento no qual o empregado se colocar à disposição do empregador.

42. EMPREGADO RESERVA. — O EMPREGADO RESERVA TEM DIREITO A SALÁRIO ENQUANTO AGUARDA A SUBSTITUIÇÃO?

A LEI.

Art. 4.º — Considera-se como de serviço efetivo o período em que o empregado esteja à disposição do empregador, aguardando ou executando ordens, salvo disposição especial expressamente consignada (DL. 5.452, de 1.5.1.943).

A DOUTRINA.

1. AMARO BARRETO (Tutela Geral do Trabalho, vol. I, pg. 128): "Os empregados-reserva, que estejam obrigados a comparecer diàriamente à emprêsa, pondo-se à sua disposição por algumas horas, para substituir, se necessário, empregados efetivos que faltem, contam tempo para salário, ainda que não designados para o serviço, e para antigüidade, passem, ou não, a efetivos."
2. ARNALDO SUSSEKIND (Comentários à Consolidação das Leis do Trabalho e à Legislação Complementar, vol. I, pg. 140, 1.964): "... o empregado-reserva, que está obrigado a comparecer diàriamente à emprêsa e nela permanecer por duas horas, aguardando ordens para eventualmente, substituir o trabalhador escalado, que não se apresentou, faz jús ao salário dêsse plantão diário, ainda que não seja designado para qualquer serviço."
3. DÉLIO MARANHÃO (Direito do Trabalho, 1.966, pg. 95): "Igual ao n. 2."
4. LUIZ JOSÉ DE MESQUITA (Comentários às Súmulas do S. T. F. LTr. 29/61): "Realmente, não deixa de constituir uma restrição salarial para o empregado substituto máxime, pelo menos enquanto está aguardando ordens — atribuir-se-lhe apenas a remuneração mínima, pois se o art. 76 da C.L.T. define o salário mínimo como "contraprestação devida e paga (....) por dia normal de serviço", contudo, a mesma Consolidação, no referido art. 4, considera "como de serviço efetivo o período em que o empregado esteja à disposição do empregador aguardando (....) ordens, salvo disposição especial expressamente consignada, e dispositivo especial neste último sentido não há."

A JURISPRUDÊNCIA.

1. STF (S. n. 204, Comentários às Súmulas STF, LTr. 29/61): "Tem direito o trabalhador substituto ou reserva, ao salário mínimo no dia em que fica à disposição do empregador, sem ser aproveitado na função específica; se aproveitado, recebe o salário contratual.".

OBSERVAÇÕES.

A doutrina salienta o direito do reserva aos salários. A jurisprudência unificada do S.T.F. assegura-lhe o salário mínimo pelas horas nas quais aguarda a substituição e o salário contratual pelo trabalho efetivo. Mesquita entende injusta essa orientação, por considerá-la restritiva do direito ao salário contratual e tem tôda a razão.

43. CUMULAÇÃO DE CARGOS. — SE O EMPREGADO EXERCE CUMULATIVAMENTE DOIS CARGOS TERÁ DIREITO A DOIS SALÁRIOS?

A DOUTRINA.

1. LUIZ ROBERTO DE REZENDE PUECH (Direito Individual e Coletivo do Trabalho, 1.960, pg. 237): "Não proíbe a lei que o empregado, prèviamente, ajuste seus salários em parcelas de responsabilidade de cada uma das coligadas. Nem proíbe que ajuste vários salários com várias emprêsas coligadas, ou não."

A JURISPRUDÊNCIA.

1. STF (A. un., 1.ª T., r. M. Barros Barreto, A. I. n. 13.620, DJU., 24.3.1.950): "Ao empregado no desempenho cumulativo de funções cabe o pagamento de diferença de salários."
2. TST (P. n. 2.179/49, DJ. 15.10.1.951, pg. 3.348): "Se a emprêsa ordenou ou permitiu a acumulação, se esta ocorreu no interêsse do seu negócio, não há como negar ao empregado a percepção do salário integral correspondente a cada uma das funções acumuladas."

OBSERVAÇÕES.

O direito ao acréscimo salarial resultará do ajuste entre as partes. Assim, êsse acêrto de vontades será o pressuposto do direito do empregado a dois salários quando exercer dupla atividade.

44. ANOTAÇÃO DA CARTEIRA. — SE DA CARTEIRA PROFISSIONAL DO EMPREGADO CONSTA QUE O SALÁRIO TEM BASE HORÁRIA, TERÁ DIREITO AO SALÁRIO APENAS DAS HORAS EM QUE O EMPREGADOR LHE DER SERVIÇOS?

A JURISPRUDÊNCIA.

1. TST (P. n. 2.968/51, D. J., 28.6.1.952, pg. 2.853): "Se da carteira profissional de um empregado ou do seu contrato de trabalho, constar apenas que êle percebe salário por hora, isso não quer dizer que só terá direito a ser pago se o empregador entender de lhe dar serviço. Para tanto, é indispensável que tal restrição fique expressamente convencionada, assegurando sempre, sem necessidade de pacto, o salário mínimo."
2. TST (P. 11.450/46, r. M. Delfim Moreira Júnior, DJU., 7.5.1.947): "Aos empregados horistas cabe perceber apenas os salários correspondentes aos números de horas efetivamente trabalhadas."
3. TST (P. 688/47, r. Oliveira Lima, DJU., 14.5.1.947): "Ao empregado horista não é garantido o salário mínimo legal nem assegurado o regime de oito horas de trabalho diário."
4. TST (A. de 27.11.1.956, TP., p. 2.233/55, r. M. Délio Maranhão, DJU. de 8.2.1.957, pg. 481): "Pelo fato de ser horista não pode o empregado sofrer redução em seu regime normal de trabalho."
5. TST (A. de 23.11.1.954, 1.ª T., p. 3.617/52, r. M. Oliveira Lima, DJU. de 17.6.1.955, pgs. 2.047/8): Igual ao n. 1.

6. TST (A. de 10.1.1.955, 2.ª T., p. 6.979/52, r. M. Thélio Monteiro, DJU. de 24.6.1.955, pgs. 2.123/4): "É lícito à emprêsa contratar o empregado para, como horista, trabalhar duas horas por dia, respeitado o salário mínimo-hora. Pois, inexiste disposição legal fixando jornada mínima de trabalho enquanto que o salário mínimo pode ser fixado em base horária."

OBSERVAÇÕES.

Horista é o empregado que recebe salários calculados em unidade de tempo, no caso, a hora (Hélio Guimarães, Repertório de Jurisprudência Trabalhista); não obstante, sempre terá direito à jornada normal de oito horas, salvo nos casos de estipulação expressa de jornada reduzida, quando, então, perceberá o salário correspondente ao número de horas contratuais. A jurisprudência, antes com algumas indecisões, hoje é nesse sentido.

45. **DIRETOR DE SOCIEDADE ANÔNIMA.** — A REMUNERAÇÃO CORRESPONDENTE AO EXERCÍCIO DO MANDATO RECEBIDO DA ASSEMBLÉIA DA SOCIEDADE ANÔNIMA CONSTITUI SALÁRIO?

A JURISPRUDÊNCIA.

1. TST (RR. n. 2.040/60, de 20.9.1.960, r. M. Bezerra de Menezes, LTr. 25/38): "A remuneração correspondente ao exercício do mandato recebido da assembléia de acionistas constitui matéria estranha ao Direito do Trabalho, fugindo à Justiça Especial competência para o julgamento das questões relacionadas com a mesma."

OBSERVAÇÕES.

O acórdão refere-se à remuneração pelo exercício do cargo de diretor de sociedade anônima. É evidente que o diretor de sociedade anônima, só por tal exercício, não é considerado empregado. No entanto, se um empregado é eleito diretor de sociedade anônima, a situação se altera. Poderá continuar percebendo um salário e mais a remuneração pelo exercício do cargo de diretor, vinculada ao cargo e que não se incorpora ao salário dada a sua natureza transitória e especial. É um pagamento semelhante às gratificações de cargos de confiança e deve ser regido pelos mesmos princípios (Ver Questão 267).

Porém, se o empregado receber pagamento único a título de remuneração de serviços de diretor da sociedade anônima, a solução deve ser outra. Um hiato na percepção dos salários é-lhe prejudicial. Portanto, considerada num sentido lato, tal retribuição deve submeter-se às regras salariais do contrato de trabalho. Sôbre o Fundo de Garantia e os cargos de Diretoria, Gerência e outros, há magnífico trabalho de Eduardo Gabriel Saad, publicado em LTr. — "Legislação do Trabalho", Suplemento, 1.967, n.º 42.

46. AVISO PRÉVIO. — O PAGAMENTO SUBSTITUTIVO DO AVISO PRÉVIO NÃO CUMPRIDO EM TEMPO É SALÁRIO?

A DOUTRINA.

1. OLIVEIRA VIANA (Parecer, apud, Aviso Prévio, Hirosê Pimpão, 1.958, pg. 106): "Quando paga o aviso prévio o patrão paga salário."
2. MOZART VICTOR RUSSOMANO (O Aviso Prévio no Direito do Trabalho, 1.961, pg. 73): "Descumprida, porém, a obrigação de preavisar, o aviso não concedido se transforma em indenização."
3. DORVAL LACERDA (Aspectos Jurídicos do Contrato de Trabalho, 1.941, pg. 116): Igual ao n. 1.
4. LUIZ ROBERTO DE REZENDE PUECH (Direito Individual e Coletivo do Trabalho, 1.960, pg. 67): "... Desde então ficou incontroversa a diferenciação entre a indenização por falta de aviso prévio..."
5. ROBERTO BARRETO PRADO (Direito do Trabalho, 1.963, pg. 411): "Se o empregador resolve despedir sumàriamente o empregado, sem que haja justa causa, o contrato de trabalho se rescinde, mas tem o empregado direito a receber, de indenização, a importância correspondente aos salários relativos ao período do aviso que não lhe foi fornecido."
6. JOSÉ MARTINS CATHARINO (Contrato de Emprêgo, 1.962, pg. 399): "O Empregador tem a obrigação de avisar, mas a própria lei o autoriza a despedir imediatamente, pagando, em substituição, os salários correspondentes ao aviso faltante."
7. ORLANDO GOMES e ELSON GOTTSCHALK (Curso Elementar de Direito do Trabalho, 1.963, pg. 304): "O caráter ressarcitório da indenização de aviso prévio não se altera porque seja ela correspondente ao salário do prazo do aviso."
8. HIROSÊ PIMPÃO (Aviso Prévio, 1.958, pg. 84): "... houve um pagamento salarial..."

A JURISPRUDÊNCIA.

1. TST (p. 9.899/47, de 29.7.47, u., r. M. Waldemar F. Marques, R.J.T., Hélio de Miranda Guimarães, pg. 108, vol. 1): "Ninguém mais, hoje, faz confusão entre aviso prévio, que é o salário, em última análise, e indenização pela rescisão de contrato de trabalho. São dois institutos inteiramente diversos."
2. TRT, 5.ª (R.O. 277/63, A. 434/63, de 29.10.63, r. Elson Gottschalk, LTr. 28/78): "Natureza Jurídica do aviso prévio quando é êste dado em dinheiro; trata-se, neste caso, de prestação ressarcitória também denominada indenização substitutiva."
3. T.F.R. (Ap. 23.022, u., r. M. Cândido Lôbo, LTr. 26/381): "O empregado que recebe indenização, por falta de aviso prévio, não está percebendo retribuição por qualquer serviço, pois não está trabalhando. Em tais casos, a contribuição de previdência não incide sôbre o aviso prévio que constitui indenização e não representa salário."

OBSERVAÇÕES.

Dividem-se as opiniões. Sustentam alguns que o pagamento substitutivo do aviso prévio é de natureza salarial: Hirosê Pimpão, Dorval Lacerda, Catharino, Oliveira Viana.

Para outros, trata-se de uma indenização: Russomano, Barreto Prado, Orlando Gomes e Elson Gottschalk.

Alguns textos do direito positivo estrangeiro, atribuem a êsse pagamento a natureza de indenização: CC. italiano, art. 2.118, C.T. República Árabe Unida, 1.959, art. 72; Haiti, lei de 23.9.1.952, art. 31 e 43; C.T., Somália Italiana, 1.958, art. 37. Esta orientação ganha corpo.

SUCESSÃO HEREDITÁRIA. — O SALÁRIO DO EMPREGADO QUE FALECE É TRANSMISSÍVEL COMO DIREITO DOS HERDEIROS?

A DOUTRINA.

1. JOSÉ MARTINS CATHARINO (Tratado Jurídico do Salário, 1.951, pg. 703): "Nada impede ao herdeiro ou legatário receber o salário do "de-cujus". Sendo, no caso, impossível o pagamento direto e pessoal, nada mais lógico que se faça a transferência "causa mortis" do crédito salarial."

A JURISPRUDÊNCIA.

1. TST (A. de 16.11.1.964, 1.ª T., r. M. Júlio Barata, LTr. 29/484): "Em caso de morte do reclamante não é possível, na execução, converter a reintegração decidida em indenização, cabendo, apenas, aos sucessores o recebimento dos salários devidos em face da manutenção do empregado, até a data do falecimento."

OBSERVAÇÕES.

O salário do empregado que falece é transmissível aos herdeiros.

Óbvias as razões dêsse entendimento; as normas do direito sucessório não permitiriam outra solução.

48. PERÍODO DE EXPERIÊNCIA. — É VÁLIDA CLÁUSULA DE GRATUIDADE DO TRABALHO NO PERÍODO DE EXPERIÊNCIA?

A DOUTRINA.

1. NÉLIO REIS (Contrato de Prova, pg. 118, 1.963): "Entendemos possível a pactuação de gratuidade em têrmos estritos, como no caso das chamadas provas instantâneas ou de pouca duração. Assim, v. g., o artista que se submete a um ou dois testes de ensaios, ou o repórter que em dois ou três dias estivesse em comprovação de sua habilidade de pesquisa dos assuntos palpitantes etc. Ainda reconhecemos possível nos casos de serviços técnicos, como o do engenheiro que se comprometesse a realizar algumas plantas de construção para positivar sua habilidade criadora etc."

OBSERVAÇÕES.

Nélio Reis entende válida cláusula de gratuidade do trabalho no período de experiência do empregado. O autor invoca a autoridade de De Litala para demonstrar a possibilidade de cláusula contratual de gratuidade da experiência de curta duração.

Mas há que distinguir.

Se houver trabalho produtivo de molde a proporcionar uma vantagem econômica ao empregador, a solução preconizada é inviável. Seria enriquecimento sem causa jurídica. A lei brasileira não tem um dispositivo expresso nesse sentido; mas a tese do enriquecimento ilícito é de aplicação reiterada. O *Code Fedéral des Obligations* nos dá uma norma que se aplica ao caso: Art. 62. *Celui qui, sans cause légitime, s'est enrichi aux dépens d'autrui est tenu à restitution.*

Na jurisprudência, essa questão não merece destaque.

49. **TRABALHO A DOMICÍLIO.** — O EMPREGADO A DOMICÍLIO PODE SER REMUNERADO POR UNIDADE DE TEMPO?

A DOUTRINA.

1. AMARO BARRETO (Tutela Geral do Trabalho, vol. I, pg. 139, 1.964): "O salário contraprestado ao trabalho a domicílio, industrial, comercial ou agrícola, é sempre por tarefa, calculado à unidade de produção, com tarifa fixada a jeito de perfazer, ao menos, o salário mínimo regional. Não pode tal salário ser por unidade de tempo, mês, dia ou hora, porque não sendo o trabalho executado no estabelecimento do empregador, não dispõe êste de meios e modos de controlar o tempo trabalhado, a remunerar."

OBSERVAÇÕES.

O trabalho a domicílio não deve ser remunerado por unidade de tempo, no interêsse do próprio empregador. Proibição legal, no entanto, não existe.

Não há jurisprudência sôbre o assunto.

50. **TRABALHO PENITENCIÁRIO.** — QUAL A NATUREZA DA REMUNERAÇÃO DO TRABALHO PENITENCIÁRIO?

A DOUTRINA.

1. CESARINO JÚNIOR (Direito Social Brasileiro, 1.963, vol. II, pg. 142): "Sendo o acôrdo de vontades elemento característico do contrato, é evidente que os serviços dos detentos não constituem prestação de um contrato individual de trabalho por se tratar de trabalho forçado e, nestas condições, o trabalho penitenciário não deve ser contemplado pelo Direito do Trabalho. Não obstam a esta conclusão o fato do art. 29, § 1.º, determinar que o trabalho do sentenciado deva ser remunerado, e do art. 31, parágrafo único, ambos do Código Penal, lhe permitirem a escolha do trabalho, desde que tenha caráter educativo. É que a remuneração se destina a reparar o dano e proporcionar a execução da multa, embora sirva também para prover à subsistência da família do detento e constituir para êle um pecúlio indispensável à sua readaptação à vida social após o cumprimento da pena."

OBSERVAÇÕES.

A retribuição do trabalho penitenciário não é salário no sentido da lei trabalhista. A relação jurídica decorrente dessa atividade é estabelecida entre o detento e a Administração Pública e, portanto, será estranha ao quadro do direito obreiro.

51. **SALÁRIO VARIÁVEL.** — PODE O SALÁRIO SER TOTALMENTE VARIÁVEL, SEM PARCELA FIXA?

A DOUTRINA.

1. CESARINO JÚNIOR (Consolidação das Leis do Trabalho, 1.950, pg. 426): "O salário pode ser composto apenas de um elemento fixo, ou sòmente de um elemento variável (comissões, tarefas, diárias etc.) ou de ambos."

OBSERVAÇÕES.

A lei não proíbe o salário ùnicamente variável, sem parte fixa. No entanto, o salário mínimo deve ser sempre respeitado (Ver Questão 149) ainda que se trate de trabalhador improdutivo. Se o salário variável mensal não atinge o nível mínimo, o empregador está obrigado a complementá-lo para cumprir a lei (Ver Questão 162).

52. INDENIZAÇÃO. — QUAL A RETRIBUIÇÃO DO EMPREGADO QUE SERVIRÁ DE BASE PARA OS CÁLCULOS DA INDENIZAÇÃO?

A LEI.

Art. 477. — É assegurado a todo empregado, não existindo prazo estipulado para a terminação do respectivo contrato, e quando não haja êle dado motivo para cessação das relações de trabalho, o direito de haver do empregador uma indenização, paga na base da maior remuneração que tenha percebido na mesma emprêsa." (DL. 5.452, de 1.5.1.943).

A DOUTRINA.

1. ARNALDO SUSSEKIND (Instituições de Direito do Trabalho, 1.957, pg. 613, vol. I): "Manda a lei seja calculada na base da maior remuneração percebida pelo empregado. Há de se entender, no entanto, que essa remuneração deve referir-se à prestação normal do trabalho. Uma remuneração mais elevada por um serviço transitòriamente prestado, no exercício, digamos, de um cargo em comissão, não será computada como base para o cálculo da indenização."
2. JOSÉ MARTINS CATHARINO (Contrato de Emprêgo, 1.962, pg. 294): "Para efeito de indenização, deve entender-se como maior remuneração aquela a que o empregado, normalmente, tem direito."
3. AMARO BARRETO (Tutela Geral do Trabalho, vol. 1, pg. 50): "A remuneração, e não o salário, é a base da indenização (art. 478 da CLT), das férias (arts. 129 e 140) e do repouso da semana e dos feriados (arts. 1 a 7.º da Lei n. 605, de 5.1.1.949)."
4. ROBERTO BARRETO PRADO (Direito do Trabalho, 1.963, pg. 403): "Diz a lei que a indenização será calculada na base de um mês de remuneração. Remuneração vem a ser tudo aquilo que recebe o empregado em razão do seu contrato de trabalho."
5. ORLANDO GOMES e ELSON GOTTSCHALK (Curso Elementar de Direito do Trabalho, 1.963, pg. 308): "O cálculo do salário que servirá de base a esta indenização varia conforme a forma de pagamento. Se fôr pago por hora, tomar-se-á por base 240 horas por mês. Se por dia, 30 dias. Aos empregados pagos por comissão, percentagens, gratificações e prêmios, a média dêles nos últimos três anos de serviço ou tempo de efetiva antigüidade. Aos que trabalham por peça ou tarefa o valor do que seria feito durante 30 dias, calculado na base média do tempo costumeiramente gasto pelo empregado."

A JURISPRUDÊNCIA.

1. STF (RE. 50.264, 2.ª T, 16.10.62, r. M. Victor Nunes Leal, A CLT vista pelo STF., Calheiros Bonfim, 3.º vol. pg. 136): "Na indenização por despedida injusta, a maior remuneração *percebida,* a que se refere o art. 477, da CLT, como base do cálculo, há de ser entendida como a maior remuneração *devida,* embora não efetivamente paga pelo empregador. Se assim não fôsse, o empregador que não pagasse a remuneração total devida, seria beneficiado por sua própria falta, quando tivesse de pagar indenização por despedida injusta. Não importa que o empregado ainda não houvesse rece-

bido qualquer salário de acôrdo com os novos níveis mínimos. Pois, se êstes eram os salários devidos por ocasião da rescisão do contrato de trabalho, por êles é que se há de calcular a indenização."

2. STF (RE. 51.068, un, 1.ª T. 31.10.62, r. M. Cândido Mota Filho, A CLT vista pelo STF, Calheiros Bonfim, 3.º vol. pg. 137): "O adicional de periculosidade, por não ser aleatório, incorpora-se ao salário para compor indenização em despedida injusta."

3. STF (AI 25.900, 1.ª T., 29.11.61, r. M. Gonçalves de Oliveira, A CLT vista pelo STF., Calheiros Bonfim, 3.º vol., pg. 137): "Sendo o adicional de periculosidade permanentemente pago ao empregado integra-se ao salário dêste, para fins de indenização por despedida injusta."

4. STF (RE. 48.634, de 19.10.64, 1.ª T., r. M. Gonçalves de Oliveira, A CLT vista pelo STF, Calheiros Bonfim, 3.º vol., pg. 137): Igual ao n.º 4.

5. STF (RE. 50.220, de 11.9.62, 2.ª T, r. M. Ribeiro da Costa, A CLT vista pelo STF., Calheiros Bonfim, 3.º vol. pg. 137): "O acórdão impugnado solveu a questão em face do disposto no art. 477 da CLT que, no caso de despedida injusta, assegura ao empregado indenização à base da maior remuneração por êle percebida na emprêsa. Assim, se gratificação lhe era concedida com habitualidade pela função de chefia, exercida há mais de 6 anos, o seu *quantum* integra o salário para o efeito indenizatório."

6. TST (RE. 5/62, u., TP., r. M. Affonso Teixeira Filho, LTr. 28/180): "Não é só o adicional de periculosidade que se integra ao salário para todos os efeitos; também se integram ao salário os demais adicionais que, segundo a moderna doutrina dos tribunais, formam os vencimentos do empregado, como uma só remuneração."

OBSERVAÇÕES.

A doutrina não apresenta posições divergentes; a lei é bastante clara ao falar em remuneração e não em salário. Essa diferença nos parece totalmente desnecessária, embora existente em nosso direito. Isto porque a indenização será sempre calculada sôbre o *ganho habitual do empregado,* não importa a denominação que a êle se dê. Assim, componentes da retribuição base sôbre a qual recaem os cálculos da indenização, *serão os ingressos normais* com que o trabalhador conta em caráter permanente. No caso do comissionista, o cálculo tomará por base a média dos últimos 12 (doze) meses de serviço, por fôrça da nova redação dada pelo DL. 229, de 28.2.1.967, ao artigo 478 da C.L.T. Para os empregados que trabalhem por tarefa ou serviço feito, a indenização será calculada na base média do tempo costumeiramente gasto pelo interessado para realização de seu serviço, calculando-se o valor do que seria feito durante 30 (trinta) dias (art. 478, § 5.º da CLT). Quanto aos optantes do Fundo de Garantia, contam com os depósitos mensais efetuados pela emprêsa no valor de 8% da remuneração. Sôbre os adicionais legais e outros componentes considerados na formação da base remuneratória, vejam-se as questões 1, 2, 218, 222 e 238.

53. **TRAJETO PARA O TRABALHO.** — É REMUNERADO O TEMPO DE TRANSPORTE DO TRABALHADOR DA SUA RESIDÊNCIA ATÉ O ESTABELECIMENTO?

A JURISPRUDÊNCIA.

1 TRT, 5.ª (RO. n. 205/59 de 12/1/1.960, r. Luiz de Pinho Pedreira da Silva): "Havendo ajustè entre o empregador e o empregado para êste se apresentar,

a fim de ser transportado para o local de trabalho, em ponto marcado pela emprêsa, que o conduz em transporte especial, considera-se como tempo de serviço efetivo o correspondente ao transporte."
2. TRT, 2.ª (P. 2.846/58, de 3.3.1.959, r. Carlos Bandeira Lins, LTr. 24/492): "A utilidade consistente em concessão de transporte que por apreciável espaço de tempo auferia, sistemática e regularmente o reclamante, diz do ânimo do empregador em por ela obrigar-se, como complementação do salário, ou proventos ordinários."

OBSERVAÇÕES.

As decisões supratranscritas afirmam o direito do empregado em receber salários pelo período gasto no percurso da residência para o local de trabalho ou vice-versa e da obrigação da emprêsa em responder pelas despesas dêsse transporte se por apreciável tempo o fizer. A lei de acidentes do trabalho, DL. 293, de 28.2.1.967, inclui entre os acidentes aquêles ocorridos no percurso da residência para o trabalho e vice-versa. Portanto, algumas tendências são manifestadas em nosso direito, no sentido de estender a responsabilidade salarial do empregador ao período em questão, mas não há uma orientação definida dependendo da verificação das condições de cada caso concreto.

54. ATRASOS DE PAGAMENTO. — O EMPREGADO PODE PARALISAR O SERVIÇO POR ATRASOS DE PAGAMENTO DE SALÁRIOS?

A JURISPRUDÊNCIA.

1. TRT, 3.ª (P. n. 2.222/59, de 17.5.1.960, r. Vieira de Melo, LTr. 25/233): "O contrato de trabalho pressupõe recíprocas obrigações, daí não ser lícito ao empregador exigir a prestação de serviços sem antes liquidar os salários vencidos em atraso."
2. TRT, 2.ª (p. n. 689/63, A. 1.890/63, de 27.5.1.963, r. Hélio Tupinambá Fonseca, LTr. 27/543): "Não se pode admitir que as partes procurem fazer justiça com as próprias mãos, ou se tolerar o exercício de coação como meio adequado para a obtenção de reajustamento salarial."
3. TRT. 2.ª (p. n. 1.232/64, A. n. 2.177/65, de 8.6.1.965, DOE. de 24.6.65, r. Décio de Toledo Leite): "Deixando o empregador de pagar os salários até o décimo dia útil subseqüente ao mês vencido, pode o empregado rescindir o respectivo contrato de trabalho com fundamento no art. 483, letra "d", da C.L.T.".

OBSERVAÇÕES.

A impontualidade no pagamento dos salários dá ao empregado a possibilidade de rescindir o contrato; nesse caso, configura-se a justa causa do artigo 483, letra "d", da Consolidação, mormente quando o empregador age com malícia e reiteradamente.

A paralisação do serviço, todavia, só será possível com a observância dos requisitos da lei n.º 4.330, de 1 de junho de 1.964, que regula o direito de greve.

CAPÍTULO III

AS MEDIDAS DE PROTEÇÃO AO SALÁRIO

A garantia da percepção efetiva da retribuição pelo trabalhador é uma constante nas normas destinadas à regulamentação das condições de trabalho. Se o salário é o meio através do qual o operário obtém os recursos necessários para a sua subsistência pessoal e familiar, justifica-se, plenamente, a existência de um sistema de proteção destinado a garantir a manutenção permanente dos seus ingressos habituais dos quais depende a formação da sua receita.

Segundo Mário de La Cueva, a proteção ao salário deve desenvolver-se em quatro linhas diferentes: a) proteção contra os abusos do patrão; b) proteção contra os credores do trabalhador; c) proteção contra os credores do patrão; d) proteção à família do trabalhador.

De uma forma geral, o esquema corresponde ao conteúdo das normas estabelecidas sôbre a matéria, nos diferentes sistemas jurídicos modernos.

É possível, também, situar êsse conjunto de medidas num plano de princípios universais, com base nas proposições adotadas pela Organização Internacional do Trabalho e que estão consubstanciadas na Convenção 95, denominada "Convenção para a proteção do salário", de 1.949 cujos principais pontos podem ser assim resumidos:

a) Os salários pagáveis em espécie o serão sòmente em moeda de curso legal; os pagamentos sob a forma de bônus, cupons ou qualquer outra forma que se suponha representar a moeda de curso legal, serão proibidos;

b) O pagamento do salário poderá ser efetivado em cheque ou vale postal quando êsse modo fôr de prática corrente ou necessária, em razão de circunstâncias especiais, quando uma convenção coletiva ou uma sentença arbitral o determinar ou quando, apesar de tais disposições, o trabalhador interessado consentir;

c) A legislação nacional, as convenções coletivas ou as sentenças arbitrais podem permitir o pagamento parcial do salário em espécies, desde que destinadas ao uso pessoal do trabalhador e de sua família, observando um valor atribuído a essas prestações, justo e razoável; não será permitido em caso algum o pagamento sob a forma de bebidas alcoólicas ou drogas;

d) Os salários serão pagos diretamente ao trabalhador interessado, a menos que a legislação nacional, uma convenção coletiva ou uma sentença arbitral disponha diferentemente ou que o próprio operário aceite outro processo;

e) É proibido ao empregador restringir a liberdade do trabalhador de dispor de seus salários da maneira como lhe convier;

f) Quando em uma emprêsa forem instaladas lojas para vender mercadorias aos trabalhadores ou serviços a ela ligados e destinados a fazer-lhes fornecimentos, nenhuma pressão será exercida sôbre os trabalhadores interessados para que êles façam uso dessas lojas ou serviços, para evitar-se, assim, a exploração com fins lucrativos;

g) Descontos em salários não serão autorizados, senão sob condições e limites prescritos pela legislação nacional, fixados por uma convenção coletiva ou sentença arbitral;

h) Os salários devem ser protegidos contra a penhora ou a cessão, na medida julgada necessária para assegurar a manutenção do trabalhador e de sua família;

i) Em caso de falência ou de liquidação judicial de uma emprêsa, os trabalhadores terão tratamento como credores privilegiados, observados os limites e na ordem prescrita pela legislação nacional;

j) Os salários serão pagos em intervalos regulares;

l) O pagamento dos salários em espécie será efetuado sòmente nos dias úteis e no local de trabalho ou na proximidade dêste, salvo soluções apropriadas; é proibido o pagamento do salário em bares ou estabelecimentos similares e, se necessário prevenir abusos, nos estabelecimentos de vendas a varejo e nas casas de diversão;

m) Os trabalhadores devem ser informados, de maneira adequada e fàcilmente compreensível, sôbre as condições e elementos que constituem os salários.

A proteção do salário no Direito brasileiro. — Dessas disposições contidas na Convenção 95, muitas são reproduzidas em nosso ordenamento jurídico, não mediante normas de natureza constitucional como teve o cuidado de fazer a Constituição Mexicana de 1.917, preeminente neste assunto, mas através de leis ordinárias e princípios gerais que correspondem, nos pontos básicos, às recomendações da O.I.T.

TÍTULO PRIMEIRO — O MEIO DE PAGAMENTO DO SALÁRIO.

55. PAGAMENTO EM MOEDA ESTRANGEIRA. — A LEI PROÍBE O PAGAMENTO DE SALÁRIO EM MOEDA ESTRANGEIRA?

A LEI.

    Art. 463. — A prestação em espécie do salário será paga em moeda corrente do país (DL. 5.452, de 1.5.1.943).

A DOUTRINA.

1. ORLANDO GOMES (O Salário no Direito Brasileiro, 1.947, pg. 121): "Quanto ao pagamento em moeda estrangeira não poderá ser admitido em face dos claros têrmos em que está redigido o artigo."
2. JOSÉ MARTINS CATHARINO (Tratado Jurídico do Salário, 1.951, pg. 661): "A opinião que defendemos é perfeitamente coerente com o próprio texto do artigo 463. Êle veda o pagamento em moeda estrangeira, mas o salário pode ser estipulado nesta moeda."

3. MOZART VICTOR RUSSOMANO (Comentários à Consolidação das Leis do Trabalho, 1.960, vol. III, pg. 727): "... não poderá o patrão saldar seus compromissos remuneratórios para com o empregado por outro meio senão pelo pagamento da dívida em moeda corrente."
4. CESARINO JÚNIOR (Direito Social Brasileiro, vol. II, pg. 215, 1.963): "... o pagamento deverá ser em dinheiro."
5. JOSÉ MARTINS CATHARINO (Contrato de Emprêgo, 1.962, pg. 181): "... o artigo não proibe a estipulação em moeda estrangeira, e sim o pagamento. Será lícita a pactuação do salário em dólares, por exemplo, e o seu pagamento em moeda nacional, ao câmbio do dia do vencimento ou ao imediatamente anterior (C. C. art. 947, 2.º; C.L.T. art. 459)."
6. ARNALDO SUSSEKIND (Comentários à Consolidação das Leis do Trabalho e à Legislação Complementar, 1.964, vol. III, pg. 404): "... filiamo-nos à corrente que considera tal modalidade proibida pelo art. 463 da Consolidação."
7. ORLANDO GOMES (Salário em Moeda Estrangeira, LTr. 29/217): "A cláusula de um contrato de trabalho pela qual o empregador se obriga a pagar salário em moeda estrangeira é nula de pleno direito."

A JURISPRUDÊNCIA.

1. TRT, 1.ª (RO, n.º 617/61, de 7.6.1.961, r. Jés Elias Carvalho de Paiva, LTr. 28/298): "Ainda que convencionado ficasse com o empregado, não pode o empregador deixar de pagar em moeda corrente do país a parte salarial devida ao empregado em espécie, considerando-se como não feito o pagamento realizado de forma diversa, por compensação, consoante o disposto no artigo 463 da Consolidação das Leis do Trabalho."
2. TRT, 2.ª (P. n. 5.008/64, A. 1.479/65, de 6.4.1.965, r. Fernando de Oliveira Coutinho, LTr. 29/371): "É rigorosamente proibida a fixação de salários em moeda estrangeira."
3. TRT, 5.ª (p. n. 81/63, A. 524/63, de 21.11.1.963, r. Carlos Coqueijo Costa, LTr. 28/419): "O que a Consolidação exige é a prestação do salário em moeda corrente do país, e não a estipulação que, se feita com base em moeda mais forte, de que resultem desenganados benefícios para o empregado, vale como índice, impondo-se a conversão cambial com base na taxa vigente à época de cada pagamento, pôsto que a hipótese envolve uma composição de dano. Do contrário, redundaria numa lesão enormíssima ao empregado inculpado."

OBSERVAÇÕES.

Doutrina e jurisprudência declaram a inadmissibilidade do pagamento, mas não da estipulação do salário em moeda estrangeira.

São feitas referências, como fundamentação, ao Decreto n.º 23.501, de 27.11.1.933, que visa a forçar a circulação da moeda nacional na defesa da economia interna do país, proibindo a evasão de reservas metálicas para o exterior.

Interessante será observar as razões imediatas apontadas por Sussekind, à comissão de elaboração do projeto da C.L.T.: "o fundamento legal da proibição é evidente, eis que o trabalhador não pode ter o seu salário sujeito a oscilações do câmbio e ficar obrigado a desembolsar a taxa pertinente à operação cambial de conversão da moeda estrangeira em moeda nacional."

56. EFEITOS DO PAGAMENTO EM MOEDA ESTRANGEIRA. — SE O EMPREGADOR NÃO PAGA O SALÁRIO EM MOEDA CORRENTE NO PAÍS ESTÁ OBRIGADO A FAZÊ-LO NOVAMENTE?

A DOUTRINA.

1. ARNALDO SUSSEKIND (Instituições de Direito do Trabalho, 1.957, vol. I, pg. 475): "... quando a parcela do salário devida em dinheiro não é paga em moeda corrente do país, fica o empregador compelido a repetir o pagamento na forma legal."

2. JOSÉ MARTINS CATHARINO (Tratado Jurídico do Salário, 1.951, pg. 673): "A nossa lei, artigo 463, sòmente estabelece penalidade contratual quando a emprêsa não pagar a parte do salário em moeda corrente do país. Declara o pagamento nulo e, lògicamente, ordena sua repetição."

3. JOSÉ MARTINS CATHARINO (Contrato de Emprêgo, 1.962, pg. 182): "Nulo o pagamento por descumprimento do dispositivo legal, o empregador deverá repeti-lo corretamente, pagando o salário em moeda nacional. E o empregado deverá restituir aquilo que percebera? Em princípio, pela lei civil (arts. 158 e 964), quem recebeu o que não lhe era devido fica obrigado a devolver. No caso, porém, a lei trabalhista tem como não feito o pagamento fraudulento, o que equivale à sua inexistência, logo, o empregado, em virtude da norma imperativa e radical, nada terá que restituir, abrindo-se exceção ao princípio do enriquecimento sem causa."

4. ALUÍSIO JOSÉ TEIXEIRA GAVAZZONI SILVA (Comentários à Consolidação das Leis do Trabalho, vol. II, pg. 208, 1.963): "Se o empregador efetuar o pagamento em forma vedada pela lei, mesmo que o recebido pelo servidor venha a tornar-se oportunamente moeda corrente, nem por isso fica o empregado impedido de exigir nôvo pagamento, em obediência aos ditames legais. Aqui também se aplica a regra: quem paga mal, paga duas vêzes."

5. PONTES DE MIRANDA (Tratado de Direito Privado, vol. 47, pg. 463, 1.964): "Assim, se o pagamento foi em moeda estrangeira ainda é exigível em moeda nacional. Apenas tem o empregador a ação de enriquecimento injustificado para que, feita a contraprestação como deveria ter sido feita, lhe restitua o que recebera o empregado em moeda estrangeira."

6. ORLANDO GOMES e ELSON GOTTSCHALK (Curso Elementar de Direito do Trabalho, 1.963, pg. 228): "A violação da regra de que o salário há de ser pago por esta forma, sugere várias soluções doutrinárias e legislativas. A multa ao empregador, esta e ainda o direito a ação de perdas e danos pelo empregado contra o empregador, e, finalmente, a nulidade do pagamento com o direito do empregado de recebê-lo de nôvo, são as soluções indicadas."

7. ARNALDO SUSSEKIND (Comentários à Consolidação das Leis do Trabalho e à Legislação Complementar, 1.964, vol. III, pg. 485): "Em face do prescrito no art. 463, ter-se-á como não realizado o pagamento do salário que inobservar a regra do artigo."

8. DÉLIO MARANHÃO (Direito do Trabalho, 1.966, pg. 171): "O salário deve ser pago em moeda corrente do país, considerando-se não feito se efetuado de outra forma..."

A JURISPRUDÊNCIA.

1. TRT, 1.ª (RO. 309/59, A. de 3.4.59, r. Geraldo Majela Machado, JT. Pires Chaves, vol. V, pg. 103): "A inexistência de recibos de salários, nas circunstâncias, é irrelevante embora a exigência da lei a respeito, pois se sabe que a praxe da emprêsa, embora condenável, é a do pagamento em confiança, isto é, sem recibo. E é irrelevante porque a lei não considera não realizado o pagamento dos salários feitos sem recibo. Apenas nessa hipótese, se há de exigir uma boa prova, embora por qualquer dos outros meios de prova. E essa, no caso, foi feita, até mesmo com as próprias testemunhas do R. O

caso difere do de pagamento dos salários em outra moeda que não a corrente do país, quando aí sim a lei considera tal pagamento como não feito."

2. TRT, 1.ª (RO. 617/61, de 7.6.61, un. r. Jés Elias Carvalho de Paiva, LTr. 28/298): Ver questão 55 A. 1.

OBSERVAÇÕES.

O dinheiro corresponde, no dizer de Barassi, à fórmula que define a retribuição como poder aquisitivo de bens de consumo. E a moeda corrente do país é a sua expressão. Se o pagamento é efetuado em moeda estrangeira, a doutrina não duvida em reputá-lo ineficaz. Os autores entendem que a repetição do pagamento é uma conseqüência lógica da proibição legal. Pontes de Miranda, no entanto, acha que cabe ao empregador, depois, o ressarcimento através de ação própria. Mas para Catharino, ao revés, isso é inadmissível. Orlando Gomes e Elson Gottschalk mostram que outras sanções podem ser preconizadas: multa, a multa e a ação de perdas e danos etc.

A Convenção 95, da Conferência Geral da Organização Internacional do Trabalho, no artigo 3.º, estabelece que "os salários pagáveis em espécie serão pagos exclusivamente em moeda de curso legal."

57. PAGAMENTO EM CONTA CORRENTE. — A LEI ADMITE O PAGAMENTO DO SALÁRIO POR SIMPLES LANÇAMENTO EM CONTA CORRENTE?

A DOUTRINA.

1. JOSÉ MARTINS CATHARINO (Tratado Jurídico do Salário, 1.951, pg. 733): "Respondemos afirmativamente. Se o empregado recebe um extrato periódico da conta e concorda com os resultados dela constantes, ou se o empregador comunica-lhe cada lançamento, não vemos como repelir o valor probante da conta corrente."

A JURISPRUDÊNCIA.

1. TRT, 1.ª (P. 1.619/48), de 17.12.48, r. Álvaro Ferreira da Costa, RJT. Hélio de Miranda Guimarães, vol. 2.º, pg. 859): "Comporta questão de direito saber-se se: convencionada livremente entre empregador e empregado a forma do pagamento salarial por meio de créditos em conta corrente de **movimento** pode ser invocado o disposto no art. 467 da CLT, que estabelece o pagamento em dôbro da parte incontroversa dos salários, para efeito da condenação assim em dobrado. A situação jurídica da matéria lembra aquela, insistentemente reconhecida pelos Tribunais do Trabalho de que o credor por salários, que recebe em pagamento dos mesmos notas promissórias, transforma aquêle crédito em operação mercantil, inexistindo a possibilidade de execução dos salários transacionados, por via judicial trabalhista. Evidentemente, a convenção livremente estipulada entre empregado e empregador de serem os salários devidos aquêles oportunamente creditados em conta corrente de movimento, impede a permanência da dívida salarial, que poderia ser objeto de ação trabalhista. Desde pois que, só quando regularmente reconhecido pelo devedor é que o extrato de conta corrente dá direito à ação executiva, pressupondo-se que a ação executiva cabível na espécie terá de ter o seu curso no fôro civil, entender-se-á improcedente a reclamação quanto ao saldo da conta-corrente, por via trabalhista, não ocorra o respeito devido ao velho princípio de direito processual — o da proibição do chamado *reformatio in pejus,* uma vez que o próprio empregador pretenda seja condenado no pagamento do saldo simples."

OBSERVAÇÕES.

Inclina-se o nosso direito a admitir o pagamento do salário através de lançamento em conta corrente do empregado. No entanto trata-se apenas de uma tendência e não de uma orientação predominante porque a matéria não é suficientemente ventilada pela doutrina e jurisprudência. O valor probante do extrato de conta corrente é reconhecido pelo artigo 432 do Código Comercial que diz: "As verbas creditadas ao devedor em conta corrente assinada pelo credor, ou nos livros comerciais dêste, fazem presumir o pagamento, ainda que a dívida fôsse por escritura pública ou particular." No entanto, a lei trabalhista faz a exigência do recibo, como prova do pagamento do salário (Ver Questão 84) e é evidente a prioridade de aplicação dos seus dispositivos diante das disposições da lei comercial.

58. AÇÕES DA EMPRÊSA. — É ADMITIDO O PAGAMENTO DE SALÁRIOS MEDIANTE AÇÕES DA SOCIEDADE EMPREGADORA?

A DOUTRINA.

1. ROBERTO BARRETO PRADO (Direito do Trabalho, 1.963, pg. 170): "É possível, também, que os empregados recebam parte dos seus salários em ações da sociedade empregadora. Embora raro êsse procedimento, não há impossibilidade jurídica que tal aconteça."

OBSERVAÇÕES.

Os Tribunais Trabalhistas não se pronunciaram sôbre o assunto. Na doutrina, Roberto Barreto Prado entende possível o pagamento do salário em ações da sociedade empregadora. Esta modalidade é adotada em alguns países para a retribuição da participação nos lucros (Ver Capítulo IX).

Não há uma orientação definida em nosso direito. Face ao disposto no artigo 463 da CLT, o salário deve ser pago em moeda corrente do país, sob pena de considerar-se como não feito. O artigo 458 admite a retribuição "in natura", respeitada uma parte em dinheiro. Assim, sob o prisma estritamente legal, não há outras modalidades de pagamento do salário a não ser a *moeda e as utilidades.* Todavia, a aplicação rigorosa da lei poderá em alguns casos desatender o próprio interêsse dos empregados quando as ações da sociedade representarem um investimento seguro e rendoso. Portanto, desde que consensual, o pagamento do salário em ações não deve ser desde logo inquinado de nulo; será indispensável o exame do caso concreto.

59. VALES E MERCADORIAS. — O SALÁRIO PODE SER PAGO POR MEIO DE VALES E MERCADORIAS?

A LEI.

> Art. 462 § 2: — É vedado à emprêsa que mantiver armazém para venda de mercadorias aos empregados ou serviços destinados a proporcionar-lhes prestações "in natura" exercer qualquer coação ou induzimento no sentido de que os empregados se utilizem do armazém ou dos serviços (DL. 5.452, de 1.5.1.943).

A DOUTRINA.

1. DORVAL LACERDA (O Contrato Individual de Trabalho, 1.939, pg. 198): "Nociva é esta fórmula, porque impede a formação do pecúlio operário, representa uma especulação sôbre os salários de vez que na venda das mercadorias existe, forçosamente, o escopo do lucro, e restringe a liberdade de aplicação dos salários."
2. ORLANDO GOMES (O Salário no Direito Brasileiro, pg. 123, 1.947): "O empregador será obrigado a efetuar nôvo pagamento, porque, para a lei, nada pagou e não tem o direito de exigir a devolução do que entregou em mercadorias, diretamente, ou por meio de fichas, bônus, passes etc."
3. MOZART VICTOR RUSSOMANO (O Empregado e o Empregador no Direito Brasileiro, vol. I, 1.954, pg. 568): "O pagamento feito dêsse modo gera a presunção *juris et de jure* de que o empregador agiu de má-fé, burlando a legislação, prejudicando o empregado e subtraindo, com uma das mãos, o que com a outra pagara ao trabalhador. Deverá, por isso, repetir o pagamento."
4. ADAUCTO FERNANDES (Direito Industrial Brasileiro, vol. II, 1.952, pg. 510): "Em nosso Direito Trabalhista o pagamento do salário deve ser feito em dinheiro; é êsse o tipo padrão admitido por tôdas as emprêsas, e que melhor satisfaz as condições do empregado."
5. JOSÉ MARTINS CATHARINO (Tratado Jurídico do Salário, 1.951, pg. 652): "O "truck-system" é na verdade uma escamoteação: Graças a êle o empregador pode drenar o salário para seu próprio cofre e, por conseqüência, locupletar-se com a prestação alheia já que obtém lucro às custas do prejuízo impôsto ao seu subordinado. O sistema torna-se ainda mais lesivo quando o trabalhador, recebendo exclusivamente mercadorias, de má qualidade e a preço exorbitante, vê-se obrigado a delas se desfazer, com prejuízo, para obter o que realmente necessita."
6. ARNALDO SUSSEKIND (Instituições de Direito do Trabalho, 1.957, vol. I, pg. 469): "... tornou-se universalmente combatido o pagamento do salário por meio de vales ou bônus, de circulação e aceitação restrita — prática essa conhecida pela expressiva designação de "truck system."
7. MOZART VICTOR RUSSOMANO (Comentários à Consolidação das Leis do Trabalho, vol. III, pg. 728, 1.960): "Qualquer pagamento que se faça com "vales" não tem a menor significação jurídica. É um pagamento inexistente. O pagamento feito dêsse modo gera a presunção absoluta (juris et de jure), que não admite prova em contrário, de que o empregador agiu de má-fé, burlando a legislação e querendo prejudicar o empregado. Deverá, sempre repetir o pagamento. Pode o empregado até declarar em juízo que recebeu seus salários pelo "truck-system" e que vem pedir a repetição do pagamento ilegal."
8. CESARINO JÚNIOR (Direito Social Brasileiro, 1.963, vol. II, pg. 215): "O pagamento deverá ser em dinheiro; não poderá ser feito em vales, bonus,..."
9. ORLANDO GOMES e ELSON GOTTSCHALK (Curso Elementar de Direito do Trabalho, 1.963, pg. 228): "A nossa lei fulmina, ainda, de nulidade absoluta o pagamento que se não efetua em dinheiro. O empregador está, assim, obrigado a efetuar nôvo pagamento, e não tem o direito de exigir a devolução do que entregou em mercadorias, diretamente, ou por meio de fichas etc."

A JURISPRUDÊNCIA.

1. TRT, 4.ª (1.950, apud Victor Russomano, Comentários à C.L.T., vol. III, pg. 710): "A lei proibe, terminantemente, o uso do *truck-system,* isto é, o pagamento dos salários por meio de vales ou mercadorias."
2. TST (RR. 51/57, 3.ª T., r. M. Tostes Malta, DS. de 5.7.57, apud Sussekind, Comentários à C.L.T. e à Legislação Complementar, 1.964, vol. 3.º, pg. 404): "Não recebendo os seus salários e ainda compelido à aceitação de vales de fornecimento, com infringência da lei, tinha o empregado justo motivo para pleitear a rescisão de seu contrato, de nada lhe valendo a condição de estável, pois, sem meios de manter-se e à família."

3. TRT, 5.ª (A. 14/66, de 11.1.66, u., r. Elson Gottschalk LTr. 30/222): "Não há "truck-system" onde inexiste o emprêgo forçado de signos representativos da moeda ou quando o operário goza de liberdade de comprar quando e onde lhe aprouver."

4. STF (RE. 40.181, 1.ª T. de 29.9.58, r. M. Luiz Galotti, LTr. 23/283): "Truck-system" é o sistema pelo qual o empregador paga ao empregado em mercadorias ou vales trocáveis por estas, em estabelecimentos de sua propriedade, por si gerido ou por representante seu, ou de terceiro dono, embora controlado pelo próprio empregador. (Dupin et Desvaux, citados por José Martins Catharino, Tratado Jurídico do Salário, pg. 651). Trata-se de modalidade de pagamento fraudulento, que se converteu em meio freqüente de opressão para os trabalhadores."

OBSERVAÇÕES.

A doutrina reprime enfàticamente o pagamento do salário através de vales e mercadorias.

É o chamado "truck-system": o empregado recebe vales que só circulam no estabelecimento comercial do próprio empregador; portanto, o empregado só recebe papéis de aceitação restrita na localidade, vendo-se compelido à aquisição de bens de consumo em armazém ou economato gerido pelo patrão.

Seu inconveniente resulta da total submissão do trabalhador; assim, a elevação dos preços das mercadorias, sob contrôle do patrão, é o meio simples de provocar a correspondente redução salarial. É a isso, principalmente, que se evita, além dos inconvenientes que decorrem de uma situação na qual o trabalhador não possa livremente dispor do seu ganho.

Êsse sistema apareceu na Inglaterra, desde o Século XV. Com o tempo, na medida do aumento da população de uma localidade, tende a desaparecer.

A penetração do direito do trabalho é a sua sentença de morte.

A jurisprudência é escassa sôbre o assunto e êsse detalhe nos parece indicar que atualmente não são freqüentes problemas dessa natureza.

60. TÍTULOS DE CRÉDITO. — É ADMITIDO O PAGAMENTO DO SALÁRIO ATRAVÉS DE TÍTULOS DE CRÉDITO?

A DOUTRINA.

1. ORLANDO GOMES (O Salário no Direito Brasileiro, 1.947, pg. 121): "Pagamento em cheque. Admite-se-o tôda vez que não acarrete prejuízo para o empregado."

2. JOSÉ MARTINS CATHARINO (Tratado Jurídico do Salário, 1.951, pg. 169): "O pagamento por promissórias ou cheques (admitido por certas legislações como a argentina) é inteiramente desaconselhável. Não só poderia, em certos casos, tornar o pagamento problemático, indo de encontro às normas protetoras do salário que dispõem sôbre quando e onde deve ser pago. Sendo que, além do mais, faria o empregado indiretamente sujeitar-se ao risco de ficar ameaçado de não poder transformar o título ou o cheque em dinheiro sonante."

3. ARNALDO SUSSEKIND (Instituições de Direito do Trabalho, vol. I, 1.957, pg. 471): "... não será lícito ao empregador pagar salário em notas promissórias; da mesma forma, não poderá fazê-lo com cheques bancários, a não

ser que o seu desconto possa efetuar-se imediatamente, no próprio local onde o empregado trabalha, com o que se atenderá aos objetivos do art. 463 e às prescrições do art. 465."

4. ADRIANO CAMPANHOLE (Prática e Jurisprudência Trabalhista, 1.962, pg. 330): "... Não há, assim, proibição do pagamento de salário em cheque."
5. ALUÍSIO JOSÉ TEIXEIRA GAVAZZONI SILVA (Comentários à Consolidação das Leis do Trabalho, vol. II, pg. 208, 1.963): "... não é possível o pagamento em "vales", em moeda estrangeira, em promissória etc." ..."E mais, o empregado pode também ser pago em cheque, desde que seja logo descontável."
6. CESARINO JÚNIOR (Direito Social Brasileiro, vol. II, 1.963, pg. 215): "O pagamento deverá ser em dinheiro; não poderá ser feito em vales, em bônus, mesmo o pagamento em cheque, que hoje é muito usado, não é legal."
7. ORLANDO GOMES e ELSON GOTTSCHALK (Curso Elementar de Direito do Trabalho, 1.963, pg. 228): "... não deve ser admitido, se o empregado para receber o cheque, no estabelecimento bancário, está obrigado a fazer despesas com transporte, o que implica em redução do salário."
8. ROBERTO BARRETO PRADO (Direito do Trabalho, 1.963, pg. 165): "Não é de se admitir o pagamento em notas promissórias ou outro qualquer título de crédito."
9. PONTES DE MIRANDA (Tratado de Direito Privado, vol. 47, 1.964, pg. 464): "O art. 463 teve por fito, além de pré-excluir a contraprestação em moeda estrangeira, a de afastar a contraprestação em vales, notas promissórias, mercadorias, ou créditos abertos em armazéns ou outras emprêsas."
10. ARNALDO SUSSEKIND (Comentários à Consolidação das Leis do Trabalho e à Legislação Complementar, vol. III, pg. 405, 1.964): "... o pagamento em cheques bancários deve ser limitado aos casos em que o seu desconto possa efetuar-se imediatamente, no próprio local onde o empregado trabalha ou em suas proximidades..." ..."O mesmo, entretanto, não se poderá dizer do pagamento em notas promissórias, pois o salário deve atender, nas épocas estipuladas para o seu pagamento, imediatamente e sem ônus para o trabalhador, às suas necessidades e às de sua família."

A JURISPRUDÊNCIA.

1. STF (A. da 1.ª T., AI n. 28.123, r. M. Cândido Mota Filho, de 6.11.1.962, apud, Calheiros Bonfim, A CLT vista pelo STF, vol. 3.º pg. 115): "... o pagamento do salário em cheque não contraria a lei federal."
2. TST (RR. 3.282/59, 1.ª R. r. M. Pereira de Carvalho Júnior, A. de 5.8.60, A CLT vista pelo STF, Calheiros Bonfim, 1.963, pg. 198): "O sindicato propôs ação contra a emprêsa a fim de ser declarado o não direito da mesma a pagar os salários de seus empregados, mediante cheque e, em conseqüência, determinar que os mesmos tinham que ser efetuados em moeda corrente nacional, em dia útil e no local de trabalho. A ação foi julgada procedente nas instâncias recorridas. Revisão não conhecida. A alínea "a", art. 513 consolidado confere ao sindicato a prerrogativa de que se valeu, isto é, representar, perante as autoridades administrativas e judiciárias, os interêsses gerais da categoria."

OBSERVAÇÕES.

A doutrina predominante é no sentido de ser tolerado o pagamento do salário por meio de cheques, desde que de fácil desconto nas proximidades do local de trabalho e repelido o pagamento em notas promissórias.

A Convenção n. 95, da Conferência Geral da Organização Internacional do Trabalho, estabelece o seguinte: Art. 3.º, n.º 2. — A autoridade competente poderá permitir ou prescrever o pagamento do salário em cheque ou vale postal, quando êsse modo de pagamento fôr de prática corrente ou necessária, em razão de circunstâncias especiais, quando uma convenção coletiva ou uma sentença arbitral o determinar, ou quando, apesar de tais disposições, o trabalhador interessado consentir."

Podemos considerar generalizado o uso do cheque, não só para pagamento dos salários, como também, o que é freqüente, até mesmo na Justiça do Trabalho quanto às conciliações das partes nos processos e à liquidação de saldos de salários ou férias vencidas, em audiência.

É admitido, expressamente, o cheque, pela lei argentina n.º 11.278 (apud Krotoschin, Tratado Práctico de Derecho Del Trabajo, vol. I, pg. 285, 1.962). O texto da lei é o seguinte: "será permitido el pago con cheques bancarios cuando corresponda a un período de pago Y por una suma no inferior a trescientos pesos moneda nacional."

No entanto, por uma questão de maior segurança ao trabalhador, só o *cheque visado* deveria ser admitido.

Tem havido inconvenientes quanto ao cheque cruzado, por obrigar o trabalhador à abertura de conta bancária para receber o cheque, o que é, para êle, uma dificuldade e demanda em perda de tempo.

61. UTILIDADES. — O SALÁRIO PODE SER PAGO INTEGRALMENTE EM UTILIDADES?

A DOUTRINA.

1. ORLANDO GOMES (O Salário no Direito Brasileiro, 1.947, pg. 58): "O pagamento há de ser em dinheiro, pelo menos em parte."
2. VASCO DE ANDRADE (Atos Unilaterais no Contrato de Trabalho, 1.943, pg. 26): "Seria nula, para exemplificar, e por mais que a condição particular beneficiasse o empregado, uma estipulação que admitisse largo salário indireto, por meio de bonificações, mas que concedesse, em conseqüência, menos de 30% do total da remuneração mínima pagável em dinheiro."
3. WILSON DE SOUZA CAMPOS BATALHA (Aspectos Constitucionais e Legislativos das Remunerações Mínimas, 1958, pg. 34): "No sistema vigente, deve ser de maneira obrigatória paga pelo empregador, em dinheiro, uma parcela nunca inferior a 30% do salário mínimo regional (C.L.T., art. 82, § único). Os restantes 70% poderão ser atribuídos em utilidades, de acôrdo com as percentagens estabelecidas pelas tabelas de salário mínimo, guardada a proporcionalidade com os referidos 70%."
4. ALUYSIO SAMPAIO e PAULO JORGE DE LIMA (Dicionário Jurídico Trabalhista, 1.962, pg. 152): "Em qualquer hipótese, porém, o empregador é sempre obrigado a pagar ao empregado, em dinheiro, pelo menos 30% do valor do salário estipulado, de modo que não é possível o pagamento total do salário em utilidades."
5. ARNALDO SUSSEKIND (Comentários à Consolidação das Leis do Trabalho e à Legislação Complementar, 1.964, vol. III, pg. 338): "Em nenhuma hipótese corresponderá apenas a utilidades."
6. DÉLIO MARANHÃO (Direito do Trabalho, 1.966, pg. 97): "A tabela que acompanha o decreto que fixa o salário-mínimo, fixa também, as percentagens correspondentes às utilidades, que entram, como parcelas, na fórmula do salário mínimo, para efeito do seu fornecimento *in natura* pelo empregador até o limite de 70% do valor do salário."
7. VICTOR MOZART RUSSOMANO (Comentários à Consolidação das Leis do Trabalho, vol. III, pg. 279, 1.960): "Mesmo que dê o patrão ao trabalhador as cinco parcelas do salário mínimo, ainda lhe deverá, em dinheiro, 30% dêsse salário."

8. JOSÉ MARTINS CATHARINO (Tratado Jurídico do Salário, 1.951, pg. 239): "A nossa lei (arts. 81 e 82 da Consolidação) admite a composição do salário mínimo por parcelas *in natura* (alimentação, habitação, vestuário, higiene e transporte), desde que sempre fique assegurada a percentagem de 30% em dinheiro."

A JURISPRUDÊNCIA.

1. TST (A. de 27.5.57, 2.ª T., RR. 270/57, DJ: de 13.9.57, pgs. 2.415/16, r. M. Oscar Saraiva, RTST, 1.959, pg. 92): "Em se tratando de "descontos" sôbre salário mínimo pelo fornecimento de utilidades, os setenta por cento, a que se refere o art. 82 da CLT, constituem o limite máximo para os descontos das utilidades. Mas a percentagem estipulada para o desconto de cada parcela, respeitado êsse limite, deve incidir sôbre o valor total do salário mínimo, e não sôbre setenta por cento dêsse valor."
2. TRT, 2.ª (P. 1.212/47, de 19.1.48, r. Nebrídio Negreiros, RJT, Hélio de Miranda Guimarães, 1.953, vol. II, pg. 862): "A lei não permite que a totalidade dos salários seja paga em utilidades, mas, apenas até o máximo de 70%."
3. TRT, 1.ª (P. 868/55, DJ. de 7.10.1.955, pg. 3.601, CLT, Interpretada, Alonso Caldas Brandão, vol. I, pg. 149, 1.960): "A lei fixa num mínimo de 30% o que deve ser pago ao empregado, em dinheiro, quando êle aufira várias prestações "in natura".

OBSERVAÇÕES.

A retribuição em espécie é a forma primitiva adotada pelas civilizações antigas; no Egito, Ramsés II remunerou aquêles que trabalhavam em sua estátua com pão, carnes, pastéis, sandálias, trajes, azeites e outras utilidades. Por regra geral todos os trabalhadores livres da construção de tumbas, também eram pagos assim (Texto Privado do Império Antigo). De acôrdo com os documentos econômicos de Deir el-Medineh, aquêles que abriam tumbas reais percebiam 4 (quatro) medidas de trigo mensalmente, equivalente a 380 litros e uma medida e meia de cevada, correspondente a 140 litros.

A moeda, forma subseqüente, em nada modificou, fundamentalmente, essa situação, de tal sorte que na esteira dos tempos o costume teve tal penetração que até os nossos dias êsse mesmo sistema ainda persiste. Porém, com alterações, porque é hoje, em tôdas as legislações estrangeiras, apenas forma acessória e complementar de cobrir o trabalho; sua utilização atual com caráter único é pràticamente inexistente, mas nenhuma objeção se faz quanto à sua coexistência com a retribuição em dinheiro.

É nessas condições que a Convenção n.º 99 da Conferência Geral da Organização Internacional do Trabalho o admite.

No sistema jurídico do nosso país, até 70% do total, o salário poderá ser pago em utilidades. O Estatuto do Trabalhador Rural, todavia, refere-se ao pagamento totalmente "in natura" (art. 2.º) e teve em vista incluir no conceito de trabalhador rural os "meeiros" ou trabalhadores do sistema "in terça" que antes eram remunerados dessa forma (Aluysio Sampaio, Comentários, pg. 17).

62. **UTILIDADES A TÍTULO GRACIOSO. — AS UTILIDADES FORNECIDAS GRATUITAMENTE SÃO CONSIDERADAS SALÁRIO?**

A DOUTRINA.

1. ARNALDO SUSSEKIND (Instituições de Direito do Trabalho, 1.957, pg. 366, vol. I): "... o fornecimento de utilidade a título gracioso não cria obrigações para a emprêsa nem direitos para o empregado."
2. ROBERTO BARRETO (Direito do Trabalho, 1.963, pg. 194): "A utilidade fornecida gratuitamente não pode ser considerada como salário. O contrato de trabalho sempre é oneroso."
3. AMARO BARRETO (Tutela do Trabalho, 1.964, vol. II, pg. 148): "Se forem concedidas a título gratuito pelo empregador não poderão ter feição de parcelas do salário mínimo, dêle não podendo ser descontadas."

A JURISPRUDÊNCIA.

1. STF (RE. 36.732, 2.ª T. 21.12.58, r. M. Hahnemann Guimarães, A CLT vista pelo STF, Calheiros Bonfim, 1.961, 2.º vol. pg. 186): "O TST., em embargos, decidiu que o empregador pode descontar do aumento do salário mínimo a habitação, que era gratuita. Recurso extraordinário conhecido e provido. Se o salário compreende habitação (CLT, art. 458), o empregador não pode deduzi-la do salário mínimo fixado pelo Decreto 35.450, de 1.5.1.954, alterando unilateralmente o contrato do trabalho."
2. STF (RE. 40.405, 2.ª T. 16.11.60, r. M. Hahnemann Guimarães, A CLT, vista pelo STF, Calheiros Bonfim, 1.961, 2.º vol. pg. 186): "Se além da prestação pecuniária, o empregado tinha em comodato o prédio em que morava, o empregador não podia cobrar aluguel em razão da elevação do salário mínimo."
3. TST (P. 6.308/55, A. de 19.12.55, 2.ª T., r. M. Thélio Monteiro, RTST, 1.957, pg. 345): "O valor correspondente a utilidade, fornecida gratuitamente pela emprêsa, não pode ser "aproveitado" como pagamento de adicional devido por serviço noturno."
4. TST (RR. 793/56, A. de 25.9.56, 1.ª T. DJ. de 7.12.56, pgs. 2.331/2. r. M. Caldeira Neto, RTST, 1.957, pg. 461): "Se a cessão da moradia foi feita com base no comodato, enquanto perdurar a relação de emprêgo a gratuidade é uma conseqüência natural dessa contratação. Mas tal não ocorre, quando o próprio empregado tiver concordado expressamente com o "desconto" nos têrmos do art. 82 da CLT."
5. TST (A. de 26.8.59, RR. 1.575/56, TF., r. M. Oscar Saraiva, RTST, 1.961, pg 77): "Em se tratando de utilidade fornecida a título gracioso, não é admissível que, ao rescindir-se o contrato, se lhe atribua o valor correspondente para efeito de "desconto".
6. TST (A. de 11.5.59, 2.ª T., RR. 2.125/58, r. M. Starling Soares, RTST., 1.961, pg. 283): "Não pode o empregador descontar dos salários do empregado prestação *in natura* que deve ser fornecida gratuitamente."
7. TRT, 2.ª (P. 413/58, A. 1.148/58, de 19.5.58, DOE. de 24.7.58, r. José Teixeira Penteado MT., junho de 1.958): "Se os empregados recebiam como parte integrante de sua remuneração a utilidade habitação gratuitamente, não podia a emprêsa, alterar unilateralmente as condições contratuais passando a descontar do salário em dinheiro de seus servidores o valor da utilidade que êles vinham auferindo, para, por essa forma, esquivar-se ao pagamento do nôvo salário mínimo decretado."
8. TRT, 2.ª (P. 441/57, A. 17/58, u, de 7.1.58, DOE. de 6.2.58, r. Antônio José Fava, MT., janeiro de 1.958): Igual ao n.º 7.

OBSERVAÇÕES.

A utilidade, como salário, é onerosa, não pode ser gracioso o seu fornecimento e quando isso se der nenhuma obrigação vinculará as partes. Todavia, a habitualidade no fornecimento pode transformar uma concessão em obrigação tàcitamente ajustada.

63. DESCONTO SUPERVENIENTE DE UTILIDADES. — SE O EMPREGADOR FORNECE HABITUALMENTE UTILIDADES MAS NÃO DESCONTA DOS SALÁRIOS AS RESPECTIVAS PERCENTAGENS, PODERÁ FAZÊ-LO, UNILATERALMENTE, A QUALQUER MOMENTO?

A DOUTRINA.

1. CESARINO JÚNIOR (Consolidação das Leis do Trabalho, 1.950, pg. 442): "Estabelecido contratualmente o fornecimento gratuito da moradia, isto é, sem desconto, é evidente que o empregador não poderá efetuar dito desconto, inexistente no início das relações contratuais de trabalho."
2. ARNALDO SUSSEKIND (Comentários à Consolidação das Leis do Trabalho e à Legislação Complementar, vol. I, pg. 432, 1.964): "... não pode ser descontado do salário em dinheiro o valor da utilidade que já era fornecida sem o referido desconto."

A JURISPRUDÊNCIA.

1. TST (p. A. de 16.1.1.956, r. Waldemar Marques, apud J. Antero de Carvalho, Direito e Jurisprudência do Trabalho, 1.958, pg. 211): "Se o empregador fornece determinada utilidade ao empregado pode levá-la à conta do salário pago nas condições estabelecidas em lei; pouco importa que o faça apenas com a elevação dos níveis do salário mínimo. Mesmo porque, se antes deixava de levar a utilidade fornecida à conta do salário, isso constituía mera liberalidade que não poderia criar direitos para o empregado, contra o texto do art. 458, da C.L.T."
2. STF (A. de 11.6.1.957, AI. n.º 18.812, r. M. Ribeiro da Costa, 2.ª T., LTr. 21/371): "Estabelecido o contrato de trabalho, com a liberalidade resultante do comodato, enquanto perdurar o vínculo de relação de emprêgo a gratuidade é uma conseqüência natural daquele ajuste, não o podendo, pois, alterar unilateralmente o empregador."
3. STF (RE. 732, 2.ª T., 21.12.58, r. M. Hahnemann Guimarães, A CLT vista pelo STF, Calheiros Bonfim, 1.961, vol. 2.º, pg. 186): Ver questão 62 A. 1.
4. TST (A. de 26.8.59, RR. 1.575/58, r. M. Oscar Saraiva, RTST, 1.961, pg. 77): Ver questão 62 A. S.

OBSERVAÇÕES.

Predomina a orientação que proibe os descontos unilaterais, supervenientes, das utilidades. O contrato de trabalho só pode sofrer alterações que resultem do consentimento de ambas as partes e desde que não prejudiquem o empregado. Se a emprêsa habitualmente paga o salário mais utilidades, forma-se um ajuste tácito com fôrça de cláusula contratual. Assim, o desconto posterior, à revelia do trabalhador, dos fornecimentos que lhe são feitos, fere o princípio da inalterabilidade contratual (Ver Questão 64).

64. DESCONTO SUPERVENIENTE DE HABITAÇÃO. — NOS AUMENTOS DE SALÁRIO MÍNIMO É LÍCITO O DESCONTO SUPERVENIENTE DO VALOR DA HABITAÇÃO ANTES GRATUITA?

A DOUTRINA.

1. CESARINO JÚNIOR (Direito Social Brasileiro, vol. II, pg. 211, 1.963): "... dado que o empregador forneça a habitação a título gratuito não poderá êle descontar-lhe o valor para integrar o salário mínimo."
2. AMARO BARRETO (Tutela Geral do Trabalho, 1.964, vol. II, pg. 148): "... se gratuita, de início, a utilidade, não poderá vir a ser onerosa ao depois, como uma casa que é dada, ao princípio, não podendo ser cobrada alfim."
3. ALUÍSIO JOSÉ TEIXEIRA GAVAZZONI SILVA (Comentários à Consolidação das Leis do Trabalho, vol. I, pg. 180, 1.963): "Desde que a habitação seja fornecida gratuitamente pelo empregador ao empregado, desde o início das suas relações de trabalho, não pode mais ser alegada como utilidade, para efeito de desconto de salário, em meio ao contrato." ... pg. 181: "Outra, porém, seria a solução se o empregador quisesse computar, no salário mínimo, o valor da habitação anteriormente não computada, mas o fizesse na primeira oportunidade em que ocorre a majoração do salário mínimo em vigor. Nesse caso não poderia o empregado invocar em seu benefício um acôrdo tácito, gerado pela repetição, e a medida levada a efeito pelo empregador teria de ser acolhida."
4. ARNALDO SUSSEKIND (Comentários à Consolidação das Leis do Trabalho e à Legislação Complementar, vol. I, pg. 432, 1.964): "... o desconto superveniente importa em redução do salário composto do empregado e, conseqüentemente, em alteração contratual vedada pelo art. 468, da C.L.T."

A JURISPRUDÊNCIA.

1. STF (RE. 40.405, 2.ª T, 16.11.60, r. M. Hahnemann Guimarães, A CLT vista pelo STF, Calheiros Bonfim, vol. 2.º, pg. 186, 1.961): Ver questão 62 A. 2.
2. TST (A. de 20.1.1.955, 3.ª T., p. 6.738/52, r. M. Júlio Barata, RTST, 1.957, pg. 36): "Se os empregados tinham direito a habitação, por fôrça do contrato de trabalho, na elevação do salário mínimo, por certo, não confere ao empregador o direito de passar a descontar qualquer importância, a título de habitação, pois isso importaria em redução salarial alterando o contrato de trabalho."
3. TST (A. de 5.9.1.955, 2.ª T. p. n. 1.664/55, r. M. Edgar Sanchez, RTST, 1.957, pg. 256): "Se o empregador fornece habitação ao empregado, é lícito o cômputo da parcela correspondente a essa utilidade no "quantum" devido a título de salário, pouco importando que o desconto ou a compensação só tenha sido efetuada depois da elevação dos níveis de salário mínimo, desde que observados os limites estabelecidos por lei."
4. TST (A. de 3.11.1.955, 2.ª T. p. 5.945/55, r. M. Waldemar Marques, RTST, 1.957, pg. 256): Igual ao n. 3.
5. TST (A. de 3.4.1.956, 3.ª T. p. 7.068/55, r. M. Júlio Barata, RTST, 1.957, pg. 256): Igual ao n. 3.
6. TST (A. de 28.7.1.956, 3.ª T. p. 5.458/55, r. M. Júlio Barata, RTST, 1.957, pg. 256): Igual ao n. 3.
7. TST (A. de 26.7.1.956, 2.ª T. RR., 800/56, r. M. Waldemar Marques, RTST, 1.957, pg. 256): Igual ao n. 3.
8. TST (A. de 20.4.1.956, 1.ª T. p. 6.072/55, r. M. Astolfo Serra, RTST, 1.957, pg. 381): "Não é admissível o desconto da utilidade habitação, após a vigência de nôvo salário mínimo, quando antes não era feito êsse desconto."
9. TST (A. de 3.7.1.956, 1.ª T. RR. 669/56, r. M. Caldeira Neto, RTST, 1.957, pg. 415): "Se, antes da elevação dos níveis de salário mínimo, o empregador fornecia gratuitamente a utilidade (habitação) sem efetuar qualquer desconto, com o advento de nôvo salário mínimo só poderá ser admitido o desconto

relativo à utilidade fornecida, quando a respectiva taxa incidir apenas sôbre a importância correspondente à elevação do salário mínimo (diferença entre o antigo e o nôvo salário mínimo)."
10. TST (A. de 15.6.1.956, 1.ª T. p. 7.166/55, r. M. Astolfo Serra, RTST, 1.957, pg. 426): Igual ao n. 9.
11. TST (A. de 28.8.1.956, 1.ª T., RR. 999/56, r. M. Oliveira Lima, RTST, 1.957, pg. 449): Igual ao n. 9.
12. TST (A. de 19.10.1.956, 1.ª T., p. 7.895, r. M. Oliveira Lima, RTST, 1.957, pg. 449): Igual ao n. 9.
13. TST (A. de 17.12.1.956, T.P., p. 5.458, r. M. Oliveira Lima, RTST, 1.957, pg. 449): Igual ao n. 9.
14. TST (A. de 13.6.1.958, 1.ª T. RR. 236/58, r. M. Rômulo Cardim, RTST, 1.960, pg. 221): Igual ao n. 9.
15. TST (A. de 5.8.1.958, 1.ª T., RR. 1.252/58, r. M. Rômulo Cardim, RTST, 1.960, pg. 221): Igual ao n. 9.
16. TST (A. de 26.5.1.958, 2.ª T., RR. 3.557/57, r. M. Oscar Saraiva, RTST, 1.960, pg. 221): Igual ao n. 9.
17. TRT, 1.ª (R.O. 1.606/54, DJ. 21.1.55, r. Amaro Barreto, apud, Sussekind, Comentários à CLT e à Legislação Complementar, 1.964, vol 1, pg. 433): Igual ao n. 2.
18. TRT, 2.ª (p. 598/56, de 18.2.1.957, r. Hélio Tupinambá Fonseca, LTr. 21/270): "É vedado à empregadora, que fornecia habitação a título gratuito, efetuar desconto dessa prestação após o advento do salário mínimo, importando tal atitude em alteração contratual."
19. TRT, 2.ª (p. 1.211/56, R.O. 1.394/56, r. José Teixeira Penteado, LTr. 21/82): Igual ao n. 18).
20. STF (R.E. 37.111, r. M. Luiz Gallotti, DJ. de 25.8.58, in Sussekind, Comentários à CLT e à Legislação Complementar, 1.964, vol. 2.º, pg. 432): Igual ao n. 2).

OBSERVAÇÕES.

Não é lícito o desconto superveniente do valor da habitação, antes gratuita, nos aumentos do mínimo. Surgiram três orientações sôbre a matéria, a primeira inadmitindo os descontos do valor da habitação fornecida gratuitamente nos aumentos supervenientes do salário mínimo, a segunda considerando lícito êsse desconto, a terceira permitindo-o sòmente sôbre o montante da importância correspondente à elevação do salário mínimo.

As decisões predominantes no Supremo Tribunal Federal (n.os 1 e 20) não permitem o desconto, superveniente, da habitação antes gratuita, orientação que reflete o pensamento dominante na doutrina.

65. DESCONTO DE UTILIDADES NOS SALÁRIOS SUPERIORES AO MÍNIMO. — OS DESCONTOS DE 70% DE UTILIDADES REFEREM-SE TAMBÉM AOS SALÁRIOS SUPERIORES AO NÍVEL MÍNIMO?

A LEI.

Art. 458, § 1.º — Os valôres atribuídos às prestações "in natura" deverão ser justos e razoáveis, não podendo exceder, em cada caso, o dos percentuais das parcelas componentes do salário mínimo (DL. 5.452, de 1.5.1.943 e DL. 229, de 28.2.1.967).

A DOUTRINA

1. JOSÉ MARTINS CATHARINO (Tratado Jurídico do Salário, 1.951, pg. 175): "O limite legal mínimo de 30% em dinheiro só prevalece em função do sa-

lário mínimo. Em se tratando de operário, a quem sejam fornecidas várias espécies de utilidades, o valor do desconto poderá ser igual até 100% da retribuição mínima, tôda vez que o "quantum" total da remuneração fôr tal que garanta o recebimento em dinheiro de 30 % do índice mínimo legal."

2. ARNALDO SUSSEKIND (Comentários à Consolidação das Leis do Trabalho e à Legislação Complementar, vol. III, 1.964, pg. 377): "Sob êsse aspecto, todavia, é inegável que a lei brasileira não oferece a devida proteção ao trabalhador, porquanto, sòmente em se tratando do salário mínimo, exige que, pelo menos 30% do mesmo, seja pago em dinheiro."

3. ORLANDO GOMES (O Salário no Direito Brasileiro, 1.947, págs. 59 e 60): "A alimentação, a habitação, o vestuário de um empregado bem remunerado não podem ser equiparados às do trabalhador que vence o salário mínimo. Seria ridículo admitir-se que um empregador que proporciona condigna morada a um empregado pudesse suprimi-la em troca do pagamento em dinheiro de 20% sôbre o "quantum" do salário mínimo da região que, sem dúvida, seria inferior ao presumível aluguel da casa de residência do empregado. À falta, pois, de um critério legal, a solução do problema deve ficar ao prudente arbítrio da Junta de Conciliação e Julgamento. Cabe-lhe arbitrar o valor da utilidade proporcionada pelo empregador, levando em conta os diversos elementos que possam servir de base a uma justa estimativa, sobretudo o salário pago em espécie e a condição social do trabalhador."

4. MOZART VICTOR RUSSOMANO (O Empregado e o Empregador no Direito Brasileiro, vol. II, 1.954, pg. 567): Igual ao n. 3).

5. VASCO DE ANDRADE (Atos Unilaterais no Contrato de Trabalho, 1.943, pg. 167): "A lei em verdade, só indica a norma para o salário mínimo; mas o argumento deve valer para qualquer nível de remuneração, visto que o interêsse do legislador é não permitir que os descontos (mesmo quando autorizados) arrebanhem a totalidade do salário, deixando o trabalhador inteiramente sem dinheiro."

6. MOZART VICTOR RUSSOMANO (Comentários à Consolidação das Leis do Trabalho, vol. III, pg. 705, 1.960): "Embora a Consolidação não haja disposto a respeito do cálculo daquelas utilidades — e, exatamente porque não o fêz — a lacuna da lei, poderá ser integrada por analogia na forma do seu art. 8.º, que é taxativo. Na espécie, a analogia nos conduz, de modo direto, ao art. 35, da Lei de Acidentes do Trabalho (Decreto-Lei n. 7.036, de 10 de novembro de 1.944 art. 35 — Sendo o salário parcialmente pago em utilidades, converter-se-ão estas em dinheiro, tomando-se por base as percentagens adotadas para tal fim no cálculo do salário mínimo local."

7. ALONSO CALDAS BRANDÃO (Consolidação das Leis do Trabalho Interpretada, 1.959, pg. 449): "Dispondo a lei de quadros e tabelas apenas para o salário mínimo, é de presumir-se que, quando outra fôr a hipótese, deve ser guardada a mesma proporção."

8. ARNALDO SUSSEKIND (Instituições de Direito do Trabalho, vol. I, 1.957, pg. 372): "Quando o salário do empregado fôr superior ao mínimo em vigor, é aconselhável que o valor das utilidades fornecidas como salário seja expressamente consignado em instrumento escrito ou anotado na Carteira Profissional (§ 2.º do art. 29 da CLT). Se tal não ocorrer, todavia, deve o respectivo valor ser fixado por arbitramento, realizando-se, se necessário, o exame pericial. Os índices estipulados nas tabelas de salário mínimo para cada uma das utilidades que o compõe podem servir de base para o aludido arbitramento; entretanto, hão de ser analisados, em cada caso, o valor real da utilidade, a situação social do trabalhador e o salário global que recebe."

9. JOSÉ MARTINS CATHARINO (Contrato de Emprêgo, 1.962, pg. 154): "Omisso o contrato, cabe a aplicação da regra contida no artigo 460, ou seja, a fixação supletiva do valor das utilidades."

10. ADRIANO CAMPANHOLE (Prática e Jurisprudência Trabalhista, 1.962, pg. 323): "... será no montante fixo estabelecido pela lei, tendo em vista o salário mínimo."

11. ALUÍSIO JOSÉ TEIXEIRA GAVAZZONI SILVA (Comentários à Consolidação das Leis do Trabalho, vol. II, 1.963, pg. 193): "O cálculo é efetuado

tomando-se por base o salário mínimo da região, partindo-se dêle para aplicarem-se as percentagens legais (habitação, alimentação, transporte etc., parágrafo único do art. 82, da C.L.T.)."
12. DÉLIO MARANHÃO (Direito do Trabalho, 1.966, pg. 164): "Se a finalidade da lei foi evitar o pagamento do salário *in natura*, que o aproximaria do *truck system* (pagamento por meio de vales ou bônus, para forçar o empregado a adquirir mercadorias em estabelecimentos do empregador), o mesmo limite e os mesmos valôres percentuais devem ser aplicados, por analogia (Art. 8.º, da Consolidação), em relação ao salário contratual."

A JURISPRUDÊNCIA.

1. TST (A. de 8.7.1.957, RR. 547/57, r. M. Oscar Saraiva, RTST, 1.959, pg. 113): "O valor da utilidade, como parte integrante do salário, não pode derivar de ato unilateral, e se as partes não estiverem de acôrdo, cabe sem dúvida, à Justiça do Trabalho dirimir o dissídio, fixando o justo valor da utilidade, com observância dos limites vigentes."
2. TST (A. de 18.4.1.958, 1.ª T., RR. 2.823/57, DJ. de 27.6.1.958, pgs, 1.962/3, r. M. Oliveira Lima): "Conquanto perceba o empregado salário superior ao mínimo legal, para efeito de cálculo de indenização, o valor das utilidades deve ser fixado mediante incidência da percentagem respectiva sôbre o salário mínimo e não por simples arbitramento."

OBSERVAÇÕES.

São as seguintes as orientações preconizadas antes do advento do DL. 229, de 1.967: I) Para os salários superiores ao nível mínimo os descontos não têm limitação, desde que assegurados 30% do salário em dinheiro, incidindo essa percentagem sôbre o mínimo; II) Para os salários superiores ao nível mínimo, os descontos não se subordinam aos percentuais fixados nas tabelas referentes ao salário mínimo, devem ser apurados através de arbitramento no qual essas tabelas podem servir de elemento de orientação; III) A lei só estabelece as percentagens de descontos para o salário mínimo; em havendo a lacuna da lei, deve-se proceder por analogia; IV) Mesmo superiores ao nível mínimo, os salários sofrerão os descontos percentuais com incidência ùnicamente sôbre o salário mínimo.

66. **TRANSPORTE DO EMPREGADO.** — EM QUE CONDIÇÕES O TRANSPORTE FORNECIDO AO EMPREGADO CONSTITUI SALÁRIO "IN NATURA"?

A DOUTRINA.

1. DORVAL DE LACERDA (O Contrato Individual de Trabalho, 1.939, pg. 174): "Não se nos afigura, entretanto, devam ser consideradas salários as despesas, a cargo do empregador, de transporte do empregado para a execução de seu trabalho, objeto do contrato. O transporte, nesse caso, seria um meio de executar o trabalho como o são os maquinismos da oficina, mas não um rendimento do empregado."
2. JOSÉ MARTINS CATHARINO (Tratado Jurídico do Salário, 1.951, pg. 179): "Via de regra não constitui retribuição ao trabalho prestado porque as despesas decorrentes do transporte correm por conta do empregado, e como tal foram consideradas quando estipulado o salário, ou porque o transporte é fornecido pela empresa por sua própria conveniência, sendo necessário para execução do trabalho contratado. Há casos, contudo, em que o transporte se torna utilidade, e como tal é considerado expressa ou tàcitamente."

3. ARNALDO SUSSEKIND (Comentários à Consolidação das Leis do Trabalho e à Legislação Complementar, 1.964, pg. 374, vol. III): "... se êle é proporcionado ao empregado para a execução dos serviços, tal como, por exemplo, o transporte do mineiro, da bôca da mina ao local onde deve trabalhar, não pode, evidentemente, ser conceituado como salário. Inversamente, o valor do transporte diário da residência do empregado ao local do trabalho, e vice-versa, representa prestação salarial *in natura,* porque substitui uma das necessidades normais do trabalhador."
4. ORLANDO GOMES (O Salário no Direito Brasileiro, 1.947, pg. 64): "O transporte é considerado como uma das utilidades que podem compor a remuneração do empregado... Todavia, casos há em que se apresenta como acessório que não integra o salário, compreendido na exceção do parágrafo único do artigo 458. Isso ocorre quando é uma condição para a prestação do serviço, como, por exemplo, na hipótese de proporcionar o empregador o meio de acesso ao local de trabalho, que seja difícil. A despesa que efetua para êsse fim não deve ser tida por salário. Não se confunda o direito do empregado a exigir tal transporte, por ser êste indispensável ao exercício do trabalho, com a absurda pretensão de cobrar as despesas que fizer, por conta própria, para tal fim. Negado o transporte, pode considerar rescindido o contrato de trabalho, mas não pleitear diferença de salário."

A JURISPRUDÊNCIA.

1. TST (p. 3.408/48, DJ. de 9.12.1.949, apud Consolidação das Leis do Trabalho Interpretada, Caldas Brandão, 1.959, pg. 458): "Não se pode confundir o transporte como utilidade e o transporte como meio de instrumento, facilidade para a prestação do trabalho."
2. TRT, 2.ª (p. 2.846/58, A. 860/59, de 3.3.1.959, DOE. de 26.4.1.959, r. Carlos Bandeira Lins): "A utilidade consistente em concessão de transporte que, por apreciável espaço de tempo auferiu, sistemática e regularmente o empregado, diz, por essas mesmas circunstâncias postas em destaque, do ânimo do empregador em por ela obrigar-se, como complementação do salário, numa autêntica e efetiva condição contratual."

OBSERVAÇÕES.

O transporte diário da residência do empregado ao local do trabalho e vice-versa, se fornecido contratualmente pelo empregador, é utilidade. Todavia, como meio necessário de execução do serviço, não assume essas características. Essa é a tendência que se faz sentir na doutrina e, também, na jurisprudência.

67. **CONVERSÃO DAS UTILIDADES EM PECÚNIA.** — O EMPREGADO PODE EXIGIR DO EMPREGADOR O PAGAMENTO EM DINHEIRO E NÃO MAIS EM UTILIDADES?

A JURISPRUDÊNCIA.

1. TST. (A. de 1.12.1.954, 3.509/52, r. M. Delfim Moreira Júnior, DJ. de 11.3.1.955, pgs. 1.010/11): "Não pode o empregado forçar, sem o consentimento do empregador, o pagamento em dinheiro da parte do salário correspondente à alimentação, desde que expressa no contrato de trabalho essa forma de remuneração."
2. TRT, 4.ª (p. 1.870/60, de 24.8.1.960, r. Mozart Victor Russomano, LTr. 1.961, pg. 142): "O princípio da inalterabilidade do contrato individual de trabalho impede que o empregado admitido com a expressa condição de receber parte do salário em utilidade, dispense o fornecimento de habitação e exija o pagamento, em dinheiro, do valor correspondente."

OBSERVAÇÕES.

Ao empregado não é assegurado o direito de exigir a transformação da modalidade de pagamento do salário de utilidade para dinheiro se essa é a maneira habitual de receber. O direito positivo não lhe confere qualquer direito subjetivo dessa ordem. Ao contrário, o princípio da inalterabilidade contratual unilateral impede a conversão das utilidades em pecúnia (ver Questão 68).

68. CONVERSÃO DAS UTILIDADES EM MOEDA POR ATO UNILATERAL. — POR ATO UNILATERAL O EMPREGADOR PODE CONVERTER O SALÁRIO UTILIDADE EM PECÚNIA?

A DOUTRINA.

1. JOSÉ MARTINS CATHARINO (Tratado Jurídico do Salário, 1.951, pg. 173): "... se o empregador deixar de fornecer a utilidade e passar a pagar, em seu lugar, certo "quantum" em moeda, estará alterando a forma de remuneração, o que, muitas vêzes, redundará em redução do salário, sendo então, nulo o ato unilateral."
2. ORLANDO GOMES (O Salário no Direito Brasileiro, 1.947, pgs. 64 e 65): "... não é dado ao empregador, por seu arbítrio, converter em dinheiro as utilidades que fornece, e vice versa. Do mesmo modo, o empregado não tem o direito de exigir tal conversão. Mas, se ambos estão de acôrdo, nada obsta essa alteração do contrato de trabalho, porque dela não resulta, em tese, prejuízo para o empregado. Se êste, não obstante, sofrer dano manifesto, a alteração, mesmo bilateral, não é lícita."
3. ARNALDO SUSSEKIND (Instituições de Direito do Trabalho, vol. I, 1.957, pg. 375): Igual ao n. 2.
4. AMARO BARRETO (Tutela Geral do Trabalho, vol. II, pg. 150, 1.964): "Em casos especiais, concebe-se a conversibilidade da utilidade em dinheiro, quando se torna impossível a continuação da outorga da mesma pelo empregador, como nos casos de incêndio, ou desapropriação do prédio, ou quando se torna inviável o uso da coisa pelo empregado, como quando se casa e não pode habitar a casa com a família."
5. ALUÍSIO JOSÉ TEIXEIRA GAVAZZONI SILVA (Comentários à Consolidação das Leis do Trabalho, vol. I, pg. 181, 1.963): "Sôbre a possibilidade de se converter o salário utilidade em dinheiro e vice-versa, desde que haja fôrça maior indiscutível, ou acôrdo bilateral entre empregado e empregador nesse sentido, isso é perfeitamente admissível; caso contrário, entendemos a modificação inadmissível, ressalvando-se, òbviamente, a possibilidade de prejuízo para o obreiro, o que torna nulo mesmo o acôrdo bilateral realizado."
6. ARNALDO SUSSEKIND (Comentários à Consolidação das Leis do Trabalho e à Legislação Complementar, vol. I, pg. 434, 1.964): "Rege a hipótese o princípio consagrado no art. 468 da Consolidação. Mas pode ocorrer o caso em que o fornecimento de utilidade se torna impossível para o empregador (p. ex.: destruição ou desapropriação do prédio cedido ao empregado), o que transformará a obrigação de dar a utilidade em obrigação de pagar o respectivo valor. Da mesma forma, pode a utilidade tornar-se insatisfatória para o empregado, em virtude de um acontecimento relevante (p. ex.: casamento ou nascimento de filhos), o que aconselha, pelo menos por eqüidade, a conversão do salário "in natura" em salário-dinheiro."
7. DÉLIO MARANHÃO (Direito do Trabalho, 1.966, pg. 98): "Pelo princípio da imodificabilidade, por ato unilateral, das condições contratualmente ajustadas (art. 468 da Consolidação), sòmente por acôrdo poderá dar-se a conversão de salário-utilidade em salário-dinheiro, quer para atender à conveniência do empregado, quer do empregador."

A JURISPRUDÊNCIA.

1. TST (A. de 5.7.1.955, 1.ª T. p. 2.846/53, r. M. Rômulo Cardim, RTST, 1.957, pg. 165): "Não é admissível a alteração unilateral do contrato de trabalho para o efeito de transformar salário-utilidades em salário-dinheiro."
2. TST (A. de 16.8.1.956, 3.ª T., p. 7.128/53, r. M. Antônio Carvalhal, RTST, 1.957, pg. 439): Igual ao n. 1.
3. TST (p. 362/53, r. M. Godoy Ilha, DJ. de 21.1.55, apud, Sussekind, Comentários à C.L.T. e à Legislação Complementar, vol. I, pg. 434): "Quando o empregado que recebe o seu salário, parte em dinheiro e parte em utilidades (habitação e alimentação), casando-se, passa a ter o dever de coabitar e dirigir o lar do casal — deveres de ordem pública do direito de família — não mais podendo, assim, continuar a receber aquelas utilidades, é de ser-lhe assegurada, por eqüidade, a percepção, em dinheiro, da importância correspondente."

OBSERVAÇÕES.

Configura-se uma alteração contratual, vedada pela lei, a conversão unilateral da utilidade em pecúnia; também o será, embora bilateral, sempre que resultarem prejuízos ao empregado. A fôrça maior, no entanto, é excludente da ilicitude do ato. O nosso direito assentou, como válidas, essas diretrizes traçadas em consonância com o princípio geral do artigo 468 da Consolidação.

69. ESTACIONAMENTO DE AUTOMÓVEL. — A PERMISSÃO DE ESTACIONAMENTO DO AUTOMÓVEL DO EMPREGADO NAS DEPENDÊNCIAS DA EMPRÊSA É SALÁRIO "IN NATURA?"

A JURISPRUDÊNCIA.

1. TRT, 1.ª (p. 817/56, r. Pires Chaves, LTr. 21/21): "Além das expressamente enumeradas no artigo 458 da Consolidação, constitui prestação *in natura* a permissão habitualmente tolerada de estacionamento do carro do empregado nas dependências da emprêsa, à hora e por motivo de serviço."

OBSERVAÇÕES.

Se integram o salário não só as utilidades previstas em lei mas também aquelas não enumeradas no artigo 458 e que sejam, igualmente, fornecidas habitualmente ao empregado, a permissão de estacionamento do automóvel do empregado no pátio da emprêsa, pode ser entendida como prestação "in natura", desde que contratual, por ajuste expresso.

Duas conseqüências adviriam do fato: o direito do empregado à percepção do salário mais a utilização do estacionamento de veículos e o dever do empregador em pagar o salário mais a manutenção do local para o carro, vedada a sua supressão unilateral ou, até mesmo, a conversão em pecúnia sem o consentimento do interessado ou desde que não haja motivo de fôrça maior.

O assunto não deixa de ter a sua importância quando se sabe que as despesas de estacionamento de carro sobem a quantias mensais que atingem até a metade do salário mínimo ou mais.

70. **ALTERAÇÃO PERCENTUAL DAS UTILIDADES.** — MODIFICADO O SALÁRIO MÍNIMO O EMPREGADOR PODE ALTERAR PROPORCIONALMENTE O VALOR DAS UTILIDADES FORNECIDAS?

A DOUTRINA.

1. WILSON DE SOUZA CAMPOS BATALHA (Aspectos Constitucionais e Legislativos das Remunerações Mínimas, 1.958, pg. 37): "Se as tabelas de salário mínimo estabelecem a remuneração mínima vital, obrigando o empregador a pagá-la, e se as mesmas tabelas reputam razoável certo desconto a título de utilidades, não se vê como o empregador, compelido a pagar o salário mínimo majorado, não poderia valer-se da faculdade de acrescer os descontos das utilidades na mesma proporção que as novas tabelas permitem."
2. CESARINO JÚNIOR (Consolidação das Leis do Trabalho, 1.950, pg. 440): "É óbvio que, quando o empregador fornece habitação ao empregado como parte do seu salário, a sua situação é, em relação a êle, nesse particular, a mesma do locador em face do locatário. Logo, se por ocasião da majoração de salário mínimo ao locador fôr lícito aumentar o aluguel de seus imóveis, idêntico direito deve ser concedido ao empregador em relação à referida quota. Nada há na legislação social que o impeça, nem poderia haver, pois a relação aí é de Direito Civil e não de Direito Social."
3. ARNALDO SUSSEKIND (Instituições de Direito do Trabalho, vol. I, pg. 372, 1.957): "... se o valor da utilidade foi fixado percentualmente em relação ao salário global (salário composto de dinheiro e utilidades), é evidente que, majorado êste, legítima é a elevação proporcional do valor das respectivas utilidades; ao contrário, se o ajuste contratual atribuiu às utilidades fornecidas um valor fixo equivalente a determinada quantia em dinheiro, certo é que êsse valor não poderá ser elevado por ato unilateral do empregador, eis que infringiria o disposto no artigo 468 da Consolidação."
4. CESARINO JÚNIOR (Direito Social Brasileiro, vol. II, pg. 211, 1.963): Igual ao n. 2.
5. AMARO BARRETO (Tutela Geral do Trabalho, 1.964, pg. 158, vol. II): "A elevação do valor da utilidade só pode ser admitida quando há majoração compulsória ou espontânea do salário, devendo aquela ser proporcional a esta."
6. ARNALDO SUSSEKIND (Comentários à Consolidação das Leis do Trabalho e à Legislação Complementar, vol. I, pg. 430, 1.964): "Para nós, a solução depende da forma pela qual no contrato de trabalho, foi ajustado o salário-utilidade. É inquestionável que o fornecimento de utilidades pelo empregador, como parte do salário devido ao empregado, é de natureza contratual; inexiste norma jurídica cogente impondo tal fornecimento, motivo por que deve êle resultar de ajuste expresso ou tácito estipulado ou configurado no contrato de trabalho. Destarte, se o valor da utilidade foi fixado percentualmente em relação ao salário global (salário composto de dinheiro e utilidades), é evidente que, majorado êste, legítima é a elevação proporcional do valor das respectivas utilidades; ao contrário, se o ajuste contratual atribuiu às utilidades fornecidas um valor fixo equivalente a determinada quantia em dinheiro, certo é que êsse valor não poderá ser elevado por ato unilateral do empregador ou em prejuízo do empregado."
7. NÉLIO REIS (Contratos Especiais de Trabalho, 1.961, pg. 167): "No cumprimento dos novos níveis de salário mínimo, podem as emprêsas aumentar o valor da utilidade alimentar, respeitada a mesma percentagem de trinta por cento revisando-se a cláusula contratual, por fôrça da teoria da imprevisão em face das modificações operadas nos elementos determinantes do pacto coletivo."
8. ALUÍSIO JOSÉ TEIXEIRA GAVAZZONI SILVA (Comentários à Consolidação das Leis do Trabalho, vol. I, pg. 181, 1.963): "Quanto à majoração do valor concedida às utilidades, pensamos que a lei veda sòmente o acréscimo percentual, não o nominal."
9. ROBERTO BARRETO PRADO (Direito do Trabalho, 1.963, pg. 195): "Entendemos que modificado o salário mínimo, pode o empregador alterar, pro-

porcionalmente, o valor das utilidades que vinha fornecendo ao empregado".
..."Sempre haverá necessidade de que seja respeitada a proporção anterior."
10. DÉLIO MARANHÃO (Direito do Trabalho, 1.966, pg. 98): "O valor percentual atribuído às utilidades pelo decreto que fixa o salário mínimo constitui o limite máximo para sua imputação nesse salário. Nada impede (art. 444 da Consolidação) que, contratualmente, valor menor seja atribuído. Em tal hipótese, sobrevindo aumento do salário mínimo, não pode o empregador aumentar o valor da utilidade, senão respeitando a proporcionalidade contratualmente estabelecida."

A JURISPRUDÊNCIA.

1. STF (AI 22.283, 1.ª T., r. M. Barros Barreto, in A Consolidação vista pelo Supremo, vol. II, pg. 60): "O acórdão recorrido considerou que, se a emprêsa descontava de seus empregados, a título de habitação, 20% do salário mínimo, não pode, quando elevados os níveis dêste, alterar para mais o desconto percentual da utilidade, sob pretexto de que a incidência anterior era abaixo da máxima legal. Agravo desprovido. Mantendo o desconto de 20% sôbre o salário atualizado, a decisão não violou o art. 458 da Consolidação."
2. TST (p. 3.499/54, 1.ª T., r. M. Rômulo Cardim, DJ. de 13.7.1.956, apud Sussekind, Comentários à Consolidação das Leis do Trabalho e à Legislação Complementar, vol. I, pg. 430): Igual ao n. 1.
3. TST (p. 2.529/54, r. M. Tostes Malta, DJ. de 11/3/1.955, 3.ª T.): Igual ao n. 1.
4. TST (A. de 2.6.1.966, 2.ª T., p. 78/55, r. M. Oscar Saraiva, S. J. de 20/1/1.956, pgs. 107/8, RTST, 1.957, pg. 228): "A expedição de novas tabelas de salário mínimo não autoriza, por si só, a alteração unilateral do valor de utilidades de alimentação, para o fim de seu desconto do salário dos empregados que as recebem."
5. TST (A. de 17.5.1.955, 3.ª T., p. 4.765, r. M. Tostes Malta, RTST, 1.957, pg. 72): Igual ao n. 1.
6. TST (A. de 6.10.1.955, 2.ª T., p. 7.509/53, r. M. Edgard Sanches, RTST, 1.957, pg. 267): Igual ao n. 1.
7. TST (A. de 8.9.1.955, 3.ª T., p. 7.115/54, r. M. Jonas de Carvalho, RTST, 1.957, pg. 321): Igual ao n. 1.
8. TST (A. de 25.11.1.954, 2.ª T., p. 733/53, r. M. Waldemar Marques, RTST, 1.957, pg. 574): Igual ao n. 1.
9. TST (A. de 19.12.1.955, 2.ª T., p. 6.362/55, r. M. Oscar Saraiva, RTST, 1.957, pg. 574): Igual ao n. 1.
10. TST (A. de 22.10.1.956, 2.ª T., RR. 1.364/56, r. M. Oscar Saraiva, RTST, 1.957, pg. 574): Igual ao n. 1.
11. TST (A. de 24.6.1.958, 1.ª T., RR. 254/58, r. M. Godoy Ilha, RTST, 1.960, pg. 95): Igual ao n. 1.
12. TST (A. de 14.10.1.958, 1.ª T., RR. 880/58, r. M. Astolfo Serra, RTST, 1.960, pg. 95): Igual ao n. 1.
13. TRT, 1.ª (A. de 1.10.1.952, D. J. de 14.11.1.952, apud Consolidação das Leis do Trabalho Interpretada, Alonso Caldas Brandão, pg. 148): Igual ao n. 1.
14. TRT, 2.ª (A. 1.485/60, p. 941/59, julgado em 25.5.1.960, D.O.E. de 15.6.1.960, r. Wilson de Souza Campos Batalha): Igual ao n. 1.

OBSERVAÇÕES.

A possibilidade da alteração do valor das utilidades é acolhida pela doutrina e jurisprudência, quando provocada pela superveniência de nôvo salário mínimo desde que observadas as mesmas proporções anteriores dos índices percentuais.

71. VESTUÁRIO OU EQUIPAMENTO. — O VESTUÁRIO OU EQUIPAMENTO É SALÁRIO "IN NATURA"?

A LEI.

Art. 458, § 2.º — Não serão considerados como salário, para os efeitos previstos neste artigo, os vestuários, equipamentos e outros acessórios fornecidos ao empregado e utilizados no local de trabalho para a prestação dos respectivos serviços. (DL. 5.452, de 1.5.1.943 e DL. 229, de 28.2.1.967).

A DOUTRINA.

1. DORVAL DE LACERDA (O Contrato Individual de Trabalho, 1.939, pg. 176): "O vestuário que o empregador fornece habitualmente ao empregado deve ser considerado salário. Como a habitação e a alimentação a cargo do empregador, êle constitui um provento recebido pelo empregado, que é de qualquer forma uma retribuição do trabalho prestado. Mesmo os vestuários especiais (uniformes etc.) têm êsse caráter porque traduzem uma economia nas despesas do vestuário civil que o empregado teria de fazer se os não usasse. Devem, portanto, ser computados na avaliação do salário integral."

2. JOSÉ MARTINS CATHARINO (Tratado Jurídico do Salário, 1.951, pg. 180): "Constituirá remuneração "in natura" quando, graças ao seu fornecimento, o empregado deixa de gastar parte do salário em moeda para adquiri-lo. Quando o operário usa o vestuário fora do local de trabalho, e sem que seja condição normal para a execução do trabalho; o que se dá, por exémplo, com os estafetas."

3. ARNALDO SUSSEKIND (Instituições de Direito do Trabalho, vol. I, pg. 366, 1.957): "Em face do estatuído no parágrafo único do art. 458 da Consolidação, para que determinado fornecimento seja considerado como salário-utilidade, faz-se mister que não tenha por fim a sua utilização no local de trabalho para a prestação dos serviços contratados. É que, neste caso, a utilidade constitui um meio necessário ou conveniente para a execução dos serviços e não um rendimento do empregado proveniente do trabalho realizado; equipara-se aos maquinismos e instrumentos de trabalho, indispensáveis ao funcionamento da emprêsa, não podendo, conseguintemente, substituir, como utilidade vital para o trabalhador, o salário a que faz jus pela prestação dos serviços contratados."

4. PONTES DE MIRANDA (Tratado de Direito Privado, vol. 47, pg. 270, 1.964): "Vestuário está, aí, em sentido de bem qualitativa ou quantitativamente variável. Pode ser só a veste de serviço, como pode consistir em duas ou mais vestes de serviço (a roupa do garção, para o serviço de dia, a roupa do garção para o serviço de noite, talvez a roupa para os dias de cerimônia ou de festas). Podem ser as roupas de uso na emprêsa e fora da emprêsa, o que exige a periodicidade. Se o que o empregador dá em vestes é sòmente o que o empregado há de usar no local de trabalho, para prestar o serviço, não se tem como elemento da remuneração. Todavia, se alguns empregados o recebem e outros não, de modo que êsses tenham de adquiri-lo, a remuneração dêsses há de ser maior porque, se o não é, se infringe o princípio de igual valor do trabalho igual."

5. MOZART VICTOR RUSSOMANO (O Empregado e o Empregador no Direito Brasileiro, vol. II, 1.945, pg. 565): "Não constituirão, apenas, salário as utilidades fornecidas para uso em serviço. O equipamento necessário ao trabalho corre por conta do empregador, mas não constitui salário."

6. ADRIANO CAMPANHOLE (Prática e Jurisprudência Trabalhista, 1.962, pg. 323): "Tais equipamentos de proteção não são considerados salário, mesmo quando o empregador ao invés do fornecimento direto dos equipamentos mencionados, paga determinada importância em dinheiro ao empregado para que êle os adquira."

7. JOSÉ MARTINS CATHARINO (Contrato de Emprêgo, 1.962, pg. 159): "Vestuários: casos típicos são os do pessoal da marinha mercante, estafetas, "vaga-

lumes", motoristas, cobradores, mensageiros etc., sendo que a farda pode servir até de propaganda, trabalhem ou não no estabelecimento do empregador (T.J.S., n. 80). Aos vestuários obrigatórios, que são coisas, aplica-se o esquecido artigo 487 do Código Civil. De propriedade do empregador, as fardas sequer são possuídas pelos empregados, simples detentores de coisas alheias, entregues à sua custódia. Possuem-nas em nome do empregador, que as fornecem para cumprimento de suas instruções. Igualmente, em se tratando de equipamentos: ferramentas, utensílios ou instrumentos de trabalho, sendo cada vez mais rara a hipótese de o empregado ter ferramentas próprias (exceções: carpinteiros, marceneiros, eletricistas), salvo quando o trabalho é "a domicílio."

8. AMARO BARRETO (Tutela Geral do Trabalho, vol. II, pg. 148, 1.964): "A igual não podem ser tomadas como integrativas do salário as utilidades fornecidas ao empregado e utilizadas no local de trabalho para a prestação dos respectivos serviços, como vestuários, ferramentas, equipamentos e outros acessórios, eis que as mesmas satisfazem necessidade da empresa, e não do servidor."

9. ALUÍSIO JOSÉ TEIXEIRA GAVAZZONI SILVA (Comentários à Consolidação das Leis do Trabalho, vol. II, 1.963, pg. 193): "... o vestuário e outros acessórios fornecidos pelo empregador, para serem usados no trabalho (ex. habitação, alimentação, uniformes, capacetes, impermeáveis, ferramentas etc.), não serão considerados como salário."

10. ARNALDO SUSSEKIND (Comentários à Consolidação das Leis do Trabalho e à Legislação Complementar, 1.964, vol. III, pg. 374): "O vestuário corresponderá a salário-utilidade quando o seu fornecimento habitual e periódico substituir parte do salário em dinheiro do empregado, destinada à sua aquisição."

11. DÉLIO MARANHÃO (Direito do Trabalho, 1.966, pg. 164): "Não serão considerados salários os vestuários, equipamentos e outros acessórios fornecidos ao empregado e utilizados no local de trabalho para a prestação dos respectivos serviços (Parágrafo único do art. 458 da Consolidação): utilidades funcionais, necessárias ao cumprimento da prestação."

A JURISPRUDÊNCIA.

1. TRT, 2.ª (P. 1.512/57, r. Hélio Miranda Guimarães, LTr. 21/200): "O § único do artigo 458 da C.L.T. não considera como salário os vestuários e equipamentos e outros acessórios fornecidos pelo empregador ao empregado e utilizados no local de trabalho. Mas dêsse parágrafo não se pode concluir ser obrigatório o pagamento dos uniformes pela empresa. Tendo havido acôrdo tácito sôbre o pagamento dos uniformes fornecidos pelos empregadores, dúvida não pode haver de que não impedindo a lei tal ajuste, nos têrmos do art. 444 da citada C.L.T., é êle válido."

2. STF (RE. 42.904, D. J. de 1.10.62, pg. 493/4, 2.ª T., r. M. Lafayette de Andrade): "Reconheceu o E.T.S.T. o direito da emprêsa fazer com que o empregado se apresentasse calçado ao serviço, levando em conta, principalmente, que êle já sofrera um acidente, usando tamancos; tratava-se, assim, de medida de segurança tomada no próprio benefício do obreiro. Entretanto, desobrigado está o reclamante de se calçar com seus próprios recursos, por fôrça do disposto no art. 188 da C.L.T. O A. soberanamente interpretou a lei e deu sua aplicação, considerando ser a reguladora do caso. Recurso extraordinário não conhecido."

3. STF (AI 27.721, 1.ª T., de 6.9.62, r. M. Luiz Gallotti, A CLT vista pelo STF, 1.961, vol. 3.º, pg. 78): "O A. trabalhista mandou a emprêsa reembolsar os empregados das despesas "com a aquisição de capa e boné, como equipamentos exigidos no serviço". Repelida a alegação de violação de lei, feita no recurso extraordinário, ressalta o despacho agravado, no tocante ao fornecimento de indumentária, que se trata de equipamento absolutamente necessário à realização do trabalho, por exigência da autoridade administrativa. Agravo

desprovido. A agravante não conseguiu demonstrar que a decisão recorrida se houve com ofensa a preceito da lei."

4. STF (RE. 42.721, 1.ª T., de 7.10.59, r. M. Luiz Gallotti, A CLT vista pelo STF, Calheiros Bonfim, 2.º vol., pg. 90, 1.961): "O Tribunal Regional, assegurando aos empregados o instrumental necessário ao exercício de suas funções, fundou-se em que o empregador deve fornecer os meios de trabalho o que considerar implícito no próprio contrato de trabalho. Dessa decisão foi interposta revista, a qual não foi conhecida. Não se pode dizer que o Tribunal Regional violou o art. 188 da CLT, nem que, não conhecendo da revista, o Tribunal Superior desatendeu ao disposto no art. 896 da Consolidação."

5. TRT, 2.ª (p. 940/48, de 26.11.48, r. Antônio Fava, RJT., Hélio de Miranda Guimarães, 1.953, vol. 2.º, pg. 964): "Lícito é ao empregador determinar o uso da vestimenta ou uniforme profissional aos seus empregados, desde que, porém, não lhes acarrete isto sacrifício monetário, pois o salário é, em regra a fonte única de que dispõe o trabalhador, de meios de subsistência. Vender o empregador aos seus empregados, o uniforme, mesmo para desconto mensal em fôlha, tal medida importa em redução de salário."

6. TRT, 2.ª (P. 1.175/59, A. 3.092/60, de 21.9.60, r. Hélio de Miranda Guimarães, MT, janeiro de 1.961): Igual ao n. 5.

OBSERVAÇÕES.

Os vestuários fornecidos *para* a prestação de serviços não constituem salário-utilidade; são, ao revés, meios necessários ou convenientes para o empregado desempenhar as suas atividades e interessam, principalmente ao empregador e à sua organização.

No entanto, é completamente diferente a situação verificada com o fornecimento contratual de vestes para utilização *no interêsse* e *segundo as conveniências* do trabalhador e como parte da retribuição dos serviços; neste caso, é inequívoco o caráter salarial.

Essa é a interpretação que os autores dão ao artigo 458 da C.L.T., em consonância com a jurisprudência mais recente que considera redução salarial o desconto de despesas de uniforme.

Quanto à opinião de Dorval de Lacerda, a ressaltar, apenas, que foi emitida antes da vigência da atual legislação.

72. **ALIMENTAÇÃO.** — A ALIMENTAÇÃO FORNECIDA AO EMPREGADO É SALÁRIO-UTILIDADE?

A LEI.

Art. 458. — Além do pagamento em dinheiro, compreendem-se no salário, para todos os efeitos legais, a alimentação, habitação, vestuário ou outras prestações *in natura,* que o empregador, por fôrça do contrato ou do costume, fornecer habitualmente ao empregado (DL. 5.452, de 1.5.1.943).

A DOUTRINA.

1. JOSÉ MARTINS CATHARINO (Tratado Jurídico do Salário, 1.951, pg. 178): "A alimentação constitui salário-utilidade muito freqüente, máxime nos trabalhos domésticos, em armazéns e pastelarias e marítimos. Pode ser direta ou indireta. No primeiro caso o empregador fornece refeições preparadas. No segundo há apenas pagamento em gêneros alimentícios."

2. PONTES DE MIRANDA (Tratado de Direito Privado, pg. 270, 1.964): "Alimentação é a parte da contraprestação que se faz em víveres, ou comida já preparada, com ou sem os pratos e os talheres (mas, quase sempre, com o uso de tais peças e outras mais, além do serviço)."
3. ARNALDO SUSSEKIND (Instituições de Direito do Trabalho, vol. I, pg. 367, 1.957): "A alimentação é incluída no art. 458 como uma das prestações capazes de constituir salário-utilidade. E, de fato, ainda que fornecida na própria emprêsa, substitui parte do salário do empregado, que necessita alimentar-se, onde estiver, para assegurar sua própria subsistência. Por isto, tanto o fornecimento de refeições preparadas, como a entrega de gêneros alimentícios de primeira necessidade, constituem prestações salariais deduzíveis do salário global do empregado."
4. ARNALDO SUSSEKIND (Comentários à Consolidação das Leis do Trabalho e à Legislação Complementar, 1.964, pg. 374, vol. III): Igual ao n. 3.
5. WILSON DE SOUZA CAMPOS BATALHA (Aspectos Constitucionais e Legislativos das Remunerações Mínimas, 1.958, pg. 34): "A seu turno a Lei n. 3.030, de 19 de dezembro de 1.956, determina, art. 1.º, que para os efeitos do salário mínimo os descontos por fornecimento de alimentação, quando preparada pelo próprio empregador, não poderão exceder a 25% do salário mínimo, percentagem essa muito inferior à prevista, a título de alimentação, pelas tabelas aprovadas pelo Decreto n. 39.604-A, de 14 de julho de 1.956. A diferença mais importante é que os 25% a que alude a Lei 3.030 são calculados sôbre o salário mínimo, ao passo que as percentagens aprovadas pelo Decreto n. 39.604-A se calcula, proporcionalmente, sôbre 70% do salário mínimo regional."
6. MOZART VICTOR RUSSOMANO (Comentários à Consolidação das Leis do Trabalho, vol. III, pg. 706, 1.960): "Essa lei (Lei n. 3.030, de 19.12.1.956) estabelece o limite máximo de vinte e cinco por cento sôbre o salário-mínimo vigente na localidade para descontos resultantes do fornecimento de alimentação, sempre que as refeições sejam preparadas pela própria emprêsa. É que, quando isso se der, as despesas do empregador serão muito menores do que as realizadas com a aquisição de alimentos já preparados em outros estabelecimentos. Isso ocorre em restaurantes, hotéis etc. Modificou-se, portanto, *ex-vi-legis*, a percentagem estabelecida, alguns meses antes, pelo Poder Executivo, através do decreto que aprovou as novas tabelas do salário mínimo. Desde, porém, que as refeições não sejam preparadas no estabelecimento do patrão, isto é, desde que sejam adquiridas em outra emprêsa, o desconto poderá ser feito de conformidade com as percentagens indicadas nas tabelas do salário mínimo..."
7. CESARINO JÚNIOR (Direito Social Brasileiro, vol. II, pg. 191, 1.963): "A Lei n. 3.030, de 19.12.1.956, determinou que os descontos por fornecimento de alimentação, quando preparada pelo próprio empregador, não poderão exceder a 25% (vinte e cinco por cento) do salário mínimo. Esta disposição será aplicada aos trabalhadores em geral, desde que as refeições sejam preparadas e fornecidas no próprio estabelecimento empregador. A Portaria n. 19, de 31.1.1.952, do Ministério do Trabalho e da Previdência Social, determinou o pêso de desconto da alimentação para cada uma das refeições fornecidas pelo empregador. Assim, por exemplo, para São Paulo (Capital) os pesos são os seguintes: 1.ª refeição, 40%; almôço, 18%; lanche, 4%; jantar, 17%, total, 43%. Total êste mantido pelo atual decreto do salário mínimo (Dec. n. 51.336, de 13.10.1.961)."
8. ALUÍSIO JOSÉ TEIXEIRA GAVAZZONI SILVA (Comentários à Consolidação das Leis do Trabalho, vol. I, pg. 180, 1.963): "O fornecimento de parte da alimentação não pode autorizar desconto no salário em dinheiro, como se fôsse concedida tôda a alimentação necessária ao trabalhador."
9. AMARO BARRETO (Tutela Geral do Trabalho, vol. II, pg. 146, 1.964): "Se a alimentação fornecida aos empregados fôr preparada no próprio estabelecimento do empregador, a percentagem alusiva à alimentação ficará reduzida, uniformemente, e até 25%, a teor da lei n. 3.030, de 19.12.1.958."

10. ADRIANO CAMPANHOLE (Prática e Jurisprudência Trabalhista, pg. 146, 1.962): "O desconto só poderá ser feito em sua totalidade (25%) se abranger as quatro refeições, isto é, café matinal, almôço, lanche, jantar ou ceia. Se o empregador fornecer apenas uma dessas refeições, o desconto será proporcional, nos têrmos do quadro aprovado pela portaria n. 19, de 31 de janeiro de 1.952."

11. JOSÉ MARTINS CATHARINO (Contrato de Emprêgo, 1.962, pg. 156): "Quanto à alimentação em particular, assinale-se que ela pode ser total ou parcial, compreendendo uma ou mais, até quatro refeições. Tal ocorrendo, a estimativa da utilidade alimentar deverá ser proporcional estendendo-se na medida cabível os quantitativos fixados pela Portaria n. 19, de 31 de janeiro de 1.952: 22% para as duas refeições maiores (almôço e jantar) e 5% para as duas menores (café da manhã e merenda). A Lei n. 3.030, de 19.12.1.956, estabeleceu disposição expressa e especial, extensiva aos trabalhadores em geral, desde que as refeições sejam preparadas e fornecidas no próprio estabelecimento do empregador, fixando o seu valor total em 25% do salário mínimo, como teto."

12. DÉLIO MARANHÃO (Direito do Trabalho, 1.966, pg. 99): "Pela portaria ministerial SCM-318, de 25 de junho de 1.940, o valor total imputado, a título de alimentação, no salário mínimo, corresponde a quatro refeições diárias (1.ª, almôço, lanche e jantar). Se êsse valor total equivaler, por exemplo, a 50% do salário, a primeira refeição corresponderá a 5%, a segunda, a 20%, a terceira, a 5% e a última a 20%. Tal valor deve ser, pois, reduzido proporcionalmente, se o empregador não fornece tôdas as refeições."

A JURISPRUDÊNCIA.

1. TST (RR. 1.906/59, Ac. de 7.4.1.960, r. M. Hildebrando Bisaglia, LTr. 24/119): "A Lei 3.030/56, referente ao desconto-alimentação, aplica-se a tôdas as emprêsas que fornecem alimentação aos seus empregados."

2. TST (A. de 10.9.1.956, 2.ª T., RR. 1.069/56, r. M. Thélio Monteiro, RTST, 1.957, pg. 450): "Se a emprêsa fornece, apenas parte da alimentação ao empregado (café da manhã e almôço), não é lícito o "desconto" no salário de parcela correspondente à alimentação total."

3. TST (A. de 17.6.1.955, 1.ª T., p. 6.451/53, r. M. Astolfo Serra, RTST, 1.957, pg. 229): "O desconto, no salário, do valor da alimentação é contratual e não legal."

4. TRT, 1.ª (p. 622/57, r. Ferreira da Costa, LTr., 21/265): "Depois da promulgação da Lei 3.030/56, os estabelecimentos que forneçam refeições aos empregados, preparando-as no próprio estabelecimento, só poderão descontar pela alimentação completa, 25%, isto é, até a metade do que antes dispunha a lei."

5. TRT, 1.ª (p. 275/60, A. de 8.4.1.960, r. José Joel Salgado Bastos, LTr., 24/334): Igual ao n. 4.

6. TRT, 2.ª (p. 1.410/59, A. 3.090/60, DOE. de 27.10.60, r. Antônio José Fava): "A Lei n. 3.030 de 19 de dezembro de 1.956, embora tenha sido provocada pela reivindicação dos trabalhadores na categoria de hotéis e similares junto ao Congresso Nacional, não se restringe à sua categoria profissional, pois como se vê da sua claríssima redação, foi o benefício estendido a todos os trabalhadores que dela viessem a se beneficiar."

OBSERVAÇÕES.

Como parte do salário, a retribuição em espécie correspondente à alimentação, deve obedecer aos critérios de avaliação estabelecidos na lei, nos decretos e nas portarias. Não se trata, portanto, de assunto confiado à esfera meramente contratual.

Assim, os descontos a serem procedidos nos salários dos empregados aos quais é fornecida alimentação, são estipulados nos decretos do salário mínimo; no caso de São Paulo, 43%, do Distrito Federal, 50%, da Guanabara, 50%, de Minas Gerais, 54%, do Paraná, 55%, do Rio Grande do Sul, 44% etc. (Decreto n. 57.900, de 2.3.1.966).

Êsses índices referem-se a refeições completas, isto é, café da manhã, almôço, lanche e jantar; quando não forem proporcionadas ao trabalhador, uma ou algumas dessas refeições, será efetuado o correspondente desconto proporcional, na conformidade das taxas fixadas pela tabela de pesos contida na Portaria n. 19, de 31.1.1.952, de plena aplicação atual. Nessa portaria o pêso equivalente a cada refeição não é uniforme para todo o país; varia, também, de acôrdo com o Estado-membro da Federação, a que se refere: no caso de São Paulo, café da manhã 4%, almôço 18%, lanche 4%, jantar 17%; no caso do Distrito Federal, café da manhã, 5%, almôço 20%, lanche 5%, jantar 20%; no caso da Guanabara, 6%, 22%, 5% e 22%, respectivamente; Minas Gerais, 5%, 22%, 5% e 22%, respectivamente etc. No entanto, de acôrdo com a Lei n. 3.030, de 19 de dezembro de 1.956, os descontos por fornecimento de alimentação, quando preparada pelo próprio empregador, não poderão exceder a 25% (vinte e cinco por cento) do salário mínimo. As razões determinantes dessa restrição imposta pelo legislador são muito bem explicadas por Russomano (n. 6) e por Antônio José Fava (Ac. n. 6).

Batalha afirma que as percentagens aprovadas pelos decretos de salário mínimo devem ser calculadas, proporcionalmente, sôbre 70% dêsse mesmo salário mínimo. Isto porque as tabelas que os acompanham, no contexto referente às percentagens das utilidades, deixam expresso o seguinte: "Percentagem do Salário Mínimo para efeito de desconto, até a ocorrência de 70%, de que trata o art. 82 da Consolidação das Leis do Trabalho."

Parte-se, portanto, do pressuposto de que, se ao empregado sempre é assegurado no mínimo 30% em dinheiro, o valor total para o efeito de avaliação das utilidades, só poderá ser de 70% do salário mínimo, base para a efetivação de todos os cálculos correspondentes. Nessa ordem de raciocínio, se o empregador fornecer *tôdas* as utilidades ao empregado, terá que assegurar-lhe em dinheiro, ainda, 30%; automàticamente, os valôres percentuais passam a recair sôbre outra base de incidência, ou seja, 70% do mínimo. Sôbre êsse aspecto acima exposto, pouco ou quase nada é encontrado na doutrina e na jurisprudência. Há um A. do TST (RR. 270/57, r. M. Oscar Saraiva, RTST, 1.959, pg. 92), entendendo que em se tratando de descontos sôbre salário mínimo pelo fornecimento de utilidades, os setenta por cento a que se refere o art. 82 da C.L.T. constituem o limite máximo para os descontos das utilidades. Nas percentagens estipuladas para o desconto de cada parcela, respeitado êsse limite deve incidir o valor total do salário mínimo, e não sôbre setenta por cento dêsse valor.

73. HABITAÇÃO. — EM QUE CONDIÇÕES A HABITAÇÃO FORNECIDA AO EMPREGADO É CONSIDERADA SALÁRIO "IN NATURA"?

A DOUTRINA.

1. DORVAL DE LACERDA (O Contrato Individual de Trabalho, 1.939, pg. 173): "É essencial, contudo, para que a alimentação e habitação sejam consideradas salários, a habitualidade, índice de sua integração no contrato de trabalho; é preciso que o empregado as considere como uma resultante de seu trabalho, e para tanto, sòmente a habitualidade pode criar tal situação."
2. JOSÉ MARTINS CATHARINO (Tratado Jurídico do Salário, pg. 175, 1.951): "O trabalhador poderá utilizar-se do imóvel a dois títulos: gratuito e oneroso. No primeiro caso, havendo uma mera liberalidade não se trata de salário, e o empregador pode deixar ou não de fornecer a habitação. Não se configura, também utilidade-salário se a casa é fornecida para e não pela prestação do trabalho; isto se dá quando a habitação é ocupada pelo operário por simples conveniência da emprêsa. Quando a habitação é fornecida a título oneroso, por fôrça do contrato de trabalho, constitui-se em salário e o contrato de locação predial coexiste com o de trabalho, que é o principal."
3. CESARINO JÚNIOR (Consolidação das Leis do Trabalho, 1.950, pg. 437): "... a habitação costumeiramente fornecida ao empregado pelo empregador, mesmo sem disposição expressa a respeito no contrato se incorpora ao salário como uma de suas parcelas."
4. ARNALDO SUSSEKIND (Instituições de Direito do Trabalho, 1.957, vol. I, pg. 368): "Para corresponder a salário-utilidade, cujo valor integra o salário composto do respectivo empregado, é indispensável que a habitação seja fornecida a título oneroso, decorrente de ajuste expresso ou tácito, atinente ao contrato de trabalho."
5. ALUYSIO SAMPAIO e PAULO JORGE DE LIMA (Dicionário Jurídico Trabalhista, 1.962, pg. 93): "Em face do que dispõe o art. 458, da CLT., a habitação fornecida, por fôrça do contrato ou do costume, ao empregado, de modo habitual, compreende-se no salário. Tem-se entendido, no entanto, que quando a habitação do empregado no próprio local de trabalho constitui condição indispensável para prestação dos serviços, como no caso de zeladores ou colonos de fazendas, não constitui salário."
6. PONTES DE MIRANDA (Tratado de Direito Privado, vol. 47, 1.964, pgs. 27): "Habitação", ou "casa", é o uso do lugar em que se possa viver, sem que se trate de locação de coisa ou de hospedagem. É um ponto, êsse, que merece tôda a atenção. O empregador não loca, nem hospeda. Daí surge o problema da posse imediata. Enquanto o empregado tem direito à contraprestação, tem-no ao alojamento. O ato do empregador, que despede o empregado, sem justa causa, é como o ato do hoteleiro que recebeu o preço do hotel e pôs na rua o hóspede. A indenização que aquêle há de prestar abrange a dos danos a que a turbação ou o esbulho da posse deu ensejo."
7. ALUÍSIO JOSÉ TEIXEIRA GAVAZZONI SILVA (Comentários à Consolidação das Leis do Trabalho, vol. I, pg. 180, 1.963): "Desde que a habitação seja fornecida gratuitamente pelo empregador ao empregado, desde o início das suas relações de trabalho, não pode mais ser alegada como utilidade, para efeito de desconto de salário."
8. AMARO BARRETO (Coexistência dos Contratos de Trabalho e de Locação de Prédio, Revista do Trabalho, n. 23, pg. 59): "O valor da habitação, no contrato de trabalho, é aluguel imputado no salário e os contratos de trabalho e de locação coexistem, aquêle contendo êste."
9. JORGE SEVERINO (Salário-Utilidade-Habitação, Legislação do Trabalho, n. 199-200, pg. 409): "Se o empregado goza de habitação fornecida pelo empregador porque se encontra no exercício de cargo de confiança deve deixar o imóvel se é afastado do pôsto de confiança."
10. ARNALDO SUSSEKIND (Comentários à Consolidação das Leis do Trabalho e à Legislação Complementar, vol. III, pg. 375, 1964): "Algumas emprêsas concedem ao empregado um abono para aluguel de casa; mas tal remunera-

ção nada mais representa do que salário em dinheiro. E o que nos interessa, nesta oportunidade, é o exame da habitação fornecida como salário *in natura*. Para corresponder a salário-utilidade, cujo valor integra o salário composto do respectivo empregado, é indispensável que a habitação seja fornecida a título oneroso, decorrente de ajuste expresso ou tácito, atinente ao contrato de trabalho. Se o empregador fornecer habitação ao empregado sob forma de comodato, nenhum desconto efetuando, portanto, nos respectivos salários, não poderá passar a fazê-los, posteriormente, sob pena de infringir a norma do artigo 468 da CLT, proibitiva da alteração contratual em prejuízo do trabalhador."

11. DÉLIO MARANHÃO (Direito do Trabalho, 1.966, pg. 164): "A habitação, por exemplo, pode ser utilizada pelo empregado por fôrça de comodato, acessório de um contrato de trabalho. Trata-se de contrato gratuito, mas de contrato, gerando direitos e obrigações. O valor da habitação não será, por isso que gratuitamente fornecida, imputado no salário. O comodato, porém, obriga o empregado enquanto perdurar a relação principal de emprêgo, de que é acessório: o comodante não pode "suspender" o uso e gôzo da coisa emprestada, antes de findo o prazo convencional, ou o que se determine pelo uso outorgado (Art. 1.250 do Código Civil)."

A JURISPRUDÊNCIA.

1. TST (A. de 25.9.1.956, 1.ª T., RR. 793/56, D. J. de 7.12.1.956, pgs. 2.331/2, r. M. Caldeira Neto): "Se a cessão da moradia foi feita com base no comodato, enquanto perdurar a relação de emprêgo a gratuidade é uma conseqüência natural dessa contratação. Mas, tal não ocorre, quando o próprio empregado tiver concordado expressamente com o "desconto" nos têrmos do art. 82 da C.L.T."

2. TRT, 1.ª (p. 1.636/59, DJU., 13.3.50, r. César Pires Chaves, apud Repertório de Jurisprudência Trabalhista, Hélio de Miranda Guimarães, 1.953, vol. II, pg. 966): "A habitação concedida pelo empregador ao empregado a título precário não integra o salário."

3. TRT, 2.ª (p. 4.358/63, A. de 19.5.1964, 2.066/64, r. Hélio Tupinambá Fonseca MT, julho de 1964): "Quando o empregador fornece utilidade a seu empregado, a mesma deve e pode ser computada para o cálculo do salário mínimo. Assim, por exemplo, não há que se falar em concessão de habitação gratuita, pois a mesma, naturalmente integra o contrato como parte do pagamento da remuneração."

4. TRT, 2.ª (p. 1.298/63, A. de 30.10.1.963, 3.854/63, DOE. de 29.11.1.963, r. Fernando de Oliveira Coutinho): "É de ser admitido o cômputo da habitação na formação do salário mínimo, desde que, não expressamente convencionada a gratuidade de sua convenção."

5. TRT, 2.ª (p. 2.988/58, A. de 5.3.1.959, 865/59, DOE. de 26.4.959, r. Carlos Bandeira Lins): "Inadmissível é o cômputo da habitação rústica como utilidade, porque é a sua gratuidade condição inerente ao contrato."

OBSERVAÇÕES.

A doutrina estabelece uma distinção de situações, cada qual produzindo efeitos diferentes. Quando a habitação é fornecida a título gracioso — comodato — ou para a prestação do trabalho, não constitui salário *in natura*. Só o será, quando isso se der a título oneroso e *pela* prestação de serviço.

74. **MORADIA NA OBRA DE CONSTRUÇÃO CIVIL.** — O SIMPLES ABRIGO NA OBRA DE CONSTRUÇÃO CIVIL AUTORIZA OS DESCONTOS CORRESPONDENTES À UTILIDADE-HABITAÇÃO?

A DOUTRINA.

1. ARNALDO SUSSEKIND (Comentários à Consolidação das Leis do Trabalho e à Legislação Complementar, vol. III, pg. 375, 1.964): "A Lei não dispõe sôbre o tipo de habitação capaz de representar salário-utilidade. Entendemos, no entanto, que a simples permissão para dormir na obra de construção civil não configura a prestação salarial de que cogita o art. 458."

A JURISPRUDÊNCIA.

1. TST (A. de 3.7.1.956, 3.ª R., RR. 386/56, r. M. Tostes Malta, RTST, 1.957, pg. 410): "Não é admissível o desconto de habitação no salário dos trabalhadores que dormem nos edifícios que estão construindo."
2. TST (A. de 15.5.1.956, 3.ª T., AI 27/56, r. M. Jonas de Carvalho, RTST, 1.957, pg. 391): "O pernoite ou a permanência na "construção" em que trabalha, facultado ao operário, não corresponde ao fornecimento da utilidade-habitação a que se refere a lei. Pois, certo é que "habitação" pressupõe local ou condições de habitabilidade, inclusive com "habite-se" da autoridade competente."
3. TRT, 1.ª (p. 1.636/49, DJ. de 13.3.1.959, r. Pires Chaves): Igual ao n. 1.

OBSERVAÇÕES.

O pernoite do operário nas próprias dependências da obra da construção civil não é considerado utilidade-habitação. A "construção" não oferece as condições mínimas de habitabilidade para corresponder à habitação no sentido visado pela lei. Razões de proteção à saúde do trabalhador e à sua higiene, as mesmas que levam o Estatuto do Trabalhador Rural a condicionar a permissão de descontos de moradia ao cumprimento de inúmeras exigências quanto às casas dos trabalhadores do campo, fundamentam a orientação do direito no ramo da construção civil.

75. **MORADIA DO ZELADOR.** — A MORADIA DO ZELADOR DE EDIFÍCIO É SALÁRIO-UTILIDADE?

A JURISPRUDÊNCIA.

1. TST (A. de 2.8.1.955, 2.ª T., p. 395/55, r. M. Oscar Saraiva, RTST, 1.957, pg. 272): "Residindo o zelador de edifício no próprio local de trabalho, deve o valor da habitação, como salário-utilidade que é, ser computado para todos os efeitos."

OBSERVAÇÕES.

A jurisprudência admite os descontos correspondentes à moradia do zelador de edifício. Parece-nos, no entanto, que a matéria é contratual, tudo dependendo do ajuste estabelecido entre as partes. Se a habitação é gratuita, será impossível a superveniência unilateral de descontos a êsse título. Se dos salários do zelador sempre foi descontada a moradia, tal desconto é lícito porque tem a natureza de cláusula contratual ainda que tácita.

76. **TRANSFERÊNCIA DE HABITAÇÃO.** — O EMPREGADO PODE SER TRANSFERIDO LEGÌTIMAMENTE DE UMA HABITAÇÃO PARA OUTRA?

A JURISPRUDÊNCIA.

1. TSTS, (A. de 17.1.1.956, 1.ª T., p. 6.787/55, r. M. Godoy Ilha, RTST, 1.957, pg. 356): "Quando o empregador fornece utilidade-habitação, cumpre reconhecer-lhe a faculdade de transferir o empregado, de um prédio para outro de igual padrão de confôrto."

OBSERVAÇÕES.

A doutrina não se ocupa da matéria.

O acórdão reconhece a faculdade do empregador transferir o empregado de um prédio para outro de igual padrão.

Todavia, essa solução não pode constituir uma regra. Supondo-se a discordância do empregado em mudar de habitação, quais os meios de que dispõe o empregador para fazê-lo, se não a ação de despejo e desde que tenha absoluta necessidade de utilização do imóvel! Assim, a orientação do acórdão vale como simples preceito nem sempre aplicável e deve ser recebida com reservas.

77. **HABITAÇÃO COLETIVA.** — SE VÁRIOS EMPREGADOS OCUPAM A MESMA HABITAÇÃO, QUAL O CRITÉRIO PARA OS DESCONTOS SALARIAIS DO VALOR DA UTILIDADE?

A DOUTRINA.

1. ARNALDO SUSSEKIND (Comentários à Consolidação das Leis do Trabalho e à Legislação Complementar, 1.964, vol. III, pg. 375): "Nada obsta, porém, a nosso ver, que a habitação seja concedida, a título oneroso, a mais de um empregado, hipótese em que os descontos no salário de cada operário devem somar o total equivalente ao valor da utilidade prestada coletivamente."
2. JOSÉ MARTINS CATHARINO (Tratado Jurídico do Salário, 1.951, pg. 177): "No caso de vários operários ocuparem a mesma casa, como proceder? A solução não é fácil. Há que distinguir duas situações: a) O prédio é utilizado por uma só família, que tem vários membros trabalhando para o dono do imóvel, isto é, o empregador; b) O prédio é usado por vários operários que não têm laço de parentesco entre si. Na primeira hipótese o desconto deve recair sôbre a remuneração do chefe da família, desde que os outros membros sejam dependentes daquele. Caso contrário, o valor da habitação deve ser dividido proporcionalmente entre os vários ocupantes do imóvel. Ocorrendo a segunda hipótese deve-se proceder de idêntica maneira, mas os descontos no salário de cada operário devem somar o total equivalente ao valor da utilidade prestada coletivamente."
3. DÉLIO MARANHÃO (Direito do Trabalho, 1.966, pg. 98): "Quando mais de um trabalhador residir, só ou com sua família, na mesma casa fornecida pelo empregador, o valor da utilidade será dividido proporcionalmente aos respectivos salários. É norma contida no art. 30, do Estatuto do Trabalhador Rural, aplicável, no entanto, aos trabalhadores em geral, pelo próprio sentido que a informa."

A JURISPRUDÊNCIA.

1. TRT, 3.ª (p. 533/60, ac. de 18.5.1.960, r. Vieira de Melo, LTr. 25/62): "Não é lícito ao empregador deduzir a parcela correspondente à habitação que fornece, quando já o fêz em relação ao pai da empregada, em companhia do qual esta necessàriamente reside."

OBSERVAÇÕES.

Os critérios de avaliação da utilidade-habitação fixados nos decretos do salário mínimo — pelo Decreto n. 60.231, de 16 de fevereiro de 1.967, correspondem a 33% para São Paulo, 25% para o Distrito Federal, 25% para a Guanabara, 24% para o Rio Grande do Sul, 24% para o Paraná, 28% para Minas Gerais etc. — referem-se à moradia considerada como uma unidade em relação ao empregado. Deve ser feita uma divisão proporcional sôbre êsses índices percentuais, sempre que mais de um trabalhador residir na mesma casa.

78. ALTERAÇÃO PERCENTUAL DAS UTILIDADES NAS MAJORAÇÕES SALARIAIS. — É POSSÍVEL A ALTERAÇÃO DO VALOR DO SALÁRIO-UTILIDADE NAS MAJORAÇÕES SALARIAIS DECORRENTES DE LEI, SENTENÇA NORMATIVA OU CONVENÇÃO COLETIVA?

A DOUTRINA.

1. JOSÉ MARTINS CATHARINO (Tratado Jurídico do Salário, 1.951, pg. 174): "... o valor do desconto não poderá ser alterado, mesmo que o salário o seja por lei ou por sentença constitutiva, sem que haja estipulação contratual a respeito."
2. ARNALDO SUSSEKIND (Instituições de Direito do Trabalho, vol. II, pg. 372, 1.957): "Para nós, a solução depende de cada caso concreto ou, melhor, da forma pela qual, no contrato de trabalho, foi ajustado o salário-utilidade, o que não impede, porém, o estabelecimento de algumas regras gerais sôbre o assunto. É inquestionável que o fornecimento de utilidades pelo empregador, como parte do salário devido ao empregado, é de natureza contratual; inexiste norma jurídica cogente impondo tal fornecimento, motivo porque deve êle resultar de ajuste expresso ou tácito estipulado ou configurado no contrato de trabalho. Destarte, se o valor da utilidade foi fixado percentualmente em relação ao salário global (salário composto em dinheiro e utilidades), é evidente que, majorado êste, legítima é a elevação proporcional do valor das respectivas utilidades; ao contrário, se o ajuste contratual atribuiu às utilidades fornecidas um valor fixo equivalente a determinada quantia em dinheiro, certo é que êsse valor não poderá ser elevado por ato unilateral do empregador, eis que infringiria o disposto no art. 568 da Consolidação, que proíbe a alteração unilateral das condições estipuladas por mútuo acôrdo do qual resultem prejuízos diretos ou indiretos para o empregado."

A JURISPRUDÊNCIA.

1. TST (A. de 30.9.1.955, 1.ª T., p. 3.499/54, r. M. Rômulo Cardim, RTST, pg. 359, 1.957): "Quando o salário é misto, sendo uma parte paga "in natura" em caso de aumento normativo é lícita a majoração do "desconto" das utilidades, desde que observada a proporcionalidade anterior."
2. TST (p. 2.529/54, 3.ª T., r. M. Tostes Malta, DJ. de 11.3.1955): Igual ao n. 1.

3. TRT, 1.ª (RO, 1.605/54, r. Amaro Barreto, DJ. de 21.5.1.955): Igual ao n. 1.

OBSERVAÇÕES.

É possível a alteração do valor do salário-utilidade nas majorações salariais.

Doutrina e jurisprudência são uniformes e admitem essa possibilidade, mantidas as mesmas proporções dos índices percentuais.

79. PERCENTAGENS DE UTILIDADES. — A ELEVAÇÃO DAS PERCENTAGENS ESTABELECIDAS PARA AS UTILIDADES NAS NOVAS TABELAS DO SALÁRIO MÍNIMO, AUTORIZA A ALTERAÇÃO DO VALOR DO DESCONTO DOS SALÁRIOS?

A DOUTRINA.

1. ARNALDO SUSSEKIND (Comentários à Consolidação das Leis do Trabalho e à Legislação Complementar, vol. I, pg. 431, 1.964): "Dentro dêsses limites, prevalece o consenso das partes; e nem mesmo a elevação das percentagens, pela nova tabela de salários mínimo, pode autorizar a majoração percentual da utilidade."

A JURISPRUDÊNCIA.

1. STF (AI. 19.570, 2.ª T., r. M. Vilas Boas, DJ. de 22.9.1.958, apud Arnaldo Sussekind, Comentários à C.L.T. e à Legislação Complementar, vol. I, pg. 431): "Não é aceitável a argumentação de que a elevação do nível salarial importou, automàticamente, em rescisão das convenções anteriores sôbre desconto."

OBSERVAÇÕES.

Se uma tabela do salário mínimo, por hipótese, estabelecer a percentagem das utilidades em índices maiores — ex: hoje de 33% para a habitação, amanhã de 40% — de acôrdo com o entendimento de Sussekind, referendada por uma decisão judicial, devem ser mantidos os mesmos índices percentuais anteriores, por se tratar de matéria contratual e porque as novas tabelas não teriam a fôrça de rescindir as convenções celebradas sôbre os descontos.

80. FÉRIAS E DESCONTO DE UTILIDADES. — NÃO USUFRUÍDA A UTILIDADE EM VIRTUDE DE FÉRIAS OU REPOUSO SEMANAL, O EMPREGADO TEM DIREITO AO VALOR EM PECÚNIA?

A JURISPRUDÊNCIA.

1. TST (A. de 20.10.1.958, 2.ª T., RR. 2.307/58, r. M. Thélio Monteiro, RTST, 1.960, pg. 168): "Permanecendo o empregado durante as férias no imóvel que lhe fôra destinado para habitação, não há como pretender seja computado o valor correspondente a essa utilidade para o efeito de fixar a remuneração das férias."
2. TRT, 5.ª (A. de 28.4.1.959, RO. 253/58, r. Elson Guimarães Gottschalk, LTr. 1.962, pg. 150): "Fornecendo a reclamada a utilidade de alimentação indistintamente a todos os seus empregados, quer em dias úteis ou em dias de

repouso, feriados ou domingos tendo todos êles participado dessa alimentação conforme tenham sido escalados para o rodízio em tais dias, não podem pleitear uma diferença de salário que estava ao seu alcance desfrutar pela utilização específica da alimentação."

OBSERVAÇÕES.

Se a utilidade é usufruída pelo empregado nos períodos de descanso remunerado, como nas férias, os descontos correspondentes a essa parcela "in natura" serão normalmente efetuados porque nada se alterou. Todavia, supondo-se que a utilidade não venha a ser desfrutada, como no caso da habitação desocupada durante as férias, é óbvio que o empregado tem direito ao valor em pecúnia. O salário é irredutível e a supressão de um dos seus componentes importa em violação do princípio. O desfrute da casa é salário. Não ocorrido, impõe-se o substitutivo em moeda para cobrir a integralidade salarial.

81. **UTILIDADES E AJUSTE TÁCITO DOS DESCONTOS.** — OS DESCONTOS DE UTILIDADES PODEM DECORRER DE AJUSTE TÁCITO?

A DOUTRINA.

1. AMARO BARRETO (Tutela Geral do Trabalho, vol. II, pg. 147, 1.964): "Para que as utilidades possam ser reputadas parcelas do salário é de mister que sejam concedidas habitualmente, a título oneroso, por ajuste expresso, no contrato de trabalho, ou tácito, derivado do costume (art. 458, da C. L. T.).
2. ALUÍSIO JOSÉ TEIXEIRA GAVAZZONI SILVA (Comentários à Consolidação das Leis do Trabalho, 1.963, vol. I, pg. 180): "Se o empregador concede ao seu empregado habitação e ainda lhe paga, em moeda, o valor integral do salário mínimo, e se os níveis da remuneração vital são periòdicamente majorados sem que a emprêsa deixe de pagar o salário mínimo integral, parece-nos que se forma um ajuste tácito entre empregado e empregador, assegurando-se ao primeiro o recebimento do valor do salário mínimo em moeda e mais alimentação."
3. ARNALDO SUSSEKIND (Comentários à Consolidação das Leis do Trabalho e à Legislação Complementar, vol. III, pg. 373, 1.964): "... a obrigação de pagar salário-utilidade pode resultar de acôrdo expresso entre o empregado e o empregador ou de ajuste tácito oriundo do costume atinente à emprêsa ou à atividade profissional empreendida."

A JURISPRUDÊNCIA.

1. TRT, 1.ª (p. 838/55, DJ. de 17.8.1956, r. Geraldo Guimarães, in Comentários à CLT, Gavazzoni Silva, vol. 1, pg. 181, 1.963): "O pagamento de salários em utilidades deverá ser pactuado entre empregado e empregador, figurando expressamente no contrato."

OBSERVAÇÕES.

Na doutrina, a possibilidade de ajuste tácito do desconto das utilidades é admitida; invoca-se, como fundamento, o artigo 458 da Consolidação. Mas há restrições na jurisprudência. No entanto, como o contrato de trabalho, por fôrça de lei, é o ajuste expresso ou tácito das condições do serviço, a posição em que se coloca a doutrina está sòlidamente alicerçada.

8 . **UTILIDADES E HORAS EXTRAORDINÁRIAS.** — O CÁLCULO DAS HORAS EXTRAORDINÁRIAS É FEITO TENDO EM VISTA TAMBÉM AS UTILIDADES RECEBIDAS PELO EMPREGADO?

A DOUTRINA.

1. AMARO BARRETO (Tutela do Trabalho, vol. II, pg. 33, 1.964): "A remuneração suplementar incide tanto sôbre o salário-dinheiro quanto sôbre o salário-utilidade."
2. ARNALDO SUSSEKIND (Comentários à Consolidação das Leis do Trabalho e à Legislação Complementar, vol. I, pg. 330, 1.964): "Oportuno é esclarecer que a remuneração da hora suplementar deve computar tanto o salário percebido em dinheiro como o recebido em utilidades."

A JURISPRUDÊNCIA.

1. TRT, 2.ª (p. 568/60, A. de 8.6.1.960, 1.988/60, DOE, de 27.7.1.960, r. Wilson de Souza Campos Batalha): "Não tem amparo em lei que o cálculo das horas extras e dos repousos se faça tendo em vista também as utilidades recebidas pelo empregado. Nem o art. 59 da C. L. T. (horas extras) nem o art. 7.º, da Lei n. 605 (repousos remunerados) comportam tal pretensão. Aliás, o art. 64, da C. L. T. e o art. 7.º da Lei n. 605, bem como o art. 10, do Decreto n. 27.048 nenhuma alusão fazem às utilidades, contràriamente ao que ocorre, por exemplo, em relação às férias (C. L. T. art. 140, § 2.º). E compreende-se que, usufruindo o empregado habitação e alimentação, tais utilidades são as mesmas quer trabalhe em período normal, ou extraordinário, ou ainda em dias destinados à folga."

OBSERVAÇÕES.

Não há uniformidade quanto à incidência do cálculo das horas extras sôbre as utilidades. A doutrina dispõe num sentido e a jurisprudência traça diretrizes diferentes. Sussekind dá o seguinte exemplo: o empregado que percebe o salário-hora de Cr$ 20 em dinheiro, além de habitação no valor de Cr$ 5 por hora, alimentação calculada em Cr$ 5 hora, ganha pelo seu trabalho normal, o salário-hora de Cr$ 30. Em conseqüência, a hora suplementar deve ser paga à razão de Cr$ 30 acrescida de 20 %, isto é, Cr$ 36.

83. **UTILIDADES E INDENIZAÇÃO.** — AS UTILIDADES SÃO COMPUTADAS NA INDENIZAÇÃO?

A JURISPRUDÊNCIA.

1. STF (AI 26.061, r. M. Victor Nunes Leal, LTr. 27/60): "Não integra o salário o valor relativo à habitação gratuita para efeito de indenização."
2. STF (AI 20.206, r. M. Henrique d'Ávila, 1.ª T., 14.1.59 A CLT vista pelo STF, Calheiros Bonfim, 1.961, 2.º vol. pg. 204): "Denegando o recurso extraordinário, salientou o Presidente do Tribunal que "a maior remuneração" para servir de base à indenização é, no caso, obtida com a soma de parte percebida pelo empregado em que assim entende merece confirmação por seus próprios fundamentos."

3. TST (A. de 16.11.1.956, 1.ª T., RR. 673/56, r. M. Ferreira da Costa, RTST, 1.957, pg. 477): "O valor da habitação fornecida gratuitamente ao empregado, sendo mera liberalidade, não integra o salário para efeito de cálculo de indenização."
4. TST (A. de 12.11.1.954, 1.ª T., p. 6.567/52, r. M. Godoy Ilha, RTST, 1.957, pg. 5): "Para efeito de cálculo de indenização não devem ser computadas no salário, as parcelas correspondentes à habitação e à alimentação."
5. TST (A. de 18/4/1.958, 1.ª T., RR. 2.823/57, DJ. de 27.6.58, pgs. 1.962/3, RTST, 1.960, pg. 37, r. M. Oliveira Lima): "Conquanto perceba o empregado salário superior ao mínimo legal, para efeito de cálculo de indenização, o valor das utilidades deve ser fixado mediante incidência da percentagem respectiva sôbre o salário mínimo e não por simples arbitramento."

OBSERVAÇÕES.

A indenização é calculada com base na maior remuneração; nela integram-se as retribuições em dinheiro ou em espécie. Portanto, o valor das utilidades é considerado para os fins de cálculo da indenização, não obstante algumas restrições da jurisprudência.

TÍTULO SEGUNDO — PROVA DE PAGAMENTO DO SALÁRIO.

84. RECIBO DE PAGAMENTO DO SALÁRIO. — SE O EMPREGADOR NÃO TIVER RECIBO DOS SALÁRIOS É OBRIGADO A PAGÁ-LO NOVAMENTE?

A DOUTRINA.

1. ORLANDO GOMES (O Salário no Direito Brasileiro, 1.947, pg. 129): "Desde, portanto, que o pagamento possa ser comprovado, a falta de recibo não poderá autorizar, em hipótese alguma, nôvo recebimento."
2. DORVAL DE LACERDA (O Contrato Individual de Trabalho, 1.939, pg. 201): "A prova do pagamento dos salários pode ser feita por qualquer dos meios reconhecidos em direito."
3. MOZART VICTOR RUSSOMANO (Manual Popular de Direito do Trabalho, vol. I, pg. 90, 1.954): "O pagamento feito sem a exigência do recibo é considerado como "não feito" obrigando, portanto, o empregador a repetir o pagamento."
4. MOZART VICTOR RUSSOMANO (O Empregado e o Empregador no Direito Brasileiro, 1.954, vol. I, pg. 575): "O pagamento do salário, sem recibo, é como o pagamento do salário mediante vales: é nulo de pleno direito, por faltar ao ato a forma prescrita em lei (CLT, art. 462, parágrafo único) não eximindo o empregador de pagar, novamente, a quantia correspondente, pois quem paga mal paga duas vêzes."
5. F. MOURA BRANDÃO FILHO e J. GOMES TALARICO (Interpretação e Prática da Legislação Trabalhista Brasileira, 1.955, pg. 181): "Reputamos essencial à validade do ato seja o pagamento efetuado contra recibo, na forma da lei."
6. JOSÉ MARTINS CATHARINO (Tratado Jurídico do Salário, 1.951, pg. 729): "... a falta do recibo cria a presunção "juris tantum" que o empregado não recebeu seu salário. Assim sendo, a correção do pagamento, em caso de dúvida, pode ser ordenada pela autoridade judicial a que o prejudicado recorrer."
7. ARNALDO SUSSEKIND (Instituições de Direito do Trabalho, 1.957, vol. I, pg. 468): "A natureza probatória do dispositivo legal possibilita, portanto, ao empregador destruir a presunção "juris tantum" da falta de pagamento do salário, decorrente da ausência de recibo."

8. YARA MULLER (Empregador e Empregado na Justiça do Trabalho, 1.954, pg. 17): "A prova do pagamento do salário, que deverá ser feito em moeda corrente, é o recibo passado pelo empregado..."
9. MOZART VICTOR RUSSOMANO (Comentários à Consolidação das Leis do Trabalho, 1.960, vol. III, pg. 730): Igual ao n. 4.
10. ALUYSIO SAMPAIO e PAULO JORGE DE LIMA (Dicionário Jurídico Trabalhista, 1.962, pg. 151): "A única prova de pagamento do salário ao empregado é o respectivo recibo, assinado pelo empregado, ou no caso de analfabeto, mediante sua impressão digital, ou, não sendo esta possível, a seu rôgo."
11. AMARO BARRETO (Tutela Geral do Trabalho, vol. I, 1.964, pg. 206): "... admite-se, doutrinária e jurisprudencialmente, a prova oral do pagamento do salário e das férias."
12. JOSÉ MARTINS CATHARINO (Contrato de Emprêgo, 1.962, pg. 184): "Inexistindo o recibo — meio de prova preferencial que gera a presunção *juris tantum* do pagamento correto, pode o empregador suprir a deficiência por outros meios, da mesma forma que poderá fazê-lo quanto à existência do contrato e à estipulação do salário (arts. 29 e 456). Inadmissível contudo, a prova exclusivamente testemunhal, nos têrmos do artigo 141 do Código Civil, alterado pela Lei 1.768, de 18.12.1.952 (nesse sentido pronunciou-se o 3.º Congresso Brasileiro de Direito Social, Bahia, 1.953: "Anais", pg. 216), se o valor do contrato fôr superior a dez mil cruzeiros. Vale dizer; raríssimamente. Quase sempre a prova testemunhal é subsidiária da prova escrita."
13. ARNALDO SUSSEKIND (Comentários à Consolidação das Leis do Trabalho e à Legislação Complementar, 1.964, vol. III, pg. 407): Igual ao n. 7.
14. ROBERTO BARRETO PRADO (Direito do Trabalho, 1.963, pg. 164): "Deve o empregador ter a cautela de exigir do empregado o recibo, pois caso contrário poderá estar sujeito a pagar por duas vêzes o mesmo salário."
15. ALUÍSIO JOSÉ TEIXEIRA GAVAZZONI SILVA (Comentários à Consolidação das Leis do Trabalho, vol. II, pg. 209, 1.963): "... não exibido o recibo, salvo confissão expressa do credor, o pagamento deve ser reputado como não tendo sido feito."

A JURISPRUDÊNCIA.

1. TST (p. 3.573/59, 3.ª T., 15.12.1.959, r. M. Hildebrando Bisaglia, LTr. 24/474): "O artigo 464 da Consolidação das Leis do Trabalho determina o pagamento dos salários mediante recibo do empregado e embora preponderante o recibo como prova, não excluiu outros meios de prova que pelo seu valor, possam suprir convenientemente a falta daquele documento."
2. TRT, 1.ª (p. 353/58, r. Pires Chaves, DJU., 22.8.1.958, LTr. 22/267): "A prova de pagamento de salários sem recibo só deve ser admitida em circunstâncias excepcionais, isto é, quando se percebe que o empregador pela sua modéstia não dispõe de contabilidade, nem escrituração mercantil ou que o empregado pelas suas íntimas relações com o empregador mereça consideração tal que até os recibos não lhe sejam exigidos."
3. TRT, 1.ª (RO. 753/60, 30.5.1.960, r. Amaro Barreto, LTr. 25/267): "Salário pago se prova não só por escrito mas também oralmente."
4. TRT, 1.ª (RO. 1.093/60, 12.12.1.960, r. José Joel Salgado Bastos, LTr. 25/213): "O salário deverá ser pago contra recibo. Na falta dêste, poderá ser provado por qualquer dos meios admitidos em direito, inclusive documentos particulares, testemunhas e até por presunção (art. 136, III, IV e V do Código Civil)."
5. TRT, 1.ª (RO. 977/61, A. 1.657/61, 12.7.1.961, r. Amaro Barreto, LTr. 26/135): Igual ao n. 3.
6. TRT, 1.ª (RO. 453/61, ac. 1.274/61, r. Amaro Barreto, 29/5/1.961, LTr. 26/137): "Prova documental de pagamento de salário só se rejeita se provado vício de êrro, dolo, simulação ou fraude."
7. TRT, 1.ª (RO. 47/57, DJU, de 26.4.57, r. Délio Maranhão, Sussekind, Comentários à CLT, vol. III, pg. 407): "Pode o empregador fazer a prova do pagamento de salário através de depoimento de testemunhas. Claro está que

ao juiz cabe apreciar essa prova com a devida cautela, a fim de evitar a burla à lei."

8. TRT, 2.ª (p. 2.661/60, A. 845/61, de 13.3.1.961, r. Carlos de Figueiredo Sá, LTr. 26/54): "É expresso em lei que o pagamento de salário só pode ser demonstrado por recibo."
9. TRT, 2.ª (p. 600/58, A. 2.019/58, de 19.9.1.958, DOE, de 25.9.1.958, r. José Teixeira Penteado, MT, agôsto de 1.958): "O art. 464 da CLT, estabelece ser requisito essencial à prova do pagamento de salário o recibo, o que torna imprestável apenas a prova testemunhal."
10. TRT, 2.ª (p. 2.824/57, A. 1.663/58, de 23.6.1.958, DOE. de 31.8.1.958, r. José Teixeira Penteado, MT, agôsto de 1.958): Igual ao n. 9.
11. TRT, 2.ª (p. 2.563/58, A. de 28.9.1.959, 2.782/59, DOE. de 25.10.1.959, r. Antônio José Fava, MT, janeiro de 1.960): Igual ao n. 9.
12. TRT, 2.ª (p. 351/61, A. 1.382/61, 2.5.1.961, DOE. de 31/5/1.961, r. Hélio de Miranda Guimarães): "Não constitui o recibo a única prova do pagamento de salários. É possível a utilização de outros meios de prova para demonstrar o pagamento."
13. TRT, 2.ª (p. 2.785/60, A. 696/61, de 14.3.1.961, DOE, de 30.3.1.961, r. Hélio Tupinambá Fonseca, MT, junho de 1.961): Igual ao n. 9.
14. TRT, 2.ª (p. n. 672/62, A. n. 3.562/62, de 14.11.62, DOE. de 6.12.1.962, r. Fernando de Oliveira Coutinho, MT., dezembro de 1.962): "O salário deve ser pago mediante recibo regular firmado pelo empregado, sendo admissível, em relação ao seu pagamento a prova testemunhal, em casos excepcionais."
15. TRT, 2.ª (p. n. 4.523/64, A. n. 4.022/65, de 8.6.1.965, DOE de 7.12.1.965, r. Carlos Bandeira Lins, MT, novembro de 1.965): Igual ao n. 9.
16. TRT, 3.ª (p. n. 232/60, de 9.5.1.960, r. José Aparecido, LTr. 25/136): "O pagamento do salário é feito contra recibo, segundo exigência legal. A prova, pois, daquele pagamento é especial, excluída qualquer outra."
17. TRT, 8.ª (p. n. 143/63, A. n. 2.990, de 29.11.1.963, r. José Marques Soares da Silva, LTr. 28/213): "A prova de pagamento de salário incumbe ao empregador, devendo ser efetuada mediante recibo na forma do disposto no artigo 454 da CLT."

OBSERVAÇÕES.

O recibo é a prova literal do pagamento do salário, mas são admitidos, excepcionalmente, outros meios de prova, na doutrina e na jurisprudência.

Entendemos, no entanto, ser em princípio a *única* prova sem possibilidade de substituição por outras.

Os documentos escritos apresentam-se sob três formas: são *dispositivos* quando indispensáveis para a existência e transmissibilidade de um negócio jurídico (ex. a cambial); são *constitutivos* quando fazem parte integrante do ato como elemento dêste (ex. escritura pública imobiliária, escritura de hipoteca); são *probatórios* se têm apenas a função processual de instruir e demonstrar um negócio jurídico pré-constituído (ex. certidões, atas, atestados, livros comerciantes, cartas missivas etc.).
— Instituições de Direito Processual Civil, José Frederico Marques, vol. III, pg. 396; Alfredo Buzaid, A ação Declaratória no Direito Brasileiro, 1.943, pgs. 115 e 116; Pontes de Miranda, Comentários ao Código de Processo Civil, vol. II, pg. 188).

Os recibos têm a natureza probatória. Retratam o ato já constituído, do qual não fazem parte, nem são elementos dêle integrantes, pois o pagamento pode existir mesmo sem a existência do recibo. Na lição de

Frederico Marques, a função probatória do documento pode ser principal ou acessória. É principal quando a lei considera o documento escrito como prova da relação, com exclusão de outras (ad probationem); é acessória quando o documento escrito constitui simples prova concorrente como qualquer outra e sem excluir nenhuma.

Ora, a lei trabalhista é bastante clara: o pagamento do salário deverá ser efetuado contra recibo assinado pelo empregado (art. 464). Se a lei considera, com tôda a nitidez, o documento escrito como prova da relação jurídica, *evidentemente está fazendo uma exclusão das demais provas*. Se fôsse do seu propósito permitir a demonstração do ato por vários meios, não teria apontado um dêles apenas.

O recibo, de outro lado, deve ser entendido, também, no interêsse do empregado; demonstrará que o pagamento do salário foi efetuado corretamente e para êsse fim a prova testemunhal é imprestável; mesmo porque o recibo, como uma quitação do salário, deve mencionar os seus componentes (horas extraordinárias, noturnas etc.) e o artigo 940 do Código Civil exige referência expressa ao valor e espécie de cada dívida quitada; o depoimento de testemunhas não se presta a essa especificação de pagamento de natureza salarial.

Portanto, a falta de recibo do salário acarreta a necessidade de uma verificação de dados que as testemunhas não estão em condições de oferecer, nem podem vàlidamente fazê-lo.

Já o caso de prova através de lançamentos contábeis, precisa ser encarado de outra forma e a sua admissibilidade deve ser confiada ao arbítrio do juiz.

TÍTULO TERCEIRO — INALTERABILIDADE DO SALÁRIO

85. ALTERAÇÃO DO MODO DE PAGAMENTO. — É ADMITIDA A ALTERAÇÃO NO MODO DO PAGAMENTO DO SALÁRIO?

A DOUTRINA.

1. MOZART VICTOR RUSSOMANO (Comentários à Consolidação das Leis do Trabalho, vol. III, pg. 747, 1.960): "O salário não pode ser alterado quanto ao seu modo de pagamento (por dia, semana, por mês)..."
2. CÉLIO GOYATÁ (Da Alteração Contratual, LTr. 25/461): "O salário, que se caracteriza pela sua irredutibilidade, inalterabilidade, regularidade e certeza de seu "quantum" não pode ser modificado pelo arbítrio de uma das partes, decorrendo desta afirmação doutrinária o princípio básico de nosso direito do trabalho — que consiste na manutenção do salário atribuído ao empregado em virtude de seu contrato de trabalho — Consolidação das Leis do Trabalho, artigo 468."
3. ALUYSIO SAMPAIO e PAULO JORGE DE LIMA (Dicionário Jurídico Trabalhista, 1.962, pg. 22): "Efetivamente, diante do disposto no artigo 468 da C. L. T., não pode o salário ser unilateralmente alterado nem quanto ao seu modo de pagamento (por dia, semana ou mês)..."

A JURISPRUDÊNCIA.

1. TST (A. de 2.6.1.955, 2.ª T., p. 560/55, r. M. Edgard Sanches, RTST, 1.957, pg. 207): "Não é lícito ao empregador para fugir à obrigação de complementar o nôvo salário mínimo (Decreto n. 35.450 de 1.5.1.954), transformar unilateralmente a remuneração do empregado mensalista em salário hora."

OBSERVAÇÕES.

Modo de pagamento do salário, segundo Russomano, é a maneira de entregar ao trabalhador o que lhe seja devido e a época em que isso deve ser feito: diarista, semanalista, mensalista etc.

A alteração unilateral do modo de pagamento do salário — ex. de quinzenalista para mensalista — é vedada.

86. ALTERAÇÃO DA FORMA DE PAGAMENTO. — É ADMITIDA A ALTERAÇÃO DA FORMA DE PAGAMENTO DO SALÁRIO?

A DOUTRINA.

1. ORLANDO GOMES (O Salário no Direito Brasileiro, 1.947, pg. 30): "Quem trabalha por unidade de tempo não pode ser obrigado a trabalhar por unidade de obra, e vice-versa, ainda que sem prejuízo do salário."
2. EVARISTO DE MORAIS FILHO (Contrato de Trabalho, 1.944, pg. 76): "Constitui a forma de remuneração cláusula essencial do contrato de trabalho. Já o provamos pela doutrina e pelo direito comparado. Logo, a sua modificação unilateral e abusiva, com o intuito único de prejudicar a outra parte, importa em alteração do próprio contrato, com tôdas as conseqüências danosas para quem a alterou."
3. JOSÉ MARTINS CATHARINO (Tratado Jurídico do Salário, 1.951, pg. 595): "A forma do salário orginal não pode ser substituída por outra ao bel-prazer do empregador. Em princípio, isso só é possível por ato bilateral e ainda assim, nos têrmos da lei, se não fôr prejudicial ao empregado."
4. ARNALDO SUSSEKIND (Instituições de Direito do Trabalho, vol. I, pg. 451, 1.957): "... não tem o empregador a faculdade de modificar a forma ajustada para a retribuição do trabalho contratado..."
5. CESARINO JÚNIOR (Direito Social Brasileiro, vol. II, pg. 217, 1.963): "O salário, uma vez fixado no contrato de trabalho, é inalterável para pior, seja qualitativa, seja quantitativamente."
6. JOSÉ MARTINS CATHARINO (Contrato de Emprêgo, 1.962, pg. 125): "... a inalterabilidade formal, por fôrça da qual a espécie salarial contratada não pode ser, unilateralmente, pela vontade de cada qual dos contratantes, substituída por outra (ex: do pagamento em dinheiro por utilidade, ou vice-versa etc.)."
7. ALUÍSIO JOSÉ TEIXEIRA GAVAZZONI SILVA (Comentários à Consolidação das Leis do Trabalho, vol. II, pg. 216, 1.963): "O empregador pode modificar a forma de pagamento do empregado, desde que isso não traga prejuízo imediato ou futuro ao servidor."
8. ROBERTO BARRETO PRADO (Direito do Trabalho, pg. 111, 1.963): "... não pode o empregador alterar a forma de pagamento de salários..."
9. ARNALDO SUSSEKIND (Comentários à Consolidação das Leis do Trabalho e à Legislação Complementar, 1.964, vol. III, pg. 440): "No que tange à modificação da forma do salário (fixado por unidade de tempo, por unidade de obra ou por tarefa) ou da sua composição (parcelas em dinheiro e em utilidades), o acôrdo que o alterar pode não acarretar prejuízo ao empregado; e nessa hipótese, será válido."
10. HIROSÊ PIMPÃO (Aviso Prévio, 1.958, pg. 266): "... a forma do pagamento dos salários não pode ser alterada..."
11. NÉLIO REIS (Alteração do Contrato de Trabalho, pg. 273/274): "Assim, por exemplo, no caso de um empregado que percebesse salário-comissão e convencionasse a transformação desta em salário fixo, ainda que se apurasse que a média mensal obtida anteriormente, pela soma das comissões fôsse maior,

o interêsse em receber uma soma fixa certa, invariável, pode constituir uma real vantagem para o empregado que a preferiu, não sendo admissível, assim, se falar em nulidade por ocorrência de prejuízos diretos, como estabelece o artigo 468 da Consolidação."

12. MOZART VICTOR RUSSOMANO (Comentários à Consolidação das Leis do Trabalho, 1.960, vol. III, pg. 747): "O salário não pode ser alterado quanto ao seu modo de pagamento (por dia, por semana, por mês) nem quanto à sua forma (por tarefa, diária, hora, mensalidade etc.)..."

13. ORLANDO GOMES e ELSON GOTTSCHALK (Curso Elementar de Direito do Trabalho, pg. 202, 1.963): "Quem trabalha por unidade de tempo não pode ser obrigado a trabalhar por unidade de obra, e vice-versa, ainda que sem prejuízo do salário."

A JURISPRUDÊNCIA.

1. TST (A. de 13.11.1.956, 1.ª T., RR. n. 1.602/56, r. M. Oliveira Lima, RTST, 1.957, pg. 497): "Se o trabalhador foi contratado como diarista, percebendo o salário mínimo, independentemente de qualquer obrigação no que concerne à produção, por certo, é nula a alteração dessa cláusula contratual, com prejuízo para o empregado e sem o seu consentimento."
2. TST (A. de 16.8.1.956, 3.ª T., p. n. 7.128/53, r. M. Antônio Carvalhal, RTST, 1.957, pg. 439): "O salário, constituído de parte em dinheiro e parte em utilidades, não pode ser unilateralmente alterado."
3. TST (A. de 2.6.1.958, 2.ª T., RR. n. 444/58, r. M. Oscar Saraiva, RTST, 1.960, pg. 95): "Não se compreende no *jus variandi*, reconhecido ao empregador, a alteração na forma de pagamento dos salários."
4. TST (A. de 29.9.1.958, 2.ª T., RR. n. 1.940/58, r. M. Oscar Saraiva, RTST, 1.960, pg. 95): Igual ao n. 3.
5. TST (A. de 28.7.1.958, 2.ª T., RR. n. 1.807/58, r. M. Oscar Saraiva, RTST, 1.960, pg. 103): Igual ao n. 3.
6. TST (A. de 23.9.1.958, 3.ª T., RR. n. 1.967/58, r. M. Hildebrando Bisaglia, RTST, 1.960, pg. 153): "A transformação, ainda que transitória, mas não consentida, do tarefeiro em diarista, constitui alteração ilegal do contrato."
7. TST (p. n. 3.601/47, DJU. de 6.10.1.947, r. M. Godoy Ilha, Repertório de Jurisprudência Trabalhista, Hélio de Miranda Guimarães, vol. I, pg. 57): "O acôrdo sôbre nova modalidade de salário do qual resulte prejuízos para os empregados é nulo."
8. TST (in Emílio Guimarães, Dicionário Jurídico Trabalhista, 1.º vol., pg. 181): "A passagem do empregado de tarefeiro a horista importa em alteração do contrato de trabalho, a qual, se unilateralmente levada a têrmo, será nula."
9. TRT, 2.ª (p. n. 768/49, r. Antônio Fava, RJT, Hélio de Miranda Guimarães, vol. II, pg 864): "A redução salarial resultante de modificação introduzida pela emprêsa na forma e cálculo da remuneração importa em alteração substancial do contrato de trabalho, visto ser o salário, para o empregado, o elemento principal e o objetivo da relação de emprêgo."

OBSERVAÇÕES.

Forma de pagamento do salário é a base contratual que determina a sua espécie: unidade de tempo, unidade de obra, tarefa, prêmios etc.

A sua inalterabilidade por iniciativa isolada de uma parte é questão absolutamente óbvia; se consensual, é admitida sempre que não prejudicar o empregado

TÍTULO QUARTO — IRREDUTIBILIDADE DO SALÁRIO.

87. **REDUÇÃO DO SALÁRIO.** — O DIREITO TRABALHISTA PERMITE REDUÇÃO DE SALÁRIO?

A DOUTRINA.

1. DORVAL DE LACERDA (O Contrato Individual de Trabalho, 1.939, pg. 192): "O princípio da irredutibilidade se funda mais na idéia de cumprimento de contrato que na da proteção do salário."
2. EVARISTO DE MORAIS FILHO (Contrato de Trabalho, 1.944, pg. 110): "A não ser nos casos previstos em lei, não poderá o empregador deixar de efetuá-lo e, muito menos, reduzi-lo."
3. MOZART VICTOR RUSSOMANO (O Empregado e o Empregador no Direito Brasileiro, 1.954, vol. I, pg. 245): "O empregador não pode, portanto, seja qual fôr o expediente usado, diminuir o salário do obreiro."
4. JOSÉ MARTINS CATHARINO (Tratado Jurídico do Salário, 1.951, pg 591): "A lei brasileira consagrou decididamente o princípio da irredutibilidade do salário, concretizando, destarte, em relação a êste direito fundamental do empregado, seu sentido intervencionista e protetor, mas em harmonia com a própria contratualidade."
5. MOZART VICTOR RUSSOMANO (Manual Popular de Direito do Trabalho, vol. I, 1.954, pg. 89): O Salário é irredutível..."
6. ADAUCTO FERNANDES (Direito Industrial Brasileiro, vol. II, 1.952, pg. 512): "O que mais importa considerar é que o salário, como pagamento atribuído ao trabalhador pela prestação do serviço determinado, é irredutível."
7. ARNALDO SUSSEKIND (Instituições de Direito do Trabalho, vol. I, pg. 452, 1.957): "... a legislação proibe não só a redução direta do salário (alteração ilícita do salário ajustado por unidade de tempo ou de obra, art. 468 da C. L. T.), como sua redução indireta (fornecimento de menos serviço ao empregado pago em razão do seu rendimento — art. 483, alínea "g", da CLT; diminuição ilícita da jornada de trabalho do horista ou do número de dias de serviço do diarista — artigo 468 da CLT.).".
8. MOZART VICTOR RUSSOMANO (Comentários à Consolidação das Leis do Trabalho, 1.960, vol. III, pg. 724): "O salário (pela sua natureza jurídica, econômica e social) é irredutível, isto é, não pode ser reduzido, de qualquer forma, pelo empregador, nem direta, nem indiretamente, nem mesmo com a concordância do obreiro (art. 468)."
9. CESARINO JÚNIOR (Direito Social Brasileiro, vol. II, 1.963, pg. 217): "Há uma garantia que a legislação do trabalho assegura não sòmente aos empregados estáveis, mas a todos, embora àqueles com mais forte razão: é a de irredutibilidade dos salários."
10. ORLANDO GOMES e ELSON GOTTSCHALK (Curso Elementar de Direito do Trabalho, 1.963, pg. 225): "Uma das mais importantes medidas de proteção ao salário contra abuso do empregador é a garantia da irredutibilidade do salário."
11. BRENO SANVICENTE (Introdução ao Direito Brasileiro do Trabalho, 1.963, pg. 192): "É princípio assente na doutrina brasileira que o salário não pode ser redutível ao sabor das partes e, principalmente, por vontade de uma delas, o empregador."
12. ADRIANO CAMPANHOLE (Prática e Jurisprudência Trabalhista, 1.962, pg. 312): "Não pode a empresa, evidentemente, alterar o contrato de trabalho do empregado, como reduzir-lhe os salários..."
13. ARNALDO SUSSEKIND (Comentários à Consolidação das Leis do Trabalho e à Legislação Complementar, 1.964, vol. III, pg. 442): Igual ao n. 7.
14. DÉLIO MARANHÃO (Direito do Trabalho, 1.966, pg. 184): "Constituindo o salário objeto da principal obrigação do empregador e uma das condições fundamentais do contrato de trabalho, sua alteração em prejuízo do empregado, ou por ato unilateral, não é evidentemente possível, quer no que diz respeito ao *quantum*, quer no que se refere à forma do pagamento."

15. CRISTÓVÃO PIRAGIBE TOSTES MALTA (Dicionário de Doutrina Trabalhista, 1.966, pg. 221): "O salário não pode ser reduzido, ainda que com a concordância do empregado, face ao artigo 468 da C. L. T., de vez que qualquer redução de salários causa prejuízo ao servidor."

A JURISPRUDÊNCIA.

1. TST (A, de 29.9.1.958, 2.ª T., RR. n. 1.148/58, r. M. Thélio Monteiro, RTST, 1.960, pg. 149): "A circunstância de se tratar, ou não, de um contrato de trabalho a título experimental e a de não se ter revelado um trabalhador à altura da expectativa não autorizam a redução salarial. Pouco importa, igualmente, o fato de, com a redução salarial, haver concordado o reclamante. Pois, é certo que o art. 468 da C. L. T. impede a alteração do contrato desde que prejudicial ao empregado."
2. TRT, 1.ª (DJ de 14.5.1.954, Russomano, Comentários à CLT, vol. III, pg. 727): "Não pode o empregador, sob pretexto algum, salvo no caso e forma previstos na lei, reduzir os salários dos seus empregados."
3. TRT, 1.ª (TSS., 1.947, janeiro-fevereiro, pg. 42): "A remuneração do empregado não pode ser reduzida em conseqüência de modificação do serviço, por conveniência do empregador."
4. TRT, 2.ª (p. n. 3.296/58, A. n. 958/59, de 24.3.1959. DOE. de 3.5.1959, r. Hélio de Miranda Guimarães, MT, julho de 1.959): "O empregador que atenta contra o princípio da irredutibilidade salarial, dá justa causa para a denúncia do contrato."
5. TRT, 2.ª (p. n. 2.619/57, A. n. 985/58, DOE de 22.6.1.958, r. Carlos Figueiredo Sá, MT, maio de 1.958): "A redução salarial e o rebaixamento de função impostos pelo empregador ao empregado constituem alteração unilateral do contrato de trabalho, rescisiva dêste."

OBSERVAÇÕES.

O princípio da irredutibilidade do salário não está consignado na lei mas resulta do fato de a retribuição do empregado ser um elemento do contrato de trabalho e êste não pode sofrer modificações prejudiciais ao servidor.

Mas não é uma regra absoluta porque a redução do salário é admitida quer em virtude de causa legal como nos casos de fôrça maior, quer por outras razões de ordem meramente contratual, como é o caso da redução das tarifas, por fôrça da introdução de métodos e maquinaria modernos.

Tanto assim que Cotrim Neto aponta uma situação na qual entende permitida a alteração do conteúdo econômico do contrato de emprêgo: quando o empregado revelar-se ineficiente, incapaz de desempenhar de maneira razoável as obrigações contratuais assumidas e para não ser demitido é apenas rebaixado com a conseqüente "redução da situação econômica" (Contrato e Relação de Emprêgo, 1.944, pg. 117).

Mas a redução unilateral é, inegàvelmente, como regra geral, inadmissível, não só em nosso direito, como também em outros sistemas jurídicos (Cassí, "La retribuzione nel contratto di lavoro", Milano, 1.954, pg. 54; Guidotti, "La retribuzione nel rapporto di lavoro", Milano, 1.956, pg. 385; Sanseverino, "Diritto del lavoro", Padova, 1.958, pg. 209, Privitera, "Il contratto d'impiego privato", Roma, 1.952, pg. 83).

88. FÔRÇA MAIOR. — É LÍCITA A REDUÇÃO DO SALÁRIO NOS CASOS DE FÔRÇA MAIOR?

A LEI.

Art. 503. — É lícita, em caso de fôrça maior ou prejuízos devidamente comprovados, a redução geral dos salários dos empregados da emprêsa, proporcionalmente aos salários de cada um, não podendo, entretanto, ser superior a 25%, respeitado, em qualquer caso, o salário mínimo da região. Parágrafo único. Cessados os efeitos decorrentes do motivo de fôrça maior, é garantido o restabelecimento dos salários reduzidos (DL. 5.452, de 1.5.1.943).

A DOUTRINA.

1. EVARISTO DE MORAIS FILHO (Contrato de Trabalho, 1.944, pg. 117): "A redução do salário, em face da nova legislação do trabalho, só é permitida quando decorrente de medida de ordem geral determinada por motivo de fôrça maior. E uma vez passados os efeitos dessa fôrça maior devem ser restabelecidos os salários antigos."
2. JOSÉ MARTINS CATHARINO (Tratado Jurídico do Salário, 1.951, pg. 609): "A lei 62, artigo 11, já previa a redução do salário quando o empregador tivesse reais prejuízos devidamente comprovados e nos casos de fôrça maior que justificassem medidas de ordem geral. A emprêsa devia notificar seus empregados prèviamente. Trinta dias antes da data marcada para a redução entrar em vigor. A Consolidação manteve o princípio em suas linhas gerais..."
3. ARNALDO SUSSEKIND (Instituições de Direito do Trabalho, vol. I, 1.957, pg. 454): "... se a fôrça maior não afetar substancialmente a situação econômica da emprêsa não poderá ensejar a redução geral dos salários."
4. MOZART VICTOR RUSSOMANO (Comentários à Consolidação das Leis do Trabalho, 1.960, vol. III, pg. 964): "... é facultado ao empregador a redução dos salários dos empregados, o que implica numa exceção taxativa, criada pela lei, à norma de que o salário é irredutível."
5. EGON FÉLIX GOTTSCHALK (Norma Pública e Privada no Direito do Trabalho, 1.944, pg. 219): "Se a redução do salário não se fundamenta nas condições pessoais do empregado e sim na necessidade de se salvar a própria emprêsa, o art. 503 da Consolidação permite tal medida, mesmo sem o consentimento do empregado..."
6. ALUYSIO SAMPAIO e PAULO JORGE DE LIMA (Dicionário Jurídico Trabalhista, 1.962, pg. 23): "... no caso de fôrça maior é possível a redução salarial até o índice de 25%, desde que a redução atinja a generalidade dos empregados de uma mesma emprêsa..."
7. ALONSO CALDAS BRANDÃO (Consolidação das Leis do Trabalho Interpretada, 1.959, pg. 160): "Sòmente em casos de fôrça maior, *ex-vi* do artigo 503, é lícita a redução geral dos salários dos empregados da emprêsa..."
8. JOSÉ MARTINS CATHARINO (Contrato de Emprêgo, 1.962, pg. 479): Igual ao n. 2.
9. CESARINO JÚNIOR (Direito Social Brasileiro, 1.963, vol. II, pg. 214): "Apenas na hipótese de que a paralisação seja causada por motivo de fôrça maior é que o empregador poderá reduzir os salários dos empregados até de 25%..."
10. ALUÍSIO JOSÉ TEIXEIRA GAVAZZONI SILVA (Comentários à Consolidação das Leis do Trabalho, vol. II, 1.963, pg. 320): "Necessário se faz que a fôrça maior acarrete prejuízo à emprêsa e, mais, que êsse prejuízo ou qualquer outro, seja de molde a trazer risco à situação econômica e financeira da emprêsa."
11. ADRIANO CAMPANHOLE (Prática e Jurisprudência Trabalhista, 1.962, pg. 421): "... deve ser de caráter geral a redução dos salários até o máximo de 25%..."
12. ARNALDO SUSSEKIND (Comentários à Consolidação das Leis do Trabalho e à Legislação Complementar, 1.964, vol. III, pg. 440): "Sòmente em casos

de fôrça maior ou de prejuízos devidamente comprovados poderá o empregador reduzir os salários dos seus empregados..."
13. CRISTÓVÃO PIRAGIBE TOSTES MALTA (Dicionário de Doutrina Trabalhista, 1.966, pg. 48): "Assim, por exemplo, permite a lei que o empregador, em caso de fôrça maior, reduza os vencimentos dos seus empregados em 25%."
14. NÉLIO REIS (Alteração do Contrato de Trabalho, pg. 261): "Pode, assim, a emprêsa, legalmente, reduzir os salários dos seus empregados desde que se respeitem os seguintes requisitos: a) a ocorrência de fôrça maior..."

A JURISPRUDÊNCIA.

1. TST (DJ 13.1.1.948, Russomano, Comentários à CLT, vol. III, pg. 965): "Em casos de fôrça maior, com prejuízos comprovados, é lícita a redução geral dos salários dos empregados da emprêsa, proporcionalmente aos salários de cada um, até 25% no máximo, respeitado, em qualquer caso, o salário mínimo."
2. TST (A. de 19.12.1.957, 2.ª T., RR. n. 1.377/57, r. M. Oscar Saraiva, RTST, 1.960, pg. 36): "Expresso é o art. 503 da C. L. T. quando autoriza reduções salariais em razão de prejuízos decorrentes de circunstâncias de fôrça maior, ao exigir que a redução seja geral pelo que não poderão prevalecer as que atingirem apenas certo grupo de trabalhadores do estabelecimento."

OBSERVAÇÕES.

Doutrina e jurisprudência coerentes, evidenciando a possibilidade de redução salarial de até 25% em casos de fôrça maior. A conceituação legal de fôrça maior resulta do disposto no artigo 501 da C.L.T.: Entende-se como fôrça maior todo acontecimento inevitável, em relação à vontade do empregador, e para a realização do qual êste não concorreu direta ou indiretamente. A imprevidência do empregador exclui a razão de fôrça maior. À ocorrência de fôrça maior que não afetar substancialmente, nem fôr suscetível de afetar, em tais condições, a situação econômica e financeira da emprêsa, não se aplicam as restrições da lei. O salário mínimo, em qualquer caso, será respeitado.

89. PREJUÍZOS COMPROVADOS. — NOS CASOS DE PREJUÍZOS DEVIDAMENTE COMPROVADOS É ADMISSÍVEL A REDUÇÃO DOS SALÁRIOS?

A DOUTRINA.

1. JOSÉ MARTINS CATHARINO (Tratado Jurídico do Salário, 1.951, pg. 609): "A própria lei enumera os requisitos essenciais à licitude da redução: a) fôrça maior (art. 501, 2.º) ou prejuízos devidamente comprovados..."
2. ARNALDO SUSSEKIND (Instituições de Direito do Trabalho, 1.957, vol. I, pg. 455): "No que tange aos prejuízos devidamente comprovados que também subordinam a redução geral dos salários..." ..."devem êles, tal como na fôrça maior, ser suscetíveis de afetar substancialmente a situação econômica da emprêsa."
3. CESARINO JÚNIOR (Direito Social Brasileiro, 1.963, vol. II, pg. 219): "O mais ligeiro exame dêsse texto mostra que a redução unilateral (isto é, independentemente de acôrdo) do salário, pode dar-se em dois casos: a) o da ocorrência de reais prejuízos devidamente comprovados..."
4. ROBERTO BARRETO PRADO (Direito do Trabalho, 1.963, pg. 136): "Admite o legislador, apenas, a redução geral dos salários dos empregados, até o máximo de 25%, respeitado sempre o salário mínimo da região, quando o empregador fôr vítima de prejuízos devidamente comprovados..."

5. ALONSO CALDAS BRANDÃO (Consolidação das Leis do Trabalho Interpretada, 1.959, pg. 519): "O preceito contido no artigo sòmente tem aplicação em circunstâncias extremamente excepcionais, em casos de prejuízos devidamente comprovados e que afetem substancialmente a estrutura da emprêsa."
6. ALUYSIO SAMPAIO e PAULO JORGE DE LIMA (Dicionário Jurídico Trabalhista, 1.962, pg. 23): "... nos casos de prejuízos devidamente comprovados também é possível a redução salarial até o índice de 25%, desde que geral a todos os empregados e assegurado o salário mínimo vigente na região."
7. ALUÍSIO JOSÉ TEIXEIRA GAVAZZONI SILVA (Comentários à Consolidação das Leis do Trabalho, 1.963, vol. II, pg. 320): "Outros prejuízos, mesmo decorrentes de imprevidência do empregador ou imputáveis, de outro modo, ao empregador, podem autorizar a redução salarial."
8. DÉLIO MARANHÃO (Direito do Trabalho, 1.966, pg. 178): "Tais prejuízos devem resultar, entretanto, de acontecimentos extraordinários e imprevisíveis e não imputáveis, evidentemente, ao empregador."

A JURISPRUDÊNCIA.

1. TST (A. de 31.1.1.955, 2.ª, T., p. n. 1.984/54, r. M. Thélio Monteiro, RTST, 1.957, pg. 57): "Prejuízos econômicos, por si só, embora devidamente comprovados, não autorizam a redução de salário, com fundamento no art. 503 da C. L. T. Faz-se mister sejam decorrentes de motivo de fôrça maior, o qual por certo, não se pode caracterizar, simplesmente, pelo mau andamento do negócio ou por dificuldades financeiras."
2. TST (A. de 4.8.1.955, 2.ª T., p. n. 6.932/54, r. M. Waldemar Marques, RTST, 1.957, pg. 211): "Não se configura a fôrça maior quando a emprêsa que a alega confessa terem decorridos os prejuízos acusados da própria natureza dos negócios realizados."
3. TRT, 1.ª (A. de 19.5.1.953, DJ. de 24.7.1.953, Caldas Brandão, Consolidação das Leis do Trabalho Interpretada, pg. 519): "Os prejuízos comprovados autorizam a aplicação da redução salarial nas condições previstas no artigo 503."

OBSERVAÇÕES.

É admitida a redução dos salários nos casos de prejuízos da emprêsa, devidamente comprovados.

Para que isso se verifique é necessário que os prejuízos sejam atuais, isto é, já ocorridos. No entanto, também no caso de prejuízos iminentes, suscetíveis de afetar substancialmente a situação econômica da emprêsa e devidamente comprovados através de laudo pericial contábil, os efeitos serão os mesmos. A simples redução dos negócios não basta para a sua caracterização. Será a perspectiva de insolvência o limite mínimo a partir do qual a medida pode ser invocada. Terá que ser geral e proporcional aos salários, de vigência temporária e respeitado o salário mínimo, tudo tal e qual na fôrça maior.

90. REDUÇÃO DO TRABALHO. — É LÍCITA A REDUÇÃO QUANTITATIVA DO TRABALHO E DO CORRESPONDENTE SALÁRIO?

A LEI.

Art. 2.º — A empresa que, em face de conjuntura econômica, devidamente comprovada, se encontrar em condições que recomendem, transitòriamente, a redução da jornada normal ou do número de dias de trabalho poderá fazê-lo, mediante prévio acôrdo com a entidade sindical representativa dos seus empregados, homologado pela Delegacia Regional do Trabalho, por prazo certo, não excedente de três meses, prorrogável nas mesmas condições, se ainda indispensável, e sempre de modo que a redução do salário mensal resultante não seja superior a vinte e cinco por cento do salário contratual, respeitado o salário mínimo regional, e reduzidas proporcionalmente a remuneração e as gratificações de gerentes e diretores (Lei n. 4.923, de 28 de dezembro de 1.965).

A DOUTRINA.

1. ARMANDO CASIMIRO COSTA (Redução do Trabalho, LTr. 29/211): "Ninguém ignora que as emprêsas estabelecidas no país notadamente as indústrias, para suportarem o impacto das pesadas cargas financeiras impostas pela política governamental, foram levadas a adotar drásticas providências objetivando substancial redução de despesas, ainda que em detrimento da produção. Dentre aquelas providências, destacam-se, relativamente à mão-de-obra, as seguintes: supressão das horas extras; concessão de férias coletivas; dispensa de empregados e, por último, redução do trabalho normal. A redução do trabalho vem sendo posta em prática por via de acôrdos de iniciativa dos próprios empregados, ou da emprêsa, celebrados com a finalidade principal de evitar o desemprêgo, acôrdos êsses aos quais tanto a Justiça do Trabalho como os sindicatos têm negado homologação. A validade, portanto, dos acôrdos que importam em redução do trabalho, com a conseqüente diminuição do ganho mensal dos empregados, é matéria que, mais cedo ou mais tarde, haverá de ser enfrentada e resolvida pela Justiça do Trabalho."

2. MOZART VICTOR RUSSOMANO (Comentários à Consolidação das Leis do Trabalho, vol. VI, 1.967, pg. 60): "Na vida econômica brasileira, entretanto, surgiu, em determinado momento, bastante recente, aguda crise que atingiu os centros vitais da estrutura industrial e comercial do nosso país. Houve, sobretudo em certos setores da economia (por exemplo, na produção de artigos eletro-domésticos), espantosa retração do mercado consumidor, com a correspondente redução da atividade produtora. Verificou-se, então, na prática, a coincidência de interêsses do empregador e dos empregados: o primeiro, pelo processo de constrição do mercado consumidor, se via na necessidade de reduzir a produtividade da emprêsa e, assim, despedir os trabalhadores ou diminuir o número de dias ou de horas de trabalho; os segundos encontravam nesta redução de trabalho a fórmula de lhes garantir o emprêgo. Essa nos parece ser a origem histórica — história bem recente, por sinal — do art. 2.º, da Lei n. 4.923, que deu formato jurídico e legitimidade substancial a um acôrdo que, na prática, nasceu da necessidade e dos interêsses convergentes de empregados e empregadores."

OBSERVAÇÕES.

Antes da lei n. 4.923 era inadmissível a redução da jornada de trabalho ou de alguns dias de trabalho na semana, ainda que consensual (A. TST. p. n. 10.387/47, r. M. Edgard Sanches, 4.6.1.949); no entanto, a partir da vigência dêsse diploma legal, com êle verifica-se a introdução, em nosso direito, de uma nova forma de redução salarial, de natureza indireta.

A redução salarial, nessas condições, se dará desde que observados alguns elementos específicos. A sua *causa* será o agravamento da situação econômica financeira da emprêsa; o seu *efeito* a redução geral da jornada de trabalho diária ou semanal com a correspondente diminuição do salário de até 25%, respeitado o salário mínimo; a sua *duração* é transitória, de três meses, prorrogáveis; as suas *formalidades* consistem na celebração de um acôrdo homologado pela Delegacia Regional do Trabalho entre os interessados com a presença da entidade sindical dos trabalhadores ou por imposição da Justiça do Trabalho; as suas *condições* consistem na impossibilidade de remuneração ou gratificações dos gerentes e diretores da emprêsa a não ser com igual redução, na prioridade de readmissão dos empregados despedidos e na proibição de jornadas extraordinárias, salvo por motivo de fôrça maior ou serviços inadiáveis.

No direito italiano são admitidos como válidos os acôrdos nesse sentido ainda que em caráter definitivo e não transitório como agora ocorre em nosso país, porque entende-se que essa pactuação embora modificando o tratamento econômico dispensado ao empregado, tem a natureza jurídica de uma novação. Mas a redução unilateral é veementemente repelida (Privitera, Il contratto d'impiego privado, 1.952; Cassí, La retribuzione nel contratto di lavoro, 1.954; Di Marcantonio, Appunti di dirrito del lavoro, 1.958; Sanseverino, Dell'impresa, Commentario del codice civile, 1.956).

91. REDUÇÃO SENSÍVEL DO SALÁRIO. — PARA FINS DO ARTIGO 483, LETRA "g", DA CLT, QUAL A REDUÇÃO DE SALÁRIOS QUE DEVE SER CONSIDERADA SENSÍVEL?

A DOUTRINA.

1. JOSÉ MARTINS CATHARINO (Tratado Jurídico do Salário, 1.951, pg. 604): "A lei fala em afetar sensivelmente a importância dos salários. Êste é o requisito básico da alteração ilícita. É claro que cabe aos tribunais apurar o grau de redução provocada no salário, bem assim a responsabilidade do empregador."
2. CESARINO JÚNIOR (Consolidação das Leis do Trabalho, 1.950, pg. 67). "... o salário deve entender-se sensìvelmente reduzido, quando diminuído de valor superior a 25%."

A JURISPRUDÊNCIA.

1. STF (AI 25.721, 2.ª T. 22.11.61, r. M. Victor Nunes Leal, A CLT vista pelo STF, Calheiros Bonfim, 1.961, vol. 3.º, pg. 144): "Sensível redução salarial de tarefeiros, motivada pela extinção da secção em que trabalhavam, justifica o pedido de rescisão do contrato e conseqüente indenização."
2. TST (A. de 1.12.55, 3.º, T., p. 439/54, r. M. Antônio Carvalhal, RTST, 1.957, pg. 28): "Consoante o disposto no artigo 483, alínea "g", da C. L. T. a redução da tarefa que afetar sensivelmente os salários do empregado dá motivo a rescisão do contrato de trabalho."

OBSERVAÇÕES.

A lei não fornece os índices com base nos quais uma redução salarial pode ser considerada sensível. Assim, em cada caso concreto, poderá prevalecer um critério pessoal. Por conveniência de uniformidade de apreciação para facilidade prática de solução do problema e para transpor a questão do terreno vago do subjetivo para o campo concreto do objetivo, a taxa de 25% proposta por Cesarino Júnior é razoável.

92. **SEMANA INGLÊSA.** — A ADOÇÃO DA SEMANA INGLÊSA AUTORIZA A EMPRÊSA À REDUÇÃO DOS SALÁRIOS DO SÁBADO À TARDE?

A DOUTRINA.

1. AMARO BARRETO (Tutela Geral do Trabalho, vol. II, 1.964, pg. 25): "... se estabelecida, normativa, convencional ou contratualmente, a semana inglêsa no curso dos contratos individuais de trabalho, não poderá derivar daí redução alguma ao salário que vinha sendo pago, em cobertura da semana comum, qualquer que seja sua natureza, mensal, diário, horário, tarifário ou comissional."

2. ARNALDO SÜSSEKIND (Comentários à Consolidação das Leis do Trabalho e à Legislação Complementar, 1.964, vol. I, pg. 322): "Desde que o empregado beneficiado pela semana inglêsa haja sido contratado para trabalhar durante as jornadas normais, não poderão ser descontadas do seu salário as horas em que não permanecer no estabelecimento em virtude do fechamento impôsto pela lei municipal."

3. DÉLIO MARANHÃO (Direito do Trabalho, 1.966, pg. 70): "... Daí, igualmente, não ser possível descontar dos salários dos empregados beneficiados pela semana inglêsa as horas em que o estabelecimento permanece fechado."

A JURISPRUDÊNCIA.

1. TST (p. n. 7.457/55, DJ de 31.8.56, 2.ª T., r. M. Mário Lopes, in Sussekind, Comentários à C.L.T. e à Legislação Complementar, vol. I, pg. 322): "A exigência legal que veda o trabalho no segundo período aos sábados tem caráter eminentemente protecionista, visando justamente beneficiar os empregados. Portanto, inadmissível, por altamente absurdo, o entendimento de que a referida lei se preste a prejudicar aquêles a quem pretendeu beneficiar."

2. TST (p. n. 3.367/55, 2.ª T., ac. de 19.9.1.955, r. M. Thélio Monteiro, RTST, 1.957, pg. 244): "Em se tratando de estabelecimento comercial que adota a chamada semana inglêsa — horário reduzido de quatro horas e, assim, limitada a 44 horas semanais — o trabalho excedente dêsse limite deve ser havido como extraordinário."

OBSERVAÇÕES.

A semana inglêsa foi uma conquista dos trabalhadores obtida antes da duração diária do trabalho de 8 horas; a sua origem histórica nos é informada por Claude Fohlen (Nacimiento de una civilización industrial, 1.765-1.875, pg. 383): "Inglaterra se halla muy a la cabeza en este movimiento: a partir de 1.874 la semana de trabajo queda reducida a 56 horas y media en los textiles, 52 horas y media en la construcción; en 1.871 la jornada de nueve horas, es decir, la semana de 54, sustituye en la metalurgia a la de 60 horas. Hacia 1.890 la semana inglesa ha triunfado en caso todos los ramos de la industria: cinco dias y medio de trabajo, dando la media jornada del sabado a los asalariados *la possibilidad de asistir a los partidos de fútbol.*"

Hoje é uma praxe em muitos ramos de atividade. Sua adoção não autoriza, no entanto, a redução dos salários dos empregados correspondentes à jornada de trabalho do sábado.

93. **FÔRÇA MAIOR.** — OS DESCONTOS DECORRENTES DE FÔRÇA MAIOR RECAEM SÔBRE TÔDA A REMUNERAÇÃO OU APENAS SÔBRE OS SALÁRIOS DOS DIAS CORRESPONDENTES?

A JURISPRUDÊNCIA.

1. TST (p. n. 883/49, DJU, de 5.10.49, r. M. Caldeira Neto): "Ocorrendo fôrça maior, enquanto perdurarem seus efeitos, a redução de 25% a que se refere a lei recairá sôbre o ganho do diarista ou horista apenas nos dias trabalhados."

OBSERVAÇÕES.

Os descontos salariais procedidos em virtude de fôrça maior, devem coincidir com o período durante o qual essa situação excepcional se verificar. Cessada a causa desaparecerá o efeito. O acórdão limita os descontos aos dias trabalhados pelo empregado e não a todos os dias contidos dentro do período. Dessa tese, depreende-se que não caberiam descontos sôbre a remuneração dos descansos, embora tal afirmação não seja feita pelo julgado. Não nos parece seja essa a melhor orientação. A fôrça maior não sofre um hiato nos dias em que o empregado não trabalhou. Portanto, permanece íntegra e em nada é alterada a situação da emprêsa em benefício da qual a exceção opera.

94. **RACIONAMENTO DE ENERGIA ELÉTRICA.** — RACIONAMENTO DE ENERGIA ELÉTRICA É FÔRÇA MAIOR QUE AUTORIZA A REDUÇÃO SALARIAL?

A DOUTRINA.

1. RONALDO ESCOBAR CAMARGO PIRES (O Racionamento de Energia Elétrica e Suas Implicações no Campo da Legislação Trabalhista, LTr. 28/53): "... muito embora o racionamento seja um acontecimento inevitável em relação à vontade do empregador, os seus efeitos poderiam ser afastados com a previdência dos mesmos mediante a instalação de geradores próprios. Tratando-se, dessa forma, de um fato absolutamente previsível, e que de uma maneira geral não chega a afetar substancialmente a situação econômica e financeira da maioria das emprêsas, somos de opinião que o racionamento de energia elétrica não se enquadraria no conceito legal da fôrça maior pela ausência dêsses elementos que a caracterizam."

A JURISPRUDÊNCIA.

1. STF (RE, n. 36.631. 1.ª T., DJ de 3.2.1958, pg. 458): "A redução de horas de trabalho dos horistas em razão do racionamento de energia elétrica não lhes dá direito a reclamar, pois se deu por motivo de fôrça maior."
2. TST (A. de 8.7.1.955, 1.ª T., p. n. 1.891/54, r. M. Delfim Moreira Jr., RTST, 1.957, pg. 153): "Racionamento de energia elétrica determinado por ato de órgão governamental constitui motivo de fôrça maior."
3. TST (A. de 4.7.1.955, 2.ª T., p. n. 6.835/54, r. M. Oscar Saraiva, RTST, 1.957, pg. 208): "O racionamento de energia elétrica, cujos efeitos podem ser removidos por iniciativa da própria emprêsa (instalação de gerador) não constitui motivo de fôrça maior que justifique redução de horário de trabalho, se a medida, importando em diminuição de salário, não houver alcançado a todos os empregados, mas, apenas, a alguns dêles."
4. TST (A. de 13.10.1.955, 2.ª T., p. n. 2.228/55, r. M. Mário Lopes, RTST, 1.957, pg. 208): Igual ao n. 3.

5. TST (A. de 26.9.1.956, T. P. p. n. 6.835/54, r. M. Edgard Sanches, RTST, 1.957, pg. 208): Igual ao n. 3.
6. TST (A. de 16.12.1.955, 1.ª T., p. n. 1.596/55, r. M. Godoy Ilha, RTST, 1.957, pg. 345): "O racionamento da energia elétrica, não constitui motivo de fôrça maior que possibilite a redução da jornada de trabalho com prejuízo salarial para os empregados."
7. TST (A. de 21.15.1.956, 2.ª T., RR. Rev. 137/56, r. M. Mário Lopes, RTST, 1.957, pg. 345): Igual ao n. 6.
8. TST (A. de 22.11.1.956, 3.ª T., RR. n. 1.382/56, r. M. Júlio Barata, RTST, 1.957, pg. 345): Igual ao n. 6.
9. TST (A. de 7.8.1.956, 3.ª T., p. n. 6.544/55, r. M. Júlio Barata, RTST, 1.957, pg. 440): "É de ser assegurado ao horista o direito à percepção do salário deixando de trabalhar em virtude do racionamento da energia elétrica."
10. TST (A. de 31.1.1.957, 3.ª T., RR. n. 1.270/56, r. M. Júlio Barata, RTST, 1.959, pg. 230): Igual ao n. 6.
11. TST (A. de 29.7.1.958, TP. RR. n. 1.235/57, r. M. Godoy Ilha, RTST., 1.961, pg. 261): Igual ao n. 6.
12. TRT, 1.ª (DJ de 28.5.54, LTr. 28/54): "O corte de energia elétrica não justifica o corte do trabalho e do salário dos empregados, porque não constitui fôrça maior."
13. TRT, 1.ª (p. n. 689/47, DJ de 4.7.47, pg. 237, LTr. 28/55): "Tornando-se impossível para o empregador, por motivo de fôrça maior (falta de energia elétrica) exigir a prestação de serviço pelo empregado, fica aquêle exonerado de pagar salários durante o respectivo período."
14. TRT, 2.ª (p. n. 844/55, A. n. 49/56, DOE, de 9.2.56, LTr. 28/54): "O racionamento de energia elétrica não constitui motivo de fôrça maior que justifique a redução de horas de trabalho e, conseqüentemente, os salários dos empregados."

OBSERVAÇÕES.

Doutrina e jurisprudência inadmitem o racionamento de energia elétrica como fôrça maior. Assim, é vedado desconto de salários nessas circunstâncias e o empregador responderá normalmente pela retribuição contratual dos empregados ainda que não haja prestação de serviço.

95. SINISTRO PELO FOGO. — O SINISTRO PELO FOGO É FÔRÇA MAIOR QUE AUTORIZA REDUÇÃO SALARIAL?

A JURISPRUDÊNCIA.

1. TST (A. de 26.12.1.955, 2.ª T., p. n. 6.397/55, r. M. Thélio Monteiro, RTST, 1.957, pg. 314): "O incêndio sendo acontecimento previsível não constitui fôrça maior que justifique o pagamento da indenização por metade."
2. TST (A. de 11.1.1.958, 1.ª T., RR. n. 1.130/56, r. M. Godoy Ilha, RTST, 1.957, pg. 514): "Em face do disposto no art. 501, § 2.º da C.L.T., se resultar comprovado que o incêndio do estabelecimento não afetou substancialmente a situação econômica da emprêsa, por certo, são inaplicáveis as restrições previstas nos artigos 502 e 503 da Consolidação, para os casos de ocorrência de motivo de fôrça maior."
3. TST (A. de 26.11.1.956, 2.ª T., RR. n. 1.446/56, r. M. Oscar Saraiva, RTST, 1.957, pg. 516): "Não se pode negar ao incêndio, desde que não propositado ou não resultante de imperícia comprovada, a característica de fôrça maior, como a conceitua o art. 501 da C.L.T. Nem se deve confundir a possibilidade do incêndio com a sua previsibilidade. Por isso mesmo que o incêndio é possível, é que êle pode ser objeto de contrato de seguro, constituindo um risco, isto é, um perigo que pode correr um objeto, em consequência de

acontecimento futuro, estranho à vontade das partes. Daí sòmente excluir a ocorrência da fôrça maior, além do propósito, a imprevidência do empregador."

4. TST (A. de 7.1.1.958, 1.ª T., RR. n. 493/57, r. M. Rômulo Cardim, RTST, 1.960, pg. 8): "Não havendo culpa do empregador na ocorrência do motivo determinante da completa destruição de seu estabelecimento industrial (incêndio), é aplicável, para efeito de indenização de empregado estável, o disposto no art. 502, n. I, da C. L. T."

5. TST (A. de 15.9.1.958, 2.ª T., RR. n. 1.435/58, r. M. Oscar Saraiva, RTST, 1.960, pg. 175): "Quando ocorrer incêndio, não doloso nem culposo, do estabelecimento, e a relação de emprêgo subsiste no curso de seus reparos, é aplicável a regra do art. 503 da C. L. T."

6. TST (A. de 22.5.1.958, 3.ª T., Rec. Rev. n. 3.447/57, r. M. Tostes Malta, RTST, 1.960, pg. 57): "Em caso de fôrça maior, dentro do conceito legal, pode o empregador reduzir o salário de forma geral e até o limite previsto na lei, mas não suprimi-lo. Tratando-se, porém, de paralisação de atividades por motivo de incêndio, se o empregador recebeu do seguro importância que cobriu os prejuízos sofridos, por certo não tem cabimento aquela medida extraordinária."

7. TST (A. de 13.6.1.958, 1.ª T., RR. n. 3.601/57, r. M. Astolfo Serra, RTST, 1.960, pg. 76): "Ao empregado assiste o direito ao pagamento de salário pela metade dos dias não trabalhados em virtude de paralisação dos serviços, decorrentes de incêndio, para o qual não concorreram nem êle nem o empregador."

OBSERVAÇÕES.

A jurisprudência mostra-se cautelosa quando encara como de fôrça maior os casos de incêndio não doloso ou culposo, fazendo-o em casos excepcionais, desde que se verifiquem afetações profundas na situação econômica e financeira da emprêsa. Portanto, não há uma orientação geral, tudo dependendo das circunstâncias de cada caso concreto.

TÍTULO QUINTO — A INTANGIBILIDADE DO SALÁRIO.

96. DESCONTOS SALARIAIS. — A LEI PERMITE DESCONTOS NO SALÁRIO?

A LEI.

Art. 462. — Ao empregador é vedado efetuar qualquer desconto nos salários do empregado, salvo quando êste resultar de adiantamentos, de dispositivos de lei ou de contrato coletivo. Parágrafo único. Em caso de dano causado pelo empregado, o desconto será lícito, desde que esta possibilidade tenha sido acordada ou na ocorrência de dolo do empregado. (DL. n. 5.452, de 1.5.1.943).

A DOUTRINA.

1. ORLANDO GOMES (O Salário no Direito Brasileiro, 1.947, pg. 105): "Entre nós, os descontos para a satisfação de obrigação legal são os seguintes: a) contribuição para o Instituto ou Caixa de Aposentadoria e Pensões; b) pagamento do impôsto sindical; também se permitem descontos para atender a necessidades ou determinados interêsses do trabalhador. Tais são: a) adiantamentos de salários; b) mensalidades do sindicato; c) empréstimos ou financiamentos de construções ou aquisição de prédios pelas instituições de seguro social. Para atender a justos interêsses do empregador podem ser efetuados descontos destinados a cobrir os danos causados pelo empregado."

2. MOZART VICTOR RUSSOMANO (Manual Popular de Direito do Trabalho, vol. I, 1.954, pg. 90): "O salário é intangível, não tendo o empregador o direito de lhe fazer descontos, a não ser os descontos permitidos pela própria lei que são os seguintes: por adiantamentos, para fins de Previdência Social e de Direito Sindical, por fôrça de contrato coletivo, por fôrça de contrato individual (no caso de danos causados culposamente pelo empregado) ou, ainda, por danos causados, dolosamente, pelo trabalhador."
3. CESARINO JÚNIOR (Consolidação das Leis do Trabalho, 1.950, pg. 455): "... os descontos atualmente resultantes de dispositivos legais são os relativos a: empréstimos ou financiamentos de construção ou aquisição de prédios pelas instituições de previdência social; e as contribuições para o seguro social; ao impôsto sindical e às mensalidades para o sindicato; as obrigações de guerra e à contribuição para a Legião Brasileira de Assistência."
4. MOZART VICTOR RUSSOMANO (O Empregado e o Empregador no Direito Brasileiro, vol. I, 1.954, pg. 246): "Os descontos permitidos em lei se reduzem aos determinados por adiantamentos feitos por conta de salários futuros e aos estabelecidos por fôrça de norma de direito positivo ou de contrato coletivo."
5. JOSÉ MARTINS CATHARINO (Tratado Jurídico do Salário, 1.951, pg. 626): "... foram previstas duas classes de descontos: os legais e os convencionais, sendo que êstes só são permitidos quando o empregado causar culposamente, dano ao empregador, ou quando tolerados por lei, tenham sido objeto de estipulação individual ou coletiva."
6. HÉLIO DE MIRANDA GUIMARÃES (Repertório de Jurisprudência Trabalhista, vol. I, 1.953, pg. 259): "Ao empregador é vedado efetuar qualquer desconto nos salários dos empregados, salvo quando êste resultar de adiantamentos, de dispositivos de lei ou de contrato coletivo."
7. MOZART VICTOR RUSSOMANO (Comentários à Consolidação das Leis do Trabalho, vol. III, 1.960, pg. 724): "O salário não sofre descontos. Essa é a regra. Exatamente a essa regra é que o artigo em epígrafe especifica as exceções, os casos em que o empregador pode fazer descontos no salário dos seus empregados."
8. ORLANDO GOMES (Direito Privado, 1.961, pg. 288): "Proibe a lei que o empregador efetue qualquer desconto no salário do empregado, salvo quando resultar de adiantamentos, de dispositivos legais ou de contrato coletivo."
9. ADRIANO CAMPANHOLE (Prática e Jurisprudência Trabalhista, 1.962, pg. 327): "A lei dispensa proteção especial aos salários, não permitindo sofram êles reduções que não as previstas em lei, contratos coletivos ou autorizados pelos empregados."
10. ORLANDO GOMES e ELSON GOTTSCHALK (Curso Elementar de Direito do Trabalho, pg. 225, 1.963): "A regra geral é a de que o desconto só se pode dar com autorização legal ou mediante ajuste."
11. BRENO SANVICENTE (Introdução ao Direito Brasileiro do Trabalho, 1.963, pg. 193): "O desconto dos salários só é lícito se tem base em uma de duas origens: a) — convencional ou b) — legal."
12. DÉLIO MARANHÃO (Direito do Trabalho, 1.966, pg. 170): Nenhum desconto poderá ser efetuado pelo empregador nos salários do empregado, a menos que decorra de norma legal ou de convenção coletiva."
13. ARNALDO SUSSEKIND (Comentários à Consolidação das Leis do Trabalho e à Legislação Complementar, 1.964, vol. III, pg. 396): "O art. 462 da C.L.T. estatui, como regra, a proibição dos descontos salariais, entre os quais não se incluem os concernentes a salários antecipadamente pagos; mas admitiu, como exceções, os descontos previstos em lei ou em convenções coletivas e, bem assim, com certas restrições, os de caráter indenizatório."

A JURISPRUDÊNCIA.

1. TST (p. n. 2.844/54, 14.4.1.955, r. M. Mário Lopes, R.J.T., Hélio de Miranda Guimarães, pg. 130): "Ressalvados os casos expressamente previstos em lei não é admissível o desconto de quaisquer importâncias nos salários do empre-

gado, pouco importando que o desconto tenha sido autorizado pelo próprio trabalhador."
2. TST (p. n. 5.255, de 2.1.1.956, r. M. Oscar Saraiva, RJT, Hélio de Miranda Guimarães, pg. 130): Igual ao n. 1.
3. TST (p. n. 2.018/56, RR. 3.ª T., 2.4.57, r. M. Jonas de Carvalho, Sussekind, Comentários, vol. III, pg. 396): Igual ao n. 1.

OBSERVAÇÕES.

A Convenção n. 95 da Conferência Geral da Organização Internacional do Trabalho estabelece algumas normas sôbre descontos salariais: art. 9.º — Fica proibido qualquer desconto dos salários cuja finalidade seja assegurar pagamento direto ou indireto do trabalhador ao empregador, a representante dêste ou a qualquer intermediário (tal como um agente encarregado de recrutar a mão-de-obra) com o fim de obter ou conservar um emprêgo. O mesmo documento determina que os descontos só serão permitidos quando prescritos pela legislação nacional, fixados por convenção coletiva ou sentença arbitral.

Os autores dividem os descontos em *legais* e *convencionais*.

São os seguintes os descontos legais: faltas injustificadas, descontos previdenciários (Constituição Federal, art. 157, n. XVI), impôsto de renda, prestações alimentícias (Código Civil, art. 396), contribuição sindical (art. 578 C.L.T.), danos dolosos (art. 462 C.L.T.), falta de aviso prévio (art. 478, § 2, C.L.T.), cumprimento de pena criminal pecuniária (artigos 35 a 41 Código Penal) e custas judiciais (art. 789, C.L.T.).

Na doutrina são apontados como convencionais os descontos de mensalidades sindicais, danos culposos, quotas de cooperativas, títulos emitidos pela emprêsa, prêmios de seguro de vida, obrigações mutuárias, prestações da casa própria, alugueres, fianças etc.

Esclareçam-se os conceitos. *Adiantamento* é o pagamento antecipado dos salários, não constituindo um desconto no rigor jurídico; apenas deixa-se de pagar uma quantia que já foi paga antes da época normal. *Desconto* tem sentido diverso, é uma subtração efetuada pelo empregador no salário do empregado, procedida no ato do pagamento. *Redução* do salário é uma diminuição do ganho do trabalhador, validamente fundamentada em causa legal.

A lei não estabeleceu um limite para os descontos, e nisto é censurável. O "Code International du Travail" fixa-o em 10% (Francesco Consentini). Até 25%, no entanto, é razoável.

97. **CONVENÇÕES COLETIVAS.** — PODE A CONVENÇÃO COLETIVA ESTABELECER DESCONTOS A SEREM PROCEDIDOS NOS SALÁRIOS DOS EMPREGADOS?

A DOUTRINA.

1. MOZART VICTOR RUSSOMANO (Comentários à Consolidação das Leis do Trabalho, vol. III, pg. 725, 1.960): "Quando fôr estipulada em contrato coletivo, qualquer condição que permita descontos feitos na remuneração dos empregados, o patrão poderá fazê-los nos têrmos ajustados. O contrato coletivo tem fôrça normativa e enlaça todos os interessados em suas cláusulas."

2. ARNALDO SUSSEKIND (Comentários à Consolidação das Leis do Trabalho e à Legislação Complementar, vol. III, pg. 397, 1.964): "Sendo a convenção coletiva elaborada pelas entidades sindicais representativas das correspondentes categorias profissionais e econômicas (art. 611 da C. L. T.); estando sujeita à homologação por parte do Ministério do Trabalho (art. 613); e dependendo sua extensão, aos não sindicalizados dos respectivos grupos, de ato expresso do Ministro do Trabalho (art. 616), proclamou a lei a legitimidade dos descontos salariais previstos no referido instrumento."

A JURISPRUDÊNCIA.

1. TST (A. de 2.12.58, 1.ª T., RR. n. 2.578/58, r. M. Délio Maranhão, RTST, 1.960, pg. 179): "Não é possível, sem que antes se anule, judicialmente, a sentença homologatória, negar cumprimento a cláusula expressa de acôrdo intersindical, devidamente homologado, que determina seja descontado, em benefício do Sindicato, o aumento dos quinze primeiros dias."

OBSERVAÇÕES.

A convenção coletiva pode prever descontos a serem procedidos nos salários dos empregados.

A convenção coletiva é fonte de direito do trabalho, também para fins de descontos salariais; nesse sentido, as disposições nela contidas prevalecerão enquanto não modificadas através dos meios adequados.

98. **MENSALIDADES DO SINDICATO.** — O EMPREGADO ESTÁ SUJEITO AOS DESCONTOS SALARIAIS DAS MENSALIDADES DESTINADAS AO SINDICATO?

A DOUTRINA.

1. VASCO DE ANDRADE (Atos Unilaterais no Contrato de Trabalho, 1.943, pg. 169): "Além do impôsto sindical, é o patrão obrigado a descontar dos salários as mensalidades devidas por seus empregados ao sindicato da respectiva categoria."
2. ORLANDO GOMES (O Salário no Direito Brasileiro, 1.947, pg. 107): "O desconto de mensalidades do sindicato é autorizado em dispositivo da lei."
3. JOSÉ MARTINS CATHARINO (Tratado Jurídico do Salário, 1.951, pg. 630): "A nossa legislação prevê também descontos sindicais de dois tipos: o chamado impôsto sindical (artigo 578 e seguintes da C. L. T.) e o para atender ao pagamento de mensalidades devidas pelo empregado como associado de um órgão classista (artigo 545). Embora se trate de descontos que visam comum finalidade — o fortalecimento financeiro do sindicato — não têm a mesma natureza. O primeiro independe da manifestação de vontade do empregado. O segundo, pelo contrário, só deve ser efetuado se o empregado fôr sócio do sindicato e autorizar ao empregador efetuar o desconto relativo às suas contribuições voluntárias."
4. OLIVEIRA VIANA (Problemas de Direito Sindical, 1.943, pg. 16): "... tem ela (associação profissional), sem dúvida, por direito próprio, poder para exigir dos seus membros as jóias, mensalidades ou contribuições que julgar necessárias aos seus fins; mas, careceria de poder para obrigar às mesmas contribuições aquêles que não fazem parte do seu corpo associativo."
5. M. CAVALCANTI DE CARVALHO (Direito Sindical e Corporativo, pg. 217): "... a contribuição imposta assume caráter obrigatório, não só para os elementos inscritos, como também para todos aquêles que integram a categoria representada pela associação que exige o pagamento do tributo."
6. CHRISTÓVÃO PIRAGIBE TOSTES MALTA (Comentários à Consolidação

das Leis do Trabalho, vol. III, pg. 108, 1.963): "Também somos favoráveis a que os descontos atinjam a tôda a categoria."
7. MOZART VICTOR RUSSOMANO (Comentários à Consolidação das Leis do Trabalho, 1.960, vol. IV, pg. 1.048): "No Direito Brasilleiro, os Sindicatos podem impor contribuições aos seus associados. Essas contribuições habituais, todavia, são pagas, exclusivamente, como dissemos, pelos associados do Sindicato. Diversa é a figura do impôsto sindical..."
8. CESARINO JÚNIOR (Direito Social Brasileiro, vol. II, pg. 113, 1.963): "Deve ademais, o empregado concordar com que o seu empregador desconte de seu salário as contribuições por êle devidas ao sindicato (561) e a quota para o seguro social."
9. ORLANDO GOMES e ELSON GOTTSCHALK (Curso Elementar de Direito do Trabalho, 1.963, pg. 226): "O desconto para pagamento de mensalidade do sindicato, classificado como do interêsse do empregado, não se confunde com o destinado ao impôsto sindical, porque êste é geral e obrigatório atingindo a todos os que trabalham, ao passo que aquêle reflete uma conveniência do empregado que se sindicaliza, pôsto que a sindicalização é livre."
10. ALONSO CALDAS BRANDÃO (Consolidação das Leis do Trabalho Interpretada, 1.959, pg. 585): "Além do impôsto sindical, que é uma contribuição compulsória devida por todos os trabalhadores sindicalizados ou não, os trabalhadores sindicalizados estão sujeitos a uma contribuição fixada pela assembléia geral e arrecadada mediante desconto em fôlha."
11. ARNALDO SUSSEKIND (Comentários à Consolidação das Leis do Trabalho e à Legislação Complementar, 1.964, vol. III, pg. 398): "No que tange aos descontos salariais em proveito do sindicato, não autorizados por lei ou por convenção coletiva, sua licitude dependerá dos podêres: a) do sindicato para os determinar; b) da Justiça do Trabalho para homologar o acôrdo realizado em tal sentido pelos correspondentes sindicatos de empregadores e trabalhadores ou para os impor mediante sentença normativa."
12. J. ANTERO DE CARVALHO (Corretores de Seguros, Legislação do Trabalho, n. 203, pg. 65): "A imposição de contribuições por parte dos sindicatos a quem não é associado dos mesmos é inconstitucional."

A JURISPRUDÊNCIA.

1. TST (A. de 6.12.1.955, 1.ª T., p. n. 299/54, r. M. Rômulo Cardim, RTST, 1.957, pg. 305): "Não há obrigatoriedade de desconto salarial em benefício de Sindicato de classe (contribuições)."
2. TST (A. de 14.6.1.955, 1.ª T., p. n. 1.402/54, r. M. Delfim Moreira Jr. RTST, 1.957, pg. 126): "Não é ilegal o desconto, em fôlha de pagamento de empregados, das contribuições devidas ao Sindicato, desde que sejam associados."
3. TRT, 2.ª (p. n. 198/60-A, A. n. 3.511/60, de 14.11.60, r. Hélio de Miranda Guimarães, MT, fevereiro de 1.961): "Não pode o Sindicato impor contribuições de caráter geral à categoria, sem autorização legal. O artigo 513, da C. L. T. parece, à primeira vista, permitir tal prática. No entanto, tal artigo que é preambular da organização sindical tem depois a sua exata interpretação com a instituição das mensalidades dos sócios dos Sindicatos e a criação do impôsto, fontes mais ponderáveis da receita sindical."

OBSERVAÇÕES.

A doutrina admite os descontos salariais destinados às mensalidades dos sindicatos, mas além dêles e da contribuição sindical, nega validade aos descontos impostos pela entidade profissional para fins diversos dos expostos.

Nos casos de não associados do sindicato, a controvérsia ainda não está superada porque para alguns autores a medida é lícita (Cavalcanti de Carvalho, Tostes Malta), para outros reveste-se de manifesta ilegalidade (Catharino, Oliveira Viana, Russomano, Orlando Gomes, Caldas Brandão).

A jurisprudência, todavia, ainda não se cristaliza numa direção, esboçando apenas uma tendência.

Saliente-se que o impôsto sindical, passou a denominar-se *contribuição sindical*, pelo Decreto-lei n. 27, de novembro de 1.966, que introduziu modificações à Lei, n. 5.172, de 25 de outubro.

99. PRÊMIOS DE SEGURO DE GRUPO. — SÃO ADMITIDOS DESCONTOS DE PRÊMIOS DE SEGURO DE GRUPO NO SALÁRIO DO EMPREGADO?

A JURISPRUDÊNCIA.

1. TST (A. de 15.9.1.952, r. M. Antônio Carvalhal, p. n. 6.005/50, DJ de 31.10.1.952, pg. 4.948): "Tendo em vista a finalidade social do seguro em grupo não é ilegal o desconto dos respectivos prêmios no salário do empregado, ainda mais quando expressamente autorizado."

OBSERVAÇÕES.

A doutrina não se ocupa do problema e a jurisprudência é escassa. Nada impede o desconto de prêmios de seguro de grupo no salário do empregado, ainda que nenhuma autorização expressa esteja contida na lei.

A experiência jurídica tem revelado que a lei é falha e não cobre todo o campo dos descontos salariais. Na prática, surgem situações nas quais o direito indica que ainda mesmo sem previsão da norma legal, o desconto deve ser permitido quando os fins sociais a que se destina, o recomendarem.

100. DESCONTO PARA CAUÇÃO. — OS DESCONTOS NO SALÁRIO PARA CAUÇÃO OU GARANTIA SÃO LÍCITOS?

A DOUTRINA.

1. VASCO DE ANDRADE (Atos Unilaterais No Contrato de Trabalho, 1.943, pg. 167): "O desconto para fim de garantia, ou constituição de caução do empregado, só será válido quando admitido ou regulado pelo contrato coletivo, não se devendo esquecer, porém, que o interêsse do trabalhador está em consentir no desconto, para estabelecer ou firmar uma relação."

OBSERVAÇÕES.

O desconto salarial destinado a constituir um fundo para caução ou garantia é comum em determinadas atividades nas quais o empregado lida com valôres pelos quais deve se responsabilizar.

Se tais descontos forem ajustados, mediante contrato coletivo ou individual, serão convencionais e por atenderem a um interêsse também do empregado é de tôda a conveniência sejam permitidos.

Todavia, a imposição dêsses descontos contra a vontade do empregado não encontra base nenhuma e deve ser vedada.

101. **DESCONTO DE ALUGUEL OU AQUISIÇÃO DE CASA.** — É LÍCITO O DESCONTO EM AQUISIÇÃO DE CASA PRÓPRIA?

A DOUTRINA.

1. JOSÉ MARTINS CATHARINO (Tratado Jurídico do Salário, 1.951, pg. 629): "Outros descontos de origem legal, relacionados com os órgãos de seguro social, dizem respeito ao pagamento, pelo empregado, das prestações devidas pela aquisição de casas, construídas ou financiadas, pelos institutos ou caixas." ... pg. 635 "... convém lembrar que o desconto convencional pode também ser útil ao empregado. É o caso, por exemplo, da consignação em fôlha para pagamento de fiança ou aluguel de casa..."
2. ORLANDO GOMES (O Salário no Direito Brasileiro, 1.947, pg. 106): "Rigorosamente, não está autorizado (aluguel de casa), pois em verdade, não pode ser considerado adiantamento. Mas, nenhum inconveniente apresenta tal desconto, desde, naturalmente, que seja autorizado pelo empregado."
3. ORLANDO GOMES e ELSON GOTTSCHALK (Curso Elementar de Direito do Trabalho, 1.963, pg. 226): "O desconto em fôlha para o aluguel de casa onde mora o empregado não está, expressamente, previsto em lei. Mas, nenhum inconveniente apresenta, desde, naturalmente, seja autorizado pelo empregado. A chamada consignação em fôlha facilita a solução do problema de habitação do trabalhador, dispensando-o da obrigação corrente de apresentar fiador ou oferecer caução."

OBSERVAÇÕES.

A doutrina, considerando que o desconto em fôlha para aluguel ou aquisição de casa é útil ao empregado e facilita a solução do problema de habitação, encara essa possibilidade com bastante flexibilidade, permitindo o desconto mesmo à falta de lei que o autorize. É uma maneira justa de resolver a questão.

102. **QUOTAS DE COOPERATIVA.** — SÃO LÍCITOS OS DESCONTOS PARA PAGAMENTO DAS QUOTAS DA COOPERATIVA?

A DOUTRINA.

1. JOSÉ MARTINS CATHARINO (Tratado Jurídico do Salário, 1.951, pg. 635): "Outra hipótese viável de desconto lícito, porque favorece o empregado, ocorre quanto êste autoriza a dedução no seu salário para pagamento de quotas cooperativas."

OBSERVAÇÕES.

A doutrina admite descontos salariais para pagamento de quotas da cooperativa. A matéria não tem provocado uma jurisprudência dos Tribunais.

103. **ASSISTÊNCIA MÉDICA.** — SÃO LÍCITOS OS DESCONTOS PREVIDENCIÁRIOS DESTINADOS AO CUSTEIO DA ASSISTÊNCIA MÉDICA, CIRÚRGICA E HOSPITALAR?

A DOUTRINA.

1. LUIZ JOSÉ DE MESQUITA (Comentários às Súmulas do Supremo Tribunal Federal, LTr. 30/24): "... chamamos a atenção dos muitos interessados — empregados e empregadores — que recolheram indevidamente essa taxa inconstitucional, para que não percam a oportunidade de reavê-la junto às instituições de previdência..."

OBSERVAÇÕES.

O Decreto n. 39.515, de 6 de julho de 1.956, mantinha uma contribuição suplementar destinada ao custeio dos serviços de assistência médica nas instituições de previdência social, no caso do IAPC de 1%, além das demais contribuições normais da previdência. Por decisão do Supremo Tribunal Federal no Mandado de Segurança n. 4.200, de 4 de setembro de 1.957, foi declarada a inconstitucionalidade da norma e suspensa a sua execução por Resolução de n. 8, de 1.965, do Senado Federal.

104. **CASAMENTO.** — SE O EMPREGADO FALTA PARA CONVOLAR NÚPCIAS SOFRE DESCONTOS NO SALÁRIO?

A LEI.

Art. 473 n. II. O empregado poderá deixar de comparecer ao serviço sem prejuízo do salário...
II. Até 3 (três) dias consecutivos, em virtude de casamento (DL. 5.452, de 1.5.1.943 e DL. 229, de 28.2.1967).
Art. 6.º, § 1.º — São motivos justificados: ... d) a ausência do empregado, até três dias consecutivos, em virtude de seu casamento. (Lei 605, de 5.1.1.949).

A DOUTRINA.

1. ORLANDO GOMES e ELSON GOTTSCHALK (Curso Elementar de Direito do Trabalho, 1.963, pg. 288): "Em caso de gala, o empregado tem o direito de ausentar-se até três dias consecutivos, sem prejuízo dos salários.
2. ARNALDO SUSSEKIND (Instituições de Direito do Trabalho, 1.957, vol. I, pg. 513): Igual ao n. 1.
3. ROBERTO BARRETO PRADO (Direito do Trabalho, 1.963, pg. 138): "O empregado que convola núpcias perde o salário durante o período em que por êsse motivo se ausenta do serviço, e se a ausência se der até o máximo de 3 dias consecutivos, não perde o repouso remunerado. As faltas são consideradas justificadas por fôrça do artigo 6.º, § 1.º da lei n. 605, de 1.949."
4. BRENO SANVICENTE (Introdução ao Direito Brasileiro do Trabalho, 1.963, pg. 209): "Há situações especiais que dão margem ao direito à percepção do salário, mesmo não tendo sido prestada a atividade laborativa. Estão nessas condições, entre outras, aquelas interrupções do trabalho, que dizem respeito. ... às faltas no decurso de nove (9) dias, verificadas por motivo de gala (professor)..."
5. CESARINO JÚNIOR (Direito Social Brasileiro, vol. II, pg. 254, 1.963): "Assim sendo, os empregados em geral, em caso de gala, têm direito apenas à justificação das faltas dadas, não, porém, ao pagamento do salário. Sòmente os professôres têm essa regalia..."

6. ARNALDO SUSSEKIND (Comentários à Consolidação das Leis do Trabalho e à Legislação Complementar, 1.964, vol. III, pg. 491): "Em face do mandamento constitucional segundo o qual a família, constituída pelo casamento, terá direito à proteção especial do Estado (Art. 163 da Const. Fed.), deveria a lei assegurar ao empregado a percepção dos salários atinentes aos três dias de que trata o dispositivo supratranscrito. Não o tendo feito, porém, prevalece na jurisprudência a conclusão de que o tríduo corresponde à suspensão do contrato de trabalho. Nada impedirá, contudo — e esta é a praxe adotada por inúmeras emprêsas — que o empregador remunere os três dias de ausência do empregado."
7. TOSTES MALTA (Dicionário Jurídico Traballhista, 1.966, pg. 55): "Em caso de casamento a lei 605, de 5.1.1.949 autoriza o empregado a faltar 3 dias, sem prejuízo do repouso remunerado. Não há, no entanto, obrigação patronal do pagamento de salários..."

OBSERVAÇÕES.

Não havia uniformidade de orientação quanto aos descontos salariais correspondentes às faltas dadas pelo empregado para o casamento. Uma tendência bastante acentuada fundando-se na anterior omissão do artigo 473 da C.L.T., entendia que, nesses casos, o trabalhador ganharia somente o repouso semanal remunerado, pois a Lei n. 605 destina-se apenas a êsse fim, mas não teria o salário dos dias em que se ausentou do serviço.

Tão injusta era a situação que os usos e costumes, como ressalta Sussekind, cristalizaram-se noutro sentido e agora o DL. 229 é expresso em assegurar a remuneração dos dias de ausência em virtude de casamento.

105. **COMPARECIMENTO À JUSTIÇA DO TRABALHO.** — O EMPREGADO PODE SOFRER DESCONTOS PELAS FALTAS DOS DIAS NOS QUAIS COMPARECE À JUSTIÇA DO TRABALHO?

A LEI.

Art. 822. — As testemunhas não poderão sofrer qualquer desconto pelas faltas ao serviço, ocasionadas pelo seu comparecimento para depor, quando devidamente arroladas ou convocadas (DL. 5.452, de 1.5.1.943).

A DOUTRINA.

1. JOSÉ MARTINS CATHARINO (Tratado Jurídico do Salário, 1.951, pg. 119): "... no Direito do Trabalho a testemunha-empregado não deve perder seu salário, logo ao seu empregador, seja parte ou não no processo, cabe pagá-lo."
2. ALONSO CALDAS BRANDÃO (Consolidação das Leis do Trabalho Interpretada, 1.959, pg. 476): "A J.T., no exercício do seu poder normativo, vem decidindo que a ausência do empregado no dia em que comparece às suas dependências para reclamar seus direitos deve ser considerada falta justificada."
3. MOZART VICTOR RUSSOMANO (Comentários à Consolidação das Leis do Trabalho, vol. IV, pg. 1.409, 1.960): "Não podem as testemunhas, portanto, perder o salário relativo às horas em que permanecerem à disposição da Justiça. Note-se: às horas. Não significa que, pelo fato de depor, a testemunha possa deixar de trabalhar um turno inteiro."
4. ADRIANO CAMPANHOLE (Prática e Jurisprudência Trabalhista, 1.962, pg. 457): "... as testemunhas não poderão sofrer qualquer desconto para depor,

quando devidamente arroladas ou convocadas. O empregado que reclama à Justiça do Trabalho também não sofrerá desconto se a decisão lhe fôr favorável, pois a culpa pela reclamação cabe ao empregador. Sendo desfavorável ao empregado a decisão, descontam-se os dias de ausência."

5. ROBERTO BARRETO PRADO (Direito do Trabalho, 1.963, pg. 139): "Os salários das testemunhas correm por conta do empregador."
6. ARNALDO SUSSEKIND (Instituições de Direito do Trabalho, vol. I, 1.957, pg. 514): "O testemunho do empregado, quando prestado à Justiça do Trabalho, autoriza a interrupção da prestação de serviço sem prejuízo do salário, tal como expressamente o estabelece o art. 822 da C. L. T. Todavia, se o empregado fôr arrolado como testemunha em processo submetido a outra jurisdição, terá de reclamar da parte o pagamento das despesas feitas com o comparecimento, inclusive o salário que por êste motivo deixar de perceber (art. 249 do Código de Processo Civil).
7. CESARINO JÚNIOR (Direito Social Brasileiro, 1.963, vol. II, pg. 217): Igual ao n. 1.
8. BRENO SANVICENTE (Introdução ao Direito Brasileiro do Trabalho, 1.963, pg. 210): Igual ao n. 1.
9. SEBASTIÃO RIBEIRO DE OLIVEIRA (Comentários à Consolidação das Leis do Trabalho, vol. V, 1.963, pg. 154): Igual ao n. 1.
10. ARNALDO SUSSEKIND (Comentários à Consolidação das Leis do Trabalho e à Legislação Complementar, 1.964, vol. III, pg. 489): Igual ao n. 6.

A JURISPRUDÊNCIA.

1. STF (RE n. 44.842, de 28.11.1.960, r. M. Ary Franco, LTr. 25/483): "O Tribunal recorrido deu aos arts. 822 e 58 da Consolidação das Leis do Trabalho a interpretação que lhe pareceu razoável, frente à prova que se colheu no processo. A Emprêsa recorrente estava habituada a pagar aos empregados os dias em que faltavam para prestar depoimentos em processos perante as Juntas e pretendeu contramarchar nesse modo de agir. Entendeu o Tribunal que não podia fazer sem prévia notificação aos empregados. Acho que assim decidindo não violou os aludidos artigos, mas deu-lhes razoável interpretação."
2. TST (A. p. DJ de 17.9.1.947, in Russomano, Comentários, vol. IV, pg. 1.409): "Só as testemunhas têm direito a receber salários quando comparecem às audiências da Junta de Conciliação e Julgamento, na conformidade do art. 822, da Consolidação das Leis do Trabalho."
3. TST (p. n. 842/58, TP, r. M. Thélio Monteiro, ET., outubro de 1.959): "Procedente a reclamação ou terminando esta por acôrdo, não pode o empregado sofrer descontos em seus salários pelas faltas ao serviço em razão de seu comparecimento à audiência de julgamento. Entendimento contrário importaria em prejuízo às justas reclamações de pouco valor econômico, não compensadas pela perda dos salários por vêzes superiores à importância pretendida."
4. TST (p. n. 1.919/59, r. M. Thélio Monteiro, TP. A. de 30.6.1.960, in A C. L. T. vista pelo T. S. T., Calheiros Bonfim): Igual ao n. 3.
5. TST (A. de 13.8.1.956, 2.ª T., RR. n. 71/56, r. M. Thélio Monteiro, RTST, 1.957, pg. 427): "Sòmente as testemunhas não poderão sofrer qualquer desconto pelas faltas ao serviço, ocasionadas pelo seu comparecimento para depor (art. 822 da C. L. T.)."
6. TST (A. de 17.10.1.955, 2.ª T., p. n. 4.306/55, r. M. Mário Lopes, RTST, 1.957, pg. 528): "Se o empregado deixa de comparecer ao serviço para reclamar perante a Justiça do Trabalho, não deve sofrer desconto por falta. Sendo essa falta plenamente justificada, não pode ser invocada para o fim de negar o pagamento de remuneração correspondente ao repouso semanal."
7. TST (A. de 10/6/1.955, 1.ª T., p. n. 7.025/53, r. M. Oliveira Lima, RTST, 1.957, pg. 114): "Se o empregado reclama perante a Justiça do Trabalho, deve

ser tida como justificada a falta ao serviço para comparecer à primeira audiência de instrução. Mas se estiver representado (e não apenas assistido) por advogado, sendo desnecessária a sua presença depois do depoimento pessoal, na forma do artigo 848, § 1.º, da C. L. T., não se justificam novas faltas ao serviço para comparecimento a outras audiências."

8. TST (A. de 17.11.1.955, 3.ª T., p. n. 5.935/55, r. M. Tostes Malta, RTST. 1.957, pg. 289): "O empregado que falta ao serviço para reclamar contra ato do empregador só pode ser descontado no salário do dia se julgada temerária a reclamação."

9. TST (A. de 25.6.1.958, TP. RR. n. 1.521/57, r. M. Astolfo Serra, RTST, 1.961, pg. 277): "Se o empregador permite falte o empregado ao serviço, a fim de que compareça à Justiça, e a reclamação é arquivada, cabe-lhe o direito de descontar dos salários o dia em que o empregado não trabalhou."

10. TRT, 2.ª (p. n. 1.882/60, ac. de 19.9.60, n. 3.160/60, r. Hélio Tupinambá Fonseca, MT, janeiro de 1.961): "Uma vez provado que a falta dada pelo empregado, foi para atender o chamamento da Justiça em reclamação que o mesmo move à sua empregadora, entende-se por plenamente justificada a referida falta. Assim, não pode nem deve a mesma empregadora descontar qualquer parcela dos salários do empregado, não podendo ainda deixar de lhe dar o serviço no término da jornada, quando comparece ao estabelecimento."

11. TST (PJ. n. 30/67): "As horas em que o empregado faltar ao serviço para comparecimento necessário, como parte, à Justiça do Trabalho, não serão descontadas de seus salários."

OBSERVAÇÕES.

Absolutamente óbvias as razões pelas quais não diverge a orientação imprimida ao nosso direito quanto às faltas ao serviço das testemunhas nas reclamações trabalhistas e à impossibilidade do desconto dos salários respectivos.

Entretanto, quando o empregado fôr parte na ação, por não se referir o art. 822 da C.L.T. a essa hipótese, existia alguma controvérsia de pontos de vista.

Russomano faz observações quanto à duração dêsses afastamentos: o salário assegurado às testemunhas diz o magistrado, limita-se às horas necessárias para desincumbir-se da obrigação; mas, essa restrição não está contida na lei. Se a lei faz referência à *faltas ao serviço,* adota como critério a *unidade tempo-dia* e não a unidades tempo-hora. O Prejulgado 30/67 do TST, no entanto, afasta a possibilidade de discussão, ao estabelecer, que as horas em que o empregado faltar para comparecer à Justiça do Trabalho, devem ser pagas.

106. **NOJO.** — AO EMPREGADO É GARANTIDO O SALÁRIO DAS FALTAS MOTIVADAS POR FALECIMENTO DE PARENTES?

A LEI.

    Art. 473. — O empregado poderá deixar de comparecer ao serviço sem prejuízo do salário: n. I — até dois dias consecutivos em caso de falecimento do cônjuge, ascendente, descendente, irmão ou pessoa que, declarada em sua carteira profissional, viva sob a sua dependência econômica (DL. 5.452, de 1.5.1.943 e DL. 229, de 28.2.1.967).

OBSERVAÇÕES.

A lei é bastante clara de modo a resolver suficientemente bem a matéria. O empregado pode faltar por motivo de falecimento de parentes próximos, por dois dias, sem prejuízo do salário. O artigo 370 § 3.º da C.L.T. regula a situação específica dos professôres.

107. NASCIMENTO DE FILHO. — O EMPREGADO PODE SER DESCONTADO NO SALÁRIO CORRESPONDENTE À FALTA DETERMINADA PELO NASCIMENTO DO FILHO?

A LEI.

Art. 473. — O empregado poderá deixar de comparecer ao serviço sem prejuízo do salário: n. III — por um dia em caso de nascimento de filho no decorrer da primeira semana. (DL. 5.452, de 1.5.1.943 e DL. 229, de 28.2.1.967).

OBSERVAÇÕES.

A lei veda o desconto salarial das faltas verificadas em virtude de nascimento do filho.

108. DOAÇÃO DE SANGUE. — O EMPREGADO PODE SOFRER DESCONTOS DAS FALTAS PARA DOAR SANGUE?

A LEI.

Art. 473 n.º IV. — O empregado poderá deixar de comparecer ao serviço sem prejuízo do salário...
n.º IV — por um dia em cada 12 (doze) meses de trabalho, em caso de doação voluntária de sangue, devidamente comprovada (DL. 5.452, de 1.5.1.943 e DL. 229), de 28.2.1.967).

OBSERVAÇÕES.

A lei autoriza a falta do empregado para doar sangue. Impõe, no entanto, um limite no tempo: em cada doze meses, a êsse título, o empregado pode faltar só um dia. A comprovação do justo motivo será documental consistente em declaração escrita do órgão perante o qual o empregado apresentou-se como doador. A lei, no entanto, não exclui a possibilidade de prova testemunhal.

109. ALISTAMENTO ELEITORAL. — AS FALTAS PARA ALISTAMENTO ELEITORAL ACARRETAM DESCONTO NO SALÁRIO DO EMPREGADO?

A LEI.

Art. 59. — O empregado poderá deixar de comparecer ao serviço, sem prejuízo do salário e por tempo não excedente a 2 (dois) dias, para o fim de se alistar eleitor (Lei n. 2.550, de 25.7.1.955).
Art. 473 n.º V. — O empregado poderá deixar de comparecer ao serviço sem prejuízo do salário...
n.º V — até 2 (dois) dias consecutivos ou não, para o fim de se alistar eleitor, nos têrmos da lei respectiva (DL. 5.452. de 1.5.1.943, e DL. 229, de 28.2.1.967).

A DOUTRINA.

1. ARNALDO SUSSEKIND (Comentários à Consolidação das Leis do Trabalho e à Legislação Complementar, 1.964, vol. III, pg. 491): "Não aludindo o dispositivo a dois dias consecutivos, tem-se entendido que essa interrupção remunerada dos serviços corresponde aos dias em que o empregado requer o seu alistamento e em que lhe é entregue o título eleitoral."

OBSERVAÇÕES.

O empregado pode faltar dois dias para alistar-se eleitor, sem prejuízo do salário. Não há necessidade de que os dois dias sejam consecutivos. O DL. 229, que deu nova redação ao artigo 473, n.º V, da CLT, ressalta bem êsse aspecto para evitar dúvidas de interpretação. A prova que o empregado deve apresentar na emprêsa é documental e poderá consistir na própria exibição do título de eleitor do qual consta a data em que foi obtido.

110. **PARALISAÇÃO EM VIRTUDE DE CHUVA.** — SÃO LÍCITOS DESCONTOS SALARIAIS DAS HORAS NÃO TRABALHADAS EM VIRTUDE DE CHUVA?

A DOUTRINA.

1. ARNALDO SUSSEKIND (Comentários à Consolidação das Leis do Trabalho e à Legislação Complementar, 1.964, vol. I, pg. 140): "Esteado no conceito de tempo de serviço consubstanciado no art. 4.º ora em exame é que o Egrégio Tribunal Superior do Trabalho vem decidindo que a interrupção do serviço por motivo de chuva ou de estrago de máquina não isenta o empregador do pagamento dos respectivos salários..."

A JURISPRUDÊNCIA.

1. TST (RR. n. 982/57, 3.ª T., r. M. Tostes Malta, in Sussekind, Comentários, vol. I, 1.964, pg. 140): "Cabe ao empregador os riscos do negócio devendo pagar ao empregado os salários dos dias em que não houve trabalho devido ao mau tempo."
2. TST (RR. 5.794/65, r. M. Amaro Barreto, A. 707/66, de 6/6/66, 1.ª T., un. LTr. 30/513): "No trabalho a céu aberto, quando o empregado deixa de trabalhar por motivo de chuvas, perceberá salários, se o contrário não ajustou com o empregador."
3. TST (RR. 1.181/57, 2.ª T., 29/7/57, r. M. Thélio Monteiro, RTST, 1.959, pg. 110): "Os contratos de trabalho para realização de serviços a céu aberto, normalmente, já trazem incrustada, por fôrça do costume, a cláusula no sentido de que só haverá trabalho, e conseqüentemente, salário, quando o tempo permitir a realização dos serviços. Entretanto, se mesmo sem trabalhar, ficarem os empregados durante tais dias, à disposição do empregador, os salários não poderão ser negados."

OBSERVAÇÕES.

Devido é o salário correspondente às horas de serviço que, no trabalho a céu aberto, não puderam ser prestadas em virtude de chuva que o impeça. Tal se dá porque compete ao empregador suportar os riscos da atividade econômica. A jurisprudência admite, no entanto, a estipulação de ajustes em contrário.

111. JUROS. — SÔBRE OS ADIANTAMENTOS INCIDEM JUROS?

A DOUTRINA.

1. JOSÉ MARTINS CATHARINO (Tratado Jurídico do Salário, 1.951, pg. 624): "Só é lícito o ato do empregador deduzir do salário o total do pagamento prematuro. Não pode cobrar juros sôbre a quantia adiantada."
2. JOSÉ MARTINS CATHARINO (Contrato de Emprêgo, 1.962, pg. 174): "Os adiantamentos, que constituem exceção ao princípio da "post-remuneração", favorecem o empregado e lhe são benéficos, mesmo porque sôbre as quantias adiantadas não incidem juros (C. C., arts. 1.219 e 1.234).

OBSERVAÇÕES.

Não há jurisprudência sôbre o assunto.

A doutrina repele a possibilidade de cobrança de juros sôbre os adiantamentos salariais.

O artigo 1.234 do Código Civil, é invocado, por Catharino, como fundamento do entendimento. Êsse dispositivo legal estabelece que "embora outra coisa haja estipulado, não poderá o locatário cobrar ao locador juros sôbre as soldadas, que lhe adiantar, nem pelo tempo do contrato, sôbre dívida alguma, que o locador esteja pagando com serviços."

112. DESCONTOS PARCELADOS. — OS ADIANTAMENTOS CONCEDIDOS PARA DESCONTOS PARCELADOS VENCEM-SE ANTECIPADAMENTE NA RESCISÃO DO CONTRATO DE TRABALHO?

A JURISPRUDÊNCIA.

1. TRT, 1.ª p. n. 1.264/47, r. Aldílio Tostes Malta, DJU, 20.11.47): "O adiantamento concedido para ser descontado parceladamente nas percentagens acordadas deve ser compensado na quantia total devida ao empregado em razão de sua dispensa, pois a condição para o desconto só vigorava no curso do contrato."

OBSERVAÇÕES.

O débito do empregado decorrente de adiantamentos salariais, pode ser compensado com os créditos que eventualmente venha a ter por ocasião da rescisão contratual, ainda que os descontos devessem ser efetuados em parcelas que se estenderiam depois da cessação da relação de emprêgo. No entanto, como já decidiu o STF (AI 27.717, 2.ª T., r. M. Barros Barreto, 16.11.62, A C.L.T. vista pelo STF, Calheiros Bonfim, 1.961, vol. 3.º, pg. 115) "dívidas a serem deduzidas da indenização são apenas aquelas que tiverem nexo com o contrato."

113. **ABSORÇÃO DO SALÁRIO PELO DESCONTO. — OS ADIANTAMENTOS DE VALOR SUPERIOR AO SALÁRIO PODEM SER DESCONTADOS ATÉ A SUA TOTALIDADE?**

A DOUTRINA.

1. ALUÍSIO JOSÉ TEIXEIRA GAVAZZONI SILVA (Comentários à Consolidação das Leis do Trabalho, vol. II, pg. 205, 1.963): "... pode acontecer que os adiantamentos (quase sempre processados através de vales) cheguem a tal vulto — e isso por vários motivos —, que venham a representar vários meses de salários. Se isso acontecer, não poderá o empregador, de uma hora para outra, ficar alguns meses sem pagar ao empregado. A solução indicada será o desconto parcelado, pois não é possível impedir-se a sobrevivência do empregado ou tornar a liberalidade, que cessou, em motivo para o rompimento do "pacto laboral".
2. HIROSÊ PIMPÃO (Problemas Práticos de Direito do Trabalho, pg. 125): "Os descontos não podem absorver todo o salário do empregado."

OBSERVAÇÕES.

A nossa lei é omissa sôbre o assunto, não há jurisprudência indicando um critério e a doutrina, escassa, veda os descontos que absorvem tôda a remuneração para que o empregado disponha de uma margem a fim de atender à subsistência própria e da família.

O nosso direito, neste ponto, é de uma imperdoável incoerência, porque estabelece a impenhorabilidade absoluta dos salários e com isso o protege contra créditos de terceiros, mas não fixa qualquer limite de descontos e com isso o desprotege contra os créditos do próprio empregador. Tanto a impenhorabilidade absoluta deve ser alterada para a parcial, como a possibilidade de descontos deve ser limitada a índices também fixados na lei. (Ver Questão 122).

Assim, à falta de uma solução, propomos que o limite mensal de descontos nunca venha a ultrapassar de 25% dos salários; êsse é o percentual de redução previsto na lei 4.923, de 28.12.1.965 e que pode ser invocado para suprir a lacuna. Exceder dêsse limite comprometeria a invariabilidade da prestação salarial.

114. **DESCONTOS PREVIDENCIÁRIOS. — NA RESCISÃO DO CONTRATO DE TRABALHO O EMPREGADOR PODE FAZER DESCONTOS PREVIDENCIÁRIOS SÔBRE OS SALÁRIOS VENCIDOS?**

A DOUTRINA.

1. JOSÉ MARTINS CATHARINO (Tratado Jurídico do Salário, 1.951, pg. 648): "A mora tem que ser suportada exclusivamente pelo empregador, — espécie de fiador absoluto do desconto e seu principal pagador, mas, uma vez recolhidas as contribuições atrasadas do empregado (que recebera seus salários integrais), é lógico o direito do empregador em reaver do contribuinte indireto o que por êle pagou."
2. ALUÍSIO JOSÉ TEIXEIRA GAVAZZONI SILVA (Comentários à Consolidação das Leis do Trabalho, vol. II, pg. 205, 1.963): "... se um empregador durante vários meses, assume os encargos de recolher por sua própria conta, também a cota previdenciária devida pelo empregado, não poderá mudar de idéia e passar a descontar do empregado o valor da mencionada parcela."

3. CHRISTÓVÃO PIRAGIBE TOSTES MALTA (Introdução ao Processo Trabalhista, 1.961, pg. 176): "... não descontando do seu empregado a contribuição previdenciária, presume-se quis beneficiar seu servidor assumindo os encargos de uma contribuição dupla, parte da emprêsa, parte do empregado, ficando êsse benefício integrado no contrato de trabalho que vinculava os litigantes e não podendo admitir-se que o empregador queira, de uma hora para outra e unilateralmente, alterar êsse ajuste tácito, com prejuízo para a parte econômicamente mais fraca."

A JURISPRUDÊNCIA.

1. TST (A. de 23.5.55, 2.ª T., P. n. 6.634/54, r. M. Thélio Monteiro, RTST, 1.957, pg. 104): "O desconto nos salários do empregado, para fins de previdência social, é autorizado por lei. Assim, mesmo que o "recolhimento" tenha sido efetuado após a rescisão do contrato de trabalho, constituindo dívida de caráter líquido e certo, nada impede a compensação."
2. TST (RR. n. 5.085/62, 2.ª T., 2.5.63, r. M. Thélio Monteiro, LTr. 28/179): "Não descontadas da remuneração do empregado na devida oportunidade, contribuições devidas a instituições de previdência, cabe ao empregador o ônus decorrente de sua omissão."
3. TST (RR. n. 4.832/64, 2.ª T., 13.5.65, r. M. Thélio Monteiro, LTr. 30/63): "Contribuições compulsórias devidas ao Instituto de Previdência não descontadas do empregado e não recolhidas no momento próprio, correm à inteira responsabilidade do empregador, não sendo objeto de compensação futura."
4. TST (P. n. 490/65, de 8.6.65, 3.ª T., r. M. Aldílio Tostes Malta, LTr. 30/162): Igual ao n. 3.
5. TST (A. de 22.6.63, 1.ª T., RR. n. 4.082/63, r. M. Júlio Barata, LTr. 30/166): Igual ao n. 3.
6. TST (A. de 11.6.64, 2.ª T., RR. n. 219/64, r. M. Geraldo Bezerra de Menezes, LTr. 30/165): Igual ao n. 3.
7. TRT, 1.ª (P. n. 1.635/63, de 8.10.63, r. Jés E. C. de Paiva, LTr. 30/307): "Não tem o empregador direito de descontar do empregado a sua contribuição para a previdência, quando rescindido o contrato de trabalho, se nunca havia sido feito antes."

OBSERVAÇÕES.

A orientação do direito modificou-se. Antes, em alguns pronunciamentos, eram autorizados os descontos previdenciários, não efetuados nas épocas próprias, a qualquer tempo. Atualmente, essa tese está superada, muito embora pronunciamentos isolados em contrário (TST, A. de 23.8.1.965, RR. 1.125/65, LTr. 31/283), e a omissão do empregador faz nascer um ajuste tácito que gera ao empregado o direito de receber o salário integral sem os descontos das contribuições. Nem podia ser de outro modo. O empregador deve cumprir as suas obrigações previdenciárias destinadas a amparar o trabalhador e êsse entendimento vitorioso é mais uma arma destinada a êsse fim.

115. **DANOS À EMPRÊSA.** — O SALÁRIO PODE SOFRER DESCONTOS POR DANOS CAUSADOS À EMPRÊSA NO EXERCÍCIO DO TRABALHO?

A LEI.

> Art. 462. — Parágrafo único. Em caso de dano causado pelo empregado, o desconto será lícito, desde que esta possibilidade tenha sido acordada ou na ocorrência de dolo do empregado (DL. n. 5.452, de 1.5.1.943).

A DOUTRINA.

1. VASCO DE ANDRADE (Atos Unilaterais no Contrato de Trabalho, 1.943, pg. 164): "A lei prevê também a hipótese de ser o ato danoso cometido com dolo, circunstância que deve ser pouco encontradiça nas relações normais de trabalho e que só ocorrerá em momentos mais raros na vida social, sob a forma de sabotagem; e então, é claro, com mais forte razão se aplicará o princípio do desconto no salário, para reparação do prejuízo sofrido pela emprêsa."
2. ORLANDO GOMES (O Salário no Direito Brasileiro, 1.947, pg. 109): "Quando não há ocorrência de dolo, o empregador só pode efetuar o desconto se houver estipulado êsse direito no contrato."
3. MOZART VICTOR RUSSOMANO (O Empregado e o Empregador no Direito Brasileiro, vol. I, 1.954, pg. 246): "Se o dano fôr doloso, dispensar-se-á o acôrdo prévio e escrito, podendo o empregador reter o pagamento do salário até o limite do prejuízo que sofrer pela conduta maliciosa de seu subordinado hierárquico."
4. HÉLIO DE MIRANDA GUIMARÃES (Repertório de Jurisprudência Trabalhista, vol. I, 1.953, pg. 259): "Em caso de dano não intencional, causado pelo empregado, é lícito o desconto se essa possibilidade estiver combinada. Em caso de dano intencional o desconto é permitido."
5. JOSÉ MARTINS CATHARINO (Tratado Jurídico do Salário, 1.951, pg. 631): "O parágrafo único do artigo 462 da C.L.T. trata do assunto. Declara a lei, expressamente, a licitude do desconto por dano causado pelo empregado se: a) esta possibilidade tiver sido acordada por contrato coletivo ou individual do trabalho; b) o empregado agiu com dolo."
6. MOZART VICTOR RUSSOMANO (Comentários à Consolidação das Leis do Trabalho, 1.960, vol. III, pg. 725): "Ocorrendo um dano causado em serviço, pelo empregado, normalmente, quem responde pelo prejuízo é o empregador. É que, como diz o art. 2.º, a empresa assume os riscos da atividade econômica. Em dois únicos casos o valor do prejuízo poderá correr por conta do empregado: a) quando isso estiver previsto e acertado no contrato de trabalho feito; b) quando tiver havido dolo do trabalhador."
7. ARNALDO SUSSEKIND (Instituições de Direito do Trabalho, vol. I, pg. 460, 1.957): "... desde que o contrato individual de trabalho ou a convenção coletiva aplicável à respectiva categoria possibilite o desconto indenizatório, poderá o empregador efetuá-lo..." "se o dano causado ao empregador resulta de ato doloso do empregado, isto é, "de ato intencionalmente praticado com o propósito de causar prejuízo", lícito será o desconto indenizatório no salário, ainda na inexistência de instrumento jurídico."
8. CESARINO JÚNIOR (Direito Social Brasileiro, 1.963, vol, II, pg. 215): "Mesmo o prejuízo causado pelo empregado pode ser ressarcido apenas se houver acôrdo."
9. ROBERTO BARRETO PRADO (Direito do Trabalho, 1.963, pg. 171): "Permite a lei o desconto nos salários em caso de dano causado pelo empregado, desde que essa eventualidade tenha sido acordada ou resultar de ato doloso."
10. ORLANDO GOMES e ELSON GOTTSCHALK (Curso Elementar de Direito do Trabalho, 1.963, pg. 225): "Para atender a justos interêsses do empregador, podem ser efetuados descontos destinados a cobrir os danos causados pelo empregado."
11. ALUÍSIO JOSÉ TEIXEIRA GAVAZZONI SILVA (Comentários à Consolidação das Leis do Trabalho, vol. II, pg. 206, 1.963): "O simples dano culposo, causado ao empregador, em geral, não autoriza descontos de salários; só quando se trate de dano doloso. É possível, no entanto, que o contrato celebrado entre empregado e empregador preveja a reparação também de danos culposos. Neste caso a dedução será lícita."
12. ARNALDO SUSSEKIND (Comentários à Consolidação das Leis do Trabalho e à Legislação Complementar, vol. III, 1.964, pg. 400): Igual ao n. 7.
13. JOSÉ MARTINS CATHARINO (Contrato de Emprêgo, 1.962, pg. 177): "... se apenas culpado o empregado (negligência, imprudência, imperícia etc.), a

licitude dependerá de acôrdo..." ... pg. 178): "Se o dano fôr causado por dolo do emprcgado, o desconto independe de acôrdo..." ... "Se empregado e empregador procederem com dolo a nenhum dos dois caberá reclamar indenização (C. C. arts. 97, 159 e 1.518 em diante)."

14. ADRIANO CAMPANHOLE (Prática e Jurisprudência Trabalhista, 1.962, pg. 328): "Em caso de dano causado pelo empregado, o desconto será lícito desde que essa possibilidade tenha sido acordada ou na ocorrência de dolo."

A JURISPRUDÊNCIA.

1. TST (A. de 14.4.1.955, 2.ª T., P. 6.967/54, r. M. Oscar Saraiva, RTST, 1.957, pg. 84): "É lícita a retenção de salários, inclusive remuneração correspondente a dia de repouso, quando efetuada pela emprêsa em virtude de dano causado a veículo dirigido pelo empregado, sobretudo se a possibilidade do desconto no salário houver sido expressamente pactuada conforme autorizado pelo artigo 462, parágrafo único, da C. L. T."

2. TST (A. de 21.9.56, 1.ª T., RR. n. 477/56, r. M. Oliveira Lima, RTST, 1.957, pg. 443): "É inadmissível o desconto nos salários quando a emprêsa, não logrando apurar qual o autor do dano atribui a responsabilidade a todos os empregados que trabalham na secção em que o mesmo se verificou. Pois, certo é que o texto do parágrafo único do art. 462, alude a dano causado pelo empregado."

3. TST (A. de 22.12.1.955, 3.ª T. P. n. 4.772/55, r. M. Délio Maranhão, RTST, 1.957, pg. 307): "Não havendo acôrdo, o desconto nos salários por motivo de dano causado pelo empregado pressupõe tenha agido êste dolosamente."

4. TST (A. de 11.6.1.956, 2.ª T., P. n. 7.737/55, r. M. Oscar Saraiva, RTST, 1.957, pg. 399): "Ao empregador assiste o direito de reter pagamento devido ao empregado, no caso de dano sofrido por dolo dêste último."

5. TST (A. de 14.10.1.954, 1.ª T., P. n. 4.371/52, r. M. Astolfo Serra, RTST, 1.957, pg. 52): "Quando fundado em norma administrativa — circular do Ministro da Viação — incorporada ao regulamento da emprêsa, além de estar de acôrdo com o uso observado desde longa data, é lícito o desconto no salário de empregados, mediante responsabilidade coletiva, em casos de faltas de mercadorias confiadas à guarda dos armazéns dos portos nacionais."

6. TST (P. n. 1.274/60, de 21.6.1.960, 1.ª T., r. M. Rômulo Cardim, LTr. 25/31): "É lícito o desconto procedido no salário dos empregados que causam dano e dão prejuízos à emprêsa em que trabalham, desde que o Regulamento da mesma prevê tal hipótese. Também a existência de convenção coletiva, celebrada entre a emprêsa e o Sindicato de classe dos empregados, legaliza e justifica o desconto em caso de culpa no prejuízo havido."

7. TRT, 1.ª (A. p. em 2.4.1.954, Russomano, Comentários, vol. III, pg. 726, 1.960): "Em caso de dano causado pelo empregado, o desconto será lícito, desde que essa possibilidade tenha sido acordada ou na ocorrência de dolo do empregado."

8. TRT, 1.ª (A. p. em 9.4.1.947, Russomano, Comentários, vol. III, 1.960): Igual ao n. 7.

9. TRT, 2.ª (P. n. 4.090/64, A. n. 3.918/65, de 3.11.65, r. Roberto Barreto Prado, MT., novembro de 1.965): "Quando avençado o desconto salarial por eventuais prejuízos causados à emprêsa por culpa do empregado, tal desconto sòmente pode abranger a parcela de salários que exceder do mínimo legal. O salário mínimo é incompensável por se destinar à subsistência física do trabalhador, não podendo deixar de gozar das mais amplas garantias jurídicas."

10. TRT, 4.ª (in Russomano, Comentários, vol. III, pg. 727/1.960): "O prejuízo material causado pelo empregado ao empregador, desde que tenha havido dolo, autoriza êste a descontar dos salários daquele o *quantum* do dano."

OBSERVAÇÕES.

As diretrizes do nosso direito estão traçadas no sentido da autorização dos descontos salariais em virtude de danos provocados pelo empregado. No entanto, se meramente culposos, isto é, se o agente agiu com imprudência, imperícia ou negligência, com imprevisão daquilo que é absolutamente previsível, os descontos dependem de ajuste entre as partes. Nos casos de dolo, os prejuízos causados pelo empregado podem ser deduzidos dos salários, ainda sem acôrdo para êsse fim.

Os descontos culposos, mesmo quando o ajuste não resulte do contrato individual de trabalho, mas sim de contrato coletivo ou regulamento da emprêsa, são consentidos pela doutrina predominante.

Os descontos impostos a todos os empregados de uma secção, quando não é apurada a autoria do dano, têm sido repelidos (n. 2) pela jurisprudência. Importariam em responsabilidade objetiva, sem culpa definida.

116. RESPONSABILIDADE DA CHEFIA. — A CHEFIA PODE SER DESCONTADA PELOS PAGAMENTOS INDEVIDOS EFETUADOS AOS TRABALHADORES?

A JURISPRUDÊNCIA.

1. STF (AI. n. 24.446, 30.6.1.961, 2.ª T., r. M. Victor Nunes Leal, LTr. 26/226): "Não comprovada a responsabilidade de chefia pela qual incumbisse ao empregado evitar os pagamentos indevidos, não procede o desconto em salário."

OBSERVAÇÕES.

Aquêle que, por ação ou omissão voluntária, negligência ou imprudência, violar direito, ou causar prejuízo a outrem, fica obrigado a reparar o dano (art. 159 Código Civil). Êsse princípio serve de base para a orientação traçada no A. do S.T.F. supramencionado e que fixa a responsabilidade da chefia pelos pagamentos salariais feitos indevidamente aos trabalhadores. Assim, a obrigação de ressarcir o dano causado à emprêsa só nascerá se ficar devidamente demonstrada em cada caso concreto a existência de culpa do chefe. No entanto, não se pode dizer que essa venha a ser uma posição assumida pelo nosso direito, porque são raros os casos dessa natureza e nem a doutrina nem a jurisprudência enfrentaram ainda a questão.

117. DANOS CULPOSOS. — O ACÔRDO PARA DESCONTOS DOS DANOS CULPOSOS DEVE SER PRÉVIO OU PODE SER POSTERIOR AO FATO?

A DOUTRINA.

1. MOZART VICTOR RUSSOMANO (O Empregado e o Empregador no Direito Brasileiro, I vol., 1.944, pg. 246): "Quando o dano fôr culposo, será indispensável que tenha havido, prèviamente, um acôrdo escrito entre as partes, pelo qual o empregado se haja tornado responsável, perante a emprêsa, por todos os prejuízos causados."
2. HIROSÊ PIMPÃO (Problemas Práticos de Direito do Trabalho, pg. 121): "O

acôrdo permissivo do desconto pode ser prévio, ou pode resultar de simples autorização posterior ao evento."

3. ALUYSIO SAMPAIO e PAULO JORGE DE LIMA (Dicionário Jurídico Trabalhista, 1.962, pg. 54): "O acôrdo posterior ao dano não torna lícito o desconto..."

A JURISPRUDÊNCIA.

1. TST (A. de 18.10.1.955, 3.ª T., P. n. 5.124/55, r. M. Tostes Malta, RTST, 1.957, pg. 248): "A redação do parágrafo único do art. 462 da C. L. T., não deixa margem a dúvida de que o acôrdo deve preexistir ao fato, e não, posterior."
2. TRT, 1.ª (A. p. em 9.4.1.947, Russomano, Comentários, vol. III, pg. 727): "Não havendo acôrdo prévio e não estando provado o dolo do empregado, não pode o empregador efetuar desconto nos salários, em caso de dano."

OBSERVAÇÕES.

O acôrdo para descontos dos danos culposos deve ser prévio e não posterior ao fato. A lei não exige acôrdo prévio, mas a doutrina e jurisprudência o fazem e entendem eficaz, ùnicamente, o acôrdo resultante de ajuste preexistente ao fato.

Nada impede, no entanto, nem seria lógico impedir, que o empregado, *por sua vontade,* aceite responsabilidades e firme ajuste posterior aos danos que causou, para os descontos respectivos e que se reveste de plena validade.

118. DANOS ACIDENTAIS. — SE O DANO DECORRE DE CASO FORTUITO CABE O DESCONTO?

A DOUTRINA.

1. VASCO DE ANDRADE (Atos Unilaterais no Contrato de Trabalho, 1.943, pg. 164): "Entre nós, inexiste qualquer restrição, quer quanto aos adiantamentos feitos pelo empregador (que podem ser de tôda a remuneração periódica) quer do desconto a ser feito sôbre o adiantamento do salário, que, se inteiramente pago de antemão, não dará lugar, é óbvio, a que o empregado figure como credor na fôlha de pagamento. Nas hipóteses de acidente ou caso fortuito, evidentemente a responsabilidade do empregado desaparece, mas não nos casos de culpa, com que se mescla ou se confunde a imperícia e particularmente a negligência."
2. JOSÉ MARTINS CATHARINO (Tratado Jurídico do Salário, pg. 631, 1.951): "Exclui-se a obrigação do empregado ressarcir o prejuízo se êste foi motivado por caso fortuito ou causado por culpa do próprio empregador."

A JURISPRUDÊNCIA.

1. TST (A. de 2.6.1.958, 2.ª T., RR. n. 753/58, r. M. Oscar Saraiva, RTST, 1.960, pg. 82): "Embora possível o ajuste tácito para autorizar o desconto de dano causado pelo empregado, faz-se mister prova de culpa dêste pelo evento danoso."

OBSERVAÇÕES.

Os danos decorrentes de fatos puramente acidentais ou fortuitos não são descontáveis dos salários do empregado, porque nesses casos não há que se falar em responsabilidade de sua parte, mas sim em circunstâncias alheias à sua vontade.

119. DÍVIDAS CIVIS E COMERCIAIS. — AS DÍVIDAS CIVIS E COMERCIAIS DO EMPREGADO PODEM SER COBRADAS MEDIANTE DESCONTOS NO SALÁRIO?

A DOUTRINA.

1. DORIVAL DE LACERDA (O Contrato Individual de Trabalho, 1.939, pg. 193): "Já as dívidas assumidas pelo empregado com o empregador, têm aspecto, por natureza, estranho ao direito do trabalho e sujeitas às normas de direito comum. Nesse caso, o empregador aparece como credor do seu empregado, que aí não tem, juridicamente, o caráter de empregado, mas de devedor. Por isso, tais dívidas não podem ser objeto de retenção de salários, já que o empregador tem, ante o empregado, aquêles caracteres perfeitamente distintos. A respectiva cobrança seria objeto de ação comum, obedecidas as normas processuais comuns."
2. BRENO SANVICENTE (Introdução ao Direito Brasileiro do Trabalho, 1.963, pg. 195): "As dívidas civis ou comerciais não podem ser cobradas mediante descontos salariais porque, ressentindo-se da necessária compatibilidade e homogeneidade, são elas, por sua natureza, inconciliáveis com os salários."

A JURISPRUDÊNCIA.

1. TST (A. de 6.8.59, 3.ª T., RR. 447/59, r. M. Jonas de Carvalho, RTST, 1.961, pg. 184): "Não é admissível a compensação de dívida proveniente de aquisição de mercadorias para uso do empregado, uma vez que a CLT, em seu artigo 462, só permite o desconto de salários adiantados pelo empregador."
2. TRT, 2.ª (P. 2.516/59, A. 815/60, de 29.3.60, DOE. de 14.4.60, r. Fernando de Oliveira Coutinho, MT, julho de 1.960): "Dívida de natureza civil não pode ser compensada em processo de natureza trabalhista, salvo título hábil e isento de dúvidas."
3. TRT 2.ª (P. 3.411/61, A. 715/62, de 14.2.62, DOE. de 5.4.62, r. Homero Diniz Gonçalves, MT., maio de 1.962): "Se a emprêsa é credora do empregado por fôrça de título de crédito de responsabilidade dêste, não poderá cobrar-se do seu crédito através de compensação com os salários devidos ao seu servidor, dada a impenhorabilidade do salário."
4. TRT 2.ª (P. 3.954/63, A. 1.279/64, de 14.4.64, DOE. de 7.5.64, r. Gilberto Barreto Fragoso, MT., junho de 1.964): Igual ao n. 2.
5. TRT 2.ª (P. 1.565/65, A. 3.336/65, de 21.9.65, DOE., de 13.10.65, r. Roberto Barreto Prado, MT., setembro de 1.965): "Em se tratando de confissão de dívida, matéria tipicamente de direito civil e, improvada a vinculação com créditos de natureza trabalhista, impossível é a apreciação da matéria em ação trabalhista."

OBSERVAÇÕES.

A tendência do nosso direito inclina-se para desadmitir descontos no salário correspondente às dívidas civis ou comerciais contraídas pelo empregado com o empregador. É o caso, por exemplo, do operário que compra produtos da fábrica onde trabalha. Dada a natureza não trabalhista dêsse débito, proclama o direito que a sua cobrança deve se dar através dos meios próprios, isto é, mediante uma ação cível. Sob o prisma técnico-jurídico, é certo que a reclamação trabalhista é incabível para o fim. Todavia, parece-nos que, se o empregado concordar, nada impede que ao pagar salário o empregador faça deduções destinadas a cobrir um débito de natureza cível ou comercial, pois tal ajuste não é nulo.

120. DÍVIDAS DO EMPREGADO COM TERCEIROS. — AS DÍVIDAS DO EMPREGADO PERANTE TERCEIROS AUTORIZAM DESCONTOS NOS SALÁRIOS?

A DOUTRINA.

1. JOSÉ MARTINS CATHARINO (Tratado Jurídico do Salário, 1.951, pg 662): "Vedado lhe é, ao pagar o salário, cobrar-se ou ser o intermediário da cobrança do que o empregado deve a terceiro, seja qual fôr o meio de que se valha."

A JURISPRUDÊNCIA.

1. TRT, 1.ª (RO. 1.527/56, A. de 16.1.57, r. Pires Chaves, DJM. de 15.2.57, JT., Pires Chaves, 1.962, vol. V, pg. 102): "Trata-se de dívida particular do empregado para com o chefe da firma, e não com esta. O art. 462 da Consolidação pressupõe caráter remuneratório, só autorizando a retenção, mediante desconto nos salários do empregado, na ocorrência de adiantamentos, ou em virtude de lei ou título normativo."

OBSERVAÇÕES.

Por ordem judicial, os descontos nos salários do empregado podem ser efetuados para cobrança de dívidas suas para com terceiros, como nos casos de prestações alimentícias. Fora dêsses casos, ao empregador não cabe efetuar descontos no salário para atender às dívidas contraídas pelo empregado com terceiros, pois não há lei que o permita.

121. EMPRÉSTIMO CONTRAÍDO COM O EMPREGADOR. — OS EMPRÉSTIMOS CONTRAÍDOS PELO EMPREGADO COM O EMPREGADOR AUTORIZAM DESCONTOS NOS SALÁRIOS?

A DOUTRINA.

1. ORLANDO GOMES (O Salário no Direito Brasileiro, 1.947, pg. 107): "Se o empregador empresta determinada importância ao empregado, não pode cobrá-la por meio de retenção de salário. Mas, se essa mesma importância é concedida como adiantamento, a dedução é lícita."
2. JOSÉ MARTINS CATHARINO (Tratado Jurídico do Salário, 1.951, pg. 636): "Já o empréstimo dá lugar a uma relação marginal de débito e crédito. Por isto, neste último caso, depende exclusivamente da vontade do credor pagar o débito na forma combinada. Não pode o empregador, por si ou por terceiro, fazer o desconto compulsòriamente."
3. ARNALDO SUSSEKIND (Instituições de Direito do Trabalho, 1.957, vol. I, pg. 463): "Em face da disposição do Código Civil, "o empregador que fôsse credor de dívida líquida e vencida do empregado, teria o direito de não pagar o salário ou de pagá-lo parcialmente, efetuando a compensação dos débitos". Mas a lei trabalhista não admite que a obrigação do trabalhador se extinga por êste modo."

A JURISPRUDÊNCIA.

1. TST (A. de 13.11.56, 1.ª T. RR. 1.307/56, r. M. Astolfo Serra, RTST, 1.959, pg. 42): "Se o empregador forneceu a importância necessária para custear o tratamento da saúde da espôsa do empregado, com a condição de descontar em seus salários determinada importância mensal, o saldo dessa dívida é compensável com a importância da indenização a que tenha direito o mesmo empregado, em virtude de posterior rescisão contratual sem justa causa."

OBSERVAÇÕES.

É repelida, pela doutrina, a possibilidade de descontos salariais destinados ao pagamento de empréstimos contraídos entre empregado e empregador; a dívida, nesse caso, é de natureza civil, artigo 1.256 do Código Civil. Mas êsses descontos, não obstante, têm sido tolerados quando há concordância do trabalhador (ver Questão 119) ou em casos especiais como o ventilado no Acórdão.

122. PENHORA DO SALÁRIO. — É PENHORÁVEL O SALÁRIO DO EMPREGADO?

A LEI.

Art. 942. — Não poderão absolutamente ser penhorados:
....
VII — Os vencimentos dos magistrados, professôres e funcionários públicos, o sôldo e fardamento dos militares, os salários e soldadas, em geral, salvo para pagamento de alimentos à mulher ou aos filhos, quando o executado houver sido condenado a essa prestação (Código de Processo Civil).

A DOUTRINA.

1. EVARISTO DE MORAIS FILHO (Introdução ao Direito do Trabalho, 1.956, vol. I, pg. 241): "... outros objetivos surgem ainda em tôrno do salário para lhe garantir a integridade, a efetividade, a impenhorabilidade, e assim por diante."
2. ORLANDO GOMES (O Salário no Direito Brasileiro, 1.947, pg. 177): "A lei pátria, do mesmo modo que a inglêsa, a noruegueza, a alemã, declara absolutamente impenhorável o salário, sob pena de nulidade da penhora."
3. DORVAL DE LACERDA (O Contrato Individual de Trabalho, 1.939, pg. 193): "O salário é intangível porque não pode ser penhorado."
4. MOZART VICTOR RUSSOMANO (Manual Popular de Direito do Trabalho, 1.954, vol. I, pg. 90): "O salário é impenhorável, não podendo ser alvo de penhora, a não ser da penhora requerida pela mulher ou pelos seus filhos quando o trabalhador houver sido condenado a pagar-lhes alimentos."
5. JOSÉ MARTINS CATHARINO (Tratado Jurídico do Salário, 1.951, pg. 708): "A incedibilidade como o privilégio e a impenhorabilidade, têm fundamento na natureza alimentar do salário."
6. ADAUCTO FERNANDES (Direito Industrial Brasileiro, vol. II, pg. 518, 1.952): "O Direito operário brasileiro não permite que o salário do empregado possa responder por qualquer dívida por êste contraída em favor de quem quer que seja. Essa condição faz do salário coisa impenhorável."
7. ARNALDO SUSSEKIND (Instituições de Direito do Trabalho, vol. I, pg 461, de 1.957): "... quase tôdas as legislações afirmam a intangibilidade dos salários, impondo: a) sua impenhorabilidade..."
8. AMARO BARRETO (Execução Cível e Trabalhista, 1.962, pg. 133): "São salvos da penhora os vencimentos, soldos ou salários de funcionários, militares ou empregados em geral (art. 942, VII), porque são indispensáveis, como alimentos, para a manutenção do executado e de sua família."
9. ORLANDO GOMES e ELSON GOTTSCHALK (Curso Elementar de Direito do Trabalho, 1.963, pg. 232): "A impenhorabilidade do salário está prevista no Código de Processo Civil..."
10. JOSÉ MARTINS CATHARINO (Contrato de Emprêgo, 1.962, pg. 126): "O salário tem atributo alimentar, por sua destinação, não se confundindo, contudo, com o dever de prestar alimentos, do direito de família. É alimentar por seu fim, sob o aspecto teleológico. Daí a sua impenhorabilidade, quase absoluta no nosso direito positivo."

11. ROBERTO BARRETO PRADO (Direito do Trabalho, pg. 171, 1.963): "O salário em geral é destinado à manutenção do empregado e de sua família, e é por isso que goza dêsses favores especiais, inclusive impenhorabillidade e intangibilidade."
12. BRENO SANVICENTE (Introdução ao Direito Brasileiro do Trabalho, 1.963, pg. 192): "Dois são os princípios que atestam a intangibilidade de que estamos cogitando: a) a irredutibilidade, e b) a impenhorabilidade."
13. ARNALDO SUSSEKIND (Comentários à Consolidação das Leis do Trabalho e à Legislação Complementar, vol. III, pg. 401, 1.964): "... a proibição da penhora está consignada no art. 942 do Código de Processo Civil..."
14. DÉLIO MARANHÃO (Direito do Trabalho, 1.966, pg. 170): "Os salários são impenhoráveis (art. 942 do Código do Processo Civil), salvo para pagamento de alimentos à mulher e aos filhos, quando o executado houver sido condenado a essa prestação."

A JURISPRUDÊNCIA.

1. STF (RE. 8.377, 2.ª T., r. M. Orozimbo Nonato, DJM., 29.11.51, RJT, Hélio de Miranda Guimarães, vol. 2, pg. 853): "A afirmação de que o salário impenhorável não alcança gratificações e lucros por vêzes vultosos não vulnera letra da lei."

OBSERVAÇÕES.

Reconhecendo a natureza alimentar do salário o direito procura protegê-lo por várias formas, a fim de que atinja os seus objetivos normais de proporcionar os recursos indispensáveis à manutenção do trabalhador e dependentes.

A possibilidade da sua penhora merece tratamento diferente dos sistemas jurídicos.

De uma maneira geral, são três as soluções encontradas: *impenhorabilidade absoluta, relativa* e *proporcional*.

A primeira consiste na proteção total dispensada ao salário; é impossível a penhora, salvo a situação especialíssima de obrigações alimentares. A impenhorabilidade relativa ou parcial consiste numa proteção dispensada até certa parte da retribuição, acima da qual desaparece, possibilitando, portanto, a penhora sôbre as importâncias que excedam de certo limite fixado pela lei. É o exemplo art. 545 do Código de Processo Civil italiano com as modificações do D. n. 1.548, de 1.947: "sòmente a parte que ultrapassar de um quinto do salário é penhorável. Neste caso, a cobrança, pelo credor, seria parcelada, sempre recaindo vàlidamente só sôbre a porção disponível; assegura, portanto, êsse sistema, os ingressos considerados necessários para os encargos pessoais ou familiares do empregado. O terceiro tipo, é o proporcional; tanto maior será o alcance da penhora quanto maior fôr o salário. É o exemplo da lei n. 14.443, modificando a lei n. 9.511, da Argentina, estabelecendo a impenhorabilidade até mil pesos, de mais de mil pesos até dois mil pesos, em 5%, de mais de dois mil pesos até três mil pesos, de 10%, de mais de três mil pesos até cinco mil pesos, de 15% e acima dêsse valor, de 20%. Êsse é o caso, também, da lei francesa de 2 de agôsto de 1.949: penhorável em $1/10$ a porção inferior a 150 mil francos, $1/5$ sôbre a porção superior a 150 e inferior a 300 mil francos, $1/4$ sôbre a porção situada entre êsse limite e 450 mil francos, $1/3$ entre essa base e 600 mil francos; acima dêsse valor o salário fica a descoberto.

No plano internacional o principal documento sôbre o assunto é a Convenção n. 95, da Conferência Geral da Organização Internacional do Trabalho, de 1.949: art. 10. O salário não poderá ser objeto de penhora ou cessão, a não ser segundo as modalidades e nos limites prescritos pela legislação nacional. O salário deve ser protegido contra a penhora ou a cessão, na medida julgada necessária para assegurar a manutenção do trabalhador e de sua família.

No Brasil, o Regulamento 737, de 1.850 e, atualmente, o art. 942, inciso VII do Código de Processo Civil, referem-se à impenhorabilidade do salário, que é absoluta entre nós, salvo quanto à condenação de alimentos, custas judiciais e condenações criminais pecuniárias.

Quanto à sua extensão, a penhora esbarra nas verbas consideradas salariais: utilidades, gratificações ajustadas, décimo terceiro salário etc. São intangíveis, porque integram o salário. (Execução de Sentença, José da Silva Pacheco, 1.964, vol. 2, pg. 353). Todavia, a impenhorabilidade não abrange o produto indireto do trabalho. Assim, se o salário é depositado em banco, é empregado em outra atividade, nada há que impeça a penhora. (Pacheco, op. cit.). Entendem alguns autores que é excessiva a proteção da lei brasileira, preconizam como melhor sistema a impenhorabilidade parcial ou progressiva, o que nos parece certo.

123. RETENÇÃO E COMPENSAÇÃO. — É LÍCITA A RETENÇÃO E A COMPENSAÇÃO?

A LEI.

Art. 767. — A compensação, ou retenção, só poderá ser argüida como matéria de defesa (DL. 5.452, de 1.5.1.943).

A DOUTRINA.

1. ALUYSIO SAMPAIO e PAULO JORGE DE LIMA (Dicionário Jurídico Trabalhista, 1.962, pg. 142): "Sòmente é possível a retenção do salário do empregado na hipótese de rescisão do contrato de trabalho e, ainda assim, nos seguintes casos: a) como compensação por falta de aviso prévio do empregado (art. 487, § 2.º); b) para indenização dos prejuízos que resultarem do desligamento injusto do empregado vinculado a contrato de trabalho a têrmo estipulado (art. 480 e seu parágrafo único, da C. L. T.); c) para compensação de dano causado pelo empregado e desde que essa possibilidade tenha sido acordada ou na ocorrência de dolo (art. 462, § único).
2. HÉLIO DE MIRANDA GUIMARÃES (Repertório de Jurisprudência Trabalhista, 1.953, vol. I, pg. 154): "A compensação assim como a retenção no processo trabalhista só podem ser argüidas como matéria de defesa. Permite a lei (§ 2.º do art. 487 da C. L. T.), ao empregador, descontar os salários correspondentes ao prazo do aviso prévio quando o empregado rescindir *ex abrupto* o contrato de trabalho." ... "Não é mais tolerada a retenção ou a compensação da quantia devida a título de férias quando o empregado tem por terminado o contrato de trabalho sem avisar, com a antecedência legal ao seu empregador."

A JURISPRUDÊNCIA.

1. TRT, 2.ª (P. 1.193/47, A. de 2.2.48, r. Thélio Monteiro, RJT, Hélio de Miranda Guimarães, vol. 2.º, pg. 862): "A retenção de uma parte do salário do

empregado, sob a alegação de que estará êle assim concorrendo para integralizar a sua quota de capital como futuro sócio da firma, é inadmissível. A condição futura de sócio não suprimirá ao empregado a condição clara e irretorquível de empregado subordinado, e a retenção de salários antes de dar-lhe a condição de sócio viola o preceito altamente moralizador contido no art. 462 da C. L. T."

2. TRT, 2.ª (A. de 17.2.48, P. 1.318/47, r. Hélio Tupinambá Fonseca, RJT, Hélio de Miranda Guimarães, vol. 2.º, pg. 863): "É autorizada a retenção, pelo empregador, do saldo de salário em favor do empregado, confessado ou apurado não ter êste dado àquele o competente aviso prévio ao deixar o emprêgo."

3. TST (A. de 5.12.55, 2.ª T., P. 6.248/55, r. M. Thélio Monteiro, RTST, 1.957, pg. 300): "A compensação, que só pode ser argüida como matéria de defesa (art. 767 da CLT), não é admissível senão quando se tratar de dívida líquida e certa."

4. TST (A. de 9.8.56, 3.ª T., RR. 728/56, r. M. Jonas de Carvalho, RTST, 1.957, pg. 430): "Reconhecido pelo empregado o débito resultante de adiamentos, não há como limitar a compensação a uma parte dêle apenas."

5. TST (A. de 24.7.59, 1.ª T., AJ 361/59, r. M. Pires Chaves, RTST, 1.961, pg. 145): "Não enseja revista o aresto regional que decidiu pela licitude da retenção invocada como matéria de defesa, nos têrmos do art. 767 da Consolidação, proclamando que a quantia salarial reclamada pelo empregado é inteiramente absorvida pela importância de que se apropriou indevidamente e cuja responsabilidade foi por êle próprio reconhecida."

6. TST (A. de 31.8.59, TP., RR. 1.754/57, r. M. Tostes Malta, RTST, 1.961, pg. 362): "Reconhecida a existência de dívida proveniente de adiantamento de salário, é de ser admitida a compensação, até em embargos à execução."

7. TRT, 1.ª (P. 459/58), r. Mário Pereira, DJ, de 24.10.58, pg. 3.744, Dicionário de Decisões Trabalhistas, Calheiros Bonfim, 1.959, pg. 41): "Os proveitos que o empregado aufere com a alimentação e a instrução de seus filhos no estabelecimento de ensino da empregadora, representam valor que pode ser compensado com o que êle tiver a receber." ·

OBSERVAÇÕES.

O nosso direito permite a compensação e retenção de salários, como medida a ser argüida no processo pelo empregador. A lei não desce a outros detalhes quando devia regulamentar os casos de compensação e retenção quando diretamente exercitadas pelo empregador no curso do contrato de trabalho. A lacuna é indesculpável porque a matéria é freqüente nas relações de trabalho.

O "Code Internacional du Travail", de Francesco Cosentini, que é um estudo comparado das legislações de diversos países, contém algumas regras sôbre o assunto. Dispõe que, quando num contrato de trabalho, parte do salário, que não excederá de $1/_{10}$, é retida em virtude de convenção, esta retenção, salvo estipulação ou uso em contrário, deve ser encarada como depósito destinado a cobrir os danos eventuais do empregado e não como cláusula penal. Essas retenções não são admitidas senão na medida do consentimento através de contratos individuais ou coletivos. Algumas retenções são consideradas legítimas e neste caso estão aquelas relacionadas com o fornecimento de ferramentas e instrumentos necessários ao trabalho, de material de uso do empregado, quotas de seguros, caixas e previdência e os danos intencionais.

Depreende-se que existe uma relação direta entre retenção, compensação e descontos salariais, sendo êstes o pressuposto da admissibilidade daquelas. Assim, onde e quando são permitidos os descontos, será possível a retenção e compensação, matérias subordinadas a uma unidade de tratamento e de princípios.

Sôbre os descontos salariais, ver Questão 96.

124. MULTA. — A LEI PERMITE MULTA SÔBRE O SALÁRIO DO EMPREGADO?

A DOUTRINA.

1. VASCO DE ANDRADE (Atos Unilaterais no Contrato de Trabalho, 1.943, pg. 152): "Para a legítima aplicação da multa o essencial é que ela tenha sido normalmente estipulada, quer pelo instrumento escrito de contrato, quer pelo regulamento da emprêsa (ou antes disso pelo contrato coletivo de trabalho), sob duas condições: indicação das infrações a que ela é cominada e indicação do máximo de seu valor pecuniário, para dentro dêsses limites exercer-se o julgamento do empregador."
2. CESARINO JÚNIOR (Consolidação das Leis do Trabalho, 1.950, pg. 456): "... estando a multa estabelecida em contrato de trabalho, ou constando de regulamento de emprêsa, e sendo prevista para hipótese de dano causado pelo empregado, é evidente que o desconto da multa, da cláusula penal, enfim, é permitido pela lei."
3. ORLANDO GOMES (O Salário no Direito Brasileiro, 1.947, pg. 112): "Não havendo proibição de ser aplicada essa sanção, pode ser prevista em tal contrato, com a faculdade de ser cobrada por meio do desconto."
4. WALDEMAR GOLA (Comentários à Consolidação, 1.943, pg. 141): "... ficou implìcitamente proibido impor multas disciplinares ao empregado, pois sendo a multa um desconto de salário não previsto em lei, cai tal prática no rol das proibições."
5. ORLANDO GOMES (Introdução ao Direito do Trabalho, 1.944, pg. 137): "A faculdade de impor multas só é legítima quando tem fundamento no contrato."
6. MOZART VICTOR RUSSOMANO (O Empregado e o Empregador no Direito Brasileiro, 1.954, vol. I, pg. 572): "A multa, embora seja uma sanção disciplinar, tem fundo pecuniário e importa em desconto salarial, o que é vedado pela lei."
7. F. MOURA BRANDÃO FILHO e J. GOMES TALARICO (Interpretação e Prática da Legislação Trabalhista Brasileira, 1.955, pg. 180): "... é perfeitamente admissível a multa disciplinar, desde que acordada em contrato coletivo celebrado entre sindicatos."
8. JOSÉ MARTINS CATHARINO (Tratado Jurídico do Salário, 1.951, pg. 638): "A nossa lei não permite o desconto a título de multa, salvo se previsto em contrato coletivo. Assim pensamos porque não havendo disposição legal permissiva, nem tão pouco ocorrendo na espécie adiantamento de salário, o artigo 462 da C. L. T. deve ser interpretado estritamente. O que a lei permite é a indenização contratual para reparação de danos causados pelo empregado na matéria prima ou nos utensílios de trabalho. Indenização que, em virtude de seu caráter compensatório, não se confunde com penalidade pecuniária por infração a dever funcional."
9. MOZART VICTOR RUSSOMANO (Comentários à Consolidação das Leis do Trabalho, 1.960, vol. III, pg. 725): "A multa, no Brasil, como regra geral é inadmissível. E isso porque a lei, como acima se viu, proibiu, de modo taxativo, quaisquer descontos a não ser nos casos de exceção nela própria previstos. O legislador silenciou sôbre a multa. Êsse será o princípio dominante. Mas, como vimos no corpo do art. 462, a verdade é que os descontos autorizados em contratos coletivos são lícitos. De modo que nada impede que fique contratada, por êsse meio, a hipótese de o empregador aplicar multas aos

seus empregados, por motivos de ordem e disciplina. Só nesse caso a multa será possível. Inexistindo contrato coletivo, ela será inaplicável."

10. ARNALDO SUSSEKIND (Instituições de Direito do Trabalho, vol. I, pg. 458, 1.957): "As multas aplicadas pelo empregador ao empregado representam inquestionàvelmente, descontos salariais. Por isto mesmo, embora reconhecendo que o poder disciplinar da emprêsa se fortalece com a possibilidade de sua aplicação, entende a maioria dos autores brasileiros que, não sendo ela prevista em convenção coletiva, não pode ser usada na punição dos empregados."

11. ALUYSIO SAMPAIO e PAULO JORGE DE LIMA (Dicionário Jurídico Trabalhista, 1.962, pg. 131): "A multa, que na legislação anterior à Consolidação se reconhecia, é atualmente proibida porque representa redução salarial iníqua."

12. LUIZ JOSÉ DE MESQUITA (Direito Disciplinar do Trabalho, 1.950, pg. 224): "Atualmente, não havendo lei que discipline esta penalidade, possibilitando-a, é ela, não há dúvida, proibida em nosso direito do trabalho, em face do artigo 462 da C. L. T. Segundo dispõe êste texto legal, a multa poderá existir em nosso direito do trabalho sòmente se fôr autorizada por uma lei ou regulamentada em contrato coletivo."

13. NOGUEIRA JÚNIOR (Contrato de Trabalho e Rescisão, 1.946, pg. 39): "... o disposto no artigo 462 apresenta-se como evidente proibição."

14. ROBERTO BARRETO PRADO (Direito do Trabalho, 1.963, pg. 123): "Não se adota no Brasil a aplicação de multa por motivo de falta disciplinar. O art. 462 da Consolidação veda ao empregador efetuar qualquer desconto no salário do empregado. Entretanto, êsse mesmo artigo ressalva os casos dos descontos provenientes de adiantamentos, dispositivos de lei ou de contrato coletivo. Quer dizer que seria perfeitamente válida a cláusula constante de convênio coletivo que admitisse e regulasse a imposição de multas em consequência de infração disciplinar."

15. CESARINO JÚNIOR (Direito Social Brasileiro, 1.963, pg. 215): "Não é permitido o sistema de multas, embora muitos o usem."

16. ORLANDO GOMES e ELSON GOTTSCHALK (Curso Elementar de Direito do Trabalho, pg. 228, 1.963): "Em relação à multa, o nosso direito só a admite quando prevista em convenção coletiva onde sejam especificados os casos em que se justifica o desconto."

17. BRENO SANVICENTE (Introdução ao Direito Brasileiro do Trabalho, 1.963, pg. 121): "Relativamente à multa, somos de entender que tal penalidade está proscrita de nosso Direito do Trabalho."

18. ADRIANO CAMPANHOLE (Prática e Jurisprudência Trabalhista, 1.962, pg. 328): "A nosso ver, a multa não pode ser imposta e nem pode ser objeto de contrato coletivo de trabalho. Êste, conforme o art. 619 da Consolidação das Leis do Trabalho, deve obrigatòriamente conter, entre outras, cláusulas sôbre o prazo de vigência, importância e modalidade dos salários, horário de trabalho, direitos e deveres de empregadores e empregados. As partes são passíveis de multa, mas multa por infração do próprio contrato coletivo e não pelo não cumprimento, pelos empregados, de normas nêles contidas. A multa redunda neste fato concreto: o empregado sofre o desconto respectivo, mas continua trabalhando. Há, assim, o enriquecimento ilícito, de que poderia lançar mão contìnuamente o empregador, locupletando-se com o trabalho alheio."

19. ARNALDO SUSSEKIND (Comentários à Consolidação das Leis do Trabalho e à Legislação Complementar, 1.964, vol. III, pg. 398): Igual ao n. 10.

20. JOSÉ MARTINS CATHARINO (Contrato de Emprêgo, 1.962, pg. 179): "Ora, se a multa tem uma função penal, não indenizatória, parece-nos correta a segunda posição: sua imposição lícita, que implica desconto salarial, só pode resultar de norma, formal ou não, nos têrmos do *caput*. Assim sendo, cláusula contratual a respeito será ineficaz. A expressão "dano causado", do parágrafo, tem sentido patrimonial, não abrangendo os casos de dano disciplinar, que seria espécie de dano moral, típica do contrato de emprêgo. Para punir disciplinarmente, o empregador conta com a suspensão e até com a despedida."

21. AMARO BARRETO (Tutela Geral do Trabalho, vol. I, pg. 93, 1.964): "Não se admite em nosso direito do trabalho, a multa do empregador contra o empregado, porque o salário há de ser contraprestação do trabalho (arts. 76 e 457 da C. L. T.), não podendo reduzir, por infração cometida; só o desconto para compensar dano causado pelo servidor é autorizado pela lei (art. 462, § único da C. L. T.), mas êsse não é multa, sendo, sim, indenização compensatória ao dano. Temos que a multa é vedada, em nosso direito, por fôrça do princípio de ordem pública, que faz do salário a contraprestação do trabalho, vedando-se-lhe reduções (art. 462 da C. L. T.), em que pese à opinião reversa de Orlando Gomes (Introdução ao Direito do Trabalho, pgs. 137 a 138); nem mesmo em convenção coletiva poderá ser estabelecida a faculdade do empregador aplicar multas aos empregados, como querem Martins Catharino (Tratado Jurídico do Salário, pg. 638), e Russomano (Comentários, vol. II, pg. 639) porque tal convenção não pode contravir àquele princípio de caráter público que protege genèricamente o trabalho, impedindo abusos. Quando se fala, na lei, em possibilidade de se ajustar desconto em contrato coletivo (§ único do art. 462 da C. L. T.), quer-se referir, de certo, a casos em que o interêsse público não seja malferido, e não a hipóteses em que se possa abrir aso a expedientes para a redução arbitrária, injusta e imoral de salários. A tendência universal dominante é no sentido de se suprimir essa espécie de sanção, por ensejadora de abusos e arbitrariedades, tendo o Código do Trabalho da França, art. 22, letra b, proibido a multa por violações das prescrições de regimento interno das emprêsas. A multa é mais adequada ao poder punitivo do Estado, que é mais amplo e se dirige a entidades outras, que não empregados, a cuja insuficiência econômica a lei quer dar compensação jurídica equilibradora."

A JURISPRUDÊNCIA.

1. TST (A. de 11.4.55, 2.ª T., P. n. 3.158/54, r. M. Thélio Monteiro, RTST, 1.957, pg. 67): "Não estando prevista na legislação do trabalho, como penalidade, é inadmissível a aplicação de multa pelo empregador."

OBSERVAÇÕES.

A nossa jurisprudência sôbre o assunto é escassa. No direito comparado, a imposição de multas disciplinares sôbre os salários dos empregados tem sido prevista em alguns sistemas jurídicos. Nesse caso, a lei da Bulgária (DL. de 24.8.1.936), art. 42: "o patrão tem o direito de impor multas por contravenções ao regulamento de ordem interna, se êsse regulamento previr tais multas. O máximo da multa que pode ser imposta em cada caso não poderá exceder de um quarto do salário diário do operário, e para tanto é necessário que ela tenha sido aplicada em virtude de reiteradas contravenções da mesma natureza previstas no regulamento. O total de tôdas as multas durante o mês não poderá exceder de $1/10$ do salário mensal bruto. O operário deverá ser avisado, por escrito, de cada multa imposta, com a indicação das causas respectivas; também, um aviso, a êsse respeito, poderá ser afixado no local de trabalho. Art. 43 — O patrão não poderá impor multas senão nos casos seguintes: a) se o operário infringir a ordem estabelecida e a disciplina; b) se o operário retardar a marcha do trabalho ou se faltar sem causa justificada; c) se fôr negligente no trabalho; d) se não observar as disposições relativas à higiene e à segurança do trabalho. As multas poderão ser arrecadadas se tiverem sido inscritas na fôlha de pagamento. Elas reverterão em favor dos fundos de seguros sociais, na razão "chomage". Se tal depósito não fôr feito, serão arrecadadas com majoração, de acôrdo com o artigo 70, do presente decreto-lei".

Também a Lei alemã de 1.934, capítulo III, § 28: "Só se admitirá a aplicação de multas, com relação ao pessoal, em virtude de violação da disciplina ou da segurança da emprêsa. As multas em dinheiro não poderão ultrapassar da metade do salário médio diário; contudo, com relação a certas violações graves, que poderão ser especificadas, poderão ser previstas multas que atinjam ao total do salário médio diário, caberá ao Ministro do Trabalho do "Reich" decidir a respeito do destino das importâncias relativas às multas. As multas serão aplicadas pelo chefe da emprêsa ou por delegado seu, após deliberação do Conselho de Confiança, se êste existir. As disposições das alíneas 1 e 2 valem, também, para aplicação das multas previstas no contrato de trabalho, nas emprêsas onde não tiver sido promulgado o respectivo regulamento."

No direito espanhol, o Decreto de 5.1.1.939 sôbre responsabilidades por faltas cometidas no trabalho, prevê as seguintes sanções: privação de cargos e categorias sindicais; multa; suspensão ou perda da categoria no trabalho e dos direitos de antiguidade; despedida com perda dos direitos adquiridos no trabalho e indenização à emprêsa por danos e prejuízos.

Segundo o Código de Trabalho do Chile, art. 180, as multas devem estar contidas no regulamento interno da emprêsa, aprovado, por sua vez, pela inspeção do trabalho, não podem exceder da quarta parte do salário diário e destinam-se a um fundo dos empregados do respectivo estabelecimento.

No Código do Trabalho do Equador, art. 40, inc. "b", é autorizado ao empregador reter até 10% do salário, a título de multas.

O art. 113 do Código da Colômbia, de 1.950, está assim redigido: "Las multas que se prevean sólo pueden causarse por retrasos o faltas al trabajo sin excusa suficiente; no pueden exceder de la quinta (5.ª) parte del salario de un (1) día, y su importe se consigna en cuenta especial para dedicarse exclusivamente a premios o regalos para los trabajadores del establecimiento. El patrono puede descontar las multas del valor de los salarios. La imposición de una multa no impide que el patrono prescinda del pago del salario correspondiente al tiempo dejado de trabajar."

Na Itália, dentre outras sanções disciplinares como a advertência, a suspensão, a interdição do exercício profissional, o retardamento de promoção, a transferência punitiva, cabe aos contratos coletivos de trabalho estabelecer os casos e condições em que a multa deve ser aplicada ao trabalhador.

Na lei francesa de 1.910 a matéria está tratada da seguinte maneira: Art. 22-B — É proibido a qualquer empregador sancionar, por meio de multas, as transgressões das cláusulas do regulamento de ordem interna. Nos estabelecimentos onde existir, na data da promulgação da presente lei, o regime de multas, os respectivos empregadores deverão suprimi-los no prazo de seis meses. Contudo, a manutenção de tal regime, quando o respectivo pedido fôr feito nos três meses que se seguirem à referida promulgação, ou sua introdução nos estabelecimentos recentemente criados, poderá ser autorizada pelo inspetor divisionário do trabalho. Êste deverá decidir, nos três meses que se seguirem à recepção do pedido, após ter consultado as organizações patronais e operárias da profissão e da região, que deverão opinar no prazo de um mês. A autorização deverá, em qualquer hipótese, subordinar-se às seguintes condições: as multas só poderão ser previstas para transgressões da disciplina e das prescrições relativas à higiene e segurança dos trabalhadores; seu montante deverá ser fixado por um regulamento interno regularmente estabelecido; o total das multas impostas no mesmo dia não poderá exceder de um quarto do salário diário; o produto das multas reverterá para uma caixa de socorro em favor do pessoal; tôdas as estipulações contrárias às disposições precedentes são nulas e de nulo efeito. As multas cominadas serão mencionadas em registro especial com a indicação das causas respectivas. Tal registro ficará permanentemente à disposição dos inspetores do trabalho. A autorização será válida quando as multas visarem exclusivamente à inobservância das prescrições legais e regulamentares relativas à higiene e à segurança dos trabalhadores e quando forem atendidas as outras condições às quais a autorização é subordinada."

No Brasil, não há um sistema legal de sanções disciplinares; nossa lei prevê a possibilidade de suspensão do empregado, até 30 (trinta) dias. Não faz qualquer referência à imposição de sanções pecuniárias ao trabalhador, resultando dessa omissão, como é óbvio, a total impossibilidade da aplicação de multas, por falta de anterioridade de lei que o permita. Assim, o exercício do "jus puniendi" pelo empregador ficará restrito aos limites determinados pela norma, cabendo-lhe suspender o empregado e nada mais; tolera-se a advertência, não prevista, por não trazer implicações de ordem patrimonial.

Os autores nacionais, em significativo número, admitem a multa desde que estipulada em contrato coletivo, com base no artigo 462 da CLT; a tese é, no entanto, combatida por Amaro Barreto (21), que demonstra que o desconto permitido pela lei é de natureza indenizatória e não punitiva.

Acrescentamos a êsse argumento mais o seguinte: uma cláusula penal deve ser ajustada pelas próprias partes contratantes, tornando-se inadmissível seja delegada a terceiro a sua fixação, como ocorreria na hipótese do contrato coletivo; o direito de punir pertence originàriamente ao Estado, não pode violar as fronteiras que lhe são traçadas pelo Direito; a função punitiva, tendo como correspondência a obrigação de sujeição a uma pena, é, por sua natureza, administrativa. Só através de expressa delegação poderá ser exercitada por terceiros, e no caso trabalhista, cinge-se à suspensão disciplinar.

As multas, através da história, têm sido um meio de redução do salário e uma fonte de inquietação da classe obreira, como faz sentir Mário de la Cueva (Derecho Mexicano del Trabajo, pg. 709), que as proscreve, sustentando-se em Paul Pic.

TÍTULO SÉTIMO — A RENÚNCIA DO SALÁRIO.

125. RENÚNCIA DO SALÁRIO. — O DIREITO TRABALHISTA ADMITE RENÚNCIA DO SALÁRIO?

A DOUTRINA.

1. JOSÉ MARTINS CATHARINO (Tratado Jurídico do Salário, 1.951, pg. 739): "Em princípio, o empregado pode renunciar ao salário. É necessário, contudo, que se distingam duas hipóteses: a) a renúncia atinge salário imperativo; b) prejudica a remuneração livremente pactuada. No primeiro caso a renúncia será desenganadamente nula. Ao empregado não é lícito abrir mão de salário assegurado por lei, por decisão judicial ou por convenção coletiva de trabalho, ainda mais que a renúncia, nestas circunstâncias, é, geralmente, obtida sob influência estranha à vontade do próprio renunciante" ... pg. 740: "A renúncia ao salário contratual pode ser lícita. Não é nula. Será anulável se o ato renunciatório não fôr juridicamente perfeito, nos têrmos da lei (art. 81 e seguintes, e 147 do Código Civil)."

2. BRENO SANVICENTE (Introdução ao Direito Brasileiro do Trabalho, pg. 191, 1.963): "Outro elemento subjetivo essencial ao salário é ser irrenunciável. Em rápido escôrço, podemos dizer que a tutela dos direitos do trabalhador nasceu da desigualdade econômica em que se encontram as partes contratantes e, para suprir tal deficiência, em princípio, o empregado surge no Direito do Trabalho à semelhança de um ser relativamente incapaz. Entre os princípios gerais protecionistas avulta o da proibição de renunciar direitos. Essa norma geral está implícita na disposição do art. 9.º da CLT, que diz: "Serão nulos de pleno direito os atos praticados com o objetivo de desvirtuar, impedir ou fraudar a aplicação dos preceitos contidos na presente Consolidação". E o salário, como um dos mais importantes institutos jurídicos do Direito do Trabalho, entra com mais razão no âmbito dessa proteção. O empregado, pois, não pode renunciar ao pagamento do salário ou a uma de suas parcelas, e qualquer acôrdo que venha a fazer com o empregador, nesse sentido, é de nenhum efeito para o Direito do Trabalho: é nulo de pleno direito."

OBSERVAÇÕES.

A lei brasileira não tem dispositivo específico sôbre renúncia de direitos trabalhistas, ao contrário do que ocorre com a Lei de Contrato de Trabalho espanhola: "Art. 57 — Es nulo todo pacto que limite, en daño de cualquiera de las partes, el ejercicio de los derechos civiles o políticos, así como la renuncia hecha por el trabajador, antes o después de la celebración del contrato, de las indenizaciones a que tenga derecho por accidentes en el trabajo, prejuicios ocasionados por incumplimiento del contrato o cualesquiera otros beneficios establecidos por la ley."

O fundamento filosófico do preceito, segundo Juan de Hinojosa Ferrer (El Contrato de Trabajo) citado por Mário de la Cueva (Derecho Mexicano del Trabajo), reside na circunstância de pertencer à ordem pública o interêsse de ser o trabalho humano devidamente protegido e remunerado.

O direito italiano também cuida, literalmente, da mesma matéria, no artigo 2.113 do Código Civil: "Não são válidas as renúncias e transações que tenham por objeto os direitos do trabalhador derivados das disposições inderrogáveis da lei ou de normas corporativas."

Lembrou-se de fazê-lo, igualmente, a lei mexicana, quer no plano constitucional: Artigo 123, Inciso XXVII — "Serán condiciones nulas y no obligarán a los contrayentes, aunque se expresen en el contrato... Todas las demás estipulaciones que impliquem renuncia de algún derecho consagrado a favor del obrero en las leys de protección y auxilio a los trabajadores", quer no plano da lei ordinária: "Lei Federal do Trabalho, art. 15 — "En ningún caso serán renunciables las disposiciones de la Ley que favorezcan a los trabajadores."

Os autores costumam fazer uma distinção segundo o momento em que a renúncia é manifestada; alguns admitem-na depois de terminada a relação de empregado, outros nem mesmo nessa ocasião consideram-na válida, mas concordam, de uma forma geral, em proscrevê-la se antecipada ou concomitante com o emprêgo, por entenderem que nesse caso o trabalhador encontra-se sob dependência do empregador e, portanto, sem liberdade volitiva (Paul Durand y René Vitu, Traité de Droit du Travail).

As únicas conclusões seguras referem-se à irrenunciabilidade dos direitos que a lei, os contratos coletivos, as decisões judiciárias e administrativas conferem aos trabalhadores, durante ou depois da relação (Dorval de Lacerda, A Renúncia no Direito do Trabalho). Quanto aos direitos que excedam dêsses mínimos, a nenhuma conclusão pacífica se chegou.

No caso específico do salário, é evidente que o mínimo legal é irrenunciável. Quanto ao salário contratual, mesmo no curso da relação, o trabalhador muitas vêzes prefere abrir mão de uma parte do salário para evitar males maiores, firmando acôrdos de redução quantitativa do trabalho e a correspondente diminuição do ganho em situações de crise na estrutura industrial e comercial do país. É certo que transação não se confunde com renúncia, porque esta é sempre unilateral e aquela bilateral. Mas a renúncia parcial do salário em determinadas conjunturas, é medida do próprio interêsse do seu manifestante, para evitar um mal maior.

Assim, o princípio da irrenunciabilidade salarial deve ser aplicado com reservas, não é absoluto, ainda que na vigência do contrato de trabalho; mas a renúncia antecipada, não tem, mesmo, validade.

Não é óbice a êsse entendimento o artigo 468 da Consolidação, porque não trata da renúncia; visa impedir alterações de condições de trabalho provocadas pelo empregador unilateralmente e nesse sentido é que essa norma foi construída; ou, também, bilateralmente, quando prejudicar o trabalhador. Então, será transação. A regra não se destina à renúncia, para cuja hipótese não temos uma lei trabalhista expressa, como nos países citados. Reconheça-se, no entanto, que à falta de jurisprudência, não se pode dizer que exista uma orientação traçada pelos nossos Tribunais.

126. **CESSÃO DO SALÁRIO.** — É LÍCITA A CESSÃO DO SALÁRIO?

A DOUTRINA.

1. JOSÉ MARTINS CATHARINO (Tratado Jurídico do Salário, 1.951, pg. 703): "A proibição da cessão depende, quantitativamente, da limitação ou não da impenhorabilidade do salário. É claro ser lícita a cessão desde que recaia sôbre a porção penhorável, ilícita em caso contrário. Por outro lado, a proibição não atua em direito sucessório."
2. ORLANDO GOMES e ELSON GOTTSCHALK (Curso Elementar de Direito do Trabalho, pg. 231, 1.963): "O direito pátrio não regula a matéria em apreço em disposição especial da Consolidação das Leis do Trabalho. Nem por isso, entretanto, se deve sustentar que a cessão do salário é admitida entre nós. Estará o empregado exposto a esta imprevidência tôda vez que, tendo necessidade de dinheiro, se dirige ao agiota, que lhe exige a cessão por qualquer forma, inclusive pela dissimulada: um recibo assinado pelo empregado. Daí a precaução de algumas legislações (México) ao exigir que o empregador deve pagar diretamente o salário ao empregado, salvo motivo de fôrça maior."
3. TOSTES MALTA (Dicionário de Doutrina Trabalhista, 1.966, pg. 224): "O empregado não pode nem mesmo ceder o seu salário a terceiros. Deve o pagamento de salários ser feito diretamente ao empregado."

OBSERVAÇÕES.

A nossa técnica jurídica volta as costas para o assunto. A lei é omissa; não há jurisprudência.

Do assunto ocupa-se a Convenção n. 95 da Conferência Geral da Organização Internacional do Trabalho de 1.949, no artigo 10: O salário não poderá ser objeto de penhora ou cessão, a não ser segundo as modalidades e nos limites prescritos pela legislação nacional. O salário deve ser protegido contra a penhora ou a cessão, na medida julgada necessária para assegurar a manutenção do trabalhador e de sua família.

As legislações costumam regular a cedibilidade do salário de acôrdo com as regras aplicáveis à impenhorabilidade (Orlando Gomes e Elson Gottschalk, Curso Elementar de Direito do Trabalhador; Mário de la Cueva, Derecho Mexicano del Trabajo). Cedível, portanto, é a parte penhorável. Como no nosso direito vigora a impenhorabilidade absoluta, a conclusão seria a impossibilidade da cessão. A cessão está intimamente ligada, também, ao problema dos descontos, de modo que onde e quando são êsses admitidos, não vemos porque não o seja aquela. Assim, a doutrina tolera, por exemplo, descontos em fôlha de pagamento para aluguel ou aquisição de casa própria; se permite descontos para o empregador, deve fazê-lo também quando destinados a terceiros e desde que haja o consentimento do trabalhador, e no seu próprio benefício por dispensar maiores garantias pessoais exigidas por um credor. Outro exemplo: os consórcios para aquisição de automóvel. Não seria aconselhável impedir que no âmbito da emprêsa os empregados fizessem a cessão de quota salarial para o fundo comum, mediante desconto em fôlha de pagamento. Já é tempo de uma legislação nacional regulamentando os casos, condições e limites da cessão do salário.

TÍTULO OITAVO — O LOCAL DO PAGAMENTO DO SALÁRIO.

127. LOCAL DO PAGAMENTO. — EM QUE LOCAL OS SALÁRIOS DEVEM SER PAGOS?

A LEI.

Art. 465. — O pagamento dos salários será efetuado em dia útil e no local do trabalho dentro do horário do serviço ou imediatamente após o encerramento dêste (DL. 5.452, de 1.5.1.943).

A DOUTRINA.

1. DORVAL DE LACERDA (O Contrato Individual de Trabalho, pg. 199): "O lugar do pagamento é o local de trabalho. Sem embargo, é admissível a sua realização fora do estabelecimento onde o empregado trabalha, como por exemplo, na sede da administração central da emprêsa quando em outro local que o da fábrica. Nessa hipótese, entretanto, é essencial que o lugar seja próprio e tenha relação direta com o trabalho, respeitados sempre a coincidência do limite territorial entre o lugar de trabalho e o lugar de pagamento, pois é mister que a escolha dêste último, feita pelo empregador, não revele a intenção de dificultar o pagamento ou de induzir o emprêgo da quantia recebida para outras finalidades que não sejam as que o salário visa."
2. JOSÉ MARTINS CATHARINO (Tratado Jurídico do Salário, 1.951, pg. 672): "A fixação do local onde o salário deve ser pago, além de cercear a vontade de quem paga, visa tutelar o direito do empregado em virtude de sua própria imprevidência." ... pg. 673: "... entendemos a locução como significando lugar apropriado."
3. ARNALDO SUSSEKIND (Instituições de Direito do Trabalho, vol. I, pg. 472, 1.957): "É óbvio que para os trabalhadores em serviço externo, deve-se entender por local de trabalho o estabelecimento a que estão diretamente subordinados, onde recebem as ordens e instruções de serviço e prestam contas das tarefas empreendidas."
4. ADRIANO CAMPANHOLE (Prática e Jurisprudência Trabalhista, pg. 333, 1.962): "A determinação para que o salário seja efetuado em dia útil e no local de trabalho, dentro do horário de serviço ou imediatamente após o encerramento dêste, tem por finalidade evitar que os empregados efetuem despesas para o recebimento referido."
5. ORLANDO GOMES e ELSON GOTTSCHALK (Curso Elementar de Direito do Trabalho, 1.963, pg. 229): "Ao estabelecer que o pagamento do salário deve ser efetuado nos dias úteis, no local de trabalho e dentro do horário de serviço ou imediatamente após seu encerramento, a lei teve em mira impedir que o empregado fôsse obrigado a ficar à disposição da emprêsa além do tempo destinado ao trabalho."
6. CESARINO JÚNIOR (Direito Social Brasileiro, vol. II, 1.963, pg. 217): "Quanto ao lugar, o pagamento deverá ser realizado no próprio local de trabalho."
7. PONTES DE MIRANDA (Tratado de Direito Privado, vol. 47, 1.964): "Onde se presta o serviço aí se recebe a remuneração."
8. JOSÉ MARTINS CATHARINO (Contrato de Emprêgo, 1.962, pg. 188): "A finalidade da regra legal é clara e intuitiva: evitar que o salário seja indiretamente reduzido pelas despesas que o empregado teria de fazer para deslocar-se do local onde trabalha até o do pagamento, se escolhido êste livremente pelo empregador, segundo a sua exclusiva conveniência."
9. ALUÍSIO JOSÉ TEIXEIRA GAVAZZONI SILVA (Comentários à Consolidação das Leis do Trabalho, vol. II, pg. 210, 1.963): "Não é possível, por conseguinte, determinar o empregador aos seus empregados que se dirijam a terceiros para receber o pagamento..."
10. ALUYSIO SAMPAIO e PAULO JORGE DE LIMA (Dicionário Jurídico Trabalhista, 1.962, pg. 112): "O pagamento do salário, por fôrça do que dispõe o art. 464 da C. L. T., deverá ser efetuado no local do trabalho."
11. ARNALDO SUSSEKIND (Comentários à Consolidação das Leis do Trabalho

e à Legislação Complementar, 1.964, vol. III, pg. 409): "... exige, ainda, o preceito legal em exame que o pagamento do salário seja realizado no local de trabalho; isto é, no estabelecimento ou local onde o empregado presta os serviços contratados."
12. DÉLIO MARANHÃO (Direito do Trabalho, 1.966, pg. 172): "O pagamento será efetuado em dia útil e no local de trabalho..."

A JURISPRUDÊNCIA.

1. STF (RE. 46.605, TP., r. M. Victor Nunes Leal, 29.8.62, A CLT vista pelo STF, Calheiros Bonfim, 1.961, vol. 3.º, pg. 115): "Os embargados são motoristas. Depois de se reunirem no local designado pela emprêsa, saem para prestar serviço em diferentes lugares, e recebem seus salários na sede da emprêsa, consumindo para chegarem aí, algumas horas de viagem. Daí terem reclamado o pagamento dêsse tempo, com fundamento no art. 465 da CLT. O pedido de pagamento do tempo em que pretendiam estar à disposição da empregadora, foi negado pelo TST, o qual, entretanto, decidiu que "o pagamento de salários deverá ser efetuado nos locais de trabalho", assim considerados "aquêles em que se apresentam os reclamantes depois de partirem para os setores onde exercem suas atividades." A Turma dêste Supremo Tribunal, confirmando o A. trabalhista observou que "o art. 465 diz que o pagamento dos salários será efetuado em dia útil e no local de trabalho, dentro do horário de serviço ou imediatamente após o encerramento". — Embargos rejeitados. Pagamento do salário no local de trabalho, como tal entendido, pelas peculiaridades do serviço, o ponto em que os motoristas se reúnem para tomar, cada um, a direção correspondente à tarefa respectiva."

OBSERVAÇÕES.

Os salários devem ser pagos no local do trabalho.

A Convenção n. 95, da Conferência Geral da Organização Internacional do Trabalho, de 1.949, dispõe no artigo 13: "1 — O pagamento do salário quando feito em espécie será efetuado sòmente nos dias úteis, e no local do trabalho ou na proximidade dêste, a menos que a legislação nacional, uma convenção coletiva ou uma sentença arbitral disponham diferentemente, ou que outras soluções do conhecimento dos trabalhadores interessados pareçam mais apropriadas."

Esta exigência, inscrita nas legislações trabalhistas em geral, decorre dos motivos apontados no inciso 2 da mesma norma: "Fica proibido o pagamento do salário em bares ou estabelecimentos similares e, se necessário prevenir abusos, nos estabelecimentos de venda a varejo e nas casas de diversão, salvo quando se trate de pessoas ocupadas nesses estabelecimentos."

A medida visa, também, evitar a locomoção dos trabalhadores para local diferente, o que importaria em despesas.

128. **PAGAMENTO FORA DO LOCAL DE TRABALHO.** — SE O PAGAMENTO DO SALÁRIO FÔR EFETUADO FORA DO LOCAL DE TRABALHO O EMPREGADOR SUJEITA-SE A ALGUMA SANÇÃO?

A DOUTRINA.

1. JOSÉ MARTINS CATHARINO (Tratado Jurídico do Salário, 1.951, pg. 683): "Opinamos pela reparação determinada judicialmente, cabendo ao juiz precisar seu alcance."

2. ARNALDO SUSSEKIND (Instituições de Direito do Trabalho, 1.957, vol. I, pg. 472): "... deverá o empregador pagar ao empregado, a título de indenização, os salários correspondentes ao tempo em que ficou à disposição e, bem assim, se fôr o caso, as despesas de transporte realizadas para receber o pagamento em dia de repouso compulsório ou em local distante do de trabalho."
3. ALUÍSIO JOSÉ TEIXEIRA GAVAZZONI SILVA (Comentários à Consolidação das Leis do Trabalho, vol. II, pg. 211, 1.963): "... não admite a lei, igualmente, que o empregador pague aos seus empregados em cheques, pois, se isso ocorrer, na realidade o pagamento não se processará integralmente no local de trabalho, uma vez que o empregado, para converter o cheque em moeda, terá que se dirigir ao banco onde a importância mencionada no cheque estiver depositada. A infração do disposto no art. 465 consolidado sujeitará o empregador a penalidades administrativas."
4. MOZART VICTOR RUSSOMANO (Comentários à Consolidação das Leis do Trabalho, 1.960, vol. III, pg. 733): "O patrão que infringir a lei no ponto referido sofrerá as conseqüências administrativas previstas na Consolidação. Fora disso, a impressão geral é a de que o infrator não sofrerá nenhuma outra penalidade, a não ser pagar ao empregado a indenização dos danos que, com essa conduta ilegal, lhe tenha causado e que venham a ser cabalmente comprovados."
5. ORLANDO GOMES e ELSON GOTTSCHALK (Curso Elementar de Direito do Trabalho, 1.963, pg. 229): "... a empresa que submeter seus empregados a despesas de transporte ou quaisquer outras porque efetua o pagamento do salário longe do local de trabalho, ou em dia destinado ao repouso, deve não só indenizá-los de tais despesas, mas também do tempo necessário gasto para tal fim."

OBSERVAÇÕES.

O nosso direito não aponta a sanção específica para a violação da regra.

Em tese duas conseqüências podem resultar do pagamento do salário em local impróprio: uma, de natureza indenizatória, consistente na reparação pecuniária das despesas efetuadas pelo trabalhador, outra, de natureza cominatória, a determinação de observância do local adequado.

Na proporção da gravidade da infração será possível, até mesmo, a nulidade do ato, e repetição do pagamento, solução rigorosa, mas já aventada na doutrina (Mário de la Cueva, Derecho Mexicano del Trabajo).

129. EMPRÊSAS COM VÁRIOS ESTABELECIMENTOS. — NO CASO DE EMPRÊSAS COM VÁRIOS ESTABELECIMENTOS QUAL O LOCAL DO PAGAMENTO DOS SALÁRIOS?

A DOUTRINA.

1. ADRIANO CAMPANHOLE (Prática e Jurisprudência Trabalhista, 1.962, pg. 333): "No caso de a emprêsa possuir vários estabelecimentos, o pagamento não pode ser feito nos escritórios centrais, o que obrigaria os empregados a despender tempo e dinheiro para êsse recebimento. Admite-se, apenas, a exceção de ser o pagamento feito imediatamente após o encerramento do período normal de trabalho. Por local de trabalho não se deve, entretanto, entender cada uma das secções do estabelecimento em que trabalha o empregado, mas o estabelecimento em si. Se o empregado é pago na caixa do estabelecimento, a lei está sendo cumprida. Não é necessário que o caixa vá a cada uma das secções para êsse pagamento."

2. JOSÉ MARTINS CATHARINO (Contrato de Emprêgo, 1.962, pg. 188): "No caso de a emprêsa ter vários estabelecimentos, o empregado deverá receber seu salário naquele em que prestar seus serviços."

OBSERVAÇÕES.

A lei estabelece que o pagamento dos salários será efetuado no local do trabalho, sem descer a outros detalhes. Portanto, não aponta uma solução para o caso das emprêsas, que não são poucas, com vários estabelecimentos e que têm as atividades do departamento pessoal único centralizadas nos escritórios nem sempre próximos das fábricas ou lojas.

Podem as emprêsas, nessas condições, efetuar o pagamento do salário nos escritórios centrais e, portanto, forçando o empregado a se deslocar?

A resposta da doutrina é negativa. O empregado deve receber o salário no próprio estabelecimento onde trabalha, pois êsse é o espírito da lei que visa evitar despesas de locomoção e perda de tempo de lazer do trabalhador.

TÍTULO NÔVO — OS PRAZOS DE PAGAMENTO DO SALÁRIO.

130. **ÉPOCA DO PAGAMENTO.** — QUAL A ÉPOCA NORMAL DE PAGAMENTO DO SALÁRIO?

A LEI.

Art. 459. — O pagamento do salário, qualquer que seja a modalidade do trabalho, não deve ser estipulado por período superior a um mês, salvo no que concerne a comissões, percentagens e gratificações.
Parágrafo único. — Quando o pagamento houver sido estipulado por mês, deverá ser efetuado, o mais tardar, até o décimo dia útil do mês subseqüente ao vencido. Quando houver sido estipulado por quinzena ou semana, deve ser efetuado até o quinto dia útil (DL. n. 5.452, de 1.5.1.943).

A DOUTRINA.

1. ORLANDO GOMES (O Salário no Direito Brasileiro, 1.947, pg. 71): "Proíbe a lei que, no contrato de trabalho, se estipule pagamento de salário por período superior a um mês."
2. MOZART VICTOR RUSSOMANO (Manual Popular de Direito do Trabalho, 1.954, vol. I, pg. 90): "... seja qual fôr a sua modalidade a remuneração não poderá ser estipulada por período superior a um mês."
3. JOSÉ MARTINS CATHARINO (Tratado Jurídico do Salário, 1.951, pg. 671): "O parágrafo único do artigo 459 concede aos empregadores um período de tolerância para pagarem os salários já vencidos. O prazo é facultado para que o empregador possa confeccionar as fôlhas, providenciar o trôco, enfim, organizar, em ordem, o pagamento. Tal prazo varia de acôrdo com o período estipulado para o pagamento; até o décimo dia útil do mês subseqüente ao vencido, se o pagamento fôr mensal, até o quinto dia útil, se semanal ou quinzenal."
4. MOZART VICTOR RUSSOMANO (O Empregado e o Empregador no Direito Brasileiro, vol. II, 1.954, pg. 560): "Não se admite, entretanto, que o salário seja pago por período de tempo superior a trinta dias (exceção feita a comissão, percentagens e gratificações — CLT, art. 459)."

5. HÉLIO DE MIRANDA GUIMARÃES (Repertório de Jurisprudência Trabalhista, 1.953, vol. I, pg. 37): "Por época normal de pagamento deve-se entender o prazo que finda no décimo dia útil subseqüente ao mês vencido, se o pagamento houver sido estipulado por mês; quinto dia útil, também subseqüente, quando o salário tiver sido estipulado por quinzena ou semana."
6. ARNALDO SUSSEKIND (Instituições de Direito do Trabalho, vol. I, 1.957, pg. 474): "... quer se trate de salário ajustado por unidade de tempo, por unidade de obra ou por tarefa, os intervalos para o seu pagamento não poderão exceder de um mês; às partes contratantes só será lícito estipularem intervalos inferiores ao predeterminado, com limite máximo, pela disposição legal imperativa.
7. MOZART VICTOR RUSSOMANO (Comentários à Consolidação das Leis do Trabalho, vol. III, 1.960, pg. 707): "Em nenhuma hipótese pois, se admite seja o salário contratado por prazo superior a trinta dias. E a finalidade do preceito é evitar que o empregador retenha, durante largo lapso de tempo, o dinheiro a que fêz jus o trabalhador e, simultâneamente, evitar que êste, recebendo quantia grande, logo a dispenda, com sérias atrapalhações para a vida econômica de sua família."
8. CESARINO JÚNIOR (Direito Social Brasileiro, vol. II, pg. 217): "... A data tem de ser até o dia 10 de cada mês seguinte ao vencido, quando houver o pagamento sido estipulado por mês (art. 459, parágrafo único, C. L. T.) e se por quinzena ou semana até o quinto dia útil."
9. ADRIANO CAMPANHOLE (Prática e Jurisprudência Trabalhista, 1.962, pg. 324): "... êle não pode ser pactuado por período superior a um mês. Não importa a modalidade de trabalho exercido pelo empregado: êle pode ser mensalista, diarista, tarefeiro, peceiro etc., que o seu salário deve ser pago no máximo mensalmente e até o décimo dia útil do mês subseqüente ao vencido. Se o salário fôr estipulado por quinzena ou semana, deve ser efetuado até o quinto dia útil seguinte à quinzena ou semana vencidas, quer se trate, também, de tarefeiro, peceiro ou mesmo de diarista ou horista."
10. ALUÍSIO JOSÉ TEIXEIRA GAVAZZONI SILVA (Comentários à Consolidação das Leis do Trabalho, 1.963, pg. 195): "Excetuando o pagamento das comissões, percentagens e gratificações, o pagamento do salário não pode ser estipulado por período superior a um mês."
11. ROBERTO BARRETO PRADO (Direito do Trabalho, 1.963, pg. 164): "Tendo o salário por finalidade a manutenção do empregado e de sua família, o seu pagamento deve ser feito periòdicamente e em espaços de tempo não muito dilatados. Dispõe o art. 459 da Consolidação que salvo os casos de comissões, percentagens e gratificações, deve o salário do mensalista ser pago o mais tardar até o décimo dia útil do mês subseqüente ao vencido. E se o empregado fôr quinzenalista ou semanalista, o pagamento deverá ser efetuado até o quinto dia útil."
12. ARNALDO SUSSEKIND (Comentários à Consolidação das Leis do Trabalho e à Legislação Complementar, 1.964, vol. III, pg. 382): "... vigoram as seguintes regras sôbre a periodicidade do pagamento dos salários: a) quer se trate de salário ajustado por unidade de tempo, por unidade de obra ou por tarefa, a remuneração básica do empregado, assegurada no contrato ou na lei, não poderá ser paga com intervalos superiores a um mês; b) as gratificações, bem como as percentagens não dependentes dos negócios concluídos pelo empregado (p. ex.: gratificação de balanço ou participação nos lucros da empresa) serão pagas nas épocas estabelecidas, livremente, nos acôrdos ou atos que as instituíram; c) as comissões ou percentagens devidas em função dos negócios concluídos pelos empregados vendedores serão pagas mensalmente ou, se houver acôrdo entre os contratantes, até três meses após a aceitação dos respectivos negócios pela empresa."

A JURISPRUDÊNCIA

1. TST (RR. n. 4.231/58, r. M. Hildebrando Bisaglia, DJ. de 22.1.1.960, in Sussekind, Comentários, vol. III, pg. 383): "O pagamento se realiza efetivamente

dentro dos dez primeiros dias corridos do mês seguinte ao vencido e, se o décimo dia recair em domingo, prorrogar-se-á para o dia útil subseqüente."
2. TST (A. de 11.8.59, 3.ª T. RR. 4.231/58, r. M. Hildebrando Bisaglia, DJ, de 22.1.1.960, pg. 212, RTST, 1.961, pg. 173): "O empregador não tem o prazo de dez dias úteis para o pagamento do salário subseqüente ao mês vencido. Deverá pagá-lo dentro dos dez primeiros dias *corridos* do mês subseqüente ao vencido, prorrogando-se o prazo para o primeiro dia útil se o décimo dia recair em domingo ou feriado."
3. TST (A. de 15.5.1.959, 1.ª T. AI 48/59, r. M. Pires Chaves, DJ. de 21.8.59, pg. 2.871, RTST, 1.961, pg. 82): "O prazo do art. 459, § único, da Consolidação, é de direito material e se distingue dos prazos processuais de que trata o mesmo diploma nos arts. 770 e 776."

OBSERVAÇÕES.

A estipulação dos prazos de pagamento dos salários nos padrões existentes em nossos dias, tem raízes históricas que se perdem nos tempos, resultando de uma tradição milenária. Claude Fohlen (Nacimiento de una Civilización Industrial, 1.765-1.875) diz que na Europa de 1.800 o pagamento do salário se dava no sábado, geralmente, em cada semana, em cada quinzena ou, às vêzes, em cada mês, mas "los patronos de Lille preferían escoger un día cualquiera durante la semana", a alguns parecia que o sábado não era dia propício, "porque predispone a los assalariados a derrochar sus parcos ingresos en la taberna o el cafetín de baja estofa. "Os obreiros do *domestic system* eram submetidos a regime distinto e recebiam a paga quando entregavam o trabalho terminado. As legislações atuais estabelecem o prazo máximo de 30 (trinta) dias e algumas fixam um limite bastante curto. Como ensina Barassi (Il Diritto del Lavoro) o pagamento postergado deriva da proporcionalidade lógica do preço de uma prestação que não é instantânea, mas de trato sucessivo, daí a periodicidade do cumprimento da obrigação, em correspondência, também, com o propósito de satisfação das necessidades alimentares. No plano internacional, a Convenção n. 95 preconiza a observância de intervalos regulares de pagamento.

Em nosso direito, a periodicidade pode ser sintetizada nas seguintes regras fundamentais:

1 — Os salários serão pagos em intervalos máximos de 30 (trinta) dias para os mensalistas, mas nada impede a redução dêsse prazo, através de ajuste, para 15 (quinze) dias, uma semana, ou ainda, o pagamento diário.

2 — As gratificações contratuais, nas épocas convencionadas.

3 — O 13.º salário, em duas parcelas, até o dia 20 de dezembro de cada ano e entre os meses de fevereiro e novembro; quando o empregado o requerer, a primeira metade será paga ao entrar em férias. Nas rescisões, com o próprio ato (D. 57.155, de 3.11.1.965).

4 — As comissões, em períodos não superiores a 3 (três) meses.

Se o pagamento dos salários ultrapassar dêsses prazos, pode configurar-se a mora salarial, pressuposto jurídico da rescisão contratual por iniciativa do empregado. (Ver Questões 132 e 133).

131. **HORÁRIO DO PAGAMENTO.** — O PAGAMENTO DO SALÁRIO DEVE SE DAR DENTRO OU FORA DA JORNADA DE TRABALHO?

A LEI.

Art. 465. — O pagamento dos salários será efetuado em dia útil e no local do trabalho dentro do horário do serviço ou imediatamente após o encerramento dêste (DL. n. 5.452, de 1.5.1.943).

A DOUTRINA.

1. JOSÉ MARTINS CATHARINO (Tratado Jurídico do Salário, 1.951, pg. 671): "Pode acontecer, em alguns casos, o pagamento nas horas de trabalho provocar a redução indireta do salário. É o que ocorrerá, por exemplo, quando o empregado fôr pago por unidade de obra. Melhor teria sido que o legislador impusesse o pagamento em dia útil que o empregado trabalhasse, como aliás, deve ser compreendida a locução dia útil."
2. ALUYSIO SAMPAIO e PAULO JORGE DE LIMA (Dicionário Jurídico Trabalhista, 1.962, pg. 129): "... Deve ser efetuado em moeda corrente do país, contra recibo, assinado pelo empregado, ou com sua impressão digital, ou a seu rôgo, em dia útil, no local de trabalho, dentro do horário de serviço ou imediatamente após o seu encerramento."
3. ADRIANO CAMPANHOLE (Prática e Jurisprudência Trabalhista, 1.962, pg. 334): "O pagamento durante o expediente ou imediatamente após o encerramento dêste, tem por mira facilitar ao empregado o seu regresso imediato ao lar, para o merecido repouso, depois de sua jornada de trabalho. Fazê-lo esperar longo tempo para o recebimento de seus salários, implicaria, ainda, no fato de ficar êle à disposição da emprêsa, com direito aos salários das horas de espera, o que para a própria emprêsa constituiria prejuízo evidente."
4. CESARINO JÚNIOR (Direito Social Brasileiro, 1.963, pg. 217, vol. II): "O empregador não pode estabelecer um horário especial para o empregado voltar para receber o salário."
5. ORLANDO GOMES e ELSON GOTTSCHALK (Curso Elementar de Direito do Trabalho, 1.963, pg. 229): "A emprêsa que sujeita seus empregados à espera por uma ou duas horas, após o término da jornada, para pagamento do salário, além da sanção de caráter administrativo, estará obrigada ao pagamento dessas horas na base do salário, a título de indenização."
6. ALUÍSIO JOSÉ TEIXEIRA GAVAZZONI SILVA (Comentários à Consolidação das Leis do Trabalho, vol. II, 1.963, pg. 211): "Não é possível, por conseguinte, determinar o empregador aos seus empregados que se dirijam a terceiros para receber o pagamento, nem marcar hora que não corresponda à do trabalho, para efetuar o pagamento, nem mesmo pagar o salário em domingo ou feriado."
7. MOZART VICTOR RUSSOMANO (Comentários à Consolidação das Leis do Trabalho, 1.960, vol. III, pg. 733): "O patrão que infringir a lei no ponto referido sofrerá as conseqüências administrativas previstas na Consolidação. Fora disso, a impressão geral é a de que o infrator não sofrerá nenhuma outra penalidade, a não ser pagar ao empregado a indenização dos danos que, com essa conduta ilegal, lhe tenha causado e que venham a ser, cabalmente, comprovados."
8. ARNALDO SUSSEKIND (Comentários à Consolidação das Leis do Trabalho e à Legislação Complementar, 1.964, vol. III, pg. 409): "A expressão "dias úteis" deve ser entendida como "dias de trabalho". ... "A expressão "imediatamente após" significa "em seguida", "em continuação" à jornada de trabalho. Seria desarrazoado qualquer outro entendimento, pois o trabalhador não deve permanecer, desnecessàriamente, à disposição do empregador, sem que se lhe assegure a percepção do correspondente salário. "..." "... além de sujeitar-se à multa aplicável pelas autoridades do Ministério do Trabalho, deverá o empregador pagar ao empregado, a título de indenização, os salários correspondentes ao tempo em que ficou à sua disposição e, bem assim, se fôr

o caso, as despesas de transporte realizadas para receber o pagamento em dia de repouso compulsório ou em local distante do de trabalho."
9. DÉLIO MARANHÃO (Direito do Trabalho, 1.966, pg. 172): "O pagamento será efetuado em dia útil e no local de trabalho, dentro do horário de serviço ou imediatamente após o encerramento dêste."

A JURISPRUDÊNCIA.

1. STF (RE. n. 39.879, TP., r. M. Pedro Chaves, DJ. de 18.1.62, in Russomano, Comentários, vol. III, pg. 410): "É devido salário ao empregado, pelo tempo em que fica à disposição do empregador, mesmo para receber pagamento."
2. TST (A. de 16.4.57, 1.ª T., RR. 50/57, r. M. Caldeira Neto, RTST, 1.959, pg. 41): "Ainda que tenha decorrido algum tempo (2½ a 3 horas) entre o término da jornada de trabalho e o início do pagamento, não há como considerar, para efeito de remuneração de horas extraordinárias, que os empregados, durante êsse espaço de tempo, estivessem à disposição do empregador."
3. TST (A. de 29.10.57, 3.ª T., RR. 1.464/57, r. M. Hildebrando Bisaglia, DJ. de 17.1.58, pg. 186, RTST, 1.959, pg. 156): "Durante o tempo em que, após a jornada de trabalho, o empregado aguarda o pagamento de seu salário, por certo encontra-se à disposição da emprêsa, embora sem trabalhar."

OBSERVAÇÕES.

Segundo a orientação do nosso direito, os salários devem ser pagos em dia que coincida com a prestação de serviços do trabalhador, durante o expediente ou imediatamente após o seu encerramento, sendo vedado ao empregador designar um outro dia para êsse fim ou submeter os seus empregados à espera prolongada.

A violação dêsses preceitos o sujeitará às sanções administrativas e à reparação pecuniária correspondente ao salário do tempo de espera ou despesas de transporte, a título de indenização.

TÍTULO DÉCIMO — A MORA SALARIAL

132. MORA SALARIAL. — COMO SE CONFIGURA A MORA SALARIAL?

A DOUTRINA.

1. JOSÉ MARTINS CATHARINO (Tratado Jurídico do Salário, 1.951, pg. 678): "Se o empregador não pagar o salário parcial no têrmo fixado no contrato, ou dentro do período impôsto por lei, torna-se devedor remisso do empregado."
2. ARNALDO SUSSEKIND (Instituições de Direito do Trabalho, 1.957, vol. I, pg. 478): "Sòmente após o decurso do prazo de tolerância concedido ao empregador para pagar os salários dos seus empregados, configura-se a mora concernente a essa obrigação."
3. JOSÉ MARTINS CATHARINO (Contrato de Emprêgo, 1.962, pg. 164): "Se o empregador não pagar no prazo legal ou contratual estará em mora. (C. C., art. 955 e seguintes)."
4. ARNALDO SUSSEKIND (Comentários à Consolidação das Leis do Trabalho e à Legislação Complementar, 1.964, vol. III, pg. 383): "Com a fluência dos prazos mencionados no item anterior (décimo dia útil do mês subseqüente, ou quinto dia útil) sem que o empregador haja cumprido a obrigação de pagar a remuneração devida ao empregado, configura-se a mora salarial."
5. JOSÉ MARTINS CATHARINO (Em defesa da estabilidade, 1.966, pg. 88): "O empregador, devedor de salários, se não pagar no devido tempo, incorre em *mora solvendi*..."

6. DÉLIO MARANHÃO (Direito do Trabalho, 1.966, pg. 164): "Não efetuando o pagamento no tempo devido, fica o empregador em mora: "O inadimplemento da obrigação, positiva e líquida, no seu têrmo, constitui, de pleno direito, em mora o devedor" (art. 960 do Código Civil). A mora, por outro lado, mesmo neste caso (mora *ex re*), pressupõe culpa. Comentando o art. 963 do Código Civil, escreve Carvalho Santos que por três causas deixa de ser o fato ou omissão imputável ao devedor: a) por ser imputável ao credor; b) por resultar de fôrça maior; c) por se ver forçado o devedor independentemente de sua vontade, a retardar o pagamento."
7. NÉLIO REIS (Alteração do Contrato de Trabalho, pg. 290): "Somos, assim, por fixar, de início, dois requisitos essenciais para a apuração da mora salarial: a) recusa do empregador no pagamento; b) intenção do empregado em receber a remuneração oferecida."

A JURISPRUDÊNCIA.

1. TRT, 2.ª (P. n. 3.707/62, A. n. 3.256/63, r. Carlos Bandeira Lins, MT., dezembro-1.963): "Demonstrada a impontualidade no pagamento salarial, tem-se aí a inobservância do empregador à disposição expressa da lei, antes de constituir o fato uma grave violação do contrato a que se não pode sujeitar o trabalhador que vive apenas da percepção de seus salários."
2. TRT, 2.ª (P. n. 3.240/62, A. n. 2.565/63, r. Antônio José Fava, MT., novembro-1.963): "Em caso de mora salarial, não há que falar em fôrça maior, decorrente de dificuldades financeiras. Trata-se, na hipótese, de risco de negócio, a que se expõe o empreendedor. O salário é vital para o trabalhador a quem compete produzir. Ao empregador incumbe pagar ditos salários nos prazos fixados pela lei."
3. TRT, 2.ª (P. n. 2.636/57, A. n. 362/58, r. Hélio de Miranda Guimarães, MT., março-1.958): "Nulo é o acôrdo firmado entre a emprêsa e os seus empregados para efetuar o pagamento dos salários dêstes depois do décimo dia útil do mês subseqüente ao vencido. O pagamento reiterado dos salários fora do tempo estabelecido em lei, demonstra a mora salarial."
4. TRT, 2.ª (P. n. 1.701/58, A. n. 1.794/58, r. Gilberto Barreto Fragoso, MT., agôsto-1.958): "Se os salários do empregado sempre estiverem à sua disposição e não foram recebidos por sua culpa exclusiva, em mora não incorreu o empregador. É do Código Civil, artigo 963, o princípio de que "não havendo fato ou omissão imputável ao devedor, não incorre êste em mora."

OBSERVAÇÕES.

De uma forma geral, a mora salarial pode configurar-se através de dois critérios: a mora *ipso jure,* pelo simples transcurso dos prazos estabelecidos para o pagamento, é a mora *ex re;* ou a mora *ex persona*, quando sujeita à interpelação, notificação ou protesto à falta de estipulação do prazo para o cumprimento da obrigação.

A impontualidade em pagar salário, consubstancia a mora *ex re,* pelo retardamento no cumprimento da obrigação de pagar nos dias próprios, salvo caso fortuito ou fôrça maior. No direito espanhol, segundo Manuel Alonso Garcia (Curso de Derecho del Trabajo), o reconhecimento da dívida no processo tem o efeito de purgar a mora.

133. **EFEITOS DA MORA SALARIAL.** — QUAIS AS CONSEQÜÊNCIAS JURÍDICAS DA MORA SALARIAL?

A LEI. (Vide página 405)

A DOUTRINA.

1. ORLANDO GOMES (O Salário no Direito Brasileiro, 1.947, pg. 75): "A impontualidade no pagamento do salário é inadimplemento de obrigação essencial resultante do contrato de trabalho. Conseqüentemente, a mora, nesse caso, constitui justa causa de rescisão do contrato pelo credor, ou seja, pelo empregado."
2. JOSÉ MARTINS CATHARINO (Tratado Jurídico do Salário, 1.951, pg 678): "Podem ser destacadas três soluções: a) assegurar ao empregado o direito de reclamar o salário vencido e mais os juros de mora; b) facultar ao mesmo a prerrogativa de rescindir o contrato por inadimplemento do empregador e reclamar as indenizações correspondentes; c) garantir o direito do empregado escolher, dentre as duas soluções precedentes, a que lhe fôr mais conveniente e mais em harmonia com a "mens legis". O retardamento no pagamento do salário concede ao empregado o direito de reter a prestação — ficar inativo — enquanto o empregador não puser em dia sua obrigação principal, baseado aquêle na "exceptio non adimpleti contractus."
3. ADAUCTO FERNANDES (Direito Industrial Brasileiro, vol. II, pg. 509, 1.952): "A mora do empregador subtrai o empregado e o deixa isento de culpa, ou de dolo à responsabilidade por qualquer falta cometida em virtude de não haver o patrão cumprido as obrigações de assegurar e facilitar o trabalho. Em tal emergência jurídica o empregador ainda fica obrigado a indenizar tôdas as despesas realizadas pelo empregado, que as recebe pela sua mais alta estimação, se o valor das prestações devidas oscilar entre o tempo do contrato e o do pagamento."
4. ARNALDO SUSSEKIND (Instituições de Direito do Trabalho, vol. I, pg. 475, 1.957): "Se o pagamento efetuado por meio ilícito ou em local ou momento, que não os predeterminados pela lei, sujeita o empregador à repetição ou ressarcimento precipitados, certo é que sua intempestividade ou o inadimplemento, total ou parcial, da obrigação propiciam ao empregado o direito de optar entre a sobrevivência do contrato de trabalho ou sua rescisão, assegurando-se-lhe, sempre, o direito de cobrar os salários não pagos. De conseguinte, na hipótese de pagamento intempestivo, poderá o empregado, se lhe convier, pleitear a rescisão do respectivo contrato, com a indenização correspondente; no caso de incumprimento da obrigação salarial, poderá simplesmente exigir, judicialmente, o pagamento do salário ou requerer a rescisão do contrato, além da cobrança do salário."
5. DORVAL DE LACERDA (A Falta Grave no Direito do Trabalho, pg. 265, 1.960): "... a impontualidade determinaria sempre o direito à denúncia, a menos que motivada em razões imperiosas."
6. ALUÍSIO SAMPAIO e PAULO JORGE DE LIMA (Dicionário Jurídico Trabalhista, 1.962, pg. 117): "A mora salarial, por ser o descumprimento por parte do empregador de cláusula essencial do contrato enseja ao empregado o direito de considerar rescindido o contrato e pleitear a indenização por tempo de serviço."
7. MOZART VICTOR RUSSOMANO (Comentários à Consolidação das Leis do Trabalho, vol. III, pg. 861, 1.960): "... O empregador, porém, deve absoluta fidelidade às obrigações contraídas. Se deixar, por isso de manter o empregado no seu cargo verdadeiro; de pagar o salário na forma, pelo modo e com a quantia ajustados; de respeitar o horário que foi escolhido; de conservar o empregado no mesmo lugar; etc., haverá despedida-indireta (exceto nos casos em que a lei lhe faculte a alteração unilateral do contrato, na forma dos arts. 458 e segs.)."
8. JOSÉ MARTINS CATHARINO (Contrato de Emprêgo, 1.962, pg. 164): "... Em princípio, impedirá a execução tardia a inutilidade da obrigação, a critério do credor. De outro lado, não recebendo o seu salário, pode o empregado

suspender a entrega da sua prestação-trabalho (C. C., art. 1.092). Os juros moratórios são devidos a partir do momento em que se consumou a impontualidade, porque quase sempre, a obrigação de pagar salários é líquida e positiva." ... "Pode, entretanto, o empregado-credor, prejudicado com o retardamento, denunciar a relação de emprêgo, praticando demissão com justa causa, com fundamento no artigo 483, letra *d*, da Consolidação, e pleitear a respectiva indenização, pelos prejuízos advindos (ver C. C., arts. 956, 1.056 a 1.058)."

9. ALUÍSIO JOSÉ TEIXEIRA GAVAZZONI SILVA (Comentários à Consolidação das Leis do Trabalho, 1.963, vol. II, pg. 195): "... quanto aos dias de tolerância para o pagamento dos salários ao empregado, o prazo é fixado pelo parágrafo único do artigo em foco. Sòmente depois de esgotados, é que tem direito o empregado de exigir judicialmente do empregador o pagamento. Antes, será julgado carecedor de ação (art. 459)."

10. ORLANDO GOMES e ELSON GOTTSCHALK (Curso Elementar de Direito do Trabalho, 1.963, pg. 230): "Por outro lado, a infração ao princípio da periodicidade no pagamento do salário pode acarretar: a) multa; b) o pagamento de juros moratórios; c) a rescisão do contrato de trabalho. A primeira solução não repara o prejuízo sofrido pelo empregado. Deve-se acompanhar, portanto, de sanção civil. O empregador que não paga o salário no tempo devido, retarda injustamente o cumprimento da obrigação, cai em mora. Sujeita-se, pois, ao pagamento de juros moratórios, que em algumas legislações são fixados em 5% por semana (Espanha). A mora, neste caso, constitui impontualidade no pagamento do salário, sendo, consequentemente, inadimplemento de obrigação, que justifica a rescisão do contrato pelo credor, ou seja, pelo empregado. É a solução mais acertada, a acolhida, aliás, pelo nosso direito (Consolidação das Leis do Trabalho, art. 483). Não se exclui, porém, a solução alternativa, visto como pode ser do interêsse do empregado a permanência do vínculo e a cobrança dos juros moratórios, embora esta solução não seja mais tentadora para o empregado, tendo em vista a baixa taxa de juros legais vigorante entre nós."

11. ARNALDO SUSSEKIND (Comentários à Consolidação das Leis do Trabalho e à Legislação Complementar, 1.964, vol. III, pg. 383): "... o inadimplemento por parte do empregador ou o cumprimento intempestivo da mencionada obrigação propiciam ao empregado o direito de optar entre a sobrevivência do contrato de trabalho ou sua rescisão, assegurando-se-lhe, sempre, o direito de cobrar os salários não pagos."

12. DÉLIO MARANHÃO (Direito do Trabalho, 1.966, pg. 165): "A falta reiterada do pagamento do salário no momento oportuno traduz descumprimento de obrigação contratual, e vivendo o empregado do salário que percebe, não poderá ficar sujeito a tal inadimplemento, seja por que motivo fôr, facultando-lhe a lei resolver o contrato (art. 483, alínea *d*, da Consolidação)."

A JURISPRUDÊNCIA.

1. TST (A. de 7.8.1.956, 1.ª T., RR. n. 799/56, r. M. Astolfo Serra, RTST, 1.957, pg. 432): "Quando o próprio empregado reconhece que sempre recebeu em dia certo os seus salários, o simples atraso no pagamento em virtude de má situação financeira da emprêsa não justifica a rescisão contratual."
2. TST (A. de 31.7.1.956, 1.ª T., RR. n. 689/56, r. M. Oliveira Lima, RTST, 1.957, pg. 416): "Na hipótese de pequeno atraso no pagamento de salários quando a emprêsa atravessa difícil situação econômica, é admissível que o Juiz, ponderando as circunstâncias do caso, deixe de fazer rígida aplicação do texto de lei — art. 483, alínea "d", da C.L.T. — para não incidir no "summum ius, summa injuria"."
3. TST (A. de 30.11.1.954, 3.ª T., P. n. 2.624/53, r. M. Bezerra de Menezes, RTST., 1.957, pg. 548): "A falta de pagamento dos salários na época ajustada constitui justo motivo para a rescisão do contrato de trabalho por iniciativa do empregado, nos têrmos do artigo 483 da C.L.T."
4. TST (A. de 23.8.1.955, 3.ª T., P. n. 5.757/54, r. M. Júlio Barata, RTST, 1.957, pg. 548): Igual ao n. 3.

5. TST (A. de 15.9.1.955, 2.ª T., P. n. 6.689/53, r. M. Edgard Sanches, RTST, 1.957, pg. 548): Igual ao n. 3.
6. TST (A. de 24.5.1.955, 1.ª T., P. n. 5.791/53, r. M. Oliveira Lima, RTST, 1.957, pg. 133): Igual ao n. 2.
7. TST (A. de 27.10.1.955, 3.ª T., P. n. 3.259/55, r. M. Júlio Barata, RTST, 1.957, pg. 263): "O pagamento dos salários, pelo caráter alimentar que os mesmos têm para o empregado, constitui das primeiras obrigações do empregador. Quando não cumprida essa obrigação, configura-se legítimo fundamento para rescisão contratual por iniciativa do empregado. Mas, essa "justa causa" rescisória deve ser admitida com tôda prudência e atenção, pois, a lei protege principalmente o trabalho, como base que é da tranqüilidade da família e da própria paz social, e, portanto, sòmente em última análise, quando as circunstâncias e peculiaridades de cada caso impossibilitarem ou desaconselharem a continuação do contrato, é que deverá o atraso no pagamento dos salários determinar ou autorizar a rescisão."
8. TST (A. de 21.10.1.955, 1.ª T., P. n. 5.216/54, r. M. Astolfo Serra, RTST, 1.957, pg. 342): Igual ao n. 2.
9. TST (A. de 1.10.1.956, 2.ª T., RR. n. 1.278/56, r. M. Oscar Saraiva, RTST, 1.957, pg. 458): "Não é a mera ocorrência de atraso salarial que justifica a declaração da rescisão do contrato de trabalho, mas o atraso injustificado, malicioso ou insuportável."
10. TST (A. de 14.6.1.956, 3.ª T., RR. n. 114/56, r. M. Jonas de Carvalho, RTST, 1.957, pg. 400): "O eventual atraso no pagamento de salários não constitui justa causa para rescisão do contrato de trabalho pelo empregado, especialmente quando fôr êle portador de estabilidade."
11. TST (A. de 1.9.1.958, 2.ª T., RR. n. 219/58, r. M. Thélio Monteiro, RTST, 1.960, pg. 129): "Sòmente a falta de pagamento dos salários não variáveis, sem razão aceitável, no prazo fixado pela lei, constitui o empregador em mora autorizando o empregado a considerar rescindido o contrato de trabalho."
12. TST (A. de 1.7.1.958, 3.ª T., RR. n. 3.713/57, r. M. Antônio Carvalhal, RTST, 1.960, pg. 184): Igual ao n. 3.
13. TST (A. de 16.6.1.958, 2.ª T., RR. n. 381/58, r. M. Luiz França, RTST, 1.960, pg. 148): Igual ao n. 3.
14. TST (A. de 18.8.1.958, T. P., RR. n. 2.360/57, r. M. Oliveira Lima, RTST, 1.960, pg. 4): "Atraso no pagamento dos salários, numa fase em que se processa a sucessão dos empregadores, não justifica a resolução do contrato de trabalho com a sucessora."
15. TST (A. de 14.5.1.964, RR. n. 6.013/63, r. M. Thélio da Costa Monteiro, LTr. 30/173): "A mora salarial reiterada, injustificada e insuportável, enseja a rescisão do contrato de trabalho."
16. TRT, 1.ª (DJ. de 10.8.1.950, in Alonso Caldas Brandão, Consolidação das Leis do Trabalho Interpretada, pg. 451): "A impontualidade no pagamento dos salários constitui justa causa para os empregados considerarem rescindidos seus contratos e pleitearem as devidas indenizações."
17. TRT, 1.ª (A. de 4.6.1.954, D. J. de 30.7.1.954, in Alonso Caldas Brandão, Consolidação das Leis do Trabalho Interpretada, pg. 451): Igual ao n. 16.
18. TRT, 1.ª (P. n. 1.478, D. J. de 4.1.1.949, Alonso Caldas Brandão, Consolidação das Leis do Trabalho Interpretada, pg. 451): "A lei limita os prazos para pagamento da remuneração devida ao empregado, mas, no seu conjunto, essa mesma lei não admite que o empregado que, por mais de 37 anos consecutivos, sempre recebeu em dia seus salários, sirva-se impensadamente, de um atraso de poucos dias, verificado em face de tormentosa situação econômica, para procurar rescindir aquêle antigo vínculo, para beneficiar-se com alta indenização."
19. TRT, 1.ª (P. n. 1.419, D.J. de 28.11.1.949, Alonso Caldas Brandão, Consolidação das Leis do Trabalho Interpretada, pg. 451): "O atraso no pagamento salarial constitui o empresário em mora, autorizando a rescisão do contrato de trabalho por parte do empregado que, nesse caso, fará jus às indenizações legais"

20. TRT, 1.ª (P. n. 573/57, r. Délio Maranhão, LTr. 21/263): "Atraso injustificado de pagamento de salário, superior a um mês, constitui justa causa para resolução do contrato pelo empregado."
21. TRT, 1.ª (P. n. 363/58, r. Celso Lanna, DJU. de 22.8.1.958, LTr. 22/269): "A mora salarial reiterada, já objeto de ação anterior, enseja a rescisão do contrato de trabalho."
22. TRT, 1.ª (RO n. 1.267/57, de 19.11.1.957, r. Álvaro Ferreira da Costa, LTr. 22/81): "A reiteração da mora salarial enseja a rescisão indireta do contrato de trabalho. Entretanto, se o empregado ao invés de procurar os seus direitos pelo caminho acertado, prefere aliciar e aconselhar os companheiros de trabalho a tomarem decisão no sentido de paralisação do trabalho, concorre com o empregador na culpa pela rescisão."
23. TRT, 1.ª (RO n. 1.273/57, de 18.12.1.957, r. João Batista de Almeida, LTr. 22/134): "A mora salarial permite ao empregado considerar rescindido seu contrato de trabalho, com direito à indenização."
23. TRT, 1.ª (RO n. 1.273/57, de 18.12.1.1957, r. João Batista de Almeida, LTr. 27/518): "A mora salarial para justificar a rescisão do contrato de trabalho há que estar revestida de agravantes tais que possam, de fato, comprometer a relação de emprêgo. Não será o atraso excepcional, jamais repetido, que ensejará a rescisão, máxime se se tratar de empregado antigo que mais nada tem a alegar contra seu empregador."
25. TRT, 2.ª (P. n. 2.423/57, A. n. 97/58, r. Hélio de Miranda Guimarães, MT., fevereiro de 1.958): "A tempestividade do pagamento dos salários é exigida por tôdas as legislações. A nossa, por motivos óbvios, dá, mesmo, um prazo de tolerância ao empregador para o pagamento do salário. Ultrapassado êsse prazo ao empregado fica assegurada a alternativa de pleitear a rescisão do contrato ou os salários atrasados."
26. TRT, 2.ª (P. n. 2.482/57, A. n. 153/58, r. Hélio de Miranda Guimarães, MT., fevereiro de 1.958): Igual ao n. 25.
27. TRT, 2.ª (P. n. 2.106/57, A. n. 943/58, r. Décio de Toledo Leite, MT., maio de 1.958): Igual ao n. 25.
28. TRT, 2.ª (P. n. 1.523/60, A. n. 2.548/60, r. Wilson de Souza Campos Batalha, MT., novembro de 1.960): "Prevê a lei a possibilidade do empregado considerar rescindido o contrato e pleitear a devida indenização, quando ocorrer a mora salarial. Entretanto, não é admissível que pretenda o empregado, mediante ato de franca rebeldia, por meio de greve de que foi partícipe, exercer as suas próprias razões. Nenhum dispositivo legal poderia amparar a greve em tal hipótese."
29. TRT, 2.ª (P. n. 2.521/59, A. n. 571/60, r. José Teixeira Penteado, MT., julho de 1.960): "Encontrando-se a emprêsa em mora no pagamento dos salários dos seus empregados, o ato dêstes paralisando os serviços até que sejam pagos os seus créditos salariais, não constitui falta grave, por isso que poderiam êles com fundamento no artigo 483, letra "d", da Consolidação das Leis do Trabalho, dar por rescindidos os seus contratos de trabalho e pleitear a indenização devida."
30. TRT, 2.ª (P. n. 2.473/59, A. n. 4.144/59, r. Carlos Bandeira Lins, MT., maio de 1.960): "Sinalagmático que é o contrato de trabalho, estando a emprêsa incursa em *mora solvendi* no tocante ao pagamento dos salários dos seus empregados, não há como admitir a exigência imposta aos seus empregados com relação à prestação de serviços, quando ela própria se mostra inadimplente."
31. TRT, 2.ª (P. n. 1.985/63, A. n. 3.152/63, r. Hélio de Miranda Guimarães, MT., dezembro de 1.963): Igual ao n. 30.
32. TRT, 2.ª (P. n. 1.308/58, A. n. 934/59, r. Hélio de Miranda Guimarães, MT., julho de 1.959): "Confessada a mora, positivado o atraso no pagamento dos salários, caracterizando-se, assim, o descumprimento da principal obrigação da empregadora decorrente do contrato de trabalho, inquestionável é o direito do empregado às indenizações legais."
33. TRT, 2.ª (P. n. 3.154/58, A. n. 2.110/59, r. José Teixeira Penteado, MT., outubro de 1.959): "Não deve o empregado sem motivo relevante abrir mão da estabilidade. A lei protege o trabalho, principalmente por ser êle fator

de tranqüilidade da família e da própria paz social. Sòmente quando as circunstâncias e peculiaridades de cada caso impossibilitarem ou desaconselharem a continuação do contrato, é que deverá a mora salarial autorizar a sua rescisão."

34. TRT, 2.ª (P. n. 2.783/61, A. n. 3.726/61, r. José Teixeira Penteado, MT., fevereiro de 1.962): "Para que a indenização por rescisão indireta seja devida, não é necessário que o atraso salarial decorra de culpa subjetiva do empregador, basta que objetivamente haja o retardamento, repetidamente. Se na audiência a emprêsa não pode solver a mora, em virtude de dificuldades financeiras, não pode o empregado ficar prêso ao contrato, quando a empregadora descumpre a sua obrigação de retribuir os serviços por êle prestados, mensalmente."

35. TRT, 2.ª (P. n. 713/65, A. n. 3.587/65, r. Hélio Tupinambá Fonseca, MT., outubro de 1.965): "Deixando de cumprir com sua obrigação, relativa ao pagamento na época certa, dos salários, não pode a emprêsa exigir dos seus empregados que cumpram com a sua obrigação. É ela parte inadimplente, nada tendo os empregados a ver com a sua situação econômico-financeira. Realmente, se ao empregado não é lícito participar dos lucros do empreendimento, justo também não é que sofra êle qualquer prejuízo, quando das dificuldades econômicas ou financeiras da emprêsa. Comprovada a mora salarial, a rescisão se operá por culpa da emprêsa."

36. TRT, 2.ª (P. n. 2.630/63, A. n. 554/64, r. Homero Diniz Gonçalves, MT., março de 1.964): "Resultando provado que o empregado não recebe os seus salários no devido momento, tem êle o indubitável direito de rescindir o contrato de trabalho."

37. TRT, 4.ª (P. n. 1.965/59, de 15.9.1.960, r. Jorge Surreaux, LTr. 25/137): "O atraso no pagamento dos salários dá direito ao empregado de, valendo-se das disposições do art. 483 da Consolidação, dar como denunciado o contrato de trabalho."

OBSERVAÇÕES.

Das conseqüências jurídicas preconizadas nos diversos sistemas jurídicos para o atraso no pagamento dos salários, o nosso direito prevê a rescisão do contrato de trabalho, a critério do empregado. A jurisprudência, muitas vêzes, se o atraso é excepcional, adota uma política de manutenção do vínculo empregatício.

Os julgados têm sofrido forte influência de cada caso concreto e das circunstâncias que os cercam. É minoritária a corrente *objetivista,* que vê no simples decurso do prazo a plena configuração da mora salarial.

Os juros de mora serão sempre devidos além da correção monetária.

No direito italiano a mora salarial também rescinde o contrato: Guidotti (La retribuzione nel rapporto di lavoro, Milano, 1.956, pg. 423), Sanseverino (Diritto del lavoro, Padova, 1.958, pg. 318), De Litala (Il contratto di lavoro, Torino, 1.956, pg. 555), Mazzoni (Manuale di diritto del lavoro, 1.958, pg. 374), Di Marcantonio (Appunti di diritto del lavoro, Milano, 1.958, pg. 176). No mesmo diapasão afina-se o direito mexicano, no qual o empregado pode rescindir o contrato e exigir uma indenização de três meses de salário (Mário de la Cueva, Derecho Mexicano del Trabajo, pg. 707). A lei espanhola sôbre contrato de trabalho, de 21 de novembro de 1.931, artigo 87, inciso III, dispunha: "el patrono está obligado en todo caso a satisfacer puntualmente la retribuición convenida y, en caso de demora, a pagar ademàs al trabajador el cinco por ciento mensual, en concepto de interéses." Mas a nova lei, de 27 de janeiro de 1.944, artigo 75, deixou ao critério do magistrado fixar a indenização. Idêntica a orientação adotada na Argentina (Pozzo, Manual de Derecho del Trabajo, pg. 245).

134. **PURGAÇÃO DA MORA EM AUDIÊNCIA.** — EM CASO DE LITÍGIO A MORA SALARIAL PODE SER PURGADA COM O PAGAMENTO DOS SALÁRIOS EM AUDIÊNCIA?

A DOUTRINA.

1. ARNALDO SUSSEKIND (Comentários à Consolidação das Leis do Trabalho e à Legislação Complementar, vol. III, pg. 384, 1.964): "O pagamento dos salários devidos na primeira audiência perante a Justiça do Trabalho não elide, porém, a mora salarial."
2. DÉLIO MARANHÃO (Direito do Trabalho, 1.966, pg. 165): "Havendo mora, pode o empregador purgá-la em audiência, pagando ao empregado os salários em atraso. Mas se o empregado já havia requerido a resolução do contrato pelo inadimplemento da obrigação contratual do empregador, a purgação não exclui nem impede, juridicamente, essa resolução."
3. JOSÉ MARTINS CATHARINO (Contrato de Emprego, 1.962, pg. 165): "Se o empregador purgar a mora, não caberá a denúncia, nem a resolução judicial (ver C. C. art. 959)."

A JURISPRUDÊNCIA.

1. TST (A. de 2.4.1.956, 2.ª T., P. n. 7.326/55, r. M. Thélio Monteiro, RTST, 1.957, pg. 361): "Se o empregador descumpre as obrigações contratuais, não observando o estatuído no parágrafo único do art. 459 da C. L. T. (prazo para pagamento dos salários), dá ao empregado o direito de considerar rescindido o contrato de trabalho e pleitear a devida indenização (art. 483, alínea "d" da C. L. T.). Certo é, outrossim, que, nesse caso, o pagamento da dívida em audiência não exclui nem prejudica o pedido."
2. TST (A. de 23.8.1.956, 3.ª T., RR. n. 513/56, r. M. Júlio Barata, RTST, 1.957, pg. 361): Igual ao n. 1.
3. TST (A. de 24.4.1.958, 2.ª T., RR. n. 3.544/57, r. M. Thélio Monteiro, RTST, 1.960, pg. 215): Igual ao n. 1.
4. TST (RR. n. 915/59, 1.ª T., r. M. Oliveira Lima, Sussekind, Comentários, vol. III, pg. 385): Igual ao n. 1.
5. TRT, 1.ª (P. n. 953/55, de 5.10.1.955, r. Geraldo Octávio Guimarães, Cadernos de Jurisprudência, 4.ª série, 3.º Caderno, pg. 197): "O pagamento dos salários atrasados na audiência não exclui, nem prejudica o pedido de rescisão contratual, fundado no art. 483 da Consolidação das Leis do Trabalho."
6. TRT, 2.ª (P. n. 1.605/61, de 13.2.1.962, r. Hélio de Miranda Guimarães, Repertório de Decisões Trabalhistas, vol. IV, pg. 115): "A reclamada pagou em audiência quantia superior a sessenta mil cruzeiros. A reclamação na qual a reclamante considerou rescindido o seu contrato foi distribuída em dezembro. A audiência inicial só se realizou em fins de março do ano seguinte. Durante êsse tempo persistiu a mora. Fundou-se o decisório em reconhecer que em todo empreendimento há álea. A reclamada estaria em dificuldades financeiras, já que se acena com a participação nos lucros nada custaria suportar o atraso. Ora, olvidou a decisão que a idéia de comutatividade do contrato de trabalho exclui a álea, no que diz respeito ao trabalhador. Que a noção de contraprestação de serviços ínsita no salário, para os que negam a natureza alimentar do ganho operário, exige que os prazos deliberadamente curtos fixados expressamente pela lei sejam cumpridos. Que o empregado é completamente estranho aos riscos empresários. E se não fôsse perderia até mesmo a sua qualidade de empregado. Ignorou que a atual Carta Magna no que diz respeito à participação nos lucros continua schubertianamente inacabada. E principalmente esqueceu que a purgação da mora não poderia elidir

o pedido eis que a reclamante usando do direito expresso que a lei lhe dá (art. 483 da C.L.T.) já dera por rescindido o contrato."

7. TRT, 2.ª (P. n. 2.666/62, A. n. 262/63, r. Carlos de Figueiredo Sá, MT., março de 1.963): "Se ao tempo da propositura da reclamação a empregadora já tinha regularizado e sanado a mora salarial em que se encontrava, havendo os empregados recebido os salários atrasados, perderam a oportunidade de pleitear a rescisão contratual pelo motivo apontado."
8. TRT, 2.ª (P. n. 306/58, A. n. 1.102/58, r. Hélio de Miranda Guimarães, MT., junho de 1.958): "O fato do empregado receber em audiência os salários de meses pretéritos, que lhe não foram pagos no tempo previsto em lei, não implica em purgação da mora em que incidira o empregador e nem em perdão à falta por êste cometida."
9. TRT, 2.ª (P. n. 2.104/57, A. n. 658/58, r. Antônio José Fava, MT., abril de 1.958): Igual ao n. 8.
10. TRT, 2.ª (P. n. 2.646/59, A. n. 822/60, r. Fernando de Oliveira Coutinho, MT., julho de 1.960): Igual ao n. 8.
11. TRT, 2.ª (P. n. 2.162/58, A. n. 2.462/59, r. José Teixeira Penteado, MT., novembro de 1.959): "O pagamento dos salários em atraso reclamados com os respectivos juros moratórios em audiência, aceito pelos empregados, opera a purgação da mora em que incidira a emprêsa, convalescendo o contrato."
12. TRT, 2.ª (P. n. 2.041/59, A. n. 3.396/59, r. Wilson de Souza Campos Batalha, MT., março de 1.960): "Havendo a emprêsa efetuado o pagamento dos salários em mora do reclamante, logo que teve ciência da reclamação e antes da audiência, pagamento aceito pelo empregado, considerando-se purgada a mora, não será possível, sob o fundamento de mora salarial, decretar-se a rescisão do contrato."

OBSERVAÇÕES.

Duas correntes opostas batem-se em nosso direito, uma admitindo a purgação da mora mediante o pagamento da dívida até a audiência, e nesse caso não caberia a rescisão, e outra considerando que mesmo purgada a mora é cabível a rescisão do contrato de trabalho.

No direito civil, se o devedor oferece a prestação, mais a importância dos prejuízos decorrentes, desaparece a mora (art. 959, Cód. Civil). O ponto de vista de Manuel Alonso Garcia é o seguinte: "La mora no se produce cuando hubo ofrecimiento de pago..." (Curso de Derecho del Trabajo, 1.964, pg. 481). A observação de Eugênio Perez Botija é oportuna: "a índole dos salários, a peremptória necessidade que dêle tem o trabalhador e os abusos que pode cometer a emprêsa quando não paga pontualmente, requerem medidas mais intensas que aquelas contidas no direito civil (Derecho del Trabajo, pg. 235)."

Sob o prisma do interêsse social há que prevalecer, em primeiro lugar, o interêsse público da preservação do emprêgo sôbre o particular do empregado seduzido por altas indenizações, pelo que nos contratos em curso é necessário especial cuidado do magistrado antes de declarar a rescisão. Entretanto, nas relações de emprêgo já cessadas, pelo afastamento do empregado denunciante antes de propor a reclamação, desaconselhável será admitir a purgação da mora em audiência. O vínculo empregatício já está desfeito e o cuidado na manutenção do emprêgo esvaziou-se.

135. PAGAMENTO EM DÔBRO E MORA SALARIAL. — SE O CONTRATO É RESCINDIDO POR MORA SALARIAL É ADMISSÍVEL A COMINAÇÃO DO SALÁRIO EM DÔBRO?

A DOUTRINA.

1. ARNALDO SUSSEKIND (Comentários à Consolidação das Leis do Trabalho e à Legislação Complementar, 1.964, vol. III, pg. 420): "Nada obsta — vale sublinhar — que o empregado pleiteie, concomitantemente, a rescisão indenizada do contrato de trabalho em razão da mora salarial, com fundamento no art. 483 da C.L.T., e o pagamento em dôbro dos proventos devidos, baseado no art. 467."
2. DÉLIO MARANHÃO (Direito do Trabalho, 1.966, pg. 172): "Não se pode falar em dupla punição quando se trata, como no caso, de conseqüências diferentes e títulos diversos. Pelo inadimplemento contratual (título em que se baseia a resolução do contrato), tem o empregado direito a ser indenizado. Pelo não pagamento em audiência da dívida salarial confessada (título de que decorre a punição do art. 467), tem o empregado direito a recebê-la em dôbro."

A JURISPRUDÊNCIA.

1. TST (A. de 13.11.1.956, 1.ª T., RR. n. 7/56, r. M. Ferreira da Costa, RTST, 1.957, pg. 483): "Rescindindo-se o contrato de trabalho em virtude de mora salarial, não tem aplicação a dobra prevista no artigo 467 da Consolidação das Leis do Trabalho."
2. TST (A. de 3.7.1.956, 3.ª T., RR. n. 512/56, r. M. Tostes Malta, RTST, 1.957, pg. 409): "Rescindindo os contratos pelo não pagamento dos salários, têm os empregados dois direitos de natureza distinta, assegurados por lei: o de receber os salários vencidos até a audiência — pena de pagamento em dôbro — e as indenizações próprias da rescisão (em dôbro quando estável o trabalhador)."
3. TST (A. de 28.4.1.958, 2.ª T., RR. n. 2.982/57, r. M. Délio Maranhão, RTST, 1.960, pg. 47): Igual ao n. 2.
4. TRT, 1.ª (P. n. 965/56, r. Homero Prates, LTr. 21/151): "Quando o motivo invocado para a despedida indireta é a mora salarial (art. 483, letra "d" da C.L.T.) não cabe o pagamento dos salários vencidos em dôbro, uma vez que êsse inadimplemento do contrato por parte do empregador é o que constitui precisamente a causa determinante do pedido de indenização."
5. TRT, 1.ª (P. n. 601/58, r. Délio Maranhão, DJU, de 22.8.1.958, LTr. 22/268): "A resolução do contrato com base em mora salarial não exclui o direito de haver em dôbro salários confessados e não pagos em audiência."
6. TRT, 1.ª (P. n. 608/58, DJU., 22.8.1.958, r. Délio Maranhão, LTr. 22/269): Igual ao n. 5.

OBSERVAÇÕES.

Se o contrato de trabalho é rescindido por mora salarial, sujeita-se o empregador, cumulativamente, ao pagamento em dôbro do salário e à rescisão do contrato de trabalho. Essa é a orientação que prevalece em nosso direito. Em número menor, há pronunciamentos salientando que a rescisão exclui o pagamento dobrado.

136. **CONTRATOS EM CURSO E PAGAMENTO EM DÔBRO.** — NOS CONTRATOS EM CURSO É CABÍVEL A COMINAÇÃO EM DÔBRO DOS SALÁRIOS INCONTROVERSOS E NÃO PAGOS À PRIMEIRA AUDIÊNCIA?

A LEI.

Art. 467. — Em caso de rescisão de contrato de trabalho, motivada pelo empregador ou pelo empregado, e havendo controvérsia sôbre parte da importância dos salários, o primeiro é obrigado a pagar a êste, à data do seu comparecimento ao tribunal do trabalho, a parte incontroversa dos mesmos salários, sob pena de ser, quanto a essa parte, condenado a pagá-la em dôbro (DL. n. 5.452, de 1.5.1.943).

A DOUTRINA.

1. MOZART VICTOR RUSSOMANO (Comentários à Consolidação das Leis do Trabalho, 1.960, vol. III, pg. 740): "A lei exclui da hipótese de pagamento duplo dos salários os casos em que não haja rescisão do contrato. É inadmissível essa orientação."
2. JOSÉ MARTINS CATHARINO (Tratado Jurídico do Salário, 1.951, pg. 748): "Como está o artigo redigido, sem o contrato ter sido rescindido não será possível invocá-lo, o que é absurdo porque o empregado pode reclamar apenas diferença de salários sem que a retenção dos mesmos implique na chamada "despedida indireta."
3. ARNALDO SUSSEKIND (Instituições de Direito do Trabalho, 1.957, vol. I., pg. 477): "... a interpretação literal e restritiva do art. 467 é contra-indicada pelo próprio sistema legal de que é parte. Destarte, se o empregador não pagar a parte incontroversa dos salários devidos à data do seu comparecimento à Justiça do Trabalho, deverá ser condenado a pagá-la em dôbro."
4. ALUÍSIO JOSÉ TEIXEIRA GAVAZZONI SILVA (Comentários à Consolidação das Leis do Trabalho, 1.963, vol. II, pg. 213): "O dispositivo em exame só comina o pagamento de salários em dôbro se o litígio, em relação aos mesmos, processar-se após o rompimento do contrato de trabalho e, ainda, se a importância devida fôr incontroversa. As restrições legais parecem-nos injustas."
5. DÉLIO MARANHÃO (Direito do Trabalho, 1.966, pg. 173): "Tratando-se de medida de exceção, não se pode dar ao art. 467 interpretação que lhe amplie o campo de aplicação, tal como resulta de sua expressão literal. Assim, a condenação em dôbro caberá apenas, quando o dissídio decorrer do rompimento do contrato."
6. ARNALDO SUSSEKIND (Comentários à Consolidação das Leis do Trabalho e à Legislação Complementar, 1.964, vol. III, pg. 421): Igual ao n. 3.

A JURISPRUDÊNCIA.

1. TST (A. de 25.10.1.955, 3.ª T., P. n. 5.475/55, r. M. Jonas de Carvalho, RTST, 1.957, pg. 288): "Só cabe condenação ao pagamento em dôbro dos salários, na hipótese do art. 467 da C.L.T., quando ocorrer a rescisão do contrato de trabalho."
2. TST (A. de 9.10.1.956, 3.ª T., RR. n. 1.217/56, r. M. Délio Maranhão, RTST, 1.957, pg. 457): Igual ao n. 1.
3. TRT, 1.ª (Ap. p. DJ. de 27.12.1.948, apud Russomano, Comentários, vol. III, 1.960, pg. 742): "Não é possível atribuir ao dispositivo do art. 467 outra interpretação que não a de que o pagamento ocorre quando há rescisão do contrato de trabalho. Diz o referido artigo inicialmente: "Em caso de rescisão do contrato de trabalho..." Ora, não há possibilidade de pagamento de salários em dôbro se não ocorre a rescisão do contrato de trabalho."
4. TRT, 2.ª (P. n. 158/58, A. n. 1.128/58, r. José Teixeira Penteado, MT., junho de 1.958): "O artigo 467, da Consolidação das Leis do Trabalho só impõe o pagamento em dôbro da parte incontroversa dos salários não pagos em

audiência, quando houver rescisão contratual. Não ocorrendo resilição do contrato de trabalho, os salários são devidos apenas pelo seu valor simples."
5. TRT, 2.ª (P. n. 1.571/58, A. n. 43/59, r. José Ney Serrão, MT., março de 1.959): "Apesar da inocorrência de rescisão contratual, a empregadora que confessa o débito de salários deve pagá-los, na primeira audiência, sob pena de estar obrigada ao pagamento em dôbro."
6. TRT, 2.ª (P. n. 2.592/63, A. n. 3.604/63, r. Wilson de Souza Campos Batalha, MT., outubro de 1.963): Igual ao n. 4.
7. TRT, 2.ª (P. n. 3.883/62, A. n. 2.021/63, r. Wilson de Souza Campos Batalha, MT., junho de 1.963): Igual ao n. 4.
8. TRT, 2.ª (P. n. 2.759/63, A. n. 4.003/63, r. Gilberto Barreto Fragoso, MT., janeiro de 1.964): Igual ao n. 4.
9. TRT, 2.ª (P. n. 3.634/63, A. n. 281/64, r. Fernando de Oliveira Coutinho, MT., fevereiro de 1.964): Igual ao n. 5.

OBSERVAÇÕES.

Nos contratos em curso não cabe a condenação em dôbro dos salários. Predomina a interpretação literal da lei; o principal argumento invocado é o da natureza punitiva da norma, como tal, de aplicação restritiva. Mas a doutrina condena a redação dada ao artigo 467 da C.L.T. e propõe a extensão do pagamento dos salários em dôbro aos contratos em curso.

137. **REVELIA E PAGAMENTO EM DÔBRO.** — SE A EMPRÊSA É REVEL PODE SER CONDENADA AO PAGAMENTO DO SALÁRIO EM DÔBRO?

A DOUTRINA.

1. ARNALDO SUSSEKIND (Instituições de Direito do Trabalho, 1.960, vol. I, pg. 477): "... a revelia do empregador, importando em confissão quanto à matéria de fato (art. 884 da CLT), não impede sua condenação ao pagamento dos salários em dôbro, sob o fundamento de dupla penalidade, visto que a pena de revelia gera efeitos de natureza meramente probatória."
2. ARNALDO SUSSEKIND (Comentários à Consolidação das Leis do Trabalho e à Legislação Complementar, vol. III, pg. 419, 1.964): Igual ao n. 1.
3. DÉLIO MARANHÃO (Direito do Trabalho, 1.966, pg. 172): "Ora, a revelia, por fôrça do art. 884 da Consolidação, importa em confissão da matéria de fato alegada pelo empregado. Tanto faz, portanto, juridicamente, comparecer, confessar e não pagar, como não comparecer. Em ambos os casos, há confissão, sem pagamento."

A JURISPRUDÊNCIA.

1. TST (A. de 30.10.1.958, 3.ª T., RR. n. 2.349/58, r. M. Hildebrando Bisaglia, RTST, 1.960, pg. 168): "A condenação a pagamento de salários em dôbro, sendo uma pena, não deve ser aplicada em razão de uma falta, antecedentemente punida com outra, como no caso de revelia e confissão."
2. TST (P. n. 2.245/58, T. P., r. M. Hildebrando Bisaglia, DO. de 3.6.60, pg. 75 (A C.L.T. vista pelo T.S.T., Calheiros Bonfim, 1.963): "O acórdão embargado confirmou a decisão das instâncias ordinárias, que, face à revelia da emprêsa, julgaram procedente o pedido de salários atrasados em dôbro. — Embargos providos, para reduzir a condenação ao pagamento de salários simples. Sendo a confissão decorrente da revelia uma pena, cominar ao empregador, além dessa pena, o pagamento dobrado dos salários, seria puni-lo duas vêzes em razão da revelia, o que contraria os princípios que regem a teoria da pena. Saliente-se que a pena prevista no art. 467 da C.L.T. resulta da confissão espontânea e não da confissão "decretada" com fundamento na revelia."

3. TST (P. RR. n. 5.341/61, A. n. 1.528/62, de 3.10.62, 1.ª T., r. M. Geraldo M. Bezerra de Menezes, LTr. 27/90): "A ausência injustificada do reclamado ao tribunal do trabalho, importando em confissão, equivale à recusa do pagamento, em audiência, da parte incontroversa dos salários."
4. TST (RR. n. 6.109/63, A. de 4.5.64, r. M. Caldeira Neto, 1.ª T., LTr. 30/177): "Revel a parte, a sua condenação a salários em dôbro, não pedidos pelo empregado, importa em dupla penalidade."
5. TST (RR. n. 5.302/63, A. de 14.5.1.964, 2.ª T., r. M. Thélio da Costa Monteiro, LTr. 30/178): Igual ao n. 4.
6. TST (RR. n. 119/64, A. de 9.6.1.964, 3.ª T., r. M. Hildebrando Bisaglia, LTr. 30/178): Igual ao n. 4.
7. TRT, 1.ª (A. p. DJ. de 16.11.1.948, apud Gavazzoni, Comentários, vol. II, pg. 214): "Para efeito de condenação em dôbro, à revelia do reclamado, importando em confissão, equivale à recusa do pagamento, em audiência, da parte incontroversa dos salários"
8. TRT, 2.ª (P. n. 172/64, A. n. 4.737/64, r. Roberto Barreto Prado, MT., dezembro de 1.964): "Tendo sido o empregador revel, não se pode concluir de plano ter havido recusa de sua parte em pagar os saldos salariais pleiteados na inicial. O dispositivo legal que aplica penalidades deve ter interpretação restrita."
9. TRT, 2.ª (P. n. 992/64, A. n. 2.551/64, r. Fernando de Oliveira Coutinho, MT., agôsto de 1.964): Igual ao n. 8.
10. TRT, 2.ª (P. n. 502/65, A. n. 2.745/65): Igual ao n. 8.
11. TRT, 2.ª (P. n. 1.036/65, A. n. 4.207/65, r. Carlos de Figueiredo Sá, MT., dezembro de 1.965): Igual ao n. 8.
12. TRT, 2.ª (P. n. 1.073/59, A. n. 2.404/59, r. Fernando de Oliveira Coutinho, MT., novembro de 1.959): Igual ao n. 8.
13. TRT, 2.ª (P. n. 1.284/60, A. n. 2.375/60, r. Homero Diniz Gonçalves, MT., novembro de 1.960): Igual ao n. 8.
14. TRT, 2.ª (P. n. 1.586/62, A. n. 2.771/62, r. Hélio de Miranda Guimarães, MT., outubro de 1.962): "O princípio da efetividade do pagamento do salário impõe que mesmo nos casos de revelia seja o empregador condenado ao dôbro do pagamento do saldo. Em primeiro lugar porque assim a incontrovérsia é patente. Em segundo lugar porque seria premiar exatamente o que não se quis defender e se reconheceu mau pagador. Isto sem se levar em conta que outro entendimento importa em anular aquêle salutar princípio de proteção do salário do empregado contra os abusos do empregador."

OBSERVAÇÕES.

Nos casos de revelia não cabe a condenação dos salários em dôbro. Pode-se afirmar que é pacífica essa orientação. No entanto, impressionam os argumentos contrários muito bem expostos no A. n. 14. Se o devedor comparece à audiência e confessa a dívida, paga em dôbro, mas se desatende à citação, o pagamento será simples, o que é injusto. A lei precisa ser modificada.

138. **CONTESTAÇÃO GERAL E SALÁRIO EM DÔBRO.** — A CONTESTAÇÃO GENÉRICA EM AUDIÊNCIA LIBERA O EMPREGADOR DO PAGAMENTO DOS SALÁRIOS EM DÔBRO?

A DOUTRINA.

1. JOSÉ MARTINS CATHARINO (Tratado Jurídico do Salário, 1.951, pg. 749): "... seria indefensável admite-se que a simples alegação contraditória, feita com o único intuito de ser evitada a aplicação da lei, pudesse prevalecer sôbre a prova denunciadora da ausência objetiva da controvérsia."

2. **ARNALDO SUSSEKIND** (Comentários à Consolidação das Leis do Trabalho e à Legislação Complementar, 1.964, vol. III, pg. 419): "Não basta, porém, a contestação da dívida, por parte do empregador, para que se configure a controvérsia referida no dispositivo em foco. Se a contestação não se esteia em razões de direito ou de fato, capazes de justificar o procedimento patronal, é evidente que se não poderá falar em controvérsia quanto à obrigação de pagar, oportunamente, os salários devidos."

3. **PAULO EMÍLIO RIBEIRO DE VILHENA** (Mora Salarial e Condenação em Dôbro, Revista do Trabalho, vol. 25, pg. 195): "Verificando-se que o empregador de fato tinha ciência de que devia ao empregado os salários reclamados, o simples fato de a emprésa contestar o pedido não a dispensa do pagamento em dôbro."

A JURISPRUDÊNCIA.

1. TRT, 1.ª (RO. 790/58, A. de 21.7.58, r. Pires Chaves, DJU. de 10.10.58, JT., Pires Chaves, vol. V, pg. 115): "Diz-se que os salários em dôbro são controversos. No caso, houve apenas contrariedade de forma, e não de conteúdo. A recorrente não se negou a pagar os salários contratuais em seu *quantum*. Insurge-se em que não os deve, porquanto os reclamantes, a despeito de permanecerem à sua disposição, segundo o art. 4.º da Consolidação, a êles não fazem jus, pois não trabalham efetivamente.

Vê-se, assim, que não há controvérsia sôbre salário em si, mas quanto a saber se, em face da situação ora existente, a recorrente os deve realmente.

O art. 467 não dispõe senão quanto à existência de controvérsia sôbre salário e não sôbre o direito a êsses salários. Se êsse direito existe, se não há contrariedade quanto ao valor exato do salário contratual, caso é de aplicação do aludido preceito."

2. TRT, 1.ª (RO. 1.105/56, A. de 26.11.56, r. Pires Chaves, DJU. de 28.12.1.959, JT., Pires Chaves, vol. V, pg. 119): "Por outro lado, não seriam controversos os salários só pela disposição da recorrente em não os entender devidos. A controvérsia cuidada na lei resulta de indagação sôbre o conteúdo do salário e não de atitudes que impliquem no seu não pagamento. A controvérsia é sôbre o salário em si. E, na espécie, ela jamais poderia prosperar ante a existência de um incidente, por questão inteiramente diversa. A egrégia Junta, entretanto, não atentou para a exata inteligência do texto legal. O art. 467 da Consolidação sòmente autoriza o pagamento, em dôbro, de salário, quando há rescisão do contrato, hipótese que não ocorreu na espécie. Finalmente, os salários reclamados são devidos na proporção que se forem vencendo, mês a mês, conforme a prova de pagamento. Trata-se de prestações de trato sucessivo e que, de caráter indeterminado, poderão ser exigidas na execução, à vista de uma só sentença. Diz a lei (art. 892 da Consolidação) que, quando se tratar de prestações dessa natureza, a execução compreenderá inicialmente as prestações até a data do ingresso na execução."

3. TRT, 2.ª (P. 6.672/65, A. n. 3.600/66, de 25.7.66, DOE. de 10.8.66, r. Roberto Barreto Prado, MT., novembro de 1.966): "A alegação, sem prova, da empregadora, de haver pago os salários reclamados do empregado, cujos recibos teriam sido extraviados, sem nenhuma prova também da perda dêsses documentos, evidenciando sua intenção de não pagar os salários na audiência, justifica a aplicação da penalidade prevista no artigo 467, da Consolidação das Leis do Trabalho."

OBSERVAÇÕES.

A lei estabelece que o salário incontroverso deve ser pago em audiência, sob pena de condenação no dôbro. Firmou-se a doutrina na equiparação de efeitos entre a contestação genérica, isto é, a simples alegação sem outros detalhes, e a confissão da dívida porque em ambos os casos não se trava o contraditório. Também a jurisprudência salienta a necessidade de contestação de conteúdo e não meramente formal. Pode-se dizer que essa é a orientação do nosso direito. Assim, a simples contestação genérica sujeita a emprêsa ao pagamento dobrado do salário devido e não pago em audiência.

139. SALÁRIO RETIDO E JUROS. — SÔBRE O SALÁRIO RETIDO E PAGO À PRIMEIRA AUDIÊNCIA RECAEM JUROS?

A DOUTRINA.

1. JOSÉ MARTINS CATHARINO (Contrato de Emprêgo, 1.962, pg. 202): "... verificada a mora, deverá pagar juros, salvo se foi o empregado quem não quis receber."

OBSERVAÇÕES.

Por fôrça do artigo 883 da C.L.T., os juros de mora são devidos a partir da data em que fôr ajuizada a reclamação inicial. Entende-se a "contrario sensu" que serão indevidos os juros antes da propositura da ação. Catharino como se viu sustenta, no entanto, outro ponto de vista. Não há jurisprudência sôbre a matéria. Assim, trata-se de assunto não resolvido pelo nosso direito.

TÍTULO DÉCIMO PRIMEIRO — O SALÁRIO NA FALÊNCIA E CONCORDATA.

140. CRÉDITOS SALARIAIS NA FALÊNCIA. — NA FALÊNCIA OS CRÉDITOS SALARIAIS GOZAM DE PREFERÊNCIA?

A LEI.

Art. 102 — Ressalvada, a partir de 2 de janeiro de 1.958, a preferência dos créditos dos empregados, por salários e indenizações trabalhistas, sôbre cuja legitimidade não haja dúvida ou quando houver, em conformidade com a decisão que fôr proferida na Justiça do Trabalho e, depois dêles, a preferência dos credores por encargos ou dívidas da massa (art. 124), a classificação dos créditos na falência, obedece à seguinte ordem: I — créditos com direitos reais de garantia; II — créditos com privilégio especial sôbre determinados bens; III — créditos quirografários; § 1.º — Preferem a todos os créditos admitidos à falência a indenização por acidente do trabalho e os outros créditos que, por lei especial, gozarem essa prioridade... (Lei n. 3.726, de 11.2.1.960).

Art. 449. — § 1.º — Na falência e na concordata, constituirão crédito privilegiado a totalidade dos salários devidos ao empregado e um têrço das indenizações a que tiver direito, e crédito quirografário os restantes dois têrços (DL. 5.452, de 1.5.1.943).

Art. 1.º — A preferência assegurada pelo art. 102 do DL. n. 7.661, de 21.6.1.945, na nova redação que lhe deu a Lei n. 3.726, de 11.2.1.960, bem como pelo art. 1.º da Lei n. 4.839, de 18.11.1.965, às "indenizações trabalhistas", corresponde, na forma do disposto no § 1.º, do art. 449, da C.L.T., aprovada pelo DL. n. 5.452, de 1.5.1.943, a um têrço da indenização devida (DL. n. 192, de 24.2.1.967).

A DOUTRINA.

1. NETTO ARMANDO (O Empregado na Falência do Empregador, LTr. 24/181): "Tendo a referida lei n. 3.726, em seu artigo 1.º, mantido a parte

final do § 1.º do art. 102 da Lei Falencial, no sentido de que "preterem a todos os créditos admitidos à falência... os OUTROS CRÉDITOS QUE, POR LEI ESPECIAL, GOZAREM ESSA PRIORIDADE", permitiu que os créditos fiscais, assim da Fazenda Pública Federal, como da Estadual e da Municipal, continuassem ACIMA dos créditos dos empregados, quer por salários e indenizações trabalhistas pròpriamente ditas, quer, também, por acidente do trabalho — o que é injusto, injustíssimo, imoral, imoralíssimo."

2. PAULO JORGE DE LIMA e ALUYSIO SAMPAIO (Dicionário Jurídico Trabalhista, 1.962, pg. 223): "A lei n. 3.726, de 11.2.1.960, alterando os arts. 102 e 124 da Lei de Falências (DL. n. 7.661, de 21.6.1.954) deu prioridade sôbre todos os demais, aos créditos trabalhistas por salários ou indenizações devidas aos empregados, tanto os créditos sôbre os quais não existir dúvidas como os que forem apurados por decisões do judiciário trabalhista."

3. ARNALDO SUSSEKIND (Comentários à Consolidação das Leis do Trabalho e à Legislação Complementar, vol. III, pg. 276, 1.964): "... Lei n. 3.726, de 11.2.1.960, a qual, além de dar preferência absoluta, na sua integralidade, aos créditos dos empregados pertinentes a salários e indenizações de natureza trabalhista..."

4. JOSÉ MARTINS CATHARINO (Contrato de Emprêgo, 1.962, pg. 74): "O intuito do legislador foi conceder preferência absoluta aos créditos salariais, sem qualquer limitação, mesmo em prejuízo dos encargos e dívidas da massa..."

5. ORLANDO GOMES e ELSON GOTTSCHALK (Curso Elementar de Direito do Trabalho, 1.963, pg. 235): "... Hoje, por fôrça de modificação na Lei de Falências, os créditos dos empregados são os que ocupam o 1.º lugar na hierarquia dos créditos privilegiados."

6. ALUÍSIO JOSÉ TEIXEIRA GAVAZZONI SILVA (Comentários à Consolidação das Leis do Trabalho, 1.963, vol. II, pg. 163): "... os salários não recebidos até a data do encerramento das atividades provocado pela falência ou concordata, constituirão crédito privilegiado..."

7. ROBERTO BARRETO PRADO (Direito do Trabalho, 1.963, pg. 469): "Os créditos decorrentes de salários e indenizações de natureza trabalhista gozam na falência de privilégio especialíssimo, em sua integridade, não havendo exceções."

8. DÉLIO MARANHÃO (Direito do Trabalho, 1.966, pg. 170): "Têm preferência absoluta no processo de falência do empregador (Lei n. 3.726, de 11 de fevereiro de 1.960)."

A JURISPRUDÊNCIA.

1. TST (P. n. 6.421/49, r. M. Álvaro Ferreira da Costa, DJU. de 30.11.51, RJT, Hélio de Miranda Guimarães, vol. 1.º, pg. 419): "Salários constituem créditos privilegiados na falência ou na concordata. Quando esta é preventiva ocorrendo a extinção da emprêsa terão de ser pagos integralmente."

2. TRT, 4.ª (in DJT., 1.950, julho/agôsto, pg. 541, apud CLT Interpretada, Alonso Caldas Brandão, vol. I., pg. 420): Igual ao n. 1.

3. STF (RE. 33.772, 2.ª T., de 15.7.59, r. M. Hahnemann Guimarães, A CLT vista pelo STF, Calheiros Bonfim, 1.961, vol. 2.º, pg. 171): "É privilegiado o salário correspondente a férias e ao aviso prévio; privilegiado é ainda um têrço da indenização."

4. STF (CJ. 2.673, TP., 9.5.62, r. M. Hahnemann Guimarães, A CLT vista pelo STF, 1.961, vol. 3.º, pg. 94): Igual ao n. 1.

OBSERVAÇÕES.

O patrimônio da emprêsa é a garantia dos seus credores, dentre êstes os empregados. Assim, nos casos de quebra, instaura-se o processo de execução coletiva sôbre êsses bens que serão transformados em dinheiro para o pagamento das dívidas.

Pela natureza de que se revestem, alguns dêsses débitos são atendidos com prioridade; é o que ocorre com os salários do trabalhador, dada a sua natureza alimentar, considerado crédito privilegiado em quase todos os sistemas jurídicos, especialmente no México e Espanha. Segundo Manuel Alonso Garcia, a Lei de Contrato de Trabalho da Espanha fixou um caráter singularmente privilegiado para os créditos por salários ou soldos, porque estabelece uma ordem de preferências em duplo sentido, absoluto sôbre os objetos elaborados pelo trabalhador enquanto em poder do empregador (móveis e imóveis) e relativo sôbre os imóveis hipotecados. Porém, essa proteção restringe-se aos salários correspondentes ao limite máximo de duas semanas ou superiores à importância de um mês para os soldos (Curso de Derecho del Trabajo).

O sistema argentino da Lei 11.719, art. 129, assegura ao salário privilégio até o montante de seis meses imediatamente anteriores à quebra; daí para mais, será um crédito comum. O artigo 157 do "Código Sustantivo del Trabajo da Colômbia dispõe: "Los salarios pertenecen al grupo cuarto de los creditos de primera classe".

Algumas regras podem ser fixadas em relação ao nosso direito. Os salários gozam de privilégio especial, pela sua totalidade e não, apenas, parcialmente, como em outros países. Preferem, atualmente, aos créditos da Fazenda, porque a Lei n. 4.839, de 18.11.1.965, não exclui a sua prioridade frente ao disposto no artigo 60 do DL. n. 960. Estão sobrepostos aos créditos com direitos reais de garantia, aos encargos e dívidas da massa falida, mas cedem preferência às indenizações por acidentes do trabalho. Não dependem de prévio pronunciamento da Justiça do Trabalho, passíveis, portanto, de habilitação direta, salvo controvérsia. Quanto às indenizações, lei posterior atribuiu-lhes privilégio apenas a $1/3$ do total (DL. 192, de 24.2.1.967) restabelecendo a norma do art. 449 da C.L.T.

141. CONCURSO DE CREDORES. — NO CONCURSO DE CREDORES OS CRÉDITOS TRABALHISTAS GOZAM DE PREFERÊNCIA?

A DOUTRINA.

1. JOSÉ MARTINS CATHARINO (Contrato de Emprêgo, 1.962, pg. 73): "... nem todo empregador é comerciante. Se fôr civil está sujeito a concurso de credores. Não pode ser falido, nem pedir concordata, logo, aos créditos salariais dos seus empregados não se aplicam os dispositivos falimentares, salvo omissão do Código Civil, e de referência a férias, pois a própria Consolidação contém norma expressa que concede às importâncias correspondentes privilégio geral (art. 144)."
2. TOSTES MALTA (Dicionário de Doutrina Trabalhista, 1.966, pg. 224): "Em caso de concurso de credores não há dúvida de que o empregado, sendo credor, pode habilitar o seu crédito."
3. AMARO BARRETO (Execução Cível e Trabalhista, 1.962, pg. 298): "Na classificação dos créditos, os dos empregados entram como especialmente privilegiados..."
4. ARNALDO SUSSEKIND (Comentários à Consolidação das Leis do Trabalho e à Legislação Complementar, vol. III, pg. 285, 1.964): "A Consolidação apenas

se refere aos créditos privilegiados no concurso de credores ao tratar das importâncias devidas aos empregados por motivo de férias (v. art. 144). Por seu turno, o Código Civil só alude a créditos de natureza trabalhista quando inclui: a) entre os credores com privilégio especial "o trabalhador agrícola, quanto à dívida dos seus salários" (Art. 1.566, n. VIII); b) entre os credores com privilégio geral, "o crédito pelos salários dos criados e mais pessoas de serviço doméstico do devedor, nos seus derradeiros seis meses de vida" (Art. 1.569, n. VII) e a remuneração "dos mestres que, durante o mesmo período ensinarem aos descendentes menores do devedor" (Art. 1.570). A Côrte Suprema, entretanto, decidiu (a nosso ver por analogia) que os créditos trabalhistas gozam de privilégio especial, podendo concorrer com os de natureza fiscal no concurso de credores."
5. DÉLIO MARANHÃO (Direito do Trabalho, 1.966, pg. 170): "... segundo decisão do Supremo Tribunal, gozam de privilégio especial, concorrendo com os de natureza fiscal, no concurso de credores..."

A JURISPRUDÊNCIA.

1. STF (RE. n. 50.307, 1.ª T., DJ. de 16.11.1.962, r. M. Cândido Motta Filho): "Os créditos trabalhistas gozam de privilégio especial, podendo concorrer com os de natureza fiscal no concurso de credores."

OBSERVAÇÕES.

Quando as dívidas excedem os bens do devedor civil, pode ser instaurado o concurso de credores por rateio ou preferência, procedendo-se à execução coletiva dos créditos, dentre os quais aquêles de natureza trabalhista. Como a lei é bastante precária, suas lacunas são preenchidas pela doutrina segundo a qual o salário goza, no concurso de credores, da mesma situação de privilégio verificada na falência.

142. **CONCORDATA.** — OS SALÁRIOS SÃO CERCADOS DE GARANTIAS NAS CONCORDATAS?

A DOUTRINA.

1. ARNALDO SUSSEKIND (Comentários à Consolidação das Leis do Trabalho e à Legislação Complementar, 1.964, vol. III, pg. 279): "Sendo certo que os créditos dos empregados, atinentes a salários e indenizações trabalhistas são privilegiados e preferenciais (Art. 102 da Lei de Falências), forçoso é concluir que a concordata não atrai para o Juízo que a defere, a execução dos créditos. À Justiça do Trabalho cabe, a nosso ver, não só decidir as controvérsias sôbre a legitimidade dos mesmos, mas, também, promover sua execução."
2. ALUYSIO SAMPAIO e PAULO JORGE DE LIMA (Dicionário Jurídico Trabalhista, 1.962, pg. 217): "Os créditos trabalhistas, referentes a salários e indenizações devidas aos empregados, não estão sujeitos aos efeitos da concordata, visto que esta obriga apenas os credores quirografários (art. 147 do DL. 7.661, de 21 de junho de 1.945)."

A JURISPRUDÊNCIA.

1. STF (S. n. 227): "A concordata do empregador não impede a execução de crédito nem a reclamação de empregado na Justiça do Trabalho."

OBSERVAÇÕES.

Os salários do trabalhador, nos casos de concordata, são executados normalmente na Justiça do Trabalho, através de dissídios individuais. Os efeitos da concordata não se fazem sentir sôbre o crédito salarial.

143. CONCORDATA E SALÁRIO EM DÔBRO. — A CONCORDATA LIBERA O EMPREGADOR DO PAGAMENTO EM DÔBRO DOS SALÁRIOS INCONTROVERSOS NÃO SATISFEITOS À PRIMEIRA AUDIÊNCIA?

A JURISPRUDÊNCIA.

1. TST (A. de 3.1.1.955, 2.ª T., P. n. 5.097/53, r. M. Waldemar Marques, RTST, 1.957, pg. 46): "Para efeito de condenação a pagamento de salário em dôbro, nos têrmos do art. 467 da C.L.T., não há como estabelecer distinção, em favor da reclamada, pelo simples fato de se achar em regime de concordata preventiva."
2. TST (A. de 20.5.1.955, 1.ª T., P. n. 5.434/53, r. M. Oliveira Lima, RTST, 1.957, pg. 46): Igual ao n. 1.
3. TST (A. de 27.5.1.955, 1.ª T., P. n. 4.787/53, r. M. Astolfo Serra, RTST, 1.957, pg. 177): "Encontrando-se a emprêsa em estado de concordata preventiva, não deve ser condenada ao pagamento de salários em dôbro nos têrmos do art. 467 da C.L.T."
4. TST (A. de 17.1.1.956, 1.ª T., P. n. 4.091/54, r. M. Rômulo Cardim, RTST, 1.957, pg. 177): Igual ao n. 3.
5. TRT, 1.ª (A. p. DJ. de 30.9.1.949, in Russomano, Comentários, vol. III, pg. 743): "A concordata preventiva não exonera o empregador das obrigações de pagamento de salários, sendo exigíveis em dôbro quando não pagos em audiência."
6. TRT, 2.ª (P. n. 1.826/59, A. de 20.10.1.959, n. 3.442/59, r. Carlos de Figueiredo Sá, MT., março de 1.960): "A concordata preventiva não isenta a emprêsa a ela sujeita, da obrigação e pena previstas no artigo 467, da Consolidação das Leis do Trabalho."

OBSERVAÇÕES.

A obrigação do pagamento em dôbro do salário recai sôbre o empregador que admite a dívida e não a liquida à primeira audiência. É uma penalidade, que reverte em favor do trabalhador. O estado de concordatário não modifica essa situação, de conformidade com os pronunciamentos dos Tribunais Trabalhistas, na sua quase totalidade.

TÍTULO DÉCIMO SEGUNDO — O SALÁRIO E A CORREÇÃO MONETÁRIA.

144. CORREÇÃO MONETÁRIA. — OS CRÉDITOS SALARIAIS ESTÃO SUJEITOS A CORREÇÃO MONETÁRIA?

A LEI.

Art. 1.º — Os débitos e salários, indenizações e outras quantias devidas a qualquer título, pelas emprêsas abrangidas pela Consolidação das Leis do Trabalho e pelo Estatuto do Trabalhador Rural, aos seus empregados, quando não liquidados no prazo de 90 dias contados das épocas próprias, ficam sujeitos a correção monetária, segundo os índices fixados, trimestralmente, pelo Conselho Nacional de Economia (DL. n. 75, de 21.11.1.966).

A DOUTRINA.

1. PIRES CHAVES (Considerações em tôrno da vigência do Decreto-lei 75/66, LTr. 31/5): "O salário mensal não pago até o décimo dia do mês subseqüente ao vencido, ou a indenização do contrato rescindido antes da vigência da lei nova, tem a sua época própria iniciada com essa vigência, sem que importe tratar-se de processo em curso ou ainda não ajuizados. Sòmente nesse momento é que o salário contratual ou a indenização pela rescisão injusta do contrato se torna exigível, como débito equiparado à dívida de dinheiro, corrigido monetàriamente pelas disposições do DL. 75/66."
2. ARNOLD WALD (A correção monetária no Direito Privado, RF., 214/5): "A correção monetária, ou correção do valor monetário, também denominada revalorização dos créditos, é o resultado das variadas técnicas utilizadas pelo jurista ou pelo legislador, para adaptar as dívidas às suas verdadeiras finalidades, diante de modificações circunstanciais que impossibilitem o funcionamento da moeda como medida de valor. Mantendo-se a unidade monetária como meio de pagamento, recorre-se a outros elementos para reajustar o valor dos créditos."
3. WILSON DE SOUZA CAMPOS BATALHA (Correção Monetária de Débitos Trabalhistas, LTr., suplemento 6/1.967): "Na conformidade do art. 2.º do DL. 75, considera-se época própria para o pagamento sem correção monetária (que inicia a fluência 90 dias após): a) quanto aos salários, até o 10.º dia do mês subseqüente ao vencido, quando o pagamento fôr mensal; até o 5.º dia subseqüente, quando semanal ou quinzenal... O fluxo da correção monetária ocorre a partir de 90 dias das datas *fixadas* em lei, mesmo antes do início do *processo*" ... "Não havendo controvérsia sôbre o *quantum* dos salários, flui a correção monetária desde 90 dias após a época de sua exigibilidade. Não havendo pagamento ou depósito em audiência, os salários incontroversos são devidos em dôbro, nas hipóteses de rescisão do contrato de trabalho; realizados um e outro cálculo, o empregador pagará a maior soma verificada."
4. LUIZ ROBERTO DE REZENDE PUECH (Débitos dos empregadores para com seus empregados, LTr. suplemento 3/1.967): "Importantes medidas foram instituídas pelo decreto-lei n. 75, de 21.11.66, visando à pronta liquidação dos débitos de natureza trabalhista, dos empregadores para com seus empregados: a) quanto a salários; b) quanto às indenizações por despedida injusta; e c) quanto a outras importâncias devidas por fôrça de lei.

Em relação aos salários, talvez inadvertidamente, altera o parágrafo único do art. 459 da C.L.T. para exigir o respectivo pagamento até o décimo dia do mês subseqüente ao vencido quando o pagamento fôr mensal, e até o quinto dia subseqüente quando o pagamento fôr semanal ou quinzenal (art. 2.º, n. 1). Não manteve a lei a determinação de dia "útil". Na prática, entretanto, acreditamos que o pagamento deva ser em dia útil, ainda que não seja possível excluir, na contagem dos prazos, os domingos e feriados. Serão sempre dias corridos, efetuando-se o pagamento no primeiro dia útil subseqüente."

OBSERVAÇÕES.

A correção monetária foi instituída para coibir os abusos que se verificavam na retenção ou retardamento do pagamento dos salários dos trabalhadores. A medida se fêz necessária, também, em virtude das variações do poder aquisitivo da moeda nacional. Os débitos fiscais passaram a sofrer essa atualização monetária pela Lei n. 4.357, de 16 de julho de 1.964; as pessoas jurídicas sujeitaram-se ao reajustamento do seu capital social pela correção monetária dos valôres do seu ativo imobilizado constante do último balanço. A contribuição previdenciária, como tributo parafiscal, sujeitou-se aos efeitos da medida. Os empréstimos das carteiras prediais de autarquias, também. O Decreto-lei 75, integrou os débitos trabalhistas nesse quadro geral.

Os índices aplicados são trimestralmente fixados. Quanto à sua eficácia, compreende os salários e demais débitos derivados do contrato de trabalho urbano ou rural. Nasce, a responsabilidade do empregador, depois de decorrido um prazo de tolerância de 90 (noventa) dias do vencimento da obrigação. Uma vez incorrendo a emprêsa, pelo decurso dêsse prazo, sem a liquidação da dívida, nas cominações da norma jurídica, a obrigação principal sofrerá os acréscimos acessórios. A aplicação dos índices de atualização dar-se-á a partir da data da vigência do decreto. A fluência da correção cessará com o pagamento ou a falência.

Não se pode dizer que o nosso direito esteja isolado nesse terreno. Soluções da mesma natureza são encontradas no direito do trabalho italiano, admitidas pela doutrina e de aplicação nos Tribunais, embora com restrições. Uckmar (La svalutazione della moneta e de indennità di mancato preavviso e di anzianità, in Diritto del Lavoro, 1.948, II, pg. 304) diz: "Al lavoratore che dimostri di aver subito un particulare danno per aver la svalutazione monetaria ridotto il potere d'acquisto dei suoi crediti di retribuzione durante la mora solvendi del datore di lavoro, spetta l'ulteriore risarcimento oltre ai normali interessi di mora." Sustentam o mesmo ponto de vista Cassí (La retribuzione nel contratto di lavoro, Milano, 1.964, pg. 217), Guidotti (La retribuzione nel rapporto di lavoro, Milano, 1.956, pg. 47) e Riva Sanseverino (Il lavoro nell'impresa, Torino, 1.960, pg. 340). A tese mereceu da Côrte de Cassação o pronunciamento n. 2.455, de 29.7.1.955: "Il credito per retribuzione dovuta al lavoratore ha cattere pecuniário e si sotrae perció agli effeti della svalutazione, dovendosi applicare il principio nominalístico. La svalutazione monetaria può però influiere come danno ulteriore, oltre gli interessi di mora, ex art. 1.224 c. c.; in tal caso peraltro non opera automaticamente, occorrendo la concreta dimostrazione del fatto che per la mancata disponibilitá della somma il creditore ha subito un pregiudizio particulare. Tale prova può ricavarsi anche da presunzioni, ma non dalla generica ed astratta possibilità di investire la somma in acquisto di beni."

Difere tal sistema do nosso, porque adota a correção monetária como conseqüência de um dano demonstrado concretamente pelos prejuízos específicos que o trabalhador tiver suportado em virtude da desvalorização da moeda. Sob o aspecto de fonte formal, também não há identidade, porque entre nós resulta de decreto e no direito peninsular decorre da doutrina e jurisprudência, mas com reservas e em situações especialíssimas.

Batalha entende que se repelem a cominação em dôbro do salário e a correção monetária e *propõe a absorção* de uma figura por outra prevalecendo o maior valor. Não nos parece, *data venia,* assim. O pagamento em dôbro é penalidade que recai sôbre o salário na sua expressão econômica natural, vale dizer, devidamente corrigido. Só ressalva expressa da lei, que inexiste, teria fôrça de produzir a absorção preconizada.

CAPÍTULO IV

O SALÁRIO MÍNIMO.

O salário mínimo representa para o Direito do Trabalho uma idéia básica de intervenção jurídica na defesa de um nível de vida abaixo do qual será impossível ao homem que trabalha uma existência digna e compatível com as necessidades elementares de sobrevivência humana.

HISTÓRICO.

Alguns fragmentos do Código de Hamurabi (2067-2025 a. C.) recolhidos por Pietro Bonfante (La leggi di Hamurabi, Rê di Babilônia) basearam o trabalho de Hersílio de Souza, publicado na Revista Acadêmica da Faculdade de Direito do Recife, ano 31, 1.923, pg. 287/322, revelando que naquela época já havia a fixação oficial de salários no artigo 274 dêsse corpo de leis: "art. 274: Se alguém aluga um operário, lhe deverá dar cada dia: cinco *se*, de paga, pelo ... (indecifrável); cinco *se*, pelo tijoleiro; cinco *se*, pelo alfaiate; cinco *se*, pelo canteiro; .....; quatro *se*, pelo carpinteiro; quatro *se*, pelo cordoeiro; quatro *se*, pelo ......; quatro *se*, pelo pedreiro." Segundo Jayme de Altavilla, que reproduziu êsses e outros textos semelhantes, o rei da Babilônia foi o precursor do salário mínimo (Origem dos Direitos dos Povos, pg. 40). Poder-se-ia dizer, melhor, que a sua preocupação consistiu em estabelecer salários por profissões e não um mínimo geral. É assinalado muito depois um período de *salários máximos,* de que são exemplos o Edito de Diocleciano (Emile Levasseur, Histoire des Classes Sociales), uma lei visigoda do Império dos Francos (Capitant et Cuche, Legislation Industrielle), a Ordenança de João o Bom, fixando-os para a França, o Regulamento dos Trabalhadores, outorgado pelo rei Eduardo III na Inglaterra (Statutes of Laboures), estas duas últimas medidas decorrentes da carência de mão-de-obra provocada pela peste bubônica que dizimou um têrço da população da Europa na metade do Século XIV e o seu conseqüente encarecimento. Persistiu a mesma orientação, com a Lei de Conspirações dos Fornecedores e Artesãos (Bill of Conspiracies of Victuallers and Craftsmen) de 1.548 que fixou níveis oficiais de salário e estabeleceu pena de multa e prisão para quem pagasse ou recebesse salários além do máximo e com a Lei de Jorge III, também da Inglaterra (Spitafield Act) de 1.773 que estabeleceu salários para os alfaiates de Londres e operários de fábricas de sêda.

De máximo, com o projeto da Assembléia francesa de 17.9.1.790, o salário passou a mínimo, sob o manto dos ideais da revolução de 1.789. Antes do término da primeira grande guerra mundial, a Austrália e a Nova Zelândia legislaram sôbre a matéria, criando Conselhos de Salários (Industrial Conciliation and Arbitrarion Act). A lei australiana de 1.904, adotou como critério, o salário familiar necessário para marido, mulher e 3 (três) filhos; quando fixado por indústrias, a situação de cada emprêsa devia merecer consideração, mas também pesavam a habilidade profissional, o que implicava na existência de níveis diferentes para o trabalhador qualificado e o simples operário, (salário secundário e primário), o sexo e a idade. A definição de salário mínimo da Lei da Austrália Meridional é a seguinte: "é o ingresso que permite ao trabalhador, de condições médias, subvencionar as suas necessidades razoáveis e normais." Conceito mais amplo é o da Lei da Austrália Ocidental: "É o salário que permite ao obreiro colocado em condições médias, viver com um confôrto razoável e fazer frente aos encargos de uma família normal." A Lei de Queensland estabelecia o seguinte: "O salário mínimo deve sempre permitir a um obreiro de boa conduta, de saúde, vigor e competência normais, viver com sua mulher e 3 filhos em um estado de confôrto médio tomando como base de avaliação as condições de existência que prevaleçam no meio considerado e sempre levando-se em conta os ganhos da mulher e filhos."

O passo decisivo para a institucionalização do salário mínimo é a Convenção n. 26, sôbre os métodos de fixação de salários mínimos, de 1.928, da Organização Internacional do Trabalho: "Todos os Membros da OIT que ratificam a presente Convenção se comprometem a instituir ou a conservar métodos que permitam fixar os salários mínimos dos trabalhadores empregados na indústria ou partes da indústria (e em particular nas indústrias caseiras), em que não exista regime eficaz para a fixação de salários por meio de contrato coletivo ou de outra modalidade e nas quais os salários sejam excepcionalmente baixos." Essa recomendação entrou em vigor em 14.6.1.930 e é ratificada pela República Federal Alemã, República Árabe Unida, Argentina, Austrália, Bélgica, Birmânia, Bolívia, Brasil, Bulgária, Canadá, Colômbia, Cuba, Checoslováquia, Chile, China, República Dominicana, Equador, Espanha, França, Ghana, Guiné, Hungria, Índia, Irlanda, Itália, Iugoslávia, Luxemburgo, Marrocos, México, Nicarágua, Noruega, Nova-Zelândia, Países Baixos, Portugal, Reino Unido, Sudão, Suíça, Tunis, União Sul Africana, Uruguai, Venezuela e Viet-Nan (Hélio de Miranda Guimarães, Organização Internacional do Trabalho).

O SALÁRIO MÍNIMO NO PLANO CONSTITUCIONAL. — Uma séria resistência ao salário mínimo constituem os pronunciamentos da Suprema Côrte dos Estados Unidos, sôbre a sua viabilidade constitucional, por fôrça de aspectos formais contidos na legislação máxima dêsse país. Por mais de uma vez foi declarada a sua inconstitucionalidade: Adkins v. Childre's Hospital, 261 U. S. 525 (1.923), lei federal do salário mínimo para as mulheres no Distrito de Colúmbia; Schechter v. United States, 295, U. S. 495 (1.935), referindo-se a decisão ao "National Recovery Act", de 1.933, que autorizava o Presidente a decretar Códigos Trabalhistas com salários mínimos e outras condições de trabalho; Morchead v. People ex. rel. Tipaldo, 298 U. S. 597 (1.936), lei do Estado de Washington, para mulheres e crianças, também julgada inconstitucional. O fundamento invocado pela Suprema Côrte repousa nos seguintes pontos básicos: diz a lei magna que nenhuma pessoa será ... "privada de vida, liberdade ou propriedade sem o devido processo legal; nem qualquer Estado tirará a vida, a liberdade ou a propriedade de uma pessoa, sem o devido processo legal. A liberdade de contrato é um direito de propriedade, logo leis reguladoras dêste tipo limitam a liberdade de contrato tanto do empregador como do empregado, privando ambos, portanto, de propriedade e, por isso, as leis estaduais são inconstitucionais."

Êsses argumentos não resistiram, e a Côrte modificou a orientação a partir de 1.936, ao julgar o "West Coast Hotel case", passando a admitir a validade das leis estaduais.

Várias constituições acolhem o princípio do salário mínimo, dentre as quais a do Brasil, México e Peru; na Grã Bretanha há uma Lei de 20.3.1.912, na Guatemala a Lei de 30.4.1.926, no Panamá a Lei de 30.12.1.916, na URSS a Lei de 19.12.1.917, na Venezuela a Lei de 13.8.1.928, de tal modo que o salário mínimo está definitivamente integrado nos sistemas jurídicos dos povos modernos, sem maiores restrições de ordem constitucional.

A JUSTIFICATIVA DO SALÁRIO MÍNIMO. — É recomendável fixar um salário mínimo para os trabalhadores? Quais os resultados que o sistema vem trazendo? As opiniões não coincidem, havendo opositores que apontam aspectos que consideram desfavoráveis e de molde a segundo entendem desaconselhar essa orientação.

RAZÕES CONTRÁRIAS À FIXAÇÃO DE UM SALÁRIO MÍNIMO. — A posição inicial de John Stuart Mill, modificada posteriormente, era a de que inútil seria ao Estado estabelecer um salário mínimo sem adotar, ao mesmo tempo, medidas para controlar o número de nascimentos. Para Robbins (L. Robbins, Wages), o único resultado que traz é a desocupação e a redução da produção. George J. Stigler (The Economics of Minimum Wage Legislation, American Economic Review, vol. 36) apregoa que o salário mínimo não atinge o seu principal objetivo de reduzir a pobreza e pouco fará para impedir o contrôle dos salários por parte dos empregadores, provocando má colocação de recursos, redução do emprêgo global, distorção das rendas familiares e mais redução dos ganhos totais. Fundamenta que, ou os trabalhadores cujo serviço vale menos do que o salário mínimo são demitidos ou a produtividade dos pouco eficientes é aumentada; os primeiros irão para empregos não regulamentados com salários menores; a menos que a produtividade dos ineficientes aumente, o salário mínimo reduz a produção global, sendo êsses os resultados verificados numa indústria competitiva. Orme W. Phelps, de quem tomamos parte dêstes dados, afirma que é importante manter o salário mínimo baixo o bastante para se estar seguro de que não serão excluídos amplos grupos de trabalhadores do mercado. Nos Estados Unidos foi elaborado um relatório sôbre o problema, "Studies of the Economic Effects of the $ 1.00 Minimum Wage, Wage and Hour and Public Contracts Division, U. S. Department of Labor, março de 1.957", com as seguintes principais conclusões: a) o aumento do salário mínimo não havia resultado, até dezembro de 1.956, em quaisquer mudanças substanciais na situação econômica do país como um todo, apreciado em têrmos de tendências quanto ao emprêgo, desemprêgo, níveis de preços e outros indicadores econômicos; b) não havia resultado num aumento nos ganhos horários dos empregados bem remunerados proporcional ao aumento dos ganhos dos trabalhadores que percebiam anteriormente menos de $ 1.00 por hora. Não obstante ... a curto prazo .. o salário mínimo de $ 1.00 aparentemente resultou em alguns aumentos nos ganhos dos trabalhadores que recebiam o salário mínimo ou pouco mais. De uma forma geral, o liberalismo sustenta que a regulação das condições de trabalho é assunto que compete aos particulares; é inútil e contrário aos princípios da economia intervir na fixação de salário, que se submete à lei da oferta e da procura.

RAZÕES FAVORÁVEIS À FIXAÇÃO DE UM SALÁRIO MÍNIMO. — Sidney Webb (The Economic Theory of a Legal Minimum Wage, 1.912) afirma que o salário mínimo tende a aumentar a atividade das emprêsas mais favoràvelmente situadas, melhor equipadas e administradas com mais habilidade e a eliminar o empregador incompetente e antiquado, além de estimular permanentemente a seleção dos trabalhadores mais eficientes, dos empregadores mais bem equipados e das mais vantajosas formas de negócios. Sismondi (socialismo utópico) e o Papa Leão XIII (Rerum Novarum) situam-se na mesma posição de defesa; o trabalho humano é pessoal e necessário (Encíclica) e se se atende só ao primeiro aspecto será lícito pactuar livremente o salário, mas se se toma em conta o segundo aspecto, há um dever de existir a ser considerado, decorrente de lei natural, e o pobre só adquire do seu trabalho os meios necessários para isso, assim o salário deve cobrir as necessidades do obreiro. Se o Estado está na obrigação de intervir no fenômeno econômico a fim de garantir a cada indivíduo a possibilidade de desenvolver tôdas as suas faculdades, êsse postulado exige para cada trabalhador um mínimo de salário.

PORQUE DEVE SER FIXADO UM SALÁRIO MÍNIMO. — É indubitável a dupla vantagem, assinalada por Savatier e Rivero (Droit du Travail), decorrente do salário mínimo: do ponto de vista social a proteção dos setores profissionais que não tenham melhores condições de reivindicação e do ponto de vista econômico a oportunidade do Poder Público agir sôbre as taxas de salários na execução da sua política salarial. Como se não bastasse, a medida constitui um ato de justiça distributiva, o que já foi ressaltado por Krotoschim (Tratado Práctico de Derecho del Trabajo, vol. I), cabendo ao Estado, como organismo encarregado de garantir a todos os homens um *standard* de vida, considerar o fator trabalho. Não terá validade o raciocínio que não tenha no homem o seu ponto de partida, porque a produtividade, o fundo de salários, o capital e os fatôres econômicos, argumentos utilizados na colocação do problema, são realidades axiológicas apenas enquanto apreciadas em conjunto com a fôrça de trabalho, propulsionada pelo homem, que para isso necessita de um mínimo de condições indispensáveis à sua subsistência.

Garcia Oviedo mostra que o salário mínimo eleva o nível físico, mental e moral do trabalhador, porque lhe dá recursos para uma vida digna; fortalece a capacidade produtiva do empregado e estimula o empregador a melhorar os processos de fabricação; elimina as indústrias deficientes, velhas ou parasitárias; aumenta o volume geral dos consumidores, entre êles incluídos os empregados, o que repercute na produção, intensificando-a; robustece a raça, evita a indigência e cria para o Estado benefícios de uma diminuição de responsabilidade na proteção assistencial do trabalhador (Tratado Elemental de Derecho Social).

TIPOS DE SALÁRIO MÍNIMO. — De acôrdo com as características de que se reveste, o salário mínimo poderá ser:

1) *Individual,* quando destinado a atender às *necessidades vitais do trabalhador,* de que é exemplo o Uruguai ao considerar "as condições existentes numa região para assegurar ao trabalhador um padrão de vida convincente, satisfazendo as suas necessidades físicas, intelectuais e morais."

2) *Familiar,* quando visa a atender às *necessidades mínimas do trabalhador e de sua família.* Ex. Art. 123, n. VI da Constituição Política dos Estados Unidos Mexicanos, de 1.917: "El salário mínimo que deberá disfrutar el trabajador, será el que se considere suficiente, atendiendo las condiciones de cada región, para satisfacer las necessidades normales de la vida del obrero, su educación y sus placeres honestos, considerándolo como jefe de familia."

3) *Por indústrias,* como na Lei australiana citada que estabeleceu Conselhos de Salários que fixavam a *remuneração mínima para um ramo da indústria,* sistema que permite tomar em consideração a situação particular de cada indústria.

4) *Universal,* quando aplicável de uma *forma geral* a todos os trabalhadores, como ocorre na Argentina, Brasil, México etc.

5) *Progressivo,* sempre que os níveis fixados entram em vigor em *etapas sucessivas.* Ex. "Fair Labor Standards Acts, de 1.938, nos Estados Unidos, cujo objetivo original (1.938) era um salário mínimo geral de *40 cents* por hora, a ser atingido gradativamente da seguinte forma: a) uma taxa mínima legal de *25 cents* por hora no primeiro ano (1.939); b) uma taxa de *30 cents* nos 5 anos subseqüentes (1.945); c) uma taxa de *40 cents* daí para a frente; houve emendas em 1.949 para *75 cents* e em 1.955 para *$1.00.*

6) *Instantâneo,* quando os seus efeitos totais verificam-se com a sua vigência.

7) *Nacional,* quando é estabelecida uma mesma taxa para todo o território da nação.

8) *Por zonas,* quando são consideradas as diferentes zonas econômicas, importando em diferentes taxas.

AS FONTES FORMAIS DO SALÁRIO MÍNIMO. — De acôrdo com o órgão que o determina, o salário mínimo tanto pode resultar da própria auto-composição das categorias interessadas mediante contratos coletivos ou da heterocomposição dos interêsses através da intervenção de órgãos estatais do executivo, legislativo ou judiciário.

O SALÁRIO MÍNIMO NO BRASIL. — A primeira manifestação legislativa verificada em nosso sistema jurídico deu-se com a Constituição de 1.934, seguindo-se a lei ordinária n. 185, de 14.1.1.936, que instituiu as comissões de salário mínimo e veio por sua vez a ser regulamentada pelo DL. 399, de 30.4.1.938, já no regime da Constituição de 1.937, que manteve o princípio. Em 1.940, o DL. 2.162 fixou as primeiras tabelas de salário mínimo em nosso país, periòdicamente modificadas daí por diante. Suspensa em 1.952 a vigência do preceito constitucional por fôrça do D. 10.358, em virtude do estado de guerra, veio a ser restabelecido pelo DL. 5.670, de 15.7.1.943; no mesmo ano nova regulamentação decorreu do DL. 5.452. A Constituição Federal de 1.946 reproduziu o preceito. O projeto da Carta Constitucional de 1.967 trouxe importante modificação, alterando o salário mínimo de familiar para individual, provocando protestos das classes trabalhadoras que vieram a ser atendidos mantendo-se o salário familiar. Em 1.964, a Lei 4.589 retirou a competência das Comissões de Salário Mínimo, atribuindo-as ao Departamento Nacional de Salário, os estudos para o processo de fixação das taxas mediante levantamento de dados de custo de mercadorias e produtos. No Brasil a remuneração vital é devida a todo trabalhador regido pela Consolidação das Leis do Trabalho, inclusive os rurais e mulheres, bem como os servidores públicos, êstes por fôrça da Lei 3.531, de 19.1.1.959, que impede sejam pagos em condições inferiores. Apenas os menores aprendizes e os menores podem ser retribuídos em outras bases. São características do nosso ordenamento jurídico: 1) o salário mínimo é irrenunciável (ver Questão 146); 2) nas jornadas legalmente inferiores à normal não sofre redução proporcional, mas em sendo meramente contratuais, cabe redução (ver Questão 147); 3) a negligência do trabalhador peceiro, tarefeiro ou comissionista, pode ser causa para a rescisão do contrato de trabalho, mas não para a redução do ganho mínimo (ver Questões 149 e 162); 4) não é permitido o seu pagamento total em utilidades (ver Questão 160); 5) gratificações e prêmios não são aproveitados para a sua complementação (ver Questões 163 e 164).

BIBLIOGRAFIA. — Wilson de Souza Campos Batalha, "Aspectos Constitucionais e Legislativos das Remunerações Mínimas", 1.958; José Martins Catharino, "Tratado Jurídico do Salário, 1.951; Organização Internacional do Trabalho, "Le salaire minimum, Études et documents," Série D, n. 22, Genebra, 1.940; Mário de La Cueva, "Derecho Mexicano del Trabajo, 1.960; Orme W. Phelps, "Introdução à Economia do Trabalho, 1.965.

145. **SALÁRIO INFERIOR AO MÍNIMO.** — PODEM AS PARTES DE UM CONTRATO DE TRABALHO AJUSTAR VÀLIDAMENTE SALÁRIO INFERIOR AO MÍNIMO LEGAL?

A LEI.

Art. 117. — Será nulo de pleno direito, sujeitando-se o empregador às sanções do art. 121, qualquer contrato ou convenção que estipule remuneração inferior ao salário mínimo estabelecido na região, zona ou subzona em que tiver se der cumprido (DL. n. 5.452, de 1.5.1.943).

A DOUTRINA.

1. EVARISTO DE MORAIS FILHO (Contrato de Trabalho, 1.944, pg. 110): "A não ser nos casos previstos em lei, não poderá o empregador deixar de efetuá-lo e, muito menos, reduzi-lo."
2. ALUYSIO SAMPAIO e PAULO JORGE DE LIMA (Dicionário Jurídico Trabalhista, 1.962, pg. 153): "Será nulo de pleno direito qualquer contrato ou convenção que estipule remuneração inferior ao salário mínimo regional, podendo, em tal caso, o trabalhador reclamar a diferença resultante."
3. ORLANDO GOMES (Direito Privado, pg. 292, 1.961): "A lei que proíbe a estipulação de remuneração inferior ao salário mínimo encerra preceito que garante interêsse social relevante, institucionalizado constitucionalmente, como uma das condições básicas da organização econômica."
4. MOZART VICTOR RUSSOMANO (Comentários à Consolidação das Leis do Trabalho, 1.960, vol. I, pg. 305): "Sendo um instituto de ordem pública e obrigatório, portanto irrenunciável, sempre que empregados e empregadores acertarem condições de serviço que impliquem em pagamento de remuneração inferior ao mínimo legal — o contrato será nulo, isto é, não produzirá nenhum efeito. É o que diz o art. 117. Melhor fôra, por certo, que o dispositivo estabelecesse, apenas, a nulidade da cláusula (ou cláusulas) que infrinja (ou infrinjam) a regra do salário mínimo. Aliás, assim é que deve ser interpretado o art. 117, pois essa parece haver sido a intenção do legislador."
5. ALUÍSIO JOSÉ TEIXEIRA GAVAZZONI SILVA (Comentários à Consolidação das Leis do Trabalho, 1.963, vol. I, pg. 211): "Note-se, todavia, que a redação do preceito em foco é das mais infelizes. Com efeito, não é nulo o contrato que estipula remuneração inferior ao salário mínimo. Nula é apenas a cláusula que faz essa estipulação."
6. ARNALDO SUSSEKIND (Comentários à Consolidação das Leis do Trabalho e à Legislação Complementar, vol. I, pg. 451, 1.964): "... não poderá o empregador, sob pretexto algum, pagar ao empregado salário inferior ao mínimo em vigor. Se o fizer, violará o direito individual do empregado e ferirá, ao mesmo tempo, o interêsse coletivo imanente aos preceitos de ordem pública."

A JURISPRUDÊNCIA.

1. TST (A. de 4.12.1956, 3.ª T., RR. n. 1.510/56, r. M. Délio Maranhão, RTST, 1.957, pg. 517): "Não se admite transação quanto ao salário mínimo."

OBSERVAÇÕES.

Se o salário mínimo é a quantidade absolutamente indispensável para a subsistência do trabalhador, deve cercar-se de garantias jurídicas de efetiva aplicação. Assim, a sua inderrogabilidade é conseqüência do próprio fim a que se destina. Só a lei pode permitir exceções ao princípio e as únicas vigentes em nosso direito referem-se ao menor. A não ser nesse caso, aos demais empregados submetidos ao regime da lei trabalhista é dispensada a proteção da norma jurídica que, uma vez violada, ensejará aplicação de sanções administrativas e o direito às diferenças salariais. Nenhuma discriminação se faz quanto à forma da retribuição, valendo o preceito tanto para os salários por unidade de tempo como por unidade de obra e tarefa. Nem mesmo nas reduções quantitativas do trabalho em face da conjuntura econômica, haverá a quebra do princípio, pois a Lei n. 4.923, de 28 de dezembro de 1.965, manda que nessas condições seja sempre respeitado o mínimo.

146. RENÚNCIA AO SALÁRIO MÍNIMO. — O EMPREGADO PODE RENUNCIAR AO SALÁRIO MÍNIMO?

A DOUTRINA.

1. MOZART VICTOR RUSSOMANO (Comentários à Consolidação das Leis do Trabalho, 1.960, vol. I, pg. 305): "Como sua própria denominação indica, êle é impôsto coativamente a todos os empregadores. Mais ainda: é coativamente impôsto aos próprios empregados. Êstes não podem transigir sôbre o salário mínimo, não o podem renunciar, porque essa figura jurídica tutela tanto as suas conveniências pessoais quanto os altos interêsses da sociedade. Tais interêsses coletivos não podem ficar confiados à livre deliberação do empregado ou do empregador."
2. JOSÉ MARTINS CATHARINO (Tratado Jurídico do Salário, 1.951, pg. 184): "O salário legal é impôsto "a priori" aos contratantes por uma norma de ordem pública. Por isto mesmo, é uma obrigação ineludível dos empregadores e um direito irrenunciável dos trabalhadores."
3. ÉGON FELIX GOTTSCHALK (Norma Pública e Privada no Direito do Trabalho, 1.944, pg. 216): "... fora dos casos expressamente previstos, não é compatível com a natureza do salário mínimo como salário vital e, por conseguinte, indispensável à organização da vida social, uma redução do mesmo por acôrdo entre empregador e empregado, ainda que rescindido o contrato individual de trabalho e terminada a relação de trabalho. A renúncia ao salário mínimo é, portanto, nula de pleno direito. Pode, todavia, o empregado deixar de perseguir o seu direito, tomando a si o efeito extintivo da prescrição e não lhe é proibido transigir em litígio, sem excluir, porém, a aplicação das sanções de ordem administrativa contra a infração da lei."
4. CRISTÓVÃO PIRAGIBE TOSTES MALTA (Da Competência no Processo Trabalhista, 1.960, pg. 103): "O direito ao recebimento do salário mínimo é, com tôda evidência, irrenunciável."
5. AMARO BARRETO (Tutela Geral do Trabalho, 1.964, vol. II, pg. 181): "Mesmo que o empregado tenha dado quitação, tenha feito renúncia ou tenha realizado transação, pode, por sôbre essas figuras, exigir judicialmente, a complementação do salário mínimo, porque qualquer acôrdo em base inferior ao mínimo legal não tem eficácia plena e pode ser complementado, na *comunis opinio* dos doutrinadores e juízes."
6. ROBERTO BARRETO PRADO (Direito do Trabalho, 1.963, pg. 183): "Trata-se de dispositivo de ordem pública, e por isso mesmo irrenunciável e de aplicação imediata."
7. LUIZ ROBERTO DE REZENDE PUECH (Direito Individual e Coletivo do Trabalho, 1.960, pg. 129): Estaria o salário mínimo entre êsses direitos a qualquer tempo irrenunciáveis? Representa êle uma daquelas "prerrogativas" ou "garantias" legais do trabalhador? A resposta afirmativa se impõe, sem hesitações."
8. ARNALDO SUSSEKIND (Comentários à Consolidação das Leis do Trabalho e à Legislação Complementar, 1.964, vol. I, pg. 451): "Os preceitos imperativos de proteção ao trabalhador prevalecem sôbre qualquer acôrdo (ato bilateral) que lhes contrarie e estigmatiza com a nulidade plena a renúncia do empregado (ato unilateral) à sua aplicação (art. 9.º). De conseguinte, não po-

derá o empregador, sob pretexto algum, pagar ao empregado salário inferior ao mínimo em vigor."
9. CRISTÓVÃO PIRAGIBE TOSTES MALTA (Dicionário de Doutrina Trabalhista, 1.966, pg. 224): "Também não pode o empregado RENUNCIAR de modo algum ao recebimento dos seus salários."
10. DÉLIO MARANHÃO (Direito do Trabalho, 1.966, pg. 103): "O art. 117 da Consolidação declara nulo qualquer contrato ou convenção que estipule renumeração inferior ao salário mínimo e o art. 118 assegura ao empregado, não obstante qualquer contrato ou convenção em contrário, o direito de reclamar a complementação do salário mínimo."

A JURISPRUDÊNCIA.

1. STF (RE. n. 33.895, DJ. de 2.12.1.957, r. M. Lafayette de Andrada): "Direito Trabalhista. — Salário mínimo. — O direito ao mesmo é irrenunciável. — São nulos de pleno direito todos os atos praticados com o objetivo de fraudar ou impedir a aplicação dos preceitos da legislação trabalhista. Recurso conhecido e provido."
2. STF (RE. n. 41.612, 2.ª T., 25.4.1.961, r. M. Afrânio Costa, LTr. 26/470): "O direito ao salário mínimo é irrenunciável e não pode ser objeto de transação."
3. TST (A. de 7.5.1.958, TP., RR. n. 1006/56, r. M. Jessé Freire, RTST, 1.960, pg. 240): "O direito ao salário mínimo é irrenunciável e não pode ser objeto de transação."
4. TST (A. de 1.5.1.958, 3.ª T., RR. n. 643/58, r. M. Hildebrando Bisaglia, RTST, 1.960, pg. 240): Igual ao n. 3.
5. TST (A. de 30.9.1.958, 3.ª T., RR. n. 1.995/58, r. M. Hildebrando Bisaglia, RTST, 1.960, pg. 240): Igual ao n. 3.
6. TST (RR. n. 1.779/57, DJ. de 22.11.1.957, 1.ª T., r. M. Délio Maranhão, in Sussekind, Comentários, vol. I, pg. 452): Igual ao n. 3.
7. TRT, 2.ª (P. n. 1.846/62, A. n. 2.934/62, de 24.9.62, r. Hélio de Miranda Guimarães, MT., novembro de 1.962: "O documento que exonera a emprêsa da indenização e aviso prévio é imprestável para absolvê-la quanto ao pedido de diferenças de salário mínimo. A lei é expressa a respeito. O direito ao salário mínimo legal persiste contra qualquer acôrdo ou transação. É irrenunciável tal verba."

OBSERVAÇÕES.

O salário mínimo é irrenunciável. Os artigos 9.º e 117 da Consolidação são claros. A indisponibilidade das normas de ordem pública e o interêsse do Estado em manter, ainda contra a vontade do trabalhador, o salário vital, fundamentam a proibição proclamada pelo nosso direito.

147. **JORNADA REDUZIDA.** — NAS JORNADAS INFERIORES À DURAÇÃO NORMAL O SALÁRIO MÍNIMO SOFRE REDUÇÃO PROPORCIONAL?

A DOUTRINA.

1. WILSON DE SOUZA CAMPOS BATALHA (Aspectos Constitucionais e Legislativos das Remunerações Mínimas, 1.958, pg. 26): "Nem se compreenderia que, devendo o empregado trabalhar em horário reduzido, fizesse jus ao recebimento de importância idêntica à que percebe aquêle que presta o seu labor durante tôda a jornada de trabalho. Pressupõe-se que o empregado cuja atividade para determinada emprêsa se verifica em horário inferior ao legal, aufira alhures outros proventos, que, guardada a proporcionalidade das horas de serviço, lhe confira o direito ao mínimo vital."

2. JOSÉ MARTINS CATHARINO (Tratado Jurídico do Salário, 1.951, pg. 230): "Em tese a solução é fácil. Se o operário fôr contratado como horista, e desde que perceba o mínimo horário, não vemos como a emprêsa deva remunerar serviços que não foram previstos no contrato nem prestados; ainda mais quando, na maioria dos casos, o trabalhador se engaja como horista por lhe ser conveniente, seja porque trabalha por conta própria ou para terceiro. Em algumas situações concretas a solução é menos fácil. Isto acontece quando o operário não tem outra fonte de rendimento. Neste caso é necessária a verificação cuidadosa do seu possível direito porque, não tendo celebrado outro contrato, nem se dedicando a atividade autônoma, há que admitir a presunção de que deve ter o salário mínimo diário garantido por estar sempre à disposição do único empregador, de quem recebe o meio para viver."

3. F. MOURA BRANDÃO FILHO e JOSÉ GOMES TALARICO (Interpretação e Prática da Legislação Trabalhista Brasileira, 1.954, pg. 67): "Cabe ainda notar, a respeito do salário mínimo brasileiro, que êle é devido por dia normal de trabalho. Destarte, quem fôr contratado para prestar serviços por tempo inferior ao da jornada normal de trabalho, recebê-lo-á proporcionalmente às horas trabalhadas."

4. ADRIANO CAMPANHOLE (Prática e Jurisprudência Trabalhista, 1.962, pg. 113): "Por dia normal de serviço devemos entender não apenas a jornada de oito horas, mas também as jornadas inferiores instituídas por lei. É o caso, por exemplo, dos jornalistas, dos revisores, dos locutores, dos bancários, dos operadores cinematográficos etc., que têm jornada normal inferior e que por isso não podem receber menos que o salário mínimo."

5. ALUÍSIO JOSÉ TEIXEIRA GAVAZZONI SILVA (Comentários à Consolidação das Leis do Trabalho, 1.963, pg. 163, vol. I): "O cálculo para obtenção do salário mínimo tem por base a jornada normal de trabalho de oito horas. Assim, se um operário é contratado para trabalhar como horista, duas (2) horas por dia, seu salário será calculado dividindo-se o salário mínimo fixado para a região, zona ou subzona, por 240 horas (jornada normal de trabalho)."

6. AMARO BARRETO (Tutela Geral do Trabalho, 1.964, pg. 126): "Pode o empregador contratar o trabalho para o limite reduzido da jornada, reduzindo, proporcionalmente, o salário mínimo." ..."Quando a jornada legal é inferior a 8 horas diárias, como, por exemplo, a de 6 horas dos bancários, o salário mínimo é integral, pelo dia normal de serviço, não sofrendo redução pela diminuição da jornada. Nesse caso, para apuração do salário-hora, divide-se o salário-dia pelo número de horas da jornada reduzida pela lei..."

7. ARNALDO SUSSEKIND (Comentários à Consolidação das Leis do Trabalho e à Legislação Complementar, 1.964, vol. I, pg. 409): "... se a duração normal do trabalho do empregado fôr inferior à legal, o salário mínimo há de guardar proporção com o número de horas que constituem a jornada contratada." ... pg. 410: "Se a lei prescreveu jornadas normais inferiores para determinadas atividades (bancários, telegrafistas, jornalistas etc.), é evidente que o salário mínimo diário fixado para a respectiva região deve corresponder ao número de horas integrantes da duração legal do trabalho dessas categorias."

8. DÉLIO MARANHÃO (Direito do Trabalho, 1.966, pg. 95): "... quando a jornada legal fôr de oito horas, se, pelo contrato, estiver o empregado obrigado a uma jornada de menor duração, o salário mínimo será proporcional ao número de horas de trabalho diário. É que a expressão "jornada normal", referida no art. 76 da Consolidação, diz respeito à duração normal de oito horas do art. 58. Trata-se de entendimento jurisprudencial pacífico. Se a duração inferior a 8 horas decorrer de jornada legalmente reduzida, o que, como tivemos ocasião de ver, se dá em relação a determinadas categorias profissionais, não sofre o salário mínimo tal diminuição proporcional: por lei a jornada de duração menor equivale à de 8 horas, já que o propósito foi o de beneficiar aquelas categorias."

9. HIROSÊ PIMPÃO (Problemas Práticos de Direito do Trabalho, pg. 102): ("... a redução proporcional do salário mínimo só é admissível naqueles casos em que o trabalho pode ser contratado por oito horas diárias e o é, todavia, por menos horas. Na hipótese de duração menor imposta por lei, como

ocorre com os cabineiros de elevadores, com as telefonistas etc., tal redução não é permitida."
10. ROBERTO BARRETO PRADO (Direito do Trabalho, 1.963, pg. 190): "O empregado que trabalha em horário reduzido não tem direito a receber o salário mínimo integral, como se trabalhasse durante tôda a jornada que a lei reputa como normal."

A JURISPRUDÊNCIA.

1. STF (AI. n. 25.037, de 14.7.1.961, r. M. Villas Boas, LTr. 26/340): "Em relação a contrato concluído de acôrdo com o artigo 444 da C.L.T., não é lícito invocar a legislação referente ao salário mínimo, se a prestação de serviços é por tempo reduzido."
2. TST (A. de 29.4.1.955, 2.ª T., P. n. 3.286/54, r. M. Oscar Saraiva, RTST, 1.957, pg. 85): "É de ser admitida a correlação entre o salário pago, mesmo segundo os níveis do salário mínimo, e o número de horas trabalhadas pelo empregado."
3. TST (A. de 13.6.1.955, 2.ª T., P. n. 5.724/54, r. M. Oscar Saraiva, RTST, 1.957, pg. 85): Igual ao n. 2.
4. TST (A. de 30.6.1.955, 2.ª T., P. n. 76/55, r. M. Oscar Saraiva, RTST, 1.957, pg. 223): Igual ao n. 2.
5. TST (A. de 28.7.1.955, 3.ª T., P. n. 569/55, r. M. Délio Maranhão, RTST, 1.957, pg. 319): Igual ao n. 2.
6. TST (A. de 15.6.1.956, 1.ª T., RR. n. 411/56, r. M. Oliveira Lima, RTST, 1.957, pg. 406): Igual ao n. 2.
7. TST (A. de 15.10.1.956, 2.ª T., RR. n. 782/56, r. M. Oscar Saraiva, RTST, 1.957, pg. 460): Igual ao n. 2.
8. TST (A. de 22.5.1.956, 1.ª T., P. n. 7.088/55, r. M. Astolfo Serra, RTST, 1.957, pg. 393): Igual ao n. 2.
9. TST (A. de 1.9.1.955, 3.ª T., P. n. 3.408/55, r. M. Jonas de Carvalho, RTST, 1.957, pg. 257): Igual ao n. 2.
10. TST (A. de 4.8.1.955, 3.ª T., P. n. 2.396/54, r. M. Júlio Barata, RTST, 1.957, pg. 257): Igual ao n. 2.
11. TST (Ac. de 4.11.1.955, 2.ª T., P. n. 1.342/53, r. M. Bezerra de Menezes, RTST, 1.957, pg. 95): "Quando a duração normal do trabalho é reduzida por lei atendendo a peculiaridades profissionais, como no caso dos operadores cinematográficos (art. 234 da C.L.T.: duração máxima de seis horas), o salário-mínimo é devido na importância correspondente à jornada de trabalho comum, de oito horas."
12. TST (A. de 14.4.1.955, 3.ª T., P. n. 3.040/54, r. M. Tostes Malta, RTST, 1.957, pg. 54): Igual ao n. 2.
13. TST (A. de 4.11.1.954, 2.ª T., P. n. 6.528/52, r. M. Antônio Carvalhal, RTST, 1.957, pg. 117): Igual ao n. 2.
14. TST (A. de 19.12.1.958, 2.ª T., RR. n. 1.757/57, r. M. Jessé Freire, RTST, 1.960, pg. 194): Igual ao n. 2.
15. TST (A. de 22.8.1.958, 1.ª T., RR. n. 1.516/58, r. M. Rômulo Cardim, RTST, 1.960, pg. 202): Igual ao n. 2.
16. TST (A. de 31.7.1.958, 1.ª T., RR. n. 2.283/57, r. M. Astolfo Serra, RTST, 1.960, pg. 212): Igual ao n. 2.
17. TRT, 1.ª (P. n. 407/52, r. Adílio Tostes Malta, Antero de Carvalho, Comentários à Jurisprudência Trabalhista, pg. 83): "Deve o salário mínimo guardar proporção com a medida de tempo do trabalho."
18. TRT, 1.ª (P. n. 816/56, r. Homero Prates, LTr. 21/22): Igual ao n. 17.
19. TRT, 1.ª (P. n. 638/57, r. Ferreira da Costa, LTr. 21/265): Igual ao n. 17.
20. TRT, 1.ª (P. n. 1.178/58, RO, r. Ferreira da Costa, DJU, 9.12.1.955, pg. 4.239): Igual ao n. 17.
21. TRT, 2.ª (P. n. 2.811/57, A. n. 310/58, r. Wilson de Souza Campos Batalha, MT., março de 1.958): "O salário mínimo mensal tem em mira a jornada de oito horas de trabalho. Trabalhando em jornada reduzida, o salário mínimo corresponderá às horas efetivamente trabalhadas."

22. TRT, 2.ª (P. n. 1.476/59, A. n. 3.208/59, de 8.10.1.959, r. Wilson de Souza Campos Batalha, MT., fevereiro de 1.960): Igual ao n. 21.
23. TRT, 2.ª (P. n. 226/60, A. n. 1.256/61, r. Carlos Bandeira Lins, MT., agôsto de 1.961): Igual ao n. 21.
24. TRT, 2.ª (P. n. 263/62, A. n. 2.597/62, r. Carlos Bandeira Lins, MT., outubro de 1.962): Igual ao n. 21.
25. TRT, 2.ª (P. n. 1.712/63, A. n. 2.770/63, r. Hélio de Miranda Guimarães, MT., setembro de 1.963): Igual ao n. 21.
26. TRT, 2.ª (P. n. 3.492/65, A. n. 923/66, r. Wilson de Souza Campos Batalha, MT., abril de 1.966): Igual ao n. 21.
27. TRT, 4.ª (P. n. 2.735/61, de 21.9.1.961, r. Mozart Victor Russomano, Repertório de Decisões Trabalhistas, vol. III, pg. 270): "O trabalhador contratado para prestar serviços durante um turno não pode exigir o pagamento do salário mínimo mensal."
28. TRT, 4.ª (P. n. 3.030/61, de 29.11.1.961, r. Mozart Victor Russomano, Repertório de Decisões Trabalhistas, vol. III, pg. 324): Igual ao n. 27.

OBSERVAÇÕES.

A jornada de trabalho pode ser legalmente ou contratualmente inferior a oito horas. O salário mínimo, no primeiro caso, é intangível; mas no segundo caso, fixa-se em índices proporcionais ao número de horas trabalhadas. Essa é a norma do nosso direito. Assim, o salário mínimo será estabelecido por jornada, hora, peça etc., aliás segundo prevê o "Code International du Travail (Francesco Cosentini).

148. REMUNERAÇÃO POR PEÇA OU TAREFA E O SALÁRIO MÍNIMO. — O TRABALHADOR POR PEÇA E O TAREFEIRO TÊM DIREITO AO SALÁRIO MÍNIMO?

A DOUTRINA.

1. JOSÉ MARTINS CATHARINO (Tratado Jurídico do Salário, 1.951, pg. 155): "Os que trabalham por peça sob as ordens imediatas do empregador deverão estar protegidos quanto à percepção de um salário mínimo."
2. ORLANDO GOMES (O Salário no Direito Brasileiro, 1.947, pg. 29): "Deverá, em suma, ter a possibilidade de produzir certa quantidade de peças ou certo número de tarefas cuja remuneração, somados os preços de unidade, seja igual ou maior do que a importância mínima devida diàriamente ao trabalhador retribuído por unidade de tempo."
3. WALDEMAR GOLA (Comentários à Consolidação, 1.943, pg. 60): "Para se estabelecer o "quantum" do salário mínimo devido ao trabalhador remunerado por tarefa ou peça, ter-se-ão presentes as instruções baixadas pela Portaria Ministerial n. SC m 328, de 15 de julho de 1.940."
4. MOZART VICTOR RUSSOMANO (O Empregado e o Empregador no Direito Brasileiro, vol. II, 1.954, pg. 561): "... o art. 78 dispondo sôbre os tarefeiros, peceiros e empreiteiros, garante-lhes o salário mínimo diário vigorante na região, zona ou subzona."
5. ARNALDO SUSSEKIND (Comentários à Consolidação das Leis do Trabalho e à Legislação Complementar, 1.964, vol. I, pg. 413): "Se o empregado, cujo salário é aferido pela sua produção individual (salário-rendimento) não pode ter assegurada a percepção de uma quantia invariável, certo é que a flutuação salarial inerente a essa modalidade de remuneração não deve ser suscetível de afetar a remuneração mínima indispensável à própria subsistência."
6. DÉLIO MARANHÃO (Direito do Trabalho, 1.966, pg. 94): "Pouco importa a forma do pagamento, desde que se trate de contraprestação salarial..."

A JURISPRUDÊNCIA.

1. STF (AI. 21.738, r. M. Nelson Hungria, 16.12.59, 1.ª T., A CLT vista pelo STF, Calheiros Bonfim, 1.961, vol. 2.º, pg. 53): "O A. impugnado, julgando improcedente a reclamação, considerou que os empregados, tareferios, já percebiam importância superior ao mínimo legal, motivo pelo qual "no que toca ao salário diário, êste há de ser considerado conforme o resultado da divisão do que fôr auferido no mês pelo número de dias dêsse período, o que assegura, necessàriamente, quantia diária também superior ao mínimo questionado". — Agravo desprovido. A decisão recorrida não desatendeu ao art. 78 da Consolidação. O que se deve entender dêsse preceito legal é que, enquanto o tarefeiro estiver a serviço de quem o ajusta, não pode receber, por dia, salário inferior ao mínimo legal. Se há período de ausência de serviço, é inteiramente admissível a divisão do algarismo do preço das tarefas pelos dias transcorridos, e caso o quociente seja igual ou superior ao salário mínimo, nada mais terá que pagar."
2. STF (RE. 34.076, 2.ª T., r. M. Hahnemann Guimarães, 9.9.57, Calheiros Bonfim, A CLT vista pelo STF, 1.961, vol. 2.º, pg. 53): "A 2.ª T. do Tribunal Superior restabeleceu a decisão da Junta que reconheceu a terefeiros o salário mínimo integral nos sábados, dias em que o trabalho, no estabelecimento, cessava ao meio-dia. Acórdão que dá êsse entendimento ao art. 78 da Consolidação, não enseja recurso extraordinário. A remuneração do tarefeiro não será inferior ao salário mínimo."
3. STF (RE. 43.450, 2.ª T., r. M. Lafayette de Andrada, 31.8.60, Calheiros Bonfim, A CLT vista pelo STF, 1.961, vol. 2.º, pg. 53): Igual ao n. 2.
4. STF (AI. 22.167, 1.ª T., r. M. Ary Franco, 26.10.60, Calheiros Bonfim, A CLT vista pelo STF, 1.961, vol. 2.º, pg. 54): Igual ao n. 2.
5. STF (RE. 50.661, 2.ª T., r. M. Victor Nunes Leal, 30.10.62, Calheiros Bonfim, A CLT vista pelo STF, 1.961, 3.º vol. pg. 54): Igual ao n. 2.
6. TST (A. de 6.10.58, 2.ª T., RR. 1.529/58, r. M. Oscar Saraiva, RTST, 1.961, pg. 290): Igual ao n. 2.
7. TST (A. de 15.12.58, 2.ª T., RR. 1.621/58, r. M. Oscar Saraiva, RTST, 1.961, pg. 290): Igual ao n. 2.
8. TST (A. de 12.11.58, TP., RR. 2.250/57, r. M. Luiz França, RTST, 1.961, pg. 304): "O direito ao salário mínimo não pode ficar adstrito ao fato de o empregado tarefeiro produzir o suficiente para ganhá-lo."
9. TST (A. de 10.11.58, 2.ª T. RR. 2.096, r. M. Luiz França, RTST, 1.961, pg. 308): "Seja qual fôr a modalidade salarial contratada será sempre, ao trabalhador, garantido o salário mínimo."
10. TST (A. de 19.3.59, 2.ª T., RR. 3.339, r. M. Thélio Monteiro, RTST, 1.961, pg. 308): Igual ao n. 9.
11. TST (A. de 3.9.59, 2.ª T., RR. 1.365/59, r. M. Luiz França, RTST, 1.961. pg. 308): Igual ao n. 9.
12. TRT, 2.ª (P. n. 2.984/58, A. 120/59, un., 15.1.59, DOE. 5.2.59, r. Hélio de Miranda Gumarães, MT., março de 1.959): "Não havendo culpa dos empregados, na não obtenção do mínimo legal, lhes deve ser assegurado tal limite."
13. TRT, 2.ª (P. 1.562/60, A. 2.872/60, un., 29.8.60, DOE de 29.9.60, r. Carlos Figueiredo Sá, MT., dezembro de 1.960): "O salário mínimo é devido ainda quando contratado na base de tarefa, pois se trata de norma geral de tutela do trabalho e, portanto, não sujeito ao maior ou menor esfôrço do trabalhador."
14. TRT, 2.ª (P. 100/60, A. 1.702/60, un., 31.5.60, DOE. de 6.7.60, r. Carlos Bandeira Lins, MT., setembro de 1.960): Igual ao n. 13.
15. TRT, 2.ª (P. 3.601/61, A. 1.063/62, un., 19.3.62, DOE. de 5.9.62, r. Hélio Tupinambá Fonseca, MT., junho de 1.962): Igual ao n. 13.
16. TRT, 2.ª (P. 2.954/62, A. 3.774/63, un., 11.11.63, DOE. de 27.11.63, r. Antônio José Fava, MT., dezembro de 1.963): Igual ao n. 13.

OBSERVAÇÕES.

O trabalhador por peça ou tarefa tem direito ao salário mínimo. A doutrina é absolutamente coerente nesse sentido e a jurisprudência também não diverge.

149. IMPRODUTIVIDADE E SALÁRIO MÍNIMO. — SE O TRABALHADOR POR PEÇA OU TAREFA, POR BAIXA PRODUTIVIDADE, NÃO ATINGE O SALÁRIO MÍNIMO, O EMPREGADOR ESTÁ OBRIGADO À COMPLEMENTAÇÃO?

A DOUTRINA.

1. WILSON DE SOUZA CAMPOS BATALHA (Aspectos Constitucionais e Legislativos das Remunerações Mínimas, 1.958, pg. 52): "Se a maioria dos trabalhadores, em condições idênticas, trabalhando para a mesma emprêsa, atinge e supera o salário mínimo regional, só pode ser atribuído à incúria, ao desinterêsse, à negligência da minoria não executar serviços que proporcionem a percepção do mínimo regional."
2. MOZART VICTOR RUSSOMANO (Comentários à Consolidação das Leis do Trabalho, 1.960, vol. I, pg. 261): "Pela clareza de sua redação, só se pode concluir que, seja qual fôr a produtividade de tarefeiro ou peceiro, seja qual fôr o preço da tarefa ou peça, haja ou não serviço no estabelecimento — o empregador lhes deverá assegurar a diária mínima vigorante na região."
3. ADRIANO CAMPANHOLE (Prática e Jurisprudência Trabalhista, 1.962, pg. 128): "Se êste, por pouca diligência, falta ao serviço ou se, por outros fatôres dependentes de sua vontade, não produz o número de peças ou tarefa que lhe garantam êsse mínimo a êle, assim mesmo, tem direito. Possui o empregador outros meios para punir o empregado, como a advertência, a suspensão e mesmo a demissão."
4. BRENO SANVICENTE (Introdução ao Direito Brasileiro do Trabalho, 1.963, pg. 308): "Se o trabalhador estiver em atividade no próprio estabelecimento e é pago por peça ou tarefa e apresenta pouca produtividade, ainda assim terá direito ao salário mínimo."
5. AMARO BARRETO (Tutela Geral do Trabalho, vol. II, pg. 131, 1.964): "Só quando o empregador não fornece as tarefas em quantidade suficiente, ou quando não paga preço unitário bastante, ou nega ambos êsses fatôres, é que ficará obrigado a pagar o salário-dia, sendo, então, a unidade-tempo sucedânea da unidade-produto, por não preenchidos pelo empregador os elementos desta."
6. ALUÍSIO JOSÉ TEIXEIRA GAVAZZONI SILVA (Comentários à Consolidação das Leis do Trabalho, vol. I, pg. 168, 1.963): "O problema da desídia, no entanto, não modifica a dívida do empregador concernente ao salário mínimo. Convém, no entanto, distinguir. Se o empregado trabalha remunerado por produção, mas mediante horário, tem a seu favor as conclusões supra. Outro é o caso, todavia, do servidor que é remunerado por produção mas não está sujeito a horário. No segundo caso, o empregador não está obrigado senão a garantir ao empregado os meios de atingir o salário mínimo."
7. ROBERTO BARRETO PRADO (Direito do Trabalho, 1.963, pg. 191): "Entendemos que ainda nesses casos, tem o empregado direito a complementação do salário até atingir o mínimo legal. Se o empregado é desidioso, cabe ao empregador lhe aplicar pena disciplinar, que poderá atingir a despedida no caso de ser reiterada a falta, mas o que não se admite é que o empregado que cumpre a jornada de trabalho, receba menos do que o necessário às suas necessidades normais. A finalidade do salário mínimo não consiste na justa remuneração do trabalho, mas simplesmente em garantir ao empregado a sua subsistência pelo trabalho."

8. DÉLIO MARANHÃO (Direito do Trabalho, 1.966, pg. 96): Dir-se-á que o tarefeiro, cuja produção é deficiente, não percebe o salário mínimo porque não quer. Não quer, ou não pode? Se pode e não quer, será desidioso. Mas desídia é falta, a punição desta não pode recair sôbre o salário."

A JURISPRUDÊNCIA.

1. STF (AI. n. 24.478, 1.ª T., r. M. Afrânio Costa, 22.6.61, Ementário Trabalhista, dezembro de 1.961): "Trata-se da aplicação da lei que fixou o salário mínimo, a cujo cumprimento pretende se escusar o empregador, a pretexto de se tratar de trabalho improdutivo e que o salário só se paga ao trabalho produtivo. Essa diferença, além de sibilina, está fora dos têrmos da lei que, imperiosamente, impõe o pagamento do salário mínimo, seja qual fôr a atividade ou o emprêgo exercido pelo empregado."
2. STF (RE. n. 47.332, 2.ª T., r. M. Villas Boas, 14.6.1.961, Ementário Trabalhista, setembro de 1.961): Igual ao n. 1.
3. STF (AI. n. 22.167, 25.10.60, 1.ª T., r. M. Ary Franco, Ementário Trabalhista, janeiro de 1.961): Igual ao n. 1.
4. TST (A. de 7.1.1.955, 1.ª T., P. n. 2.858/52, r. M. Godoy Ilha, RTST, 1.957, pg. 39): "Embora a lei assegure ao tarefeiro a percepção de salário mínimo, a êste sòmente fará jus se atingir a produção m dia calculada de acôrdo com a Portaria n. S. Cm. 328, de 15 de julho de 1.950, do MTIC."
5. TST (A. de 19.6.1.956, 3.ª T., P. n. 5.115/55, r. M. Júlio Barata, RTST, 1.957, pg. 398): "O salário, ainda que mínimo, é a contraprestação de serviço. Facultados ao tarefeiro todos os meios para que êle atinja o salário mínimo e até o ultrapasse, não há como culpar a emprêsa, se o empregado não quer produzir o que pode."
6. TST (A. de 1.10.1.956, 2.ª T., RR. n. 769/56, r. M. Mário Lopes, RTST, 1.957, pg. 448): "O direito ao salário mínimo não pode ficar adstrito ao fato de o empregado tarefeiro produzir o suficiente para ganhá-lo."
7. TST (A. de 19.10.1.956, 1.ª T., P. n. 6.675/55, r. M. Ferreira da Costa, RTST, 1.957, pg. 471): "Comprovado que o tarefeiro só num mês, portanto eventualmente, deixou de atingir o salário mínimo, não é de ser condenada a emprêsa a suprir aquela deficiência do empregado."
8. TST (A. de 26.11.1.956, 2.ª T., RR. n. 1.066/56, r. M. Mário Lopes, RTST, 1957, pg. 490): "É incondicional a garantia do salário mínimo assegurado pelo art. 78 da Consolidação das Leis do Trabalho."
9. TST (A. de 13.11.1.956, 1.ª T., RR. n. 398/56, r. M. Ferreira da Costa, RTST, 1.957, pg. 500): "O tarefeiro não tem direito a diferença de salário quando resulta demonstrado que a tarefa lhe permite alcançar e até superar o salário mínimo, se trabalhar normalmente."
10. TST (A. de 4.12.1.956, 3.ª T., RR. n. 1.429/56, r. M. Jonas de Carvalho, RTST, 1.957, pg. 505): "Se o empregador proporciona os meios necessários para que o tarefeiro obtenha o salário mínimo, não está obrigado a complementar os salários do empregado que não o atinge por deficiência ou desinterêsse."
11. TST (A. de 11.9.1.956, 3.ª T., RR. n. 831/56, r. M. Jonas de Carvalho, RTST, 1.957, pg. 452): "Não está o empregador obrigado a complementar o salário do tarefeiro que não atinge o mínimo legal por incapacidade pessoal."
12. TST (A. de 11.11.1.957, 2.ª T., RR. n. 645/57, r. M. Oscar Saraiva, RTST, 1.960, pg. 206): "Aos empregados tarefeiros é assegurado o direito à percepção do salário mínimo."
13. TST (A. de 3.6.1.958, 3.ª T., RR. n. 2.537/57, r. M. Antônio Carvalhal, RTST, 1.960, pg. 206): Igual ao n. 12.
14. TST (A. de 14.7.1.958, 2.ª T., RR. n. 1.040/58, r. M. Thélio Monteiro, RTST, 1.960, pg. 206): Igual ao n. 12.
15. TST (A. de 10.7.1.958, 3.ª T., RR. n. 3.705/57, r. M. Tostes Malta, RTST, 1.960, pg. 206): Igual ao n. 12.
16. TST (A. de 16.6.1.958, 2.ª T., RR. n. 380/58, r. M. Thélio Monteiro, RTST, 1.960, pg. 206): Igual ao n. 12.

17. TST (A. de 5.8.1.958, 3.ª T., RR. n. 1.132/58, r. M. Tostes Malta, RTST, 1.960, pg. 206): Igual ao n. 12.
18. TST (P. n. 3.226/59, RR., 15.1.1.960, r. M. César Pires Chaves, LTr. 25/26): "O salário mínimo é irredutível, não a ponto de ser devido ao tarefeiro que não alcança por sua culpa a produção mínima proporcional à tarefa calculada em função daquele mesmo salário."
19. TST (RR. n. 4.314/58, T. P., r. M. Rômulo Cardim, 25.5.1.960, LTr. 25/197): "Se por negligência ou por não trabalhar o horário normal, não atinge o trabalhador tarefeiro o mínimo salarial da região, não está o empregador obrigado a complementar o salário recebido."
20. TST (P. n. 2.699/61, A. n. 688/62, TP., r. M. Bezerra de Menezes, LTr. 27/90): "Inexistindo culpa do empregado impõe-se a complementação do salário mínimo do tarefeiro."
21. TRT, 1.ª (RO. n. 619/56, r. Homero Prates, 29.8.1.956, LTr. 21/80): "Aos empregados tarefeiros é garantida uma remuneração diária nunca inferior à do salário mínimo por dia normal de serviço (art. 78 da C.L.T.)."
22. TRT, 2.ª (P. n. 1.890/58, A. n. 2.796/8, r. José Ney Serrão, MT., dezembro de 1.958): "Se, conforme declara o perito, as reclamantes, tarefeiras, não atingem o salário, pela falta de dedicação, esfôrço e atenção, sendo que as demais tecelãs o conseguem, julga-se improcedente o pedido de complementação."
23. TRT, 2.ª (P. n. 2.984/58, A. n. 120/59, r. Hélio de Miranda Guimarães, MT., março de 1.959): "Não havendo culpa dos empregados na não obtenção do mínimo legal, lhes deve ser assegurado tal limite."
24. TRT, 2.ª (P. n. 1.562/60, A. n. 2.872/60, r. Carlos Figueiredo Sá, MT., dezembro de 1.960): "O salário mínimo é devido ainda quando contratado na base de tarefa, pois, se trata de norma geral de tutela do trabalho e, portanto, não sujeito ao maior ou menor esfôrço do trabalhador."
25. TRT, 2.ª (P. n. 1.725/60, A. n. 3.023/61, r. Hélio Tupinambá Fonseca, MT., dezembro de 1.961): "Se ao empregador é lícito dispensar empregada tarefeira desidiosa, a esta também é lícito dêle exigir o pagamento do salário mínimo regional. Se a empregada é negligente no cumprimento de suas obrigações, a solução é sua dispensa. Jamais, entretanto, poderá o empregador deixar de satisfazer o mínimo de salário instituído pela lei."
26. TRT, 2.ª (P. n. 2.778/60, A. n. 341/61, r. Hélio Tupinambá Fonseca, MT., abril de 1.961): Igual ao n. 25.
27. TRT, 2.ª (P. n. 2.246/61, A. n. 815/62, r. Hélio Tupinambá Fonseca, MT., abril de 1.962): Igual ao n. 25.
28. TRT, 2.ª (P. n. 1.149/60, A. n. 3.827/61, r. Carlos Bandeira Lins, MT., maio de 1.962): Igual ao n. 25.
29. TRT, 2.ª (P. n. 3.601/61, A. n. 1.032/62, r. Hélio Tupinambá Fonseca, MT., junho de 1.962): Igual ao n. 25.
30. TRT, 2.ª (P. n. 3.430/61, A. n. 2.018/62, r. Carlos de Figueiredo Sá, MT., agôsto de 1.962): Igual ao n. 25.
31. TRT, 2.ª (P. n. 2.096/62, A. n. 3.285/62, r. Hélio Tupinambá Fonseca, MT., dezembro de 1.962): Igual ao n. 25.
32. TRT, 2.ª (P. n. 4.859/63, A. n. 2.738/64, r. José Teixeira Penteado, MT., agôsto de 1.964): Igual ao n. 25.

OBSERVAÇÕES.

Proclama a doutrina que a negligência do trabalhador por peça ou tarefa é justa causa para a rescisão do contrato, mas não terá fôrça suficiente para liberar a emprêsa do pagamento do salário mínimo. Essa orientação é adotada também pelo Tribunal Regional de São Paulo. Mas não é acolhida com uniformidade pelo Tribunal Superior do Trabalho.

Roberto Barreto Prado mostra que a finalidade do salário mínimo não consiste na justa remuneração do trabalho, mas simplesmente na garantia dos meios de subsistência. Se assim é, a percepção de salário inferior ao mínimo redundaria na impossibilidade do ser humano manter-se. Ressalte-se ainda que na relação de emprêgo subordinado, retribuída por peça ou tarefa, o resultado do trabalho é *critério de medida* dessa mesma remuneração, estabelecido pelo empregador. Outra é a situação dos contratos em que o resultado do trabalho *é o próprio objeto* da relação jurídica, nos quais não se configura o emprêgo subordinado, mas sim uma empreitada ou, ainda, a locação de serviços. Assim, retribuir o tarefeiro ou peceiro sòmente quando apresenta a produção importará no grave equívoco de confundir o trabalho subordinado e o trabalho autônomo, o resultado da atividade do trabalhador como simples critério adotado para retribuir com o resultado do trabalho como objeto da prestação.

150. VIGÊNCIA DO SALÁRIO MÍNIMO. — O SALÁRIO MÍNIMO ENTRA EM VIGOR À DATA DA PUBLICAÇÃO NO ÓRGÃO OFICIAL OU NO PRAZO DE 60 (SESSENTA) DIAS DO ARTIGO 116 DA C.L.T.?

A LEI.

Art. 116. — O decreto fixando o salário mínimo, decorridos 60 dias de sua publicação no Diário Oficial, obrigará a todos que utilizem o trabalho de outrem mediante remuneração (DL. n. 5.452, de 1.5.1.943).

A DOUTRINA.

1. ROBERTO BARRETO PRADO (Direito do Trabalho, pg. 200, 1.963): "Quer-nos parecer que o aludido art. 116 tem sentido transitório e sua aplicação se restringiu ao decreto que primeiro fixou o salário mínimo, não se aplicando aos demais decretos posteriores, que vieram apenas modificar o salário mínimo já existente."
2. ALUÍSIO JOSÉ TEIXEIRA GAVAZZONI SILVA (Comentários à Consolidação das Leis do Trabalho, vol. I, pg. 199, 1.963): "... enquanto não fôr derrogado o art. 116, ora em estudo, o Poder Executivo deveria respeitar e cumprir o prazo previsto de sessenta dias para sua vigência."
3. AMARO BARRETO (Tutela Geral do Trabalho, pg. 176, 1.964): "O art. 116 da C.L.T., só pode ser revogado por outra lei de igual, ou superior categoria. Decreto executivo, hierárquicamente inferior, na ordem das fontes do direito, não tem fôrça revocatória de norma da lei ordinária, na qual é o art. 116 da C.L.T."
4. RÚBENS MARAGLIANO (O Salário Minimo e a Controvérsia sôbre a Vigência da sua Tabela, LTr. 23/5): "... nas modificações dos níveis de salário mínimo, uma vez êste fixado, não é de observar-se o prazo de sessenta dias de que fala o artigo 116 da C.L.T."
5. DÉLIO MARANHÃO (Direito do Trabalho, 1.966, pg. 102): "Não temos dúvida em afirmar que, nos têrmos da lei, a modificação excepcional dos níveis salariais mínimos, sòmente entra em vigor 60 dias após a publicação do respectivo decreto."

A JURISPRUDÊNCIA.

1. STF (S. n. 203): "Não está sujeita à vacância de 60 dias a vigência de novos níveis de salário mínimo."
2. TST (PJ. n. 2/63): "O salário mínimo uma vez decretado em condições de excepcionalidade, tem imediata vigência."

OBSERVAÇÕES.

Motivos políticos e sociais justificam a jurisprudência, que assegura a vigência imediata dos novos níveis do salário mínimo. A doutrina ressalta que a aplicação literal da lei no entanto pode conduzir a solução diferente. Na verdade, a matéria não comporta mais debate nos Tribunais porque tanto a Súmula do STF como Prejulgado do TST salientam que o salário mínimo, uma vez decretado, tem imediata vigência e não se sujeita à vacância de 60 dias a que se refere o art. 116 da C.L.T.

151. SALÁRIO UTILIDADE E A ELEVAÇÃO DO MÍNIMO. — ESTABELECIDOS NOVOS NÍVEIS QUAL A SITUAÇÃO SALARIAL DOS EMPREGADOS QUE PERCEBEM O MÍNIMO EM DINHEIRO MAIS UTILIDADES?

A DOUTRINA.

1. MOZART VICTOR RUSSOMANO (Comentários à Consolidação das Leis do Trabalho, 1.960, vol. I, pg. 282): "... O empregador deve pagar, apenas, em moeda corrente, a diferença que haja entre a remuneração total do empregado (salário em dinheiro somado ao salário-utilidade) e o nôvo salário mínimo."

A JURISPRUDÊNCIA.

1. TST (A. de 17.5.55, 3.ª T., P. 4.765/54, r. M. Tostes Malta, RTST, 1.957, pg. 72): "Relativamente ao valor das utilidades a alteração é possível quando decorrente de nôvo salário mínimo, mas observada a proporção, com a simples regra de três."
2. TST (A. de 8.9.55, 3.ª T., P. 7.115/54, r. M. Jonas de Carvalho, RTST, 1.957, pg. 321): Igual ao n. 1.
3. TST (A. de 10.1.56, 3.ª T., P. n. 6.257/55, r. M. Júlio Barata, RTST, 1.957, pg. 349): "Na importância de nôvo salário mínimo decretado, é admissível o desconto do valor correspondente a utilidades, mesmo quando, fornecidas ao empregado desde antes da elevação do nível salarial mínimo, não eram, então, descontadas, mas sim fornecidas independentemente do pagamento de salário em espécie na base do mínimo vigente."
4. TST (A. de 16.1.56, 2.ª T., P. n. 6.287/55, r. M. Waldemar Marques, RTST, 1.957, pg. 355): Igual ao n. 3.
5. TST (A. de 6.10.55, 2.ª T., P. n. 7.509/53, r. M. Edgard Sanches, RTST, 1.957, pg. 267): "Desde que obedecido o limite legal, é admissível o reajustamento da parte dos salários paga em utilidades, mormente quando êsse procedimento decorre da fixação de novas bases para o salário mínimo."
6. TST (A. de 2.6.55, 2.ª T., P. n. 78/55, r. M. Oscar Saraiva, RTST, 1.957, pg. 228): "A expedição de novas tabelas de salário mínimo não autoriza, por si só, a alteração unilateral do valor de utilidades de alimentação, para fim de seu desconto do salário dos empregados que as recebem."
7. TRT, 2.ª (P. n. 941/59, A. 1.485/60, de 25.5.60, DOE. de 15.6.60, r. Wilson de Souza Campos Batalha, MT., setembro de 1.960): "Os descontos a título de utilidades são facultados à empregadora dentro dos limites permitidos pelas tabelas de salário mínimo. Se as novas tabelas de salário mínimo impõem remuneração superior em pecúnia, permitem, igualmente, a dedutibilidade das utilidades segundo as percentagens que estabelecem."
8. TRT, 2.ª (P. n. 3.902/62, A. 3.339/63, de 2.7.63, DOE. de 23.10.63, r. Carlos Bandeira Lins, MT., outubro de 1.963): "A majoração dos níveis salariais mínimos não pode trazer, como conseqüência, a possibilidade de aumento desproporcional no valor das utilidades dentro dos contratos vigentes, indepen-

dentemente da convenção das partes. Seria, na verdade, atentar contra o ato jurídico perfeito e acabado, se o tivesse por qualquer forma, permitido entre suas disposições de cunho estritamente protecionista ao trabalhador."

OBSERVAÇÕES.

As sucessivas alterações operadas no nível do salário mínimo, acarretam a modificação correspondente do valor dos descontos das utilidades, mantidos os mesmos percentuais.

Tal se dá por uma conseqüência natural e automática da elevação do mínimo e a jurisprudência veda sòmente o aumento desproporcional do valor das utilidades. Assim, se o empregador desconta 25% de alimentação sôbre o mínimo de NC$ 84,00 com a elevação do salário para NCr$ 105,00 a mesma percentagem será calculada sôbre a nova base. Resultará um acréscimo quantitativo de descontos de alimentação mas como foi mantida a mesma taxa anterior, a lei estará cumprida.

152. **DESMEMBRAMENTO DE MUNICÍPIO.** — NOS MUNICÍPIOS CRIADOS POR DESMEMBRAMENTO, QUAL O SALÁRIO MÍNIMO A VIGORAR?

A LEI.

Art. 3.º — No Município que vier a ser criado na vigência dêste Decreto, vigorará o salário mínimo do de que tenha sido desmembrado.

§ único. — Na hipótese de o nôvo Município resultar do desmembramento de dois ou mais Municípios de salários mínimos diferentes, vigorará nêle o maior salário mínimo vigente nos Municípios dos quais resulte (D. n. 60.231, de 16.2.67).

A JURISPRUDÊNCIA.

1. STF (MS. n. 6.768, de 6.7.1.959, r. M. Luiz Galloti, LTr. 25/16): "É, na verdade, estranha a situação exposta pelo sindicato impetrante tornando-se mesmo difícil compreender como a ela se chegou. O argumento, em que se apóiam os pareceres que nos enviou o Sr. Presidente da República, é de todo improcedente. Baseiam-se êles em que a regra do Decreto n. 45.106-A, de 1.958, segundo a qual o salário mínimo para os municípios criados por desmembramento de outro seria o mesmo do município desmembrado só diz respeito aos municípios a serem criados na vigência do mesmo decreto. Ora, essa interpretação puramente literal não é a verdadeira, pois se a equiparação alcançaria os municípios que se criassem na vigência do decreto, por igual razão haveria de proteger os que o decreto encontrasse criados, tanto mais que os decretos anteriores continham igual disposição."
2. STF (AI. n. 26.398, de 12.4.1.962, r. M. Cândido Mota Filho, 1.ª T., in A CLT vista pelo STF., Calheiros Bonfim, pg. 61, vol. III): "O acórdão recorrido firmou a tese de que, "no Município criado antes, mas só instalado depois da vigência do Decreto 45.106-A, de 24.12.1.958 (que elevou os níveis de salário mínimo), vigorarão os mesmos níveis salariais mínimos do Município do qual tenha sido desmembrado. — Agravo desprovido. Inexiste questão federal a ser apreciada. A lei foi tão-sòmente interpretada e bem interpretada."

OBSERVAÇÕES.

Salienta a jurisprudência que o salário mínimo para o Município criado por desmembramento de outro é o mesmo do Município do qual tenha sido desmembrado, ou o maior, se desmembrado de dois ou mais Municípios. Nos decretos que modificam a tabela do salário mínimo é contida previsão nesse sentido de modo a afastar dúvidas sôbre a matéria.

153. SALÁRIO MISTO E O MÍNIMO. — A PARTE VARIÁVEL DA REMUNERAÇÃO É COMPUTADA NA FORMAÇÃO DO SALÁRIO MÍNIMO?

A LEI.

Art. 78 — § único. — Quando o salário mínimo mensal do empregado a comissão ou que tenha direito a percentagem fôr integrado por parte fixa e parte variável ser-lhe-á garantido o salário mínimo vedado qualquer desconto em mês subseqüente a título de compensação (DL. 5.452, de 1.5.43 e DL. 229, de 28.2.67).

A JURISPRUDÊNCIA.

1. TRT, 1.ª (P. n. 520/57, r. Simões Barbosa, LTr. 21/32): "Percebendo um empregado salário misto, com parte fixa e parte variável, é pela soma dessas duas parcelas que se verifica o cumprimento do salário mínimo."
2. TRT, 1.ª (A. de 10.4.53, CLT Interpretada, Caldas Brandão, pg. 140): Igual ao n. 1.
3. TST (A. de 19.12.57, 2.ª T., RR. 1.711/57, r. M. Jessé Freire, RTST, 1.959, pg. 198): Igual ao n. 1.

OBSERVAÇÕES.

A parte variável da retribuição pode ser computada na formação do salário mínimo, como sustenta a jurisprudência, em consonância com a lei. O art. 78, parágrafo único da CLT autoriza nos casos de comissões ou percentagem, a soma das parcelas fixa com a variável. Além disso, garante sempre remuneração equivalente ao mínimo obrigando o empregador a proceder à competente complementação sem possibilidade de compensação futura.

154. SALÁRIO MÍNIMO E O TRABALHADOR RURAL. — O TRABALHADOR RURAL TEM DIREITO AO SALÁRIO MÍNIMO?

A LEI.

Art. 28 — Qualquer que seja a forma, tipo ou natureza do contrato, nenhum trabalho rural assalariado poderá ser remunerado em base inferior ao salário mínimo regional (Lei n. 4.214, de 2.3.1.963).

OBSERVAÇÕES.

Mesmo antes da vigência da Lei n. 4.214 (Estatuto do Trabalhador Rural) o artigo 76 da Consolidação das Leis do Trabalho já assegurava o salário mínimo ao trabalhador rural.

155. SALÁRIO MÍNIMO E TRABALHO A DOMICÍLIO. — AO TRABALHADOR A DOMICÍLIO ESTENDEM-SE AS DISPOSIÇÕES DO SALÁRIO MÍNIMO?

A LEI.

Art. 83 — É devido o salário mínimo ao trabalhador em domicílio, considerado êste como o executado na habitação do empregado ou em oficina de família, por conta de empregador que o remunere (DL. n. 5.452, de 1.5.1.943).

A DOUTRINA.

1. WALDEMAR GOLA (Comentários à Consolidação, 1.943, pg. 62): "O empregado que executa serviço em sua própria habitação ou em oficina de família, por conta de empregador que o remunere, é considerado trabalhador em domicílio e também tem assegurado o direito de perceber, ao menos, o salário mínimo."
2. ARNALDO SUSSEKIND (Instituições de Direito do Trabalho, 1.957, vol. I, pg. 424): "... dispõe a Consolidação, de forma explícita, que o salário mínimo é devido ainda que o salário seja estipulado por empreitada, tarefa ou peça ou se trate de empregado a domicílio."
3. JOSÉ MARTINS CATHARINO (Tratado Jurídico do Salário, 1.951, pg. 242): "No Brasil quase todos os trabalhadores estão protegidos pelas normas legais sôbre o mínimo vital, inclusive os rurais e os domiciliares."
4. MOZART VICTOR RUSSOMANO (Comentários à Consolidação das Leis do Trabalho, 1.960, pg. 284, vol. I): "A proteção do salário mínimo é genérica. Vimos, apreciando o art. 78, que o tarefeiro e o peceiro gozam de suas regras. O mesmo acontece com o trabalhador a domicílio, cujas características são dadas pelo artigo 83."
5. AMARO BARRETO (Tutela Geral do Trabalho, 1.964, pg. 151): "... o trabalhador em domicílio faz jus ao salário mínimo."
6. BRENO SANVICENTE (Introdução ao Direito Brasileiro do Trabalho, 1.963, pg. 307): "... o art. 83 da C.L.T. prescreveu que o salário mínimo será devido, também, ao trabalhador a domicílio."

A JURISPRUDÊNCIA.

1. TRT, 1.ª (P. n. 1.091/61, de 17.7.61, r. Amaro Barreto, LTr. 27/91): "Trabalhador a domicílio. Tem salário mínimo, férias, indenização e préaviso."

OBSERVAÇÕES.

O trabalhador a domicílio tem direito ao salário mínimo, o que é óbvio diante dos têrmos da lei, como reconhece a doutrina.

Êsse tipo de trabalho é encontrado em algumas atividades e está submetido a regime distinto.

Houve uma época histórica que muito contribuiu para o seu desenvolvimento: a invenção da máquina de costura, por Thimonnier, em 1.830; com isso, uma mulher passou a realizar o trabalho antes executado por seis ou sete pessoas e podia fazê-lo em casa. As prendas domésticas, assim confeccionadas, eram recolhidas e pagas aos sábados. Segundo Claude Fohlen (Nacimiento de una civilización industrial) (1.767-1.875), em Londres, cêrca da metade do trabalho relacionado com a indumentária era feito através do "domestic system" e cujo êxito propagou-se aos Estados Unidos, notadamente em Nova York, Boston e Filadélfia onde os imigrantes desprovidos de recursos, no bairro de Manhattan, centro principal dessa atividade, constituíam-se em mão-de-obra disponível, portanto barata. O mesmo se deu no ramo dos calçados. Em princípio do Século XIX emprêsas situadas em Midlands, Stafford e Northampton especializaram-se na produção de sapatos para atender a contratos concluídos com o Exército e a Marinha por ocasião da guerra; o couro era cortado nas oficinas e homens e mulheres encarregavam-se de costurá-lo em suas próprias casas, pois assim os empresários livravam-se da preocupação de local e máquinas e do contacto entre trabalhadores porque o isolamento os mantinha numa ignorância recíproca das condições coletivas. Os baixos preços dos salários e as jornadas até de 16 horas, as precárias condições de vida dos operários levaram a doutrina a propugnar a extensão da legislação social a êsse tipo de relação jurídica, o que, efetivamente, verificou-se. Na Inglaterra, em 1.909 a lei autorizou o Ministro do Comércio a criar um Conselho de Indústria que fixara um salário mínimo para "os trabalhadores de agulha". A Lei Social Democrata alemã estabeleceu para os patrões uma série de obrigações: fixar em local visível a tabela de remuneração, informar periòdicamente as autoridades, instituir carteiras profissionais etc. Na França, em 10.7.1.915 a lei dispensou algumas medidas de tutela. A Conferência de Havana de 1.935 proscreveu o trabalho a domicílio como lesivo dos interêsses dos trabalhadores e da economia nacional. A Carta Internacional Americana de Garantias Sociais de 1.948 assinalou a necessidade de proteção a êsse trabalho. A lei mexicana equipara o trabalho a domicílio com aquêle prestado na oficina do empregador. Na Espanha, Itália, Argentina, diversas medidas integram o trabalho a domicílio no campo da proteção jurídica. São suas características: desvinculação de limitação de horário, forma de retribuição por unidade de peça, prestação de serviços na habitação do operário ou em local eleito por êle, poder de contrôle e direção do empregador atenuado, trabalho por conta e risco do empregador, possibilidade de cercar-se o trabalhador de ajudantes sem que isso descaracterize o tipo contratual, ausência de contacto entre o empregado e o consumidor e impossibilidade de estipulação de preços de venda do produto para o mercado, pelo empregado, porque se o fizer será artesão, portanto trabalhador autônomo.

Uma regulamentação melhor da matéria faz-se necessária em nosso direito.

156. SALÁRIO MÍNIMO E A LEI 1.890. — O PESSOAL REGIDO PELA LEI 1.890, DE 1953, DAS EMPRÊSAS INDUSTRIAIS PERTENCENTES A PESSOAS JURÍDICAS DE DIREITO PÚBLICO, TEM DIREITO AO SALÁRIO MÍNIMO?

A DOUTRINA.

1. **ARNALDO SUSSEKIND** (Comentários à Consolidação das Leis do Trabalho e à Legislação Complementar, 1.964, vol. I, pg. 183): "Também do salário mínimo não cogitou a Lei n. 1.890; mas o preceituado no art. 157, n. I, da Constituição Federal impõe, a nosso ver, sua observância."
2. **HELY LOPES MEIRELLES** (Direito Administrativo Brasileiro, 1.966, pg. 293): "O pessoal de obras, empregado em serviços temporários, das autarquias federais, fica sujeito ao regime previsto na CLT., inclusive para efeito de esta-

bilidade no respectivo emprêgo autárquico e reclamação de seus direitos perante a Justiça Trabalhista (Lei 3.483, de 8.12.1.958, art. 3.º e § único).
3. THEMÍSTOCLES BRANDÃO CAVALCANTI (Curso de Direito Administrativo, 1.964, pg. 404): "O pessoal mencionado não tem o seu regime jurídico subordinado ao regime público da função pública, mas pela legislação do trabalho."

A JURISPRUDÊNCIA.

1. TST (A. de 30.5.1.958, 1.ª T., RR. n. 624/58, r. M. Oliveira Lima, RTST, 1.960, pg. 64): "A Lei n. 1.890, de 1.953, não estendeu aos empregados a que se refere, as disposições sôbre salário mínimo. Certo é, também, que as normas relativas ao salário mínimo não se aplicam aos empregados da Prefeitura Municipal."
2. TST (A. de 12.11.58, TP., RR. 624/58, r. M. Luiz França, RTST, 1.961, pg. 353): Igual ao n. 1.
3. TST (A. de 12.1.58, TP., RR. 624/58, r. M. Luiz França, RTST, 1.961, pg 21): "Os trabalhadores braçais de municipalidade estão amparados pela legislação do trabalho, tendo portanto, direito ao salário mínimo, na forma do disposto no art: 76 da CLT."
4. TST (A. de 29.9.59, 3.ª T., RR. 2.054/59, r. M. Hildebrando Bisaglia, DJ. de 12.2.60, pgs. 388/9, RTST, 1.961, pg. 214): "Desde que não sejam funcionários protegidos pelo respectivo estatuto, os trabalhadores em obras das Prefeituras Municipais, executando serviço de conservação, limpeza de vias públicas, praças, jardins, estradas, em trabalho noturno, são amparados pela CLT. O art. 7.º, alínea "c" da Consolidação se refere a extranumerários em serviço interno (próprias repartições)."

OBSERVAÇÕES.

O *pessoal temporário* e o *pessoal de obras* sujeita-se ao regime da CLT por expressa determinação da lei federal n. 3.483, de 8.12.1.958, complementada pela lei n. 3.780, de 12.7.1.960, regulamentada pelo D. 50.314, de 4.3.1.961. Assim, não obstante alguma divergência de entendimentos, a êsse pessoal deve ser assegurado o salário mínimo, já que se enquadra no sistema de proteção da lei trabalhista.

157. **SALÁRIO MÍNIMO E EMPREITADA.** — OS CONTRATOS DE EMPREITADA SUBMETEM-SE ÀS DISPOSIÇÕES DO SALÁRIO MÍNIMO?

A LEI.

Art. 78 — Quando o salário fôr ajustado por empreitada, ou convencionado por tarefa ou peça, será garantida ao trabalhador uma remuneração diária nunca inferior à do salário mínimo por dia normal da região, zona ou subzona (DL. n. 5.452, de 1.5.1.943).

A DOUTRINA.

1. ARNALDO SUSSEKIND (Comentários à Consolidação das Leis do Trabalho e à Legislação Complementar, 1.964, vol. I, pg. 413): "O salário mínimo constitui, portanto, salário garantido, independentemente da forma salarial contratada."

A JURISPRUDÊNCIA.

1. TST (A. de 10.11.58, 2.ª T., RR. 2.096, r. M. Luiz França, RTST, 1.961, pg. 308): "Seja qual fôr a modalidade salarial contratada, será sempre, ao trabalhador, garantido o salário mínimo."

2. TST (A. de 19.3.59, 2.ª T., RR. 3.339/58, r. M. Thélio Monteiro, RTST, 1.961, pg. 308): Igual ao n. 1.
3. TST (A. de 3.9.59, 2.ª T., RR. 1.365/59, r. M. Luiz França, RTST, 1.961, pg. 308): Igual ao n. 1.

OBSERVAÇÕES.

A lei assegura ao trabalhador a retribuição mínima quando o salário fôr ajustado por empreitada. Aliás, a forma salarial em nada altera essa garantia legal.

158. SALÁRIO MÍNIMO E ESCREVENTE DE CARTÓRIO. — AO ESCREVENTE DE CARTÓRIO NÃO OFICIAL É ASSEGURADO O SALÁRIO MÍNIMO?

A DOUTRINA.

1. ROBERTO BARRETO PRADO (Escreventes e Auxiliares de Cartório em Face da Legislação Trabalhista, LTr. 28/50): "Devemos salientar, finalmente, que todos aquêles que trabalham em cartório são também amparados pelo salário mínimo vigente na localidade, da mesma forma que os demais empregados. Não podem receber vencimentos inferiores a êsse limite (cf. artigo 2.º da Lei 5.293, de 15.1.1.959). Gozam ainda de um verdadeiro salário profissional, fixado pelo Secretário da Justiça. Essa situação provém da Lei 5.239, de 15.1.1.959, agora reiterada pela recente Lei 7.830, de 15.2.1.963."

OBSERVAÇÕES.

Os servidores de cartório não oficial são regidos pela lei trabalhista. Porque estão enquadrados no sistema da CLT, têm a garantia do salário mínimo, por fôrça do próprio esquema jurídico de trabalho a que êsse pessoal se acha submetido.

159. SALÁRIO MÍNIMO DO VIGIA. — O SALÁRIO MÍNIMO DO VIGIA CORRESPONDE A OITO OU A DEZ HORAS?

A DOUTRINA.

1. MOZART VICTOR RUSSOMANO (Comentários à Consolidação das Leis do Trabalho, 1.960, vol. I, pg. 196): "O salário mínimo tem em vista atender às necessidades fundamentais do trabalhador mediante uma remuneração condigna, levando em conta o *dia normal de serviço*. Não somos nós que o fizemos; di-lo a lei, expressamente, no artigo 76, ao definir aquêle instituto. O dia normal de trabalho, portanto, é a base do salário mínimo. As indicações, feitas nas tabelas oficiais, do salário mínimo mensal e do salário mínimo horário visam uma simplificação dos cálculos necessários, na prática trabalhista. Nem poderia o regulamentador fugir à indicação que a lei lhe traça, no aludido art. 76. E o dia normal de serviço, para o vigia, é de dez horas. Por êsses motivos, não temos dúvida em entender que o vigia, embora trabalhando dez horas, deverá receber apenas o salário mínimo mensal, a não ser que por exceção tenha sido contratado como horista."
2. ALUÍSIO JOSÉ TEIXEIRA GAVAZZONI SILVA (Comentários à Consolidação das Leis do Trabalho, 1.963, vol. I, pg. 133): "O vigia, trabalhando dez horas, tem garantida pelo menos a remuneração mínima correspondente a dez horas diárias. Com efeito, mesmo a entender-se que os vigias estão excluídos

dos benefícios dos preceitos consolidados no capítulo que abrange o art. 62 da CLT, isso em nada afetaria o recebimento do salário mínimo relativo a 10 horas, uma vez que a remuneração vital está regulada em outro capítulo da Consolidação."

3. AMARO BARRETO (Tutela Geral do Trabalho, vol. II, pg. 52, 1.964): ".. o vigia percebe o salário mínimo comum, não tendo direito à complementação salarial pelas duas horas de sua jornada mais ampla."

4. ADRIANO CAMPANHOLE (Prática e Jurisprudência Trabalhista, 1.962, pg. 71): "O salário mínimo deve corresponder a 300 horas de trabalho e não a 240 horas."

5. ARNALDO SUSSEKIND (Comentários à Consolidação das Leis do Trabalho e à Legislação Complementar, vol. I, pg. 410, 1.964): "O salário mínimo-dia há de concernir, òbviamente, "ao dia normal de serviço", de dez horas e o salário mínimo-hora há de ser obtido dividindo-se aquêle salário por dez."

6. DÉLIO MARANHÃO (Direito do Trabalho, 1.966, pg. 95): "Tem-se entendido que, *mutatis mutandis,* no caso dos vigias, cuja jornada legal é de 10 horas, o salário mínimo será o correspondente ao dos que trabalham 8 horas. Não nos parece acertado êsse ponto de vista. É que 10 horas, por jornada, constituem o limite máximo normal para os vigias. Ora, se um vigia é contratado para trabalhar 8 horas não poderá perceber menos que o salário mínimo, de acôrdo com as tabelas que acompanham os decretos que o fixam. Portanto, percebendo o mesmo valor salarial mínimo quando trabalhe 10 horas, estará, matemàticamente, trabalhando duas horas de graça."

A JURISPRUDÊNCIA.

1. STF (AI. n. 25.857, de 3.7.1.962, r. M. Cunha Melo, 2.ª T., A CLT vista pelo STF, Calheiros Bonfim, vol. III, pg. 38): "Pode o empregador estabelecer horário de dez horas para vigias, não lhe devendo compensações pelo excedente de oito horas. Nítida, nesse sentido, a Consolidação, artigo 62, parte geral e letra *b*. Excluiu, essa parte geral, do disposto no § 2.º do art. 61, os vigias."

2. STF (RE. n. 50.450, 1.ª T., de 19.7.1.962, r. M. Ary Franco, A CLT vista pelo STF, Calheiros Bonfim, vol. III, pg. 39): "O acórdão recorrido faz estas considerações: "Se o salário mínimo é calculado por hora, o vigia há de receber pelo menos o salário mínimo, de acôrdo com as suas horas de serviço. Assim, a conseqüência da estipulação do horário de dez horas é simplesmente a de não serem consideradas extraordinárias as horas excedentes de oito até dez". Recurso não conhecido. O acórdão recorrido emprestou ao preceito legal em discussão, com fundamento de boa cepa, a interpretação que melhor lhe pareceu merecer."

3. TST (A. de 19.6.1.958, 2.ª T., RR. n. 797/58, r. M. Thélio Monteiro, RTST, 1.960, pg. 260): "A permissão do trabalho, para os vigias, durante dez horas diárias não desobriga ao empregador de pagá-las em tal número. O salário mínimo mensal é devido para uma jornada normal de oito horas."

4. TST (A. de 18.9.1.958, 2.ª T., RR. n. 3.188/58, r. M. Luiz França, RTST, 1.960, pg. 156): Igual ao n. 3.

5. TST (P. n. 5.376/62, r. M. Delfim Moreira Júnior, RF. n. 211/1.965, pg. 363): Igual ao n. 3.

6. TST (RR. n. 1.186/59, de 8.9.1.960, r. M. Bezerra de Menezes, LTr. 25/43): Igual ao n. 3.

7. TRT, 1.ª (RO n. 181/57, de 1.4.1.957, r. Geraldo Octávio Guimarães, LTr. 21/324): "A exceção legal que autoriza a fixação do horário do vigia em 10 horas apenas produz efeitos na conceituação do que seja jornada normal daquela categoria. Isto não impede, todavia, que o empregado faça jus ao recebimento das 10 horas."

8. TRT, 2.ª (P. n. 1.449/60, A. n. 829/61, r. Carlos de Figueiredo Sá, MT., junho de 1.961): "A lei permite que o vigia trabalhe dez horas, que são consideradas como integrantes de sua jornada normal de trabalho. Assim, as duas horas excedentes de oito não podem ser havidas como extraordinárias. Entre-

tanto, essas duas horas de trabalho excedentes de oito devem ser pagas como normais, porque não estão abrangidas pelo salário mínimo."
9. TRT, 2.ª (P. n. 3.901/61, A. n. 1.144/62, r. Hélio de Miranda Guimarães, MT., junho de 1.962): Igual ao n. 8.
10. TRT, 2.ª (P. n. 56/62, A. n. 2.226/62, r. Carlos de Figueiredo Sá, MT., agôsto de 1.962): Igual ao n. 8.
11. TRT, 2.ª (P. n. 2.067/62, A. n. 3.904/62, r. Homero Diniz Gonçalves, MT., janeiro de 1.963): Igual ao n. 8.
12. TRT, 2.ª (P. n. 1.520/62, A. n. 1.257/63, r. Hélio Tupinambá Fonseca, MT., junho de 1.963): "Está o vigia excluído do capítulo a que se refere a duração da jornada de trabalho, tendo o seu regime especial segundo a regra contida no seu artigo 62, letra "b", da Consolidação das Leis do Trabalho. Assim, o seu horário de trabalho normal, a critério do empregador, poderá ir até 10 horas diárias. Assim sendo, não há que se falar em hora complementar, ou mesmo, pagamento de hora normal, pelo excesso de horas que ultrapassarem as oito horas devidas aos demais trabalhadores."
13. TRT, 2.ª (P. n. 643/63, A. n. 2.852/63, r. Hélio de Miranda Guimarães, MT., outubro de 1.963): Igual ao n. 8.
14. TRT, 2.ª (P. n. 351/62, A. n. 4.296/62, r. José Ney Serrão, MT., janeiro de 1.964): Igual ao n. 8.
15. TRT, 2.ª (P. n. 396/64, A. n. 3.438/64, r. Gilberto Barreto Fragoso, MT., outubro de 1.964): Igual ao n. 8.
16. TRT, 2.ª (P. n. 5.853/64, A. n. 205/66, r. Carlos Bandeira Lins, MT., março de 1.966): Igual ao n. 8.

OBSERVAÇÕES.

A nona e décima horas da jornada do vigia serão remuneradas além do salário mínimo e de forma simples. Mas essa orientação não é pacífica, em nenhum Tribunal, nem na doutrina. Muitos entendem que o salário mínimo, sendo pago pelo dia normal de serviço, forçosamente corresponderia a tôda a jornada de 10 horas do vigia, não obstante superior à duração do trabalho normal. Como, também, nas jornadas legalmente inferiores a 8 horas o salário mínimo não se altera, não há razões para um duplo critério. Tal raciocínio, no entanto, parece-nos forçado porque as situações são diferentes. Assim, à nona e décima horas deve ser atribuída a remuneração específica, sem majorações de horas extras, mas além do piso mínimo ao qual será acrescida.

160. SALÁRIO MÍNIMO E UTILIDADES. — O SALÁRIO MÍNIMO PODE SER PAGO INTEGRALMENTE EM UTILIDADES?

A LEI.

Art. 82 — Quando o empregador fornecer, "in natura", uma ou mais das parcelas do salário mínimo, o salário em dinheiro será determinado pela fórmula $Sd = Sm - P$, em que Sd representa o salário em dinheiro, Sm o salário mínimo e P a soma dos valôres daquelas parcelas na região, zona ou subzona.
Parágrafo único. — O salário mínimo pago em dinheiro não será inferior a 30% (trinta por cento) do salário mínimo fixado para a região, zona ou subzona (DL. n. 5.452, de 1.5.1.943).

A DOUTRINA.

1. MOZART VICTOR RUSSOMANO (Comentários à Consolidação das Leis do Trabalho, 1.960, vol. I, pg. 279): "Mesmo que dê o patrão ao trabalhador

as cinco parcelas do salário-mínimo, ainda lhe deverá, em dinheiro, 30% dêsse salário."
2. ARNALDO SUSSEKIND (Instituições de Direito do Trabalho, 1.957, vol. I, pg. 370): "... sòmente em se tratando do salário mínimo exige que, pelo menos 30% do mesmo seja pago em dinheiro."
3. ROBERTO BARRETO PRADO (Direito do Trabalho, 1.963, pg. 186): "Pode o salário mínimo ser pago "in natura", fornecendo o empregador ao empregado diretamente as utilidades, porém nesse caso, jamais poderá deixar de lhe pagar pelo menos 30% do salário mínimo em dinheiro."
4. ALUÍSIO JOSÉ TEIXEIRA GAVAZZONI SILVA (Comentários à Consolidação das Leis do Trabalho, 1.964, vol. I, pg. 180): "Deve-se esclarecer que, pelo menos, 30% do salário deve ser pago em dinheiro."
5. AMARO BARRETO (Tutela Geral do Trabalho, 1.964, vol. II, pg. 147): "Tal salário mínimo pecuniário, resultante da dedução dos valôres das utilidades fornecidas *in specie,* não poderá ser inferior a 30%."
6. ADRIANO CAMPANHOLE (Prática e Jurisprudência Trabalhista, 1.962, pg. 147): "O desconto de fornecimentos "in natura", como esclarece o parágrafo único do art. 82 da C.L.T., não poderá exceder a taxa de 70%, isto é, o empregado, em qualquer caso, deverá receber pelo menos 30% do salário mínimo em dinheiro."
7. JOSÉ MARTINS CATHARINO (Tratado Jurídico do Salário, 1.951, pg. 175): "O limite legal mínimo de 30% em dinheiro só prevalece em função do salário mínimo."

OBSERVAÇÕES.

O nosso direito adota, sem nenhuma discordância, a tese do pagamento do salário mínimo em utilidades apenas parcialmente, nunca integralmente. Salário exclusivamente "in natura", é, hoje, pràticamente inexistente, porque as formas modernas de retribuição só o admitem ao lado do pagamento em moeda.

161. SALÁRIO MÍNIMO E COMISSÕES. — AS COMISSÕES SÃO COMPUTADAS NA FORMAÇÃO DO SALÁRIO MÍNIMO?

A DOUTRINA.

1. ARNALDO SUSSEKIND (Comentários à Consolidação das Leis do Trabalho e à Legislação Complementar, vol. I, pg. 406, 1.964): "... destinando-se o salário mínimo a prover as necessidades vitais do trabalhador, é inquestionável que apenas podem integrar a retribuição mínima as parcelas salariais pagas com intervalos não superiores a trinta dias (p. ex.: comissões e gratificações mensalmente concedidas)."

A JURISPRUDÊNCIA.

1. TST (P. n. 4.398/52, RTST, 1.955, pg. 301): "Em se tratando de empregado que percebe salário constituído de parte fixa e parte variável (comissões), esta deve ser levada em conta na aplicação da lei do salário mínimo, cuja violação se caracterizará quando a percepção dos salários em sua totalidade, fôr inferior ao limite mínimo estabelecido."
2. TRT, 1.ª (A. de 10.4.1.953, DJ. de 12.6.1.953, in Caldas Brandão, C.L.T. Interpretada, pg. 140): "Para os efeitos do salário mínimo é de ser levada em conta não só a parte fixa do salário como também a variável de comissões."

OBSERVAÇÕES.

As comissões pagas ao empregado podem ser consideradas na formação da retribuição básica mínima, como salienta a jurisprudência. Todavia, porque o salário destina-se à manutenção do empregado e o mínimo é o piso abaixo do qual deixam de existir as condições indispensáveis de sobrevivência, as comissões que se destinam a complementar o mínimo são aquelas pagas mensalmente.

162. SALÁRIO MÍNIMO GARANTIDO. — SE O COMISSIONISTA NÃO ATINGE O SALÁRIO MÍNIMO O EMPREGADOR ESTÁ OBRIGADO À COMPLEMENTAÇÃO?

A LEI.

Art. 78 § único. — Quando o salário mínimo mensal do empregado a comissão ou que tenha direito a percentagem fôr integrado por parte fixa e parte variável, ser-lhe-á garantido o salário mínimo, vedado qualquer desconto em mês subseqüente a título de compensação (DL. 5.452, de 1.5.1.943 e DL. 229, de 28.2.1.967).

A DOUTRINA.

1. JOSÉ MARTINS CATHARINO (Tratado Jurídico do Salário, 1.951, pg. 521): "... se o comissionado não consegue fazer jus, graças aos negócios que encaminha e conclui, ao mínimo vital, o empregador será obrigado a pagá-lo por inteiro ou simplesmente completá-lo."
2. NÉLIO REIS (Contratos Especiais de Trabalho, 1.961, pg. 325): "... os vendedores comissionistas (ou de salário misto) não têm direito ao salário mínimo de forma absoluta."
3. M. A. CARDONE (Viajantes e Pracistas no Direito do Trabalho, 1.963, pg. 76): "... quando, sem a existência de fatôres subjetivos, o empregado não consegue atingir o salário mínimo, o empregador deverá completar o salário realmente atingido, sem possibilidade alguma de compensação, porque êsse pagamento, feito sem a realização de vendas, e pois, sem a provável entrada de lucros, é inerente à atividade econômica."
4. ARNALDO SUSSEKIND (Comentários à Consolidação das Leis do Trabalho e à Legislação Complementar, vol. I, pg. 405, 1.964): "Quer se trate de mensalista, diarista, horista, tarefeiro, peceiro ou comissionista, o empregador não poderá pagar ao empregado quantia inferior ao correspondente nível mínimo de remuneração."

OBSERVAÇÕES.

O empregador é obrigado por lei à complementação do salário até o mínimo, sem possibilidade de compensação futura (art. 78 da CLT, § único).

As mesmas conclusões que levam a doutrina a entender devida a complementação do salário mínimo do trabalhador por peça ou tarefa, com as mesmas restrições opostas por alguns autores, aplicam-se também ao caso do comissionista. As situações são semelhantes, correspondendo, também, as soluções (ver Questões n.os 148 e 149).

163. SALÁRIO MÍNIMO E GRATIFICAÇÕES. — AS GRATIFICAÇÕES SÃO COMPUTADAS NA COMPLEMENTAÇÃO DO SALÁRIO MÍNIMO?

A DOUTRINA.

1. LUIZ JOSÉ DE MESQUITA (Das Gratificações no Direito do Trabalho, 1.957, pg. 136): "Que a gratificação ajustada é salário, vale dizer, não salário básico, mas forma marginal de salário, não há dúvida. Inúmeros são os depoimentos afirmativos de autoridades a respeito. Em face desta verdade, pergunta-se: pode o empregador pagar salário mínimo inferior ao legal, cobrindo ou complementando a diferença com a gratificação ajustada, paga trimestralmente ou semestralmente? Não, porque o empregado deve receber, mensalmente, de salário, o mínimo fixado na lei e também porque, se assim pudesse ser, a gratificação deixaria de existir."
2. ROBERTO BARRETO PRADO (Direito do Trabalho, 1.963, pg. 218): "A gratificação embora ajustada não é computada para o efeito do pagamento do salário mínimo."
3. AMARO BARRETO (Tutela Geral do Trabalho, vol. II, pg. 124, 1.964): "O importe em dinheiro, totalizando o salário mínimo, ou parcializando-o, cumpre emane diretamente do empregador. Nesse importe entram as gratificações ajustadas, expressa ou tàcitamente, as comissões ou percentagens e os prêmios-produção, que sejam considerados salários, por seu caráter de contraprestação permanente ao trabalho."
4. ARNALDO SUSSEKIND (Comentários à Consolidação das Leis do Trabalho e à Legislação Complementar, 1.964, vol. I, pg. 406): "... destinando-se o salário mínimo a prover as necessidades vitais do trabalhador, é inquestionável que apenas podem integrar a retribuição mínima as parcelas salariais pagas com intervalos não superiores a trinta dias (p. ex.: comissões e gratificações mensalmente concedidas)."
5. DÉLIO MARANHÃO (Direito do Trabalho, 1.966, pg. 94): "Não podem, daí, ser computados, para efeito do salário mínimo, os prêmios de produção, que supõem um esforço do trabalhador além do normal, e as gratificações semestrais ou anuais."

A JURISPRUDÊNCIA.

1. STF (RE. n. 39.638, de 19.8.1.960, r. M. Villas Boas, TP., A CLT vista pelo STF, Calheiros Bonfim, vol. II, pg. 181): "As comissões, percentagens e gratificações integram o salário para o cálculo de indenizações, repouso remunerado e outros efeitos favoráveis aos trabalhadores. Não o integram, porém, para o acertamento do salário mínimo."
2. STF (RE. n. 48.259, 1.ª T., r. M. Pedro Chaves, p. em 18.10.61, ET., janeiro de 1.962): Igual ao n. 1.
3. STF (RE. n. 41.024, 1.ª T., r. M. Ribeiro da Costa, p. em 22.7.1.959, A CLT vista pelo STF, Calheiros Bonfim, vol. 2.º, pg. 182): "Segundo a regra do § 1.º do art. 457 da Consolidação Trabalhista, integram o salário, além do preço fixo ajustado, as comissões, percentagens e gratificações pagas pelo empregador. Destarte, aquelas gratificações, porque incorporadas ao salário, a êste se adicionam a fim de atender ao aumento que decorre da lei do salário mínimo."
4. TST (A. de 6.10.1.955, TP., P. n. 3.222/55, r. M. Júlio Barata, RTST, 1.957, pg. 247): "As gratificações habitualmente pagas, embora façam parte da remuneração do empregado, não podem ser aproveitadas para integralizar o "quantum" do salário mínimo vigorante."
5. TST (A. de 11.9.1.956, TP., P. n. 3.224/55, r. M. Thélio Monteiro, RTST, 1.960, pg. 225): "Ainda que o empregado perceba duas gratificações semestrais no valor de um ordenado, o vencimento mensal não pode ser inferior ao mínimo legal da região."
6. TST (A. de 15.4.1.958, 3.ª T., RR. n. 2.109/57, r. M. Júlio Barata, RTST, 1.960, pg. 267): "A gratificação, desde que ajustada e habitual, não pode ser suprimida. Mas não é admissível que seja acrescida ao salário, para efeito

de atingir o mínimo legal. Pois isso implicaria em aumentar o salário, suprimindo, porém, a gratificação."
7. TST (A. de 6.5.1.958, 3.ª T., RR. n. 615/57, r. M. Antônio Carvalhal, RTST, 1.960, pg. 79): "Se o empregado percebe, além do salário mínimo, gratificação ajustada, a importância desta, por certo, não pode ser computada para formação de nôvo salário mínimo, devido em caso de elevação do nível mínimo legal."
8. TST (A. de 20.5.59, TP., RR. 523/58, r. M. Oscar Saraiva, DJ. de 25.9.59, pg. 3.278, RTST, 1.961, pg. 121): "Gratificação de função, percebida em razão de sentença judicial que a assegurou, não é de ser absorvida pelo nôvo salário mínimo, subsistindo com êste o encargo de seu pagamento."
9. TST (A. de 7.7.59, 1.ª T., RR. 568/59, r. M. Pires Chaves, RTST, 1.961, pg. 147): "Se a gratificação paga ao empregado é contratual, existindo independentemente do salário mínimo por certo quando da elevação dêste, não pode ser incorporada para complementá-lo."
10. TST (A. de 27.5.59, TP., P. n. 3.222/55, r. M. Mário Lopes, RTST, 1.961, pg. 287): Igual ao n. 9.

OBSERVAÇÕES.

Duas correntes existem em nosso direito, uma, com predominância, inadmite a incorporação das gratificações na remuneração que formará o mínimo, defendendo-as de inevitável absorção que fatalmente as mutilaria com o tempo; outra, salientando que gratificação ajustada é salário, não vê como conciliar êsse juízo com outro efeito dêle resultante senão o cômputo da gratificação para fins de salário mínimo.

Como é impossível negar a natureza salarial das gratificações ajustadas, entendemos que em princípio a gratificação pode formar dentre os componentes da retribuição mínima. Porém, quando o empregado já recebe um salário fixo equivalente ou superior ao mínimo e mais comissões que o ultrapassam, é evidente que a absorção importaria na redução da gratificação. Assim, as duas situações merecem tratamento diferente porque não se equiparam.

164. SALÁRIO MÍNIMO E PRÊMIO PRODUÇÃO. — O PRÊMIO PRODUÇÃO ENTRA NA FORMAÇÃO DO SALÁRIO MÍNIMO?

A DOUTRINA.

1. AMARO BARRETO (Tutela Geral do Trabalho, vol. II, pg. 124): "O importe em dinheiro, totalizando o salário mínimo, ou parcializando-o, cumpre emane diretamente do empregador. Nesse importe entram as gratificações ajustadas, expressa ou tàcitamente, as comissões ou percentagens e os prêmios-produção, que sejam considerados salários, por seu caráter de contraprestação permanente ao trabalho."
2. DÉLIO MARANHÃO (Direito do Trabalho, 1.966, pg. 94): "Não podem, daí, ser computados, para efeito do salário mínimo, os prêmios de produção, que supõem um esfôrço do trabalhador além do normal..."

A JURISPRUDÊNCIA.

1. STF (RE. n. 40.567, 22.7.1.959, r. M. Luiz Gallotti, 1.ª T., A CLT vista pelo STF., Calheiros Bonfim, vol. 2.º, pg. 71): "Assentou a decisão recorrida que o prêmio-produção não pode ser considerado para o efeito de composição do nôvo salário mínimo legal, sob pena de perderem ambos sua finalidade.

Êste último é a contraprestação da produção normal dentro do horário regulamentar, e aquêle é um acréscimo que deve ser juntado a êste, e não compensado, em face do maior esfôrço exigido e despendido pelo empregado, além do mínimo que, normalmente, está fixado dentro do horário regulamentar. Recurso extraordinário de que não se conhece, unânimemente. O acórdão recorrido não contraria a lei e está em harmonia com a jurisprudência do Supremo Tribunal."

2. STF (RE. n. 36.827, TP., 4.8.60, r. M. Villas Boas, A CLT vista pelo STF., Calheiros Bonfim, vol. 2.º, pg. 192): "A lei que fixou o salário mínimo não exclui a percepção do adicional denominado "prêmio produção", que integra a remuneração, nos têrmos do art. 457, § 1.º, da Consolidação das Leis do Trabalho."

3. TST (A. de 4.8.1.955, 3.ª T., P. n. 4.158/54, r. M. Júlio Barata, RTST, 1.957, pg. 174): "O salário mínimo é o mínimo que o empregador é obrigado a pagar. Pouco importa a fórmula de composição do salário (salário fixo e prêmio), desde que o ganho mensal do empregado atinja o nível estabelecido."

4. TST (A. de 20.4.1.956, 1.ª T., RR. n. 49/56, r. M. Oliveira Lima, RTST, 1.957, pg. 174): Igual ao n. 3.

5. TST (A. de 11.8.1.955, 3.ª T., P. n. 618/55, r. M. Tostes Malta, RTST, 1.957, pg. 194): "Se o prêmio continuou a ser pago após a vigência do nôvo salário mínimo, não pode ser compensado para a formação dêste."

6. TST (A. de 27.9.1.956, TP., P. n. 6.568/54, r. M. Antônio Carvalhal, RTST, 1.957, pg. 234): "Se o prêmio é instituído para pagamento de um trabalho extraordinário, não pode ser computado para a formação do nôvo salário mínimo."

7. TST (A. de 10.5.1.955, 3.ª T., P. n. 1.985/53, r. M. Júlio Barata, RTST, 1.957, pg. 303): Igual ao n. 3.

8. TST (A. de 20.12.1.955, 1.ª T., P. n. 755/55, r. M. Oliveira Lima, RTST, 1.957, pg. 313): "O prêmio-produção — prêmio aleatório, só concedido quando o empregado produz acima do normal — não pode ser computado para formação do salário mínimo."

9. TST (A. de 16.11.1.956, 1.ª T., RR. n. 688/56, r. M. Ferreira da Costa, RTST, 1.957, pg. 313): Igual ao n. 8.

10. TST (A. de 4.7.1.955, 3.ª T., P. n. 257/54, r. M. Bezerra de Menezes, RTST, 1.957, pg. 335): "A lei não exige que o salário mínimo se constitua como contraprestação fixa e íntegra, sem dependência de qualquer parcela condicionada a outro fator que não seja normal prestação de serviço."

11. TST (A. de 27.11.1.956, TP., P. n. 1.030/55, r. M. Délio Maranhão, RTST, 1.957, pg. 498): Igual ao n. 8.

12. TST (A. de 8.1.1.958, TP., RR. n. 1.924/56, r. M. Astolfo Serra, RTST, 1.960, pg. 1): Igual ao n. 8.

13. TST (A. de 8.4.1.958, 3.ª T., RR. n. 1.906/57, r. M. Hildebrando Bisaglia, RTST, 1.960, pg. 36): Igual ao n. 8.

14. TRT, 2.ª (P. n. 2.874/58, A. n. 257/59, r. Carlos Bandeira Lins, MT., abril de 1.959): "A constância do pagamento do prêmio-produção, de longa data concedido e, ainda, o cômputo dessa parcela para a integração do salário mínimo regional, são circunstâncias reveladoras do ânimo do empresário em obrigar-se, sem sombra de dúvida, por tal pagamento."

15. TRT, 2.ª (P. n. 513/60, A. n. 2.283/60, r. Hélio Tupinambá Fonseca, MT., novembro de 1.960): "O prêmio-produção é um sôbre-salário que corresponde ao maior esfôrço despendido pelo empregado, dentro da jornada normal de trabalho. É um salário adicional ou incentivo pela produção superior à normal, dentro de um mesmo período. Por isso mesmo, não poderá integrar o salário para efeito de, somados os dois valôres, perfazer-se a importância correspondente ao salário mínimo, por isso que êste é a contraprestação mínima paga pelo trabalho normal, executado no âmbito da jornada normal de 8 horas."

16. TRT, 2.ª (P. n. 241/60 (A. n. 2.275/60, r. Carlos Bandeira Lins, MT., novembro de 1.960): "Se é certo que o prêmio constitui parcela salarial, menos

certo não é que o seu aproveitamento para a integração do nôvo salário mínimo importa em evidente alteração unilateral do contrato, se anteriormente fixado era êle sôbre a remuneração auferida pelos empregados."

OBSERVAÇÕES.

A matéria é controvertida mas de acôrdo com os pronunciamentos mais recentes o prêmio-produção não deve ser computado na complementação do salário mínimo. A integração a longo prazo, representa o seu desaparecimento como parcela autônoma destinada a retribuir um esfôrço extraordinário do trabalhador, pois seria absorvido pelas elevações do salário mínimo. Todavia, é impossível negar a natureza salarial do prêmio-produção, o que levaria à sua incorporação no salário para vários fins, como na verdade ocorre. Assim, negar a sua integração no mínimo representaria recusar um efeito que lhe é peculiar. Daí entendermos que, se o empregado ganha um fixo equivalente ou superior ao mínimo, mais o acréscimo de produção, nas elevações do mínimo será impossível a absorção. Se ganha remuneração equivalente ao mínimo, originàriamente computado o prêmio, esta situação jurídica é contratual e tem validade.

165. SALÁRIO MÍNIMO E ADICIONAL DE TRANSFERÊNCIA. — O ADICIONAL DE TRANSFERÊNCIA ENTRA NA COMPOSIÇÃO DO SALÁRIO MÍNIMO?

A DOUTRINA.

1. ARNALDO SUSSEKIND (Comentários à Consolidação das Leis do Trabalho e à Legislação Complementar, vol. III, pg. 469, 1.964): "Êsse adicional, todavia, não é computável na formação do salário mínimo devido ao empregado na nova localidade."

OBSERVAÇÕES.

Não há jurisprudência sôbre o assunto e a doutrina é pobre, mesmo porque é óbvio que o adicional de transferência não entra na composição do salário mínimo. Trata-se de pagamento de natureza transitória, destinado a fins específicos de fazer frente às despesas acrescidas ao empregado que por fôrça do emprêgo vê-se diante da necessidade de mudar o domicílio. Como o adicional não integra o salário, é incomputável na formação do mínimo.

CAPÍTULO V

A IGUALDADE SALARIAL.

Sob o ângulo da Economia, há *diferenciais de salários* de acôrdo com o emprêgo exercido, a região e a categoria industrial; no mesmo serviço e dentro do mesmo mercado de trabalho, entre duas emprêsas, entre homem e mulher, entre môço e velho, são diferentes as escalas salariais. Um metalúrgico do Sul ganha mais que um metalúrgico do Norte. Um ferramenteiro ganha três vêzes mais do que um cobrador de ônibus. Uma telefonista não receberá o mesmo que uma secretária. São múltiplas as circunstâncias que influem nos padrões salariais vigorantes num país, tais como a oferta e a procura, o grau de preparação profissional, a competição e a administração, as pressões individuais e coletivas, a mobilidade da mão-de-obra etc. Entre homens e mulheres, as diferenças salariais, em muitos países, aproximam-se de 50%, índice consideràvelmente maior, segundo Maurice Dobb, daquele que pode ser atribuído a fatôres de demanda. As mulheres podem ser menos úteis a um patrão, porque mais expostas a enfermidades e porque só podem dedicar-se temporalmente a uma ocupação; em outros casos, serão superiores aos homens, como ocorre nas operações de tecidos de algodão ou para ensinar crianças. A substituição da mão-de-obra feminina pela masculina, no entanto, pode atender a conveniências de custo operacional, a ponto de, no passado, travar-se uma luta dos sindicatos de homens para celebrar acôrdos com os empregadores com o propósito de excluir o trabalho feminino e evitar uma concorrência de mão-de-obra mais barata que minava o nível de vida dos homens.

Razões dessa ordem levaram o Direito a tomar posição, mediante regulamentação pública, de sentido humanitário, impeditiva de situações injustas e de disparidade salarial, em alguns países, mediante leis até de natureza constitucional, consubstanciadas no princípio do *salário igual para trabalho igual*.

HISTÓRICO.

A igualdade salarial manifestou-se em nosso Direito positivo com a revolução de 1.930, através do Decreto 20.261, de 29.7.1.931, que estabeleceu proibição de maior salário ao estrangeiro. Depois, foi ampliada pelo Decreto 21.417, de 17.5.1.932, que regula condições de trabalho das mulheres nos estabelecimentos industriais e comerciais: "Art. 1.º — Sem distinção de sexo, a todo trabalho de igual valor corresponde salário igual". Acolhida pela Constituição de 1.934, artigo 121, parágrafo primeiro, viu, ainda mais, aumentado o seu campo de aplicação, proibida que ficou a diferença salarial por motivo de idade, sexo, nacionalidade ou estado civil. Porém, foi omitida da Constituição de 1.937 mas a legislação ordinária a sustentou, através da C.L.T., de 1.943. Retornou ao plano constitucional em 1.946, mantendo-se na Carta de 1.967, com a proibição de diferenças de salários e de critério de admissão por motivo de sexo, côr, estado civil, mas suprimida a idade como fator positivo da distinção remuneratória (art. 158, n.º III).

CARACTERÍSTICAS.

A isonomia salarial destina-se à proteção da pessoa do trabalhador como entidade abstrata, sem prejuízo de certas considerações de ordem pessoal. A disparidade que justifica seja invocada, é aquela entre pessoas de qualquer sexo que prestem serviços de igual valor para a mesma empresa na mesma localidade, com a mesma produtividade e perfeição técnica, com diferença de tempo de função não superior a dois anos e desde que haja simultaneidade na prestação dos serviços. Se a empresa tem quadro de carreira que assegure promoções alternadas por merecimento e antiguidade, estarão atingidos os mesmos fins visados pela isonomia, embora por meio diferente, pois nesse caso a paridade resultará de plano pré-estabelecido dentro de um critério de cargos e padrões salariais a serem percorridos pelo empregado durante a carreira.

A IGUALDADE RELATIVA.

É impossível verificar concretamente as condições de trabalho de dois empregados, de forma absoluta, para uma declaração categórica de identidade de atuação, em têrmos de mesma produtividade e perfeição técnica. Orme W. Phelps mostra que não há meio de avaliar precisamente o que valemos como trabalhadores, pois seria difícil imaginar qualquer coisa regularmente trocada por dinheiro que seja menos homogênea do que o trabalho. Por mais altamente especializados e cuidadosamente classificados que sejam os trabalhadores, diz o professor de Economia do Trabalho, jamais serão tão iguais em produtividade como as máquinas ou tão previsíveis em qualidade ou confiança como as mercadorias. "O fato de que são sêres humanos e de que o emprêgo é inevitàvelmente uma situação cooperativa torna certo que jamais dois indivíduos se comportam exatamente da mesma forma e é provável que nunca um empregado seja o mesmo em dias sucessivos ou mesmo em horas diferentes de um mesmo dia. A fadiga, a cólera, o desgôsto, o mêdo, a dor, a tristeza, o tédio são capazes de alterar a produtividade do trabalhador, sem qualquer sinal exterior." Assim, o Direito preocupa-se não com critérios absolutos, porque inatingíveis, mas com uma constatação aproximada das condições de duas pessoas que prestam serviços para o mesmo empregador para concluir se a situação é de injustiça ou não, determinando as necessárias correções. Em algumas atividades isso será até impossível, como no trabalho artístico, ou pouco provável, como no trabalho preponderantemente intelectual.

BIBLIOGRAFIA. — José Martins Catharino, "Tratado Jurídico do Salário", 1.951; Mozart Victor Russomano, "Comentário à Consolidação das Leis do Trabalho", 1.961; Mário de La Cueva, "Derecho Mexicano del Trabajo", 1.960; Orme W. Phelps, "Introdução à Economia do Trabalho", 1.965; Maurice Dobb, "Salários", 1.965.

166. TRABALHO DE IGUAL VALOR. — EMPREGADOS QUE PRESTAM SERVIÇOS DE IGUAL VALOR PODEM PERCEBER SALÁRIOS DIFERENTES?

A LEI.
> Art. 461. — Sendo idêntica a função, a todo trabalho de igual valor, prestado ao mesmo empregador, na mesma localidade, corresponderá igual salário, sem distinção de sexo, nacionalidade ou idade (DL. n. 5.452, de 1.5.1.943).
> Art. 5.º. — A todo trabalho de igual valor corresponderá salário igual, sem distinção de sexo (DL. n. 5.452, de 1.5.1.943).

A DOUTRINA.
1. MOZART VICTOR RUSSOMANO (Comentários à Consolidação das Leis do Trabalho, 1.960, vol. I, pg. 67): "... o art. 5.º determina que todo trabalho igual implica no pagamento de salário também igual."
2. JOSÉ MARTINS CATHARINO (Tratado Jurídico do Salário, 1.951, pg. 348): "Estamos defronte de um caso típico de contrôle legal, inspirado no propósito de tornar o salário menos injusto."
3. PONTES DE MIRANDA (Tratado de Direito Privado, vol. 47, 1.964, pg. 184): "... é violação da regra constitucional estabelecer o industrial, ou o agricultor, ou quem quer que entre no conceito de empregador, diferenças nos preços da mão-de-obra..."
4. AMARO BARRETO (Tutela Geral do Trabalho, 1.964, pg. 133): "Na legislação brasileira, o princípio se positivou, primeiro para proteger o trabalho nacional, vedando salário maior ao estrangeiro que ao brasileiro e, segundo, para proteger ao trabalho em geral, da mulher, do menor e do próprio homem, que o preste em igualdade de condições."
5. DÉLIO MARANHÃO (Direito do Trabalho, 1.966, pg. 166): "Hoje, tal princípio, com tal amplitude, é norma constitucional (Art. 157, n. II, da Constituição)."

A JURISPRUDÊNCIA.
1. TST (A. de 30.11.1954, 3.ª T., P. n. 2.671/53, r. M. Delfim Moreira Jr., RTST, 1.957, pg. 106): "Satisfeitas as condições previstas no artigo 461 da C.L.T. impõe-se a equiparação salarial, pouco importando, para êsse efeito, a alegação de circunstâncias especiais."
2. TST (A. de 27.10.1.955, 2.ª T., P. n. 4.710/55, r. M. Oscar Saraiva, RTST, 1.957, pg. 287): "O preceito do art. 461 da C.L.T. constitui reflexo de um princípio geral de direito, ingressado no Direito Internacional do Trabalho (Tratado de Versailles, de 1.919), que consubstanciado em norma constitucional (art. 157, n. III, da Constituição), e que atende, de resto, à própria definição de justiça distributiva."

OBSERVAÇÕES.

Empregados que prestam serviços de igual valor não podem receber salários diferentes. O princípio da isonomia salarial, no plano constitucional, integrou-se em nosso direito através da Constituição da República de 1.934, artigo 121, § 1.º, letra "a"; omitido na carta de 1.937, ficou restabelecido na Constituição de 1.946 e permaneceu na Carta de 1.967.

A lei ordinária vigente (art. 461, § 1.º da CLT) considera trabalho de igual valor aquêle realizado com igual produtividade, com a mesma perfeição técnica, entre trabalhadores cuja diferença de tempo de serviço não fôr superior a dois anos.

Assim, não se trata de mero preceito abstrato, mas de uma idéia fundamental de nossa organização jurídico-laboral, de aplicação efetiva e concreta.

No plano internacional, o princípio foi proclamado pelo Tratado de Versailles, art. 427 e recolhido por algumas legislações — México, Venezuela, Chile, Colômbia, Hungria, Rumânia, França (Código de Trabalho Ultramar). Mário Deveali (Lineamientos de Derecho del Trabajo, 1.956, pg. 120) entende no entanto que sua extensão ao campo das relações individuais importa em desconhecimento do aspecto pessoal do trabalho, diminui o desejo do trabalhador em aperfeiçoar a própria capacidade de rendimento e impede o empregador de fazer as discriminações necessárias. Essas objeções mereceram críticas de Cabanellas (Tratado, pg. 556).

167. IGUALDADE SALARIAL E SEXO. — PODE HAVER DIFERENÇA DE SALÁRIO EM RAZÃO DE SEXO?

A LEI.

Art. 461. — Sendo idêntica a função, a todo trabalho de igual valor, prestado ao mesmo empregador, na mesma localidade, corresponderá igual salário, sem distinção de sexo, nacionalidade ou idade (DL. n. 5.452, de 1.5.1.943).

Art. 5. — A todo trabalho de igual valor corresponderá salário igual, sem distinção de sexo (DL. n. 5.452, de 1.5.1.943).

A DOUTRINA.

1. CESARINO JÚNIOR (Consolidação das Leis do Trabalho, 1.945, pg. 37, vol. I): "Dada a redação do texto, parece lícito concluir ser permitido pagar salário desigual, por exemplo, a mulher solteira e a outra casada, embora façam o mesmo trabalho."
2. F. MOURA BRANDÃO FILHO e JOSÉ GOMES TALARICO (Interpretação e Prática da Legislação Trabalhista Brasileira, 1.954, pg. 190): "Êste artigo concretiza um dos princípios mais salutares do Direito do Trabalho, e que chegou até nós por influência do Tratado de Versailles: o de que a trabalho igual deve corresponder igual salário, sem distinção de sexo."
3. JOSÉ MARTINS CATHARINO (Tratado Jurídico do Salário, 1.951, pg. 374): "... a Constituição de 1.946 consagrou a igualdade de salário independentemente da condição biológica ou civil do empregado."
4. ALONSO CALDAS BRANDÃO (Consolidação das Leis do Trabalho Interpretada, 1.959, pg. 31): "A igualdade perante o trabalho é de inspiração econômica e se funda no princípio de que a todo trabalho igual deve corresponder igual salário (arts. 5.º e 461), sem distinção de sexo (art. 76), mas seu fundamento é constitucional: a igualdade perante a lei — e a proibição de diferença de salário para um mesmo trabalho por motivo de idade, sexo, nacionalidade ou estado civil (Constituição, art. 157, item II)."
5. SEGADAS VIANA (Instituições de Direito do Trabalho, vol. II, pg. 219, 1.957): "... a mulher que trabalha tem direito a salário igual ao do homem que exerce idêntica função na mesma emprêsa e localidade (art. 461)..."
6. MOZART VICTOR RUSSOMANO (Comentários à Consolidação das Leis do Trabalho, vol. I, pg. 68, 1.960): "Êsse, portanto, constitui um dos meios usados para subtrair o salário das leis da oferta e da procura."

7. ORLANDO GOMES e ELSON GOTTSCHALK (Curso Elementar de Direito do Trabalho, 1.963, pg. 335): "O salário devido à mulher e ao menor, em igualdade de condições da prestação de serviço, é o mesmo do trabalhador adulto, do sexo masculino."
8. BRENO SANVICENTE (Introdução ao Direito Brasileiro do Trabalho, 1.963, pg. 273): "A concorrência obstinada da mão-de-obra feminina, com os problemas que gerou, teria de levar, como levou, os governos a buscar uma solução em têrmos de Justiça Social. Impelidos por êsses ideais é que se entendeu, ao término da primeira grande guerra, consagrar-se, como um dos preceitos basilares ao estabelecimento duma paz duradoura, o da "igualdade de salários, sem distinção de sexo, para trabalho de igual valor", como foi estatuído no Tratado de Versailles. Universalizou-se, assim, um princípio que, de nítido cunho econômico e político-social, passou a exercer uma influência decisiva na legislação social, impondo-se como autêntico axioma na esfera do Direito do Trabalho."

OBSERVAÇÕES.

Inadmissível diferença de salário em razão de sexo. Da oferta abundante da mão-de-obra feminina resultou um exército de reservas acarretando a manutenção de salários baixos na França, em 1.896, onde havia cêrca de 2 milhões de mulheres empregadas na indústria de transformação, das quais oitenta por cento na indústria têxtil e de indumentária. Houve oposição dos sindicatos. A C.G.T. considerou, através de congresso realizado no ano de 1.900, a introdução da mulher na indústria, nefasta para a classe obreira, tanto do ponto de vista moral, físico como pecuniário. A guerra de 1.914 aumentou a disponibilidade de mão-de-obra feminina. Touraine diz que um grupo "de indústrias mecânicas e conexas", da região de Paris, fêz levantamento estatístico em 1.925, verificando que o salário horário era de 1,70 francos para a mulher e 2,39 francos para "el peón corriente" e de 2,01 e 2,62, respectivamente entre os trabalhadores qualificados. Segundo o "Bulletin du Ministère du Travail", de abril-maio-junho de 1.933, nessa época, o salário diário médio era de 19 francos, frente a 30 francos para os homens. Um levantamento de 1.930 na Alemanha, entre 3.000 estabelecimentos que davam trabalho a 784.000 pessoas, revela que os salários femininos eram inferiores aos masculinos em 50 a 83 por cento. Outra não era a situação na América do Norte em 1.914 (La civilización Industrial). Assim, o trabalho feminino sofreu um processo de crescente exploração.

Diante de razões dessa natureza, o direito do trabalho tomou posição.

No plano internacional, a proibição de diferença de salário está consubstanciada nos seguintes documentos: Tratado de Versailles, Resolução n. 12 da 3.ª Conferência Interamericana dos Estados Membros da Organização Internacional do Trabalho realizada no México em 1.946, Carta das Nações Unidas firmada em Paris no ano de 1.948, Conferência Internacional Americana de Bogotá, 1.948, e Convenção n. 100, sôbre igualdade de remuneração, aprovada pela Conferência Geral da Organização Internacional do Trabalho de 6.6.1.951. Êste último documento é subscrito pelos seguintes países: Albânia, República Federal Alemã, Síria, Argentina, Áustria, Bélgica, Bielrussia, Bulgária, Cuba,

Checoslováquia, China, República Dominicana, Equador, Filipinas, França, Haiti, Honduras, Hungria, Índia, Indonésia, Islândia, Itália, Iugoslávia, México, Noruega, Panamá, Peru, Polônia, Rumânia, Ucrânia e URSS, além do Brasil, cujo Congresso Nacional aprovou-o pelo Decreto-legislativo n. 24, de 29.5.1.956. Porém, mesmo antes, o nosso direito recolhera o princípio que já estava inscrito no artigo 121 § 1.º, letra "a", da Constituição Federal de 1.934.

168. EQUIPARAÇÃO SALARIAL E EMPRÊSAS DIFERENTES. — EMPREGADOS DE EMPRÊSAS DIFERENTES TÊM DIREITO A EQUIPARAÇÃO SALARIAL?

A LEI.
> Art. 461. — Sendo idêntica a função, a todo trabalho de igual valor, prestado ao mesmo empregador, na mesma localidade, corresponderá igual salário, sem distinção de sexo, nacionalidade ou idade (DL. n. 5.452, de 1.5.1.943).

A DOUTRINA.

1. MOZART VICTOR RUSSOMANO (Manual Popular de Direito do Trabalho, 1.954, vol. I, pg. 92): "A equiparação é feita entre empregados da mesma emprêsa. Caso contrário, as grandes emprêsas elevariam o salário dos seus trabalhadores, eliminariam dessa forma os pequenos comerciantes e, depois, dominariam os mercados."
2. MOZART VICTOR RUSSOMANO (O Empregado e o Empregador no Direito Brasileiro, 1.954, vol. II, pg. 579): "É indispensável que os dois empregados trabalhem na mesma emprêsa, pois o salário é fixado, simultâneamente, em função das necessidades do obreiro e das possibilidades do empregador."
3. JOSÉ MARTINS CATHARINO (Contrato de Emprêgo, 1.962, pg. 171): "... por fôrça da assimilação legislativa, empregador equivale a emprêsa, dentro desta é que se apura a equiparação salarial..."
4. ROBERTO BARRETO PRADO (Direito do Trabalho, 1.963, pg. 222): "Não seria de se admitir a equiparação de empregados de emprêsas diferentes, o que traria como irremediável conseqüência a completa anarquia na ordem econômica privada, com a manifesta violência à liberdade contratual, que não pode deixar de ser assegurada nas relações de trabalho."
5. AMARO BARRETO (Tutela Geral do Trabalho, 1.964, pg. 34): "São requisitos para a aplicação do princípio da isonomia: ... c) mesmidade de empregador, que é o titular da emprêsa, individual ou coletiva, ou a instituição assistencial, recreativa, religiosa, ou outra sem fins lucrativos (art. 2.º e § 1.º da C.L.T.); como deve ser o mesmo empregador dos servidores comparados, o princípio da isonomia não se aplica a emprêsa de consórcio, sendo, como são neste, os empregadores diferentes;..."
6. BRENO SANVICENTE (Introdução ao Direito Brasileiro do Trabalho, 1.964, pg. 278): "A equiparação salarial só é possível se o equiparado e o paradigma apontado forem empregados de um mesmo empregador."
7. ARNALDO SUSSEKIND (Comentários à Consolidação das Leis do Trabalho e à Legislação Complementar, 1.964, vol. III, pg. 389): "O mesmo empregador, em face do conceito adotado pelo art. 2.º da CLT, corresponde à emprêsa, de propriedade individual ou coletiva, e às pessoas, instituições e associações que admitirem trabalhadores como empregados. Se a emprêsa possuir vários estabelecimentos, a equiparação salarial será devida em relação a empregados que trabalhem nas diferentes unidades da emprêsa..."

A JURISPRUDÊNCIA.

1. TST (A. de 3.8.59, 2.ª T., RR. 496/59, r. M. Thélio Monteiro, RTST, 1.961, pg. 176): "Não cabe pedido de equiparação salarial trabalhando o recla-

mante e o paradigma em emprêsas diversas, embora integrantes do mesmo consórcio econômico."

2. TRT, 2.ª (P. 65/58, A. 2.814/58, de 13.11.58, DOE. de 4.12.58, r. Décio de Toledo Leite, MT., dezembro de 1.958): Igual ao n. 1.

3. TRT, 2.ª (P. 3.116/58, A. 132/59, de 8.1.59, DOE. de 5.2.59, r. Hélio Tupinambá Fonseca, MT., março de 1.959): "Se se denota que o reclamante e o indigitado paradigma prestam serviços a um grupo industrial que, para os efeitos legais, é tido como empregador único, sendo idênticos e de igual valor os serviços de ambos, não há negar-se a incidência da regra constitucional, que impõe a igualdade salarial."

OBSERVAÇÕES.

Questão obsolutamente óbvia em nosso Direito, a equiparação salarial limitar-se aos trabalhadores da mesma emprêsa, vedada a paridade entre pessoas de emprêsas diferentes. Idêntica é a solução do Direito mexicano (Mário de La Cueva, Derecho Mexicano del Trabajo, pg. 657), da Guatemala (Art. 116 da Constituição da República, de 1.956) e outros países. Nem mesmo, entre empregados de estabelecimentos diferentes, embora da mesma emprêsa é aplicável o preceito (n. 7). Muito menos quando se tratar de consórcio de emprêsas do mesmo grupo (n. 5).

169. **EQUIPARAÇÃO DE EMPREGADOS DE LOCALIDADES DIFERENTES.** — EMPREGADOS DE LOCALIDADES DIFERENTES PODEM SER EQUIPARADOS?

A LEI.

> Art. 461. — Sendo idêntica a função, a todo trabalho de igual valor, prestado ao mesmo empregador, na mesma localidade, corresponderá igual salário, sem distinção de sexo, nacionalidade ou idade (DL. n. 5.452, de 1.5.1.943).

A DOUTRINA.

1. ORLANDO GOMES (O Salário no Direito Brasileiro, 1.947, pg. 94): "Para que o empregado possa obter a equiparação do seu salário ao de companheiro da mesma emprêsa é necessário que trabalhe na mesma circunscrição territorial."

2. JOSÉ MARTINS CATHARINO (Tratado Jurídico do Salário, 1.951, pg. 372): "... o art. 461 subordina a identidade de salário à prestação de trabalho "na mesma localidade."

3. MOZART VICTOR RUSSOMANO (Comentários à Consolidação das Leis do Trabalho, 1.960, pg. 714, vol. III): "Não seria justo que nos locais de menor possibilidade econômica se fôssem pagar os salários vigorantes em locais de prosperidade, como justo não seria que, nos centros urbanos de pouca população, onde a vida em geral é mais barata, os empregados pedissem majoração de remuneração com base no recebido por seus companheiros de categoria profissional nas capitais do país (art. 461)."

4. ARNALDO SUSSEKIND (Instituições de Direito do Trabalho, 1.957, vol. I, pg. 442): "... ainda que se trate da mesma emprêsa, indevida será a equiparação entre dois empregados que trabalham em localidades diversas."

5. ROBERTO BARRETO PRADO (Direito do Trabalho, 1.963, pg. 222): "Embora trabalhe na mesma emprêsa, não pode o empregado pleitear a equiparação de salários com colega que exerça suas atividades profissionais em outra localidade. O legislador não precisou o conceito da expressão "localidade". Os

autores, em geral, entendem como localidade o município ou então as zonas em que fôr idêntico o salário mínimo. Quer nos parecer, porém, que a localidade vem a ser o lugar onde o empregado presta o seu serviço."

6. ORLANDO GOMES e ELSON GOTTSCHALK (Curso Elementar de Direito do Trabalho, 1.963, pg. 198): "Para que o empregado possa obter a equiparação do seu salário ao do companheiro da mesma emprêsa, é necessário que trabalhe na mesma circunscrição territorial. Deve-se entender que a localidade a que se refere tem limites geográficos estreitos. A existência de filiais de uma mesma emprêsa em duas cidades de importância diversa na mesma unidade política, poderá ser causa de desigualdade de salário."

7. ALUÍSIO JOSÉ TEIXEIRA GAVAZZONI SILVA (Comentários à Consolidação das Leis do Trabalho, 1.963, vol. II, pg. 200): "Necessário se faz que o serviço seja prestado na mesma localidade, para que a equiparação se processe. Essa mesma localidade a que se refere a lei, segundo entendemos, deve ser a mesma região para efeito de salário mínimo, pois a questão de salários prende-se às exigências de sobrevivência do empregado e, ainda, ao lucro que o trabalho do empregado possa propiciar ao empregador."

8. JOSÉ MARTINS CATHARINO (Contrato de Emprêgo, 1.962, pg. 171): "Mesma localidade, para efeito de equiparação, deve ser entendida em função das condições do custo de vida, de acôrdo com o caráter realista do princípio trabalho igual, salário idêntico. Se assim não o fôr, a equiparação poderá ser mais nominal do que efetiva."

9. AMARO BARRETO (Tutela Geral do Trabalho, vol. I, pg. 34, 1.964): "São requisitos para a aplicação do princípio da isonomia: ... d) mesma localidade, tendo em vista as diversidades regionais de salário; por localidade se tem o município, ou as subzonas, em que aquêle estiver, porventura, dividido, para efeito de salário mínimo."

10. TOSTES MALTA (Dicionário de Doutrina Trabalhista, 1.966, pg. 115): "... não é possível a equiparação se os empregados trabalharem para empregadores diferentes ou servirem em localidades diversas."

11. BRENO SANVICENTE (Introdução ao Direito Brasileiro do Trabalho, 1.963, pg. 281): "Para nós, localidade tem significação muito restrita. Realmente, o critério que se fundamenta em razões econômicas, por demais incerto, impreciso e vago, não satisfaz. Certo é que as condições da emprêsa não entram em linha de consideração, e, ainda que haja igualdade de situação para a mesma zona, as distâncias constituirão um argumento da inadequação do conceito de "mesma localidade." A simples idéia de Município, pela mesma razão, também não convence. Numa área tão vasta como pode ser e, normalmente é, também as distâncias põem à mostra com fôrça da evidência, o verdadeiro conceito de "mesma localidade." O conceito em aprêço, na verdade, não pode ser tomado rìgidamente, como expressão certa e definida. Mas por localidade podemos entender o espaço geográfico da mesma influência econômica, normalmente limitado à cidade ou núcleo populacional."

12. ARNALDO SUSSEKIND (Comentários à Consolidação das Leis do Trabalho e à Legislação Complementar, 1.964, vol. III, pg. 390): "O conceito de localidade, a nosso ver, deve corresponder, em princípio, a Município; mas, se, para efeito da fixação do salário mínimo, estiver subdividido em subzonas, cada uma dessas deve ser considerada como uma localidade."

A JURISPRUDÊNCIA.

1. TST (A. p. DJ. de 27.7.1.949, in Russomano, Comentários, vol. III, pg. 721): "Constitui condição essencial para equiparação de salário prestar o empregado seus serviços na mesma localidade em que trabalha seu colega, ao qual pretende se equiparar."

2. TRT, 2.ª (P. n. 1.946/57, A. n. 2.209/57, r. Wilson de Souza Campos Batalha, MT., janeiro de 1.958): "Impondo o artigo 461, da C.L.T., como condição à equiparação, sejam os serviços prestados na mesma localidade, e executando o Reclamante e os empregados paradigmas serviços em localidades diferentes, é óbvia a improcedência do pedido de equiparação."

3. TRT, 2.ª (P. n. 3.771/58, A. n. 1.087/59, r. Wilson de Souza Campos Batalha, MT., julho de 1.959): Igual ao n. 2.
4. TRT, 2.ª (P. n. 3.357/60, A. n. 359/61, r. Gilberto Barreto Fragoso, MT., maio de 1.961): Igual ao n. 2.
5. TRT, 2.ª (P. n. 825/65, A. n. 4.912/65, r. Roberto Barreto Prado, MT., fevereiro de 1.966): Igual ao n. 2.

OBSERVAÇÕES.

Pacífica a orientação da doutrina e jurisprudência em só admitir equiparação salarial entre empregados da mesma localidade. Divergem, no entanto, os conceitos de localidade, havendo quatro critérios de fixação: geofísico (n.os 5 e 6), econômico (n.os 7 e 8), político-administrativo (n.os 9 e 12) e critérios mistos (n.º 11). Como em se tratando de equiparação salarial, a interpretação deve ser restritiva o limite geográfico a ser observado é o da *cidade* onde a prestação de serviços é desenvolvida e não do município ou região econômica.

170. **EQUIPARAÇÃO DE EMPREGADOS DE FILIAIS.** — EMPREGADOS DE FILIAIS DIFERENTES DA MESMA EMPRÊSA PODEM SER EQUIPARADOS?

A DOUTRINA.

1. ORLANDO GOMES (O Salário no Direito Brasileiro, 1.947, pg. 95): "Desde que uma emprêsa possua vários estabelecimentos, filiais ou agências na mesma localidade, a exigência, quanto à base territorial para aquisição do direito estará preenchida."
2. MOZART VICTOR RUSSOMANO (Manual Popular de Direito do Trabalho, vol. I, 1.954, pg. 92): "Embora trabalhando na mesma emprêsa, dois empregados lotados em filiais situadas em lugares diversos não poderão pedir equiparação, mesmo quando desempenharem funções idênticas."
3. ARNALDO SUSSEKIND (Comentários à Consolidação das Leis do Trabalho e à Legislação Complementar, 1.964, vol. III, pg. 389): "Se a emprêsa possuir vários estabelecimentos, a equiparação salarial será devida em relação a empregados que trabalhem nas diferentes unidades da emprêsa, desde que se situem na mesma localidade."
4. ORLANDO GOMES e ELSON GOTTSCHALK (Curso Elementar de Direito do Trabalho, 1.963, pg. 198): Igual ao n. 1.

A JURISPRUDÊNCIA.

1. TRT, 2.ª (P. n. 2.191/61, A. n. 3.388/61, r. Hélio Tupinambá Fonseca, Mt., janeiro de 1.962): "Provado que o paradigma e o reclamante trabalham em local diversos, bem como em secções diferentes, não há como acolher o pedido de equiparação salarial, por falta de amparo no art. 461, da Consolidação das Leis do Trabalho."
2. TRT, 2.ª (P. n. 3.116/58, A. n. 132/59, r. Hélio de Miranda Guimarães, MT., março de 1.959): "Se se denota que o reclamante e o indigitado paradigma prestam serviços a um grupo industrial que, para os efeitos legais, é tido como empregador único, sendo idênticos e de igual valor os serviços de ambos, não há negar-se a incidência da regra constitucional, que impõe a igualdade salarial."

OBSERVAÇÕES.

Não há uma orientação nìtidamente definida em nosso Direito, mas tem sido admitida a equiparação entre empregados da mesma emprêsa embora em filiais diferentes da mesma localidade; parece-nos que tudo depende de prova da prestação de serviços de igual valor, já que não deixam de ser da mesma emprêsa os servidores de filiais diversas.

171. **EQUIPARAÇÃO DE INTERINO A TITULAR.** — O EMPREGADO INTERINO PODE SER EQUIPARADO AO TITULAR?

A DOUTRINA.

1. JOSÉ MARTINS CATHARINO (Tratado Jurídico do Salário, 1.951, pg. 369). "É evidente que a equiparação não seria justa, mesmo que fôsse decretada a título precário porque, entre outros motivos, a presunção é a de que o efetivo presta trabalho de valor superior ao executado pelo interino."
2. ROBERTO BARRETO PRADO (Direito do Trabalho, 1.963, pg. 224): "Quem exerce algum cargo em caráter interino não pode se equiparar com o titular efetivo."
3. BRENO SANVICENTE (Introdução ao Direito Brasileiro do Trabalho, 1.963, pg. 280): "O empregado, chamado a substituir, temporàriamente, um companheiro, não terá direito à equiparação de salários com apoio no art. 461. Todavia, com base no princípio da "eqüidade", pode ser discutida sua pretensão de igualdade salarial enquanto perdurar a substituição."
4. TOSTES MALTA (Dicionário de Doutrina Trabalhista, 1.966, pg. 116): "Segundo entendemos, a lei não veda a equiparação entre empregados no exercício de cargo de confiança ou a equiparação de interino a efetivo e vice-versa."

A JURISPRUDÊNCIA.

1. TRT, 2.ª (P. 2.009/64, A. n. 41/65, un., de 4.1.65, DOE. de 23.1.65, r. José Antônio Ribeiro, MT., janeiro de 1.965): "Tratando-se de pedido de equiparação em que o reclamante substitui o paradigma apenas nas férias, sòmente faz jus aos salários do paradigma quando executa efetivamente os serviços do mesmo."
2. TRT, 2.ª (P. 2.619/58, A. n. 690/59, de 16.3.59, DOE. de 16.4.59, r. José Teixeira Penteado, MT., junho de 1.959): "Para a efetivação da equiparação salarial, exige a lei que as funções idênticas sejam executadas em caráter permanente e não eventualmente, em casos de emergência."
3. TRT, 2.ª (P. 2.865/61, A. n. 3.740/61, un., de 4.12.61, DOE. de 1.2.62, r. José Ney Serrão, MT., fevereiro de 1.962): Igual ao n. 1.

OBSERVAÇÕES.

A doutrina nega a possibilidade de equiparação salarial entre o empregado interino e o titular, embora não o fazendo à unanimidade. A jurisprudência salienta que a equiparação destina-se a impedir disparidade salarial entre empregados que exerçam funções efetivas.

172. **EQUIPARAÇÃO DE SUBSTITUTO A TITULAR.** — O EMPREGADO SUBSTITUTO TEM DIREITO AO MESMO SALÁRIO DO SUBSTITUÍDO?

A DOUTRINA.

1. ORLANDO GOMES (O Salário no Direito Brasileiro, 1.947, pg. 98): "O mesmo trabalho executado sucessivamente por dois trabalhadores não obriga a pagamento de salário igual."
2. JOSÉ MARTINS CATHARINO (Contrato de Emprêgo, 1.962, pg. 264): "O substituto não faz jus ao mesmo salário que percebia o substituído, e sim

ao que foi combinado. A própria substituição repele a contemporaneidade, requisito essencial da equiparação ordenada no artigo 461."
3. AMARO BARRETO (Tutela Geral do Trabalho, 1.964, vol. I, pg. 35): "... não é possível fazer o cotejo de um trabalho com êle próprio, e sim com outro, resultando o menor salário do substituto de sua condição de ocupante transitório da função, salvo se o regulamento da emprêsa assegura ao mesmo remuneração igual à do substituído, porque aí a igualdade é regulamentar, não legal."
4. BRENO SANVICENTE (Introdução ao Direito Brasileiro do Trabalho, 1.963, pg. 280): "O empregado chamado a substituir temporàriamente, um companheiro, não terá direito à equiparação de salários com apoio no art. 461."
5. ROBERTO BARRETO PRADO (Direito do Trabalho, 1.963, pg. 224): "Quer nos parecer que o empregado, durante o período da substituição, tem direito a receber se não o salário inerente ao cargo efetivo, ao menos uma majoração que corresponda ao excesso de serviço prestado. A essa conclusão, da mais estrita eqüidade, se pode chegar com base no art. 766 da Consolidação."
6. DÉLIO MARANHÃO (Direito do Trabalho, 1.966, pg. 169): "Ao substituto eventual, todavia, deve ser assegurado o mesmo salário do empregado substituído."

A JURISPRUDÊNCIA.

1. STF (AI. n. 31.983, de 15.5.1.964, r. M. Victor Nunes Leal, LTr. 28/667): "O empregado substituto percebe o salário do substituído, ainda que êste se integre parcialmente com gratificação de função."
2. TST (P. n. 1.872/48, DJU., de 9.12.1.950, r. M. Edgard Ribeiro Sanchez): "O substituto tem direito de perceber a diferença entre o seu salário e o do substituído se isso se der em conseqüência da própria função de substituir ou se não houver incompatibilidade caracterizada pela natureza dos trabalhos e se êles não acarretarem maiores encargos ou responsabilidades."
3. TST (A. de 12.7.1.955, 3.ª T., P. n. 1.205/55, r. M. Tostes Malta, RTST, 1.957, pg. 191): "A substituição como condição contratual-regulamentar (E. F. Leopoldina: agentes-chefes), pode, evidentemente, acarretar responsabilidade ao substituto quando em exercício, mas isso não lhe dá direito a uma equiparação de salários, sem os pressupostos legais."
4. TST (A. de 13.11.1.956, 1.ª T., RR. n. 91/56, r. M. Ferreira da Costa, RTST, 1.957, pg. 483): Igual ao n. 2.
5. TST (A. de 14.9.1.955, TP., P. n. 1.617/53, r. M. Júlio Barata, RTST, pg. 76): Igual ao n. 2.
6. TST (A. de 19.6.1.956, 3.ª T., P. n. 8.028, r. M. Tostes Malta, RTST, 1.957, pg. 399): "Reconhecida a identidade do trabalho não há porque negar a equiparação salarial, na ocorrência de substituição, ainda que se trate de substituição eventual."
7. TST (A. de 29.4.1.958, 3.ª T., RR. n. 2.491/56, r. M. Antônio Carvalhal, RTST, 1.960, pg. 75): "A substituição funcional gera direito à percepção das diferenças de salários, se não fôr meramente eventual."
8. TST (RR. n. 4.791/61, de 22.5.1.962, 3.ª T., r. M. Delfim Moreira Júnior, LTr. 26/572): "Deve caber sempre ao substituto a mesma gratificação que percebia o substituído, em virtude da identidade da prestação de serviço."
9. TST (RR. n. 5.624/63, A. de 2.6.1.964, 3.ª T., r. M. Hildebrando Bisaglia, LTr. 30/178): "Deve o substituto perceber, durante a substituição, o salário do substituído, pois que está pressuposto o trabalho idêntico e de igual valor. Situação especial e de caráter transitório que tem amparo no item II do art. 157 da Constituição."
10. TRT, 1.ª (P. n. 1.063/55, A. de 26.10.1.955, r. Ferreira da Costa, Cadernos de Jurisprudência, 4.ª série, 3.º caderno): "O direito à equiparação salarial decorre do exercício habitual da mesma função, com a mesma produtividade e perfeição técnica. Por isso, as substituições eventuais ou de aprendizado não ensejam essa equiparação, principalmente, se o empregado continua a de-

sempenhar suas funções normais, distintas e inferiores às que pretende equiparação."

11. TRT, 1.ª (P. n. 237/61, de 22.3.1.961, r. José de Moraes Rattes, LTr. 28/294): "O empregado designado para substituir, em caráter definitivo, a outro empregado no desempenho de funções mais elevadas, não vai desempenhar, necessàriamente, trabalho de igual valor que o do substituído, não fazendo jus, em conseqüência, ao mesmo salário dêste. A menos que haja, na emprêsa, quadros organizados em carreira, caso em que a paga seria a do cargo e não do desempenhante."

12. TRT, 2.ª (P. n. 49/58, A. n. 812/58, r. José Teixeira Penteado, MT., maio de 1.958): "Se o empregado equiparante além de exercer funções idênticas às exercidas pelo paradigma o substituia, tal fato evidencia que sua produtividade e perfeição dos serviços que executava eram iguais às do paradigma."

13. TRT, 2.ª (P. n. 232/60, A. n. 1.348/60, r. Carlos de Figueiredo Sá, MT., setembro de 1.960): "Afastado do cargo e substituído por outro, com salário maior, não tem direito o empregado prejudicado nas suas funções, de pretender equiparação de salário ao de seu substituto. O conceito de substituição exclui o de equiparação."

14. TRT, 2.ª (P. n. 2.865/61, A. n. 3.740/61, r. José Ney Serrão, MT., fevereiro de 1.962): "O fato de o paradigma ser substituído pelo reclamante nos seus impedimentos, não autoriza a equiparação salarial."

15. TRT, 2.ª (P. n. 2.009/64, A. n. 41/65, r. José Antônio Ribeiro, MT., janeiro de 1.965): "Tratando-se de pedido de equiparação em que o reclamante substitui o paradigma apenas nas férias, sòmente faz jus ao salário do paradigma quando executa efetivamente os serviços do mesmo."

16. TRT, 4.ª (P. n. 409/52, r. Joares Telles, LTr. 16/396): "O empregado que substitui tem direito a perceber a diferença existente entre seu salário e o do substituído."

17. TRT, 4.ª (P. n. 82/63, de 4.4.1.963, r. José Pinós Pereira, LTr. 27/329): "Quem já percebe remuneração maior com o fim precípuo de substituir, eventualmente, seu chefe, não tem direito a reivindicar pretensas diferenças salariais, decorrentes dessa situação."

OBSERVAÇÕES.

A doutrina inadmite a possibilidade de equiparação salarial entre substituto e substituído; funda-se em que a substituição, pela sua própria natureza, repele a possibilidade de prestação de serviços simultâneos, sem o que impossível será aferir as condições objetivas de trabalho dos dois empregados em confronto. Amaro Barreto ressalva os casos de previsão no regulamento da emprêsa.

Na jurisprudência, a matéria é controvertida, não existe orientação nìtidamente predominante. Ao mesmo tempo em que são assegurados ao substituto os salários do substituído, por uma presunção de que os trabalhos prestados tenham igual valor, nega-se, de outro lado, essa equiparação, porque as duas situações são incompatíveis.

É preciso ressaltar que a equiparação não é feita entre *cargo,* mas sim *entre funções* qualitativa e quantitativamente idênticas. A doutrina tem exigido também simultaneidade na prestação dos serviços a serem aferidos. Ora, na substituição há sucessividade mas não há simultaneidade. Assim, haverá sempre uma contradição gritante em nosso Direito, enquanto fôr afirmado em tese o direito do substituto aos salários do substituído e exigida a simultaneidade de trabalho como pressuposto da equiparação. Um dos dois postulados deverá desaparecer. São inconciliáveis.

Diferente será a situação na qual ao substituto são assegurados os salários do substituído, não com base na isonomia salarial, mas sim com fundamento na remuneração do cargo pelo quadro de carreira. A causa aqui será outra.

173. EQUIPARAÇÃO E SIMULTANEIDADE NA PRESTAÇÃO DE SERVIÇOS. — PARA A ISONOMIA SALARIAL É NECESSÁRIA A SIMULTANEIDADE NA PRESTAÇÃO DE SERVIÇOS?

A DOUTRINA.

1. ORLANDO GOMES (O Salário no Direito Brasileiro, 1.947, pg. 98): "O mesmo trabalho executado sucessivamente por dois trabalhadores não obriga a pagamento de salário igual."
2. MOZART VICTOR RUSSOMANO (Manual Popular de Direito do Trabalho, vol. I, 1.954, pg. 92): "Embora a lei não se tenha referido a êsse requisito, êle é considerado essencial. A equiparação de salário pressupõe o confronto de produtividade, qualitativa e quantitativa, entre o que recebe mais e o que recebe menos. Êsse confronto só será possível e correto uma vez que os empregados estejam em serviço, simultâneamente."
3. JOSÉ MARTINS CATHARINO (Tratado Jurídico do Salário, 1.951, pg. 377): "O empregado, para fazer jus à equiparação, deve estar trabalhando ao tempo em que aquêle a quem quer se igualar também esteja. Essa restrição temporal está em sintonia com as limitações acolhidas por lei."
4. ROBERTO BARRETO PRADO (Direito do Trabalho, 1.963, pg. 224): "Não tem o trabalhador direito a se equiparar com o seu antecessor. O Tribunal Superior do Trabalho já decidiu nesse sentido. E nem poderia deixar de ser assim, de vez que a equiparação surge do confronto entre o trabalho prestado pelo empregado e o executado pelo companheiro apontado como paradigma."
5. ARNALDO SUSSEKIND (Instituições de Direito do Trabalho, 1.957, vol. I, pg. 443): "Trata-se, aliás, de uma condição implìcitamente contida na lei, de vez que a equiparação salarial advém do confronto entre o trabalho prestado por dois empregados, o que, por motivos óbvios, deve estear-se na prestação simultânea de serviços."
6. JOSÉ MARTINS CATHARINO (Contrato de Emprêgo, 1.962, pg. 172): "Além dos elementos expressamente exigidos para a correção equitativa, deve-se ter como necessária a contemporaneidade, isto é, que haja prestação de serviços simultâneos, para o devido contraste e apuração de igualdade entre êles."
7. AMARO BARRETO (Tutela Geral do Trabalho, vol. I, 1.964, pg. 35): "São requisitos para a aplicação do princípio da isonomia ... g) simultaneidade dos trabalhos comparados, porque a aplicação do princípio requer cotejo das funções, e êste só pode ser atual, para se aquilatar da igual produtividade e da mesma perfeição técnica..."
8. BRENO SANVICENTE (Introdução ao Direito Brasileiro do Trabalho, 1.963, pg. 287): "A contemporaneidade ou simultaneidade dos serviços é, pois, da própria essência conceitual do instituto da equiparação de salários. "..." "... é conveniente, e prudente mesmo, que se distinga entre o direito à igualdade de salários e o direito de haver diferenças salariais. O direito à equiparação subsiste enquanto vigorar o contrato de emprêgo. Não sofre a ação do tempo, por ser expressão do "status" profissional e, por isso, imprescritível. O empregado não perderá o direito à remuneração que sua condição de trabalhador exercente de função idêntica lhe assegura, atendidos os demais pressupostos. Outra coisa, porém, é o direito de reclamar as vantagens decorrentes dessa situação legal."

9. ARNALDO SUSSEKIND (Comentários à Consolidação das Leis do Trabalho e à Legislação Complementar, 1.964, vol. III, pg. 393): Igual ao n. 5.
10. ORLANDO GOMES e ELSON GOTTSCHALK (Curso Elementar de Direito do Trabalho, 1.963, pg. 199): "Salário igual para trabalho igual é princípio que pressupõe *simultaneidade* no exercício do emprêgo do equiparando e do paradigma. Para a sua aplicação, é mister que dois ou mais empregados desempenhem, ao mesmo tempo, na mesma emprêsa, função idêntica. O mesmo trabalho executado sucessivamente por dois empregados não obriga a pagamento de salário igual."
11. DÉLIO MARANHÃO (Direito do Trabalho, 1.966, pg. 169): "A equiparação exige, ainda, simultaneidade de serviços ao mesmo empregador e na mesma localidade."

A JURISPRUDÊNCIA.

1. TST (A. de 1.4.59, TP., RR. n. 161/58, r. M. Antônio Carvalhal, RTST, 1.961, pg. 364): "Só em havendo concomitância na prestação de serviço na mesma função é admissível a equiparação salarial."
2. TST (A. de 5.6.1.956, 1.ª T., RR. n. 415/56, r. M. Caldeira Neto, RTST, 1.957, pg. 397): "Para efeito de equiparação (art. 461 da CLT), é indispensável a contemporaneidade, a simultaneidade da prestação de serviço, quando do ajuizamento da ação."
3. TST (A. de 7.6.1.955, 1.ª T., P. n. 1.080/54, r. M. Delfim Moreira, Jr., RTST, 1.957, pg. 534): Igual ao n. 2.
4. TST (A. de 1.7.1.955, 1.ª T., P. n. 2.916/53, r. M. Rômulo Cardim, RTST, 1.957, pg. 534): Igual ao n. 2.
5. TST (A. de 19.4.1.955, 1.ª T., P. n. 4.671/52, r. M. Rômulo Cardim, RTST, 1.957, pg. 108): Igual ao n. 2.
6. TST (A. de 16.1.1.958, 2.ª T. RR. n. 2.481/57, r. M. Thélio Monteiro, RTST, 1.960, pg. 19): Igual ao n. 2.
7. TST (A. de 14.7.1.958, 2.ª T., RR. n. 161/58, r. M. Thélio Monteiro, RTST, 1.960, pg. 95): Igual ao n. 2.
8. TRT, 1.ª (RO. n. 1.566/60, de 10.11.1.960, r. Geraldo Octávio Guimarães, LTr. 28/300): "A contemporaneidade da prestação de serviços entre Autor e paradigma deve ser apurada na ocasião em que se ajuizou a ação. Não prejudica o pedido o fato de haverem os dois empregados, posteriormente, deixado o trabalho."
9. TRT, 2.ª (P. n. 2.712/57, A. n. 1.012/58, r. Antônio José Fava, MT., maio de 1.958): "Constitui pressuposto indispensável para a equiparação salarial que o empregado paradigma à época do pedido esteja exercendo as mesmas funções na emprêsa. A equiparação salarial não pode ser pleiteada em relação a paradigma que não é mais empregado da emprêsa."
10. TRT, 2.ª (P. n. 2.625/61, A. n. 263/62, r. Hélio de Miranda Guimarães, MT., abril de 1.962): A simultaneidade da prestação de serviços de igual valor é requisito indispensável à equiparação salarial. Sem essa simultaneidade referida por Orlando Gomes em sua consagrada obra "O Salário", como requisito implícito decorrente das próprias exigências legais, não poderá haver equiparação de salários."
11. TRT, 2.ª (P. n. 4.098/63, A. n. 3.127/64, r. José Teixeira Penteado, MT., outubro de 1.964): Igual ao n. 10.
12. TRT, 5.ª (RO. n. 180/62, A. n. 234/62, de 10.7.1.962, r. Carlos Coqueijo Costa, LTr. 27/202): "Para que proceda a pretensão de equiparação salarial faz-se preciso que o empregado satisfaça aos requisitos com que o direito brasileiro do Trabalho condiciona a incidência do "canon" da isonomia, tais sejam identidade de funções dos dois empregados, na mesma emprêsa, na mesma localidade, com a mesma produtividade de tempo de serviço entre ambos não superior a dois anos, simultâneamente na prestação de serviço e inexistência de quadro organizado em carreira, nos casos de acesso por merecimento e por antigüidade."

OBSERVAÇÕES.

Questão pacífica, em nosso Direito, a simultaneidade na prestação de serviços, considerada pela doutrina e jurisprudência, sem vozes discordantes, como uma das condições indispensáveis à equiparação salarial. Uma concessão é feita ao princípio: a contemporaneidade é aquela existente à época do ajuizamento da ação. Os Tribunais procuram com isso coibir a fraude porque são freqüentes os casos de despedimento após a propositura da ação de equiparação.

174. FUNÇÃO E CARGO. — PARA A EQUIPARAÇÃO A IDENTIDADE EXIGIDA PELA LEI É NA FUNÇÃO OU NO CARGO?

A DOUTRINA.

1. MOZART VICTOR RUSSOMANO (Comentários à Consolidação das Leis do Trabalho, 1.960, vol. III, pg. 717): "O art. 461 não se ocupa daqueles que estejam em cargos iguais ou diferentes, para estabelecer qual dêles deva ter acesso ao cargo superior; ao contrário, ocupa-se daqueles que estão no mesmo cargo, que nêle continuarão e que desenvolvem — simultânea, qualitativa e quantitativamente — idêntico trabalho. No primeiro caso, regular-se-ia a promoção do empregado, matéria de todo estranha ao art. 461; no segundo caso, dispõe-se, efetivamente, sôbre a equiparação salarial, que é a substância daquele preceito."
2. JOSÉ MARTINS CATHARINO (Tratado Jurídico do Salário, 1.957, pg. 368): "A lei não fala em cargo, e sim em função."
3. ARNALDO SUSSEKIND (Instituições de Direito do Trabalho, 1.957, vol. I, pg. 441): "... identidade de funções, que deve ser atendida mais em relação à natureza do serviço prestado do que no concernente à denominação do cargo exercido."
4. ROBERTO BARRETO PRADO (Direito do Trabalho, 1.963, pg. 221): "Não basta que o cargo seja o mesmo. Exige a lei que o serviço que um e outro exerçam seja idêntico."
5. JOSÉ MARTINS CATHARINO (Contrato de Emprêgo, 1.962, pg. 170): "O primeiro pressuposto fático da norma é a identidade de funções, e não de cargo, de acôrdo com o caráter realista do Direito do Trabalho."
6. BRENO SANVICENTE (Introdução ao Direito Brasileiro do Trabalho, 1.963, pg. 279): "... o cargo será êsse conjunto de atribuições profissionais e hierárquicas de caráter permanente de que o empregado tem a posse, mas a função será exatamente o exercício de tais faculdades, o que equivale a dizer: execução de suas atividades, ou seja, seu trabalho normal."
7. TOSTES MALTA (Dicionário de Doutrina Trabalhista, 1.966, pg. 115): "Para efeito de equiparação considera-se o trabalho efetivamente exercido e não a designação de cargo do trabalho."
8. ARNALDO SUSSEKIND (Comentários à Consolidação das Leis do Trabalho e à Legislação Complementar, 1.964, vol. III, pg. 388): Igual ao n. 3.
9. DÉLIO MARANHÃO (Direito do Trabalho, 1.966, pg. 166): "... a mesma função pode compreender um número, maior ou menor, de serviços."

A JURISPRUDÊNCIA.

1. TST (RR. n. 2.135/58, 2.ª T., de 9.10.58, r. M. Oscar Saraiva, RTST, 1.960, pg. 156): "A diversidade de salários, em se tratando de trabalhadores que exercem as mesmas funções, mas têm designação diversa, só se justifica quando na empresa existir quadro organizado em carreira."
2. TST (A. de 8.4.1.958, RR. n. 2.201/57, r. M. Jonas de Carvalho, RTST, 1.960, pg. 31): "Não viola o disposto no art. 461 da CLT, o acórdão que

nega a equiparação, sob o fundamento de que, embora idêntica a denominação dos cargos ocupados pelo reclamante e paradigma, diversas, no entanto, são as funções por êles exercidas."

3. TRT, 1.ª (RO. n. 1.793/54, DJ. de 11.2.1.955, r. Homero Prates, in Sussekind, Comentários, vol. III, pg. 389): "Não havendo identidade de funções mas apenas de cargos, não se verificam os requisitos exigidos pela lei — art. 461 da CLT — para a equiparação salarial pleiteada."

4. TRT, 1.ª (DJ. de 7.5.1.954, in Russomano, Comentários, vol. III, pg. 721): Igual ao n. 3.

OBSERVAÇÕES.

Assente a orientação do nosso Direito no sentido de estabelecer a distinção entre cargo e função para fins de equiparação salarial; é a função efetivamente exercida pelo trabalhador, a unidade de aferição.

175. DESIGUALDADE SALARIAL DECORRENTE DE SENTENÇA NORMATIVA. — SE A DESIGUALDADE SALARIAL É CONSEQÜÊNCIA DO CUMPRIMENTO DE ACÔRDO COLETIVO OU SENTENÇA NORMATIVA HÁ DIREITO E EQUIPARAÇÃO SALARIAL?

A DOUTRINA.

1. ARNALDO SUSSEKIND (Instituições de Direito do Trabalho, 1.957, vol. I, pg. 444): "Quando a desigualdade salarial decorre do cumprimento de acôrdo coletivo ou sentença normativa, têm divergido os tribunais trabalhistas no concernente à aplicação do princípio de salário igual para trabalho igual. Vale recordar, porém, que essa regra, estando consagrada pela Constituição Federal (art. 157, n. II) e pela Convenção Internacional n. 100, ratificada pelo Brasil, não poderá ter sua eficácia obstada pelo fato da desigualdade de salários resultar da execução de sentença ou de acôrdo."

2. AMARO BARRETO (Tutela Geral do Trabalho, 1.964, vol. I, pg. 35): "... constatada a desigualdade do salário em trabalhos iguais, a equiparação se impõe, qualquer que seja a fonte da disparidade, seja lei, sentença normativa, ou contrato."

3. DÉLIO MARANHÃO (Direito do Trabalho, 1.966, pg. 169): "A aplicação de sentença normativa não pode justificar a desigualdade salarial, quando verificadas as condições do art. 461 da Consolidação. É uma decorrência do princípio da hierarquia das fontes do direito."

A JURISPRUDÊNCIA.

1. STF (RE. n. 36.037, de 20.1.1.960, TP., r. M. Ribeiro da Costa, a Consolidação Trabalhista vista pelo STF, Calheiros Bonfim, vol. II, pg. 17): "O acórdão embargado fêz prevalecer a tese de que não cabe equiparação, se o desnível salarial decorre do cumprimento de dissídio coletivo. Embargos rejeitados. Como bem foi salientado no recurso extraordinário 30.078, não tem aplicação o preceito da isonomia salarial quando a desigualdade de salário não decorre do arbítrio do empregador, mas de determinação imposta por sentença coletiva, fator, portanto, independente da vontade da empresa."

2. TST (A. de 4.1.1.955, 1.ª T., P. n. 5.584/54, r. M. Oliveira Lima, RTST, 1.957, pg. 61): "Quando a desigualdade salarial não decorre do arbítrio do empregador, mas resulta de determinação imposta por sentença normativa, por certo, não é aplicável o preceito legal que assegura a "equiparação".

3. TST (A. de 28.11.1.956, TP., P. n. 2.473/55, r. M. Mário Lopes, RTST, 1.957, pg. 169): "Sendo a sentença coletiva fonte de direito subordinada à Lei, não pode trazer restrição a garantias nesta asseguradas aos empregados."

4. TST (A. de 14.7.1.955, 3.ª T., P. n. 5.046/54, r. M. Délio Maranhão, RTST, 1.957, pg. 169): Igual ao n 3.
5. TST (A. de 29.11.1.955, 1.ª T., P. n. 5.108/54, r. M. Oliveira Lima, RTST, 1.957, pg. 286): "O direito à equiparação de salários não pode prevalecer em face de cláusula de sentença normativa transitada em julgado e que tenha subordinado o direito ao aumento salarial concedido à data da admissão no estabelecimento do empregador."
6. TST (A. de 5.1.1.956, 3.ª T., P. n. 6.208/55, r. M. Tostes Malta, RTST, 1.957, pg. 309): "As sentenças normativas não se sobrepõem, antes se subordinam às leis. Aumentos coletivos não justificam desigualdade de salário no exercício de funções idênticas."
7. TST (A. de 31.7.1.956, 1.ª T., RR. n. 118/56, r. M. Godoy Ilha, RTST, 1.957, pg. 309): Igual ao n. 6.
8. TST (A. de 22.11.1.956, 3.ª T., RR. n. 1.413/56, r. M. Júlio Barata, RTST, 1.957, pg. 309): Igual ao n. 6.
9. TST (A. de 13.12.1.955, 1.ª T., P. n. 2.473/55, r. M. Astolfo Serra, RTST, 1.957, pg. 312): Igual ao n. 2.
10. TST (A. de 16.12.1.955, 1.ª T., P. n. 1.709/54, r. M. Rômulo Cardim, RTST, 1.957, pg. 325): Igual ao n. 2.
11. TST (A. de 23.1.1.956, 2.ª T., P. n. 6.975/55, r. M. Oscar Saraiva, RTST, 1.957, pg. 357): "A regra da igualdade de salários para o exercício de funções semelhantes é de natureza constitucional e não pode ser preterida, ainda que a pretexto de execução de acôrdo coletivo."
12. TST (A. de 13.8.1.956, 2.ª T., RR. n. 933/56, r. M. Oscar Saraiva, RTST, 1.957, pg. 444): "Não deve a decisão normativa, em desatenção ao texto legal, ensejar diferenças salariais. Mas, se o empregado reclamante ingressou no serviço da emprêsa anteriormente ao paradigma, a diferença que ocorrer é de ser imputada à própria emprêsa."
13. TST (A. de 19.12.1.957, 2.ª T., RR. n. 2.361/57, r. M. Oscar Saraiva, RTST, 1.960, pg. 31): Igual ao n. 3.
14. TST (A. de 25.8.1.958, 2.ª T., RR. n. 3.387/57, r. M. Oscar Saraiva, RTST, 1.960, pg. 31): Igual ao n. 3.
15. TST (A. de 12.5.1.958, 2.ª T., RR. n. 334/58, r. M. Edgard Sanches, RTST, 1.960, pg. 215): Igual ao n. 3.
16. TST (RR. n. 222/63, 3.ª T., 16.6.1.964, r. M. Charles Edgard Moritz, LTr. 29/486): Igual ao n. 2.
17. TRT, 1.ª (P. n. 576/57, r. Délio Maranhão, LTr. 21/264): "O direito à equiparação salarial não pode sofrer diminuição pelo fato da desigualdade resultar da decisão judicial que reajustou o salário do paradigma."
18. TRT, 2.ª (P. n. 2.328/57, A. n. 2.585/58, r. José Ney Serrão, MT., novembro de 1.958): "Embora provados os requisitos do art. 461, da Consolidação das Leis do Trabalho, não é de ser reconhecido direito à equiparação pleiteada, quando o paradigma por ser empregado mais antigo, teve os seus salários reajustados maior número de vêzes em virtude de acôrdos intersindicais."
19. TRT, 2.ª (P. n. 2.148/58, A. n. 2.649/58, r. Hélio de Miranda Guimarães, MT., novembro de 1.958): "A Consolidação ao tratar da possibilidade da equiparação salarial foi de um casuísmo a tôda prova. E entre tôdas as hipóteses que configuram a impossibilidade da identidade salarial não está a de ter sido o desnível causado por decisões normativas da Justiça do Trabalho."
20. TRT, 2.ª (P. n. 2.954/58, A. n. 266/59, r. Hélio de Miranda Guimarães, MT., abril de 1.959): Igual ao n. 19.
21. TRT, 2.ª (P. n. 665/59, A. n. 1.576/59, r. Hélio de Miranda Guimarães, MT., setembro de 1.959): Igual ao n. 19.

OBSERVAÇÕES.

Dois entendimentos divergentes defrontam-se em nosso Direito. O primeiro, considerando a isonomia salarial preceito de Constituição, afirma o direito à equiparação salarial ainda que o desnível resulte de reajustamentos causados por sentenças normativas ou acôrdos intersindicais. O segundo, salientando a inexistência de arbítrio do empregador, nega o direito.

O debate está inconcluso. Não há argumentos novos. Na doutrina o princípio da hierarquia das leis é invocado como fundamento do direito.

176. EQUIPARAÇÃO E ASSIDUIDADE. — A ASSIDUIDADE DO EMPREGADO INFLUIRÁ NO SEU DIREITO À EQUIPARAÇÃO SALARIAL?

A DOUTRINA.

1. BRENO SANVICENTE (Introdução ao Direito Brasileiro do Trabalho, 1.963, pg. 282): "... Embora, eventualmente, os resultados fôssem apreciáveis, ainda assim não seria o suficiente para equivaler-se a outro colega mais assíduo e, portanto, mais produtivo."
2. ARNALDO SUSSEKIND (Comentários à Consolidação das Leis do Trabalho e à Legislação Complementar, 1.964, vol. III, pg. 388): "A assiduidade do empregado que reivindica a equiparação salarial deve influir na aferição da sua produtividade."
3. DÉLIO MARANHÃO (Direito do Trabalho, 1.966, pg. 167): "Tem-se decidido que a desigualdade de produção ou de assiduidade justificam a desigualdade salarial. Não nos parece acertado êsse ponto de vista. A lei fala em produtividade: capacidade de produzir, e não em produção."

A JURISPRUDÊNCIA.

1. TST (A. de 15.7.1.955, 3.ª T., P. n. 1.008/54, r. M. Jonas de Carvalho, RTST, 1.957, pg. 318): "Presume-se que o empregado faltoso tenha menor produtividade do que o companheiro assíduo com o qual pleiteia equiparação salarial."
2. TST (RR. n. 2.643/56, 2.ª T., r. M. Oscar Saraiva, in Sussekind, Comentários, vol. III, 388): Igual ao n. 1.
3. TST (P. n. 6.021/49, r. M. Caldeira Neto, in Sussekind, Comentários, vol. III, pg. 388): Igual ao n. 1.
4. TRT, 2.ª (P. n. 1.543/59, A. n. 3.966/60, r. Antônio José Fava, MT., março de 1.961): "A circunstância de ser o empregado equiparante menos assíduo ao serviço do que o paradigma não pode obstar a equiparação salarial. Entre os requisitos estabelecidos pelo art. 461, da Consolidação das Leis do Trabalho, para a decretação da isonomia salarial, não é mencionada a assiduidade."

OBSERVAÇÕES.

A assiduidade é um elemento para a verificação da produtividade do trabalhador. *Os seus efeitos,* portanto, são relevantes na apreciação das condições objetivas da prestação de serviços; êsse é o sentido da doutrina e da jurisprudência.

177. TEMPO DE FUNÇÃO. — A DIFERENÇA DE TEMPO DE SERVIÇO PARA EQUIPARAÇÃO SALARIAL É DE FUNÇÃO OU DE EMPRÊGO?

A LEI.

Art. 461. — Sendo idêntica a função, a todo trabalho de igual valor, prestado ao mesmo empregador, na mesma localidade, corresponderá igual salário, sem distinção de sexo, nacionalidade ou idade.
Parágrafo 1.º. — Trabalho de igual valor, para os fins dêste Capítulo, será o que fôr feito com igual produtividade e com a mesma perfeição técnica, entre pessoas cuja diferença de tempo de serviço não fôr superior a dois anos (DL. n. 5.452, de 1.5.1.943).

A DOUTRINA.

1. ORLANDO GOMES (O Salário no Direito Brasileiro, 1.947, pg. 96): "Não é antigüidade na função, mas antigüidade na emprêsa. O tempo de serviço há de ser computado da data de ingresso no estabelecimento."
2. ALUYSIO SAMPAIO e PAULO JORGE DE LIMA (Dicionário Jurídico Trabalhista, 1.962, pg. 69): "O que a lei pretendeu foi antepor ao direito de equiparação salarial um outro direito: o decorrente da antigüidade."
3. ARNALDO SUSSEKIND (Instituições de Direito do Trabalho, 1.957, vol. I, pg. 442): "O fator tempo de serviço se refere, porém, à função e não ao emprêgo."
4. ADRIANO CAMPANHOLE (Prática e Jurisprudência Trabalhista, 1.962, pg. 326): "O tempo de serviço diz respeito à função exercida pelo empregado e não ao emprêgo."
5. ROBERTO BARRETO PRADO (Direito do Trabalho, 1.963, pg. 222): "O tempo de serviço se refere a função e não ao emprêgo. E nem poderia ser de outra forma, de vez que a equiparação se dá na função, e pressupõe o trabalho idêntico."
6. ORLANDO GOMES e ELSON GOTTSCHALK (Curso Elementar de Direito do Trabalho, 1.963, pg. 198): "A equiparação salarial tendo como suporte de fato a *identidade de função*, parece mais óbvio admitir-se a antigüidade na função."
7. BRENO SANVICENTE (Introdução ao Direito Brasileiro do Trabalho, 1.963, pg. 284): "É evidente que a diferença de tempo de serviço não se refere à duração do contrato, uma vez que êste não está em debate, nem suscita o menor interêsse no instituto jurídico em foco, mas sim, à identidade de função, que é o requisito que centraliza a figura da equiparação salarial e forma o objeto do contraste."
8. AMARO BARRETO (Tutela Geral do Trabalho, vol. I, pg. 131, 1.964): "Não se restringindo à função êsse tempo, na letra da lei, não há como restringi-lo assim, na interpretação do juiz ou do doutrinador. Donde advém que, se um empregado é mais antigo que outro na *emprêsa*, em mais de dois anos, pode perceber salário maior, em que pese à identidade de função. E tal se admite, excepcionalmente, em obséquio à maior antigüidade do empregado em causa, ou seja, ao seu maior *tempo de serviço integral na emprêsa*, e não ao seu maior lapso de trabalho parcial na função."
9. ALUÍSIO JOSÉ TEIXEIRA GAVAZZONI SILVA (Comentários à Consolidação das Leis do Trabalho, 1.964, vol. II, pg. 69): "... entendemos que a antigüidade a que se refere a lei é aquela na casa, e não na função."
10. ARNALDO SUSSEKIND (Comentários à Consolidação das Leis do Trabalho e à Legislação Complementar, vol. III, pg. 390, 1.964): "O fator tempo de serviço, a nosso ver, se refere à função e não ao emprêgo, pois o direito à equiparação salarial, por um trabalho de igual valor, decorre, primordialmente, da identidade de funções."
11. NÉLIO REIS (Conceito de Tempo de Serviço na Equiparação Salarial, Trabalho e Seguro Social, 1.955, março-abril, pg. 213): "No nosso modo de entender, porém, não temos dúvida de que o espírito do legislador foi o de

impedir a diversidade salarial em atenção ao tempo de exercício da função, mas ao "tempo de casa", da simples vigência contratual."

12. DÉLIO MARANHÃO (Direito do Trabalho, 1.966, pg. 167): "Julgamos que *na casa*. Antes do mais, a lei fala em "tempo de serviço" (Art. 4.º da Consolidação). Essa diferença justifica a desigualdade salarial, porque o empregador tem o direito de recompensar, com um melhor salário, o empregado que, há mais tempo, vem com êle colaborando na atividade econômica que empreende. Tal colaboração refere-se ao tempo de serviço prestado e não ao exercício de determinada função."

A JURISPRUDÊNCIA.

1. STF (S. n. 202): "Na equiparação de salário, em caso de trabalho igual, toma-se em conta o tempo de serviço na função, e não no emprêgo."
2. TST (PJ. n. 6/64): "Para efeito de equiparação de salários, em caso de trabalho igual, conta-se o tempo de serviço na função e não no emprêgo."

OBSERVAÇÕES.

Na equiparação de salários, toma-se em conta o tempo de serviço na função, e não no emprêgo. Nos Tribunais a matéria não comporta mais discussões em virtude da Súmula do Supremo Tribunal Federal e do Prejulgado do Tribunal Superior do Trabalho. No entanto, ainda persiste o debate doutrinário, divergindo as opiniões. No anteprojeto do Código do Trabalho, art. 556, § 1.º optou-se por solução diferente daquela a que chegou a jurisprudência: "... "entre empregados cuja diferença de tempo de serviço na emprêsa não fôr superior a dois anos."

178. EQUIPARAÇÃO E QUADRO DE CARREIRA. — SE A EMPRÊSA TEM QUADRO DE CARREIRA OS EMPREGADOS TÊM DIREITO À EQUIPARAÇÃO SALARIAL?

A LEI.

Art. 461 — § 2.º. — Os dispositivos dêste artigo não prevalecerão quando o empregador tiver pessoal organizado em quadro de carreira, hipótese em que as promoções deverão obedecer aos critérios de antigüidade e merecimento (DL. n. 5.452, de 1.5.1.943).

A DOUTRINA.

1. WALDEMAR GOLA (Comentários à Consolidação, 1.943, pg. 141): "Nas emprêsas em que existir quadro de empregados organizado em carreira, o critério de nivelamento de salário na igualdade de trabalho, não será aplicado."
2. DÉLIO MAGALHÃES (Regime dos Salários no Direito do Trabalho, 1.946, pg. 69): "Pelo que dispõe a lei de maneira clara e precisa, em tôda e qualquer empresa em que houver acesso por antigüidade, mediante quadro organizado em carreira, fica, *ipso facto*, derrogado o princípio da igualdade de salários por funções idênticas ou análogas."
3. MOZART VICTOR RUSSOMANO (Manual Popular de Direito do Trabalho, 1.954, vol. I, pg. 92): "Quando houver quadro de carreira organizado na emprêsa, no qual as promoções se dêem alternada e sucessivamente, uma por antigüidade e outra por merecimento, não haverá lugar para qualquer equiparação."
4. F. MOURA BRANDÃO FILHO e JOSÉ GOMES TALARICO (Interpretação e Prática da Legislação Trabalhista Brasileira, 1.954, pg. 191): "O parágrafo

2.º dêste artigo esclarece que suas disposições não prevalecerão nos casos de acesso por antigüidade, desde que haja quadro organizado de carreira..."
5. ARNALDO SUSSEKIND (Instituições de Direito do Trabalho, 1.957, vol. I, pg. 442): "É que, existindo quadro organizado em carreira, o maior salário decorre de promoção e não de arbítrio patronal."
6. LUIZ ROBERTO DE REZENDE PUECH (Direito Individual e Coletivo do Trabalho, 1.960, pg. 40): "Os quadros em carreira, efetivamente, dispensam o empregador das equiparações salariais instituídas na norma legal, mas proporcionam vantagens que não podem ser suprimidas."
7. BRENO SANVICENTE (Introdução ao Direito Brasileiro do Trabalho, 1.963, pg. 285): "O legislador expressamente declara que a regra geral anunciada de que "a trabalho de igual valor corresponde igual salário" "não prevalecerá" quando o empregador tiver pessoal organizado em quadro de carreira, hipótese em que as promoções deverão obedecer aos critérios de antigüidade e merecimento", alternando-as dentro de cada categoria profissional."
8. AMARO BARRETO (Tutela Geral do Trabalho, 1.964, pg. 35): "A razão está em que, em tal hipótese, o maior salário advém das promoções, e não do arbítrio do empregador."
9. ALUÍSIO JOSÉ TEIXEIRA GAVAZZONI SILVA (Comentários à Consolidação das Leis do Trabalho, 1.964, vol. II, pg. 200): "Existindo quadro organizado em carreira, não mais é possível pleitear-se equiparação salarial com base em identidade de funções. Neste caso, a equiparação poderá ser pretendida a empregado que tenha sido promovido em detrimento de outro; o último terá direito à equiparação."
10. ROBERTO BARRETO PRADO (Direito do Trabalho, 1.963, pg. 223): "No caso do pessoal da emprêsa se encontrar organizado em quadro de carreira, a equiparação já está assegurada pela promoção, que deverá ser feita alternativamente pelo critério de merecimento e antigüidade. Quem ajuiza do merecimento é o próprio empregador, mas a antigüidade constitui direito subjetivo do empregado."
11. ARNALDO SUSSEKIND (Comentários à Consolidação das Leis do Trabalho e à Legislação Complementar, vol. III, pg. 391, 1.964): "A inexistência de quadro de pessoal organizado em carreira, em que se assegure o acesso aos empregados mediante promoções alternadas, dentro de cada categoria profissional, por merecimento e por antigüidade, constitui o sexto requisito da lei para que o empregado possa pleitear a equiparação salarial ao colega que presta serviços de igual valor."
12. DÉLIO MARANHÃO (Direito do Trabalho, 1.966, pg. 166): "A equiparação salarial não cabe quando o empregador tiver quadro de pessoal organizado em carreira, hipótese em que as promoções deverão obedecer aos critérios de antigüidade e de merecimento, alternadamente, dentro de cada categoria profissional (§§ 2.º e 3.º do art. 461)."

A JURISPRUDÊNCIA.

1. TST (P. n. 2.187/47, de 11.8.1.947, r. M. Waldemar Marques, DJ. de 16.10.1.947, pg. 4.061): "Não se deve cogitar de equiparação quando as emprêsas possuem quadro organizado de carreira."
2. TST (A. de 12.11.1.954, 1.ª T., P. n. 5.364/52, r. M. Astolfo Serra, RTST, 1.957, pg. 33): Igual ao n. 1.
3. TRT, 1.ª (P. n. 708/58, DJU. de 22.8.1.958, r. Pires Chaves, LTr. 22/268): "Se o regulamento assegura o preenchimento dos cargos no sentido de carreira funcional, é incabível o pedido de equiparação de salários com base no art. 461 da C.L.T.".
4. TRT, 1.ª (P. n. 244/55, A. de 4.5.1.955, r. Amaro Barreto, Cadernos de Jurisprudência, 4.ª série, 3.º caderno, pg. 199): Igual ao n. 3.
5. TRT, 1.ª (P. n. 305/55, A. de 4.5.1.955, r. Celso Lanna, Cadernos de Jurisprudência, 4.ª série, 3.º caderno, pg. 199): Igual ao n. 3.

OBSERVAÇÕES.

Incabível equiparação salarial quando o pessoal da emprêsa estiver organizado em quadro de carreira, com promoções alternadas, por merecimento e antigüidade, das quais resultará a isonomia salarial.

Será necessária a aprovação dêsse quadro, pela autoridade administrativa? Os autores pronunciam-se pela negativa: Breno Sanvicente, F. Moura Brandão e Gomes Talarico, José Martins Catharino, Gavazzoni Silva e Amaro Barreto acham que no silêncio do artigo 461 da C.L.T. impossível será a exigência, mas recomendável será a prévia aprovação dos trabalhadores.

Se determinadas categorias não estiverem incluídas no quadro de carreira, quanto aos respectivos empregados subsiste, plenamente, a inteira possibilidade de mover a ação de equiparação.

179. EQUIPARAÇÃO E CARGO DE CONFIANÇA. — EMPREGADOS QUE EXERCEM CARGOS DE CONFIANÇA PODEM SER EQUIPARADOS?

A DOUTRINA.

1. JOSÉ MARTINS CATHARINO (Tratado Jurídico do Salário, 1.951, pg. 377): "Não vemos como negar a possibilidade legal da equiparação. Pensar em contrário equivaleria a se conceder ao empregador, escudado no seu poder diretivo, o direito de dêle abusar, violando impunemente o preceito legal."
2. NÉLIO REIS (Contratos Especiais de Trabalho, 1.961, pg. 143): "Não nos parece possível, assim, determinar, com justiça, a existência de igualdade criadora da equiparação porque são elementos psicológicos, morais, de fôro íntimo, que não admitem confronto, como o vício, a virtude, a inteligência ou a estupidez. Assim sendo, nos filiamos à corrente dos que entendem que não cabe a equiparação salarial nos casos dos exercentes de cargos de confiança."
3. PONTES DE MIRANDA (Tratado de Direito Privado, vol. 57, pg. 269, 1.964): "Não há ofensa ao princípio de igualdade se a função é de confiança, como se, embora da mesma categoria (ou categoria e função regular), alguém exerce função de guarda ou de vigilância (e. g., incumbe ao empregado, a mais, abrir e fechar a casa, ou pôr em custódia os aparelhos ou instrumentos)."
4. JOSÉ MARTINS CATHARINO (Contrato de Emprêgo, 1.962, pg. 170): "Em se tratando de *funções de confiança,* cabe a exigência de um salário igual, sendo idênticas as funções..."
5. CRISTÓVÃO PIRAGIBE TOSTES MALTA (Dicionário de Doutrina Trabalhista, 1.966, pg. 116): "Segundo entendemos, a lei não veda a equiparação entre empregados no exercício de cargo de confiança..."

OBSERVAÇÕES.

A doutrina não veda a equiparação entre ocupantes de cargos de confiança. O conceito *empregado de confiança* surgiu num projeto sôbre jornada de trabalho apresentado à conferência da Organização Internacional do Trabalho, em Washington, em 1.919. Adotado pela legislação belga, passou a outros sistemas de Direito, inclusive o nosso. Segundo Mário de La Cueva, são de confiança os cargos ocupados por pessoas que tenham em suas mãos a marcha geral da negociação, a cuja habilidade e honradez esteja confiada, diretores e administradores, encarregados de supervisão dos trabalhos, postos superiores de vigilância etc. (Derecho Mexicano del Trabajo, pg. 423). A Consolidação fixa algumas regras sôbre estabilidade e indenização dos ocupantes de cargo de confiança (art. 499). Mas sôbre equiparação salarial, não. A doutrina predominante não exclui os exercentes dêsses cargos do direito assegurado pelo artigo 461 da C.L.T.

180. EQUIPARAÇÃO DE HORISTAS E TAREFEIROS. — ENTRE HORISTAS E TAREFEIROS É POSSÍVEL EQUIPARAÇÃO?

A JURISPRUDÊNCIA.

1. TRT, 2.ª (P. n. 5.436/65, A. n. 1.464/66, de 29 de março de 1.966, r. Wilson de Souza Campos Batalha, LTr. 30/401): "É impossível a equiparação de salários entre horistas e tarefeiros. A mesma remuneração, quer seja por tempo ou por tarefa, é pressuposto para a equiparação salarial."

OBSERVAÇÕES.

É escassa a jurisprudência sôbre o assunto e a doutrina dêle pouco se ocupa. Em princípio, a equiparação entre horistas e tarefeiros é repelida por uma impossibilidade de harmonizar as duas modalidades retributivas para efeito de paridade salarial."

181. EQUIPARAÇÃO ENTRE SERVENTES. — SERVENTES, ENTRE SI, PODEM SER EQUIPARADOS?

A JURISPRUDÊNCIA.

1. TRT, 1.ª (P. n. 1.410/55, r. Simões Barbosa, Cadernos de Jurisprudência, 4.ª série, 3.º caderno, pg. 192): "Servente de limpeza e servente de copa são funções diferentes e não autorizam a equiparação salarial pelo princípio da igualdade do trabalho."

OBSERVAÇÕES.

O acórdão faz referência a serventes de funções diferentes. A equiparação de dois serventes no caso de preenchimento de todos os requisitos do artigo 461 da C.L.T., não está fora de cogitações.

182. EQUIPARAÇÃO DE TRABALHADORES RURAIS. — TRABALHADORES RURAIS PODEM SER EQUIPARADOS?

A JURISPRUDÊNCIA.

1. TRT, 2.ª (A. de 17.12.1.959, P. n. 1.427/59, r. José Ney Serrão, LTr. 24/342): "O trabalhador tìpicamente rural não tem direito à equiparação salarial com paradigma também empregado rural."

OBSERVAÇÕES.

Não há jurisprudência sôbre o assunto. O A. acima indicado nega a possibilidade de equiparação entre trabalhadores rurais. A doutrina volta as costas para o assunto. Nenhuma regulamentação expressa sôbre equiparação salarial é feita pelo Estatuto do Trabalhador Rural a exemplo do que ocorre com a C.L.T. no artigo 461, circunstância que pode indicar que a lei não cogitou da isonomia salarial. Entretanto, a regulamentação não se fazia necessária para a atribuição do direito porque os preceitos da C.L.T. que não contradigam ou restrinjam a lei específica, são aplicados ao trabalhador do campo (art. 179 da Lei 4.214, de 2.3.63). Como o próprio Estatuto do Trabalhador Rural invoca subsidiàriamente a lei do trabalhador urbano, como esta assegura a isonomia salarial nos casos de trabalho de igual valor e como o mesmo princípio de proteção é consagrado pela lei constitucional, entendemos que não tem fundamento a marginalização feita e a recusa do direito à equiparação. Sôbre o trabalhador rural, ver Capítulo XIII.

183. **EQUIPARAÇÃO DE CHEFES DE DEPARTAMENTO.** — ENTRE CHEFES DE SECÇÕES OU DEPARTAMENTOS DE UMA MESMA EMPRÊSA É POSSÍVEL EQUIPARAÇÃO SALARIAL?

A DOUTRINA.

1. AMARO BARRETO (Tutela Geral do Trabalho, 1.964, pg. 36, vol. I): "Nas chefias, a equiparação é possível quando os departamentos, divisões, ou secções, realizam trabalhos idênticos, de sorte que as funções das chefias possam ser identificadas, pela intensidade e pela responsabilidade do serviço."

A JURISPRUDÊNCIA.

1. TRT, 1.ª (RO. n. 1.110/60, de 17.4.1.961, r. Amaro Barreto, LTr. 27/512): "Chefias de secções ou departamentos, cujos trabalhos não são iguais, não comportam equiparação salarial."

OBSERVAÇÕES.

A equiparação salarial não se efetiva entre cargos mas entre funções exercidas pelos empregados; assim, os ocupantes de cargos de chefia, só por essa razão, não devem ser afastados da proteção da lei. Porém, é muito difícil encontrar duas secções cujos chefes tenham atribuições rigorosamente iguais, porque dessa própria descentralização de órgãos da mesma emprêsa resulta forte presunção de que as secções encarregam-se de atividades diferentes, por conseqüência, as funções dos respectivos chefes, também o serão.

184. **EQUIPARAÇÃO DE ARTISTAS OU PROFISSIONAIS LIBERAIS.** — ARTISTAS OU PROFISSIONAIS LIBERAIS SUBORDINADOS A CONTRATO DE TRABALHO, PODEM SER EQUIPARADOS?

A DOUTRINA.

1. ARNALDO SUSSEKIND (Instituições de Direito do Trabalho, 1.957, vol. I, pg. 444): "Não obstante de aplicação geral, certo é que, na prática, a regra do salário igual para trabalho de igual valor dificilmente poderá determinar a equiparação salarial entre empregados cujo trabalho seja de natureza *inte-*

lectual ou artística. É que o valor das prestações de serviços intelectuais ou artísticos não pode ser aferido por critérios objetivos, dificultando, se não impossibilitando, a afirmação de que dois profissionais empreendem suas tarefas com igual produtividade e com a mesma perfeição técnica. Entre dois advogados de uma emprêsa, dois cantores de uma emissora radiofônica, dois atletas profissionais de uma equipe de futebol, poder-se-á verificar se o trabalho realizado é de igual valor? Daí porque chegou-se a afirmar que o princípio em tela é inaplicável "em se tratando de trabalho de natureza artística ou intelectual."

2. AMARO BARRETO (Tutela Geral do Trabalho, 1.964, vol. I, pg. 36): "A equiparação é viável nos trabalhos intelectuais, desde que se evidencie a identidade dos mesmos. Assim advogados, médicos, engenheiros, dentistas etc., que desempenhem o mesmo mister devem receber o mesmo salário, atendidos os requisitos do art. 461 da C.L.T."

3. ROBERTO BARRETO PRADO (Direito do Trabalho, 1.963, pg. 222): "Em certas profissões, como seria o caso dos artistas e profissionais liberais, a equiparação afigura-se-nos extremamente difícil."

A JURISPRUDÊNCIA.

1. TST (A. de 10.6.1.958, 1.ª T., RR. n. 763/58, r. M. Caldeira Neto, RTST, 1.960, pg. 92): "É de ser assegurada a igualdade de salários para os médicos de uma mesma emprêsa, que trabalham em cidades cujo nível de vida é idêntico tal como ocorre entre São Paulo e Distrito Federal, se as condições de trabalho são correlatas e a emprêsa constitui uma unidade de fins que engloba as duas capitais."

2. TRT, 2.ª (P. n. 3.344/63, A. n. 2.363/64, r. Fernando de Oliveira Coutinho, MT., setembro de 1.964): "O artista, ainda que preencha os requisitos de produtividade e perfeição técnica não tem direito à equiparação salarial, nos têrmos do art. 461 da C.L.T. O artista possui valor intrínseco e extrínseco de impossível avaliação. O maior renome artístico do paradigma constitui valor apreciável que não enseja o pedido de isonomia salarial."

OBSERVAÇÕES.

Não se pode afirmar que haja uma orientação estabelecida para a matéria, não obstante a evidência das dificuldades de apreciação de aspectos das atividades artísticas e intelectuais nos têrmos exigidos pela lei.

A arte é o reino do sensível. A atividade contemplativa produz um estado peculiar a cada um, análogo ao prazer, ao deleite, ao sentimento moral. Nessas condições, impossível será estabelecer critérios de comparação, pois a arte encontra o seu valor em si mesma, é uma forma de conhecimento intuitivo. A maravilha da arte "é la meraviglia della comunione perché il messaggio dell'arte non va a questo o a quell'uomo, bensi a tutti gli uomini, senza alcun limite di luogo o di tempo." (Attilio Peduto, Sui Problemi Dell'arte). Como falar-se de trabalho de igual valor neste campo da atividade humana?

Nem, mesmo, o trabalho preponderantemente intelectual, a rigor, presta-se a comparações.

185. **EQUIPARAÇÃO DE NACIONAIS E ESTRANGEIROS. — PARA A EQUIPARAÇÃO DE NACIONAIS E ESTRANGEIROS BASTA A ANALOGIA OU É PRECISO IDENTIDADE DE FUNÇÕES?**

A DOUTRINA.

1. JOSÉ MARTINS CATHARINO (Tratado Jurídico do Salário, 1.951, pg. 360): "Em conclusão: o requisito de mera analogia de funções, como causa da equiparação do brasileiro ao estrangeiro, não deve prevalecer sôbre a exigência da identidade, que é mais rigorosa e restrita."
2. ALONSO CALDAS BRANDÃO (Consolidação das Leis do Trabalho Interpretada, 1.959, pg. 325) "... para a equiparação de salários entre brasileiros a lei exige identidade de funções (art. 461) ao passo que para a equiparação de que trata o artigo 358 exige apenas analogia."
3. ARNALDO SUSSEKIND (Instituições de Direito do Trabalho, 1947, vol I, pg. 440): "...pelo art. 358, a equiparação salarial beneficia o brasileiro quando exercer função análoga à do estrangeiro, enquanto que, pelo art. 461, é exigida a identidade de funções, independentemente do trabalho de igual valor."
4. DÉLIO MAGALHÃES (Regime dos Salários no Direito do Trabalho, 1.946, pg. 31): "A primeira vigora para os efeitos de nacionalização do trabalho, tendo a lei em vista o estrangeiro e o brasileiro, protegendo êste último. Já a segunda decorre da equiparação de salários, corrigindo a lei, muito sàbiamente, a desigualdade de vencimentos entre brasileiros, sem distinção de sexo, não permitindo, assim, a diferença de salário entre trabalho igual, ainda que exercido por pessoas de sexo diferente."
5. MOZART VICTOR RUSSOMANO (Comentários à Consolidação das Leis do Trabalho, 1.960, vol. II, pg. 539): "Enquanto no art. 461, é preciso, liminarmente, que se verifique identidade de funções, isto é, que elas sejam absolutamente as mesmas, no art. 358 se pede, apenas, que elas sejam análogas, isto é, semelhantes."
6. ADRIANO CAMPANHOLE (Prática e Jurisprudência Trabalhista, 1.962, pg. 219): "O art. 358 também exige igualdade de salários, mas não para função igual: basta que exista analogia de funções..."
7. ROBERTO BARRETO PRADO (Direito do Trabalho, 1.963, pg. 333): "O art. 358 da Consolidação tal como se encontra redigido, pode dar margem a confusões. Bastaria que as funções fôssem análogas, a juízo do Ministério do Trabalho, para que fôsse assegurado ao brasileiro pelo menos salário igual. A intenção do legislador não poderia ser essa. O dispositivo se chocaria frontalmente com o art. 157, alínea II, da Constituição Federal, que proíbe a diferença de salário para um mesmo trabalho, por motivo de nacionalidade, e dificilmente se harmonizaria com os arts. 5 e 461 da própria Consolidação. Aliás, o art. 461 assegura expressamente a igualdade de salário para trabalho igual, sem *distinção de nacionalidade*. Preferimos interpretar o art. 358 da Consolidação em harmonia com os princípios constitucionais vigentes e de acôrdo com a sistemática do direito do trabalho brasileiro. É de se exigir, pois, a identidade de funções, entre o brasileiro e o seu colega estrangeiro, sem o que não se justifica a equiparação de salários."
8. ALUÍSIO JOSÉ TEIXEIRA GAVAZZONI SILVA (Comentários à Consolidação das Leis do Trabalho, 1.964, vol. II, pg. 68): "Ao decretar a Lei Máxima que a trabalho de IGUAL valor corresponde salário idêntico, por certo não excluiu a possibilidade de a trabalhos análogos também corresponderem remunerações semelhantes. Não há incompatibilidade entre o disposto na Carta Magna e o previsto no art. 358 da Consolidação das Leis do Trabalho, uma vez que a norma dêste último preceito não traz prejuízo algum ao estrangeiro e amplia as garantias do trabalhador nacional."
9. AMARO BARRETO (Tutela Geral do Trabalho, vol. I, 1.964, pg 34): "A aplicação do princípio da igualdade do salário do nacional ao estrangeiro está condicionada à *analogia de funções* (art. 358 da C.L.T.), ao passo que o da igualdade salarial do trabalhador em geral por trabalho igual depende da *identidade de funções* (art. 461 da C.L.T.). Na *analogia,* as funções se iden-

tificam, em alguns pontos: há identidade genérica. Na *identidade*, as funções se identificam no todo: há identidade específica."

10. ARNALDO SUSSEKIND (Comentários à Consolidação das Leis do Trabalho e à Legislação Complementar, 1.964, vol. II, pg. 334): "...Se a Lei Maior se refere ao "mesmo trabalho" (art. 157, n. II), é óbvio que com ela se atrita a lei ordinária ao condicionar o direito do nacional ao salário do estrangeiro que, exercendo função análoga, semelhante, parecida, não desempenha, entretanto, função idêntica, não realiza o mesmo trabalho."

A JURISPRUDÊNCIA.

1. STF (RE. n. 40.750, de 18.5.1.961, r. M. Gonçalves Oliveira, 1.ª T., A CLT vista pelo STF, Calheiros Bonfim, vol. 3.º, pg. 85): "Para o empregado brasileiro equiparar-se ao estrangeiro que se acha nas condições do art. 358 da Consolidação é necessário que as funções sejam idênticas e não simplesmente análogas."
2. STF (A. p. RT., 1.951, julho, pg. 171): Igual ao n. 1.
3. STF (RE. n. 16.680, 1.ª T., r. M. Luiz Gallotti, apud Sussekind, Comentários, vol. II, pg. 335): Igual ao n. 1.
4. TST (A. de 6.10.1.955, 2.ª T., P. n. 2.649/55, r. M. Thélio Monteiro, RTST, 1.957, pg. 267): "Não foi revogado pelo art. 157, inciso II, da Constituição Federal de 1.946, o art. 358 da C.L.T., que dispõe sôbre a equiparação de salários entre brasileiro e estrangeiro que exerçam funções análogas na mesma emprêsa."
5. TST (P. n. 9.928/46, A. de 24.11.1.947, r. M. Tostes Malta, DJ. de 13.1.1.948, pg. 101): "Para a equiparação de salários entre brasileiros, a lei exige identidade de funções, não apenas analogia, como ocorre quando o empregado beneficiado é estrangeiro."
6. TST (RR. n. 1.693/60, A. n. 474/61, r. M. Arnaldo Sussekind, LTr. 26/35): "O art. 358 da Consolidação das Leis do Trabalho é incompatível com o disposto no art. 157, inciso II, da Constituição."
7. TST (P. n. 5.546/54, 3.ª T., A. de 9.12.1.954, r. M. Jonas de Carvalho, RTST, set.-dez. 1.955, pg. 311): Igual ao n. 5.
8. TST (P. n. 3.829/54, 1.ª T., A. de 25.11.1.955, r. M. Edgard de Oliveira Lima, RTST, 1.957, pg. 292): Igual ao n. 5.
9. TRT, 2.ª (P. n. 28/64, A. n. 4.389/64, r. Antônio José Fava, MT., dezembro de 1.964): "Não há que confundir a equiparação salarial entre o nacional e o estrangeiro com aquela prevista no artigo 461 da Consolidação das Leis do Trabalho. O que a lei impede é que o estrangeiro que exerça função análoga à do brasileiro perceba salário superior ao dêste. Realmente, enquanto o art. 358 menciona "função análoga", o art. 461 situa o direito à equiparação em "idêntica função", em "trabalho de igual valor", "igual produtividade e mesma perfeição técnica."

OBSERVAÇÕES.

Duas correntes nìtidamente opostas debatem-se em nosso Direito. Para a primeira, o trabalhador nacional está cercado de proteção frente ao estrangeiro, goza de uma garantia de salários não inferiores sempre que executar serviços semelhantes, meramente análogos, com base no art. 358 da Consolidação. Para a segunda, o art. 358 é incompatível com o preceito constitucional e, em conseqüência, será indispensável a identidade de funções, com o preenchimento de todos os requisitos exigidos pelo art. 461 da C.L.T., entendimento referendado por alguns doutrinadores (n.os 1, 7 e 10). Gavazzoni não vê qualquer incompatibilidade dos textos (n.º 8). Assim, a questão é controvertida. O S.T.F. tem decidido que é necessária a identidade de funções.

CAPÍTULO VI
OS ADICIONAIS SALARIAIS.

A taxa salarial sofre as influências das condições em que o trabalho é prestado. Adam Smith já dizia que os salários variam de acôrdo com a facilidade ou dificuldade, limpeza ou sujeira, dignidade ou indignidade do emprêgo. Assim, a periculosidade, a insalubridade, o prolongamento da jornada etc., também repercutem no preço médio da fôrça de trabalho, provocando uma natural majoração que o Direito torna obrigatória, através de cláusulas suplementares de salários estabelecidas quer mediante contratos coletivos como se faz nos Estados Unidos com os *fringes benefits*, quer por meio de leis, como entre nós com os *adicionais compulsórios*.

NATUREZA JURÍDICA.

Tem havido uma injustificável controvérsia a respeito da natureza jurídica dos adicionais. Para Catharino os adicionais ou são verdadeiras indenizações ou são compostos de duas partes distintas, uma estritamente contraprestativa outra indenizatória, o adicional pròpriamente dito. Exemplificando, o adicional de 25% de horas extraordinárias seria, ao mesmo tempo, salário e indenização; o que o empregado receber pelo excesso de horário constitui remuneração por ter trabalhado mais, o acréscimo não, porque a sua causa imediata reside no fato de ser o serviço mais penoso, portanto, indenizável e, por isso, os adicionais, ainda que normais e permanentes, *não se classificam como remuneração* (Contrato de Emprêgo, pg. 121). Até certo ponto, Orlando Gomes e Gottschalk sustentam opinião semelhante, porque denominam de *indenizações* certas atribuições econômicas pagas ao empregado como compensação de um trabalho executado em condições que exigem maior desconforto em razão do tempo ou do lugar da prestação, um maior perigo ou más condições de salubridade (Curso Elementar de Direito do Trabalho, pg. 194). Batalha (Aspectos Constitucionais e Legislativos das Remunerações Mínimas) entende que o adicional de insalubridade é uma punição ao empregador que lhe não remove a causa, negando-lhe feição remuneratória. Outra é a posição de Sussekind (Instituições de Direito do Trabalho) que afirma o seu caráter retributivo, ressalvando que, devido o adicional enquanto perdurar o trabalho anormal, não se incorpora aos salários. A orientação dos Tribunais Trabalhistas é traduzida num julgado do Tribunal Superior do Trabalho (RR. n. 5/62, r. M. Affonso Teixeira Filho, LTr. 28/188): "Não é só o adicional de periculosidade que se integra ao salário para todos os efeitos; também se integram ao salário os demais adicionais que, segundo a moderna doutrina dos Tribunais, formam os vencimentos do empregado, como uma só remuneração."

Parece-nos definitiva esta orientação. Os adicionais não têm a natureza jurídica de indenização. O que o empregado recebe por trabalhar em condições desfavoráveis não deixa de ser salário; a respectiva taxa é que varia, por fôrça dêsses mesmos fatôres que agravam as circunstâncias nas quais a prestação de serviços será desenvolvida e que são, como na Economia, causas de variação das tarifas salariais. O empregado recebe essas bonificações porque trabalhou para a emprêsa, em condições mais gravosas, mas sempre dentro de uma relação de contraprestatividade direta e imediata com a causa jurídica trabalho. Portanto, o que varia é apenas o modo pelo qual se reveste êsse trabalho, isto é, os seus aspectos acidentais. Suponham-se dois trabalhadores braçais que carregam fardos, executando serviços de valor desigual; um ganha mais porque sempre transporta tantos quilos a mais que o outro. Nem por isso se dirá que a diferença de taxa entre ambos é de natureza indenizatória.

OS ADICIONAIS EM ESPÉCIE.

Em nosso Direito, são compulsórios os adicionais por horas extraordinárias (art. 59 CLT), por serviços noturnos (art. 73 CLT), insalubres (art. 79 CLT e DL. 2.162, de 1.5.1.940), perigosos (Lei 2.573, de 15.8.1.955) e, ainda, por transferência de local do serviço (art. 470 CLT). Salvo os adicionais de insalubridade e periculosidade entre si, os demais bem como êsses e os demais, são cumuláveis (art. 5.º, Lei 2.573, de 15.8.1.955).

BIBLIOGRAFIA. — Mário Borghini, "Teoria dos Adicionais no Direito do Trabalho", Revista de Direito Contemporâneo, ano II, n. 5; José Martins Catharino, "Contrato de Emprêgo", 1.962; Orlando Gomes e Elson Gottschalk, "Curso Elementar de Direito do Trabalho", 1.963; Arnaldo Sussekind, "Instituições de Direito do Trabalho", 1.957; Wilson de Souza Campos Batalha, "Aspectos Constitucionais e Legislativos das Remunerações Mínimas", 1.958.

TÍTULO PRIMEIRO — O ADICIONAL DE HORAS EXTRAORDINÁRIAS.

186. HORAS EXTRAS NO CASO DE FÔRÇA MAIOR. — SE O TRABALHO SUPLEMENTAR É EXIGIDO POR MOTIVO DE FÔRÇA MAIOR É DEVIDO O ADICIONAL DE HORAS EXTRAORDINÁRIAS?

A LEI.

> Art. 61. — Ocorrendo necessidade imperiosa, poderá a duração do trabalho exceder do limite legal ou convencionado, seja para fazer face a motivo de fôrça maior, seja para atender à realização ou conclusão de serviços inadiáveis ou cuja inexecução possa acarretar prejuízo manifesto.
> § 1.º — O excesso, nos casos dêste artigo, poderá ser exigido independentemente de acôrdo ou contrato coletivo e deverá ser comunicado, dentro de dez dias, à autoridade competente em matéria de trabalho, ou antes dêsse prazo, justificado no momento da fiscalização, sem prejuízo dessa comunicação.

§ 2.º. — Nos casos de excesso de horário por motivo de fôrça maior, a remuneração da hora excedente não será inferior à da hora normal. Nos demais casos de excesso previsto neste artigo a remuneração será, pelo menos, 25% (vinte e cinco por cento) superior à da hora normal, e o trabalho não poderá exceder de doze horas, desde que a lei não fixe expressamente outro limite (DL. n. 5.452, de 1.5.1.943).

A DOUTRINA.

1. WALDEMAR GOLA (Comentários à Consolidação, 1.943, pg. 32) "... havendo prorrogação por motivo de fôrça maior, o salário a pagar será equivalente ao da hora normal."
2. ALUYSIO SAMPAIO e PAULO JORGE DE LIMA (Dicionário Jurídico Trabalhista, 1.962, pg. 96): "A remuneração da hora extra poderá ser equivalente à da hora normal ou acrescida de adicional. Será equivalente à da hora normal nos seguintes casos: a) quando o excesso de horas ocorrer em virtude de fôrça maior..."
3. JOSÉ MARTINS CATHARINO (Tratado Jurídico do Salário, 1.951, pg. 268): "No caso de fôrça maior, a lei não impõe o pagamento extra."
4. F. MOURA BRANDÃO FILHO e JOSÉ GOMES TALARICO (Interpretação e Prática da Legislação Trabalhista Brasileira, pg. 52, 1.954): "Quando o trabalho fôr prorrogado por razões de fôrça maior, o empregador não estará obrigado a retribuir a hora excedente com remuneração superior à que o empregado receber normalmente."
5. MOZART VICTOR RUSSOMANO (Comentários à Consolidação das Leis do Trabalho, 1.960, vol. I, pg. 190): "... a lei não determina acréscimo salarial algum."
6. ADRIANO CAMPANHOLE (Prática e Jurisprudência Trabalhista, 1.962, pg. 68): "... o pagamento, como diz a lei, não poderá ser inferior ao da hora normal."
7. ROBERTO BARRETO PRADO (Direito do Trabalho, 1.963, pg. 247): "... a lei garante ao empregado o salário horário normal."
8. ALUÍSIO JOSÉ TEIXEIRA GAVAZZONI SILVA (Comentários à Consolidação das Leis do Trabalho, 1.963, vol. I, pg. 129): "... nos casos de prorrogações por motivo de fôrça maior, o empregador pagará as horas extraordinárias sem acréscimo algum."
9. AMARO BARRETO (Tutela Geral do Trabalho, vol. II, pg. 44, 1.964): "A remuneração do trabalho extra, em casos de fôrça maior, é a mesma do serviço normal."
10. ARNALDO SUSSEKIND (Comentários à Consolidação das Leis do Trabalho e à Legislação Complementar, 1.964, vol. I, pg. 344): "... nesta hipótese, não se torna obrigatório o pagamento de nenhum acréscimo salarial."
11. DÉLIO MARANHÃO (Direito do Trabalho, 1.966, pg. 73): "No caso de fôrça maior a prorrogação não terá limite, nem o empregado direito a acréscimo de remuneração."

OBSERVAÇÕES.

Em casos de fôrça maior não é devido o adicional de horas extras. Questão absolutamente óbvia diante dos precisos têrmos da lei que dispensa o acréscimo salarial pelo trabalho desenvolvido em tais condições. Não é só o nosso Direito que assim dispõe. A lei mexicana (art. 123, n. V da Lei Federal) também o faz em casos de sinistros ou riscos iminentes que ponham em perigo a vida dos trabalhadores ou empregadores, ou os interêsses de uns e outros. (Mário de La Cueva, Derecho Mexicano del Trabajo, pg. 608). Semelhante é a solução do direito positivo espanhol se o serviço destinar-se a prevenir "grandes males inminentes o remediar accidentes sufridos.". (Manuel Alonso Garcia, Curso de Derecho del Trabajo, pg. 441). Portanto, se a limitação de um horário de trabalho tem por finalidade a proteção do empregado, a legislação defende, em certos casos, as necessidades da emprêsa, o que é justo.

187. **HORAS EXTRAS E SERVIÇOS INADIÁVEIS.** — AS HORAS SUPLEMENTARES PRESTADAS PARA ATENDER SERVIÇOS INADIÁVEIS SÃO RETRIBUÍDAS COM O ADICIONAL?

A DOUTRINA.

1. **WALDEMAR GOLA** (Comentários à Consolidação, 1.943. pg. 33): "Nesse caso, a remuneração das horas extraordinárias deverá ser pelo menos 25% superior à da hora normal, não devendo, ainda, exceder de 12 horas o limite de duração do trabalho (art. 61 — § 2.º)."

2. **ALUYSIO SAMPAIO e PAULO JORGE DE LIMA** (Dicionário Jurídico Trabalhista, 1.962, pg. 96): "O acréscimo da remuneração da hora extra será de 25%, no mínimo, quando: a) o excesso de horas se der para atender à realização ou conclusão de serviços inadiáveis ou cuja inexecução possa acarretar prejuízo manifesto..."

3. **AMARO BARRETO** (Tutela Geral do Trabalho, 1.964, pg. 45, vol. II): "Nessa hipótese, como a prorrogação convém à emprêsa, por lhe evitar prejuízo, paga ela ao servidor o acréscimo de 25% no mínimo, sôbre o valor da hora normal, constituindo o todo a remuneração suplementar..."

4. **ARNALDO SUSSEKIND** (Comentários à Consolidação das Leis do Trabalho e à Legislação Complementar, 1.964, vol. I, pg. 344): "... na prorrogação da jornada normal para atender a serviços inadiáveis, incumbe ao empregador: I) comunicar o fato, dentro de dez dias, à Divisão de Fiscalização do DNT ou à Delegacia Regional do Trabalho; II) justificar a necessidade imperiosa do serviço, ao ensejo da fiscalização acaso exercida pelo Ministério do Trabalho; III) observar a duração máxima de doze horas de trabalho, salvo nos casos em que a lei fixar expressamente outro limite; IV) remunerar cada hora de trabalho suplementar com o acréscimo de, pelo menos, 25% sôbre o salário-hora normal."

5. **MOZART VICTOR RUSSOMANO** (O Empregado e o Empregador no Direito Brasileiro, vol. II, 1.954, pg. 446): "... a remuneração por essas horas deverá ser majorada, no mínimo, de 25%..."

6. **DÉLIO MARANHÃO** (Direito do Trabalho, 1.966, pg. 73): "Na realização, ou conclusão de serviços inadiáveis, a prorrogação será, no máximo de mais quatro horas e o acréscimo sôbre a hora normal, de 25%."

OBSERVAÇÕES.

Nos casos de serviços inadiáveis, mas não de fôrça maior, será devido o adicional de horas extraordinárias de 25% e o empregador estará obrigado a cumprir algumas formalidades (art. 61 § 1.º da CLT). A lei não oferece um conceito de serviços inadiáveis. Para Sussekind são aquêles cuja realização imediata se torna imperiosa para evitar o perecimento de um bem econômico ou o prejuízo manifesto que certamente adviria de sua inexecução. Já o foram considerados: "a execução ou terminação de laje de concreto armado em construção" (Russomano, Comentários, vol. I, pg. 190); a ruptura de encanamento, a quebra de telhas durante ventania (Alonso Caldas Brandão, C.L.T. Interpretada, pg. 180); o concêrto de caldeira absolutamente necessária, os acidentes com o equipamento industrial (Campanhole, Prática e Jurisprudência Trabalhista, pg. 69). Não se enquadram no caso: o volume de serviço ou deficiência de produção (A. TRT/SP, n. 1.394/63); a confecção do balanço (Alonso Caldas Brandão, op. cit.); a necessidade de aumento de produção (Ac. TRT/SP, n. 752/58).

188. SISTEMA DE COMPENSAÇÃO DE HORAS. — NOS SISTEMAS DE COMPENSAÇÃO É DEVIDO O ADICIONAL DE HORAS EXTRAORDINÁRIAS?

A LEI.

Art. 59...
Parágrafo 2.º. — Poderá ser dispensado o acréscimo de salário se, por fôrça de acôrdo ou contrato coletivo, o excesso de horas de um dia fôr compensado pela correspondente diminuição em outro dia, de maneira que não exceda o horário normal da semana nem seja ultrapassado o limite máximo de dez horas diárias (DL. n. 5.452, de 1.5.1.943).

A DOUTRINA.

1. WALDEMAR GOLA (Comentários à Consolidação, 1.943, pg. 29): "Se o excesso em um dia, fôr compensado pela correspondente diminuição em outro dia, de maneira a não ser ultrapassado o horário normal da semana, nem excedido o limite máximo de dez horas diárias, o acréscimo de salário, nas horas extras, poderá ser dispensado."

2. MOZART VICTOR RUSSOMANO (Comentários à Consolidação das Leis do Trabalho, 1.960, vol. I, pg. 184): "O parágrafo 2.º diz que o acréscimo de 20% pode ser dispensado, sempre que — no acôrdo ou no contrato coletivo — ficar ajustado que o excesso de horas de um dia será compensado com a redução do trabalho em outro dia."

3. AMARO BARRETO (Tutela Geral do Trabalho, vol. II, pg. 28): "A prorrogação comum, por acôrdo escrito ou contrato coletivo, se verifica: a) por mais 2 horas por dia, no máximo até 10 horas, desde que haja compensação, dentro na mesma semana, pela correspondente redução em outro dia, totalizando as 48 horas samanais, caso em que não haverá remuneração suplementar..."

4. ADRIANO CAMPANHOLE (Prática e Jurisprudência Trabalhista, 1.962, pg. 63): "... aumenta-se o horário de trabalho em determinados dias da semana, diminuindo-o no sábado, de modo a não ultrapassar as 48 horas semanais. As horas de excesso naqueles dias não serão acrescidas da taxa de 20%."

5. ORLANDO GOMES e ELSON GOTTSCHALK (Curso Elementar de Direito do Trabalho, 1.963, pg. 255): "As horas suplementares são sempre remuneradas com um sôbre-salário, a partir do percentual mínimo de 20%, salvo se mediante acôrdo ou convenção coletiva são compensados os excessos de horas em um dia, com a correspondente diminuição em outros da mesma semana, observadas as condições legais."

6. ARNALDO SUSSEKIND (Comentários à Consolidação das Leis do Trabalho e à Legislação Complementar, 1.964, vol. I, pg. 329): "... se o trabalho suplementar ajustado fôr compensado pela correspondente diminuição de uma ou mais jornadas da mesma semana, de forma a que seja respeitada a duração normal de trabalho da semana, não se torna obrigatório o pagamento do referido adicional."

A JURISPRUDÊNCIA.

1. TST (P. n. 3.067/46, p. DJ. de 6.2.1.947, in Emílio Guimarães, Dicionário Jurídico Trabalhista, vol. 7, pg. 386): "Não é devido o acréscimo salarial

quando o excesso de horas de um dia fôr compensado pela correspondente diminuição em outro dia, aplicando-se os princípios estabelecidos no art. 59, § 2.º da CLT."

2. TST (A. de 10.6.1.955, 1.ª T., P. n. 6.909/53, r. M. Oliveira Lima, RTST, 1.957, pg. 115): Igual ao n. 1.

OBSERVAÇÕES.

A lei permite a compensação semanal de horas, se estabelecida através de contrato escrito. Quando isso se der, o adicional de horas extras será indevido desde que a jornada semanal não ultrapassar de 48 horas ou outro limite inferior legal ou contratualmente fixado.

189. A MULHER E O SISTEMA DE COMPENSAÇÃO. — SE A MULHER TRABALHAR ALÉM DA JORNADA NORMAL DIÁRIA MAS EM SISTEMA DE COMPENSAÇÃO, TERÁ DIREITO AO ADICIONAL DE HORAS EXTRAS?

A LEI.

Art. 374. — A duração normal diária do trabalho da mulher poderá ser no máximo elevada de 2 (duas) horas, independentemente de acréscimo salarial mediante convenção ou acôrdo coletivo nos têrmos do Título VI desta Consolidação, desde que o excesso de horas em um dia seja compensado pela diminuição em outro, de modo a ser observado o limite de 48 horas semanais ou outro inferior legalmente fixado (DL. 5.452, de 1.5.1.943 e DL. 229, de 28.2.1.967).

OBSERVAÇÕES.

Alguma controvérsia houve sôbre o assunto. Entendiam alguns autores que no caso específico da mulher seria devido o adicional de horas extras ainda que ocorresse a compensação e mesmo que observado o limite semanal de 48 horas. Outros, no entanto, afirmavam que também para o trabalho da mulher o princípio seria o mesmo estabelecido no artigo 59 da CLT. Esta última orientação veio a ser acolhida em decisão da Justiça de São Paulo (TRT, 2.ª, P. n. 1.010/65). No plano administrativo, parecer do Ministério do Trabalho (n. 202.874/58 opinava pelo acréscimo (DOU., 31.10.1.959), em desacôrdo com pronunciamento anterior (Proc. n. 553.648, DO. de 17.11.1.949). Com o DL. 229, ficam afastadas as dúvidas e sempre será possível à mulher a compensação de horas.

190. PRÉVIA ESTIPULAÇÃO DO SALÁRIO EXTRAORDINÁRIO. — É LÍCITO ESTIPULAR PRÉVIO SALÁRIO SUPERIOR PARA RETRIBUIÇÃO DAS HORAS EXTRAORDINÁRIAS?

A DOUTRINA.

1. ORLANDO GOMES e ELSON GOTTSCHALK (Curso Elementar de Direito do Trabalho, 1.963, pg. 256): "Outra questão é a que diz respeito às gratificações pagas a título de cobertura de horas extras. Prevalece a opinião que

não devem ser admitidas com êste fim, pôsto que se trata de instituto que não se compadece com a remuneração extra. Observa De Litala que a remuneração de horas extras não é outra coisa senão parte alíquota da compensação, e por isso não se pode confundir com a gratificação. Admite-se, porém, um salário justamente complexivo, atribuído mensal e ininterruptamente ao empregado por trabalho extraordinário, nas emprêsas em que é normal esta exigência."

A JURISPRUDÊNCIA

1. STF (A. da 2.ª T., DJ. de 5.10.1.953, apud Russomano, Comentários, vol. I, pg. 185): "Caso em que o empregador, ao contratar o empregado, estipulou-lhe salário superior, aliás, ao dos demais funcionários de idênticos serviços, para cobrir, inclusive, os períodos extraordinários. Não vulnera a lei decisão que entende que em tal caso, não cabe o pagamento de horas extras. Mantém-se o despacho que indeferiu o recurso extraordinário."
2. TST (A. de 24.7.1.958, TP., RR. n. 2.320/56, r. M. Thélio Monteiro, RTST, 1.960, pg. 240): "A lei só admite o excesso de horário mediante acôrdo escrito ou contrato coletivo (C.L.T., art. 59). Não ocorrendo nem uma nem outra hipótese, o ordenado que o trabalhador recebe não pode alcançar horas extraordinárias."
3. TST (P. n. 3.735/51, 7.11.1.953, DJ., pg. 100, r. M. Godói Ilha): "O acôrdo pelo qual se pretende estabelecer remuneração mensal fixa para retribuição de serviço prestado em horas extraordinárias variáveis é nulo de pleno direito. Não enseja revista o acórdão regional que assim houver decidido."
4. TST (P. n. 5.539/50, DJ. de 19.7.1.952, apud Sussekind, Comentários, vol. I, pg. 331): Igual ao n. 3.
5. TRT, 1.ª (A. n. 761/57, r. Ferreira da Costa, LTr. 21/383): "As condições de trabalho podem ser ajustadas tàcitamente; nesses casos, é eficiente a prova testemunhal. Não é contra a lei nem esta proibe, o ajuste de um salário que envolve horas extraordinárias eventualmente trabalhadas."
6. TRT, 1.ª (A. de 17.7.1.953, DJ. de 9.10.53, apud Caldas Brandão, Consolidação, pg. 105): Igual ao n. 5.
7. TRT, 1.ª (RO. n. 1.428/61, de 30.11.1.961, r. Ferreira da Costa, LTr. 26/355): Igual ao n. 5.
8. TRT, 2.ª (P. n. 1.863/58, A. n. 980/59, r. Carlos de Figueiredo Sá, MT., julho de 1.959): "Hora extraordinária é salário. Assim, não pode ser objeto de acôrdo prévio em que seja estipulado o seu pagamento mediante quantia "a priori" fixada. O salário correspondente depende das horas efetivamente trabalhadas."
9. TRT, 2.ª (P. n. 995/59, A. n. 3.267/59, r. Hélio de Miranda Guimarães, MT., fevereiro de 1.960): "É impossível o pagamento "a forfait" do serviço extra. O nosso sistema legal não admite o salário "complexivo". As horas extras devem ser pagas na exata razão em que foram prestadas."
10. TRT, 2.ª (P. n. 1.790/60, A. n. 2.998/60, r. Wilson de Souza Campos Batalha, MT., dezembro de 1.960): Igual ao n. 9.
11. TRT, 5.ª (RO. n. 159/56, A. n. 143/56, r. Luiz Sérgio Barbosa, LTr. 21/215): Igual ao n. 9.
12. TST (A. de 23.4.57, 3.ª T., RR. n. 2.320/56, r. M. Tostes Malta, RTST, 1.959, pg. 50): "A lei só admite o excesso de horário mediante acôrdo escrito ou contrato coletivo (art. 59 CLT). Não ocorrendo nem uma nem outra hipótese, o ordenado que o trabalhador recebe não pode alcançar horas extraordinárias."
13. TST (A. de 29.1.57, 3.ª T., RR. 2.246/56, r. M. Tostes Malta, RTST, 1.959, pg. 28): "É admissível a previsão de trabalho extraordinário no salário contratual."

OBSERVAÇÕES.

Não há uma solução pacífica para o caso. As decisões dos Tribunais oscilam entre permitir e proibir prévia estipulação de salário para cobrir horas extraordinárias. A mesma discordância ocorre, também, no Direito italiano. A doutrina é dividida, pronunciando-se no sentido afirmativo Greco (Il contratto di lavoro, Torino, 1.939, pg. 244) e Cassì (La durata della prestazione di lavoro); e no sentido negativo D'Eufemia (L'orario di lavoro e i riposi, Trattato di diritto del lavoro, Borsi e Pergolesi, vol. III, Padova, 1.953, pg. 184). Na jurisprudência, admitem o conglobamento, julgados da Côrte de Apelação de Veneza (Repertório de Jurisprudência, 1.947-48), a Côrte de Apelação de Nápoles (Rivista giuridica del lavoro, 1.952, n. II, pg. 104), a Côrte de Apelação de Bari (Orientamenti della giurisprudenza del lavoro, 1.955, pg. 229); repelem-no: Tribunal de Verona (Orientamenti della giurisprudenza del lavoro, 1.954, pg. 357), Tribunal de Savona (Orientamenti della giurisprudenza del lavoro, (op. cit., 1.959, pg. 240), Tribunal de Milão (Repertório della giurisprudenza italiana, 1.958).

Parece-nos decisivo verificar em cada caso concreto se houve boa ou má-fé, prejuízos ou não; é impossível, aprioristicamente, negar ou afirmar a legitimidade de ajuste que, em muitas vêzes, poderá beneficiar o empregado.

191. HORAS EXTRAS CONTRATUAIS. — NOS CASOS DE ACÔRDO ESCRITO OU CONVENÇÃO COLETIVA, O EMPREGADOR É OBRIGADO A REMUNERAR SEMPRE O EMPREGADO, MESMO SEM A PRESTAÇÃO DE SERVIÇOS EXTRAORDINÁRIOS?

A DOUTRINA.

1. **ALUYSIO SAMPAIO e PAULO JORGE DE LIMA** (Dicionário Jurídico Trabalhista, 1.962, pg. 94): "Na hipótese, porém, de ser convencionada a prestação diária de horas suplementares, não poderá o empregador dispensar as horas extras, sem assegurar a respectiva remuneração, porque assim estaria reduzindo a jornada contratual de trabalho, isto é, alterando unilateralmente o contrato de trabalho."
2. **ALUÍSIO JOSÉ TEIXEIRA GAVAZZONI SILVA** (Comentários à Consolidação das Leis do Trabalho, vol. I, pg. 124, 1.963): "Havendo acôrdo escrito ou convenção coletiva, durante a sua vigência não poderá o empregador eximir-se do pagamento das horas suplementares, mesmo que não ofereça ao empregado oportunidade para efetivamente realizá-las."
3. **ARNALDO SUSSEKIND** (Comentários à Consolidação das Leis do Trabalho e à Legislação Complementar, vol. I, pg. 335, 1.964): "... durante a vigência do instrumento bilateral de prorrogação, o empregado fará jus à remuneração pertinente às horas suplementares previstas, ainda que o empregador o dispense após o término da jornada normal."
4. **ALONSO CALDAS BRANDÃO** (Consolidação das Leis do Trabalho Interpretada, 1.959, pg. 100): "Sujeito à prestação de serviço extraordinário, à vontade do empregador, não poderá o empregado usar em favor de seus interêsses, de tempo que corresponda àquela prestação, e ficará sempre à disposição do patrão nas condições previstas no art. 4.º da C.L.T."

OBSERVAÇÕES.

Salienta a doutrina que firmado acôrdo de prorrogação, é devida remuneração de maneira permanente, use ou não o empregador o direito de fazer o empregado trabalhar mais duas horas. Também o Ministério do Trabalho optou por essa solução (Proc. n. 125.746, DO. de 20.7.1.944 e 37.682, DO. de 5.12.1.944). Entende-se que, nesse caso, há contrato paralelo que obriga ambas as partes. A matéria não tem sido submetida aos Tribunais, razão pela qual não existe uma jurisprudência definindo-a.

192. **HORAS EXTRAS E JORNADA REDUZIDA.** — SE A JORNADA DE TRABALHO É REDUZIDA, AS HORAS EXCEDENTES MAS INFERIORES DE OITO, SERÃO EXTRAORDINÁRIAS?

A DOUTRINA.

1. JOSÉ MARTINS CATHARINO (Tratado Jurídico do Salário, 1.951, pg. 268): "Se pelo contrato de trabalho fôr estipulado horário inferior ao máximo legal, o empregado terá direito ao adicional além das horas contratuais? Ao nosso ver tem, porque prestou serviço excepcional em quantidade superior à contratada. Deve, portanto, ser retribuído em proporção."
2. ALUYSIO SAMPAIO e PAULO JORGE DE LIMA (Dicionário Jurídico Trabalhista, 1.962, pg. 95): "Assim, para o empregado cuja jornada contratual seja de 5 horas diárias, as horas de serviço que excederem êsse limite serão consideradas como extraordinárias ou suplementares."
3. ARNALDO SUSSEKIND (Comentários à Consolidação das Leis do Trabalho e à Legislação Complementar, 1.964, vol. I, pg. 324): "Se a legislação brasileira limitou a duração normal do trabalho em função do dia e permitiu que as partes interessadas fixassem limite inferior, é evidente que o serviço prestado após a jornada normal contratada deve ser tido como extraordinário."
4. ORLANDO GOMES e ELSON GOTTSCHALK (Curso Elementar de Direito do Trabalho, 1.963, pg. 255): "... trabalho extraordinário é todo aquêle prestado com ultrapassamento da duração fixada pela lei, como pelo contrato ou convenção coletiva."
5. DÉLIO MARANHÃO (Direito do Trabalho, 1.966, pg. 69): "... a jornada normal inferior à legal pode resultar, para determinadas categorias, de convenção coletiva ou de sentença normativa, ou para determinado empregado, do contrato individual do trabalho (Art. 444 da Consolidação)."

A JURISPRUDÊNCIA.

1. TST (A. de 20.8.1.956, 2.ª T., RR. n. 697/56, r. M. Oscar Saraiva, RTST, 1.957, pg. 440): "É princípio predominante na legislação do trabalho o de que a lei fixa, em seu máximo, a duração normal do trabalho, não impedindo porém, que os interessados, de modo expresso, ou pelo costume, estabeleçam menor duração. Nesses casos, o período trabalhado a mais se há de considerar como serviço extraordinário."
2. TST (A. de 13.10.1.955, 3.ª T., P. n. 4.589/55, r. M. Jonas de Carvalho, 1.957, pg. 293): Igual ao n. 1.
3. TST (A. de 24.4.1.956, 3.ª T., P. n. 6.676/55, r. M. Jonas de Carvalho, RTST, 1.957, pg. 293): Igual ao n. 1.
4. TST (A. de 24.7.1.958, TP., RR. n. 2.347/56, r. M. Oliveira Lima, RTST, 1.960, pg. 97): Igual ao n. 1.
5. TST (A. de 2.12.1.958, 1.ª T., RR. n. 1.820/58, r. M. Astolfo Serra, RTST, 1.960, pg. 176): "Embora contratual o horário reduzido, o mesmo se pode estender até a jornada normal e o direito a hora extra só surge transposta que seja a barreira dessa jornada."

6. TST (A. de 19.6.1.958, 3.ª T., RR. n. 772/57, r. M. Antônio Carvalhal, RTST, 1.960, pg. 104): Igual ao n. 1.
7. TST (P. n. 5.832/52, A. de 11.11.1.954, 2.ª T., r. M. Júlio Barata, RTST, set.-dez.-1.955, pg. 305): Igual ao n. 1.
8. TRT, 1.ª (RO. n. 1.093/55, r. Homero Prates, in Sussekind, Comentários, 1.964, vol. I, pg. 324): Igual ao n. 1.
9. TRT, 2.ª (P. n. 2.343/58, A. n. 2.898/60, r. José Teixeira Penteado, MT., dezembro de 1.960): Igual ao n. 1.
10. TRT, 2.ª (P. n. 277/62, A. n. 1.591/62, r. Gilberto Barreto Fragoso, MT., julho de 1.962): Igual ao n. 1.
11. TRT, 2.ª (P. n. 1.370/63, A. n. 4.169/63, r. Carlos Bandeira Lins, MT., fevereiro de 1.964): Igual ao n. 1.
12. TRT, 2.ª (P. n. 3.527/64, A. n. 1.670/65, r. Carlos Figueiredo Sá, MT., fevereiro de 1.965): Igual ao n. 1.

OBSERVAÇÕES.

São retribuídas como extraordinárias as horas que ultrapassam a jornada de trabalho de duração reduzida por fôrça de lei: telegrafistas e telefonistas (art. 229 da CLT), cabineiros de elevador (Lei n. 3.270, de 30.9.1.957), bancários (art. 224 da CLT), operadores cinematográficos (art. 234 CLT), trabalhadores de minas e sub-solo (art. 293 CLT), revisores (DL. n. 7.858, de 13.8.1.945), jornalistas profissionais (art. 303 CLT), músicos (Lei n. 3.857, de 22.12.1.963), médicos (Lei n. 3.999, de 15.9.1.961), engenheiros (Lei n. 4.950-A, de 22.4.1.966). A mesma orientação é adotada quanto às jornadas *contratualmente* inferiores, mas há uma divergência (n. 5) consistente no entendimento isolado do TST considerando normais as horas cumpridas até o limite de oito. Se entre nós a questão não vem suscitando maiores divergências, o mesmo não acontece, entretanto, entre os autores peninsulares. Privitera (Il contratto d'impiego privato, Roma, 1.952, pg. 124), De Litala (Il contratto di lavoro, Torino, 1.956, pg. 394), Guidotti (La retribuzione nel rapporto di lavoro, Milano, 1.956, pg. 300) e Napoletano (Orario di lavoro per gli impiegati dell'industria metalmeccanica..., 1.958) consideram sempre extraordinário o trabalho prestado dentro do horário normal da lei mas além do horário contratual. Entendimento oposto é sustentado por D'Eufemia (L'orario di lavoro e i riposi, in Trattato di dirito del lavoro, vol. III, pg. 182, Borsi e Pergolesi) e Cassì (La durata della prestazione di lavoro, 1.956, pg. 94). Por certo, a nitidez do texto do artigo 58 da CLT definindo duração normal do trabalho como *aquela ajustada pelas partes* evita o problema; por conseqüência, serão extraordinárias as horas que ultrapassarem o limite contratual. Referindo-se a oito horas a lei apenas estabeleceu um número máximo geral sem exclusão de opções diferentes.

193. A MULHER E AS HORAS EXTRAS POR FÔRÇA MAIOR. — SE POR MOTIVO DE FÔRÇA MAIOR A MULHER PRESTAR SERVIÇOS EXTRAORDINÁRIOS TERÁ DIREITO AO ADICIONAL?

A DOUTRINA.

1. ARNALDO SUSSEKIND (Comentários à Consolidação das Leis do Trabalho e à Legislação Complementar, 1.964, vol. II, pg. 379): "O art. 376 faculta a

exigência do trabalho extraordinário da mulher "em casos excepcionais, por motivo de fôrça maior", hipótese em que a jornada de trabalho poderá atingir ao máximo de doze horas e o salário de cada hora suplementar será, pelo menos, 25% superior ao da hora normal."
2. ALUÍSIO JOSÉ TEIXEIRA GAVAZZONI SILVA (Comentários à CLT, 1.963, vol. II, pg. 86): Igual ao n. 1.
3. ADRIANO CAMPANHOLE (Prática e Jurisprudência Trabalhista, pg. 236): Igual ao n. 1.
4. MOZART VICTOR RUSSOMANO (Comentários à CLT, vol. II, pg. 558): Igual ao n. 1.

OBSERVAÇÕES.

A hora suplementar, na hipótese de serviços extraordinários prestados pela mulher por motivo de fôrça maior, será remunerada com um acréscimo de 25%, por fôrça de lei (art. 376 da CLT).

194. INTEGRAÇÃO DOS ADICIONAIS NAS HORAS EXTRAS. — OS ADICIONAIS DE INSALUBRIDADE E PERICULOSIDADE INTEGRAM A REMUNERAÇÃO PARA FINS DE PAGAMENTO DE HORAS EXTRAORDINÁRIAS?

A DOUTRINA.

1. WALDEMAR GOLA (Comentários à Consolidação, 1.943, pg. 28): "... com relação ao pagamento de salário mínimo, haverá sempre o pagamento de uma percentagem adicional, de dez, vinte e quarenta por cento, conforme o grau de insalubridade. Sôbre tais importâncias, portanto, é que deverá ser calculado o pagamento percentual sôbre as horas suplementares."
2. AMARO BARRETO (Tutela Geral do Trabalho, vol. II, pg. 34, 1.964): Igual ao n. 1.
3. ALUÍSIO JOSÉ TEIXEIRA GAVAZZONI SILVA (Comentários à Consolidação das Leis do Trabalho, 1.963, vol. I, pg. 127): Igual ao n. 1.
4. ARNALDO SUSSEKIND (Comentários à Consolidação das Leis do Trabalho e à Legislação Complementar, 1.964, vol. I, pg. 331): Igual ao n. 1.
5. DÉLIO MARANHÃO (Direito do Trabalho, 1.966, pg. 75): Igual ao n. 1.

A JURISPRUDÊNCIA.

1. TRT, 4.ª (P. n. 915/61, A. de 17.5.1.961, r. Mozart Victor Russomano, Repertório de Decisões Trabalhistas, vol. III, pg. 157): "... Devem, não obstante, ser considerados como parte integrante do salário normal do trabalhador para cálculo das horas extraordinárias e do repouso remunerado."

OBSERVAÇÕES.

Os adicionais de insalubridade e periculosidade integram a remuneração-base sôbre a qual recai o cálculo da majoração pela execução de serviços extraordinários (ver Questão 196).

195. PRORROGAÇÃO ILÍCITA DA JORNADA. — SE HOUVER PRORROGAÇÃO ILÍCITA DA JORNADA DO TRABALHO É DEVIDO O ADICIONAL?

A DOUTRINA.

1. ALUYSIO SAMPAIO e PAULO JORGE DE LIMA (Dicionário Jurídico Trabalhista, 1.962, pg. 96): "... havendo a prestação efetiva de serviços e visando

o preceito legal proteger a saúde do empregado, a doutrina e a jurisprudência têm reconhecido ao empregado o direito a perceber a remuneração da hora extra excessiva (é bem o têrmo) com o acréscimo de 25%."
2. DÉLIO MARANHÃO (Direito do Trabalho, 1.966, pg. 74): "Entendemos que, nesse caso, terá o empregado, quanto às horas que excedam aquêle limite, direito apenas, à remuneração correspondente à da hora normal, sem acréscimo. É que, não tendo havido acôrdo escrito, ou convenção coletiva, o pagamento das horas extras se faz, dada a impossibilidade de devolução do serviço prestado, fundado no princípio que veda o enriquecimento sem causa; e, tendo sido desrespeitada a lei, que, evidentemente, só cogita do acréscimo (20%) para a prorrogação *permitida* ("horas suplementares em número não excedente de duas"), não pode o empregado, que, igualmente, a desrespeitou, dela pretender valer-se."
3. JOSÉ MARTINS CATHARINO (Tratado Jurídico do Salário, 1.951, pg. 268): "Se o trabalho extraordinário fôr prestado contra a lei, o empregado terá direito ao adicional e ao salário de acôrdo com a teoria do enriquecimento sem causa."
4. AMARO BARRETO (Tutela Geral do Trabalho, 1.964), vol. II, pg. 29): "É comum, no Brasil, o empregador prorrogar a jornada fora das normas preditas, ou por não fazer prévio acôrdo escrito, ou contrato coletivo; ou por ultrapassar o limite prorrogacional da lei, ou do contrato; ou por proceder à dilatação unilateral sem a ocorrência das circunstâncias especiais previstas em lei; ou por não proceder à autorização da autoridade do trabalho, ou não suceder a comunicação à mesma. Em todos êsses casos, há infração à lei, punível com a multa legal contra o empregador, ficando êste, ademais, obrigado ao pagamento do salário pelo trabalho prestado irregularmente, com os acréscimos da lei."
5. ALUÍSIO JOSÉ TEIXEIRA GAVAZZONI SILVA (Comentários à Consolidação das Leis do Trabalho, 1.963, vol. I, pg. 124): "... se houver prorrogação ilícita, o empregador, desde que provado pelo empregado o trabalho extraordinário, além das penas cominadas terá que pagar, com acréscimo, o número de horas trabalhadas pelo obreiro, *na sua totalidade.*"
6. ARNALDO SUSSEKIND (Comentários à Consolidação das Leis do Trabalho e à Legislação Complementar, 1.964, vol. I, pg. 328): "Desde que o empregado prove a prestação do trabalho extraordinário, que lhe foi exigido fora das hipóteses permitidas pela lei, sujeitar-se-á o empregador, não só às penalidades alusivas à infração da norma legal imperativa (multa em favor do Estado), mas, igualmente, ao pagamento do sôbre-salário pertinente ao serviço complementar executado em seu proveito."
7. ORLANDO GOMES e ELSON GOTTSCHALK (Curso Elementar de Direito do Trabalho, 1.963, pg. 256): "O salário é fixado em relação objetiva ao fato material da prestação, e a regra não sofre modificações em virtude dos vícios eventuais ou formais da relação. Será sempre devido quando seja ultrapassado o limite de duração legal ou convencional."
8. ROBERTO BARRETO PRADO (Direito do Trabalho, 1.963, pg. 247): "... nem por isso perde o direito de receber a correspondente remuneração, com o adicional que a lei confere."

A JURISPRUDÊNCIA.

1. TST (P. n. 1.522/47, DJ. de 29.12.1.947, r. M. Edgard de Oliveira Lima, apud Sussekind, Comentários, vol. I, pg. 329): "... a remuneração do serviço prestado nesse período que ultrapassou o têrmo legal, não pode deixar de ser paga ao trabalhador, conforme adverte Cunha Gonçalves (Direito Civil, volume VII, pg. 517). Se não o fôsse, a lei estaria transformada em "instrumento cruel de exploração ignominiosa do trabalhador."
2. TST (A. de 29.9.1.955, 3.ª T., P. n. 4.852/55, r. M. Tostes Malta, RTST, 1.957, pg. 246): Igual ao n. 1.
3. TRT, 2.ª (P. n. 2.622/59, A. n. 583/60, r. José Teixeira Penteado, MT., julho de 1.960): Igual ao n. 1.

4. TRT, 2.ª (P. n. 1.020/60, A. n. 1.766/60, r. Gilberto Barreto Fragoso, MT., outubro de 1.960): Igual ao n. 1.

5. TRT, 2.ª (P. n. 2.695/61, A. n. 643/62, r. Antônio José Fava, MT., abril de 1.962): Igual ao n. 1.

OBSERVAÇÕES.

É devido o adicional de horas extras nas prorrogações ilícitas da jornada de trabalho. O fundamento principal invocado pela doutrina é a teoria do enriquecimento sem causa jurídica, no entanto são encontradas opiniões em contrário (n. 2). Segundo Orlando Gomes e Elson Gottschalk (n. 7), não se pode admitir, na verdade, que o empregado seja conivente, por sua livre vontade, na "causa injusta", o *injustam vel turpem causam* da doutrina tradicional, que vicia insanàvelmente o ato; a necessidade de subsistência o obriga a um movimento de adesão constante num estado de dependência e que justifica o seu direito ao adicional.

Na doutrina estrangeira, pelo direito ao salário extra, manifestam-se Alejandro Gallart Folch (Derecho Español del Trabajo, 1.960, pg. 173, ed. Labor S. A.) por entender que a infração à lei não o invalida, Perez Botija (Derecho del Trabajo, 1.960, pg. 173, ed. Tecnos), Juan Pozzo (Manual de Derecho del Trabajo, 1.961, pg. 242) com base no princípio do enriquecimento ilícito e na irretroatividade das nulidades, Krotoschin (Tratado Práctico de Derecho del Trabajo, 1.962, pg. 186) por achar que tese oposta favorece a ocupação ilegal, Mário de La Cueva (Derecho Mexicano del Trabajo, 1.960, pg. 615) com apoio, também, na teoria do enriquecimento sem causa, De Litala (Il Contratto di Lavoro, pg. 384) com argumentos semelhantes, Giovanni Capaldi (Il Rapporto di Lavoro, 1.957, pg. 138) e outros. Em posição contrária situam-se Carlos M. Raggi Ageo (Contratos y Convenios del Trabajo, 1.940, pg. 236) com base na nulidade do contrato e as sanções conseqüentes: multa ao empregador e exação do salário do empregado, Giustiniani (Trattato di Dirito del Lavoro, Borsi e Pergolesi, vol. II, pg. 178) ressaltando o superior interêsse da norma de ordem pública sôbre ambos os contratantes e Peretti-Griva (Il Rapporto di Impiego Privato, pg. 212) invocando a nulidade absoluta. Na jurisprudência argentina surgiram três soluções: 1) Se indevido o adicional haveria o enriquecimento do empregador sem causa jurídica; 2) só as horas autorizadas são pagas; 3) pagamento simples, sem acréscimo, dessas horas não autorizadas (apud Pozzo, Manual, pg. 242). A mesma oscilação verificou-se nos tribunais mexicanos, prevalecendo o direito à remuneração com o acréscimo (in Mário de La Cueva, op. cit., pg. 615). Portanto, no direito comparado, há uma uniformidade de tratamento.

196. CUMULAÇÃO DE ADICIONAIS. — O ADICIONAL DE HORAS EXTRAORDINÁRIAS PODE SER ACUMULADO COM OUTRO ADICIONAL?

A DOUTRINA.

1. ALUÍSIO JOSÉ TEIXEIRA GAVAZZONI SILVA (Comentários à Consolidação das Leis do Trabalho, 1.963, vol. I, pg. 127): "No caso de serviço extraordinário realizado em condições de insalubridade, o empregado, é óbvio, recebe dois adicionais, o de insalubridade e o de serviço extraordinário."
2. ARNALDO SUSSEKIND (Comentários à Consolidação das Leis do Trabalho e à Legislação Complementar, 1.964, vol. I, pg. 331): "... o acréscimo devido pelo trabalho extraordinário é acumulável com outros adicionais a que porventura tenha direito o empregado..."
3. DÉLIO MARANHÃO (Direito do Trabalho, 1.966, pg. 75): "O acréscimo devido pela prestação de trabalho em horas extras é acumulável com outros a que faça jus o empregado, como, por exemplo, por trabalho noturno (art. 73 da Consolidação), em atividade ou local insalubre (art. 79), em contacto com inflamável (Lei n. 2.593, de 15.8.1.955) etc."

A JURISPRUDÊNCIA.

1. TRT, 2.ª (P. n. 1.684/59, A. n. 3.812/59, un. de 30.11.59, DOE, de 21.1.60, r. José Ney Serrão, MT., abril, 1.960): "Auferindo o empregado adicional de insalubridade, a remuneração da hora suplementar deve ser calculada sôbre o salário percebido acrescido da taxa por serviço insalubre, com o adicional por hora extraordinária."
2. TRT, 4.ª (P. n. 915/61, A. de 17.5.61, r. Mozart Victor Russomano, RDT., vol. III, pg. 157): Igual ao n. 1.
3. TRT, 2.ª (P. n. 2.104/63, A. n. 1.320/64, de 17.3.64, DOE. de 13.5.64, r. Carlos Bandeira Lins, MT., junho-1.964): Igual ao n. 1.

OBSERVAÇÕES.

Salienta a doutrina e a jurisprudência a compatibilidade entre o adicional de horas extraordinárias e outros adicionais. Assim o empregado terá direito de receber os acréscimos salariais correspondentes a cada causa de agravamento de condições de trabalho.

197. COMISSIONISTAS E HORAS EXTRAS. — OS COMISSIONISTAS TÊM DIREITO AO ADICIONAL DE HORAS EXTRAS?

A DOUTRINA.

1. AMARO BARRETO (Tutela Geral do Trabalho, vol. II, pg. 61, 1.964): "Se comissionista de horário, como o cobrador, ou vendedor, sujeito à duração do trabalho, terá o empregado a comissão da produção das horas extras, acrescidas de 20%, ou 25%, conforme o caso."

A JURISPRUDÊNCIA.

1. TST (A. de 13.11.1.958, 2.ª T., RR. n. 2.515/58, r. M. Thélio Monteiro, RTST, 1.960, pg. 174): "O trabalhador remunerado à base de comissão, quando realiza serviço em horas extraordinárias, tem apenas direito ao adicional de vinte por cento sôbre o resultado obtido em sobretempo."
2. TRT, 4.ª (P. n. 4.072/61, r. Mozart Victor Russomano, Repertório de Decisões Trabalhistas, vol. III, pg. 405): "O comissionista tem direito a um acréscimo de vinte e cinco por cento sôbre as comissões recebidas durante as horas de serviço suplementar comprovadamente trabalhadas na emprêsa."

3. TST (A. de 5.1.59, 2.ª T., RR. n. 2.820/58, r. M. Thélio Monteiro, RTST, 1.961, pg. 28): "Em se tratando de empregado que recebe salário à base de comissão — empregado de restaurante ferroviário — já está êle remunerado pelo trabalho realizado além do horário normal. Nôvo pagamento, se determinado, importaria em dupla remuneração que a lei não admite. Assim, o empregado, em tais condições, faz jus apenas ao adicional a que se refere o parágrafo único do art. 241 da CLT pelo montante das vendas realizadas em horas extraordinárias."

OBSERVAÇÕES.

Ao comissionista sujeito a horário, que presta serviços suplementares, é assegurado o acréscimo salarial de horas extraordinárias. Se prestar serviços externos, sem fiscalização ou não sujeito a horário, não se enquadra nas condições que ensejam a percepção do adicional.

198. VENDEDORES E HORAS EXTRAS. — OS VENDEDORES PRACISTAS E VIAJANTES TÊM DIREITO AO ADICIONAL DE HORAS EXTRAS?

A LEI.

Art. 62. — Não se compreendem no regime dêste capítulo: a) os vendedores pracistas, os viajantes e os que exercerem, em geral, funções de serviço externo não subordinado a horário, devendo tal condição ser, explìcitamente, referida na carteira profissional e no livro de registro de empregados, ficando-lhes de qualquer modo assegurado o repouso semanal (DL. n. 5.452, de 1.5.1.943).

A DOUTRINA.

1. MOZART VICTOR RUSSOMANO (Comentários à Consolidação das Leis do Trabalho, 1.960, vol. I, pg. 193): "A lei exclui determinadas categorias profissionais dos benefícios do presente capítulo (Cap. II). Tirou aos vendedores pracistas, aos viajantes e a todos quantos trabalham em serviços externos sem horário controlável o direito à remuneração por horas extraordinárias."
2. F. MOURA BRANDÃO FILHO e JOSÉ GOMES TALARICO (Interpretação e Prática da Legislação Trabalhista Brasileira, 1.954, pg. 53): "Não se deve, entretanto, confundir os empregados que exercem funções de serviços externos não subordinados a horário com os que, simplesmente, trabalham fora do estabelecimento, mas que estão sujeitos, como os demais, a tôdas as disposições do presente capítulo. O art. 74 — § 3.º da Consolidação, refere-se, aliás, expressamente, a êstes últimos, ao dispor que o seu horário de trabalho deve constar de ficha ou papeleta em seu poder, para o fim evidente de ser controlado pela fiscalização do trabalho."
3. ALUÍSIO JOSÉ TEIXEIRA GAVAZZONI SILVA (Comentários à Consolidação das Leis do Trabalho, vol. I, pg. 132, 1.963): "... se não figurar na carteira profissional do servidor e se o fato de não haver horário e ser externo o serviço não estiverem anotados no livro de registro de empregados da emprêsa, os servidores em tela terão direito ao recebimento das horas extras que eventualmente trabalhem."
4. AMARO BARRETO (Tutela Geral do Trabalho, 1.964, vol. II, pg. 50): "Os empregados em funções externas, sem possibilidade de contrôle horário, como os viajantes, os vendedores pracistas, os corretores de negócios, os cobradores, os agentes externos, os inspetores de serviços, e outros, embora empregados, excluem-se da jornada normal, pela natureza do serviço, que não proporciona meios de registro do horário, dos intervalos, das horas extras, do trabalho noturno etc."

5. ARNALDO SUSSEKIND (Comentários à Consolidação das Leis do Trabalho e à Legislação Complementar, 1.964, vol. I, pg. 350): "Aos empregados que exercem suas funções em serviço externo, especialmente aos vendedores pracistas ou viajantes, não se aplicam as normas legais disciplinadoras da duração do trabalho..."

A JURISPRUDÊNCIA.

1. TST (A. de 13.9.1.955, 1.ª T., P. n. 3.377/54, r. M. Astolfo Serra, RTST, 1.957, pg. 338): "Os empregados exercentes de funções de serviço externo não subordinados a horário (vendedores-pracistas) não têm direito ao pagamento de horas extraordinárias (art. 62, alínea "a", da C.L.T.)."
2. TRT, 2.ª (P. n. 3.369/63, A. n. 1.053/63, r. Roberto Barreto Prado, MT., abril de 1.964): Igual ao n. 1.

OBSERVAÇÕES.

Os exercentes de funções externas, especialmente os vendedores viajantes e pracistas, sem subordinação de horário de trabalho, não têm direito à remuneração de horas extraordinárias. Nesses serviços o empregado mantém-se ocupado descontìnuamente, a seu critério, com intermitências na prestação de serviços, pela própria liberdade inerente às condições de trabalho. Por essa razão, seria difícil aferir as horas durante as quais estêve à disposição do empregador.

199. **HORAS EXTRAS E INTERVALO DA JORNADA.** — SE O EMPREGADO TRABALHAR DURANTE OS INTERVALOS OBRIGATÓRIOS TERÁ DIREITO AO CORRESPONDENTE ADICIONAL DE HORAS EXTRAORDINÁRIAS?

A DOUTRINA.

1. AMARO BARRETO (Tutela Geral do Trabalho, 1.964, vol. II, pg. 91): "...na jornada de oito horas, o empregado que as fizer de contínuo, não tem horas extras, porque serviu na duração normal da lei; apenas há infração do empregador, porque não intervalou nessa jornada o espaço do tempo de uma a duas horas de repouso."
2. ARNALDO SUSSEKIND (Comentários à Consolidação das Leis do Trabalho e à Legislação Complementar, 1.964, vol. I, pg. 381): "... Se a supressão ou redução do intervalo não amplia a duração diária do trabalho, não há serviço extraordinário a remunerar, mas, tão-sòmente, violação legal a punir."
3. DÉLIO MARANHÃO (Direito do Trabalho, 1.966, pg. 76): "Ficará o empregador, que exigir êsse trabalho, sujeito a multa (art. 75 da Consolidação). E caberá, ainda, ao empregado, insistindo o empregador na ordem ilegal, dar por findo o contrato e pleitear a indenização por tempo de serviço (art. 483, letra "a", da Consolidação). A salário extra, porém, não terá direito porque, não computado o intervalo na jornada, o que perceber corresponderá, exatamente, às horas trabalhadas."

A JURISPRUDÊNCIA.

1. TST (P. n. 3.058/52, 2.ª T., A. de 7.10.1.954, r. M. Antônio Carvalhal, RTST, 1.957, pg. 68): "Se os empregados prestam serviços durante oito horas, sem descanso, deve a emprêsa ser condenada a pagar-lhes, como de serviço extraordinário, a hora de intervalo que deixou de ser concedida com inobservância do disposto no artigo 71 da C.L.T.".
2. TST (P. n. 6.703/52, 3.ª T., A. de 20.1.1.955, r. M. Júlio Barata, RTST, 1.957, pg. 23): "Quando a emprêsa deixa de conceder, no todo ou em parte,

o intervalo mínimo de uma hora para repouso e alimentação, ao empregado que tem jornada normal de trabalho (art. 71 da C.L.T.), deve ser condenada a pagar-lhe, em dôbro, importância correspondente a salário relativo ao período de repouso que deixou de ser concedido."
3. TST (P. n. 6.447/54, 2.ª T., DJ. de 11.11.1.955, r. M. Oscar Saraiva): "A obrigação normal em matéria de horário é a prestação de oito horas de serviço, não se compreendendo nesse limite qualquer serviço extraordinário. A falta de interrupção para descanso e refeição é infração legal, punível com multa a ser aplicada pelas autoridades fiscalizadoras do trabalho, e se não converte em provento pecuniário para os empregados."
4. TST (P. n. 1.756/54, 1.ª T., DJ. de 9.3.1.956, r. M. Delfim Moreira Jr.): Igual ao n. 3.
5. TST (RR. n. 387/56, 3.ª T., A. de 3.7.1.956, r. M. Tostes Malta, RTST, 1.957, pg. 408): Igual ao n. 3.
6. TST (P. n. 2.567/54, TP., DJ. de 6.7.1.956, r. M. Edgard Sanches): Igual ao n. 3.
7. TST (RR. n. 1.057/60, A. de 11.10.60, r. M. Delfim Moreira Jr.): Igual ao n. 3.
8. TRT, 1.ª (P. n. 1.477/50, DJU., 26.4.1.951, r. Ferreira da Costa, apud Hélio Guimarães, Repertório, pg. 494, vol. II): Igual ao n. 1.
9. TRT, 1.ª (A. n. 648/58, DJU. de 22.8.58, r. Pio Otoni, LTr. 22/268): Igual ao n. 3.
10. TRT, 1.ª (A. n. 586/57, r. Celso Lanna, LTr. 21/333): Igual ao n. 1.
11. TRT, 1.ª (RO. n. 1.926/59, A. de 18.11.1.959, r. Amaro Barreto, LTr. 24/210): Igual ao n. 3.
12. TRT, 2.ª (P. n. 148/58, A. n. 685/58, r. Wilson de Souza Campos Batalha, MT., abril de 1.958): Igual ao n. 3.
13. TRT, 2.ª (P. n. 1.652/60, r. Carlos de Figueiredo Sá, MT., dezembro de 1.960): Igual ao n. 3.
14. TRT, 2.ª (P. n. 2.617/58, r. Wilson de Souza Campos Batalha, MT., março de 1.960): igual ao n. 3.

OBSERVAÇÕES.

O empregador é passível de multa sempre que houver inobservância dos períodos regulamentares de descanso durante a jornada de trabalho e o adicional de horas extraordinárias será indevido quando não ultrapassada a duração normal de oito horas ainda que contínuas. Em minoria há pronunciamentos que asseguram o acréscimo ou que reputam devidas em dôbro as horas do intervalo não observado.

200. **TAREFEIRO E HORAS EXTRAS.** — O TAREFEIRO TEM DIREITO AO ADICIONAL DE HORAS EXTRAORDINÁRIAS?

A DOUTRINA.

1. JOSÉ MARTINS CATHARINO (Tratado Jurídico do Salário, 1.951, pg. 269): "Em se tratando de tarefeiro, o adicional será devido porque o salário por tarefa é uma forma combinada de retribuição, caracterizada pelo fato de ser aferida por tempo e por obra. Se, porém, o empregado fôr pago exclusivamente por unidade de obra ou de serviço, e não tiver horário de trabalho determinado, não há como conhecer-lhe o direito ao adicional simplesmente, porque, para tal efeito, não pode alegar ou provar suficientemente ter trabalhado em horas extraordinárias."
2. ARNALDO SUSSEKIND (Duração do Trabalho e Repousos Remunerados, 1.950, pg. 196): "... é de se ressaltar, que o fato de ser o empregado remu-

nerado por tarefa ou peça não impede a aplicação das normas atinentes ao trabalho extraordinário, desde que trabalhe no estabelecimento do empregador e não no seu domicílio."

3. AMARO BARRETO (Tutela Geral do Trabalho, 1.964, vol. II, pg. 61): "Se tarefeiro, a tarifa, nas horas extras, deve ser acrescida de 20% no mínimo, nos casos comuns de prorrogação prevista, ou de 25%, ao menos, nos casos de serviços inadiáveis, não sofrendo acréscimo nos de compensação, fôrça maior ou recuperação."

4. ARNALDO SUSSEKIND (Comentários à Consolidação das Leis do Trabalho e à Legislação Complementar, vol. I, pg. 362, 1.964): "Tratando-se de empregado remunerado por unidade de obra, é óbvio que os serviços ou peças produzidas na prorrogação da jornada normal devem corresponder à unidade salarial contratada acrescida do adicional do trabalho extraordinário. Portanto, numa prorrogação ajustada com o adicional de 20% sôbre o salário (percentagem mínima) o empregado que, p. ex., percebe CR$ 5 por encadernação executada no curso da jornada normal, terá de receber CR$ 6 por unidade produzida durante o trabalho suplementar."

A JURISPRUDÊNCIA.

1. TST (A. de 30.10.1.958, 2.ª T., RR. n. 361/58, r. M. Thélio Monteiro, RTST, 1.960, pg. 169): "Não sofre restrições o horário normal de trabalho em razão da forma de pagamento do salário. Desde que ultrapassado o limite, o serviço haverá que ser tido como extraordinário e pago como tal. Todavia, em se tratando de empregados remunerados à base de tarefa, que já percebem, assim, o salário correspondente ao serviço realizado, é de ser-lhes deferido mais, apenas, o adicional de vinte por cento (art. 59 — § 1.º da C.L.T.), calculado sôbre o valor da tarefa cumprida fora do horário normal de trabalho."

2. TST (P. n. 1.245/48, DJ. de 24.8.1.949, in Emílio Guimarães, Dicionário Jurídico Trabalhista, vol. 7, pg. 391, ed. 1.951): "Não tem direito ao acréscimo de 25% o empregado tarefeiro, quando executar a tarefa pactuada em horário não exigido pelo empregador."

3. TST (P. n. 2.892/48, DJU. de 22.8.1.949, r. M. Waldemar Marques, apud Hélio Guimarães, RJT., vol. II, pg. 505): "Não há como admitir-se o pagamento de horas extras ao empregado tarefeiro. Dada a tarefa ao empregado a êle cumpre executá-la, leve o tempo que levar. Ao empregador corre apenas a obrigação de efetuar o pagamento do preço ajustado por tarefa."

4. TST (A. de 11.5.59, 2.ª T., RR. 4.351/58, r. M. Oscar Saraiva, RTST, 1.961, pg. 143): "Aos tarefeiros é devido pelo serviço executado em horas extraordinárias o adicional de vinte por cento sôbre o valor das tarefas que realizarem nesse período."

5. TRT, 2.ª (P. n. 2.572/61, A. n. 3.313/61, de 13.11.1.961, r. José Teixeira Penteado, LTr. 27/93): "O fato do empregado ser tarefeiro ou ganhar por produção não impede a incidência das normas de proteção do trabalho no tocante à duração da jornada de lavor. Não havendo distinção na lei, não vale ao intérprete criá-la."

6. TRT, 2.ª (P. n. 1.803/59, A. n. 372/61, r. Hélio de Miranda Guimarães, MT., maio de 1.961): Igual ao n. 5.

OBSERVAÇÕES.

O tarefeiro faz jus ao adicional de horas extras. Não se pode dizer no entanto que a orientação do nosso Direito seja pacífica, porque, a exemplo do trabalhador remunerado por unidade de peça, sustenta-se, também, existir incompatibilidade entre a autonomia relativa do trabalho por tarefa e o direito ao adicional.

Ressalte-se que os autores italianos consideram, a *una voce,* inegável o direito ao adicional: Greco (Il contratto di lavoro, Torino, 1.939, pg. 232), Sinagra (Intituzioni di diritto del lavoro, Palermo, 1.955, pg. 409), D'Eufemia (L'orario di lavoro e i riposo, in Trattato di diritto del lavoro, Borsi e Pergolesi, vol. III, Padova, 1.953, pg. 185), De Litala (Il contratto di lavoro, Torino, 1.956, pg. 407), Guidotti (La retribuzione nel rapporto di lavoro, Milano, 1.956, pg. 303), Cassì (La durata della prestazione di lavoro), Barassi (Il diritto del lavoro, vol. II, Milano, 1.957, pg. 455), Santoro-Passarelli (Cottimo, 1.957, Novissimo Digesto Italiano).

201. RECUPERAÇÃO DE TEMPO. — O EMPREGADO QUE TRABALHA PARA RECUPERAÇÃO DE TEMPO TEM DIREITO AO ADICIONAL DE HORAS EXTRAS?

A LEI.

> Art. 61. — § 3.º. — Sempre que ocorrer interrupção do trabalho, resultante de causas acidentais ou de fôrça maior, que determinem a impossibilidade de sua realização, a duração do trabalho poderá ser prorrogada pelo tempo necessário, até o máximo de duas horas, durante o número de dias indispensáveis à recuperação do tempo perdido, desde que não exceda de dez horas diárias, em período não superior a quarenta e cinco dias por ano, sujeita essa recuperação à prévia autorização da autoridade competente (DL. n. 5.452, de 1.5.1.943).

A DOUTRINA.

1. MOZART VICTOR RUSSOMANO (Comentários à Consolidação das Leis do Trabalho, vol. I, pg. 190, 1.960): "A primeira vista a resposta é positiva, em face do parágrafo 2.º. Mas, na verdade, isso não acontece. É que a prorrogação só é permitida por motivos de fôrça maior, isto é, por motivos inevitáveis; nos casos em que isso acontece, segundo dispõe a parte inicial do parágrafo 2.º, a hora extraordinária não necessita ter, por lei, valor superior ao da hora normal."

2. ELSON GOTTSCHALK (A Duração do Trabalho, pg. 105): "Nestes casos de interrupção determinados, exclusivamente, por necessidade imperiosa de fôrça maior, a recuperação deve ser feita, também, sem o acréscimo salarial das horas excedidas, as quais devem ser remuneradas na mesma base do salário-hora normal."

3. ALUYSIO SAMPAIO e PAULO JORGE DE LIMA (Dicionário Jurídico Trabalhista, 1.962, pg. 96): "A remuneração da hora extra poderá ser equivalente à da hora normal ou acrescida de adicional. Será equivalente à da hora normal nos seguintes casos: ... b) quando a prorrogação se der para recuperar o tempo perdido no caso de interrupção do trabalho em virtude de causas acidentais ou de fôrça maior que determine a impossibilidade de sua realização."

4. ADRIANO CAMPANHOLE (Prática e Jurisprudência Trabalhista, 1.962, pg. 69): "Muitas vêzes causas acidentais interrompem o trabalho. Nesse caso, a lei permite a recuperação das horas perdidas no máximo de duas horas diárias e por tempo não superior a 45 dias por ano mediante autorização prévia da autoridade competente. As horas excedentes, entretanto, devem ser pagas, mas sem acréscimo."

5. AMARO BARRETO (Tutela Geral do Trabalho, 1.964, vol. II, pg. 33): "Em dois casos, se não faz remuneração suplementar: ... b) no de recuperação do tempo perdido, em virtude de interrupção resultante de causas acidentais, ou de fôrça maior, ampliando-se a jornada até 10 horas, durante 45 dias, no máximo, em cada ano (art. 61. — § 3.º da C.L.T.)."

6. ARNALDO SUSSEKIND (Comentários à Consolidação das Leis do Trabalho e à Legislação Complementar, 1.964, vol. I, pg. 348): "... na recuperação dessas horas não trabalhadas e já remuneradas, descabe ao empregador o pagamento de qualquer salário; se não, haveria dupla remuneração."

A JURISPRUDÊNCIA.

1. TST (A. de 6.1.1.956, 1.ª T., P. n. 5.890/55, r. M. Astolfo Serra, RTST, 1.957, pg. 352): "Em se tratando de redução da jornada de trabalho por motivo de racionamento da energia elétrica, não é admissível a redução correspondente nos salários dos empregados. Mas deve ser facultado ao empregador compensar as horas não trabalhadas para recuperação do tempo perdido, nos têrmos do artigo 61, § 3.º da C.L.T."
2. TRT, 2.ª (P. n. 276/57, A. n. 345/58, r. Hélio de Miranda Guimarães, MT., março de 1.958): "De acôrdo com o disposto no § 3.º, do artigo 61, da C.L.T. o trabalho extraordinário para recuperação do tempo perdido decorrente de interrupção do trabalho por causas acidentais, não poderá execeder de 10 horas diárias."

OBSERVAÇÕES.

O empregado que trabalha para recuperação de tempo não tem direito ao adicional de horas extras. O conceito de hora recuperável difere daquele de hora extraordinária, como bem demonstra Alonso Garcia (Curso de Derecho del Trabajo, 1.964, pg. 442), porque não obstante um traço comum ambos diferem quanto aos fins a que se destinam, tudo de modo a justificar um distinto tratamento jurídico e econômico.

As causas acidentais ou de fôrça maior que acarretam a necessidade de trabalho em regime de recuperação não se acham enumeradas na lei e só em casos de extrema gravidade é que se caracterizam. Ex.: incêndio não deliberado.

202. **HORAS EXTRAS E SALÁRIO VARIÁVEL.** — SÔBRE A TAXA VARIÁVEL DO SALÁRIO RECAI O ADICIONAL DE HORAS EXTRAS?

A JURISPRUDÊNCIA.

1. TST (P. n. 3.395/46, DJU., 21.1.1.947, r. M. Caldeira Neto, RJT., Hélio de Miranda Guimarães, vol. II, pg. 499): "Para o efeito do cálculo das horas extraordinárias deve ser levado em conta sòmente o salário fixo."

OBSERVAÇÕES.

A base retributiva sôbre a qual deve ser calculada a majoração das horas extraordinárias não pode ser a mencionada pelo Acórdão. O sistema de remuneração é irrelevante para êsse fim específico. Mesmo os salários por unidade de peça ou, ainda, por tarefa, que são inteiramente variáveis, não se incompatibilizam com o acréscimo. Se parcialmente variáveis os salários, não há razão jurídica para a exclusão do adicional. A essa conclusão, chegaram os tribunais italianos (Cassação, 1.958, n. 3.294, Repertório de Giurisprudenza del Lavoro, 1.958, pg. 363, n. II). (Ver Questões 197 e 200).

203. HORAS EXTRAS E TRABALHO A DOMICÍLIO. — O TRABALHADOR A DOMICÍLIO TEM DIREITO À MAJORAÇÃO?

A DOUTRINA.

1. ARNALDO SUSSEKIND (Duração do Trabalho e Repousos Remunerados, 1.950, pg. 143): "... como poderia cobrar horas extraordinárias, se o empregador ou seu preposto não fiscaliza o seu trabalho?"
2. JOSÉ MARTINS CATHARINO (Tratado Jurídico do Salário, 1.951, pg. 269): Igual ao n. 1.
3. BRENO SANVICENTE (Introdução ao Direito Brasileiro do Trabalho, 1.963, pg. 308): "Estando o empregado afastado do contrôle constante do empresário e podendo escolher o momento que mais lhe convenha para a execução de suas tarefas, é evidente que não serão aplicáveis os dispositivos referentes a horas extras e horas noturnas."
4. ARNALDO SUSSEKIND (Comentários à Consolidação das Leis do Trabalho e à Legislação Complementar, 1.964, vol. I, pg. 348): Igual ao n. 1.

OBSERVAÇÕES.

É uníssona a doutrina em repelir a possibilidade de majorações por serviços extraordinários no "domestic system." Tal se dá em face da ausência de contrôle de horário pelo empregador.

204. HORAS EXTRAS DO VIGIA. — AO VIGIA É GARANTIDO O ACRÉSCIMO DE HORAS EXTRAORDINÁRIAS?

A DOUTRINA.

1. ARNALDO SUSSEKIND (Duração do Trabalho e Repousos Remunerados, 1.950, pg. 155): "Se o dia normal de trabalho do vigia foi estipulado em dez horas, é óbvio que o trabalho executado após a fluência dêsse tempo tem que ser considerado suplementar ou extraordinário."
2. ADRIANO CAMPANHOLE (Prática e Jurisprudência Trabalhista, 1.962, pg. 71): Igual ao n. 1.
3. MOZART VICTOR RUSSOMANO (Comentários à Consolidação das Leis do Trabalho, 1.960, vol. I, pg. 194): Igual ao n. 1.
4. ALUÍSIO JOSÉ TEIXEIRA GAVAZZONI SILVA (Comentários à Consolidação das Leis do Trabalho, 1.963, vol. I, pg. 133): Igual ao n. 1.
5. AMARO BARRETO (Tutela Geral do Trabalho, vol. II, pg. 51, 1.964): Igual ao n. 1.
6. ALUYSIO SAMPAIO e PAULO JORGE DE LIMA (Dicionário Jurídico Trabalhista, 1.962, pg. 176): Igual ao n. 1.
7. ARNALDO SUSSEKIND (Comentários à Consolidação das Leis do Trabalho e à Legislação Complementar, vol. I, pg. 352, 1.964): Igual ao n. 1.

A JURISPRUDÊNCIA.

1. TST (A. de 10.12.1.946, DJU., r. M. Astolfo Serra, Repertório de Jurisprudência Trabalhista, Hélio de Miranda Guimarães, vol. II, pg. 947): "O horário de trabalho dos vigias não deverá exceder de 10 horas, devendo ser pagas como extraordinárias as horas de trabalho que excederem de 10."
2. TST (A. de 2.7.1.956, 2.ª T., RR. n. 448/56, r. M. Waldemar Marques, RTST, 1.957, pg. 410): Igual ao n. 1.
3. TST (A. de 11.12.1.956, 3.ª T., RR. n. 1.750/56, r. M. Jonas de Carvalho, RTST, 1.957, pg. 509): "Na conformidade do disposto no artigo 62, alínea "b", da C.L.T., o horário normal dos vigias é de dez horas diárias. Pode êsse limite, todavia, ser excedido, desde que compensadas, em outros dias, as horas ex-

cedentes, de tal forma que não seja ultrapassado o total de sessenta horas por semana."
4. TST (P. n. 1.409/55, TP., A. de 4.1.1.956, r. M. Edgard Sanches, RTST, 1.957, pg. 155): Igual ao n. 1.
5. TRT, 2.ª (P. n. 351/62, A. n. 4.296/62, r. José Ney Serrão, LTr. 28/303): "Sòmente podem ser tidas como extras as horas excedentes de dez."
6. TRT, 2.ª (P. n. 3.303/61, A. n. 4.279/62, r. José Ney Serrão, LTr. 28/306): Igual ao n. 5.

OBSERVAÇÕES.

Questão resolvida de maneira uniforme no sentido de serem extraordinárias as horas excedentes de dez da jornada de trabalho do vigia. A nona e décima horas serão pagas de forma simples.

205. **ZELADOR DE EDIFÍCIO E HORAS EXTRAS.** — O ZELADOR DE EDIFÍCIO TEM DIREITO A HORAS EXTRAORDINÁRIAS?

A DOUTRINA.

1. AMARO BARRETO (Tutela Geral do Trabalho, 1.964, pg. 52, vol. II): "... o horário legal dos porteiros do edifício é o de oito horas e não o de 10 horas. Se o porteiro trabalha além das oito horas, faz jus à remuneração suplementar."

A JURISPRUDÊNCIA.

1. TST (RR. n. 3.453/63, de 29.6.1.964, r. M. Júlio Barata, 1.ª T., LTr. 29/255): "Não constitui violação à lei o contrato de trabalho que garante o pagamento de duas horas extras, coberto pela ocupação de apartamento pelo zelador de edifício."
2. TST (RR. n. 5.527/63, A. de 14.4.1.964, r. M. Caldeira Neto, 1.ª T., LTr. 30/171): "Em se tratando de zelador que reside no próprio prédio, sem fiscalização quanto ao horário, não há cogitar em horas extraordinárias de serviço."
3. TRT, 2.ª (P. n. 31/62, A. n. 1.333/62, r. Hélio Tupinambá Fonseca, MT., junho de 1.962): "Em se tratando de zelador que reside em prédio de apartamentos, não havendo fiscalização quanto ao horário e podendo êle próprio escolher o horário que mais lhe convenha, não há que se falar em horas extraordinárias de serviço."
4. TRT, 2.ª (P. n. 1.945/59, A. n. 3.934/59, r. Carlos Bandeira Lins, MT., abril de 1.960): Igual ao n. 3.
5. TRT, 2.ª (P. n. 4.287/63, A. n. 1.225/64, r. Fernando de Oliveira Coutinho, MT., maio de 1.964): Igual ao n. 3.
7. TRT, 2.ª (P. n. 5.043/64, A. n. 4.702/65, r. Hélio Tupinambá Fonseca, MT., julho de 1.965): Igual ao n. 3.
7. TRT, 2.ª (P. n. 5.043/64, A. n. 4.702/65, r. Hélio Tupinambá Fonseca, MT., fevereiro de 1.966): "Em se tratando de empregado que exerce as funções de zelador e faxineiro de pequeno prédio de apartamentos, exige-se prova cabal da prestação de horas extras, mormente quando não assina cartão-ponto e seu trabalho é exercido sem qualquer fiscalização do empregador."
8. TRT, 2.ª (P. n. 2.393/65, A. n. 4.830/65, r. Wilson de Souza Campos Batalha, MT., fevereiro de 1.966): Igual ao n. 3.

OBSERVAÇÕES.

Pela descontinuidade natural da prestação de serviços e falta de fiscalização, ao zelador de edifício de apartamentos vem sendo negada a majoração de horas extras.

A hipótese mencionada por Amaro Barreto tem característica especial, porque se refere a porteiro e não zelador (n. 1). O Acórdão do TRT (n. 7) admitiu, em tese, o direito, mas está isolado.

Nota-se tendência, em outros sistemas, coincidindo com a orientação predominante entre nós de negar o direito ao adicional se o trabalho é de simples expectativa ou custódia: Greco (Il contratto di lavoro, Torino, 1.939, pg. 234), Sinagra (Istituzioni di diritto del lavoro, Palermo, 1.955, pg. 411).

Na Itália, há regulamentação especial para os porteiros através de contrato coletivo nacional de 1.938 (Borsi e Pergolesi, Trattato di Diritto del Lavoro). O documento faz uma classificação de trabalhadores sujeitos a horário, não sujeitos a horário e simples encarregados do asseio, abertura e fechamento das portas do edifício e serviços similares sem obrigações de vigilância ou custódia. A remuneração é fixada considerando o número de pavimentos e apartamentos do edifício, o montante dos produtos respectivos, a possibilidade de execução de outros serviços paralelos ou de substituição; os porteiros têm direito ao repouso semanal remunerado e férias anuais. Cumprem jornada de trabalho de quinze ou dezesseis horas e o excesso é considerado extraordinário.

Já é tempo de uma regulamentação especial do nosso Direito para êsse tipo de atividade, principalmente quanto à jornada de trabalho.

206. PESSOAL DE DIREÇÃO E HORAS EXTRAS. — O PESSOAL DIRETIVO TEM DIREITO AO ADICIONAL DE HORAS EXTRAORDINÁRIAS?

A LEI.

Art. 62. — Não se compreendem no regime dêste Capítulo: letra c) os gerentes, assim considerados os que, investidos de mandato em forma legal, exerçam encargos de gestão e, pelo padrão mais elevado de vencimentos, se diferenciem dos demais empregados, ficando-lhes, entretanto, assegurado o descanso semanal (DL. n. 5.452, de 1.5.1.943).

A DOUTRINA.

1. AMARO BARRETO (Tutela Geral do Trabalho, 1.964, vol. II, pg. 52): "Os gerentes não possuem, por igual, o benefício da jornada, em razão da natureza da função. A lei anterior excluía, igualmente, os administradores (DL. n. 2.308, de 1.940, art. 6.º, letra "s"). Agora os administradores estão, e os gerentes não, na jornada."

2. MOZART VICTOR RUSSOMANO (Comentários à Consolidação das Leis do Trabalho, 1.960, vol. I, pg. 193): "... a razão está no fato de ser o gerente investido de um mandato e necessitar, muitas vêzes, para fiel desempenho dêsse mandato e de suas atribuições, trabalhar fora das horas normais. Isso é inerente à sua função. O prejuízo econômico que tivesse fica coberto pelo seu salário, que deve ser sensivelmente superior ao dos demais empregados, como estipula a alínea c. Se isso não acontecer, por qualquer motivo, então o gerente também terá direito ao recebimento das horas extraordinárias efetivamente trabalhadas."

A JURISPRUDÊNCIA.

1. TST (A. de 17.7.1.956, 3.ª T., P. n. 5.939/55, r. M. Júlio Barata, RTST, 1.957, pg. 412): "Para efeito de remuneração de horas extraordinárias, está com-

preendida na exclusão prevista no art. 62, alínea "c", da C.L.T. aquêle que, mesmo não sendo gerente pròpriamente dito, exerce função de mando e tem remuneração nìtidamente superior à de seus subordinados."

2. TST (A. de 2.1.1.956, 2.ª T., P. n. 6.112/55, r. M. Oscar Saraiva, RTST, 1.957, pg. 350): "Constitui exigência da própria lei (art. 62, alínea "c" da C.L.T.), para que seja reconhecida a condição de gerente, a fim de excluir o direito do empregado à remuneração correspondente a horas extraordinárias, a posse de mandato outorgado em forma legal."

3. TST (A. de 11.6.1.956, 2.ª T., P. n. 7.761/55, r. M. Oscar Saraiva, RTST, 1.957, pg. 403): "Não é de ser qualificado como gerente, para os fins do art. 62, alínea "c", da C.L.T., o mero encarregado de turma, não investido em mandatário da emprêsa, em forma legal."

4. TST (A. de 19.10.1.956, 1.ª T., P. n. 6.955/55, r. M. Ferreira da Costa, RTST, 1.957, pg. 467): "A legislação contém um mínimo de direito, nada obstando que os contratantes convencionem a elevação ou melhoria dêsses mesmos direitos. Assim, se em regra, os gerentes não fazem jus à remuneração por horas extraordinárias, pode ser convencionado em sentido contrário. A tanto a lei não se opõe."

5. TST (A. de 12.9.1.949, TSS., janeiro-fevereiro de 1.950, pg. 68): "O exercício da função de gerente exclui qualquer direito à percepção de horas extraordinárias."

6. TST (P. n. 4.267/46, r. M. Caldeira Neto, apud Sussekind, Comentários, vol. I, pg. 355): "Estão compreendidos na exclusão prevista na letra "c" do art. 62, da Consolidação das Leis do Trabalho, os empregados cujas funções compreendem atividade de direção ou mando, tais como admissão de outros empregados, fiscalização de serviço, aplicação de punições etc."

7. TST (A. de 25.5.1.964, 2.ª T., RR. n. 6.198/63, r. M. Fernando Nóbrega, LTr. 30/171): Igual ao n. 5.

8. TRT, 1.ª (A. n. 467/58, r. Pires Chaves, LTr. 21/269): Igual ao n. 6.

9. TRT, 2.ª (P. n. 3.556/63, A. n. 1.204/64, r. Roberto Barreto Prado, MT., maio de 1.964): "Exercendo o empregado cargo de confiança, não tem direito ao recebimento de horas extraordinárias de trabalho, por fôrça do disposto no artigo 62, letra "c", da Consolidação das Leis do Trabalho."

10. TRT, 2.ª (P. n. 1.030/61, A. n. 1.750/61, r. José Ney Serrão, MT., setembro de 1.961): Igual ao n. 9.

OBSERVAÇÕES.

O ocupante de cargo de direção, especialmente o gerente, que perceba salários elevados, não faz jus ao adicional de horas extraordinárias. Os empregados, que merecem confiança, não se sujeitam às limitações de horário, por se tratar de pessoal diretivo, nem se submetem a disciplina rígida de horário, tudo de modo a não justificar o adicional.

207. MOTORISTA E HORAS EXTRAS. — O MOTORISTA QUE TRABALHA EM SERVIÇOS EXTERNOS TEM DIREITO AO ACRÉSCIMO DE HORAS SUPLEMENTARES?

A DOUTRINA.

1. ARNALDO SUSSEKIND (Comentários à Consolidação das Leis do Trabalho e à Legislação Complementar, 1.964,. vol. I, pg. 351): "Na verdade, nem todos os empregados que trabalham em serviços externos estão excluídos do regime legal de duração do trabalho. Aos motoristas, por exemplo, pela natureza do trabalho realizado, não deve ter aplicação a exceção prevista na alínea "a" do art. 62, estando beneficiados pela jornada de oito horas e pelas normas reguladoras do trabalho suplementar e do que é realizado à noite."

A JURISPRUDÊNCIA.

1. TST (P. n. 4.478/48, DJU., de 3.4.1.951, r. M. Delfim Moreira Jr.): "Em regra, não tem direito às mesmas o motorista que exerce apenas funções de serviço externo sem subordinação a horário."
2. TST (P. n. 6.123/54, 1.ª T., A. de 2.12.1.955, r. M. Godoy Ilha, RTST, 1.957, pg. 323): "Se o motorista que trabalha à comissão está sujeito a horário e a um trajeto prèviamente traçado, não há como deixar de reconhecer que lhe são aplicáveis as normas referentes à duração do trabalho (horas extraordinárias) e ao repouso semanal remunerado."
3. TST (P. n. 1.447/57, A. de 23.1.1.958, r. M. Jonas de Carvalho, RTST, 1.960, pg. 12): Igual ao n. 1.
4. TRT, 2.ª (P. n. 1.439/64, A. n. 927/65, r. Roberto Barreto Prado, MT., janeiro de 1.965): Igual ao n. 1.

OBSERVAÇÕES.

Ao motorista não sujeito a fiscalização, é negado o adicional de horas extras, por se tratar de serviços intermitentes. Se subordinado a horário, a jurisprudência tem assegurado a majoração.

TÍTULO SEGUNDO — O ADICIONAL NOTURNO

208. ADICIONAL NOTURNO E SISTEMA DE REVEZAMENTO. — NOS SISTEMAS DE REVEZAMENTO É DEVIDO O ADICIONAL NOTURNO?

A JURISPRUDÊNCIA.

1. STF (S. n. 213): "É devido o adicional de serviço noturno, ainda que sujeito o empregado ao regime de revezamento."
2. TST (PJ. n. 1/63): "O regime de revezamento no trabalho não exclui o direito do empregado ao adicional noturno, face a derrogação do artigo 73 da C.L.T. pelo artigo 157, item III, da Constituição de 18.9.1.946."

A DOUTRINA.

1. LUIZ JOSÉ DE MESQUITA (Comentários às Súmulas do STF., LTr. "Editôra Ltda.", 1.965, pg. 74): "A Súmula consagra a doutrina de todos os autores e a reiterada jurisprudência, inclusive do próprio Supremo Tribunal quanto à prevalência do mandamento constitucional — sem restrição alguma — sôbre o texto consolidado (que trata dos revezamentos com finalidade oposta, à remuneração superior) o qual, por isso mesmo, ficou derrogado por aquêle, a partir da vigência da Constituição de 1.946."

OBSERVAÇÕES.

A questão já foi bastante controvertida porque o art. 73 da CLT ressalva os casos de prestação de serviços em regime de revezamento, para excluí-los do direito. Depois, a C.F. de 1.946 incluiu o adicional noturno como um direito genérico, assegurado a quantos viessem a trabalhar em horário noturno. Tornou-se evidente o atrito da lei ordinária com o preceito constitucional e a jurisprudência o proclamou com tal uniformidade que o TST estabeleceu nesse sentido o Prejulgado 1/63 e o STF a Súmula 213. Assim, agora não cabem mais as discussões judiciais, sendo sempre devida a majoração, ainda que em trabalho de revezamento, mesmo porque o princípio é mantido pela C.F. de 1.967.

209. **TRABALHO NOTURNO E NATUREZA DA ATIVIDADE.** — NAS EMPRÊSAS CUJO TRABALHO NOTURNO DECORRA DA NATUREZA DAS SUAS ATIVIDADES, QUANDO O SALÁRIO DO EMPREGADO EXCEDER O MÍNIMO ACRESCIDO DE VALOR CORRESPONDENTE AO ADICIONAL NOTURNO, ÊSTE É DEVIDO?

A DOUTRINA.

1. LUIZ JOSÉ DE MESQUITA (Comentários às Súmulas do STF, LTr. "Editôra Ltda.", 1.965, pg. 167): "A limitação do art. 73 — § 3.º da CLT, a que se refere a Súmula, é aquela introduzida pelo DL. 9.666, de 28.8.46, que em sua parte final, dispôs não ser devido o adicional noturno de 20%, em relação às empresas cujo trabalho noturno decorra da natureza de suas atividades, quando o salário do empregado exceder do salário mínimo já acrescido da referida percentagem." "Note-se o final da Súmula, que diz: "independentemente da natureza da atividade do empregador", com o que fica cortada a questão de a empresa, pela natureza de suas atividades, ter trabalho noturno habitual ou não."

A JURISPRUDÊNCIA.

1. STF (S. n. 313): "Provada a identidade entre o trabalho diurno e o noturno, é devido o adicional, quanto a êste, sem a limitação do artigo 73, § 3.º da C.L.T., independentemente da natureza da atividade do empregador."

OBSERVAÇÕES.

É devido o adicional noturno em qualquer caso. Sujeitam-se ao pagamento, emprêsas panificadoras, indústrias a fogo contínuo, buates etc. A base de incidência da majoração será o salário diurno correspondente. Se não houver paradigma, os salários serão pagos com o acréscimo devidamente especificado em recibo.

210. **INCIDÊNCIA DO ADICIONAL NOTURNO.** — QUAL O SALÁRIO QUE SERVIRÁ DE BASE PARA O ADCIONAL NOTURNO, NAS EMPRÊSAS QUE NÃO TÊM TRABALHO DIURNO?

A DOUTRINA.

1. ALONSO CALDAS BRANDÃO (Consolidação das Leis do Trabalho Interpretada, 1.959, pg. 130): "... o salário estabelecido no contrato de trabalho deve levar em conta o adicional, não podendo em caso algum ser inferior ao salário mínimo acrescido do adicional noturno."
2. ALUYSIO SAMPAIO e PAULO JORGE DE LIMA (Dicionário Jurídico Trabalhista, 1.962, pg. 19): "... se o empregado foi contratado para trabalhar no turno da noite e não houver paradigma no turno diurno, o adicional é calculado com base no salário mínimo horário e somado ao salário efetivamente percebido pelo empregado."
3. JOSÉ MARTINS CATHARINO (Tratado Jurídico do Salário, 1.951, pg. 276): "... a percentagem deverá incidir sôbre o salário realmente percebido e não sôbre o mínimo legal."

4. ADRIANO CAMPANHOLE (Prática e Jurisprudência Trabalhista, 1.962, pg. 100): Igual ao n. 2.
5. ARNALDO SUSSEKIND (Comentários à Consolidação das Leis do Trabalho e à Legislação Complementar, 1.964, vol. I, pg. 388): "... impossível será encontrar-se o paradigma salarial sôbre o qual deve incidir a majoração de 20%. Daí decidir a jurisprudência que, neste caso, o empregado terá apenas o direito de não perceber salário inferior ao mínimo legal acrescido de 20%. Contudo, os aumentos salariais decorrentes de acôrdos sindicais ou de sentenças normativas proferidas em dissídios coletivos subordinarão, mesmo nesta hipótese, o acréscimo do salário noturno, visto que o adicional de 20% passará a incidir sôbre o salário imperativamente resultante dos precitados instrumentos."
6. LUIZ JOSÉ DE MESQUITA (Comentários às Súmulas do STF, LTr. "Editôra Ltda.", 1.965, pg. 167): Ver questão 209.

A JURISPRUDÊNCIA.

1. STF (S. n. 313): "Provada a identidade entre o trabalho diurno e o noturno, é devido o adicional, quanto a êste, sem a limitação do artigo 73 — § 3.º da C.L.T., independentemente da natureza da atividade do empregador."

OBSERVAÇÕES.

A posição inicial em que se situou o nosso Direito, sofreu modificações. Antes, a base sôbre a qual eram efetuados os cálculos do adicional noturno nas empresas que não tinham trabalho diurno, era o mínimo legal. Por tal razão, tomou corpo a corrente que declarava indevido qualquer outro pagamento se a retribuição equivalia ao mínimo já acrescido de valor correspondente ao percentual. Depois, passando a predominar a tese do adicional sôbre o salário contratual, refundiu-se a jurisprudência. Agora, a Súmula n. 313 enunciando que o adicional é devido independentemente da natureza da atividade do empregador, reforça o entendimento de que em qualquer caso a majoração deve recair sôbre o salário contratual.

211. VIGIA E ADICIONAL NOTURNO. — O VIGIA TEM DIREITO AO ADICIONAL NOTURNO?

A JURISPRUDÊNCIA.

1. STF (S. n. 402): "Vigia noturno tem direito a salário adicional."
2. TST (PJ. n. 12/65): "É assegurado ao vigia, sujeito ao trabalho noturno, o direito ao respectivo adicional."

A DOUTRINA.

1. LUIZ JOSÉ DE MESQUITA (Comentários às Súmulas do STF., LTr. "Editôra Ltda.", 1.965, pg. 218): "Notem-se as duas lições que se deduzem da Súmula, conforme o RE 51.354, 27.11.62, in LTr., 29/83-84: 1.ª lição: Não é por ser vigia que o empregado, trabalhando à noite, não deve receber o adicional noturno. Realmente, pelo fato de o seu serviço ser noturno (conforme o § 2.º do art. 73 da CLT.), lhe é devido o acréscimo ("salário do trabalho noturno superior ao do diurno" — reza o texto constitucional), pouco importando a alegação (não provada) do empregador de que já paga ou compensa o acréscimo, porque fornece moradia ao empregado ("não se destinando a habitação a compensar o adicional de serviço noturno, é êste devido, segundo a juris-

prudência do STF." — lembra o Ministro VICTOR NUNES LEAL). A propósito, o Ministro argumentou, irrefutàvelmente: "O simples fato de ganhar o empregado mais que o salário mínimo não faz inferir que êle esteja recebendo salário mínimo e um adicional, seja de que natureza fôr. O empregador só se libera do pagamento dos adicionais impostos por lei, se fizer prova de que paga o salário X e mais um adicional Y. Portanto, um aviso aos empregadores interessados: não julguem que pelo simples fato de fornecerem moradia ao vigia já estejam, com isso, cobrindo a parcela referente ao adicional noturno. É preciso que haja, neste caso, prova escrita, bem clara no sentido de que a habitação é dada para pagar ou cobrir o adicional noturno. É que — repita-se — o salário dado em pagamento, por ser superior ao mínimo, nem por isso significa que já está nêle compreendido o adicional noturno. 2.ª lição: Também não é por ser permitido ao vigia fazer jornada de trabalho de 10 horas diárias (letra b do art. 62 da CLT.) que se há de entender que trabalhando êle em serviço noturno (§ 2.º do art. 73 da CLT.), não tenha a sua hora de trabalho, neste período, computada como de 52 minutos e 30 segundos (§ 1.º do art. 73 da CLT.) e, conseqüentemente, não lhe assista o direito ao acréscimo de 20% em seu salário, não calculado sôbre a hora de 60 minutos, mas sôbre a hora noturna de 52'30"."

OBSERVAÇÕES.

A jurisprudência dos Tribunais assegura ao vigia o adicional noturno. Nesse sentido há perfeita consonância entre a Súmula n. 402 do STF e o Prejulgado n. 12/65 do TST.

212. DURAÇÃO DA HORA NOTURNA. — A DURAÇÃO ESPECIAL DA HORA NOTURNA DISPENSA O PAGAMENTO DO ADICIONAL?

A JURISPRUDÊNCIA.

1. STF (S. n. 214): "A duração legal da hora de serviço noturno (52 minutos e trinta segundos) constitui vantagem suplementar, que não dispensa o salário adicional."

A DOUTRINA.

1. LUIZ JOSÉ DE MESQUITA (Comentários às Súmulas do STF, LTr. "Editôra Ltda.", 1.965, pg. 75): "... o preceito consolidado não exclui nem supre o salário superior ordenado pelo inciso III do art. 157 da Constituição. Seu objetivo é equiparar as jornadas, uma vez que o trabalhador nas três vigílias mais duras da noite, ou seja, em 7 horas de trabalho noturno realiza ou gasta-se tanto (ou mais) quanto se trabalhasse 8 horas durante o dia, como disse o Ministro VILLAS BOAS no RE-49.296, de 9.1.62, in LTr. 29/36. A hora menor de 52'30" para o serviço noturno — como escreve RUSSOMANO, Comentários, ao art. 73 da CLT, I/230 — corresponde ao princípio de que o serviço noturno deve ser menos longo que o trabalho diurno. Trata-se de um benefício legal que o consolidador instituiu à margem do benefício constitucional e dêle independe (cf. RUSSOMANO, op. cit., pg. 234)."

OBSERVAÇÕES.

Sustentava a doutrina que o adicional noturno já compreendia a hora noturna reduzida que, assim, não constituía vantagem suplementar. Depois, da prestação de serviços noturnos resultaram a obrigação de majorar o salário e a redução da hora noturna. Solidificou-se tal entendimento que hoje é acolhido pelo STF através da Súmula n. 214. Assim, a duração legal da hora noturna de 52'30" constitui vantagem acessória que não dispensa o adicional.

213. HORAS NOTURNAS DO ARTISTA. — AOS ARTISTAS É ASSEGURADO O ADICIONAL NOTURNO?

A DOUTRINA.

1. NÉLIO REIS (Contratos Especiais de Trabalho, 1.961, pg. 100) "... entendemos que não se pode aplicar aos artistas as exigências do salário noturno..."

OBSERVAÇÕES.

Quando a lei assegura o adicional noturno o faz genèricamente, sem discriminar o tipo de atividade. Portanto, há fundadas razões para que ao artista corresponda a majoração sempre que trabalhar em horas noturnas, muito embora não seja êsse o ponto de vista de Nélio Reis.

214. HORAS NOTURNAS DO VENDEDOR. — O VENDEDOR PRACISTA OU VIAJANTE TEM DIREITO AO ADICIONAL NOTURNO?

A DOUTRINA.

1. M. A. CARDONE (Viajantes e Pracistas no Direito do Trabalho, 1.963, pg. 153): "... os viajantes e os pracistas não podem alegar qualquer direito. Se o vendedor se retiver, suponhamos, na firma de um cliente até às 23 horas tentando convencê-lo a fazer uma compra de seus artigos, não poderá exigir acréscimo por trabalho noturno, a não ser, como no caso das horas extraordinárias, se estiver submetido a horário certo."

OBSERVAÇÕES.

Não há jurisprudência sôbre o assunto e a doutrina dêle não se ocupa. Portanto, inexiste uma orientação clara e definida. Parece-nos que ao vendedor sujeito a horário, deve ser garantido o adicional noturno como é assegurado o acréscimo de horas extras, mas em se tratando de vendedor sem horário, não é cabível o pagamento, pois não está submetido a qualquer fiscalização.

215. HORAS NOTURNAS DO PORTEIRO DE EDIFÍCIO DE APARTAMENTOS. — O PORTEIRO DE EDIFÍCIO DE APARTAMENTOS TEM DIREITO À MAJORAÇÃO?

A JURISPRUDÊNCIA.

1. STF (RE. n. 42.734, de 19.6.1.961, r. M. Lafayette de Andrada, LTr. 26/551): "Sendo noturno o horário de trabalho tem direito ao adicional que a lei concede."
2. TST (A. de 11.9.1.958, TP., RR. n. 2.643/57, r. M. Délio Maranhão, RTST, 1.960, pg. 21): Igual ao n. 1.
3. TRT, 1.ª (A. n. 786/57, r. Homero Prates, LTr. 21/382): Igual ao n. 1.
4. TRT, 1.ª (A. n. 945/57, r. Pires Chaves, LTr. 21/383): Igual ao n. 1.

OBSERVAÇÕES.

A jurisprudência garante ao porteiro de edifício de apartamentos o adicional noturno. Tal se dá porque a lei não discrimina a atividade do empregado e assegura o direito de forma genérica.

TÍTULO TERCEIRO — O ADICIONAL DE INSALUBRIDADE.

216. INSALUBRIDADE E PERÍCIA OFICIAL. — A PERÍCIA JUDICIAL DE INSALUBRIDADE DISPENSA O ENQUADRAMENTO DA ATIVIDADE PELO MINISTÉRIO DO TRABALHO?

A JURISPRUDÊNCIA.

1. STF (S. n. 460): "Para efeito do adicional de insalubridade, a perícia judicial em reclamação trabalhista, não dispensa o enquadramento da atividade entre as insalubres, que é ato da competência do Ministro do Trabalho e Previdência Social."

A DOUTRINA.

1. LUIZ JOSÉ DE MESQUITA (Comentários às Súmulas do STF, LTr. "Editôra Ltda.", 1.965, pg. 254): "... assenta o STF que a perícia judicial, nas reclamações trabalhistas, não pode fugir das especificações enquadradas como atividades insalubres pelo ato ministerial, isto é, pela portaria do MTPS sôbre a matéria."

OBSERVAÇÕES.

O grande mérito da Súmula 460 consiste em significar um esfôrço de unificação de meios diferentes. Nas reclamações trabalhistas a verificação da insalubridade dá-se através de vistoria feita ou por peritos livremente indicados pelas partes ou pelo órgão técnico que é o Serviço de Higiene e Segurança do Trabalho. Ao assentar que a perícia judicial não pode afastar-se do enquadramento de atividades insalubres que é ato da competência do MTPS, a Súmula produz o efeito, desejado ou não, de condenar as perícias particulares. Se insalubres serão apenas as atividades enquadradas e como a perícia particular não tem fôrça de enquadramento, só através de perícia oficial isso será possível.

217. SALÁRIO DO SERVIÇO INSALUBRE. — O ADICIONAL DE INSALUBRIDADE É DEVIDO SE A REMUNERAÇÃO CONTRATUAL FÔR SUPERIOR AO MÍNIMO ACRESCIDO DE VALOR CORRESPONDENTE À TAXA?

A JURISPRUDÊNCIA.

1. TST (PJ. n. 8/64): "É devido o adicional de serviço insalubre, calculado à base do salário mínimo da região, ainda que a remuneração contratual seja superior ao salário mínimo acrescido da taxa de insalubridade."

OBSERVAÇÕES.

Sustentava o nosso Direito que em se tratando de salário contratual superior ao mínimo acrescido do valor equivalente ao adicional de insalubridade, êste seria indevido porque entendia-se que nessas condições o pagamento já vinha sendo efetuado. No entanto, era evidente que pelo fato de perceber salário X ou Y, ainda que de valor equivalente ao mínimo acrescido da taxa, não significava que o adicional vinha sendo pago. Assim, verificou-se forte reação na doutrina influindo na formação de jurisprudência nova, hoje consubstanciada no Prejulgado 8/64 do TST definindo de vez que ainda que a remuneração contratual seja superior ao mínimo acrescido de valor igual à taxa, devida será a obrigação. O adicional é calculado sôbre o mínimo e adicionado ao salário contratual, qualquer que seja.

218. ADICIONAL DE INSALUBRIDADE E INDENIZAÇÃO. — O ADICIONAL DE INSALUBRIDADE INTEGRA A INDENIZAÇÃO?

A JURISPRUDÊNCIA.

1. TST (PJ. n. 11/65): "O adicional de insalubridade pago em caráter permanente, integra a remuneração para o cálculo de indenização."

OBSERVAÇÕES.

O adicional de insalubridade quando permanente passa a constituir um dos componentes do salário. Se atribuído continuadamente passa a fazer parte do ganho habitual do empregado. Quando isso se dá, será computado no cálculo da indenização, só não o sendo quando eventual e sem continuidade.

219. INÍCIO DA OBRIGATORIEDADE DO PAGAMENTO. — A PARTIR DE QUE MOMENTO PASSA A SER DEVIDO O ADICIONAL DE INSALUBRIDADE?

A DOUTRINA.

1. EDGAR VARGAS SERRA (Insalubridade e Sua Remuneração, 1.962, pg. 64): "Desde que a insalubridade esteja positivada, mediante inquérito e laudo respectivo emitidos pela autoridade competente, onde são circunstanciadas causas e intensidade do evento, só a partir de tal instante têm início as restrições ditadas pela lei."
2. AMARO BARRETO (Tutela Geral do Trabalho, vol. II, pg. 268, 1.964): "A obrigação de pagar o adicional-insalubridade se assinala na data do enquadramento oficial da atividade como insalubre. Não é o fato-insalubridade que gera o direito ao adicional em tela; é, sim, o enquadramento administrativo dêsse fato."
3. DÉLIO MARANHÃO (Direito do Trabalho, 1.966, pg. 100): "Dependendo a insalubridade de declaração oficial (art. 187 da Consolidação), a taxa respectiva sòmente se torna devida a partir dessa declaração."
4. CRISTÓVÃO PIRAGIBE TOSTES MALTA (Dicionário de Doutrina Trabalhista, 1.961, pg. 3): "A perícia não cria a insalubridade, de modo que se presume que o local já era insalubre antes da perícia, competindo ao empregador o encargo de comprovar o contrário. Não havendo essa prova, o empregado fará jus ao adicional a partir do momento em que foi trabalhar no local em questão."

A JURISPRUDÊNCIA.

1. TST (A. de 4.10.1.955, 1.ª T., P. n. 7.489/53, r. M. Oliveira Lima, RTST, 1.957, pg. 242): "A declaração oficial da insalubridade do Trabalho é condição a que se deve subordinar a obrigação do empregador de pagar o adicional de salário correspondente. Êste só é devido, portanto, a partir da data da declaração da insalubridade pelo Ministério do Trabalho."
2. TST (A. de 4.10.1.955, 1.ª T., P. n. 7.490/53, r. M. Oliveira Lima, RTST, 1.957, pg. 242): Igual ao n. 1.
3. TST (A. de 7.7.1.955, 2.ª T., P. n. 5.521/54, r. M. Mário Lopes, RTST, pg. 239): "Quando positivada a insalubridade, pelo órgão competente, é devido o adicional de salário respectivo, inclusive o correspondente a período anterior à verificação. Pois, a insalubridade, sem dúvida, não é uma criação da perícia que, apenas, reconhece a sua preexistência em face das condições do meio ambiente em que é prestado o serviço."
4. TST (A. de 30.10.1.958, 2.ª T., RR. n. 2.223/58, r. M. Thélio Monteiro, RTST, 1.960, pg. 173): Igual ao n. 3.
5. TST (A. de 3.7.1.962, RR. n. 323/62, r. M. Astolfo Serra, LTr. 27/305): Igual ao n. 1.
6. TST (A. de 6.6.1.962, RR. n. 1.996/61, r. M. Amaro Barreto, LTr. 27/306): Igual ao n. 1.
7. TST (E. n. 1.348/63, de 15.7.1.964, TP., r. M. Bezerra de Menezes, LTr. 29/159): Igual ao n. 3.
8. TST (A. de 25.5.1.964, 1.ª T., n. 4.448/63, r. M. Júlio Barata, LTr. 30/171): Igual ao n. 3.
9. TST (A. de 4.6.1.964, 1.ª T., RR. n. 6.552/63, r. M. Fortunato Peres Jr., LTr. 30/172): Igual ao n. 3.
10. TST (RR. n. 2.335/65, 1.ª T., n. 3.000/65, de 20.12.1.965, r. M. Arnaldo Sussekind, LTr. 30/295): Igual ao n. 3.
11. TRT, 2.ª (P. n. 2.104/63, A. n. 1.320/64, r. Carlos Bandeira Lins, MT., junho de 1.964): Igual ao n. 3.
12. TRT, 2.ª (P. n. 2.133/63, A. n. 2.040/64, r. Antônio José Fava, MT., julho de 1.964): Igual ao n. 3.
13. TRT, 2.ª (P. n. 2.682/63, A. n. 4.624/64, r. Antônio José Fava, MT., dezembro de 1.964): Igual ao n. 3.
14. TRT, 2.ª (P. n. 4.462/63, A. n. 1.046/65, r. Fernando de Oliveira Coutinho, MT., janeiro de 1.965): Igual ao n. 3.
15. TRT, 2.ª (P. n. 1.455/65, A. n. 3.491/65, r. Fernando de Oliveira Coutinho, MT., setembro de 1.965): Igual ao n. 3.
16. TRT, 2.ª (P. n. 3.605/65, A. n. 914/66, r. Carlos Figueiredo Sá, MT., abril de 1.965): Igual ao n. 3.
17. TRT, 8.ª (P. n. 109/65, A. n. 3.449, r. José Marques Soares da Silva, LTr. 30/343): Igual ao n. 1.
18. TST (PJ. n. 29/67): "O adicional insalubridade é devido desde dois anos antes da reclamação, quando argüida a prescrição e o empregado exercer atividade classificada como insalubre nos quadros aprovados pela autoridade competente."

OBSERVAÇÕES.

O laudo pericial não cria a insalubridade, é declarativo e não constitutivo, apenas constata uma situação pré-existente; o adicional não deriva do laudo, mas da situação de fato. Por êsse motivo, a majoração pode ser conferida ao empregado com relação a tempo anterior à elaboração do laudo, observada a prescrição. Êsse entendimento, .no entanto, é pacífico, só agora através da orientação fixada pelo Prejulgado n. 29/67 do TST.

220. **DUPLO FATOR DE INSALUBRIDADE.** — NA INCIDÊNCIA DE MAIS DE UM FATOR DE INSALUBRIDADE O ADICIONAL SERÁ DEVIDO EM DOBRO?

A DOUTRINA.

1. MOZART VICTOR RUSSOMANO (Comentários à Consolidação das Leis do Trabalho, vol. VI, 1.967, pg. 132): "Se a atividade é duplamente insalubre (digamos, v. g., é insalubre em grau máximo e médio), o trabalhador não terá direito a um acréscimo salarial de sessenta por cento (grau máximo quarenta por cento; grau médio vinte por cento). Fará jus, apenas, à taxa de quarenta por cento sôbre o salário mínimo local, pois a taxa maior absorve a menor."

OBSERVAÇÕES.

O art. 4.º da Portaria n. 491, de 16.9.1.965, que aprova o quadro das atividades e operações insalubres e dá outras providências, esclarece o assunto: "no caso de incidência de mais de um fator de insalubridade, será considerado o de mais elevado grau, vedada a percepção cumulativa, incluída, também, neste caso, a taxa de periculosidade."

TÍTULO QUARTO — O ADICIONAL DE PERICULOSIDADE.

221. **PÔSTO DE GASOLINA.** — O EMPREGADO DE PÔSTO DE REVENDA DE COMBUSTÍVEL LÍQUIDO TEM DIREITO AO ADICIONAL DE PERICULOSIDADE?

A JURISPRUDÊNCIA.

1. STF (S. n. 212): "Tem direito ao adicional de serviço perigoso o empregado de pôsto de revenda de combustível líquido."

A DOUTRINA.

1. LUIZ JOSÉ DE MESQUITA (Comentários às Súmulas do STF, LTr. "Editôra Ltda.", 1.965, pg. 73): "Trata-se de uma "questão de fato" que também o TST já vinha apreciando e resolvendo no sentido da Súmula."

OBSERVAÇÕES.

Salienta a Súmula n. 212 o direito do empregado de pôsto de revenda de combustível ao acrescimo salarial atribuído aos serviços perigosos porque tem contacto permanente com inflamável e a lei n. 2.573, de 15.8.55 manda que nesses casos o trabalhador perceba a majoração pelas condições especiais da prestação de serviços.

222. **ADICIONAL DE PERICULOSIDADE E INDENIZAÇÃO.** — O ADICIONAL DE PERICULOSIDADE PAGO EM CARÁTER CONTINUADO INTEGRA A INDENIZAÇÃO?

A JURISPRUDÊNCIA.

1. TST (PJ. n. 4/63): "O adicional periculosidade, pago em caráter permanente, integra o cálculo da indenização."

OBSERVAÇÕES.

Sustentou-se até algum tempo, que o adicional de periculosidade não integra a indenização. Todavia, como em determinados casos é atribuído de modo continuado e permanente, passou a fazer parte do ganho normal do empregado. Assim, formou-se forte corrente admitindo, nesses casos, a sua integração na remuneração base dos cálculos indenizatórios e o Prejulgado 4/63 do TST reflete a predominância dêsse ponto de vista nos Tribunais.

223. INCIDÊNCIA DO ADICIONAL DE PERICULOSIDADE. — O ADICIONAL DE PERICULOSIDADE SERÁ CALCULADO SÔBRE O SALÁRIO CONTRATUAL OU O MÍNIMO LEGAL?

A LEI.

> Art. 1.º — Os trabalhadores que exercerem suas atividades em contacto permanente com inflamáveis, em condições de periculosidade, terão direito a uma remuneração adicional de 30% (trinta por cento) sôbre os salários que perceberem (Lei n. 2.573, de 15.8.1.955).

OBSERVAÇÕES.

A lei 2.573, de 15.8.1.955, não deixa margem a dúvidas quanto à incidência do adicional de periculosidade sôbre o salário contratual e não sôbre o salário mínimo.

224. TRABALHO INSALUBRE E PERIGOSO. — NO TRABALHO PRESTADO SIMULTÂNEAMENTE EM CONDIÇÕES DE INSALUBRIDADE E PERICULOSIDADE, OS ADICIONAIS SERÃO REUNIDOS?

A LEI.

> Art. 5.º — Os trabalhadores beneficiados pela presente lei poderão optar pela quota de insalubridade que porventura seja devida (Lei n. 2.573, de 15.8.1.955).

A DOUTRINA.

1. ARNALDO SUSSEKIND (Instituições de Direito do Trabalho, 1.957, vol. I, pg. 446): "... deverá optar entre os respectivos adicionais, como estabelece a lei."

2. AMARO BARRETO (Tutela Geral do Trabalho, vol. II, pg. 270, 1.964): "... o trabalhador terá de optar entre os dois adicionais, pois a lei lhes veda a acumulação..."

3. DÉLIO MARANHÃO (Direito do Trabalho, 1.966, pg. 99): "O adicional de insalubridade é acumulável com outras compulsórias a que fizer jus o empregado, salvo com o de periculosidade..."

4. MOZART VICTOR RUSSOMANO (Comentários à Consolidação das Leis do Trabalho, vol. VI, pg. 132, 1.967): "... fenômeno de absorção ocorre com o adicional de periculosidade, que nunca é devido, cumulativamente, com a taxa de insalubridade. O adicional exclui a taxa, e vice-versa, com prevalência da percentagem de incidência mais alta."

A JURISPRUDÊNCIA.

1. TRT, 2.ª (P. n. 3.309/63, A. n. 176/64, r. Gilberto Barreto Fragoso, MT., fevereiro de 1.964): "O pleitear o empregado, simultâneamente, adicional de periculosidade e adicional de insalubridade, não tem fundamento legal. Êsses adicionais não podem ser acumulados e um exclui o outro."

OBSERVAÇÕES.

Os adicionais de insalubridade e periculosidade hostilizam-se por fôrça do art. 5.º da Lei 2.573, de 15.8.1.955. Ainda que a prestação de serviços se desenvolva em condições ao mesmo tempo insalubres e perigosas, há que ser feita opção.

225. TRABALHO COM EXPLOSIVOS. — O PESSOAL QUE TRABALHA COM EXPLOSIVOS (DINAMITE) TEM DIREITO AO ADICIONAL?

A DOUTRINA.

1. ROBERTO BARRETO PRADO (Direito do Trabalho, 1.963, pg. 352): "Não são apenas os corpos inflamáveis que constituem perigo, para os efeitos da lei, mas também os gases explosivos."
2. DÉLIO MARANHÃO (Direito do Trabalho, 1.966, pg. 111): "A remuneração adicional, que não pode ser acumulada com a de insalubridade (art. 5.º), resulta do trabalho em contacto permanente e perigoso com inflamáveis. Não se aplica, pois, ao trabalho com explosivos."

A JURISPRUDÊNCIA.

1. TRT, 2.ª (P. n. 659/60, A. de 26.4.1960, r. Homero Diniz Gonçalves, ET., agôsto de 1.960): "A lei não socorre a pretensão, eis que apesar de perigoso o trabalho não pode ser considerado como inflamável."

OBSERVAÇÕES.

A matéria é controvertida porque o trabalho com explosivos tanto vem sendo considerado como enquadrado nos casos da Lei 2.573, de 15.8.1.955, como não. Parece-nos que o assunto é de natureza eminentemente técnica, o que vale dizer que caberá à perícia e em cada caso concreto, a verificação da existência dos pressupostos de fato dos quais dependerá a aplicação da lei.

226. CONTACTO EVENTUAL COM INFLAMÁVEL. — BASTA A EXISTÊNCIA, NA EMPRÊSA, DE INFLAMÁVEL, OU É NECESSÁRIO O CONTACTO PERMANENTE DO EMPREGADO PARA TER DIREITO AO ADICIONAL?

A LEI.

>   Art. 2.º — Consideram-se, para os efeitos desta lei, como condições de periculosidade, os riscos a que estão expostos os trabalhadores, decorrentes do transporte, da carga e descarga de inflamáveis, do reabastecimento de aviões ou de caminhões-tanques e de postos de serviço, enchimento de latas e tambores,

dos serviços de manutenção e operação em que o trabalhador se encontre sempre em contacto com inflamáveis, em recintos onde êstes são armazenados e manipulados ou em veículos em que são transportados (Lei n. 2.573/1.955).

OBSERVAÇÕES.

O empregado deve permanecer em contacto permanente com inflamável para a configuração do direito ao adicional de periculosidade. Portanto, não receberá o acréscimo se êsse contacto fôr meramente eventual. Mas há casos de contactos intermitentes que não deixarão de ser permanentes. Ex.: o trabalho em área perigosa em momentos diferentes da jornada diária, em todos os dias. Ao vigia que incursiona ocasionalmente em áreas perigosas, no entanto, já foi negado o direito (TRT/SP, P. n. 5.538/64).

227. ESCRITÓRIO EM ÁREA PERIGOSA. — O EMPREGADO DE ESCRITÓRIO SITUADO EM ÁREA PERIGOSA TEM DIREITO À MAJORAÇÃO?

A JURISPRUDÊNCIA.

1. TRT, 6.ª (P. n. 69/60, A. de 26.4.1.960, r. José T. Sá Pereira, LTr. 26/270): "Faz jus ao adicional da lei o empregado de escritório cujo trabalho seja executado em área tida como perigosa."

OBSERVAÇÕES.

O A. assegura o adicional se o pessoal, embora burocrático, prestar serviços em escritório situado na área delimitada e perigosa. A solução não nos parece ferir a lei mas não existe jurisprudência de molde a definir a matéria.

TÍTULO V — O ADICIONAL DE TRANSFERÊNCIA

228. ADICIONAL DE TRANSFERÊNCIA. — O ADICIONAL DE TRANSFERÊNCIA INCORPORA-SE AO SALÁRIO?

A DOUTRINA.

1. JOSÉ MARTINS CATHARINO (Tratado Jurídico do Salário, 1.951, pg. 607): "O acréscimo de 25% é mínimo, e à semelhança da remuneração própria dos cargos de confiança, não se incorpora, independentemente da condição que lhe é causa, ao salário normal do empregado."

A JURISPRUDÊNCIA.

1. TRT, 2.ª (P. n. 2.776/65-B, A. n. 1.412/66, de 22.3.1.966, r. Roberto Barreto Prado, LTr. 30/397): "O adicional de transferência tem natureza transitória e não se incorpora ao salário para efeito de cálculo de indenização e aviso prévio."

OBSERVAÇÕES.

Se determinada atribuição econômica tem natureza especial, transitória e não vinculada diretamente à causa trabalho, é evidente que não se incorpora ao salário. É o caso do adicional de transferência, pagamento que se destina a cobrir encargos decorrentes da mudança de domicílio. Êsse benefício, por sua natureza, não integra o salário.

229. SUPRESSÃO DO ADICIONAL DE TRANSFERÊNCIA. — SE O EMPREGADO TRANSFERIDO VOLTA A TRABALHAR NA LOCALIDADE DE ORIGEM, O ADICIONAL PODE SER SUPRIMIDO?

A DOUTRINA.

1. MOZART VICTOR RUSSOMANO (Comentários à Consolidação das Leis do Trabalho, 1.960, vol. III, pg. 758): "O aumento salarial é transitório como a transferência."
2. ROBERTO BARRETO PRADO (Direito do Trabalho, 1.963, pg. 121): "Essa majoração tem caráter aleatório e precário. Cessada a transferência, volta o empregado a receber o antigo salário."
3. ADRIANO CAMPANHOLE (Prática e Jurisprudência Trabalhista, 1.962, pg. 346): "Ordenada sua volta ao local de contrato de trabalho, as despesas correrão, novamente, por conta do empregador, cessando com a volta ao referido local, o pagamento do adicional salarial."
4. JOSÉ MARTINS CATHARINO (Tratado Jurídico do Salário, 1.951, pg. 282): "É devido enquanto durar a situação excepcional."
5. ARNALDO SUSSEKIND (Comentários à Consolidação das Leis do Trabalho e à Legislação Complementar, 1.964, vol. III, pg. 469): "Uma vez cessada a causa da transferência — a necessidade de serviço de caráter transitório — e determinado o retôrno do empregado, tornar-se-á indevido o aludido adicional..."

OBSERVAÇÕES.

O adicional é devido enquanto durar a transferência (art. 470 da C.L.T.); a doutrina reafirma a natureza excepcional e transitória do adicional de transferência.

230. DESPESAS DE TRANSFERÊNCIA. — ALÉM DO ADICIONAL A EMPRÊSA É OBRIGADA A PAGAR AS DESPESAS DA TRANSFERÊNCIA DO EMPREGADO?

A LEI.

> Art. 470. — § único. — As despesas resultantes da transferência correrão por conta do empregador.

A DOUTRINA.

1. ROBERTO BARRETO PRADO (Direito do Trabalho, 1.963, pg. 117): "A lei não obriga o empregador a êsse pagamento. O salário em regra já tem essa destinação de atender às despesas de transporte do empregado."
2. JOSÉ MARTINS CATHARINO (Tratado Jurídico do Salário, 1.951, pg. 282): "As despesas resultantes da transferência na hipótese correrão por conta do empregador..."
3. VASCO DE ANDRADE (Atos Unilaterais no Contrato de Trabalho, 1.943, pg. 137): "Se a deslocação se verificar por necessidade da emprêsa, tôdas as

despesas resultantes, inclusive o transporte da família, correm por conta do empregador."
4. ARNALDO SUSSEKIND (Comentários à Consolidação das Leis do Trabalho e à Legislação Complementar, 1.964, vol. III, pg. 453): "... prevalece a jurisprudência, ao considerar, acertadamente, que usando o empregador da faculdade de transferir seu empregado, em qualquer das hipóteses previstas na lei, terá de custear as desp sas indispensáveis ao deslocamento do transferido para o nôvo local de trabalho..."
5. MOZART VICTOR RUSSOMANO (Comentários à Consolidação das Leis do Trabalho, 1.960, vol. III, pg. 758): "... como a transferência é ditada pelas conveniências do patrão, êste deve propiciar ao trabalhador meios e recursos para se locomover até o nôvo lugar onde vai executar os serviços contratados."
6. DÉLIO MARANHÃO (Direito do Trabalho, 1.966, pg. 182): "Por conta do empregador correrão, ainda, as despesas de transferência."

A JURISPRUDÊNCIA.

1. TRT, 2.ª (P. n. 665/61, A. n. 1.855/61, r. Marcelino Marques, MT., setembro de 1.961): "Nula é a cláusula contratual que desobriga a emprêsa do pagamento de adicional de salários e despesas de transporte decorrentes da transferência do local de trabalho."

OBSERVAÇÕES.

Nas transferências provisórias é pacífico o direito do empregado às despesas pessoais e familiares delas decorrentes. A divergência situa-se, apenas, quanto às transferências definitivas, mas ainda nestes casos ao empregador têm sido atribuídas as mesmas obrigações.

231. CLÁUSULA DE TRANSFERÊNCIA. — SE DO CONTRATO CONSTAR CLÁUSULA DE TRANSFERÊNCIA, O ADICIONAL SERÁ DEVIDO?

A DOUTRINA.

1. MOZART VICTOR RUSSOMANO (Comentários à Consolidação das Leis do Trabalho, 1.960, vol. III, pg. 759): "... Quanto à majoração salarial, o art. 469 e seus parágrafos não lhe fizeram a menor alusão. De modo que só terão direito a ela os empregados transferidos nos casos autorizados pelo art. 470 (necessidade de serviço). Nos demais, a transferência pode ser feita sem necessidade do aumento de 25% que é reservado para a hipótese mencionada."
2. ARNALDO SUSSEKIND (Comentários à Consolidação das Leis do Trabalho e à Legislação Complementar, vol. II, pg. 469, 1.964): "Sòmente na hipótese de transferência provisória por necessidade de serviço será devido, "ex-vilegis", o adicional de 25% sôbre os salários percebidos pelo empregado."

A JURISPRUDÊNCIA.

1. TST (RR. n. 144/57, 2.ª T., A. de 12.8.1.957, r. M. Edgard Sanches, RTST, 1.959, pg. 200): "O empregado admitido mediante cláusula implícita ou explícita de transferibilidade não tem, nos têrmos da lei, direito ao acréscimo de vinte e cinco por cento, quando transferido."
2. TST (A. de 12.12.1.953, P. n. 4.401/51, r. M. Delfim Moreira Jr., RTST, 1.957, pg. 1): Igual ao n. 1.
3. TST (A. de 25.1.1.955, 3.ª T., P. n. 2.046, r. M. Jonas de Carvalho, RTST, 1.957, pg. 1): Igual ao n. 1.
4. TST (A. de 8.4.1.958, 3.ª T., RR. n. 3.218/57, r. M. Hildebrando Bisaglia, RTST, 1.960, pg. 189): Igual ao n. 1.

5. TST (A. de 8.9.1.958, 2.ª T., RR. n. 1.436/58, r. M. Thélio Monteiro, RTST, 1.960, pg. 189): Igual ao n. 1.
6. TRT, 1.ª (P. n. 336/59, DJ. de 7.8.1.959, r. Pires Chaves): Igual ao n. 1.
7. TRT, 2.ª (P. n. 3.400/61, A. n. 1.771/62, r. Hélio de Miranda Guimarães, MT., julho de 1.962): Igual ao n. 1.
8. TRT, 2.ª (P. n. 1.927/58, A. n. 2.198/58, r. Wilson de Souza Campos Batalha, MT., setembro de 1.958): Igual ao n. 1.

OBSERVAÇÕES.

Ao empregado, cujo contrato tenha condição implícita ou explícita de transferência é indevido o adicional de transferência.

232. TRANSFERÊNCIA A PEDIDO. — NAS TRANSFERÊNCIAS A PEDIDO DO EMPREGADO É DEVIDA A MAJORAÇÃO?

A DOUTRINA.

1. VASCO DE ANDRADE (Atos Unilaterais no Contrato de Trabalho, 1.943, pg. 137): "Dando-se a transferência por comum acôrdo entre as partes, passando o empregado a local melhor, mais conveniente, serão as despesas também do empregador, se o contrário não se houver convencionado, antes de operar-se a deslocação, por declaração escrita."

A JURISPRUDÊNCIA.

1. TRT, 2.ª (P. n. 1.391/57, A. n. 1.891/57, r. Wilson de Souza Campos Batalha, LTr. 21/137): "Inaplicável à hipótese é, portanto, o aumento de 25% a que se refere o artigo 470 da C.L.T.: êste inciso não abrange os casos de transferência em caráter definitivo, como não abrange os empregados que tenham cláusula explícita em seus contratos autorizando a transferência. Obviamente é também inaplicável às hipóteses em que o empregado toma a iniciativa de solicitar a transferência."

OBSERVAÇÕES.

São raros os pronunciamentos sôbre o adicional de transferência a pedido do empregado. Dêsse modo, não há orientação definida e clara. O direito já foi negado por decisão do TRT da 2.ª Região. Parece-nos que sempre será devido o adicional, salvo expressa ressalva da lei ou contrato. Como a lei não faz restrição, sem que por contrato as partes o estipulem, o empregado terá assegurado o acréscimo ainda que transferido por sua solicitação.

233. VIAJANTES E O ADICIONAL DE TRANSFERÊNCIA. — EM SE TRATANDO DE VIAJANTES É DEVIDA A MAJORAÇÃO?

A DOUTRINA.

1. JOSÉ MARTINS CATHARINO (Contrato de Emprêgo, 1.962, pg. 223): "... a Lei n. 3.207, não determina o pagamento de qualquer adicional, tampouco quanto ao ressarcimento das despesas causadas pela modificação unilateral, que representa exemplo típico de reconhecimento legal do direito de variar concedido ao empregador."

OBSERVAÇÕES.

Porque a transferência é condição implícita ou explícita do contrato de trabalho, ao viajante a lei não confere qualquer direito ao adicional de transferência.

234. **CONSTRUÇÃO CIVIL E CLÁUSULA DE TRANSFERÊNCIA. — AO PESSOAL DA CONSTRUÇÃO CIVIL É ASSEGURADO O ADICIONAL DE TRANSFERÊNCIA?**

A JURISPRUDÊNCIA.

1. STF (AI. n. 21.467, 1.ª T., r. M. Cândido Mota Filho, 4.11.1.959, in Calheiros Bonfim, A CLT vista pelo STF., vol. II, pg. 194): "O Acórdão que motivou o extraordinário reconheceu que não paira dúvida que, tratando-se de emprêsa que se dedica a construção e instalações industriais, todos os que nesses misteres trabalham têm em seus contratos de trabalho a cláusula implícita de transferência. A interpretação contratual e a aplicação judiciosa da lei não autorizam recurso extraordinário."
2. TST (A. de 30.9.1.955, 1.ª T., P. n. 7.467/53, r. M. Oliveira Lima, RTST, 1.957, pg. 256): "O empregado de emprêsa de construção civil terá necessàriamente de trabalhar em locais diversos, de acôrdo com as obras para as quais é destacado. É uma condição implícita do seu contrato."
3. TST (A. de 27.6.1.958, 1.ª T., RR. n. 649/58, r. M. Rômulo Cardim, RTST, 1.960, pg. 96): "Pelo simples fato de trabalhar o empregado em construção civil, não se há de inferir, necessàriamente, a existência, no seu contrato de trabalho, da condição implícita de transferibilidade (transferência de uma para outra cidade)."
4. TST (A. de 23.6.1.958, 2.ª T., RR. n. 3.654/57, r. M. Luiz França, LTr. 24/139): "O servente que se emprega numa emprêsa de construção civil, em determinada cidade, não aceita implìcitamente, como cláusula de seu contrato, a condição de transferência a critério da emprêsa."
5. TST (RR. n. 1.669/62, A. n. 1.350/62, r. M. Astolfo Serra, LTr. 1.963/164): Igual ao n. 2.
6. TRT, 2.ª (P. n. 8/59, A. n. 1.553/59, r. Carlos Bandeira Lins, MT., setembro de 1.959): Igual ao n. 3.
7. TRT, 2.ª (P. n. 3.235/60, A. n. 350/61, r. Carlos Bandeira Lins, MT., abril de 1.961): Igual ao n. 3.

OBSERVAÇÕES.

Não existe uniformidade de pronunciamentos dos Tribunais. O empregado da construção civil ora é tido como necessàriamente transferível pela própria natureza da atividade, ora lhe é negada essa condição.

Krotoschin (Tratado Práctico de Derecho del Trabajo, 206) equipara, para êsse fim, os trabalhadores da construção civil, aos aeronautas.

A movibilidade implícita tem sido reconhecida quanto aos empregados de emprêsas de pavimentação e terraplenagem (TRT/SP, A. n. 2.198/58), estabelecimentos bancários (TRT/SP, A. n. 1.527/63, de aeronavegação (TRT/SP, A. n. 942/59), de transporte rodoviário (TRT/SP, A. n. 4.005/60), de transporte ferroviário (TRT/SP, A. n. 3.180/63). Há uma particularidade quanto ao pessoal de obras, em grande maioria simples trabalhadores braçais sem especialização profissional: é recrutável fàcilmente em qualquer localidade. Assim, em princípio, não haveria necessidade de transferir, a não ser pessoal qualificado.

Os ocupantes de cargos de confiança (ex.: gerência), submetidos à expressa determinação legal (art. 469 — § 1.º da C.L.T.), não fazem jus à majoração. Os artistas e os viajantes situam-se, também, entre os casos especiais de transferência por condição implícita da atividade.

235. TRANSFERÊNCIA DEFINITIVA. — SE A TRANSFERÊNCIA PROVISÓRIA TORNA-SE DEFINITIVA PODE SER SUPRIMIDO O ADICIONAL?

A DOUTRINA.

1. JOSÉ MARTINS CATHARINO (Contrato de Emprêgo, 1.962, pg. 231): "Quando tal ocorre, dá-se uma novação objetiva geralmente acompanhada da incorporação definitiva do adicional ao salário, ou até de uma majoração maior. Alteração que será lícita, nos têrmos dos artigos 468 e 469."

OBSERVAÇÕES.

Não há uma orientação definitiva e são poucos os pronunciamentos; com inegável autoridade, Catharino sustenta a incorporação do adicional no salário se a transferência de provisória transforma-se em definitiva.

CAPÍTULO VII

AS COMISSÕES DOS EMPREGADOS VENDEDORES.

É freqüente, nos emprêgos do comércio, a retribuição com base em percentuais sôbre os negócios que o vendedor efetua, ou seja, o salário por comissão. Para Orlando Gomes é uma feição especial da remuneração por unidade de obra. Segundo Sussekind, constitui modalidade de retribuição condicionada ao serviço realizado pelo trabalhador. Catharino entende que o salário por comissão reentra no conceito amplo de percentagens. Não se duvida, em qualquer caso, tratar-se de típica prestação salarial.

CARACTERÍSTICAS. — Em nosso Direito, a comissão é admitida como forma exclusiva ou não de retribuição (Ver Questão n.º 237), não se confunde com a percentagem (Ver Questão n. 238), nem com a participação nos lucros (Ver Questão n. 239), é irredutível (Ver Questão n. 241), a aceitação da venda pela emprrêsa representa o momento de aquisição do direito (Ver Questão n. 246), nenhuma implicação resultará da cessação da relação de emprêgo quanto às comissões já consumadas (Ver Questão n. 248) e a inexecução do negócio, salvo a insolvência do cliente, não deve prejudicar o vendedor (Ver Questões n.ºs 249 e 250).

BIBLIOGRAFIA. — M. A. Cardone, "Viajantes e Pracistas no Direito do Trabalho", 1.963; Tomás Pará Filho, "As relações jurídicas entre as emprêsas e os seus agentes vendedores", Rev. Legislação do Trabalho, 1.960; José Martins Catharino, "Tratado Jurírico do Salário", 1.951; Luigi de Litala, "Contratti Speciali di Lavoro", 1.958.

236. **APLICAÇÃO DA LEI 3.207.** — A LEI 3.207, DE 18 DE JULHO DE 1957, É APLICÁVEL SÓ AOS VENDEDORES VIAJANTES E PRACISTAS OU A OUTROS EMPREGADOS COMISSIONISTAS?

A LEI.

Art. 10. — Caracterizada a relação de emprêgo, aplicam-se os preceitos desta lei a quantos exercerem funções iguais, semelhantes ou equivalentes aos empregados-viajantes embora sob outras designações (Lei 3.207).

A DOUTRINA.

1. MOZART VICTOR RUSSOMANO (Comentários à Consolidação das Leis do Trabalho, vol. III, pg. 737, 1.960): "... aplica-se, apenas, a certas categorias de empregados, que ela enumera nos seus arts. 1 e 10, isto é, vendedores, viajantes, pracistas e outros empregados que, embora sob designações diferentes, desempenhem função igual, semelhante ou equivalente." ... "Aquelas

categorias, sem dúvida, habitualmente, são remuneradas através de comissões ou percentagens; mas, é sabido, não são elas as únicas que auferem salário por essa forma. Um exemplo pode afastar a dúvida: o gerente de uma emprêsa comercial não é vendedor, não é viajante, não é pracista, nem desempenha funções que a êles o equiparem. Nada impede, no entanto, que êsse gerente receba, por fôrça de seu contrato individual de trabalho, percentagens e comissões sôbre as vendas efetuadas por outros empregados Em tal caso, não se lhe aplicará a Lei n. 3.207, porque o mesmo não se enquadra entre as categorias por ela atingidas."

2. JOSÉ MARTINS CATHARINO (Contrato de Emprêgo, 1.962, pg. 192): "... aplica-se apenas aos vendedores, viajantes e pracistas, e a "quantos exercerem funções iguais, semelhantes ou equivalentes" (art. 10), tais como, tipicamente, propagandistas-vendedores, corretores e angariadores de seguros, desde que caracterizada a relação de emprêgo."

OBSERVAÇÕES.

É escassa a casuística sôbre o campo de aplicação da lei n. 3.207. Além dos vendedores, viajantes ou pracistas, a sua proteção é destinada a outros empregados que exerçam funções de igual sentido. Os propagandistas-vendedores, corretores e angariadores de seguros foram considerados como tal (n. 2). Mas o gerente comissionista, não (n. 1). Podem ser enquadrados os empregados corretores de anúncios e contactos de publicidade das agências e emprêsas de divulgação. A atividade que exercem é igual, apenas o produto que vendem é diferente. Na mesma situação acham-se os vendedores de títulos de propriedade de empreendimentos imobiliários, de cupons de sorteios de brindes etc.

237. TRABALHO REMUNERADO A COMISSÃO. — É LÍCITO ESTIPULAR SALÁRIO EXCLUSIVAMENTE POR COMISSÃO?

A DOUTRINA.

1. JOSÉ MARTINS CATHARINO (Tratado Jurídico do Salário, 1.951, pg. 521): "... nada impede, sob o ponto de vista jurídico, que um empregado não sendo viajante, sòmente perceba comissões."
2. DÉLIO MARANHÃO (Direito do Trabalho, 1.966, pg. 156): "Sendo salário, nada impede que o trabalho seja remunerado, apenas, à base de comissão."

OBSERVAÇÕES.

Não há óbice à estipulação de salário exclusivo por comissão; assegurado será sempre o mínimo, ainda que a produção do empregado não o justifique e vedada a compensação da complementação nos meses subseqüentes.

238. COMISSÃO E PERCENTAGEM. — COMISSÃO E PERCENTAGEM SÃO A MESMA FIGURA?

A DOUTRINA.

1. CESARINO JÚNIOR (Direito Social Brasileiro, vol. II, pg. 163, 1.963): "... a percentagem, sendo proporcional ao volume monetário das vendas, é função do preço unitário, o que não ocorre, evidentemente, com a comissão sem forma percentual."

2. JOSÉ MARTINS CATHARINO (Contrato de Emprêgo, 1.962, pg. 134): "O salário por comissão reentra, pelo visto, no conceito amplo de "percentagens."
3. M. A. CARDONE (Viajantes e Pracistas no Direito do Trabalho, 1.963, pg. 45): "Para nós a percentagem é modalidade de comissão."
4. ARNALDO SUSSEKIND (Instituições de Direito do Trabalho, 1.957, vol. I, pg. 376): "A comissão constitui modalidade de retribuição condicionada ao serviço realizado pelo trabalhador: é, assim, "uma feição especial da remuneração por unidade de obra", correspondente, normalmente, a uma percentagem ajustada sôbre o valor do serviço ou negócio executado ou encaminhado pelo trabalhador."

OBSERVAÇÕES.

Não se confundem a comissão e a percentagem, porque pode haver comissão estipulada em bases não percentuais, mas sim em quantia fixa por unidade vendida.

239. COMISSÃO E PARTICIPAÇÃO NOS LUCROS. — COMISSÃO E PARTICIPAÇÃO NOS LUCROS CONSTITUEM A MESMA FIGURA?

A DOUTRINA.

1. ARNALDO SUSSEKIND (Instituições de Direito do Trabalho, 1.957, vol. I, pg. 376): "A comissão se distingue da participação nos lucros da emprêsa, porque, nesta, a percentagem de interêsse do empregado está subordinada à existência de lucro, enquanto que a comissão contratada é devida pelo só fato de ter o comissionista executado, na parte que lhe incumbe, o serviço ou negócio que enseja o seu pagamento..."
2. JOSÉ MARTINS CATHARINO (Tratado Jurídico do Salário, 1.951, pg. 526): "A comissão também não se confunde com a participação nos lucros, embora ambas sejam formas participativas de remuneração variável. As comissões são estipuladas em função do valor das vendas realizadas por intermédio do empregado ou por sua influência, pouco importando o maior ou menor lucro obtido pelo empregador, ou até sua inexistência, o que, diga-se de passagem, reforma o caráter salarial das comissões. Enfim, nestas é considerado o preço bruto obtido pelo empregador; nas participações nos lucros tem-se em conta o líquido resultante de inúmeras operações indiscriminadas, para o qual concorreram anônimamente por assim dizer, empregados e dirigentes, e, ainda, fatôres simplesmente ocasionais, externos e objetivos."
3. AMARO BARRETO (Tutela Geral do Trabalho, vol. II, pg. 57, 1.964): "Comissão é uma coisa; participação nos lucros, outra. Aquela é participação nos negócios, nas vendas, nas cobranças etc. Esta é percepção de uma percentagem nos lucros. Uma depende da realização do negócio; a outra, da verificação dos lucros."

OBSERVAÇÕES.

Existe diferença entre comissões e participação nos lucros; distinguem-se pela causa jurídica, que na primeira é a venda da mercadoria da emprêsa pelo vendedor, na segunda, a ocorrência de lucros em determinado período. A participação é condicional e nas comissões a álea é bem menor.

240. COMISSÃO E REMUNERAÇÃO POR UNIDADE DE OBRA. — A COMISSÃO É REMUNERAÇÃO POR UNIDADE DE OBRA?

A DOUTRINA.

1. ORLANDO GOMES (O Salário no Direito Brasileiro, 1.947, pg. 35): "No fundo, a comissão é uma feição especial de remuneração por unidade de obra."
2. JOSÉ MARTINS CATHARINO (Tratado Jurídico do Salário, 1.951, pg. 525): "... achamos de bom alvitre considerar a comissão como tipo de salário por unidade de serviço. Seu valor é proporcional aos resultados objetivos obtidos pelo empregado graças, principalmente, à sua capacidade teórica e prática de bom vendedor, a qual depende muito mais de atributos mentais, psicológicos principalmente, do que de outros fatôres simplesmente materiais, embora êstes não se devam desprezar."
3. ARNALDO SUSSEKIND (Instituições de Direito do Trabalho, 1.957, vol. I, pg. 376): Igual ao n. 1.
4. M. A. CARDONE (Viajantes e Pracistas no Direito do Trabalho, 1.963, pg. 49): Igual ao n. 2.
5. ORLANDO GOMES e ELSON GOTTSCHALK (Curso Elementar de Direito do Trabalho, 1.963, pg. 206): "No fundo a comissão é uma feição especial da remuneração por unidade de obra. Também aqui o resultado da atividade do empregado é, em princípio, encarado para a determinação da remuneração. Se não há uma obra material para se remunerar, como na produção de mercadorias, há negócios individualizáveis, que exigem do empregado a prática de determinados atos ou negócios, os quais são tomados como unidades para efeito do pagamento do salário."

OBSERVAÇÕES.

Não há uniformidade de entendimento, mas os autores não negam uma relação entre o salário por unidade de obra e as comissões, divergindo apenas em detalhes.

A semelhança entre as duas figuras já foi ressaltada por autores estrangeiros (Santoro Passarelli, Capaldi, De Litala).

241. REDUÇÃO DE COMISSÕES. — É LÍCITA A REDUÇÃO DAS COMISSÕES?

A DOUTRINA.

1. JOSÉ MARTINS CATHARINO (Tratado Jurídico do Salário, 1.951, pg. 600): "Quando o salário é determinado percentualmente, a irredutibilidade deve ser, em princípio, da taxa e não do valor dos salários percebidos, embora a redução da percentagem não implique necessàriamente, em flagrante alteração prejudicial ao empregado."
2. ORLANDO GOMES (O Salário no Direito Brasileiro, 1.947, pg. 38): "Invariável, é, porém, a taxa, no sentido de que sua diminuição importa redução de salário."
3. M. A. CARDONE (Viajantes e Pracistas no Direito do Trabalho, 1.963, pg. 109): "... Ainda aqui é o artigo 468 da Consolidação das Leis do Trabalho que rege o assunto. São, pois, indispensáveis duas condições: o consentimento do empregado e a ausência de prejuízo".
4. JOSÉ MARTINS CATHARINO (Contrato de Emprêgo, 1.962, pg. 215): "... o percentual originàriamente fixado não poderá ser, unilateralmente, reduzido pelo empregador, ainda que o volume dos lucros, das vendas, ou o aumento de preço das mercadorias, possibilitem ao empregado ganhar realmente mais."

A JURISPRUDÊNCIA.

1. TST (P. n. 4.688/50, RTST, 1.955, pg. 49): "A redução da taxa da comissão atribuída ao vendedor pracista que percebe salário misto importa em alteração contratual vedada por lei, mesmo quando, em conseqüência do aumento do volume de vendas, não se verifique diminuição de salário."

OBSERVAÇÕES.

É ilícita a redução unilateral da taxa de comissões dos vendedores, viajantes ou pracistas e semelhantes, mesmo nos casos de aumento do volume de vendas ou elevação de preços; o fundamento é o art. 468 da CLT.

Catharino cita parecer de Cesarino Júnior no mesmo sentido.

Assim, prevalece aqui o mesmo tratamento dispensado ao salário por peça ou tarefa, cujos preços unitários não podem sofrer reduções em condições normais.

242. **COMISSÕES SÔBRE VENDAS DIRETAS.** — PELAS VENDAS DIRETAS EFETUADAS EM ZONA FECHADA O VENDEDOR TEM DIREITO À COMISSÃO?

A LEI.

Art. 2.º — O empregado vendedor terá direito à comissão avençada sôbre as vendas que realizar. No caso de lhe ter sido reservada expressamente, com exclusividade, uma zona de trabalho, terá êsse direito sôbre as vendas ali realizadas diretamente pela emprêsa ou por preposto dela (Lei n. 3.207, de 18.7.1.957).

OBSERVAÇÕES.

O vendedor de zona fechada tem direito às comissões pelas vendas diretas nela efetuadas. A lei argentina n. 14.546 e um contrato coletivo nacional da Itália, asseguram êsse mesmo direito, ampliado, também, para os casos de exclusividade de clientela (De Litala, Contratti Speciali di Lavoro, 1.958, pg. 384).

243. **COMISSÕES SÔBRE NEGÓCIOS RUINOSOS.** — O VENDEDOR TEM DIREITO A COMISSÃO DOS NEGÓCIOS QUE, SEM CULPA SUA, CAUSARAM DANO À EMPRÊSA?

A DOUTRINA.

1. ORLANDO GOMES (O Salário no Direito Brasileiro, 1.947, pg. 37): "Entre nós não pode haver dúvida alguma quanto ao direito do empregado de receber comissões pelas transações realizadas que, sem culpa sua, causaram dano ao empregador."

OBSERVAÇÕES.

Não existe orientação definida em nosso Direito. Orlando Gomes assegura a comissão ainda que a transação acarrete danos à emprêsa, desde que o vendedor não tenha culpa. Os negócios ruinosos para o empregador, não são aquêles com insolvência quando caberia estôrno. Trata-se, apenas, de negócios de resultados não satisfatórios, o que é diferente e não pode ser responsabilizado o vendedor quando não incorrer em culpa, cabendo à emprêsa suportar os riscos do empreendimento.

244. CLÁUSULA "DEL CREDERE". — A LEI PERMITE SEJA CONVENCIONADA A CLÁUSULA *DEL CREDERE*?

A DOUTRINA.

1. ORLANDO GOMES (O Salário no Direito Brasileiro, 1.947, pg. 156): "Admite-se, porém, quando tenha função meramente punitiva, pois, nesse caso, constitui uma garantia contra a leviandade do comissionista."
2. CESARINO JÚNIOR (Direito Social Brasileiro, 1.963, vol. II, pg. 169): "A pactuação da cláusula *del credere*, a nosso ver, é lícita em nosso direito, em face do disposto no artigo 462, da C.L.T...."
3. JOSÉ MARTINS CATHARINO (Tratado Jurídico do Salário, 1.951, pg. 539): Igual ao n. 1.
4. M. A. CARDONE (Viajantes e Pracistas no Direito do Trabalho, 1.963, pg. 93): "Achamos aconselhável que a estipulação dessa cláusula nos contratos de trabalho seja feita expressamente para maior facilidade de prova em caso de litígio, embora não encontremos na legislação nenhuma norma que obrigue isso."
5. ORLANDO GOMES e ELSON GOTTSCHALK (Curso Elementar de Direito do Trabalho, 1.963, pg. 207): "... a lei que regulou a situação dos viajantes e pracistas admite o estôrno na contabilização das comissões pagas ao empregado tôda vez que seja cancelado um pedido por insolvência daquele com quem negociou o comissionista, sem cogitar da existência, ou não, de culpa sua no cancelamento da transação. Parece, assim, haver a lei recuado na orientação seguida pela Consolidação das Leis do Trabalho, que prescreve o direito à exigibilidade das comissões depois de ultimada a transação. Nessa conformidade, terá a lei vigente admitido como de formulação implícita a controvertida cláusula *stare del credere,* que tem servido de obstáculo ao recebimento das comissões pelo comissionista, pelo simples fato da ausência de encaixe do débito do comprador."
6. JOSÉ MARTINS CATHARINO (Contrato de Emprêgo, 1.962, pg. 195): "No contrato de emprêgo, não poderá ser aceita com a natureza e a amplitude que lhe reconhece a lei comercial. Pode, sim, ser prevista uma cláusula penal pura (Ver Código Civil, arts. 916 e seguintes), ou o desconto, se o empregado, por culpa, causar dano ao empregador. Se por dolo, o desconto será lícito por fôrça de lei..."
7. DÉLIO MARANHÃO (Direito do Trabalho, 1.966, pg. 158): Igual ao n. 2.

OBSERVAÇÕES.

É válida a estipulação da cláusula "del credere", mas não com a amplitude do direito comercial e sim na conformidade do artigo 462 da C.L.T., nos casos de danos causados pelo empregado. Parece-nos desnecessário invocar a figura do direito mercantil porque o direito trabalhista dispensa tratamento próprio à matéria.

245. ALTERAÇÃO DE ZONA. — A ZONA DE TRABALHO DO VENDEDOR PODE SER AMPLIADA OU RESTRINGIDA COM PREJUÍZO DAS COMISSÕES?

A LEI.

Art. 2.º — § 1.º. — A zona de trabalho do empregado vendedor poderá ser ampliada ou restringida de acôrdo com a necessidade da emprêsa, respeitados os dispositivos desta lei quanto à irredutibilidade da remuneração (Lei n. 3.207, de 18.7.1.957).

A DOUTRINA.

1. TOMÁS PARÁ FILHO (As relações jurídicas entre as emprêsas e os seus agentes vendedores, apud LTr. 24/111): "... a lei permite a ampliação ou a redução da zona de trabalho do empregado-vendedor, uma vez demonstrada a necessidade da emprêsa e ressalvada a irredutibilidade da remuneração do agente. Ainda: essa faculdade não poderá ser exercida sem atenção ao seu fim eminentemente ligado à instituição empressária, mas sem desprêzo pelos direitos já inscritos na esfera jurídica do empregado."
2. ALUYSIO SAMPAIO e PAULO JORGE DE LIMA (Dicionário Jurídico Trabalhista, 1.962, pg. 173): Igual ao n. 1.
3. M. A. CARDONE (Viajantes e Pracistas no Direito do Trabalho, 1.963, pg. 107): Igual ao n. 1.
4. ARNALDO SUSSEKIND (Comentários à Consolidação das Leis do Trabalho e à Legislação Complementar, 1.964, vol. III, pg. 413): Igual ao n. 1.

A JURISPRUDÊNCIA.

1. STF (RE. n. 40.736, 1.ª T., 22.4.1.959, r. M. Cândido Mota Filho, in Calheiros Bonfim, A CLT vista pelo STF, vol. II, pg. 193): "A empregadora, alegando que a renda da zona para a qual fôra admitido o reclamante era baixa, subdividiu-a com outro vendedor. O Acórdão, ao dar ganho de causa ao empregado, conclui que a emprêsa poderia admitir novos vendedores, mas não lhe era lícito privar o antigo vendedor dos frutos de seu trabalho. Extraordinário não conhecido. Se se evidenciou à emprêsa a necessidade de ampliar suas vendas na zona, não podia daí resultar o aproveitamento arbitrário do trabalho anterior do recorrido."
2. STF (AI. n. 23.954, 1.ª T., r. M. Pedro Chaves, p. em 18.10.1.961, apud Calheiros Bonfim, A CLT vista pelo STF, vol. III, pg. 118): Igual ao n. 1.
3. TST (A. de 12.12.1.955, 3.ª T., P. n. 5.849/55, r. M. Tostes Malta, RTST, 1.957, pg. 301): Igual ao n. 1.
4. TST (A. de 7.1.1.958, 3.ª T., RR. n. 723/57, r. M. Tostes Malta, RTST, 1.960, pg. 276): Igual ao n. 1.
5. TRT, 1.ª (RO. n. 2.398/62, r. Simões Barbosa, LTr. 28/299): Igual ao n. 1.
6. TRT, 2.ª (P. n. 5.097/64, A. n. 187/66, r. Wilson de Souza Campos Batalha, MT., março de 1.966): "Mantida a média salarial, admite a lei a alteração da zona de vendedor."

OBSERVAÇÕES.

Questão óbvia diante da clareza do texto da lei que assegura a irredutibilidade da média de comissões nas ampliações ou restrições de zonas do vendedor.

246. NASCIMENTO DO DIREITO ÀS COMISSÕES. — ACEITA A TRANSAÇÃO PELA EMPRÊSA NASCE O DIREITO DO VENDEDOR ÀS COMISSÕES PELA VENDA ENCAMINHADA?

A LEI.

Art. 3.º — A transação será considerada aceita se o empregador não a recusar por escrito, dentro de 10 (dez) dias, contados da data da proposta. Tratando-se de transação a ser concluída com comerciante ou emprêsa estabelecida noutro Estado ou no estrangeiro, o prazo para aceitação ou recusa da proposta de venda será de 90 dias, podendo, ainda, ser prorrogado, por tempo determinado, mediante comunicação escrita feita ao empregado (Lei n. 3.207, de 18.7.1.957).

A DOUTRINA.

1. M. A. CARDONE (Viajantes e Pracistas no Direito do Trabalho, 1.963, pg. 57): "Pela lógica e o Direito Comparado a única conseqüência será que da aceitação da venda nascerá o direito do vendedor à comissão."
2. TOMÁS PARÁ FILHO (As relações jurídicas entre as emprêsas e os seus agentes vendedores, apud LTr. 24/111): "... se dentro dêsses prazos, não houver recusa expressa, a transação será considerada aceita, surgindo, para o vendedor, o direito à comissão."
3. ALUYSIO SAMPAIO e PAULO JORGE DE LIMA (Dicionário Jurídico Trabalhista, 1.962, pg. 173): "O vendedor adquirirá o direito à comissão sôbre determinada transação, quando a mesma fôr aceita pelo empregador. A transação será considerada aceita se o empregador não a recusar por escrito, dentro de 10 dias, contados da data da proposta."
4. JOSÉ MARTINS CATHARINO (Contrato de Emprêgo, 1.962, pg. 191): "A Consolidação é omissa, não o sendo a Lei n. 3.207, de 18.7.1.957, a qual, no seu artigo 3.º, fixa regras..."
5. DÉLIO MARANHÃO (Direito do Trabalho, 1.966, pg. 156): "... considera a Lei n. 3.207 transação ultimada aquela cuja proposta não fôr recusada por escrito, dentro de dez dias. Deu razão aos que, como nós, não confundiam "ultimação" do negócio com sua "liquidação". O trabalho do empregado é conseguir que o negócio se faça. Assim, concluído que seja, cumpriu a prestação a que se obrigara. A liquidação diz respeito às relações entre os que são partes no negócio: o empregado é estranho a esta fase."
6. ARNALDO SUSSEKIND (Comentários à Consolidação das Leis do Trabalho e à Legislação Complementar, vol. III, pg. 416, 1.964): "... não basta ao empregado apresentar a proposta de venda para fazer jus à comissão, por isto que o seu direito nasce: a) com a aceitação expressa do negócio por parte da emprêsa, ou, b) com a expiração do prazo dentro do qual a emprêsa pode recusar a proposta."
7. MOZART VICTOR RUSSOMANO (Comentários à Consolidação das Leis do Trabalho, 1.960, vol. III, pg. 736): Igual ao n. 3.

A JURISPRUDÊNCIA.

1. TRT, 2.ª (P. n. 1.729/64, R. n. 2.882/65, r. Roberto Barreto Prado, MT., junho de 1.965): "Embora empregado, o vendedor é um intermediário de negócios. Jamais poderá êle assumir os riscos pela liquidação das vendas que angariar. E uma vez que o negócio é efetivado, torna-se inegável o seu direito à respectiva comissão, independentemente da boa ou má liquidação correspondente. E é exatamente por essa razão que o artigo 3.º, da Lei n. 3.207, de 18.7.1.957, dispõe que "a transação será considerada aceita se o empregador não a recusar por escrito, dentro de 10 dias, contados da proposta."

OBSERVAÇÕES.

Para o pessoal regido pela Lei n. 3.207 (vendedores viajantes e pracistas ou exercentes de funções iguais, semelhantes ou equivalentes) o direito às comissões nasce com a aceitação, expressa ou tácita, da proposta de negócio. Para os demais comissionistas, não abrangidos no campo de aplicação dessa lei, o direito surgirá uma vez ultimada a transação (art. 466 da C.L.T.); neste segundo caso, há uma divergência entre os autores, uns entendendo que a transação só estará ultimada com a liquidação do negócio, outros, em maioria, sustentando que basta o encaminhamento do negócio pelo empregado.

247. PRAZOS DE PAGAMENTO DAS COMISSÕES. — QUAIS OS PRAZOS DE PAGAMENTO DAS COMISSÕES?

A LEI.

Art. 466. — O pagamento de comissões e percentagens só é exigível depois de ultimada a transação a que se referem.
Parágrafo 1.º. — Nas transações realizadas por prestações sucessivas, é exigível o pagamento das percentagens e comissões que lhes disserem respeito proporcionalmente à respectiva liquidação (DL. n. 5.452, de 1.5.1.943).
Art. 4.º. — O pagamento de comissões e percentagens deverá ser feito mensalmente, expedindo a emprêsa no fim de cada mês, a conta respectiva com as cópias das faturas correspondentes aos negócios concluídos.
Parágrafo único. — Ressalva-se às partes interessadas fixar outra época para o pagamento de comissões e percentagens, o que, no entanto, não poderá exceder a um trimestre, contado da aceitação do negócio, sendo sempre obrigatória a expedição, pela emprêsa, da conta referida neste artigo.
Art. 5.º — Nas transações em que a emprêsa se obrigar por prestações sucessivas, o pagamento das comissões e percentagens será exigível de acôrdo com a ordem de recebimento das mesmas (Lei n. 3.207, de 18.7.1.957).

OBSERVAÇÕES.

Nas obrigações a prazo, as comissões serão pagas à medida em que satisfeitas estiverem as respectivas prestações. Nos negócios à vista, ao pessoal regido pela Lei n. 3.207 os pagamentos serão mensais, ou, no máximo, e em caso de ajuste entre as partes, trimestrais; aos demais comissionistas, depois de ultimada a transação a que se referem.

248. COMISSÕES E CESSAÇÃO DAS RELAÇÕES DE TRABALHO. — O EMPREGADO TERÁ DIREITO ÀS COMISSÕES DE NEGÓCIOS ENCAMINHADOS MAS CONCLUÍDOS APÓS A CESSAÇÃO DAS RELAÇÕES DE TRABALHO?

A LEI.

Art. 466. — § 2.º — A cessação das relações de trabalho não prejudica a percepção das comissões e percentagens devidas na forma estabelecida por êste artigo (DL. n. 5.452, de 1.5.1.943).

Art. 6.º — A cessação das relações de trabalho, ou a inexecução voluntária do negócio pelo empregador, não prejudicará a percepção das comissões e percentagens devidas (Lei n. 3.207, de 18.7.1.957).

A DOUTRINA.

1. M. A. CARDONE (Viajantes e Pracistas no Direito do Trabalho, 1.963, pg. 66): "Tendo sido estabelecido implìcitamente pela lei que o direito do vendedor à comissão nasce no momento da aceitação pelo empregador da proposta de venda por êle formulada, quis o legislador salvaguardar seu direito a tôdas as comissões sôbre vendas por êle propostas e aceitas pelo empregador posteriormente e não obstante terminado o contrato de trabalho. A expectativa de direito, com relação àquelas propostas de vendas ainda não aceitas nem recusadas pelo empregador, subsiste após a terminação do contrato de trabalho."
2. MOZART VICTOR RUSSOMANO (Comentários à Consolidação das Leis do Trabalho, 1.960, vol. III, pg. 734): "... o salário só irá ser recebido, posteriormente a essa rescisão, na época em que fôr ultimado o negócio."
3. JOSÉ MARTINS CATHARINO (Contrato de Emprêgo, 1.962, pg. 197): "Seja qual fôr a causa da terminação da relação de emprêgo, o empregado terá direito de receber as comissões e percentagens. Se no momento do fim da relação correspondente, houver mera expectativa de direito, o empregado, em regra, nada poderá cobrar do empregador. Se, no outro extremo, já se houver verificado o implemento da condição, o direito é plenamente eficaz, podendo, por isto mesmo, o empregado exigir o pagamento imediato das comissões e percentagens vencidas, não havendo, no particular, qualquer diferença com o salário fixo."
4. ARNALDO SUSSEKIND (Comentários à Consolidação das Leis do Trabalho e à Legislação Complementar, 1.964, vol. III, pg. 416): "... a cessação das relações de trabalho — qualquer que seja o motivo que a determinou — assim como a inexecução do negócio por parte do empregador após o prazo para a recusa da proposta de venda, não prejudicam o direito do empregado-vendedor ao recebimento das correspondentes comissões."

A JURISPRUDÊNCIA.

1. TST (P. n. 5.856/53, A. de 24.5.1.955, 1.ª T., r. M. Oliveira Lima, RTST, 1.957, pg. 111): "Em caso de rescisão de contrato de trabalho de empregado comissionista, não cabe condenação a pagamento de percentagens correspondentes a transações não ultimadas."
2. TST (A. de 29.4.1.955, 2.ª T., P. n. 4.355/54, r. M. Thélio Monteiro, RTST, 1.957, pg. 157): Igual ao n. 1.
3. TRT, 2.ª (P. n. 4.077/62, A. n. 1.355/63, r. José Teixeira Penteado, MT., julho de 1.963): Igual ao n. 1.

OBSERVAÇÕES.

Nenhuma controvérsia há sôbre o direito do empregado às comissões devidas, mesmo cessada a relação de trabalho.

249. COMISSÕES DE NEGÓCIOS DESFEITOS PELO COMPRADOR. — SE O NEGÓCIO É DESFEITO PELO COMPRADOR DESAPARECE O DIREITO ÀS COMISSÕES?

A DOUTRINA.

1. JOSÉ MARTINS CATHARINO (Tratado Jurídico do Salário, 1.951, pg 536): "No caso do negócio ter sido desfeito pelo cliente, o empregador deverá pagar a comissão. Trata-se de risco empresário. Cabe à firma agir contra o freguês, mas o assalariado fica à margem da questão."

2. DORVAL DE LACERDA (O Contrato Individual de Trabalho, 1.939, pg. 177): "Afigura-se-nos de acôrdo com Préau, que o empregado tem direito à comissão desde o momento em que a encomenda foi feita e aceita, tenha sido ou não paga. A aceitação, homologação do negócio pelo empregador, leva a questão para o direito comercial, cessando desde aí a responsabilidade do empregado que se tornou risco do empregador. O inadimplemento da obrigação da outra parte seria, por isso, uma questão puramente comercial e sujeita às sanções do direito comercial. O direito do empregado a perceber a comissão seria líquido porque a sua função, de representante do empregador, estaria então terminada por ter sido homologada, com a aceitação do negócio, pelo empregador."
3. MOZART VICTOR RUSSOMANO (Comentários à Consolidação das Leis do Trabalho, 1.960, vol. III, pg. 735): "... Se, posteriormente, por motivo alheio à vontade do empregado, o empregador deixa de cumprir o compromisso de entrega da mercadoria; se a mercadoria enviada sofre extravio; se, chegando ao destino, a mercadoria é recusada pelo comprador; se, aceita pelo comprador, êste deixa de pagar o preço — é claro que o empregado não pode ficar sem receber o que é seu. Caso contrário, êle estaria correndo, juntamente com o patrão, os riscos do negócio — que são atribuídos exclussivamente à emprêsa."
4. ORLANDO GOMES e ELSON GOTTSCHALK (Curso Elementar de Direito do Trabalho, 1.963, pg. 207): "Quando, porém, sem culpa do empregado, as transações não proporcionam lucro ao empregador, ou mesmo lhe acarretam prejuízo, as comissões são devidas, porquanto se pagam pela atividade do empregado e não pelo ganho da emprêsa."
5. JOSÉ MARTINS CATHARINO (Contrato de Emprêgo, 1.962, pg. 193): "Se o empregador desfizer a transação, por sua exclusiva e arbitrária vontade, o empregado não deve ser prejudicado (art. 6.º da Lei n. 3.207). Igualmente, se fôr o freguês, isoladamente, ou de comum acôrdo com a firma, caso em que o distrato não deverá atingir o comissionado."
6. M. A. CARDONE (Viajantes e Pracistas no Direito do Trabalho, 1.963, pg. 63): "Somos de parecer que ao empregado não se poderá negar a comissão também neste caso."
7. ARNALDO SUSSEKIND (Comentários à Consolidação das Leis do Trabalho e à Legislação Complementar, 1.964, vol. III, pg. 417): "... é evidente que se o comprador não satisfizer suas obrigações, cumpre à emprêsa intentar a competente ação judicial de cobrança, não podendo, por êste fato, suspender o pagamento das comissões devidas ao empregado vendedor."

OBSERVAÇÕES.

Se, depois de ultimada, a transação vier a ser desfeita, o empregado não será prejudicado quanto às comissões. A lei prevê o caso de inexecução voluntária do negócio pelo empregador (art. 6.º da Lei n. 3.207). A doutrina estende a proteção, amparando o comissionista também nos casos de inexecução por iniciativa do comprador.

250. **COMISSÕES DE NEGÓCIOS DESFEITOS POR FÔRÇA MAIOR.** — SE O NEGÓCIO É DESFEITO POR MOTIVO DE FÔRÇA MAIOR SUBSISTE O DIREITO ÀS COMISSÕES?

A DOUTRINA.

1. JOSÉ MARTINS CATHARINO (Tratado Jurídico do Salário, 1.951, pg. 537): "Se de um lado o assalariado já prestou o serviço, concluindo o negócio, fará jus à comissão apesar do insucesso da transação por motivo de fôrça maior posterior à sua conclusão. Se, por outro lado, o salário estava condicionado à liquidação, isto é, ao pagamento do preço pelo cliente, a impos-

sibilidade dêste realizá-lo excluirá o direito do empregado cobrar as comissões correspondentes."

2. M. A. CARDONE (Viajantes e Pracistas no Direito do Trabalho, 1.963, pg. 65): "1 — se por motivo de fôrça maior não puder ser realizado o negócio que já havia sido aceito pelo empregador, expressa ou tàcitamente, mas o evento que constituiu a fôrça maior não chegou a afetar a situação econômica e financeira da firma, a comissão será devida integralmente; 2 — na mesma situação, mas havendo a fôrça maior trazido prejuízos para o empregador, a comissão será devida com a redução de 25%."

OBSERVAÇÕES.

Concluída a transação, o vendedor, salvo insolvência do comprador, terá as comissões, ainda que desfeito o negócio por fôrça maior posterior à sua conclusão. São aventadas, ainda, como soluções paralelas, a redução das comissões em 25% (Cardone) e o próprio desaparecimento do direito se condicionada a comissão à liquidação do negócio (Catharino).

251. COMISSÕES DO PERÍODO DE AFASTAMENTO. — QUAL O CRITÉRIO PARA O CÁLCULO DAS COMISSÕES DO PERÍODO DE AFASTAMENTO DO EMPREGADO REINTEGRADO AO EMPRÊGO?

A JURISPRUDÊNCIA.

1. TST (P. n. 6.733/52, RTST, 1.955, pg. 215): "Julgado improcedente o inquérito instaurado contra empregado estável (vendedor-pracista), cujo salário é constituído exclusivamente por comissões sôbre negócios realizados em zona certa de trabalho, e mesmo quando determinada a conversão da reintegração em indenização dobrada, por motivo de incompatibilidade resultante do dissídio (arts. 496 e 497 da Consolidação das Leis do Trabalho), assiste ao empregado o direito de perceber as comissões sôbre os negócios efetuados em sua zona de trabalho durante todo o período em que estêve suspenso para inquérito."

OBSERVAÇÕES.

Impossível procurar na lei uma solução porque ela não oferece critério para o caso. O arbitramento se impõe; obedecerá às seguintes normas, a nosso ver as mais justas: 1) levantamento da média mensal dos produtos ou artigos vendidos pelos empregados nos doze (12) meses imediatamente anteriores ao afastamento; 2) sôbre essa média mensal da quantidade ou número de produtos vendidos pelos empregados, aplicar as taxas percentuais de comissões e preços das mercadorias vigentes nas diferentes épocas do afastamento.

252. BASE DE INCIDÊNCIA DE COMISSÕES. — AS COMISSÕES DEVEM SER CALCULADAS SÔBRE O PREÇO DA TABELA DOS PRODUTOS OU SÔBRE O PREÇO RESULTANTE DOS DESCONTOS CONCEDIDOS PELA EMPRÊSA?

A DOUTRINA.

1. ORLANDO GOMES e ELSON GOTTSCHALK (Curso Elementar de Direito do Trabalho, 1.963, pg. 209): "As comissões devem ser calculadas sôbre o preço da venda normal, excluindo-se, assim, do cômputo as despesas de em-

balagem e de porte. Por outro lado, as taxas são levadas em conta ao fixar o empregador o preço de venda; não há o que acrescer. Os descontos excepcionalmente concedidos a fregueses especiais da casa não podem prejudicar o empregado-vendedor, que deve haver a sua comissão sôbre o preço da tabela, ou preço normal."

OBSERVAÇÕES.

As comissões, normalmente, recaem sôbre o preço de venda do produto. Orlando Gomes e Gottschalk, salientam que a base de incidência das comissões deve ser o preço normal, ainda que o empregador faça descontos. Todavia, não se pode dizer que essa seja orientação definida porque não há jurisprudência sôbre o assunto e a doutrina dêle não se ocupa.

253. COMISSÕES E INSOLVÊNCIA DO CLIENTE. — SE O COMPRADOR É INSOLVENTE, O VENDEDOR PERDE O DIREITO AS COMISSÕES?

A LEI.

> Art. 7.º — Verificada a insolvência do comprador, cabe ao empregador o direito de estornar a comissão que houver pago (Lei n. 3.207, de 18.7.1.957).

OBSERVAÇÕES.

A lei autoriza o estôrno de comissões no caso de insolvência, que não se confunde com impontualidade.

254. CÁLCULO DE INDENIZAÇÃO. — QUAL O SALÁRIO QUE SERVIRÁ DE BASE PARA O CÁLCULO DA INDENIZAÇÃO DO COMISSIONISTA?

A LEI.

> Art. 478. — § 4.º — Para os empregados que trabalhem à comissão ou que tenham direito a percentagens, a indenização será calculada pela média das comissões ou percentagens percebidas nos últimos 12 (doze) meses de serviço (DL. n. 5.452, de 1.5.1.943 e DL. 229, de 28.2.1.967).

OBSERVAÇÕES.

As indenizações dos comissionistas tomavam por base a média dos últimos 3 (três) anos. Entretanto, a lei tornou-se injusta porque tal média não representava o ganho real do empregado à época da rescisão. Assim, o DL. n. 229, de 28.2.1.967, alterou para 12 (doze) meses o período que antes era de 3 (três) anos, no que andou bem. As novas bases possibilitam salário médio mais aproximado do verdadeiro ganho do trabalhador.

CAPÍTULO VIII

I — O 13.º SALÁRIO.

Muito antes de nós, outros países disciplinaram a forma de remuneração denominada 13.º salário, ou "sueldo anual complementário", ou "tredicesima mensilità."

NA ARGENTINA. — Na República Argentina o DL. n. 33.302, de 1.945, impõe aos empregadores a obrigação de pagar em 31 de dezembro de cada ano, o "sueldo anual complementário" que consiste em $1/12$ do total dos salários percebidos pelo obreiro no respectivo ano calendário, por qualquer título que seja. O Decreto 34.147, de 1.949, art. 5.º, estende o benefício ao trabalhador do campo. A Lei 13.020, art. 8.º, aos trabalhadores ocupados no levantamento da colheita. A Lei 13.047, art. 19, ao pessoal dos estabelecimentos particulares de ensino. O Decreto-lei 326, de 1.956, art. 10, aos serviços domésticos. A Lei 12.919, ao pessoal ferroviário. Também os servidores públicos são beneficiados. Diz a Lei que "quando um empregado ou obreiro deixar o serviço de um empregador, por sua própria vontade ou por ser despedido", terá direito ao recebimento proporcional. Mário L. Deveali afirma que esssa obrigação tem, no terreno econômico, um alcance parecido àquele contido nas legislações, de pagar salário durante o domingo. Como se ordena remunerar o sétimo dia no qual não se presta serviço, igualmente é possível determinar o pagamento de uma décima terceira mensalidade, apesar de não existir no calendário. Ernesto Krotoschim entende que é inadequado falar-se em gratificação. A jurisprudência argentina ordena o seu cômputo na indenização (Cam. Ap. Trab., 29.7.1.953, in Rev. Derecho del Trabajo). A Côrte Suprema sentenciou que "o sueldo anual complementário" é uma compensação do trabalho do ano, que se agrega à ordinária, mas como o que se propõe é proporcionar ao assalariado a percepção no fim do ano de uma soma global que, pelo modo de liquidar-se, não seja afetada em virtude de necessidades cotidianas, não é formalmente um aumento *a posteriori* de salário (A. de 17.12.1.947, Rev. Derecho del Trabajo, 1.947, pg. 499). Podemos concluir que no Direito argentino, são características da figura jurídica: 1) a sua natureza jurídica é salarial; 2) não se trata de obrigação subordinada a condição de prestar serviços no ano, pois é devida mesmo quando o empregado por sua vontade ou por iniciativa da emprêsa deixa o emprêgo antes de dezembro; 3) o pedido de demissão não importa em renúncia ao direito; 4) é computado na estipulação do salário-base para o cálculo da indenização.

NA ITÁLIA. — De formação consuetudinária, a "tredicesima mensilità" transformou-se em obrigação prevista no contrato coletivo de 21.4.1.933, reproduzida no contrato interconfederal de 27.11.1.946 e disciplinada em quase tôdas as convenções coletivas. A sua natureza salarial é prontamente afirmada pelos melhores autores peninsulares (Torrente, Papeschi, Ardau, Privitera, Secreti, Cassì, Sinagra, Riva Sanseverino), além de proclamada em alguns julgados dos Tribunais (Trib. Torino, 1.954, Rep. Giur. It., 1.955). A Côrte de Cassação decidiu que é computada no cálculo da indenização (7.8.1.952, n. 2.552, Riv. Giur. Lavoro, 1.952, II, pg. 276). Cessando a relação de emprêgo antes de dezembro o empregado recebe proporcionalmente aos meses de sua duração (Cassação, n. 334, 1.955, Rep. Giur. It.). Os empregados domésticos também são protegidos por uma Lei de 1.955 (Lei 944, de 27.12. 1.955).

NO BRASIL. — São as seguintes as diretrizes seguidas pelo nosso Direito: predomina a orientação que reconhece a natureza salarial do 13.º salário (Ver Questão 255), deve ser computado no cálculo da indenização (Ver Questão 256), absorve a gratificação natalina, com a qual não se identifica mas a substitui (Ver Questão 257), é fracionável em duodécimos (Ver Questão 258), é devida nas despedidas indiretas (Ver Questão 262) e nos casos de demissão do trabalhador (Ver Questão 263).

II — AS GRATIFICAÇÕES.

Por liberalidade, o empregador pode gratificar o empregado, sem que a isso esteja obrigado por fôrça de lei, salvo quanto ao 13.º salário. Não obstante, as gratificações em geral podem assumir um cunho de cláusula contratual, quando pela repetição no tempo, passam a integrar o ganho normal do trabalhador. Nesses casos, as gratificações serão tàcitamente ajustadas e integrarão, também, a remuneração do empregado, qualquer que seja a sua forma. Sôbre os resultados positivos acusados no balanço anual ou semestral a emprêsa pode atribuir gratificações de balanço, que não se confundem com o 13.º salário e subsistirão de modo autônomo como autêntica parcela retributiva. Se, transitòriamente, o trabalhador ocupa função que o justifique, poderá receber uma gratificação de função, ocasional e de duração correspondente ao exercício dessa ocupação especial.

BIBLIOGRAFIA. — Aluysio Sampaio, "Lei do 13.º Salário Comentada", 1.962; Hélio M. Guimarães, "Da Gratificação Compulsória de Natal ou 13.º Salário", in LTr., 1.962; Cássio Mesquita Barros Jr., "Gratificação de Natal para os Trabalhadores", LTr., 1.962; Antônio Lamarca, "Abono de Natal aos Inativos", LTr., 1.963; Riva Sanseverino, "Osservazioni Sulla Gratifica Natalizia", in Dir. Econ., 1.958; Luiz J. de Mesquita, "Das Gratificações no Direito do Trabalho", 1.957; Paroli,

"Sugli elementi costitutivi della retribuzione agli effetti del calcolo del'indennità di anzianità", Dir. Lav., 1.948; Mário L. Deveali, "Lineamientos de Derecho del Trabajo", 1.956.

255. **NATUREZA JURÍDICA DO 13.º SALÁRIO.** — QUAL É A NATUREZA JURÍDICA DO DÉCIMO TERCEIRO SALÁRIO?

A DOUTRINA.

1. ROBERTO BARRETO PRADO (Direito do Trabalho, 1.963, pg. 226): "Apesar da expressão "gratificação salarial", que consta do inciso legal, na realidade, o que se nota é uma típica obrigação de pagar salários, em resultado de serviços prestados."
2. ARNALDO SUSSEKIND (Instituições de Direito do Trabalho, 1.963, Supl. da 3.ª ed., pg. VI): "Não há dúvida de que a gratificação natalina compulsòriamente devida pelo empregador aos respectivos empregados "ex-vi" da Lei n. 4.090, constitui salário."
3. ALUYSIO SAMPAIO (Lei do 13.º Salário Comentada, 1.962, pg. 6): "... quer por sua natureza intrínseca de contraprestação de serviço, quer por ser legalmente obrigatória, e ainda dadas as expressões literais da lei (gratificação salarial), a gratificação de Natal prevista no artigo comentado integra, para todos os efeitos legais, o salário do empregado."
4. NILTON JUAREZ DA CRUZ (Comentários à Lei 4.090, de 13 de julho de 1.962, 1.963, pg. 14): "É importante salientar que a gratificação de Natal é de natureza salarial."
5. DÉLIO MARANHÃO (Direito do Trabalho, 1.966, pg. 160): "Tem inegável sentido retributivo e salarial a gratificação da lei n. 4.090. Se êste é o da gratificação contratualmente ajustada, com mais razão o daquela que, por via legal, lhe acarretou a generalização do pagamento."
6. CÁSSIO MESQUITA BARROS JR. (Gratificação de Natal para os Trabalhadores, apud LTr. 1.962, 26/309): "... tem natureza salarial, pois parece-nos extremamente difícil na atual conjuntura social, se sustentar que a gratificação não é salário simplesmente porque é independente daquela contraprestação a que o empregado faz jus pela realização do seu trabalho."
7. ARMANDO CASIMIRO COSTA (13.º Salário, in LTr. — 26/421): "... a gratificação instituída pela lei 4.090 é de natureza salarial..."
8. HÉLIO DE MIRANDA GUIMARÃES (Da Gratificação Compulsória de Natal ou do 13.º Salário, in LTr. — 26/427): "... a gratificação imposta por lei perde a sua característica de prêmio, de ato de gratificação. Tornada obrigatória, cessado o *animus donandi*, embora haja contradição *in termino* é salário. Esta é a sua natureza jurídica. Salário típico."
9. LUIZ ROBERTO DE REZENDE PUECH (O Décimo Terceiro Salário, apud LTr., 26/441): "... se já eram salariais as gratificações natalinas ajustadas (art. 457 — §§ 1.º e 2.º da Consolidação das Leis do Trabalho), com maior razão deveriam sê-lo quando a elas obrigado, imperativamente, o empregador, e mais ainda, como acontece com o art. 1.º da Lei 4.090, quando salariais sejam expressamente denominadas."
10. JOSÉ DE ANCHIETA NOGUEIRA JÚNIOR (Decisões proferidas pelo Tribunal Regional do Trabalho de São Paulo sôbre a gratificação de Natal instituída pela Lei n. 4.090, in LTr., 27/26): "Quanto à afirmação de que a gratificação prevista pela Lei n. 4.090 constitui salário nos parece, *data venia*, apressada, pois se assemelha mais a uma indenização diferida; o salário é que serve de base ao seu *quantum*, mera questão de critério para cálculo."
11. JOSÉ PAULO BUENO (Outros aspectos da Lei do 13.º Salário... in LTr., 1.963, pg. 485): "... representa uma parcela mensal de salário acumulado pelo empregado em sua permanência no emprêgo e que a êle é conferida englobadamente, com atenção ao seu tempo de serviço, no fim do ano, a título de gratificação de Natal."

12. ANTÔNIO LAMARCA (Abono de Natal aos inativos, apud LTr., 1.963, pg. 588): "... temos sustentado a natureza salarial da gratificação instituída pela Lei n. 4.090..."
13. FÁBIO FANUCCHI (Os encargos da remuneração dos assalariados, in LTr., 29/117): "Trata-se de uma obrigação salarial do empregador..."

OBSERVAÇÕES.

Tem natureza salarial a retribuição instituída pela Lei n. 4.090. Por se tratar de pagamento compulsório, desaparecido o caráter de liberalidade, integra o salário. Algumas conseqüências naturais devem decorrer dêsse fato: a sua integração nos cálculos da indenização, a sujeição aos descontos legais, a garantia da mesma proteção jurídica dispensada ao salário etc. No entanto, nem todos êsses efeitos têm sido admitidos sem controvérsia.

256. CÔMPUTO DO 13.º SALÁRIO NA INDENIZAÇÃO. — O DÉCIMO TERCEIRO SALÁRIO INTEGRA A INDENIZAÇÃO?

A DOUTRINA.

1. ROBERTO BARRETO PRADO (Direito do Trabalho, 1.963, pg. 227): "Sendo a gratificação de Natal verdadeiro salário, segue-se sua inclusão na remuneração do empregado para efeito de cálculo de indenização de antiguidade..."
2. ARNALDO SUSSEKIND (Instituições de Direito do Trabalho, 1.963, Sup., pg. VII): Igual ao n. 1.
3. ALUYSIO SAMPAIO (Lei do 13.º Salário Comentada, 1.962, pg. 24): Igual ao n. 1.
4. CÁSSIO MESQUITA BARROS JÚNIOR (Gratificação de Natal para os Trabalhadores, LTr., 26/309): Igual ao n. 1.
5. HÉLIO DE MIRANDA GUIMARÃES (Da Gratificação Compulsória de Natal ou 13.º Salário, LTr., 26/423): Igual ao n. 1.
6. JOSÉ PAULO BUENO (Outros aspectos da Lei do 13.º salário..., LTr., 1.963, pg. 485): Igual ao n. 1.
7. ALINO DA COSTA MONTEIRO e OUTROS (Gratificação de Natal para os Trabalhadores, pg. 19): Igual ao n. 1.

A JURISPRUDÊNCIA.

1. TST (PJ. n. 20/66): "É computável a gratificação de Natal para efeito do cálculo de indenização."

OBSERVAÇÕES.

Na doutrina a questão sempre foi pacífica. A jurisprudência, depois de muita controvérsia, está definida, agora, através de Prejulgado, mandando computar o 13.º salário na indenização.

À mesma conclusão chegou o Direito italiano: Riva Sanseverino (Osservazioni sulla gratifica natalizia, 1.958, pg. 127), Cassì (La retribuzione nel contratto di lavoro, Milão, 1.954, pg. 12), Papeschi (La natura giuridica delle gratifiche contrattuali, in Foro pad., 1.952, I, col. 355).

A Côrte de Apelação de Veneza, em 26.11.1.951, sentenciou: "La gratifica natalizia e la tredicesima mensilità contituiscono un elemento marginale fisso del salario e vanno pertanto computate nel calculo delle indennità de fine rapporto" (Rep. Giur. It., 1.953, coleção n. 1.647).

257. ABSORÇÃO DA GRATIFICAÇÃO NATALINA PELO 13.º SALÁRIO. — A GRATIFICAÇÃO NATALINA CONTRATUAL É COMPENSÁVEL COM O DÉCIMO TERCEIRO SALÁRIO?

A JURISPRUDÊNCIA.

1. STF (RE. n. 57.668, r. M. Victor Nunes Leal, DJ. de 8.9.1.965, pg. 2.285): "Décimo terceiro salário. Gratificação anual ajustada. Compensação. É razoável a interpretação de que a gratificação anual ajustada, expressa ou tàcitamente, não se soma ao décimo terceiro salário instituído pela Lei 4.090/62, regulamentada pelo Decreto 1.881/62."
2. STF (AI. n. 34.583, DJ. de 8.9.1.965, pg. 2.285, r. M. Victor Nunes Leal): Igual ao n. 1.
3. TST (PJ. n. 17/66): "É compensável a gratificação de Natal com a da Lei n. 4.090, de 1.962."

OBSERVAÇÕES.

Nos Tribunais, com o Prejulgado do Tribunal Superior do Trabalho, a questão não oferece mais possibilidade de discussão. Sendo natalina, a gratificação contratual será absorvida pelo décimo terceiro salário. Se outra é a causa jurídica (ex. gratificação de balanço), não há que se falar em compensação.

258. DÉCIMO TERCEIRO SALÁRIO E CONTRATOS A TÊRMO. — O DÉCIMO TERCEIRO SALÁRIO É DEVIDO NOS CONTRATOS DE DURAÇÃO DETERMINADA?

A DOUTRINA.

1. ARNALDO SUSSEKIND (Instituições de Direito do Trabalho, 1.963, sup., pg. IV): "... desde que se trate de relação de emprêgo sujeita ao regime da legislação do trabalho, o empregado terá o direito de receber, do seu empregador, a gratificação de Natal. Pouco importa que o contrato de trabalho seja por prazo determinado ou indeterminado, de equipe, de aprendizagem, a domicílio ou que o trabalhador perceba salário fixo, a comissão, por tarefa ou peça."
2. ALUYSIO SAMPAIO (Lei do 13.º Salário Comentada, 1.962, pg. 21): "A lei comentada não restringiu seus benefícios aos empregados vinculados a empregador por contratos por prazo indeterminado. Afeta, pois, e igualmente, aos contratos por prazo determinado."
3. NILTON JUAREZ DA CRUZ (Comentários à Lei 4.090, de 13 de julho de 1.962, pg. 14): "A lei comentada não restringiu seus benefícios aos contratos por prazo indeterminado e determinado."
4. DÉLIO MARANHÃO (Direito do Trabalho, 1.966, pg. 160): "... tendo o empregado manifestado a vontade, ao fazer o contrato, de que êste não tivesse a duração necessária para que se verificasse a condição, impediu-lhe, igualmente, o implemento."
5. HÉLIO DE MIRANDA GUIMARÃES (Da Gratificação Compulsória de Natal ou 13.º Salário, LTr., 1.962, pg. 423): "Merece menção o fato de não ter a lei feito qualquer ressalva quanto à natureza do contrato de trabalho no que diz respeito à sua duração."

A JURISPRUDÊNCIA.

1. STF (RE. n. 58.592, A. de 4.11.1.965, TP., r. M. Evandro Lins e Silva, LTr. 30/379): "A gratificação da Lei 4.090, de 13.7.1.962, é devida proporcionalmente aos meses trabalhados. O direito do empregado à sua percepção é conquistado mês após mês, tanto que, se demitido sem justa causa pelo empregador, antes do mês de dezembro, sòmente receberá tantos avos quantos os meses trabalhados."
2. TST (P. n. 4.661/63, r. M. Delfim Moreira Jr., RE. n. 211/1.965, pg. 355): "Se o contrato de trabalho se findou antes do mês de dezembro, por vontade das partes contratantes, que fixaram antecipadamente e livremente o seu término, não há que se falar em direito a gratificação instituída pela Lei n. 4.090, de 1.962."
3. TST (RR. n. 931/62, 3.ª T., A. de 18.7.1.963, r. M. Délio Maranhão, LTr. 27/508): Igual ao n. 2.
4. TST (RR. n. 2.697/63, 3.ª T., r. M. Aldílio Tostes Malta, LTr. 28/291): Igual ao n. 2.
5. TST (A. de 1.965, r. M. Hildebrando Bisaglia, RF., n. 221/1.965, pg. 358): "A obrigação trabalho-ano se transforma em obrigação-trabalho pelo prazo contratual para efeito de percepção da gratificação instituída pela Lei n. 4.090, de 1.962."
6. TST (E. n. 2.752/63, A. de 14.11.1.964, TP., r. M. Carvalho Júnior, LTr. 29/479): "A lei n. 4.090 sòmente restringe o direito nela instituído ao empregado demitido por justa causa (art. 3.º — § 3.º) não o excluindo para aquêle que termina o contrato por prazo certo."
7. TST (RR. n. 410/64, TP., A. de 7.4.1.965, r. M. Luiz Menossi, LTr. 29/573): Igual ao n. 6.
8. TST (E. n. 882/63, TP., A. de 24.6.1.964, r. M. Luiz Menossi, LTr. 30/168): Igual ao n. 6.
9. TST (RR. n. 5.509/63, 1.ª T., A. de 23.3.1.964, r. M. Lima Teixeira, LTr. 30/169): Igual ao n. 6.
10. TST (RR. n. 4.615/63, A. de 31.3.1.964, 3.ª T., r. M. Hildebrando Bisaglia, LTr. 30/169): Igual ao n. 6.
11. TST (RR. n. 6.295/63, 3.ª T., r. M. Geraldo Starling Soares, LTr. 30/170): Igual ao n. 2.
12. TST (RR. n. 5.785/63, TP., r. M. Peres Júnior, A. de 12.5.1.965, LTr. 30/389): Igual ao n. 2.
13. TST (RR. n. 6.093/64, A. de 20.4.1.966, TP., r. M. Arnaldo Sussekind, LTr. 30/391): Igual ao n. 6.
14. TRT, 2.ª (P. n. 4.514/63, A. n. 3.139/64, r. Carlos Bandeira Lins, MT., outubro de 1.964): "constando do contrato por prazo determinado, cláusula assecuratória da faculdade recíproca de rescisão antecipada, nenhum é o direito do empregado que pleiteia a gratificação salarial de Natal."
15. TRT, 2.ª (P. n. 3.882/64, A. n. 3.057/65, r. Carlos Bandeira Lins, MT., agôsto de 1.965): "A gratificação natalina instituída pela Lei n. 4.090, de 13.7.1.962, foi instituída com extensão a tôda a massa obreira, sem que se distinguisse o tipo de contrato a que se aplica, se por prazo indeterminado ou não."
16. TRT, 2.ª (P. n. 5.284/64, A. n. 4.037/65, r. Carlos Bandeira Lins, MT., dezembro de 1.965): Igual ao n. 15.

OBSERVAÇÕES.

É controvertido o direito do empregado ao décimo terceiro salário se o contrato de trabalho é estipulado a prazo certo e termina antes do mês de dezembro. No entanto, mais freqüentes são os pronunciamentos no sentido afirmativo. O Decreto n. 57.155, de 1.965, artigo 7.º, estabelece o seguinte: ocorrendo a extinção do contrato de trabalho, salvo na hipótese de rescisão com justa causa, o empregado receberá a gratificação devida, nos têrmos do art. 1.º, calculada sôbre a remuneração do respectivo mês. O fracionamento em duodécimos vem sendo admitido, razão pela qual fala-se em décimo terceiro salário proporcional, isto é, correspondente ao número de meses trabalhados no curso do ano. Esta tendência generaliza-se também na Itália: "La mensilità sucessive alla dodicesima spettano per intero al lavoratore che abbia prestato servizio per l'intero anno; in mancanza di che si dovranno liquidare tanti dodicesimi quanti sono i mesi di servizio effettivo prestati durante l'anno" (Cassação, 1.955, Rep. Giur. It., col. 1.798).

259. REMUNERAÇÃO "IN NATURA" E 13.º SALÁRIO. — O VALOR DAS UTILIDADES É COMPUTADO NO DÉCIMO TERCEIRO SALÁRIO?

O DECRETO.

Art. 5.º — Quando parte da remuneração fôr paga em utilidades, o valor da quantia efetivamente descontada, e correspondente a essas utilidades, será computado para fixação da respectiva gratificação de Natal (D. 1.881, de 14.12.1.962).

OBSERVAÇÕES.

As utilidades, pelo valor equivalente, são computadas no décimo terceiro salário.

260. DÉCIMO TERCEIRO SALÁRIO E OS AFASTAMENTOS DO EMPREGADO. — NOS AFASTAMENTOS DO EMPREGADO POR ENFERMIDADE OU ACIDENTE DO TRABALHO É DEVIDO O DÉCIMO TERCEIRO SALÁRIO?

A DOUTRINA.

1. ALUYSIO SAMPAIO (Lei do 13.º Salário Comentada, 1.962, pg. 14): "Dúvida não pode existir quanto à exclusão dos períodos de suspensão do contrato de trabalho para os efeitos da gratificação de Natal, já que tais períodos não integram o tempo de serviço do empregado, nem sequer fictamente. O mesmo, porém, não ocorre com os casos de interrupção."
2. NILTON JUAREZ DA CRUZ (Comentários à Lei n. 4.090, de 13 de julho de 1.962, pg. 28): Igual ao n. 1.
3. ARNALDO SUSSEKIND .Instituições de Direito do Trabalho, 1.963, sup., pg. VI): "... sempre que se tratar de faltas injustificadas ao serviço (a critério do empregador) ou de suspensão do contrato de trabalho (auxílio-doença ou aposentadoria por invalidez, serviço militar etc.), o respectivo período de ausência não será computado."
4. ANTÔNIO LAMARCA (Abono de Natal aos Inativos, LTr., 1.963, pg. 588): "... todo empregado, que recebe auxílio-enfermidade por mais de seis meses, durante o ano não faz jus à gratificação da Lei n. 4.090."

A JURISPRUDÊNCIA.

1. TST (A. de 25.5.1.964, 3.ª T., RR. n. 6.550/63, r. M. Fortunato Peres Jr., LTr. 30/168): "O empregado licenciado por doença não faz jus à gratificação da Lei n. 4.090, de 1.962, se não prestou, no ano correspondente, nenhum serviço."

2. TST (A. de 14.4.1.964, 1.ª T., RR. n. 4.551/63, r. M. Júlio Barata, LTr. 30/169): "O empregado que se afasta da emprêsa por motivo de acidente do trabalho tem direito à gratificação da Lei n. 4.090."

OBSERVAÇÕES.

As soluções encontradas admitem o décimo terceiro salário nos afastamentos por acidentes do trabalho e negam o direito nas licenças por enfermidade; neste último caso, verificadas as condições da Lei n. 4.281, de 8 de novembro de 1.963, o pensionista receberá abono especial da instituição previdenciária.

261. DÉCIMO TERCEIRO SALÁRIO DO TRABALHADOR RURAL. — AO TRABALHADOR RURAL É DEVIDO O DÉCIMO TERCEIRO SALÁRIO?

A DOUTRINA.

ALUYSIO SAMPAIO (Lei do 13.º Salário Comentada, 1.962, pg. 7): "... embora não preveja a lei citada, expressamente, a aplicação do benefício ao trabalhador rural, essa aplicabilidade resulta do disposto no artigo 505 da C. L. T...."
2. NILTON JUAREZ DA CRUZ (Comentários à Lei 4.090, de 13 de julho de 1.962, pg. 15): Igual ao n. 1.
3. HÉLIO DE MIRANDA GUIMARÃES (Da Gratificação Compulsória de Natal ou 13.º Salário, LTr., 26/428): "... aos rurais é devida a gratificação natalina. A exceção inserta na alínea *b* do artigo 7.º da C. L. T. aqui não tem efeito dada a amplitude do art. 1.º da Lei 4.090."
4. CÁSSIO MESQUITA DE BARROS (Gratificação de Natal para os Trabalhadores, LTr., 26/310): Igual ao n. 3.
5. ARMANDO CASIMIRO COSTA (13.º Salário, LTr., 26/421): Igual ao n. 3.

A JURISPRUDÊNCIA.

1. TRT, 2.ª (P. n. 2.695/63, A. n. 4.122/63, r. Wilson de Souza Campos Batalha, MT., janeiro de 1.964): "O abono de Natal é devido aos trabalhadores rurais, face aos têrmos amplos da Lei n. 4.090, de 13.7.1.962, não podendo ser excluídos pela simples interpretação do respectivo regulamento."
2. TRT, 2.ª (P. n. 1.272/63, A. n. 4.055/63, r. Carlos de Figueiredo Sá, MT., janeiro de 1.964): Igual ao n. 1.
3. TRT, 2.ª (P. n. 3.418/63, A. n. 1.357/64, r. Gilberto Barreto Fragoso, MT., junho de 1.964): Igual ao n. 1.
4. TRT, 2.ª (P. n. 4.443/63, A. n. 1.397/64, r. Wilson de Souza Campos Batalha, MT., junho de 1.964): Igual ao n. 1.
5. TRT, 2.ª (P. n. 1.440/64, A. n. 4.118/64, r. Carlos de Figueiredo Sá, MT., novembro de 1.964): Igual ao n. 1.
6. TRT, 2.ª (P. n. 3.188/64, A. n. 662/65, r. Carlos de Figueiredo Sá, MT.. janeiro de 1.965): Igual ao n. 1.
7. TRT, 2.ª (P. n. 1.066/64, A. n. 1.773/65, r. Roberto Barreto Prado, MT., fevereiro de 1.965): "A lei n. 4.090, de 13.7.1.962, que instituiu a gratificação de Natal, não faz nenhuma referência ao empregado rurícola. Ora, essa referência se fazia necessária, porquanto o rurícola, salvo dispositivo expresso da lei, não estava sujeito às leis trabalhistas comuns aos demais trabalhadores. E o Estatuto do Trabalhador Rural só foi promulgado em 1.963, portanto, posteriormente à promulgação da Lei n. 4.090"
8. TRT, 2.ª (P. n. 1.445/64, A. n. 928/65, r. Carlos Bandeira Lins, MT., março de 1.965): Igual ao n. 1.

9. TRT, 2.ª (P. n. 2.429/64, A. n. 5.518/64, r. Carlos de Figueiredo Sá, MT., julho de 1.965): Igual ao n. 1.
10. TRT, 2.ª (P. n. 2.217/65, A. n. 4.596/65, r. Wilson de Souza Campos Batalha, MT., janeiro de 1.966): Igual ao n. 1.

OBSERVAÇÕES.

A orientação predominante, quase sem divergência (n. 7), assegura o décimo terceiro salário ao trabalhador rural. Variam os fundamentos invocados, ora a amplitude do texto da Lei 4.090, ora o artigo 179 do Estatuto do Trabalhador Rural, ora o artigo 505 da C.L.T.

262. DÉCIMO TERCEIRO SALÁRIO E DESPEDIDA INDIRETA. — NAS DESPEDIDAS INDIRETAS É DEVIDO O DÉCIMO TERCEIRO SALÁRIO?

A DOUTRINA.

1. ALUYSIO SAMPAIO (Lei do 13.º Salário Comentada, 1.962, pg. 20): "Dúvida não pode haver quanto ao direito do empregado à gratificação na hipótese. Na rescisão indireta o empregado apenas considera rescindido o contrato; mas a culpa da resilição cabe ao empregador."
2. ARNALDO SUSSEKIND (Comentários à Consolidação das Leis do Trabalho e à Legislação Complementar, 1.964, pg. 354): "Igual ao n. 1.
3. ALINO DA COSTA MONTEIRO e OUTROS (Gratificação de Natal para os Trabalhadores, pg. 29): Igual ao n. 1.

A JURISPRUDÊNCIA.

1. TRT, 2.ª (P. n. 4.468/63, A. n. 1.231/64, r. Gilberto Barreto Fragoso, MT., maio de 1.964): "Tendo o próprio empregado declarado rescindido o contrato de trabalho, tem direito ao 13.º salário proporcional, pois incorre falta grave na hipótese."
2. TRT, 2.ª (P. n. 4.315/64, A. n. 4.004/65, r. Carlos Bandeira Lins, MT., novembro de 1.965): Igual ao n. 1.

OBSERVAÇÕES.

A doutrina e a jurisprudência afirmam ser devido o décimo terceiro salário nas despedidas provocadas pelo empregado por justa causa praticada pelo empregador (art. 483 da C.L.T.).

263. DÉCIMO TERCEIRO SALÁRIO E DEMISSÃO. — O EMPREGADO QUE PEDE DEMISSÃO TEM DIREITO AO DÉCIMO TERCEIRO SALÁRIO?

A DOUTRINA.

1. ALUYSIO SAMPAIO (Lei do 13.º Salário Comentada, 1.962, pg. 20): "Se é de natureza salarial, deve-se proceder nos casos de rescisão por vontade do empregado..."
2. NILTON JUAREZ DA CRUZ (Comentários à Lei 4.090, de 13 de julho de 1.962, 1.963, pg. 31): Igual ao n. 1.
3. ROBERTO BARRETO PRADO (Direito do Trabalho, 1.963, pg. 226): "Se o empregado se retira do emprêgo antes de findo o mês de dezembro, por livre vontade ou por ter sido despedido por justa causa, a gratificação de

Natal não lhe será devida, nem mesmo em proporção ao tempo de serviço prestado no decorrer do ano."
4. ADRIANO CAMPANHOLE (Prática e Jurisprudência Trabalhista, 1.962, pg. 457): Igual ao n. 3.
5. CÁSSIO MESQUITA BARROS JÚNIOR (Gratificação de Natal para os Trabalhadores, LTr., 26/310): Igual ao n. 3.
6. HÉLIO DE MIRANDA GUIMARÃES (Da Gratificação Compulsória de Natal ou 13.º Salário, LTr., 26/430): "O pedido de demissão não impede o desfrute do 13.º salário."
7. LUIZ ROBERTO DE REZENDE PUECH (O Décimo Terceiro Salário, LTr., 26/441): Igual ao n. 6.
8. ANTÔNIO LAMARCA (Abono de Natal aos Inativos, LTr., 27/588): Igual ao n. 6.
9. JOSÉ PAULO BUENO (Outros aspectos da Lei do 13.º Salário... LTr. 27/484): Igual ao n. 6.
10. DÉLIO MARANHÃO (Direito do Trabalho, 1.966, pg. 160): Igual ao n. 3.
11. MANUEL ALVES DO VALE (Décimo Terceiro Salário na Saída Espontânea do Empregado, Revista do Trabalho, vol. XXXIII, n. 29, pg. 8): Igual ao n. 6.
12. ALINO DA COSTA MONTEIRO e OUTROS (Gratificação de Natal para os Trabalhadores, pg. 28): Igual ao n. 6.
13. ARION SAYÃO ROMITA (Gratificação Natalina e Pedido de Demissão. LTr. 30/482): Igual ao n. 3.
14. MOZART VICTOR RUSSOMANO (Comentários à Consolidação das Leis do Trabalho, 1.967, vol. VI, pg. 215): Igual ao n. 6.

A JURISPRUDÊNCIA.

1. STF (AI. n. 35.546, 2.ª T., r. M. Victor Nunes Leal, DJ. de 5.8.1.965, pg. 1.862): "Não é ofensiva do artigo 3.º da Lei n. 4.090, de 1.962, a interpretação que o declara não aplicável ao empregado que se demite voluntàriamente, antes de completar o prazo legal."
2. STF (RE. n. 58.022, A. de 15.6.1.965, 1.ª r. M. Evandro Lins, LTr. 29/469): "Décimo terceiro salário. É devido proporcionalmente aos meses trabalhados, mesmo quando o empregado pede demissão, rompendo espontâneamente o contrato de trabalho. O direito do empregado à sua percepção é conquistado mês após mês, tanto que, se demitido sem justa causa pelo empregador, antes do advento do mês de dezembro, sòmente receberá tantos avos quantos meses efetivamente trabalhados. Recurso extraordinário não conhecido."
3. STF (RE. n. 58.214, TP., r. M. Evandro Lins, 4.11.1.965, LTr. 30/385): Igual ao n. 2.
4. STF (AI. n. 35.510, TP., r. M. Evandro Lins, 4.11.1.965, LTr. 30/501): Igual ao n. 2.
5. TST (RR. n. 700/63, 3.ª T., r. M. Hildebrando Bisaglia, 2.7.1.963, LTr. 27/507): "Não tem direito ao 13.º salário o empregado que não completa o ano de serviço por se ter demitido do emprêgo."
6. TST (RR. n. 94/63, r. M. Rômulo Cardim, 1.ª T., 31.5.1.963, LTr. 27/508): Igual ao n. 5.
7. TST (RR. n. 1.737/63, r. M. Hildebrando Bisaglia, 3.ª T., 23.7.1.963, LTr. 27/511): Igual ao n. 5.
8. TST (P. n. 6.532/63, RR. n. 637/64, 3.ª T., r. M. Hildebrando Bisaglia, LTr. 28/686): Igual ao n. 5.
9. TST (RR. n. 2.195/63, E., TP., r. M. Rômulo Cardim, RT., abril-junho de 1.965, pg. 21): Igual ao n. 5.
10. TST (RR. n. 3.433/63, r. M. Carvalho Júnior, TP., DO. de 18.6.1.965, pg. 219, apenso): "A norma jurisprudencial preponderante é a de que a gratificação de Natal a que se refere a Lei n. 4.090 (13.º Salário) é sempre devida quer em razão da saída espontânea do empregado, quer em razão dos contratos a têrmo, e mesmo antes do mês de dezembro. Isso porque só na

ocorrência de justa causa para a dispensa, por falta comprovada, a gratificação não é devida nos têrmos do artigo 3.º da Lei n. 4.090."
11. TST (E. n. 3.156/63, de 19.8.1.964, TP., r. M. Bezerra de Menezes, LTr. 29/160): Igual ao n. 5.
12. TST (E., RR. n. 4.616/63, r. M. Fiuza Lima, 10.3.1.965, LTr. 29/476): Igual ao n. 10.
13. TST (RR. n. 5.825/63, 3.ª T., r. M. Charles E. Moritz, A. de 2.6.1.964, LTr. 30/169): Igual ao n. 5.
14. TRT, 2.ª (P. n. 3.237/63, A. n. 251/64, r. Fernando de Oliveira Coutinho, MT., fevereiro de 1.964): "Só o empregado que pratica falta grave é que perde o direito à percepção do 13.º salário instituído pela Lei n. 4.090, de 13.7.1.962. A demissão solicitada pelo próprio empregado e concedida pela empregadora, não a exonera da obrigação do pagamento daquele benefício."
15. TRT, 2.ª (P. n. 100/64, A. n. 1.752/64, r. Fernando de Oliveira Coutinho, MT., junho de 1.964): Igual ao n. 14.
16. TRT, 2.ª (P. n. 2.886/63, A. n. 851/64, r. Fernando de Oliveira Coutinho, MT., abril de 1.964): Igual ao n. 14.
17. TRT, 2.ª (P. n. 550/64, A. n. 2.219/64, r. Homero Diniz Gonçalves, MT., agôsto de 1.964): "O empregado que pede demissão, abre mão do aviso prévio, da indenização e das férias proporcionais, e, por via de conseqüência, também renuncia ao 13.º salário."
18. TRT, 2.ª (P. n. 3.070, A. n. 2.856/64, r. Antônio José Fava, MT., agôsto de 1.964): Igual ao n. 14.
19. TRT, 2.ª (P. n. 1.307/64, A. n. 4.566/64, r. Carlos de Figueiredo Sá, MT., dezembro de 1.964): Igual ao n. 14.
20. TRT, 2.ª (P. n. 5.253/64, A. n. 1.037/65, r. Wilson de Souza Campos Batalha, MT., janeiro de 1.965): Igual ao n. 17.
21. TRT, 2.ª (P. n. 5.877/64, A. n. 2.352/65, r. Carlos de Figueiredo Sá, MT., junho de 1.965): Igual ao n. 14.
22. TRT, 2.ª (P. n. 4.810/64, A. n. 4.032/65, r. Carlos Bandeira Lins, MT., dezembro de 1.965): Igual ao n. 14.
23. TRT, 2.ª (P. n. 4.104/64, A. n. 4.304/65, r. Carlos Bandeira Lins, MT., janeiro de 1.966): Igual ao n. 14.
24. TRT, 2.ª (P. n. 3.628/65, A. n. 671/66, r. Antônio Pereira Magaldi, MT., abril de 1.966): Igual ao n. 14.
25. TRT, 3.ª (A. de 1.965, in LTr. 29/394): "Só é devida a gratificação natalina quando o empregado é despedido sem justa causa."
26. TRT, 4.ª (RT., março-abril de 1.963, pg. 199): "Não tem direito às vantagens da Lei n. 4.090 quem deixa o emprêgo por livre e espontânea vontade."
27. TRT, 8.ª (P. n. 10/63, r. Aloysio da Costa Chaves, LTr. 27/334): "O empregado que deixa espontâneamente o emprêgo não faz jus à gratificação natalina instituída pela lei n. 4.090, de 13 de julho de 1.962."
28. TST (PJ. n. 32/67): "A gratificação instituída pela Lei 4.090, de 1.962, é devida na resilição contratual de iniciativa do empregado."

OBSERVAÇÕES.

A mais viva discussão travou-se em tôrno da questão. Os pronunciamentos que negam o direito ao décimo terceiro salário nas demissões fundam-se ou na renúncia que o ato encerra, ou na necessidade da condição ano-trabalho. A tese contrária sustenta-se na impossibilidade de interpretação restritiva quando nenhuma exclusão é feita em lei e na natureza salarial e proporcional do benefício. Ùltimamente, tem sido, ainda, invocado o Decreto n. 57.155, de 3.11.1.965, art. 7.º, em abono do mesmo ponto de vista, e que possibilita o fracionamento do décimo terceiro salário na ocorrência de extinção do contrato de trabalho antes do mês de dezembro. Ressalte-se que o Supremo Tribunal Federal, na composição plena, sufragou esta segunda orientação; daí entendermos que deve ser considerado definitivo o direito do demissionário ao 13.º salário. Aliás, não é outro o sentido do Prejulgado n. 32/67 do TST com o qual fica uniformizada a orientação sôbre a matéria.

264. **DÉCIMO TERCEIRO SALÁRIO E OS ADICIONAIS COMPULSÓRIOS.** — OS ADICIONAIS COMPULSÓRIOS INTEGRAM A BASE DO CÁLCULO DO DÉCIMO TERCEIRO SALÁRIO?

A DOUTRINA.

1. HÉLIO DE MIRANDA GUIMARÃES (Da Gratificação Compulsória de Natal ou 13.º Salário, LTr., 1.962, pg. 431): "Se o empregado mantém com o empregador acôrdo para prorrogação da jornada de trabalho, se está em contacto permanente com inflamáveis, se o local de trabalho é insalubre, se recebe gratificação, ajustada ou não, que não seja natalina, em dezembro ou no mês da rescisão, as horas extras, o adicional de periculosidade ou o de insalubridade, a gratificação, enfim tôdas essas parcelas, constitutivas, sem dúvida alguma, da remuneração não podem deixar de ser computadas no cálculo do décimo terceiro salário."
2. CÁSSIO MESQUITA DE BARROS JR. (Regulamentação do Parcelamento da Gratificação de Natal, LTr., 29/421): "Deve aqui se ter em conta o salário normalmente percebido pelo empregado, excluídas as verbas de horas extras ou de adicionais eventuais, aplicando-se o mesmo critério seguido no pagamento do repouso semanal remunerado instituído pela Lei n. 605..."
3. ALUYSIO SAMPAIO (Lei do 13.º Salário Comentada, 1.962, pg. 10): "Para os efeitos de cálculo do valor da gratificação de Natal, hão de computar-se, além da importância correspondente à contraprestação direta de serviços, tôdas as quantias que forem devidas em virtude da existência da relação de emprêgo, como diárias, prêmios-produção etc."

A JURISPRUDÊNCIA.

1. TRT, 2.ª (P. n. 4.924/63, A. n. 2.651/64, r. Gilberto Barreto Fragoso, MT., setembro de 1.964): "O adicional de insalubridade, pago em razão de trabalho permanente em condições insalubres, deve ser levado em conta para o cálculo do décimo terceiro salário."
2. TRT, 2.ª (P. n. 1.378/64, A. n. 923/65, r. Carlos Bandeira Lins, MT., janeiro de 1.965): "É irrepreensível o entendimento que, considerando a prestação de serviço em período noturno, faz computar o respectivo adicional na paga da gratificação natalina. Pois é da disciplina dêsse benefício que o seu valor deve ser calculado na base do maior ganho auferido pelo trabalhador."
3. TRT, 2.ª (P. n. 4.377/63, A. n. 5.032/64, r. Hélio Tupinambá Fonseca (MT., março de 1.965): "Dispõe a Lei n. 4.090, de 13.7.1.962, que o décimo terceiro salário compreenderá tôda a remuneração devida em dezembro, remuneração essa porém, decorrente do contrato de trabalho, como retribuição ou contraprestação de serviço e com caráter alimentar. Conseqüentemente, não só o salário estrito senso, mas também outras retribuições contratuais devem compô-lo."

OBSERVAÇÕES.

A base do cálculo do décimo terceiro salário será a remuneração do empregado, assim entendida a retribuição salarial acrescida dos acessórios.

265. **DÉCIMO TERCEIRO SALÁRIO E CULPA RECÍPROCA.** — OCORRENDO CULPA RECÍPROCA NA RESCISÃO DO CONTRATO DE TRABALHO É DEVIDO O DÉCIMO TERCEIRO SALÁRIO?

A DOUTRINA.

1. HÉLIO DE MIRANDA GUIMARÃES (Da Gratificação Compulsória de Natal ou 13.º Salário, LTr. 26/431): "Entendemos que não. A rescisão aí se opera por justa causa."

A JURISPRUDÊNCIA.

1. TST, (RR. n. 6.521/63, A. de 25.5.1.964, r. M. Thélio da Costa Monteiro, LTr. 30/165): "Sendo comum às partes a responsabilidade na rescisão do contrato de trabalho, não são devidos o aviso prévio e a gratificação de Natal."
2. TRT, 2.ª (P. n. 5.827/64, A. n. 2.172/65, r. Roberto Barreto Prado, MT., maio de 1.965): "Conseqüência da culpa recíproca é a divisão por igual da gratificação proporcional de Natal."
3. TRT, 2.ª (P. n. 5.843/64, A. n. 2.892/65, r. Gilberto Barreto Fragoso, MT., junho de 1.965): "É indevido o 13.º salário nos casos de reconhecida culpa recíproca, uma vez que, nesta, está implícita a ocorrência de falta grave cometida pelo empregado."

OBSERVAÇÕES.

Não se pode dizer que exista uma orientação definida, porque a casuística é escassa, mas dos pronunciamentos até aqui ocorridos resulta a inexistência do direito do empregado ao 13.º salário nos casos de culpa recíproca.

266. **DÉCIMO TERCEIRO SALÁRIO E REMUNERAÇÃO VARIÁVEL.** — NAS REMUNERAÇÕES VARIÁVEIS A BASE DO CÁLCULO SERÁ O SALÁRIO DE DEZEMBRO OU A MÉDIA SALARIAL DOS DOZE MESES DO ANO CORRESPONDENTE?

Art. 1.º — § 1.º — A gratificação corresponderá a $1/_{12}$ avos da remuneração devida em dezembro, por mês de serviço do ano correspondente (Lei n. 4.090, de 13.7.1.962).

O REGULAMENTO.

Art. 2.º — Para os empregados que recebem salário variável, a qualquer título, a gratificação será calculada na base de $1/_{11}$ (um onze avos) da soma das importâncias variáveis devidas no meses trabalhados até novembro de cada ano. A esta gratificação se somará a que corresponder à parte do salário contratual fixo.

Parágrafo único. — Até o dia 10 de janeiro de cada ano, computada a parcela do mês de dezembro, o cálculo da gratificação será revisto para $1/_{12}$ (um doze avos) do total devido no ano anterior, processando-se a correção do valor da respectiva gratificação com o pagamento ou compensação das possíveis diferenças (D. n. 57.155, de 3.8.1.965).

A JURISPRUDÊNCIA.

1. TST (RR. n. 351/64, 3.ª T., r. M. Luiz Menossi, LTr. 30/168): "Viola a lei que assegura gratificação igual à remuneração de dezembro (Lei do 13.º Salário) a decisão favorável à aplicação do Decreto n. 1.881, no tocante aos tarefeiros. Decreto regulamentador de lei não pode restringir benefício desta."
2. TST (A. de 11.6.1.964, 2.ª T., RR. n. 525/64, r. M. Fernando Nóbrega, LTr. 30/168): Igual ao n. 1.
3. TST (A. de 23.6.1.964, 3.ª T., RR. n. 3.173/63, r. M. Geraldo Starling Soares, LTr. 30/170): Igual ao n. 1.
4. TRT, 2.ª (P. n. 2.563/63, A. n. 4.143/63, r. Fernando de Oliveira Coutinho, MT., janeiro de 1.964): Igual ao n. 1.
5. TRT, 2.ª (P. n. 3.646/63, A. n. 1.005/64, r. Roberto Barreto Prado, MT., maio de 1.964): "No cálculo da gratificação de Natal deverá servir de base o salário vigorante no mês de dezembro, pois caso contrário haveria violação frontal ao disposto no parágrafo 1.º, do artigo 1.º, da Lei n. 4.090, de 13.7.1.962. Tratando-se de tarefeiro, em primeiro lugar obter-se-á a média de produção anual e a seguir multiplica-se o resultado obtido pelo salário unitário em vigor. Êste critério que deve prevalecer para evitar que o empregado receba de gratificação de Natal, quantia inferior ao salário em vigor no mês de dezembro."
6. TRT, 2.ª (P. n. 2.125/63, A. n. 1.321/64, r. Fernando de Oliveira Coutinho, MT., junho de 1.964): Igual ao n. 5.
7. TRT, 2.ª (P. n. 3.601/63, A. n. 2.307/64, r. Roberto Barreto Prado, MT., agôsto de 1.964): Igual ao n. 5.
8. TRT, 2.ª (P. n. 3.545/63, A. n. 2.671/64, r. Fernando de Oliveira Coutinho, MT., agôsto de 1.964): Igual ao n. 5.
9. TRT, 2.ª (P. n. 3.323/63, A. n. 3.039/64, r. Carlos Bandeira Lins, MT., setembro de 1.964): Igual ao n. 5.
10. TRT, 2.ª (P. n. 4.484/63, A. n. 4.384/64, r. Gilberto Barreto Fragoso, MT., dezembro de 1.964): "Não há divergência entre a Lei n. 4.090, de 13.7.1.962, e o seu Regulamento, Decreto n. 1.881. Os empregados tarefeiros devem receber a gratificação instituída por aquela Lei de acôrdo com a média obtida nos doze meses do ano, observada a proporção da Lei em causa. O seu artigo 3.º determina que aos empregados que recebem salário variável, a qualquer título, a gratificação a ser paga no decorrer de dezembro, é calculada na base de $^1/_{11}$ da soma das importâncias variáveis, devidas nos meses trabalhados até novembro de cada ano."
11. TRT, 2.ª (P. n. 4.333/64, A. n. 868/65, r. Carlos Bandeira Lins, MT., janeiro de 1.965): Igual ao n. 5.
12. TRT, 2.ª (P. n. 695/64, A. n. 1.109/65, r. Fernando de Oliveira Coutinho, MT., março de 1.965): Igual ao n. 5.
13. TRT, 2.ª (P. n. 5.529/64, A. n. 371/66, r. Antônio Pereira Magaldi, MT., abril de 1.966): Igual ao n. 5.
14. TRT, 3.ª (P. n. 4.918/63, A. de 6.5.1.964, r. Newton Lammounier, LTr. — 1.965, pg. 398): Igual ao n. 1.

OBSERVAÇÕES.

O critério estabelecido através dos decretos 1.881 e 57.155 é repelido pela jurisprudência predominante. Duas soluções principais surgiram. A primeira, aplica, simplesmente, a Lei n. 4.090 e considera, em qualquer caso, a remuneração do mês de dezembro. A segunda, vencedora no T.R.T. de São Paulo, adota a média das *tarefas* e a *tarifa* do mês de dezembro. O exemplo está contido no Acórdão n. 2.671/64: um empregado produz 1.000 peças por mês e a remuneração é de Cr$ 50 por peça. Em onze meses terá produzido 11 mil peças o que dá a referida média de 1.000 mensais. Ocorrendo que a tarifa seja majorada de 40%, é evidente que perceberá Cr$ 70.000. As interpretações encontradas na jurisprudência, resultam, sem sombra de dúvida, das pressões exercidas por um fato: a época costumeira dos reajustamentos salariais, verificados no fim do ano. Assim, da aplicação pura e simples da média salarial, adviria uma nítida discrepância entre o valor da retribuição acrescida dos aumentos e o valor do décimo terceiro salário. No entanto, a rigor, não se pode dizer que haja uma orientação pacífica, e o debate prossegue.

267. GRATIFICAÇÃO E SALÁRIO. — AS GRATIFICAÇÕES INTEGRAM O SALÁRIO?

A JURISPRUDÊNCIA.

1. STF (S. n. 207): "As gratificações habituais, inclusive a de Natal, consideram-se tàcitamente convencionadas, integrando o salário."

OBSERVAÇÕES.

A Súmula do S.T.F. e o artigo 457 — § 1.º da C.L.T. completam-se no sentido de considerar a gratificação, por origem uma liberalidade, um direito do empregado, desde que paga com habitualidade. A sua repetição no tempo, portanto, terá o efeito de incorporá-la ao salário do trabalhador, passando a integrá-lo para todos os fins.

A gratificação de função, no entanto, não se submete ao princípio, porque é transitória, perdurará sòmente enquanto o empregado estiver investido nas funções para as quais êsse complemento salarial se destina.

Os têrmos amplos da Súmula parecem abranger, inclusive, as gratificações pagas, expressamente, como liberalidade, porque serão, da mesma maneira, tàcitamente ajustadas, se habituais. O TST baixou o prejulgado 25/67 estabelecendo que o fato de constar do recibo de pagamento de gratificação o caráter de liberalidade, não basta, por si só, para excluir a existência de um ajuste tácito.

CAPÍTULO IX

PRESTAÇÕES SALARIAIS COMPLEMENTARES.

O empregado pode receber, durante a relação de emprêgo, várias prestações de fundo econômico, relacionadas com a causa jurídica trabalho que, direta ou originàriamente, não se identificam com o salário-base, embora dêle venham a ser parcela complementar revestida de características próprias e de autonomia conceitual.

I — AS GORJETAS.

Gorjeta, "propina", pourboir", "mancia", são denominações encontradas nos sistemas jurídicos, para exprimir a figura consistente na entrega de dinheiro pelo cliente de uma emprêsa ao empregado desta que o serviu, como testemunho da satisfação pelo tratamento recebido.

CARACTERÍSTICAS. — Resultam de uma liberalidade do freguês e, se ocasionais, não apresentam qualquer relevância para o Direito Trabalhista. Porém, em algumas atividades, por fôrça do costume, constituem um ingresso normal com que conta o trabalhador para a sua subsistência. Nesses casos, a gorjeta produz uma série de conseqüências pertinentes ao contrato de trabalho. Não pode ser aproveitada pelo empregador para complementação do salário mínimo (Ver Questão 268). Não obstante restrições da doutrina (Grecco, Scotto, Paioli), em nosso Direito integra a remuneração para todos os fins (art. 467 da C.L.T.), ainda que teóricos os critérios correspondentes à média respectiva (Ver Questão 269). É impenhorável e incedível, gozando do mesmo sistema de proteção dispensado ao salário.

MODALIDADES. — Se fixadas como uma percentagem sôbre o consumo, as gorjetas revestem-se da forma conhecida por *sistema alemão* ou *serviersystem*, em contraposição ao *sistema latino* ou *troncsystem* em que o cliente fica em liberdade para oferecer ao serviçal uma quantia variável.

NATUREZA JURÍDICA. — São invocados na sua fundamentação jurídica os tradicionais esquemas de Direito Civil: estipulação em favor de terceiros, doação remuneratória etc., ou comuns ao Direito Trabalhista e Comercial: comissões, participação associativa etc. Pensamos que a gorjeta forma ao lado de outros efeitos econômicos correspondentes ao preço do trabalho que mantém uma posição de acessoriedade com o salário e cujas peculiaridades em nada prejudicam venham a ser conceituados como prestação de natureza retributiva.

PARTICIPAÇÃO DO EMPREGADOR. — A Câmara de Apelação de Gênova (Rev. Diritto del Lavoro, 1.954) considerou válida cláusula contratual que estabelecia aos empregados de casa de jôgo a obrigação de entregar metade da gorjeta à emprêsa. Leis de 1.931 e 1.933 na França, proibem o empregador de retê-las, no todo ou em parte. O problema não é de molde a criar dificuldades de solução, pois, sem dúvida, a finalidade da gorjeta é obsequiar o trabalhador e não o patrão.

BIBLIOGRAFIA. — José Martins Catharino, "Tratado Jurídico do Salário", 1.951; Cesarino Junior, "Salário Indireto", Rev. de Direito Social, vol. 25; Scotto, "La mancia è retribuzione?", in Massimário de Giurisprudência del Lavoro, 1.953; Fachiano, "Mance e retribuzione"; Marchetti, "Sul carattere retributivo della mancia", in Diritto del Lavoro, 1.954; P. Voirin, "Étude juridique du pourboire", in Revue Trimestrielle du Droit Social, 1.929; Mário L. Deveali, "Lineamientos de Derecho del Trabajo", 1.956.

II — AS DIÁRIAS E AJUDAS DE CUSTO.

Os gastos destinados à manutenção e ao deslocamento do empregado durante a execução dos serviços, são ressarcidos pelo empregador sob a forma de diárias, de natureza jurídica indenizatória. Por essa razão, se não têm caráter retributivo, não produzem, normalmente, os amplos efeitos do salário. A lei brasileira, contudo, toma precauções no sentido de evitar a fraude consistente em pagamentos rotulados de diárias que, na verdade, constituem remuneração do trabalho (Ver Questão 270). Os autores costumam distinguir entre *diárias impróprias* e *diárias próprias*, aquelas uma compensação pela vida profissional nômade, estas indenizações das despesas de viagem.

As ajudas de custo têm semelhança com as diárias, mas com elas não se confundem. (Ver Questão 271). Destinam-se, igualmente, aos gastos do empregado, mas relativos à transferência de local da prestação de serviços.

III — OS PRÊMIOS.

Prêmios ou bonificações são salários vinculados a fatôres de ordem pessoal do trabalhador, como a economia de tempo, de matéria-prima, a assiduidade, a eficiência, o rendimento.

HISTÓRICO. — Já em 1.867, numa poderosa emprêsa da Europa, a Casa Krupp, os seus 7.000 empregados eram pagos com uma quantia fixa e outra variável correspondente à produção. Na emprêsa Wagner y Marsan, de Reims, há um prêmio fixo e outro proporcional quando o rendimento atinge determinado nível. Entre 1.856 e 1.915 viveu Taylor, de simples operário da Midvale Steel Co., a engenheiro responsável pelo método científico conhecido por *taylorismo*, concebido sôbre uma técnica de aceleração da produção pela racionalização do serviço, atribuindo bonificações na medida do aumento da velocidade de execução do serviço; na época, na atividade metalúrgica, houve um acréscimo diário da ordem de 16 a 59 toneladas, como conseqüência da aplicacação dêsse sistema (História General del Trabajo, Louis-Henri Parias). Alexis Stakanov, em 1.935, pelas experiências de trabalho na mina Donetz, tornou-se responsável pelo *stakanovismo,* redução proporcional do salário se não atingidos determinados limites de rendimento. A incitação à maior produtividade encontra expressão em outros sistemas de igual propósito, como o plano de Halsey, Gantt, Rowan, Bedau, em número tal que H. von Bodelschwing enumerou perto de 50 sistemas utilizados só nos Estados Unidos.

CARACTERÍSTICAS. — O prêmio-produção é o resultado de variações do salário por tarefa, condicionado a um rendimento mínimo estabelecido em função pessoal de cada empregado ou coletivo de uma equipe. Por ser aleatório, como a participação nos lucros e as gratificações de balanço, não pode ser admitido como forma única e exclusiva de remuneração, pressupondo sempre a existência, ao seu lado, de um salário fixo, garantido e invariável para a subsistência do trabalhador. Não pode ser suprimido (Ver Questão 272), nem utilizado para complementação do salário mínimo (A. STF, 1.ª T., RE. 36.827, r. M. Barros Barreto; A. STF, 1.ª T., RE. 36.579, r. M. Luiz Galotti; A. TST, TP., RR. 1.924/56, r. M. Astolfo Serra) e é irredutível (A. TST, TP., RR. 2.492/57, r. M. Tostes Malta). São controvertidos os pronunciamentos sôbre a possibilidade de sua inclusão para fins de reajustamentos salariais, sobressaindo algumas decisões afirmativas (TST, P. 1.886/56 e P. 3.322/57). As bonificações de assiduidade, tempo de casa, eficiência e outras de igual sentido são consideradas liberalidades, mas é nítida a tendência no sentido de atraí-las para a órbita salarial. Sempre que habitualmente pagas, passam a constituir um ingresso normal com que o operário conta para a sua manutenção. A Súmula 209 do STF traduz uma tomada de posição sôbre o assunto que poderá solidificar o entendimento sôbre a natureza salarial dêsses prêmios.

IV — A PARTICIPAÇÃO DO EMPREGADO NOS LUCROS.

A participação nos lucros, como diz Maurice Dobb, resulta do propósito de estimular entre os trabalhadores um espírito coletivo favorável a uma produção maior e interessá-los financeiramente no êxito da emprêsa.

HISTÓRICO. — A experiência da participação nas utilidades surgiu na França, em 1.842, numa fábrica de pinturas e cristaleria do industrial Leclaire, expandindo-se para outros países. Antes da primeira guerra mundial, 114 negociantes franceses adotavam o plano, na Alemanha 30, nos Estados Unidos 25. Em 1.936, na Inglaterra, a existência de 412 planos abrangendo 260.000 trabalhadores atesta o acolhimento do sistema, pôsto em prática já em 1.865 nas minas de carvão de Henry Briggs, Son and Co., em Normanton, e na Fox, Head y Co., em Middlesbrough, fundidores de ferro, em 1.866. Um método de participação diferida foi executado na França pela Compagnie d'Assurances Generales, de tal modo que os resultados eram acumulados num fundo de provisão e os crédittos levantados aos 25 anos de serviço ou 65 anos de idade. Essas manifestações, como se vê, foram espontâneas, partiram da iniciativa dos próprios empresários da época que a tanto não se achavam obrigados. As primeiras iniciativas legislativas verificaram-se também na França, em 1.917, através de uma lei que estabeleceu sociedades de trabalhadores em forma de cooperativas, às quais eram conferidas ações de trabalho que possibilitavam uma participação nos lucros anuais acusados em balanço e distribuídos aos empregados na proporção dos respectivos salários. Pela Lei do Equador de 14.12.1.948, as emprêsas destinavam 7% dos lucros líquidos acusados nas declarações do Impôsto de Renda, dos quais 5% eram pagos na proporção do salário de cada empregado e 2% depositados na Caixa de Seguro Social para obras de benefício coletivo. No mesmo ano, no Peru, 30% dos lucros líquidos das emprêsas, por fôrça, também, de lei, passaram a ser atribuídos aos empregados, conforme os salários, antiguidade, assiduidade, produtividade, sendo a parcela de cada um dividida em ações nominativas correspondentes a 80% e os restantes 20% em dinheiro. Na Checoslováquia, em 1.945, 10% dos lucros empresariais passaram a reverter para serviços sociais, como casas, granjas, centros esportivos, bibliotecas etc. Os Tribunais Trabalhistas da Índia, em 1.942, impuseram, em vários casos, uma participação a ser cumprida obrigatòriamente. O Código da Colômbia, de 1.950, estabelece o direito do empregado em participar das utilidades e benefícios mas nunca assumir os riscos ou perdas. No México, o artigo 123 da Constituição insere também o princípio. O Código do Trabalho do Chile contém normas no mesmo sentido. No Brasil, a Constituição Federal de 1.946, art. 157, inciso IV, preceitua a participação obrigatória e direta do trabalhador nos lucros da emprêsa e a Carta de 1.967 dispõe, simplesmente, participação do trabalhador nos lucros da emprêsa, removendo a exigência anterior de pagamento direto. Abre caminho, no entanto, para a integração do trabalhador na gestão da emprêsa (art. 158, n.º V).

MODALIDADES DE PARTICIPAÇÃO. — De um modo geral, o empregado pode participar dos *produtos* da emprêsa, — percentagem sôbre os resultados brutos da produção — dos *lucros globais ou parciais,* direta ou indiretamente, conforme pago em ações ou dinheiro ou serviços sociais e, ainda, *imediata ou diferida,* de acôrdo com o momento no qual o empregado poderá dispor do resultado.

CARACTERÍSTICAS. — A participação nos lucros é forma de salários (Ver Questão 273). Em nada prejudica a qualidade de empregado do beneficiado, ainda que por ações; resulta de lei, contrato ou regulamento e goza da mesma proteção legal que cobre o salário, como impenhorabilidade prioridade de crédito falimentar etc. Não se confunde com as comissões porque estas correspondem ao resultado de um esfôrço particular do trabalhador na obtenção de um negócio para a emprêsa e aquela não se reveste de característica semelhante. Sob o prisma material confunde-se com a gratificação de balanço, porque representam, ambas as figuras, uma modalidade de percentuais atribuídos com base nos lucros da emprêsa, mas formalmente há meios de distinção porque uma tem múltiplos aspectos e meios de expressão como ações, bens etc., outra é bonificação fixa ou proporcional direta.

BIBLIOGRAFIA. — Dorval de Lacerda, "Participação dos Empregados nos Lucros das Emprêsas", Revista do Trabalho, 1.948; Cotrim Neto, "Participação dos Empregados nos Lucros da Emprêsa e Estímulo da Produção", Revista do Trabalho, 1.948; Nélio Reis, "Participação Salarial nos Lucros da Emprêsa", 1.945; Maurice Dobb, "Salários", ed. 1.965; Mário de La Cueva, "Derecho Mexicano del Trabajo", 1.961; José Martins Catharino, "Tratado Jurídico do Salário", 1.951, Hélio de Miranda Guimarães, "Participação dos Empregados nos lucros das Emprêsas", Ltr., 12/75.

268. **CÔMPUTO DA GORJETA NO SALÁRIO MÍNIMO.** — AS GORJETAS PODEM SER COMPUTADAS PARA COMPLEMENTAÇÃO DO PAGAMENTO DO SALÁRIO MÍNIMO?

A DOUTRINA.

1. ORLANDO GOMES (O Salário no Direito Brasileiro, 1.947, pg. 24): "... a gorjeta, que é paga por terceiros, não deve ser levada em conta para o cômputo do salário mínimo."
2. WILSON DE SOUZA CAMPOS BATALHA (Aspectos Constitucionais e Legislativos das Remunerações Mínimas, 1.958, pg. 26): "Na realidade, constituindo o salário mínimo o indispensável à existência digna do trabalhador, não poderiam ser nêle computadas as gorjetas, cujo caráter aleatório é manifesto."
3. JOSÉ MARTINS CATHARINO (Tratado Jurídico do Salário, 1.951, pg. 237): "... a gorjeta pode ser uma forma especial de salário. E quando realmente o é, deve ser levada em conta na composição do salário vital." ..."Entrando em vigor a Consolidação a lei consagrou a tese contrária."
4. MOZART VICTOR RUSSOMANO (Comentários à Consolidação das Leis do Trabalho, vol. I, pg. 249, 1.960): "O salário mínimo é uma prestação paga diretamente pelo patrão — o que exclui a possibilidade de o empregador infringir as tabelas do salário mínimo jogando com a probalidade ou a certeza das gorjetas."
5. ROBERTO BARRETO PRADO (Direito do Trabalho, 1.963, pg. 162): "O salário mínimo deve ser pago diretamente pelo empregador e nêle não se incluem as gorjetas."
6. ALUÍSIO JOSÉ TEIXEIRA GAVAZZONI SILVA (Comentários à Consolidação das Leis do Trabalho, 1.963, vol. II, pg. 162): "... a gorjeta, por ser remuneração paga por terceiros, e, portanto, não paga diretamente pelo empregador, não pode ser incluída no cálculo para aferição do *quantum* legal a ser pago pelo empregador..."
7. AMARO BARRETO (Tutela Geral do Trabalho, vol. II, pg. 125, 1.964): "Por dever o salário mínimo ser pago diretamente pelo empregador, como ficou refrisado, as gorjetas não podem integrá-lo."
8. JOSÉ MARTINS CATHARINO (Contrato de Emprêgo, 1.962, pg. 133): "No

nosso direito, entretanto, as comissões pagas diretamente pelo empregador, são salário, e as gorjetas não. Dessarte, de acôrdo com o artigo 76 da C.L.T., estas não entram na composição do salário mínimo."

9. ARNALDO SUSSEKIND (Comentários à Consolidação das Leis do Trabalho, 1.964, vol. III, pg. 371): "... não podem ser computadas as gorjetas..."

10. DÉLIO MARANHÃO (Direito do Trabalho, 1.966, pg. 94): "A gorjeta, não sendo paga diretamente, pelo empregador, embora integre a remuneração do empregado (art. 457 da Consolidação) não pode ser levada, por isso, em linha de conta para a formação do salário mínimo."

A JURISPRUDÊNCIA.

1. STF (AI. n. 29.374, A. de 4.7.1.964, r. M. Pedro Chaves, LTr. 28/671): "Gorgeta não integra nem complementa o salário mínimo."
2. TST (RR. n. 466/62, A. de 22.5.1.962, r. M. Delfim Moreira Jr., LTr. 26/574): Igual ao n. 1.

OBSERVAÇÕES.

A questão está definitivamente solucionada. É inadmitida a utilização da gorjeta para formar o salário mínimo devido pelo empregador. A gorjeta é retribuição proveniente de terceiros e o salário mínimo deve ser pago diretamente pelo empregador (art. 76 da C.L.T.). No entanto, se acrescida em nota de despesas, tem havido decisões diferentes (TST, P. n. 3.636/54, RTST, 1.957, pg. 354).

269. ESTIMATIVA DAS GORJETAS. — QUAL O CRITÉRIO PARA DETERMINAÇÃO DO VALOR DAS GORJETAS PARA FINS DE INDENIZAÇÃO?

A DOUTRINA.

1. JOSÉ MARTINS CATHARINO (Tratado Jurídico do Salário, 1.951, pg. 563): "O valor médio das gorjetas tanto pode ser arbitrado pelas partes mediante cláusula do contrato individual de trabalho, como estimado em convenção coletiva. O arbitramento judicial, por sua vez, pode ter lugar em processo de dissídio individual ou coletivo, ou ainda provocado pela parte interessada mediante a propositura de simples ação declaratória, perfeitamente cabível no Direito Processual do Trabalho."
2. ARNALDO SUSSEKIND (Comentários à Consolidação das Leis do Trabalho, 1.964, vol. III, pg. 372): Igual ao n. 1.
3. DÉLIO MARANHÃO (Direito do Trabalho, 1.966, pg. 153): Igual ao n. 1.

A JURISPRUDÊNCIA.

1. TST (A. de 16.11.1.958, 3.ª T., RR. n. 2.011/58, r. M. Hildebrando Bisaglia, RTST, 1.960, pg. 177): "Constitui obrigação patronal anotar a estimativa das gorjetas na carteira profissional do "garçon". Certo é, pois, que a omissão do empregador, sua negligência ou desatenção, não pode prejudicar o direito do empregado ao cômputo para efeito do cálculo de indenização, da importância das gorjetas, devendo esta, nesse caso, e ante a inexistência de prova, ser fixada em liquidação, mediante arbitramento."

OBSERVAÇÕES.

Prévia será a estipulação do valor médio das gorjetas; deve resultar de ajuste entre as partes, estimando um "quantum" que será registrado na carteira profissional. Se houver omissão, caberá o arbitramento judicial. Êste, vale-se, com freqüência, das tabelas organizadas pelos sindicatos.

270. **INCORPORAÇÃO DAS DIÁRIAS NO SALÁRIO. — AS DIÁRIAS QUE ULTRAPASSAM DE 50% DOS SALÁRIOS, NÊLES SÃO INCORPORADAS PELA TOTALIDADE OU SÓ PELO EXCESSO?**

A DOUTRINA.

1. JOSÉ MARTINS CATHARINO (Tratado Jurídico do Salário, 1.951, pg. 576): "Se, porém, verificar-se o excesso, as diárias serão salário na *proporção do excedente.*"
2. ARNALDO SUSSEKIND (Comentários à Consolidação das Leis do Trabalho, 1.964, vol. III, pg. 368): "A nova redação dos §§ 1.º e 2.º do art. 457 conduz, entretanto, à conclusão de que, excedendo à metade da remuneração paga, a título de salário, por um dia de trabalho, as diárias de viagem devem ser consideradas totalmente como salário..."
3. DÉLIO MARANHÃO (Direito do Trabalho, 1.966, pg. 163): "Estamos com Martins Catharino, em que integra o salário, apenas, o que exceder do limite legal: a nulidade parcial de um ato não o prejudicará na parte válida, se essa fôr separável (art. 153 do Código Civil)."

A JURISPRUDÊNCIA.

1. TST (A. p. DJU. de 29.6.1.949, P. n. 8.380/48, r. M. Delfim Moreira Jr.): "As diárias devem ser computadas como estipêndio, na sua totalidade, para todos os efeitos legais, desde que excedam de 50% o salário percebido pelo empregado."
2. TST (P. n. 3.769/50, RTST, n. 427, pg. 90): Igual ao n. 1.

OBSERVAÇÕES.

A questão ainda é controvertida. São conflitantes a doutrina e a jurisprudência.

Quais as diárias que integram o salário do empregado? São aquelas que excedam de cinqüenta por cento. A interpretação gramatical do artigo 457 — § 2.º, parece-nos confirmar o ponto de vista de Catharino.

271. **AJUDA DE CUSTO E DIÁRIA. — AJUDA DE CUSTO E DIÁRIA SÃO A MESMA COISA?**

A DOUTRINA.

1. ORLANDO GOMES e ELSON GOTTSCHALK (Curso Elementar de Direito do Trabalho, 1.963, pg. 222): "Distingue-se das diárias, porque estas são pagas continuamente, enquanto aquela corresponde a um único pagamento."
2. ARNALDO SUSSEKIND (Comentários à Consolidação das Leis do Trabalho, 1.964, vol. II, pg. 36): Igual ao n. 1.
3. ADRIANO CAMPANHOLE (Prática e Jurisprudência Trabalhista, 1.962, pg. 321): Igual ao n. 1.
4. M. A. CARDONE (Viajantes e Pracistas no Direito do Trabalho, 1.963, pg. 43): Igual ao n. 1.
5. DÉLIO MARANHÃO (Direito do Trabalho, 1.966, pg. 163): Igual ao n. 1.

OBSERVAÇÕES.

Diárias são inconfundíveis com ajuda de custa. Aquelas são atribuições continuadas, estas isoladas.

272. SUPRESSÃO DOS PRÊMIOS. — OS PRÊMIOS PODEM SER SUPRIMIDOS?

A JURISPRUDÊNCIA.

1. STF (S. n. 209): "O salário-produção, como outras modalidades de salário-prêmio, é devido desde que verificada a condição a que estiver subordinado, e não pode ser suprimido, unilateralmente, pelo empregador, quando pago com habitualidade."

OBSERVAÇÕES.

A Súmula modifica a jurisprudência até então vigente. As bonificações concedidas a título de estímulo à freqüência, eram tidas como suprimíveis (TST, P. 5.121/49). O sistema de prêmios, também (TST, P. 1.808/54). Até mesmo o prêmio-produção, ainda que habitual, foi tido como simples liberalidade (TST, P. n. 4.806/53). Também a doutrina assume posição semelhante, considerando-o uma dádiva patronal se constituir recompensa à forma pela qual o trabalhador cumpriu suas obrigações (Sussekind, Comentários, vol. III, pg. 35). Essas posições, frente à Súmula, estão comprometidas. O prêmio, meramente ocasional, não produz qualquer efeito no sentido de obrigar o empregador. Mas, desde que pago com habitualidade, qualquer que seja a sua modalidade (prêmio-produção, assiduidade, individual, coletivo), ou a sua finalidade, não pode ser suprimido, incorpora-se ao salário do empregado, que a êle terá direito sempre que verificada a condição que o subordina.

273. PARTICIPAÇÃO NOS LUCROS. — OS PROVENTOS ADVINDOS DA PARTICIPAÇÃO NOS LUCROS SÃO CONSIDERADOS SALÁRIO?

A DOUTRINA.

1. JOSÉ MARTINS CATHARINO (Tratado Jurídico do Salário, 1.951, pg. 330): "No nosso direito positivo é salário a participação determinada de acôrdo com percentagens sôbre os lucros ou em relação às entradas, tôda vez que seja efeito do contrato de trabalho."
2. LUIZ JOSÉ DE MESQUITA (Das Gratificações no Direito do Trabalho, 1.957, pg. 182): "Quando há, pois, ajuste expresso ou tácito, pouco importa, para receberem os empregados sob o título de participação ou sob o rótulo de gratificação uma percentagem x sôbre os lucros, então, parece-nos, não há dúvida, é evidente o direito dos empregados, incorporando-se ela para o futuro na remuneração dêles."
3. ARNALDO SUSSEKIND (Comentários à Consolidação das Leis do Trabalho e à Legislação Complementar, 1.964, vol. III, pg. 361): "... o fruto dessa participação deve ser considerado como salário."
4. ADAUCTO FERNANDES (Direito Industrial Brasileiro, vol. II, pg. 501): "A participação nos lucros dada ao empregado, é salário tipo especial que o

patrão destina, anualmente, de acôrdo com os lucros verificados no balanço, aos participantes dêsse lucro, à proporção do que fôra estabelecido quanto à percentagem devida."
5. DÉLIO MARANHÃO (Direito do Trabalho, 1.966, pg. 162): "Diz a Consolidação (art. 63) que a condição de "interessado" não exclui a de empregado. A participação nos lucros, é, pois, salário."

OBSERVAÇÕES.

A doutrina é uníssona em afirmar que a participação do empregado nos lucros da emprêsa tem a natureza de modalidade de salário, variável e condicionada.

CAPÍTULO X
DA SUSPENSÃO E INTERRUPÇÃO.

A relação de emprêgo pode sofrer hiatos durante os quais o vínculo jurídico não se dissolve; alguns dos seus efeitos, no entanto, podem permanecer até o pleno restabelecimento da normalidade contratual. Sempre que por fôrça de lei, contrato individual ou contrato coletivo de trabalho, assegurar-se ao trabalhador a manutenção dos seus ingressos econômicos ainda que sem a contraprestação dos serviços, surgem problemas doutrinários de conceituação da sua natureza jurídica, de difícil solução.

NATUREZA JURÍDICA. — De uma forma geral, as posições assumidas na doutrina podem ser resumidas da seguinte maneira:

a) *Salário*. — O salário é pago em razão do trabalho mas sua finalidade abrange também a subsistência normal do trabalhador e de sua família. Essa a razão por que as férias, o repouso semanal, têm índole salarial. Assim, o contrato de trabalho é sinalagmático em seu conjunto e não prestação por prestação, a bilateralidade é medida pelo todo, negando-se, portanto, só seja salário a contraprestação dos serviços. Daí que os pagamentos efetuados pelo empregador durante as interrupções do contrato de trabalho têm a natureza jurídica salarial.

b) *Indenização*. — Só há salário quando há trabalho. As atribuições econômicas percebidas pelo empregado em várias situações sem que preste o correspondente serviço (enfermidade, férias, gestação etc.) consistem em uma indenização que a lei exige do empregador; respeita-se, assim, o princípio da correlatividade entre trabalho e retribuição. Essas indenizações seriam de índole previdenciária ou assistencial.

c) *Salário diferido*. — Alguns dos eventos que determinam a paralisação das atividades são de natureza perfeitamente previsível. São os repousos semanais, os dias festivos remunerados, as férias anuais etc. Tais fatos se sucedem dentro da normalidade do desenvolvimento da relação de emprêgo. Nesses casos, não haveria salário sem trabalho, mas, sim, *salário diferido*, já descontado das prestações pagas durante a semana, o mês ou o ano; trata-se de um processo de prelevação ou retenção do salário, não de correspectivo do repouso, embora o pagamento seja efetuado por ocasião do período de repouso. Nos casos de interrupções por impedimentos imprevistos e cujo risco se quer atribuir à emprêsa, as prestações pecuniárias ao trabalhador são indenizações.

Penso que é impossível generalizar, mas algumas constantes inalteráveis podem ser fixadas em nosso Direito.

1) Nos afastamentos por *culpa do empregado* não é possível falar-se que tenha direito a salários, assim como sempre que inocorrer culpa do trabalhador é justo que mesmo sem a contraprestatividade laboral não seja prejudicado na percepção dos ingressos econômicos de que resultará a manutenção própria e da sua família.

2) A idéia de que salário é, rigorosamente, parcela por parcela, correspectivo do trabalho está definitivamente afastada do Direito do Trabalho; entre nós, o artigo 4.º da Consolidação considera de serviço efetivo o período em que o empregado esteja à disposição do empregador aguardando ordens e, no entanto, terá assegurada a remuneração. Como diz Pla Rodriguez (El Salário en el Uruguay) a *troca* não exige uma correspondência estrita, paralela e material, entre a prestação de serviços e a contraprestação de salário, como se fôsse medida por um taxímetro. O que se exige é apenas uma equivalência geral no seu conjunto.

3) A transferência de encargos salariais é uma realidade. Atualmente, o ônus da remuneração está deixando de pesar exclusivamente sôbre o empregador. Sistemas de seguros sociais, nos acidentes de trabalho, enfermidades etc., subrogam-se nas obrigações originàriamente estabelecidas pelo empregador; fundos ou caixas encarregam-se dos auxílios aos desempregados. Até, mesmo, os encargos relativos às férias são objeto de sistemas mutualistas de várias emprêsas. Fala-se, até (Durant e Vitu) em socialização dos salários como fenômeno em desenvolvimento.

É evidente que, nessas circunstâncias, a satisfação dessas obrigações através de grupos ou sistemas autônomos e desvinculados das emprêsas, podem descaracterizar a natureza jurídica da retribuição, de salarial para indenizatória por ser previdenciária ou assistencial. Não será demasiado afirmar que sujeito ativo da prestação salário só pode ser o próprio empregador e nunca terceiros estranhos à relação de emprêgo, de uma forma geral, não obstante as gorjetas que são um pagamento indireto ou parcela da remuneração, mas nunca salário em sentido estrito, embora em sentido complementar.

Concluindo: A retribuição desvincula-se da estreita correspectividade não devendo corresponder à quantidade de trabalho prestado mas adequando-se às necessidades de subsistência do empregado, como membro de uma comunidade de serviços, destinada a uma função social, que é a emprêsa. Interrompida a relação de emprêgo, os efeitos econômicos que beneficiam o trabalhador, tanto podem ter a natureza jurídica de salário desde que emanados do sujeito ativo empregador e sempre que se sujeitem ao mesmo tratamento jurídico dispensado ao salário; como podem ter natureza diversa, de índole indenizatória, quando outra seja a fonte de pagamento, que se subrogue nas obrigações e assuma os encargos que normalmente caberiam à própria emprêsa, em situações de **enfermidade, acidentes do trabalho, férias etc.**

BIBLIOGRAFIA. — José Martins Catharino, Contrato de Emprêgo, 1.962; Orlando Gomes e Elson Gottschalk, Curso Elementar de Direito do Trabalho, 1.963; Arnaldo Sussekind, Comentários à Consolidação das Leis do Trabalho, vol. III, 1.964; Luiz José de Mesquita, Das Gratificações no Direito do Trabalho, 1.957; L. Barassi, Il diritto del lavoro, 1.949; Pla Rodriguez, El Salário en el Uruguay, 1.956; M. Deveali, Sôbre o caráter remuneratório do salário, in Rev. Derecho del Trabajo, 1.947; Krotoschin, Tratado Práctico de Derecho del Trabajo, 1.955.

274. **PARALISAÇÃO DA EMPRÊSA.** — SÃO DEVIDOS SALÁRIOS DOS PERÍODOS DE PARALISAÇÃO DAS ATIVIDADES POR CONVENIÊNCIA DA EMPRÊSA?

A DOUTRINA.

1 JOSÉ MARTINS CATHARINO (Tratado Jurídico do Salário, 1.951, pg. 114): "O empregado, quando é simples e restritamente assalariado, não participa dos lucros da emprêsa; justo, portanto, não tenha qualquer participação nas suas perdas ou que seu salário seja garantido quando houver paralisação do serviço por causa peculiar à atividade empresária."

2. CESARINO JÚNIOR (Direito Social Brasileiro, vol. II, pg. 214, 1.963): "Estando à disposição do empregador, é óbvio que os empregados têm direito ao salário, muito embora não estejam trabalhando."

3. ROBERTO BARRETO PRADO (Direito do Trabalho, 1.963, pg. 136): "O risco resultante da exploração do negócio recai sôbre o empregador, que está obrigado a pagar aos empregados os respectivos salários, durante o tempo da paralisação."

4. ARNALDO SUSSEKIND (Instituições de Direito do Trabalho, 1.957, vol. I, pg. 518): "Tratando-se de paralisação temporária, determinada pelo empregador para atender à conveniência da emprêsa, é inquestionável que responderá êle pelo pagamento dos salários dos seus empregados, caracterizando-se, portanto, a interrupção remunerada da prestação de serviços e não a suspensão dos respectivos contratos de trabalho."

A JURISPRUDÊNCIA.

1. TST (A. de 21.5.1.956, 2.ª T., RR. n. 324/56, r. M. Oscar Saraiva, RTST, 1.957, pg. 389): "Cabe à emprêsa os riscos da atividade econômica, inclusive no que concerne a paralisações eventuais do serviço, não devidas a fôrça maior."

OBSERVAÇÕES.

A emprêsa é responsável pelo pagamento dos salários dos empregados, ainda que paralisadas as atividades, por sua conveniência. No entanto, abrem-se exceções. O T.S.T. entendeu indevidos os salários se houve falta de energia elétrica provocada por enchente (P. n. 792/56, 3.ª T.). No entanto, é preciso convir que, sem culpa do trabalhador, privá-lo dos meios de subsistência é profundamente injusto.

275. **PARALISAÇÃO POR ATO DO PODER PÚBLICO. — SÃO DEVIDOS SALÁRIOS DOS PERÍODOS DE PARALISAÇÃO DAS ATIVIDADES, POR ATO DE AUTORIDADE PÚBLICA?**

A DOUTRINA.

1. ARNALDO SUSSEKIND (Instituições de Direito do Trabalho, 1.957, vol. I, pg. 523): "... desde que a interrupção transitória dos serviços resulte do exercício da soberania do Estado (factum principis) cumpre ao Govêrno, cujo ato acarretou a paralisação, pagar os salários dos respectivos empregados."
2. JOSÉ MARTINS CATHARINO (Tratado Jurídico do Salário, 1.951, pg. 116): "A paralisação total, provisória ou definitiva, da atividade empresária, como conseqüência de medida governamental, pode constituir motivo para desobrigar a emprêsa de pagar salários correspondentes ao período de paralisação."
3. ROBERTO BARRETO PRADO (Direito do Trabalho, 1.963, pg. 137): "... caberá ao Govêrno pagar os salários dos empregados (cf. art. 486 da Consolidação)."
4. CRISTÓVÃO PIRAGIBE TOSTES MALTA (Dicionário de Doutrina Trabalhista, 1.966, pg. 56): "Na paralisação temporária decorrente de FACTUM PRINCIPIS, ocorre a interrupção, ficando entretanto, o pagamento dos salários a cargo do Govêrno responsável pela paralisação."

OBSERVAÇÕES.

Os salários do empregado devem ser assegurados nas paralisações das atividades da emprêsa, decorrentes de ato do Poder Público, que responderá pelo respectivo pagamento.

Na França, os empregados recebem um substituto de salário, não pròpriamente das emprêsas, mas de caixas instituídas num quadro interprofissional por convenções coletivas, a exemplo das fórmulas experimentadas por certas emprêsas americanas sob o nome de *salário anual garantido,* por exemplo, na construção civil, nos casos de intempéries. Não tem a natureza típica de salário, mas sim de abono ou de prestações de ajuda social. Mas não se pode dizer que essa previsão seja destinada, também, aos casos de interrupções provocadas por ato do govêrno. Segundo Giovanni Capaldi (Il rapporto di lavoro, pg. 191), na Itália, quando a relação de emprêgo é interrompida por caso fortuito ou motivo de fôrça maior — da qual o *factum principis* é tido como modalidade — o operário não tem direito, via de regra, à retribuição, mas êsse período é sempre computado na sua antigüidade. Muito mais inspirado é o direito espanhol; o decreto de 26.1.1.944 estabelece que "cuando la autoridad gubernativa, en uso de sus atribuciones, decretase la suspensión de las actividades de una empresa, corresponderá a ésta, por todo el tiempo que dure la suspensión, el abono de los sueldos o salarios que correspondan a los trabajadores que no hubieran cooperado en la realización del hecho o hechos que motivaran la sanción, siendo ejercitable este derecho ante la Magistratura del Trabajo." Nem pode ser de outra maneira. Normalmente, o motivo que dá lugar à paralisação das atividades da emprêsa, é a prática de um ato ilícito do próprio empregador, dependente, portanto, de sua própria vontade e não da vontade do trabalhador. A ordem da autoridade é, simplesmente, o aspecto formal, como diz, com todo acêrto, Alonso Garcia

(Curso de Derecho del Trabajo, pg. 529), acrescentando: "este hecho, que produce la suspensión de la relación de trabajo es, a sua vez, efecto de una causa que lo determina." Necessidade há, portanto, de afastar, como princípio geral, a idéia de que o empregador deve ser liberado do pagamento dos salários nos fechamentos do seu estabelecimento por determinação da autoridade pública. A rigor, não se verifica a fôrça maior. Não se pode dizer que para o empregador é imprevisível a clausura se age contra a lei.

276. SALÁRIO DO PERÍODO DE SUSPENSÃO DISCIPLINAR. — O EMPREGADO TEM DIREITO AOS SALÁRIOS DO PERÍODO DISCIPLINAR?

A DOUTRINA.

1. VASCO DE ANDRADE (Atos Unilaterais no Contrato de Trabalho, 1.943, pg. 155): "... a suspensão é pena pessoal, mas de efeito pecuniário: a uma só vez afasta o operário do trabalho, tocando-lhe a personalidade, e o priva do salário, a que se resume sua expressão patrimonial."
2. ORLANDO GOMES (O Salário no Direito Brasileiro, 1.947, pg. 112): "A suspensão disciplinar do empregado acarreta a perda do salário durante o período de sua duração."
3. MOZART VICTOR RUSSOMANO (O Empregado e o Empregador no Direito Brasileiro, 1.954, vol. I, pg. 269): "Durante o prazo da suspensão, o empregado não percebe salário, não presta serviços, não vê vigorar nenhuma das condições de seu pacto laboral."
4. JOSÉ MARTINS CATHARINO (Tratado Jurídico do Salário, 1.951, pg. 110): "Se o empregador suspender disciplinarmente o empregado, seu ato unilateral estará sujeito a contrôle judicial. Se o assalariado obtiver decisão favorável, terá o direito de perceber a remuneração correspondente aos dias da suspensão que, na forma do art. 474 da C.L.T., não podem exceder de 30."
5. ALONSO CALDAS BRANDÃO (Consolidação das Leis do Trabalho Interpretada, 1.959, pg. 476): "E, por isso mesmo que é suspensão e não interrupção do contrato de trabalho, ela tem conseqüências patrimoniais, pois priva o empregado do salário, sem o que deixaria de ser penalidade."
6. ADRIANO CAMPANHOLE (Prática e Jurisprudência Trabalhista, 1.962, pg. 91): "... os dias em que estiver afastado do serviço, cumprindo a pena, serão considerados como de faltas injustificadas, para efeito de remuneração do repouso."
7. ROBERTO BARRETO PRADO (Direito do Trabalho, 1.963, pg. 129): "Durante a suspensão, as cláusulas do contrato de trabalho atinentes à prestação de serviços não vigoram, e conseqüentemente o salário não é pago."
8. ARNALDO SUSSEKIND (Comentários à Consolidação das Leis do Trabalho e à Legislação Complementar, 1.964, vol. I, pg. 84): "O poder disciplinar pode ser exercido através de penas morais, como a advertência e a censura; de suspensão do empregado com prejuízo do salário, até o prazo máximo de 30 dias..."

OBSERVAÇÕES.

A suspensão disciplinar priva o empregado do salário dos dias da penalidade e remuneração do repouso semanal.

277. **SALÁRIO E SERVIÇO MILITAR. — O EMPREGADO AFASTADO PARA PRESTAR SERVIÇO MILITAR TEM DIREITO A SALÁRIO?**

A LEI.

Art. 60. — Os funcionários públicos federais, estaduais ou municipais, bem como os empregados, operários ou trabalhadores, qualquer que seja a natureza da entidade em que exerçam suas atividades, quando incorporados ou matriculados em Órgãos de Formação de Reserva, por motivo de convocação para prestação do Serviço Militar estabelecido pelo art. 16, desde que para isso forçados a abandonarem o cargo ou emprêgo, terão assegurado o retôrno ao cargo em emprêgo respectivo, dentro dos 30 (trinta) dias que se seguirem ao licenciamento, ou término do curso, salvo se declararem, por ocasião da incorporação ou matrícula, não pretender a êle voltar.

§ 1.º — Êsses convocados, durante o tempo em que estiverem incorporados a organizações militares, da Ativa ou matriculados em órgãos de Formação de Reserva, nenhuma remuneração, vencimento ou salário perceberão das organizações a que pertenciam.

Art. 61. — Os brasileiros, quando incorporados, por motivo de convocação para manobras, exercícios, manutenção da ordem interna ou guerra, terão assegurado o retôrno ao cargo, função ou emprêgo que exerciam ao serem convocados e garantido o direito à de 2/3 (dois terços) da respectiva remuneração, durante o tempo em que permanecerem incorporados; vencerão pelo Exército, Marinha ou Aeronáutica apenas as gratificações regulamentares.

§ 1.º — Aos convocados fica assegurado o direito de optar pelos vencimentos, salários ou remuneração que mais lhe convenham (Lei 4.375, de 17.8.1.964).

§ 2.º — Perderá a garantia e o direito assegurado por êste artigo, o incorporado que obtiver engajamento (Lei 4.375, de 17.8.1.964 e Lei 4.754, de 18.8.1.965).

OBSERVAÇÕES.

Da nova regulamentação introduzida pela lei 4.375, de 17.8.1.964, alterada pela lei 4.754, de 18.8.1.965, resulta que o empregado convocado para a prestação do serviço militar, durante o tempo da incorporação compulsória em organização militar da Ativa ou órgão de formação da Reserva, não terá direito aos salários do emprêgo.

Se convocado para manobras, exercícios, manutenção da ordem interna ou guerra, fará jus a ²/₃ (dois terços) da remuneração, durante o período de incorporação. Parece-nos que o propósito da lei, neste caso, é facultar ao empregado a opção entre receber do Poder Público as gratificações regulamentares ou do empregador os ²/₃ da remuneração.

278. **SALÁRIO E EXERCÍCIO DE MANDATO SINDICAL. — O EMPREGADO AFASTADO PARA EXERCER MANDATO SINDICAL TEM DIREITO DE PERCEBER SALÁRIO?**

A LEI.

Art. 543 — § 2.º — Considera-se de licença não remunerada, salvo assentimento do empregador ou cláusula contratual, o tempo em que o empregado se ausentar do trabalho no desempenho das funções a que se refere êste artigo (DL. n. 5.452, de 1.5.1.943).

A DOUTRINA.

1. JOSÉ MARTINS CATHARINO (Tratado Jurídico do Salário, 1.951, pg. 117): "O afastamento para desempenhar cargos sindicais equivale, via de regra, à concessão de licença não remunerada."
2. ALONSO CALDAS BRANDÃO (Consolidação das Leis do Trabalho Interpretada, 1.959, pg. 583): "A lei garante-lhe o emprêgo, veda-lhe a despedida, proibe-lhe a transferência para lugar ou mister que lhe dificulte o desempenho do mandato ou função, mas considera-o licenciado, sem remuneração, pela razão mesma de que seu contrato de trabalho se acha suspenso."

A JURISPRUDÊNCIA.

1. TST (A. de 5.12.1.956, TP., P. n. 5.743/54, r. M. Ferreira da Costa, RTST, 1.957, pg. 374): "A emprêsa não está obrigada ao pagamento de salário correspondente ao tempo durante o qual o empregado permanece afastado do serviço no exercício da função de Vogal de Junta de Conciliação e Julgamento."
2. TST (RR. n. 3.498/59, r. M. Délio Maranhão, LTr. 26/292): "O empregado durante o período em que estiver servindo à Justiça como Vogal, não perde o direito aos salários de seu cargo na emprêsa."
3. STF (AI. n. 18.365, A. de 22.11.1.956, 1.ª T., r. M. Afrânio A. da Costa, LTr. 21/248): "Salários do empregado afastado do emprêgo, por exercer cargo de direção em sindicato; não prevê a lei outra solução que o pagamento pelo patrão."

OBSERVAÇÕES.

O afastamento do empregado para exercer função sindical é considerado *licença não remunerada*, portanto sem obrigação legal de remunerar. Mas pode haver o ajuste entre as partes, caso em que a obrigação teria fonte contratual. Se o empregado, não obstante o desempenho de mandato ou representação sindical, continuar no emprêgo, então não há que se falar em afastamento. Essas regras, contudo, nem sempre têm prevalecido.

279. **ACIDENTE DO TRABALHO.** — O EMPREGADO TEM DIREITO AOS SALÁRIOS DO PERÍODO DE AFASTAMENTO POR ACIDENTE DO TRABALHO?

A DOUTRINA.

1. ORLANDO GOMES e ELSON GOTTSCHALK (Curso Elementar de Direito do Trabalho, 1.963, pg. 286): "... enquanto não se qualifica a conseqüência do acidente, percebe sua remuneração sem contraprestação de trabalho, ocorrendo, assim, uma suspensão parcial dos efeitos do contrato. Quando o acidente produz apenas a incapacidade temporária, isto é, a perda total da capacidade de trabalho por um período limitado de tempo, a relação de emprêgo se interrompe no seu curso sem deixar de produzir efeitos em relação à prestação do empregador. Nessa hipótese, o empregado faz jus ao recebimento de sua remuneração diária a título de indenização. É verdade que, por um lado, essa atribuição patrimonial tem o caráter de reparação de um dano, e, pelo outro, não é paga diretamente pelo empregador, em face do seguro obrigatório que lhe incumbe fazer. Mas a indenização equivale, no caso, a salário e a circunstância de corresponder, seu pagamento, à entidade seguradora não elide a sua natureza do cumprimento da obrigação do empregador."
2. AMARO BARRETO (Tutela Geral do Trabalho, vol. I, pg. 40, 1.964): "O empregado acidentado continua à disposição do empregador, tratando das lesões do acidente e recebendo o salário sob a forma de diárias, pagas pelo empregador, ou por seu substituto que é o segurador."

OBSERVAÇÕES.

As obrigações decorrentes dos acidentes do trabalho são transferidas a uma rêde de seguros; desde que isso se verifique, como manda a legislação do País, o empregador pagará o salário do dia do acidente e a sociedade seguradora os demais. Se o empregador descumpriu o lei e não fêz o seguro obrigatório, terá responsabilidade total. O DL. n. 293, de 28.2.1.967, dispõe sôbre o seguro de acidentes do trabalho.

280. ENFERMIDADE. — AO EMPREGADO SÃO ASSEGURADOS OS SALÁRIOS DO AFASTAMENTO POR ENFERMIDADE?

A LEI.

> Art. 25. — Durante os primeiros 15.(quinze) dias de afastamento do trabalho, por motivo de doença, incumbe à emprêsa pagar ao segurado o respectivo salário (Lei n. 3.807, de 26.8.1.960).

OBSERVAÇÕES.

O empregador é responsável pelo pagamento dos salários do empregado enfêrmo até o 15.º dia do afastamento. O período subseqüente, até a alta médica, será considerado de suspensão do contrato de trabalho, cabendo ao trabalhador uma prestação substitutiva, paga pelo órgão previdenciário, na forma da Lei n. 3.807, de 26.8.1.960, com as modificações introduzidas pelo Decreto-lei n. 68, de 23.11.1.966.

281. AUXÍLIO-ENFERMIDADE E DIÁRIAS DE ACIDENTE DO TRABALHO. — A PERCEPÇÃO DAS DIÁRIAS DE ACIDENTE DO TRABALHO EXCLUI A POSSIBILIDADE DE RECEBER AUXÍLIO-ENFERMIDADE?

A JURISPRUDÊNCIA.

> 1. STF (S. n. 232): "Em caso de acidente do trabalho, são devidas diárias até doze meses, as quais não se confundem com a indenização acidentária, nem com o auxílio-enfermidade."

OBSERVAÇÕES.

A Súmula 232 reflete a jurisprudência do STF sôbre a impossibilidade de descontar das indenizações por morte ou incapacidade permanente o valor das diárias pagas à vítima do acidente, a título de indenização por incapacidade temporária e de auxílio enfermidade (AI. 29.436, de 2.7.63, LTr. 27/487, RE. 42.651, de 3.10.61, LTr. 29/52; RE. 13.795, de 31.10.61, LTr. 29/52). Luiz José de Mesquita (Comentários às Súmulas do STF, "LTr. Editôra Ltda." 1.965, pg. 146) mostra que o art. 26 da Lei de Acidentes é claro e peremptório a êste respeito e a Súmula bem situou o problema. O DL. 293, de 28.2.1.967 dispõe, entre outras matérias, sôbre as incapacidades e indenizações.

282. SALÁRIO DOS DIAS DE GREVE. — AO EMPREGADO SÃO GARANTIDOS OS SALÁRIOS DOS DIAS DE GREVE?

A LEI.

Art. 20 — § único. — A greve suspende o contrato de trabalho, assegurando aos grevistas o pagamento dos salários durante o período da sua duração e o cômputo do tempo de paralisação como de trabalho efetivo, se deferidas, pelo empregador ou pela Justiça do Trabalho, as reivindicações formuladas pelos empregados, total ou parcialmente (Lei n. 4.330, de 1.6.1.964).

OBSERVAÇÕES.

Difere o tratamento jurídico dispensado ao assunto, nos diversos sistemas de direito. Na Itália, segundo Giovanni Capaldi (Il rapporto di lavoro, pg. 188), a retribuição fica suspensa. Idêntica é a solução na Espanha, onde a greve, no dizer de Manuel Alonso Garcia, tem significado delitivo (Curso de Derecho del Trabajo, pg. 528), e na França onde "le gréviste cessant de fournir son travail, l'employer n'est plus tenu de lui verser le salaire qui en est la contrepartie (Droit du Travail, Jean Rivero et Jean Savatier, pg. 204). Entre nós, a greve lícita não autoriza a rescisão dos contratos de trabalho e se as pretensões dos grevistas vierem a ser atendidas, quer pelos próprios empregadores, quer pela Justiça do Trabalho, total ou parcialmente, serão devidos, por conseqüência, os salários dos dias da paralisação. Se desatendidas as reivindicações, os trabalhadores ficarão privados dessa retribuição.

283. REPOUSO SEMANAL REMUNERADO. — O SALÁRIO DOS DIAS DE DESCANSO, NOS QUAIS O EMPREGADO TRABALHOU SEM FOLGA COMPENSATÓRIA, É DUPLO OU TRIPLO?

A JURISPRUDÊNCIA.

1. STF (S. n. 461): "É duplo, e não triplo, o pagamento do salário nos dias destinados a descanso."

OBSERVAÇÕES.

Houve controvérsia na doutrina e na jurisprudência. Entendem muitos que o pagamento em dôbro soma-se a mais um pagamento simples correspondente ao trabalho prestado. Outros esposam a orientação acolhida pela Súmula. O pronunciamento do Supremo Tribunal Federal unifica as soluções. Luiz José de Mesquita salienta que a Súmula se refere não apenas aos feriados civis e religiosos, mas aos dias destinados ao descanso englobando, assim, os domingos também (Comentários às Súmulas do STF, "LTr. Editôra Ltda.", 1.965, pg. 255).

284. REMUNERAÇÃO DO FERIADO QUE RECAIR EM DOMINGO. — SE O FERIADO RECAIR EM DOMINGO, SERÁ DUPLA A REMUNERAÇÃO DO REPOUSO?

O DECRETO.

Art. 11. — § 3.º. — Não serão acumuladas a remuneração do repouso semanal e a do feriado civil ou religioso, que recaírem no mesmo dia (D. n. 27.048, de 12.8.1.949).

OBSERVAÇÕES.

O art. 11 do Decreto 27.048, de 12.8.1.949 explicita que a coincidência do feriado com o domingo provoca, para fins de remuneração do descanso, a absorção de um pelo outro. Assim, a remuneração corresponderá a um dia de repouso e não a dois.

285. COMISSIONISTAS E REMUNERAÇÃO DO REPOUSO. — OS COMISSIONISTAS TÊM DIREITO À REMUNERAÇÃO DO REPOUSO?

A JURISPRUDÊNCIA.

1. STF (S. n. 201): "O vendedor pracista, remunerado mediante comissão, não tem direito ao repouso semanal remunerado."

OBSERVAÇÕES.

A orientação da Súmula tem sido criticada (Luiz José de Mesquita, Comentários às Súmulas do S.T.F., pg. 51). Introduziu uma restrição não contida na lei, que assegura a todo empregado o repouso semanal remunerado. Muitos autores, no entanto, sustentam que os comissionistas encontram-se na mesma situação dos mensalistas, estando, como êstes, já remunerados durante os repousos semanais; êste entendimento prevaleceu.

Aos comissionistas-balconistas, sujeitos a horário integral, é assegurado o direito (TST, P. n. 4.958/62; STF, RE. n. 58.053, 2.ª T., 1.965).

286. CÔMPUTO DAS HORAS EXTRAS NO SALÁRIO DO REPOUSO. — AS HORAS EXTRAORDINÁRIAS SÃO COMPUTADAS NA REMUNERAÇÃO DO REPOUSO?

A LEI.

Art. 7.º. — A remuneração do repouso semanal corresponderá: a) para os que trabalham por dia, semana, quinzena ou mês, à de um dia de serviço, não computadas horas complementares (Lei 605, de 5.1.1.949).

OBSERVAÇÕES.

As horas extraordinárias, por expressa ressalva contida na lei, não integram a remuneração do repouso semanal.

287. INTEGRAÇÃO DOS ADICIONAIS NO SALÁRIO DO REPOUSO. — OS ADICIONAIS INTEGRAM A REMUNERAÇÃO DO REPOUSO?

A DOUTRINA.

1. WILSON DE SOUZÁ CAMPOS BATALHA (Aspectos Constitucionais e Legislativos das Remunerações Mínimas, 1.958, pg. 56): "É impossível incluir dito adicional (periculosidade) no cálculo da remuneração dos dias de folga."
2. ALUYSIO SAMPAIO e PAULO JORGE DE LIMA (Dicionário Jurídico Trabalhista, 1.962, pg. 146): "Òbviamente, os adicionais por horas extras não são computados na remuneração do repouso semanal. Todavia, os adicionais noturno, de insalubridade e periculosidade são levados em conta para o pagamento do repouso semanal."
3. AMARO BARRETO (Tutela Geral do Trabalho, vol. II, pg. 80, 1.964): "A lei quer que o repouso, tanto o semanal, como o anual, seja remunerado

à mesma base do trabalho. Daí se levarem em conta, para calcular-lhe a remuneração, todos os adminículos duráveis do salário. Entre os adicionais computáveis, alinham-se o de insalubridade, o de periculosidade, o de trabalho noturno etc. Claro que, desaparecendo a base dêsses adicionais e, conseqüentemente, cessando os mesmos não há falar-se mais em acréscimo de salário e, pois, de remuneração de repouso. É que tais adicionais só aderem ao salário enquanto existir a sua razão de ser. Retorna, então, o alicerce da remuneração-repouso ao salário puro e simples."

4. ARNALDO SUSSEKIND (Comentários à Consolidação das Leis do Trabalho e à Legislação Complementar, 1.964, vol. I, pg. 388): "O adicional do trabalho noturno, quando percebido durante tôda a semana, deve ser computado no cálculo da remuneração das folgas semanais..."

5. SÍLVIO R. DUARTE (Adicional Noturno e Remuneração dos Repousos, Legislação do Trabalho, n. 208, pg. 343): "A solução a ser dada, pois, ao caso é a determinação de se incluir o adicional noturno no pagamento do repouso sempre e não apenas quando haja contrato específico nesse sentido."

A JURISPRUDÊNCIA.

1. TST (A. de 13.5.1.955, 1.ª T., P. n. 604/55, r. M. Oliveira Lima, RTST, 1.957, pg. 110): "O adicional de insalubridade, quando percebido pelo empregado, deve integrar a remuneração correspondente a férias e aos dias de repouso semanal ou feriados."

2. TST (A. de 8.9.1.955, 2.ª T., P. n. 2.970/55, r. M. Mário Lopes, RTST, 1.957, pg. 110): Igual ao n. 1.

3. TST (A. de 17.6.1.955, 1.ª T., P. n. 6.620/53, r. M. Oliveira Lima, RTST, 1.957, pg. 147): Igual ao n. 1.

4. TST (A. de 3.5.1.955, 1.ª T., P. n. 7.516/53, r. M. Delfim Moreira Júnior, RTST, 1.957, pg. 98): "O adicional noturno, recebido permanentemente, integra o salário para efeito de remuneração das folgas semanais."

5. TST (A. de 14.7.1.955, 3.ª T., P. n. 7.395/53, r. M. Bezerra de Menezes, RTST, 1.957, pg. 98): Igual ao n. 4.

6. TST (A. de 4.9.1.955, 2.ª T., P. n. 1.227/55, r. M. Thélio Monteiro, RTST, 1.957, pg. 98): Igual ao n. 4.

7. TST (A. de 12.7.1.955, 1.ª T., P. n. 7.149/53, r. M. Astolfo Serra, RTST, 1.957, pg. 98): Igual ao n. 4.

8. TST (A. de 2.8.1.955, 2.ª T., P. n. 7.151/53, r. M. Edgard Sanches, RTST, 1.957, pg. 98): Igual ao n. 4.

9. TST (A. de 15.12.1.955, 3.ª T., P. n. 7.152/53, r. M. Antônio Carvalhal, RTST, 1.957, pg. 98): Igual ao n. 4.

10. TST (A. de 29.8.1.956, TP., P. n. 96/54, r. M. Antônio Carvalhal, RTST, 1.957, pg. 188): "A remuneração dos dias de repouso semanal deve ser fixada de acôrdo com o salário normal, sem inclusão do adicional correspondente a trabalho noturno, percebido pelo empregado."

11. TST (A. de 6.9.1.955, 2.ª T., P. n. 6.187/53, r. M. Edgard Sanches, RTST, 1.957, pg. 342): Igual ao n. 4.

12. TST (A. de 26.7.1.956, 3.ª T., P. n. 6.027/53, r. M. Júlio Barata, RTST, 1.957, pg. 342): Igual ao n. 4.

13. TST (A. de 29.8.1.956, TP., P. n. 96/54, r. M. Antônio Carvalhal, RTST, 1.957, pg. 342): Igual ao n. 4.

14. TST (A. de 23.9.1.958, 3.ª T., RR. n. 2.206/58, r. M. Hildebrando Bisaglia, RTST, 1.957, pg. 197): "O adicional de insalubridade, quando percebido pelo empregado, deve integrar a remuneração correspondente aos dias de repouso semanal e feriados."

15. TST (A. de 8.10.1.958, TP., RR. n. 2.644/57, r. M. Tostes Malta, RTST, 1.960, pg. 21): "Para fixar a remuneração do repouso semanal, deve ser levado em conta o salário normal, computando-se, assim, o adicional corres-

pondente a serviço noturno e a insalubridade, mas não o salário referente a horas extraordinárias."

16. TST (A. de 22.9.1.958, 2.ª T., RR. n. 1.877/58, r. M. Oscar Saraiva, RTST, 1.960, pg. 177): Igual ao n. 15.
17. TRT, 1.ª (P. n. 1.249/49, DJU., de 10.2.1.950, un.): "Integra-se para efeito de repouso remunerado o adicional de trabalho noturno habitual e originàriamente prestado."
18. TRT, 2.ª (P. n. 2.930/62-B, A. n. 296/63, r. Fernando de Oliveira Coutinho, LTr. 27/321): "O adicional noturno constitui salário e é pago como contraprestação pelo trabalho noturno. Em sendo salário o repouso semanal remunerado deve ser calculado com o cômputo dessa parcela sempre que ocorrer o trabalho durante tôda a semana."

OBSERVAÇÕES.

A orientação nìtidamente predominante em nosso Direito manda incluir os adicionais legais de trabalho noturno, insalubre e perigoso, na remuneração base do repouso semanal.

288. GRATIFICAÇÕES E REMUNERAÇÃO DO REPOUSO. — AS GRATIFICAÇÕES SÃO COMPUTADAS NO CÁLCULO DA REMUNERAÇÃO DO REPOUSO SEMANAL?

A DOUTRINA.

1. ADRIANO CAMPANHOLE (Prática e Jurisprudência Trabalhista, 1.962, pg. 89): "... desde que constitui salário, deve integrar a importância a ser paga ao trabalhador a título de repouso semanal remunerado."
2. ARNALDO SUSSEKIND (Duração do Trabalho e Repouso Remunerado, 1.950, pg. 444): "... não devem ser computados nos mencionados cálculos os proventos oriundos de gratificações não ajustadas..."

A JURISPRUDÊNCIA.

1. TST (A. de 9.12.1.954, 2.ª T., P. n. 2.920/53, r. M. Bezerra de Menezes, LTr. 21/68): "A gratificação recebida habitualmente e a que fêz jus o empregado no período aquisitivo das férias e na "semana" anterior à concessão do repouso semanal, integra a remuneração das férias e do descanso."

OBSERVAÇÕES.

As gratificações ajustadas têm natureza salarial, para todos os efeitos; assim, prevalece o entendimento de que integrarão, também, a base para o cálculo da remuneração do descanso semanal e dos feriados, reforçado pela tese adotada na Súmula n. 207 do Supremo Tribunal Federal, sôbre as gratificações habituais.

289. REPOUSO REMUNERADO E O PRÊMIO PRODUÇÃO. — O PRÊMIO PRODUÇÃO INTEGRA A REMUNERAÇÃO DO DESCANSO?

A JURISPRUDÊNCIA.

1. STF (AI. n. 20.418, 1.ª T., r. M. Nelson Hungria, apud "A Consolidação Trabalhista vista pelo Supremo Tribunal, Calheiros Bonfim, vol. II, pg. 42):

"O acórdão do Tribunal Superior do Trabalho manteve decisão das instâncias ordinárias que, considerando que a remuneração do descanso não pode ser inferior à do trabalho mandou computar no repouso remunerado os abonos e prêmios de produção percebidos pelos empregados. Agravo desprovido. O aresto recorrido ajustou-se ao disposto no § 1.º do art. 457 da Consolidação Trabalhista, em combinação com o art. 7.º, c, da Lei n. 605, de 1.949. As gratificações em causa, outorgadas em razão da qualidade e quantidade da produção, foram tàcitamente ajustadas, dada sua habitualidade, e daí o acêrto de sua integração nos salários do repouso."

2. STF (RE. n. 43.802, r. M. Luiz Galloti, in A C.L.T. vista pelo STF, Calheiros Bonfim, vol. 2, pg. 43): Igual ao n. 1.
3. TST (A. de 17.10.1.956, TP., P. n. 3.148/55, r. M. Délio Maranhão, RTST, 1.957, pg. 214): Igual ao n. 1.
4. TST (A. de 26.7.1.955, 3.ª T., P. n. 2.262/54, r. M. Jonas de Carvalho, RTST, 1.957, pg. 527): Igual ao n. 1.
5. TST (A. de 9.10.1.956, 1.ª T., RR. n. 1.228/56, r. M. Oliveira Lima, RTST, 1.957, pg. 527): Igual ao n. 1.
6. TST (A. de 29.5.1.958, 3.ª T., RR. n. 3.393/57, r. M. Júlio Barata, RTST, 1.960, pg. 57): Igual ao n. 1.
7. TST (A. de 13.5.1.958, 3.ª T., RR. n. 157/58, r. M. Tostes Malta, RTST, 1.960, pg. 58): Igual ao n. 1.
8. TST (A. de 13.5.1.958, 3.ª T., RR. n. 3.289/57, r. M. Júlio Barata, RTST, 1.960, pg. 61): Igual ao n. 1.

OBSERVAÇÕES.

Pacífico que o prêmio de produção integra a remuneração do descanso.

290. CÔMPUTO DAS COMISSÕES NA REMUNERAÇÃO DO REPOUSO. — AS COMISSÕES SÃO COMPUTADAS NA REMUNERAÇÃO DO REPOUSO?

A JURISPRUDÊNCIA.

1. TST (P. n. 3.601/62, A. n. 603/63, TP., r. M. Bezerra de Menezes, LTr. 28/177): "Pagar o descanso semanal com exclusão da parte variável (comissões), seria desatender a preceito legal, seria remunerar apenas parcialmente o dia de inatividade remunerada impôsto por lei."

OBSERVAÇÕES.

Por se tratar de salários variáveis, em nada é prejudicada a integração das comissões na remuneração do repouso porque nos salários por tarefa ou unidade de obra são computados e também têm natureza variável. Assim, o A. do TST assegura a inclusão da parte variável de comissões no pagamento do descanso. Não aponta o critério a ser adotado para estabelecer a média. Deve ser o mesmo previsto para os tarefeiros ou peceiros, isto é, o equivalente ao salário correspondente às comissões da semana pela média.

291. **FÉRIAS INDENIZADAS E REMUNERAÇÃO DO REPOUSO.** — NAS FÉRIAS INDENIZADAS É COMPUTADA A REMUNERAÇÃO DOS DESCANSOS INTERCORRENTES?

A JURISPRUDÊNCIA.

1. TST (PJ. n. 19/66): "Indevido o pagamento dos repousos semanais e feriados intercorrentes nas férias indenizadas."

OBSERVAÇÕES.

Duas correntes opostas formaram-se, uma sustentando a legitimidade do pagamento da remuneração dos repousos nas férias indenizadas, outra entendendo que tal se daria só nas férias gozadas. Prevaleceu, com o Prejulgado, a segunda orientação e dissipadas estão as dúvidas sendo indevido o pagamento dos repousos semanais e feriados intercorrentes nas férias indenizadas.

292. **REMUNERAÇÃO DAS FÉRIAS DO HORISTA.** — O SALÁRIO DAS FÉRIAS DO EMPREGADO HORISTA CORRESPONDE À MÉDIA DO PERÍODO AQUISITIVO?

A LEI.

Art. 140 — § 2.º. — Quando o salário fôr pago por dia ou hora, apurar-se-á a média do período aquisitivo do direito a férias, aplicando-se o valor do salário na data da concessão das férias (DL. n. 5.452, de 1.5.1943 e DL. n. 229, de 28.2.1967).

OBSERVAÇÕES.

Havia controvérsia, e bastante, dos Tribunais Trabalhistas. Muitas decisões proclamam que o horista perceberá em férias o mesmo que em atividade, na forma do *caput* do art. 140 da C.L.T. A solução da Súmula 199, do S.T.F., é diferente, ordena seja procedido o cálculo pela média do período aquisitivo. Ainda uma terceira orientação, estabelece que a média será dos doze meses imediatamente antecedentes ao gôzo do descanso. No entanto, o DL. n. 229 veio estabelecer o melhor critério aplicando-se o salário da época da concessão das férias sôbre a média de horas do período aquisitivo. Assim, a Súmula está ultrapassada e o seu enunciado ficou prejudicado pela lei posterior.

293. **SALÁRIO DO ESTÁVEL AFASTADO PARA INQUÉRITO.** — O ESTÁVEL TEM DIREITO A SALÁRIO DURANTE O AFASTAMENTO DO INQUÉRITO JUDICIAL?

A LEI.

Art. 495 — Reconhecida a inexistência de falta grave praticada pelo empregado, fica o empregador obrigado a readmiti-lo no serviço e a pagar-lhe os salários a que teria direito no período de suspensão (DL. n. 5.452, de 1.5.1.943).

OBSERVAÇÕES.

Da integração da norma pela doutrina e jurisprudência resulta que o estável terá direito aos salários do período de afastamento se despedido sem forma nem figura de inquérito e pelos dias correspondentes (TST, P. n. 795/60), se a emprêsa resistir à determinação judicial de reintegração e pelos dias respectivos (TRT, 1.ª Reg., P. n. 1.642/60), após o decurso de 30 dias de suspensão sem a instauração de inquérito judicial e pelo período subseqüente (LTr. 24/19) e ainda que convertida a reintegração em indenizações por ato do juiz (TST, P. n. 2.705/57).

Nos casos de culpa recíproca, os salários podem ser reduzidos pela metade (Catharino, Tratado, pg. 111), ou nada será devido (STF, AI. n. 26.719). Serão assegurados os pagamentos durante os primeiros 90 dias do afastamento do empregado por motivo relevante de interêsse para a Segurança Nacional, seja êle estável ou instável (DL. n. 3, de 1.966).

Mas, se o empregado trabalhar para outro empregador durante êsse período (Catharino, Tratado, pg. 111), só terá direito à diferença entre os salários que percebeu na emprêsa e aquêles recebidos nessas condições, se existentes.

Se não houver a prestação de serviços por culpa do trabalhador (TRT, 2.ª, A. n. 815/61), a reintegração efetiva-se sem obrigação de pagar os salários. O mesmo critério deve prevalecer nos casos de dissídio movido pelo empregado que pleiteia a rescisão do contrato (despedida indireta) julgado improcedente, ordena a reintegração. Não há necessidade de desligar-se para promover a instauração do processo.

294. FÉRIAS DO TAREFEIRO. — O SALÁRIO DAS FÉRIAS DO TAREFEIRO CORRESPONDE À MÉDIA DO PERÍODO AQUISITIVO?

A LEI.

Art. 140 — § 1.º. — Quando o salário fôr pago por tarefa, tomar-se-á por base a média de produção no período aquisitivo do direito a férias, aplicando-se os valôres de remuneração das tarefas em vigor na data da concessão das férias (DL. n. 5.452, de 1.5.1.943 e DL. n. 229, de 28.2.1.967).

OBSERVAÇÕES.

A lei encontrou o melhor critério, determinando que o salário a ser pago corresponderá à época da concessão e as tarefas do período aquisitivo constituirão a base sôbre a qual o cálculo é feito. Nesse mesmo sentido já dispunha o Prejulgado n. 22/66, do TST cuja orientação veio a ser acolhida posteriormente pelo DL 229, de 1.967, atualmente em vigor.

CAPÍTULO XI

OS SALÁRIOS PROFISSIONAIS.

O valor dos salários é, em princípio, livremente fixado pelo acôrdo das partes no contrato de trabalho. No entanto, a liberdade das partes, é limitada pela obrigação de respeitar as taxas mínimas estabelecidas ou para os trabalhadores em geral, e temos o salário mínimo, ou para os trabalhadores de determinada categoria profissional, e temos o salário profissional.

A JUSTIFICAÇÃO DO SALÁRIO PROFISSIONAL. — Mário de La Cueva (Derecho Mexicano del Trabajo) procura demonstrar a diferença entre salários e honorários; aquêles, diz o mestre, têm um valor objetivo e não se fixam, conseqüentemente, em atenção à pessoa, ao passo que êstes, ao contrário, têm um valor essencialmente subjetivo porque destinam-se a atender, em grande parte, a critérios pessoais do profissional, não obstante os serviços prestados sejam iguais. A nosso ver, essa observação explica o salário profissional, estabelecido em função de critérios peculiares a uma categoria de profissionais, antes, na época do artezanato, considerados individualmente, hoje, com a proletarização das profissões liberais, marcados ainda por essas características, mas submetidos a um tratamento adequado aos tempos em que vivemos.

A FUNDAMENTAÇÃO JURÍDICA. — Em nosso ordenamento jurídico, o salário profissional é uma realidade, pela sua permanência em nossos quadros de Direito. Batalha, no entanto, afirma que "a instituição de salários mínimos profissionais é inconstitucional" (Aspectos Constitucionais e Legislativos das Remunerações Mínimas, pg. 128). Argumenta que, por princípio constitucional, não se admite distinção entre trabalho manual ou técnico e o trabalho intelectual, nem entre os profissionais respectivos, no que concerne a direitos, garantias e benefícios. Rebatem, prontamente, Roberto Barreto Prado (Direito do Trabalho), Tostes Malta (Introdução ao Processo Trabalhista) e Arnaldo Sussekind (Comentários à C.L.T.) demonstrando que o legislador constituinte proibiu apenas a discriminação arbitrária entre êsse trabalho dentro da mesma profissão e não a diferenciação das profissões entre si, mesmo porque o salário profissional constitui uma das formas de amparo ao trabalhador de que se vale o Direito do Trabalho, sôbre o qual a União tem competência para legislar. Mesmo antes, Amaury Pedroso (Intervenção do Estado em Matéria de Salário, apud Rev. Direito do Trabalho, ano 7, vol. 6, 1.945, pg. 79) tomou posição de intransigente defesa: "... que não haja apenas um exclusivo e único salário mínimo vital, abaixo do qual, pelo menos teòricamente, não é admissível que o homem viva, mas que existam níveis diversos, de salários mínimos profissionais, por classe ou profissão."

O assunto não comporta mais discussão, porque o Estado vem, seguidamente, através de atos específicos para determinadas categorias, reafirmando a tese da viabilidade jurídica dos salários profissionais.

FONTES DO SALÁRIO PROFISSIONAL. — De uma forma geral, os salários profissionais resultam de ajuste entre os interessados diretos ou de ato do Poder Público. No primeiro caso, será estabelecido por convenções, modalidade que entre nós ainda não merece destaque. Como ato do Estado, é produzido pela via legislativa, judiciária ou executiva.

Seguidos são os exemplos de salário profissional instituído por lei: Médicos (Lei 3.999, 1.961), Engenheiros (Lei 4.950-A, 1.966), etc. Batalha e Catharino manifestam-se contra. Entendem que os litígios sôbre salários fogem do âmbito legislativo porque a Carta Magna outorga à Justiça do Trabalho competência privativa para conciliar e julgar as questões trabalhistas. Trava-se, também aqui, o mesmo debate, predominando ponto de vista oposto, sustentado por Sussekind, Barreto Prado, Amaury Pedrosa, Tostes Malta, Rezende Puech e outros. Se o Estado pode legislar sôbre Direito do Trabalho, que é o "plus", pode também fazê-lo quanto aos salários de uma categoria profissional, que é o "minus" (Ver Questão 296). O TRT, de São Paulo, no dissídio Coletivo n. 57/51, afirmou que "não compete ao Judiciário Trabalhista mas ao Legislativo fixar tais salários". Entretanto, Rezende Puech, no bem elaborado estudo publicado em Direito Individual e Coletivo do Trabalho, mostra que o Tribunal Superior do Trabalho, no processo de Dissídio Coletivo n. 42/57, r. M. Oscar Saraiva, afastou dúvidas sôbre a possibilidade de fixação do salário profissional em decisão judicial. Invoca, também, conclusões do II Congresso Brasileiro de Direito Social, de 1.946. Finalmente, com respeito ao Executivo, é a própria C.L.T. que aponta nos artigos 323 (professôres), 286 (capatazias nos portos), 271 (estivadores) e sua competência para decretar o salário profissional, por delegação legislativa, como dizem alguns autores, daí resultando uma forma indiretamente fixada por lei, como afirmam outros.

Portanto, em nosso sistema jurídico, essa retribuição especial assume aspectos múltiplos no plano formal, ganhando consistência cada vez maior, qualquer que seja a fonte de que tenha emanado.

CARACTERES. — Não se confundem salário profissional e salário mínimo (Ver Questão 295), embora com propriedades que podem conduzir a uma confusão. Também, o salário profissional é de natureza diversa dos reajustamentos salariais coletivos (Ver Questão 297). Têm fisionomia, disciplina jurídica e fins próprios suficientes para a sua autonomia.

Ressalte-se, por fim, o pronunciamento da Comissão Permanente de Direito Social (Res. de 12.5.1.955, P. n. 130.307/55, r. Arnaldo Sussekind): "O salário profissional deve ser estipulado, preferentemente, por convenção coletiva de trabalho e, na hipótese de desacôrdo entre as entidades sindicais representativas das categorias interessadas, pela Justiça do Trabalho, em processo de dissídio coletivo. A fixação do salário profissional por via legislativa é aconselhável apenas em se tratando de categorias de trabalhadores onde o serviço não é prestado, normalmente, sob a forma de emprêgo. É o caso, por exemplo, dos portuários e estivadores, cuja predominância de trabalho sem relação de emprêgo impossibilita o apêlo aos instrumentos jurídicos adequados e recomendáveis à determinação do salário profissional."

BIBLIOGRAFIA. — Arnaldo Sussekind, "Comentários à Consolidação das Leis do Trabalho", 1.964; Rezende Puech, "Direito Individual e Coletivo do Trabalho", 1.960; Roberto Barreto Prado, "Direito do Trabalho", 1.963; José Martins Catharino, "Tratado Jurídico do Salário", 1.951; Wilson S. C. Batalha, "Aspectos Constitucionais e Legislativos das Remunerações Mínimas", 1.958; Amaury Pedrosa, "Intervenção do Estado em Matéria de Salário", Rev. Direito do Trabalho, 1.945; Christóvão Piragibe Tostes Malta, "Introdução ao Processo Trabalhista", 1.961; Luiz José de Mesquita, "Salário Mínimo dos Engenheiros... LTr. — 1.966; Cássio Mesquita Barros Jr., "Lei dos Engenheiros", 1.966; Savatier et Rivero, "Droit du Travail", 1.964.

295. **SALÁRIO PROFISSIONAL E SALÁRIO MÍNIMO.** — O SALÁRIO PROFISSIONAL E O SALÁRIO MÍNIMO SE EQUIVALEM?

A DOUTRINA.

1. EVARISTO DE MORAIS FILHO (Contrato de Trabalho, 1.944, pg. 81): "No salário profissional, como o seu próprio nome está a indicar, leva-se em conta principalmente a profissão do operário. Além de se preocupar com a região do País e com a época, inclui-se também em seu conceito a profissão a que pertence o trabalhador, como entidade coletiva, ao contrário do salário justo, que se refere à produção de cada empregado e à natureza particular do seu emprêgo."
2. WILSON DE SOUZA CAMPOS BATALHA (Aspectos Constitucionais e Legislativos das Remunerações Mínimas, 1.958, pg. 83): "O salário profissional nada mais é do que pura e simples modalidade de salário mínimo."
3. ARNALDO SUSSEKIND (Instituições de Direito do Trabalho, 1.957, vol. I, pg. 427): "... enquanto que, na fixação do salário mínimo, deve-se ter em vista apenas as necessidades normais ou vitais do trabalhador ou dêste e de sua família, a fim de evitar que o salário seja insuficiente para a consecução dos citados objetivos, na estipulação do salário profissional cumpre atender-se, ademais, à natureza da atividade empreendida, as qualidades exigidas do trabalhador para sua execução e as possibilidades econômicas das emprêsas da respectiva categoria."
4. DORVAL DE LACERDA (O Contrato Individual do Trabalho, 1.939, pg. 195): "... é um estatuto híbrido, de salário mínimo e salário justo, mas que não é êste último, porque se desinteressa da produção individual para só considerar coletivamente a profissão."
5. HÉLIO DE MIRANDA GUIMARÃES (Algumas Considerações sôbre a Remuneração Mínima dos Médicos, apud LTr., 1.962, pg. 316): "O salário profissional é ineludìvelmente salário mínimo. Mas não se confundem de modo algum. Seus elementos constitutivos são absolutamente diversos. Enquanto o

salário mínimo tem caráter vital e visa, em regra, atender a necessidades mínimas referentes, como entre nós, à alimentação, habitação, higiene, vestuário e transporte, o profissional é imbuído por nortes diversos. Destina-se principalmente, no caso das profissões liberais, a resguardar a dignidade dessas mesmas atividades. Assim, nem sempre a disciplina de ambos é coincidente. A sistemática de um não pode ser cabível ao outro."

6. CÁSSIO MESQUITA BARROS JR. (Lei dos Engenheiros, 1.966, pg. 10): "Os salários profissionais, não previstos pelos princípios gerais da legislação do trabalho, têm sido estabelecidos, com base no salário mínimo ou então de forma mais ou menos empírica, seguindo os impulsos da experiência no exercício da profissão. A sua relação com o salário mínimo, contudo, é muito mais uma forma de garantir a sua atualização contra os efeitos da corrosão inflacionária do que critério de fixação de valor."

7. CESARINO JÚNIOR (Direito Social Brasileiro, 1.963, vol. II, pg. 193): "O salário profissional é uma modalidade especial do salário mínimo geral ou vital. Êste é estabelecido tendo em vista as necessidades de qualquer trabalhador, sem levar em conta a sua profissão, que condiciona òbviamente também a sua posição social, fato considerado pelo salário profissional que, assim, vem a ser um salário mínimo social."

8. ROBERTO BARRETO PRADO (Direito do Trabalho, 1.963, pg. 204): "O conceito de salário-mínimo não é igual ao de salário profissional. As expressões não se confundem. O primeiro tem amplitude geral, e o segundo se restringe a determinada categoria profissional. O índice mínimo de salário sempre há de ser respeitado, mesmo porque o salário profissional inferior ao salário mínimo vigente não pode prevalecer."

9. AMARO BARRETO (Tutela Geral do Trabalho, 1.964, vol. II, pg. 127): "... na espécie do salário mínimo especial se inclui o salário profissional, uma vez que, através dêle se fixa um mínimo de remuneração da categoria, aquém do qual se não permite ajuste salarial."

10. DÉLIO MARANHÃO (Direito do Trabalho, 1.966, pg. 104): "Os níveis mínimos de salário podem ser fixados para os trabalhadores em geral (salário mínimo pròpriamente dito) ou tendo em vista a profissão exercida pelo empregado (salário profissional)."

OBSERVAÇÕES.

A doutrina estrangeira, de uma forma geral, não distingue entre salário profissional e salário mínimo. Perez Botija (Curso de Derecho del Trabajo, 1.960, pg. 205) fala em socialização do salário e teoria do mínimo comum "o de la generalidad, encuanto se ha de tomar como base lo que fijen las tarifas generales para cada profesión." Ernesto Krotoschin (Tratado Práctico del Derecho del Trabajo, vol. I, pg. 247, 1.962) trata do problema ao apreciar o salário mínimo vital, fazendo uma diferença entre êste e o salário básico fixado em forma de escalas, partindo do salário mínimo como primeiro escalão e para cujo cálculo são consideradas circunstâncias particulares de cada indústria ou profissão. Jean Rivero e Jean Savatier (Droit Du Travail, 1.964, pg. 427) também fazem referências ao salário mínimo nacional interprofissional garantido, destinado a proteger os setores nos quais os sindicatos não podem obter melhores condições de remuneração dentro de uma escala correspondente às necessidades de uma vida decente e o salário mínimo aplicado a cada qualificação profissional: "A chaque qualification professionnelle, correspond ainsi un salaire minimum." O problema é tratado de maneira semelhante por Riva Sanseverino (Trattato di Diritto del Lavoro, vol. I, 1.939), pg. 278), Vicenzo Cassì (La Retribuzione nel Contratto di Lavoro, 1.954, pg. 29) e Paulo Durand (Traité de Droit du Travail, vol. II, pg. 634, 1.950). Mário de La Cueva (Derecho Mexicano del Trabajo, vol. I, pg. 660, 1.960) demonstra a evolução histórica do salário mínimo nos seus dois aspectos, salário mínimo vital e industrial, o primeiro para atender às necessidades do trabalhador e o segundo para atender às possibilidades da indústria, variável, portanto, em relação a cada emprêsa, tal como dispõe a legislação da Austrália e Nova Zelândia; diz que esta segunda forma não se confunde com a primeira, é tipo de salário justo quando aquela é tipo de salário vital.

A nossa doutrina é controvertida. Há duas orientações opostas, a primeira identificando, sem reservas, as duas figuras, a segunda reputando-as com alguns traços de semelhança mas de destinação diversa.

Pensamos que é possível estabelecer uma nítida distinção, sob quatro prismas. Quanto à *amplitude,* o salário mínimo é geral e o salário profissional é restrito a determinada categoria profissional. Quanto aos *fins,* o salário mínimo visa manter um nível econômico abaixo do qual não será mais possível satisfazer as necessidades alimentares do trabalhador e de sua família ao passo que o salário profissional tem por objetivo principal resguardar a dignidade profissional. Quanto à *disciplina jurídica,* o salário mínimo resulta principalmente do intervencionismo estatal e o salário profissional quase sempre da negociação coletiva direta. Quanto ao *critério de fixação das taxas,* o salário mínimo preocupa-se com o trabalhador como entidade individual e o salário profissional com o trabalhador como entidade coletiva diante das possibilidades econômicas das emprêsas.

Enfim, um é salário vital outro é salário justo, conceitos que não se equivalem, como ensina De la Cueva. Ambos têm uma propriedade comum: nas respectivas esferas, constituem o piso salarial.

296. SALÁRIO PROFISSIONAL INSTITUÍDO POR LEI. — O SALÁRIO PROFISSIONAL PODE SER INSTITUÍDO POR LEI?

A DOUTRINA.

1. WILSON DE SOUZA CAMPOS BATALHA (Aspectos Constitucionais e Legislativos das Remunerações Mínimas, 1.958, pg. 103): "Se o salário mínimo profissional não pode ser instituído por lei ou por decisões normativas, só pode ser estabelecido através de convenções coletivas do trabalho."
2. ARNALDO SUSSEKIND (Instituições de Direito do Trabalho, 1.957, vol. I, pg. 430): "... a fixação legal de níveis mínimos de remuneração profissional não encontra obstáculo de índole constitucional..."
3. ROBERTO BARRETO PRADO (Direito do Trabalho, 1.963, pg. 202): "Notamos três modalidades de se obter o salário mínimo profissional: a) Lei; b) Convenção coletiva; c) Sentença normativa proferida pela Justiça do Trabalho. Ou o legislador fixa desde logo os salários profissionais ou delega essa atribuição a órgãos administrativos encarregados de zelar pela efetiva aplicação das leis do trabalho."
4. DÉLIO MARANHÃO (Direito do Trabalho, 1.966, pg. 104): "A fixação do salário profissional resulta de lei, ou de norma a esta equiparada (convenção coletiva ou sentença coletiva)."

5. JOSÉ MARTINS CATHARINO (Tratado Jurídico do Salário, 1.951, pg. 243):
"... o salário pode ser fixado para determinada profissão seja por lei baseada em investigações objetivas precedentes, seja por sentença normativa proferida por tribunal do trabalho, seja, enfim, determinado por convenção coletiva."

OBSERVAÇÕES.

No Brasil o salário profissional é estabelecido por lei para os médicos (DL. n. 7.961, de 1.945; Lei n. 2.641, de 1.955 e Lei n. 3.999, de 1.961), jornalistas (DL. n. 7.037, de 1.944), revisores (DL. n. 7.858, de 1.945), radialistas (DL. n. 7.984, de 1.945), engenheiros (Lei n. 4.950, de 1.966) e, ainda, de forma indireta, para os professôres (DL. n. 2.028, de 1.940), pessoal do pôrto etc.

Assim, entre nós, essa prática está integrada no ordenamento jurídico, não obstante restrições, tôdas atinentes a problemas de ordem constitucional, porém minoritárias na doutrina.

297. REAJUSTAMENTOS SALARIAIS E SALÁRIO PROFISSIONAL. — OS REAJUSTAMENTOS SALARIAIS COLETIVOS CONSTITUEM SALÁRIO PROFISSIONAL?

A DOUTRINA.

1. ARNALDO SUSSEKIND (Instituições de Direito do Trabalho, 1.957, vol. I, pg. 434): "Os reajustamentos de salários se distinguem, pois, do salário profissional porque atendem às relações de emprêgo em curso, com o fim de restabelecer o equilíbrio contratual, enquanto que o precipitado tipo de salário estabelece níveis mínimos para determinada categoria, de aplicação aos contratos em curso e aos que vierem a ser ajustados."
2. DÉLIO MARANHÃO (Direito do Trabalho, 1.966, pg. 104): "Não se deve confundir, entretanto, salário profissional com salário de categoria. Êste, estabelecido em convenção coletiva ou sentença normativa, é o mínimo para os integrantes de determinada categoria profissional, seja qual fôr a profissão exercida dentro dessa categoria. Aquêle pressupõe, dentro da categoria, a fixação de um salário mínimo para cada profissão."

OBSERVAÇÕES.

É assinalada a distinção entre o salário profissional e o salário reajustado através de convenções ou dissídios coletivos, aquêle determinado "a priori" e êste "a posteriori". Assim, a distinção resulta da eficácia sôbre o campo de aplicação, porque os reajustamentos salariais coletivos atingem os contratos de trabalho em curso e o salário profissional prevalecerá mesmo para os contratos ajustados depois da sua instituição.

298. SALÁRIO DOS MÉDICOS E DENTISTAS. — O SALÁRIO DOS MÉDICOS E DENTISTAS GUARDA PROPORCIONALIDADE COM AS HORAS TRABALHADAS?

A JURISPRUDÊNCIA.

1. TST (PJ. n. 15/66): "O salário profissional dos médicos e dentistas, guarda proporcionalidade com as horas efetivamente trabalhadas, respeitado o mínimo de 50 horas semanais."

OBSERVAÇÕES.

Duas orientações surgiram quanto à remuneração dos médicos e dentistas. A primeira admitindo a proporcionalidade com as horas efetivamente trabalhadas. A segunda, assegurando-lhes sempre salário correspondente a 50 horas, qualquer que fôsse a duração da jornada de trabalho, por fôrça do disposto no artigo 12 da Lei n. 3.999, de 1.961, reproduzindo dispositivo idêntico da Lei n. 2.641, e DL. n. 7.961. Prevaleceu esta última tese, acolhida pelo Prejulgado. Portanto, o horista-médico tem direito ao mínimo de cinqüenta horas mensais de salário, qualquer que seja o número de horas efetivamente trabalhadas inferiores a êsse número.

299. ATENDIMENTO NO CONSULTÓRIO. — O MÉDICO QUE PRESTA SERVIÇOS À EMPRÊSA NO SEU PRÓPRIO CONSULTÓRIO TEM DIREITO AO SALÁRIO PROFISSIONAL MÍNIMO?

A JURISPRUDÊNCIA.

1. TST (A. de 30.7.1.958, TP., RR. n. 2.556/57, r. M. Astolfo Serra, RTST, 1.960, pg. 28): "Não se aplica a lei n. 2.641, de 9.11.1.955, ao médico que trabalha para emprêsa no próprio consultório, sem observância de horário."
2. TST (A. de 12.6.1.958, 3.ª T., RR. n. 30/58, r. M. Júlio Barata, RTST, 1.960, pg. 63): Igual ao n. 1.
3. TRT, 2.ª (P. n. 1.982/56, r. José Ney Serrão, LTr. 22/85): "Não tendo a emprêsa ambulatório e prestando o médico serviços em seu consultório, deve ser considerado empregado e fazer jus a remuneração mínima estabelecida pela Lei n. 2.641, de 9.11.1.955, por não ser ela inconstitucional."

OBSERVAÇÕES.

Desde que configurada a relação de emprêgo, é garantido ao médico o salário profissional mínimo. No caso específico da prestação de serviços no próprio consultório, o T.S.T. já decidiu que não é empregado o médico que atende segurados da emprêsa para realização de exames de sua especialidade (P. n. 5.678/54), o T.R.T. de São Paulo sentenciou que "o médico que atende em seu próprio consultório, empregados de determinada emprêsa, dentro de determinado horário, sem possibilidade de recusa, mediante remuneração mensal, o faz com subordinação, sendo de conseqüência, empregado" (P. n. 3.783/64). Êsse aspecto do vínculo de emprêgo só poderá ser devidamente avaliado diante das condições de fato de cada caso concreto, indicativas da existência ou não da subordinação.

300. SALÁRIO DO MÉDICO ESTAGIÁRIO. — O MÉDICO ESTAGIÁRIO TEM DIREITO AO SALÁRIO PROFISSIONAL MÍNIMO?

A LEI.

Art. 3.º — Não se compreende na classificação de atividades ou tarefas, previstas nesta lei (obrigando ao pagamento de remuneração) o estagiário efetuado para especialização ou melhoria de tirocínio, desde que não exceda ao prazo máximo de seis meses e permita a sucessão regular no quadro dos beneficiados (Lei n. 3.999, de 15.12.1.961).

OBSERVAÇÕES.

Os estagiários estão excluídos da proteção legal não sendo considerados empregados; a lei libera o empregador do pagamento de qualquer salário. Portanto, trata-se da prestação de serviços inteiramente gratuitos de fins culturais.

301. SALÁRIO DO ENGENHEIRO. — O SALÁRIO PROFISSIONAL DOS ENGENHEIROS ESTENDE-SE ÀS RELAÇÕES DE EMPRÊGO PÚBLICO?

A LEI.

Art. 1.º — O salário mínimo dos diplomados pelos cursos regulares superiores mantidos pelas Escolas de Engenharia, de Química, de Arquitetura, de Agronomia e de Veterinária é o fixado pela presente lei.

Art. 2.º — O salário mínimo fixado pela presente lei é a remuneração mínima obrigatória por serviços prestados pelos profissionais definidos no art. 1.º, com relação de emprêgo ou função, qualquer que seja a fonte pagadora (Lei n. 4.950-A, de 22.4.1.966).

A DOUTRINA.

1. CÁSSIO MESQUITA BARROS JR. (Lei dos Engenheiros, 1.966, pg. 15): "Se é verdade que a nova lei mostra-se constitucional ao instituir o salário profissional, não é menos certo que se mostra nìtidamente inconstitucional quando procura estendê-lo ao setor público da economia."
2. LUIZ JOSÉ DE MESQUITA (Salário mínimo dos Engenheiros, Químicos, Arquitetos, Agrônomos e Veterinários, LTr., 1.966, pg. 257): "Não obstante ter sido levantada a inconstitucionalidade desta disposição — "porque implicaria aumento de vencimentos, sem a iniciativa do Poder Executivo (Constituição, 1.946, art. 67, § 2.º; Ato Institucional, art. 5.º)" (Parecer n. 860, da Comissão de Constituição e Justiça, in D.C.N. de 20.8.65, pg. 6.603) — contudo, ela foi mantida, conforme se vê do texto dêste artigo, em seu final. Enquanto êle não fôr revogado ou declarado inconstitucional, tais funcionários poderão pleitear o direito nêle disposto."

OBSERVAÇÕES.

Por princípio, a iniciativa das leis que importem em aumento de vencimentos no serviço público, compete, privativamente, ao Presidente da República. Assim, a lei ordinária é plenamente válida quanto ao serviço privado, mas não terá eficácia quanto aos servidores públicos. Em parecer n. 14.257/66, o Consultor-Geral da República, Adroaldo Mesquita da Costa, manifestou-se no sentido da inconstitucionalidade da aplicação da Lei n. 4.950-A, ao funcionalismo público. Tal se aplica também à Lei n. 5.194, de 24.12.1.966, artigo 52.

302. **SALÁRIO DAS HORAS EXTRAS DO ENGENHEIRO. — AS HORAS EXCEDENTES DE SEIS, DA JORNADA DE TRABALHO DO ENGENHEIRO, SÃO REMUNERADAS COM MAJORAÇÃO SALARIAL?**

A DOUTRINA.

1. LUIZ JOSÉ DE MESQUITA (Salário Mínimo dos Engenheiros, Químicos, Arquitetos, Agrônomos e Veterinários, LTr., 1.966, pg. 257): "Quem contratou seus serviços para trabalhar 8 horas por dia, a partir da presente lei deverá perceber a 7.ª e a 8.ª horas com 25% de acréscimo, caso sua remuneração total já não atinja a importância fixada nor artigos 5.º e 6.º."
2. CÁSSIO MESQUITA BARROS JR. (Lei dos Engenheiros, 1.966, pg. 8): "O art. 3.º da Lei em exame distinguiu entre os que trabalham seis horas diárias e os que trabalham mais de seis horas, para estabelecer que êstes deverão receber como extra as horas excedentes a seis por dia."

OBSERVAÇÕES.

Para a execução das atividades ou tarefas com exigência de mais de seis horas diárias, o salário-base mínimo corresponderá a seis vêzes o maior salário mínimo comum vigente no País; as horas suplementares serão acrescidas de 25% (art. 6.º da Lei n. 4.950-A).

303. **SALÁRIO DO PROFESSOR. — ESTÁ EM VIGOR A PORTARIA 204 QUE ESTABELECE CRITÉRIOS PARA A FIXAÇÃO DE SALÁRIO DO PROFESSOR?**

A DOUTRINA.

1. ALONSO CALDAS BRANDÃO (Consolidação das Leis do Trabalho Interpretada, 1.959, pg. 303): "... tem sido considerada em vigor pelos tribunais trabalhistas, a despeito da expedição da Portaria n. 887, de 13 de outubro de 1.952, que fixa igualmente critérios para remuneração condigna aos professôres dos estabelecimentos particulares de ensino."
2. LUIZ ROBERTO DE REZENDE PUECH (Direito Individual e Coletivo do Trabalho, 1.960, pg. 225): Igual ao n. 1.
3. ALUÍSIO JOSÉ TEIXEIRA GAVAZZONI SILVA (Comentários à Consolidação das Leis do Trabalho, vol. II, pg. 36, 1.963): "... apesar de não se lhe atribuir nenhum valor jurídico, a malsinada Portaria n. 204, de 5 de abril de 1.954, do M.E., foi implicitamente derrogada pela Portaria n. 522, de 23 de maio de 1.952, art. 10, § único."
4. MOZART VICTOR RUSSOMANO (Comentários à Consolidação das Leis do Trabalho, 1.960, vol. II, pg. 490): "... os regulamentos, as portarias e as instruções, emanadas do Poder Executivo, não podem alterar as leis ordinárias e, se o quiserem fazer, serão, igualmente, inoperantes. A Consolidação, por isso, supera e anula o art. 10 da Portaria n. 204 do Ministro da Educação, que, nesse ponto, é inexistente."
5. ROBERTO BARRETO PRADO (Direito do Trabalho, 1.963, pg. 207): Igual ao n. 1.
6. J. ANTERO DE CARVALHO (Direito e Jurisprudência do Trabalho, 1.958, pg. 385): Igual ao n. 1.
7. ARNALDO SUSSEKIND (Comentários à Consolidação das Leis do Trabalho e à Legislação Complementar, 1.964, vol. II, pg. 271): Igual ao n. 1.
8. PIRES CHAVES (Da Execução Trabalhista, pg. 358): Igual ao n. 1.
9. DÉLIO MARANHÃO (Direito do Trabalho, 1.966, pg. 105): Igual ao n. 1.

A JURISPRUDÊNCIA.

1. STF (RE. n. 43.236, 1.ª T., r. M. Ary Franco, p. em 14.10.1.959): "O que êste Supremo Tribunal, ao julgar mandado de segurança sôbre a matéria, fixou foi a competência do Ministério da Educação para determinar o salário, mas não disse que lhe faltava competência para baixar a Portaria n. 204."
2. STF (AI. n. 18.835, 1.ª T., r. M. Luiz Galloti, DJ. de 6.1.1.958): "O art. 323 da Consolidação das Leis do Trabalho foi revogado pela Constituição de 1.946. Mas não há confundir revogação e anulação. Se o que houve foi revogação, esta não importou em anular atos anteriores, praticados pelo Ministério da Educação, a um tempo em que, por lei, a competência lhe cabia. A Justiça do Trabalho, com inteira razão, teve como válida a Portaria do Ministério da Educação, anterior à Constituição de 1.946."
3. TST (A. p. DJ. de 28.3.1.958, DC. n. 3/56, r. M. Jonas Melo de Carvalho): "A persistência das disposições da Portaria n. 204, não se coaduna com a competência constitucionalmente assegurada a esta Justiça para rever e reajustar a remuneração dos professôres."
4. TST (RR. n. 710/56, 1.ª T., A. de 28.8.1.956, r. M. Oliveira Lima, DJ. de 19.10.1.956): "A Portaria n. 204, de 1.945, do Ministério da Educação continua em pleno vigor como norma ou critério para fixação da remuneração condigna dos professôres."
5. TST (A. de 16.12.1.955, 1.ª T., P. n. 1.694/55, r. M. Astolfo Serra): Igual ao n. 4.
6. TST (A. de 27.10.1.955, 3.ª T., P. n. 5.112/55, r. M. Délio Maranhão): Igual ao n. 4.
7. TST (A. de 7.8.1.956, 1.ª T., P. n. 7.092/55, r. M. Astolfo Serra, RTST, 1.957, pg. 419): "Os professôres dos chamados "Jardins de Infância" têm direito ao salário calculado nos têrmos da Portaria n. 204, de 1.945, do Ministério da Educação."
8. TST (A. de 16.8.1.956, 3.ª T., RR. n. 760/56, r. M. Júlio Barata, RTST, 1.957, pg. 438): "Vigente ou não a Portaria n. 204, de 1.945, do Ministério da Educação, não há como discutir a sua aplicação quando se trata de professor beneficiado por sentença normativa, que mandou fôssem calculados os seus salários pelo esquema da aludida portaria."
9. TST (A. de 8.11.1.955, 1.ª T., P. n. 2.749/54, r. M. Oliveira Lima, RTST, 1.957, pg. 276): "A Portaria n. 204 do Ministério da Educação aplica-se aos professôres do curso pré-primário, em conseqüência do disposto no art. 323 da C.L.T. Sendo a mesma portaria anterior à Constituição pouco importa a revogação do parágrafo único do citado art. 323, uma vez que tal revogação impede a expedição de novas portarias sôbre a matéria, mas não destrói as anteriores, expedidas legalmente."
10. TST (A. de 6.12.1.955, 1.ª T., P. n. 5.416/54, r. M. Godoy Ilha, RTST, 1.957, pg. 279): Igual ao n. 4.
11. TST (A. de 11.9.1.956, 1.ª T., P. n. 7.229/55, r. M. Astolfo Serra, RTST, 1.957, pg. 279): Igual ao n. 4.
12. TST (A. de 17.6.1.958, 1.ª T., RR. n. 642/58, r. M. Oliveira Lima, RTST, 1.960, pg. 91): "Após o advento da Constituição de 1.946 não mais podem ser impostas regras e limitações ou restrições com assento na Portaria n. 204, do Ministério da Educação, em situação ou relações verificadas posteriormente. Isso importaria em fazer subsistir, nos seus efeitos e para reger situações futuras, norma cujos efeitos foram atingidos pela sua derrogação. Ficam resguardados apenas os efeitos produzidos até o momento em que o ato se tornou incompatível com a norma constitucional. A derrogação não afeta, sim e tão-sòmente, as situações jurídicas definitivamente constituídas antes da entrada em vigor da nova Constituição, que derrogou o parágrafo único do art. 323 da C.L.T. Não afeta, sim, os fatos ocorridos ainda na vigência daquele dispositivo e sob seu império, vantagens já nascidas àquele tempo; fatos consumados."
13. TST (A. de 31.7.1.958, 3.ª T., RR. n. 641/58, r. M. Hildebrando Bisaglia, RTST, 1.960, pg. 119): "Com o advento da Constituição de 1.946 ficaram sem

eficácia a Portaria n. 204, de 5.4.1.945, e tôdas as demais emanadas do Ministério da Educação e referentes à remuneração dos professôres. Adotado, entretanto, o critério da aludida Portaria pelo próprio estabelecimento de ensino, para remuneração de seus professôres, resulta estabelecida uma condição contratual, só alterável com o consentimento do empregado e desde que não lhe acarrete prejuízo."
14. TST (A. de 8.5.1.958, 3.ª T., RR. n. 3.643/57, r. M. Tostes Malta, RTST, 1.960, pg. 68): "Desde que não alterados pela Justiça do Trabalho os critérios fixados pela Portaria n. 204, de 1.945, do Ministério da Educação, a remuneração dos professôres deve ser paga na conformidade dos mesmos."
15. TST (A. de 22.10.1.958, TP., RR. n. 1.962/57, r. M. Hildebrando Bisaglia, RTST, 1.960, pg. 283): Igual ao n. 4.
16. TST (A. de 17.6.1.958, 3.ª T., RR. n. 384/58, r. M. Júlio Barata, RTST, 1.960, pg. 115): "Em se tratando de professor contratado após a promulgação da Constituição de 1.946, e, portanto, depois de revogado o parágrafo único do art. 323 da C.L.T. não existe, para o estabelecimento de ensino, a obrigação de observar o critério estipulado na Portaria n. 204, de 1.945, do Ministério da Educação, para fixação de salário-aula."
17. TST (A. de 4.9.1.958, 2.ª T., RR. n. 1.863/58, r. M. Luiz França, RTST, 1.960, pg. 277): Igual ao n. 4.
18. TST (A. de 10.7.1.958, 3.ª T., RR. n. 988/58, r. M. Antônio Carvalhal, RTST, 1.960, pg. 277): Igual ao n. 4.
19. TST (A. de 7.7.1.958, 2.ª T., RR. n. 675/58, r. M. Thélio Monteiro, RTST, 1.960, pg. 207): Igual ao n. 4.
20. TST (A. de 5.11.1.958, TP., RR. n. 3.333/57, r. M. Thélio Monteiro, RTST, 1.960, pg. 207): Igual ao n. 4.
21. TRT, 1.ª (RO. n. 1.610/57, r. Pires Chaves, DJ. de 9.5.1.958): Igual ao n. 4.
22. TRT, 2.ª (P. n. 1.891/58, A. n. 2.050/58, r. Wilson de Souza Campos Batalha, MT., setembro de 1.958): "A Portaria ministerial que estabelece o critério para fixação do salário dos professôres, atrita-se com a Constituição, competindo à Justiça do Trabalho fixar a remuneração condigna de todos os empregados."
23. TRT, 2.ª (P. n. 3.234/58, A. n. 2.263/59, r. Décio de Toledo Leite, MT., novembro de 1.959): "As Portarias do Ministério da Educação disciplinando a condigna remuneração dos professôres estão em pleno vigor e foram reputadas constitucionais pelo Supremo Tribunal Federal."
24. TRT, 2.ª (P. n. 541/59, A. n. 2.642/59, r. José Teixeira Penteado, MT., dezembro de 1.959): Igual ao n. 23.

OBSERVAÇÕES.

Predominante a orientação que afirma a validade da Portaria n. 204.

Assim, a remuneração dos professôres constitui salário profissional fixado de forma indireta pela lei, ao remeter podêres ao Executivo para estabelecer os respectivos critérios, como foi feito com a expedição da aludida Portaria. Após 1.946, entendeu-se que, competente a Justiça do Trabalho para estipular sôbre salários, não mais haveria sustentação para que o salário dos professôres resultasse de ato do Ministro da Educação. Alguns autores não comungam com êsse pensamento (Arnaldo Sussekind, Comentários, 1.964). Porém, a idéia prevalecente é a de que, tendo sido elaborada a Portaria em época na qual eram indiscutíveis os podêres do Executivo para fazê-lo, sua eficácia permanece e persistirá até que a lei venha dispor em contrário. Quanto às Portarias posteriores a 1.946, são consideradas ineficazes, porque expedidas quando não mais se legitimava a intervenção do Ministério da Educação.

304. SALÁRIO DO PROFESSOR E DISSIDIO COLETIVO. — AS MAJORAÇÕES SALARIAIS DOS PROFESSORES PODEM SER FEITAS ATRAVÉS DE DISSÍDIOS COLETIVOS PERANTE A JUSTIÇA DO TRABALHO?

A DOUTRINA.

1. MOZART VICTOR RUSSOMANO (Comentários à Consolidação das Leis do Trabalho, 1.960, vol. II, pg. 506): "... a Justiça do Trabalho, em atenção ao movimento ascensional dos preços e às necessidades dos trabalhadores, pode ditar sentença normativa que majore o salário dos empregados em trabalho nas emprêsas atingidas por sua decisão. Se isso pode acontecer em relação à generalidade dos trabalhadores, por que não poderá acontecer relativamente aos professôres?"
2. ALONSO CALDAS BRANDÃO (Consolidação das Leis do Trabalho Interpretada, 1.959, pg. 305): "... configurada a relação de emprêgo, três são as competências em matéria de fiscalização do trabalho dos professôres: a) a do Ministério do Trabalho, no exercício de sua atribuição de órgão fiscalizador do cumprimento das obrigações trabalhistas; b) a do Ministério da Educação e Cultura, ainda no âmbito administrativo, conforme disposto no artigo anterior, ao qual compete fixar os critérios para a determinação da condigna remuneração devida aos professôres, bem como assegurar a execução do preceito estabelecido. No exercício dessa competência, o M.E.C. aplicará, na forma de seus regulamentos, as penalidades cabíveis em cada caso; c) a da Justiça do Trabalho, que numa esfera mais alta apreciará e julgará os dissídios individuais e coletivos."
3. ROBERTO BARRETO PRADO (Direito do Trabalho, 1.963, pg. 207): "No nosso modo de entender, o disposto no parágrafo único do art. 323 da Consolidação não se atrita de modo algum com o preceito constitucional que confere à Justiça do Trabalho a competência para julgar os dissídios coletivos do trabalho."
4. ARNALDO SUSSEKIND (Comentários à Consolidação das Leis do Trabalho e à Legislação Complementar, 1.964, vol. II, pg. 275): "... a competência conferida pelo parágrafo único do art. 323 a um dos órgãos do Poder Executivo objetiva a estipulação do salário mínimo profissional dos professôres, enquanto que o poder normativo da Justiça do Trabalho se exerce visando à criação de novas condições de trabalho, à melhoria das condições estatuídas em normas jurídicas pretéritas ou ao reajustamento de cláusulas ajustadas nos contratos em execução."
5. PIRES CHAVES (Da Execução Trabalhista, pg. 365): "... a Portaria 204 (do Ministério da Educação) fixou os critérios determinativos dessa remuneração condigna, enquanto que os Tribunais trabalhistas estabeleceram o salário normativo resultante da adequação existente entre o salário contratado *ex-tunc* e o custo de vida *ex-nunc*."
6. ANTERO DE CARVALHO (Direito e Jurisprudência do Trabalho, 1.958, pg. 384): "... tem-se que, com referência ao magistério particular, no estado atual da nossa legislação, só há um salário condigno, ou salário mínimo específico, ou, ainda, salário profissional do professor: o que resulta da aplicação da Portaria 204. Nas regiões abrangidas pela sentença normativa, àquele salário é acrescido o salário judicial, correspondendo a 30% do salário-aula resultante da fórmula da referida Portaria 204..."
7. DÉLIO MARANHÃO (Direito do Trabalho, 1.966, pg. 105): "Estamos com Sussekind, em que o salário profissional fixado por outra via, que não a Judiciária, é perfeitamente legítimo. Inclusive, a sentença normativa, através de dissídio coletivo, poderá modificá-lo, ajustando-se às novas condições de custo de vida."

A JURISPRUDÊNCIA.

1. STF (RE. n. 21.233, 1.ª T., r. M. Mário Guimarães, apud Sussekind, Comentários, 1.964, vol. II, pg. 273): "A intromissão de um Ministro de Estado na fixação de salários poderia ser admissível ao tempo da Carta política de

37. Hoje, porém, em face dos princípios que disciplinam a separação dos podêres, não passaria de extravagância. Por outro lado, a Constituição de 46, no art. 123, determinou: "Compete à Justiça do Trabalho conciliar e julgar os dissídios individuais e coletivos entre empregados e empregadores, e as demais controvérsias oriundas de relações de trabalho regidas por legislação especial. "O art. 157, n. XVII, parágrafo único, por sua vez, estatui: "Não se admitirá distinção entre o trabalho manual ou técnico e o trabalho intelectual, nem entre os profissionais respectivos, no que concerne a direitos, garantias e benefícios." Dêstes vários dispositivos se vê que tudo quanto se refere a trabalho quer manual quer intelectual, inclusive, por conseguinte, fixação de salários, está presentemente, cometido à Justiça Trabalhista. O art. 123, parágrafo único da Consolidação perdeu todo vigor. Nem há necessidade de declará-lo inconstitucional porque a Carta de 46 lhe é posterior."

2. TST (A. de 14.12.1.954, 3.ª T., P. n. 6.576/52, r. M. Antônio Carvalhal, RTST, 1.957, pg. 24): "A Justiça do Trabalho é competente para decidir questões relativas a salários de professôres."

OBSERVAÇÕES.

É pacífica a questão da competência da Justiça do Trabalho para apreciar os dissídios coletivos de natureza econômica de interêsse dos professôres do emprêgo privado. Resultado do sistema constitucional por nós adotado, mantido pela Carta de 1.967, no sentido de atribuir podêres ao órgão judiciário especializado, para estabelecer normas sôbre a matéria. Os reajustamentos salariais coletivos assim procedidos não constituem, via de regra, em nosso regime, salários profissionais; há nítida distinção, assinalada pela doutrina, entre as duas figuras. Os salários profissionais são determinados "a priori" e prevalecem mesmo para os contratos futuramente ajustados, as majorações salariais são determinadas "a posteriori" e atingem os contratos em curso. Portanto, trata-se de medidas que se distinguem pela sua natureza diversa. Ainda que se entenda que os salários profissionais possam ser fixados através do Judiciário, mais reforçada ficaria a tese da competência da Justiça Trabalhista.

305. **JORNALISTAS E HORAS EXTRAS.** — O JORNALISTA TEM DIREITO AS HORAS EXTRAORDINÁRIAS?

A LEI.

Art. 305 — As horas de serviço extraordinário, quer as prestadas em virtude de acôrdo, quer as que derivam das causas previstas no parágrafo único do artigo anterior, não poderão ser remuneradas com quantia inferior à que resulta do quociente da divisão da importância do salário mensal, por 150 (cento e cinqüenta), para os mensalistas, e, do salário diário por 5 (cinco) para os diaristas, acrescidos de pelo menos 25% (vinte e cinco por cento). (DL. n. 5.452, de 1.5.1.943).

OBSERVAÇÕES.

A duração normal do trabalho dos empregados de emprêsas jornalísticas, desde que jornalistas, revisores, fotógrafos e ilustradores, é de 5 (cinco) horas; pode, no entanto, ser elevada a 7 (sete) horas, mediante acôrdo escrito, ou, mesmo, por período superior nos casos de fôrça maior. Quando isso ocorrer a majoração salarial pelas horas excedentes será de pelo menos 25%. Note-se que no caso específico desta categoria profissional as horas extraordinárias causadas por razões de fôrça maior são majoradas, o que não ocorre no regime geral da lei trabalhista.

306. JORNADA REDUZIDA DO JORNALISTA. — SE A JORNADA CONTRATUAL DO JORNALISTA É REDUZIDA, O SALÁRIO CORRESPONDERÁ A 5 (CINCO) HORAS?

A LEI.

Art. 8.º — Quando a prestação de serviços a determinada emprêsa se fizer com redução da duração normal do trabalho, o salário será pago na base da hora normal (DL. n. 7.037, de 10.11.1.944).

OBSERVAÇÕES.

Se o jornalista cumpre jornada contratual de duração inferior a 5 (cinco) horas, o salário, por fôrça do DL. n. 7.037, de 10.11.1.944, corresponderá ao número de horas da jornada.

307. ESTAGIÁRIO DE JORNALISTA. — OS ESTAGIÁRIOS DE JORNALISTAS TÊM DIREITO A SALÁRIOS?

O DECRETO.

Art. 13 — Os salários percebidos pelos estagiários serão os mesmos dos jornalistas profissionais, cabendo àqueles, igualmente, o direito de sindicalizar-se (D. n. 53.263, de 12.12.1.963).

OBSERVAÇÕES.

Os estagiários de jornalista têm direito aos mesmos salários dos jornalistas profissionais, por fôrça do D. n. 53.263, de 12.12.1.963.

308. JORNALISTA E ADICIONAL NOTURNO. — O JORNALISTA TEM DIREITO AO ADICIONAL NOTURNO?

A DOUTRINA.

1. ALUÍSIO JOSÉ TEIXEIRA GAVAZZONI SILVA (Comentários à Consolidação das Leis do Trabalho, 1.963, vol. II, pg. 19): "A circunstância de a lei autorizar a mesma duração para o trabalho noturno e para o diurno, não exclui as empresas, no nosso ponto de vista, de remunerar o trabalho noturno melhor que o diurno. É certo que as normas, legais ou coletivas, que têm regulamentado o salário dos jornalistas, não têm feito diferença para a remuneração do serviço noturno. Sucede, todavia, que a Carta Magna preceitua no sentido de que o trabalho noturno deve ser melhor remunerado que o diurno, de modo que não se pode admitir convenção ou disposição normativa em contrário."

2. ARNALDO SUSSEKIND (Comentários à Consolidação das Leis do Trabalho e à Legislação Complementar, 1.964, vol. II, pg. 254): "Inexistindo disposição especial para o trabalho noturno dos jornalistas, entendemos que à hipótese são aplicáveis as regras constantes do art. 73, tal como determina o art. 57 da CLT. Assim, a hora de trabalho noturno (das 22 horas às 5 horas do dia seguinte) deve ser computada como de 52 minutos e 30 segundos (§ 1.º do artigo 73), o que importa na redução da jornada, sem prejuízo do salário-hora normal. O pagamento do adicional do trabalho noturno, previsto no "caput" do art. 73, está, porém, sujeito às restrições decorrentes do § 3.º do mesmo artigo. Êsse parágrafo, oriundo de uma lei "conquistada" pelas emprêsas jornalísticas (DL. n. 9.666, de 28.8.1.946, prescreve que "em relação às emprêsas cujo trabalho noturno decorra da natureza de suas atividades, o aumento será calculado sôbre o salário mínimo geral vigente na região não sendo devido quando exceder dêsse limite, já acrescido da percentagem."

A JURISPRUDÊNCIA.

1. STF (S. n. 313): "Provada a identidade entre o trabalho diurno e noturno, é devido o adicional, quanto a êste, sem a limitação do artigo 73, § 3.º, da C.L.T., independentemente da natureza da atividade do empregador."

OBSERVAÇÕES.

O jornalista faz jus ao adicional noturno e ao cômputo especial da hora noturna (52 minutos e trinta segundos). A lei ordinária não tem eficácia frente aos dispositivos de ordem constitucional, mantidos na Carta de 1.967, que ordenam a majoração salarial pela atividade considerada noturna. A Súmula do S.T.F. afasta qualquer dúvida sôbre êsse aspecto, ainda que se trate de emprêsa jornalística, sendo, nesse ponto, inconsistentes as disposições introduzidas pelo DL. n. 9.666, mencionado por Sussekind, por se atritarem flagrantemente com a norma da Constituição e com a tese acolhida pela Súmula.

309. SALÁRIOS E GRAVAÇÕES DE "VIDEO-TAPE". — OS PERÍODOS QUE O RADIALISTA DESTINAR AOS ENSAIOS OU GRAVAÇÕES DE *VIDEO-TAPE* SERÃO REMUNERADOS?

O DECRETO.

Art. 8 — Será computado na respectiva duração normal do trabalho, o período destinado aos ensaios bem assim o de gravações em fita magnética, "video-tape", quinescópio ou de qualquer outro tipo existente ou que venha a existir (D. n. 52.287, de 23.7.1.963).

OBSERVAÇÕES.

O período destinado aos ensaios ou gravações de *video-tape* é de serviço efetivo e como tal remunerado. Ainda que o empregado permanecesse simplesmente à *disposição* do empregador, o pagamento do salário já seria indispensável.

310. **RADIALISTA E REPOUSO REMUNERADO.** — O RADIALISTA TEM DI-
REITO A REMUNERAÇÃO DO REPOUSO SEMANAL?

O DECRETO.
> Art. 12 — É assegurada ao radialista uma folga semanal remunerada de vinte e quatro horas (24) contínuas, de preferência aos domingos (D. n. 52.287, de 23.7.1.963).

OBSERVAÇÕES.

Ao radialista é garantido o repouso samanal remunerado que não será necessàriamente no domingo. Concedido o descanso mesmo durante a semana em dia útil, estará cumprida a lei.

311. **SALÁRIO DAS VIAGENS DO RADIALISTA EM SERVIÇO.** — O TEMPO DE DURAÇÃO DAS VIAGENS DO RADIALISTA É REMUNERADO?

O DECRETO.
> Art. 9 — Será computado como de trabalho efetivo o tempo em que o empregado estiver à disposição do empregador, inclusive nas viagens a serviço da emprêsa (D. n. 52.287, de 23.7.1.963).

OBSERVAÇÕES.

Se o radialista viaja em serviço, o que se dá quando faz reportagens ou "shows" em outras cidades, está prestando serviços efetivos para o empregador. Assim, êsse tempo é computado como de trabalho para os fins legais.

312. **TRABALHO DO RADIALISTA PARA VÁRIAS EMPRÊSAS.** — O RADIALISTA QUE TRABALHA SIMULTÂNEAMENTE PARA MAIS DE UMA EMPRÊSA SOFRERÁ REDUÇÃO SALARIAL?

O DECRETO.
> Art. 14 — Se o trabalho fôr prestado a mais de uma empresa radiofônica, o ajuste do salário em cada uma será de valor nunca inferior a 50% (cinqüenta por cento) do nível mínimo em vigor por acôrdo salarial para a correspondente função (D. n. 52.287, de 23.7.1.963).

OBSERVAÇÕES.

A norma deve ser entendida como destinada a proteger o assalariado; fixa o nível mínimo de remuneração a êle atribuída, quando trabalhar para duas ou mais emprêsas radiofônicas. Nesse caso, há um piso a ser observado, correspondente a 50% do salário em vigor. Nunca poderá ser pago em bases menores.

313. **TRABALHO GRATUITO EM RÁDIO E TELEVISÃO.** — É PERMITIDO O TRABALHO GRATUITO EM EMPRÊSAS DE RÁDIO E TELEVISÃO?

O DECRETO.

    Art. 15 — Em nenhuma emprêsa de rádio ou televisão é permitido o trabalho profissional gratuito sendo obrigatório o vínculo empregatício (D. n. 52.287, de 23.7.1.963).

Todo trabalho deve ser remunerado. Assim, numa emprêsa de rádio e televisão, não é permitido o trabalho profissional gratuito. A lei não se refere aos colaboradores eventuais porque nesse caso não há relação de emprêgo.

314. **SALÁRIO DO AGENCIADOR DE PROPAGANDA.** — COMO É FIXADA A REMUNERAÇÃO DOS AGENCIADORES DE PROPAGANDA?

A LEI.

    Art. 11 — A comissão, que constitui a remuneração dos Agenciadores de Propaganda, bem como o desconto devido às Agências de Propaganda, serão fixados pelos veículos de divulgação sôbre os preços estabelecidos em tabela (Lei n. 4.680, de 18.6.1.965).

OBSERVAÇÕES.

São agenciadores de propaganda os profissionais que, vinculados aos veículos de divulgação, a êles encaminhem propaganda por conta de terceiros. Desde que ligados por uma relação de emprêgo, serão protegidos pelas normas gerais do Direito do Trabalho e perceberão a sua retribuição variável à base de comissões cujas taxas percentuais são estabelecidas pelo empregador calculadas sôbre os preços dos anúncios encaminhados. Portanto, sempre terão direito a importância igual ao mínimo salarial, ainda que os negócios apresentados não o possibilitem, cabendo à emprêsa a complementação. No entanto, não vemos impossibilidade em ajuste para retribuição ùnicamente em forma de salário fixo.

315. **SALÁRIO DO PESSOAL DA ÁREA DO PÔRTO.** — COMO É ESTABELECIDO O SALÁRIO DO PESSOAL DA ÁREA DO PÔRTO?

A LEI.

    Art. 17 — Tendo em vista o regime de trabalho fixado em decorrência da presente Lei, as Administrações dos Portos promoverão os estudos necessários à fixação ou revisão das taxas de remuneração por produção para os serviços de capatazia e à atualização das respectivas tarifas, as quais deverão ser submetidas, dentro de 120 dias, ao Departamento Nacional de Portos e Vias Navegáveis, de modo que, dentro dos 30 (trinta) dias subseqüentes, sejam homologadas pelo Ministro da Viação e Obras Públicas.

    Art. 18 — As convenções, contratos, acôrdos coletivos de trabalho e outros atos destinados a disciplinar as condições de trabalho, de remuneração e demais direitos e deveres dos servidores ou empregados, inclusive daqueles sem vínculo empregatício, sòmente poderão ser firmados pelas Administrações dos Portos com entidades legalmente habilitadas e deverão ser homologados pelos Ministros do Trabalho e da Previdência Social e da Viação e Obras Públicas (Lei n. 4.860, de 26.11.1.965).

OBSERVAÇÕES.

Sob a denominação de área do pôrto, compreende-se a parte terrestre e marítima, contínua e descontínua, das instalações portuárias definidas no art. 3.º do Decreto n. 24.447, de 22.6.1.964, tudo conforme o disposto na Lei n. 4.860.

O pessoal que trabalha nessas condições estabelecidas de uma forma genérica pela lei, submete-se a um regime salarial específico. Pelo sistema da Consolidação das Leis do Trabalho, criou-se um salário profissional por via legal, de natureza indireta, porque a lei remete podêres à autoridade administrativa para a correspondente taxação. A Lei n. 4.860 em nada altera o princípio. Mas não impede a existência de convênios coletivos destinados a disciplinar a remuneração. Portanto, a fonte normativa de que resultam os salários dêsses trabalhadores, tanto poderá ser o ato do Poder Público, como, ainda, o contrato coletivo de trabalho ou acôrdos salariais. Para o cálculo das taxas é considerada a base de tonelagem, cubagem ou unidade de mrcadorias. O DL 3, de 27.1.66, o DL. 5, de 4.4.66 e o DL. 127, de 31.7.67, contêm normas sôbre a disciplina trabalhista aplicável aos trabalhadores do pôrto.

316. SALÁRIO DO MINEIRO. — O TEMPO DE TRANSPORTE DO MINEIRO DA BÔCA DA MINA AO LOCAL DO TRABALHO É REMUNERADO?

A LEI.

Art. 294. — O tempo despendido pelo empregado da bôca da mina ao local do trabalho e vice-versa será computado para o efeito de pagamento do salário (DL. n. 5.452, de 1.5.1.943).

OBSERVAÇÕES.

Durante o transporte da bôca da mina para o local de trabalho o mineiro está à disposição do empregador. Portanto, êsse período de transporte em serviço é remunerado.

CAPITULO XII

O SALÁRIO DA MULHER E DO MENOR.

HISTÓRICO. — Seria um êrro pensar que o trabalho feminino aumentou só nos últimos tempos. Em proporção à população ativa, o índice de mulheres que trabalham é de 38 % na Suécia e Dinamarca, 36 % na França, 34 % na Suíça, em 1.910-1.911. No Japão, é de 38 % em 1.920, com predomínio na indústria. Os países com um índice de atividade médio são a Inglaterra com 32 %, Bélgica, Áustria-Hungria e Itália com 29 %, Alemanha com 27 %, Holanda com 26 % Estados Unidos, Rússia e Austrália com 25 % e Nova Zelândia com 24 %. Dêsses totais, na França, em 1.906, 58% pertencem ao transporte e indústria, 18% ao comércio, 7% às profissões liberais e serviços públicos e 17% ao serviço doméstico. (História General del Trabajo, Louis-Henri Parias). Nem por isso os salários eram condignos. A obreira é objeto de exploração: "se invocan su debilidad física, su carencia de conocimientos especializados, y el hecho de que la mujer tiene menos necesidades, puesto que su salario tan sòlo equivale a un complemento en el presupuesto de la familia" (op. cit.). A inferioridade dos salários femininos na Alemanha, em 1.930 é de 50 a 83%. Num grupo de indústrias mecânicas e conexas de Paris, em 1.925, uma estatística revela que os homens percebiam 2,62 francos por hora e as mulheres 2,01. O intervencionismo estatal operou-se, como reação contra êsse estado de coisas, polarizando as suas atenções iniciais no tempo de duração do trabalho das mulheres e adolescentes. O Estado decidiu intervir em nome da saúde e da família, dos direitos do menor e da nação. As preocupações primeiras destinaram-se à regulamentação de quatro pontos essenciais: a proibição do trabalho noturno, o descanso semanal obrigatório, a duração máxima da jornada diária de trabalho e, quanto às mulheres, o repouso remunerado do parto. Para os menores, procurou-se a fixação de uma idade mínima de início da via ativa laboral. Hoje, o tratamento jurídico dispensado à mulher e ao menor, destina-se à sua proteção na medida de suas respectivas necessidades e a uma relativa equiparação com os homens, quando se trata dos benefícios e vantagens do resultado do trabalho.

O PLANO INTERNACIONAL. — As Convenções Internacionais da O.I.T. versam sôbre diferentes aspectos das condições do trabalho feminino. Asseguram o repouso remunerado do parto (Convenção n. 3), proclamam a igualdade de salário para a mão-de-obra masculina e feminina por um trabalho de igual valor (Convenção n. 100), garantem os salários durante o descanso obrigatório anual das férias (Convenção n.

25), e aos repousos semanais (Convenção n. 14) e estabelecem o direito a um salário minimo (Convenção n. 26). Quanto aos menores, a Convenção n. 5 proibe as crianças menores de 14 anos de trabalhar em emprêsas industriais, públicas ou privadas, a Convenção n. 25 garante aos menores de 16 anos, incluídos os aprendizes, o direito, depois de um ano de serviço contínuo, a férias anuais remuneradas de doze dias úteis pelo menos, sem prejuízo do salário habitual.

O PLANO NACIONAL. — Alguns princípios são fixados, em nosso Direito, num sentido de garantia constitucional relativa à ordem econômica e social: salário mínimo, proibição de diferença de salário para o mesmo trabalho por motivo de sexo, participação nos lucros da emprêsa, salário de trabalho noturno, quando admitido, superior ao diurno, repouso semanal remunerado e nos feriados civis e religiosos, além de outros concernentes não só à retribuição mas às condições gerais da prestação dos serviços subordinados.

A lei ordinária completa a tutela jurídica, através de medidas integrativas do mandamento constitucional e, mais ainda, estendendo os preceitos que regulam o trabalho masculino ao feminino (CLT., art. 372).

BIBLIOGRAFIA. — Arnaldo Sussekind, Délio Maranhão e Segadas Viana, "Instituições de Direito do Trabalho", 1.957; Mozart Victor Russomano, "Comentários à Consolidação das Leis do Trabalho", 1.960; Orlando Gomes e Elson Gottschalk, "Curso Elementar de Direito do Trabalho", 1.963; Antônio Lamarca, "Contrato de Trabalho", 1.959; José Martins Catharino, "Tratado Jurídico do Salário", 1.951; Hélio de Miranda Guimarães, "Organização Internacional do Trabalho", 1.963; Oficina Internacional do Trabalho, "La Reglamentación del Trabajo Femenino, Estudios y Documentos"; Ernst Mahaim, "Le Droit Internacional Ouvrier"; Mário de La Cueva, "Derecho Mexicano del Trabajo", 1.960; Louis-Henri Parias, "História General del Trabajo".

317. SALÁRIO DO MENOR. — O MENOR DE 18 ANOS TEM DIREITO AO SALÁRIO MÍNIMO?

A LEI.

Art. 1.º — Para menores não portadores de curso completo de formação profissional, o salário mínimo de que trata o Capítulo III do Título II da Consolidação das Leis do Trabalho, aprovada pelo Decreto-lei n. 5.452, de 1.º de maio de 1.943, respeitada a proporcionalidade com o que vigorar para os trabalhadores adultos da região, será escalonado na base de 50% (cinqüenta por cento) para os menores entre 14 (quatorze) e 16 (dezesseis) anos de idade e em 75% (setenta e cinco) por cento para os menores entre 16 (dezesseis) e 18 (dezoito) anos de idade.

§ 1.º — Para os menores aprendizes assim considerados os menores de 18 (dezoito) anos e maiores de 14 (quatorze) anos de idade sujeitos à formação profissional metódica do ofício em que exerçam o seu trabalho, o salário mínimo poderá ser fixado em até metade do estatuído para os trabalhadores adultos da região (Lei n. 5.274, de 24.4.1.967).

OBSERVAÇÕES.

A Lei 5.274, de 24.4.1.967, introduziu o salário mínimo do trabalhador menor. Antes, por fôrça de lei constitucional, de acôrdo com a Súmula 205 do STF e Prejulgado 5/63 do TST, o menor não sujeito à aprendizagem metódica do ofício tinha direito ao salário mínimo do adulto. Agora, a situação ficou alterada e para o menor vigoram os seguintes salários:

1) Se entre 12 e 16 (dezesseis) anos de idade, 50% (cinqüenta por cento) do salário mínimo da região.

2) Se entre 16 (dezesseis) e 18 (dezoito) anos de idade, 75% (setenta e cinco por cento) do salário mínimo da região.

3) Se aprendiz, 50% (cinqüenta por cento) do salário mínimo da região, em qualquer fase do aprendizado, tanto na primeira como na segunda metade, revogado que foi o artigo 80 da CLT com a nova redação do DL. n. 229.

4) Se portador de curso completo de formação profissional, qualquer que seja a sua idade, salário mínimo regional integral.

318. TRABALHO DO MENOR DE 12 ANOS. — SE O MENOR DE 12 ANOS EMPREGAR-SE, TERÁ DIREITO A SALÁRIO?

A DOUTRINA.

1. JOSÉ MARTINS CATHARINO (Tratado Jurídico do Salário, 1.951, pg. 723): "A nosso ver a retribuição auferida pelo trabalhador menor deve ser protegida mesmo que seja ilícito o serviço prestado ou ilegal a atividade do seu empregador. Aplica-se à hipótese, com tôda justeza, o princípio de que ninguém pode enriquecer ilìcitamente às custas do esfôrço alheio."
2. EGON FÉLIX GOTTSCHALK (Norma Pública e Privada no Direito do Trabalho, pg. 208, 1.944): "Para a ação das normas tutelares do direito do trabalho não pode haver uma nulidade "ex-tunc". O que vale para ela, é a realidade da relação de trabalho, sendo absolutamente indiferente, se as condições jurídicas, nas quais a atividade humana se efetuou, eram falhas, viciadas, insuscetíveis de produzir todos os efeitos que, em regra, se lhe prendem."
3. MOZART VICTOR RUSSOMANO (Comentários à Consolidação das Leis do Trabalho, 1.960, vol. II, pg. 587): "Sendo nulo de pleno direito o contrato, não existe relação de emprêgo, não existe figura do empregado, como não existe a figura do empregador."
4. PONTES DE MIRANDA (Tratado de Direito Privado, 1.964, vol. 47, pg. 492): "A ilicitude do trabalho sòmente faz nulo o contrato de trabalho se é do trabalho; e não da contraprestação da emprêsa."
5. LUIZ ROBERTO DE REZENDE PUECH (Direito Individual e Coletivo do Trabalho, 1.960, pg. 132): "... dois aspectos fundamentais deveriam ser ponderados. Ambos, não apenas justificam, mas impõem o pagamento dêsses salários. O princípio do enriquecimento sem causa e a realidade social da dependência econômica."
6. ARNALDO SUSSEKIND (Comentários à Consolidação das Leis do Trabalho e à Legislação Complementar, 1.964, vol. III, pg. 33): "... o empregador é obrigado a remunerar os serviços por êle determinados ou consentidos, quando vedado por disposição legal imperativa..."
7. ORLANDO GOMES e ELSON GOTTSCHALK (Curso Elementar de Direito do Trabalho, 1.963, pg. 115): "O princípio segundo o qual o que é nulo nenhum efeito produz não pode ser aplicado ao contrato de trabalho."

A JURISPRUDÊNCIA.

1. TST (A. de 3.11.1.955, 2.ª T., p. 5.945/55, r. M. Waldemar Marques, RTST, 1.957, pg. 343): "Ignorando o empregador que o agente do contrato era incapaz de ser titular do mesmo não se lhe pode imputar concorrência de culpa na perpetração da ilegalidade. Em tal caso, se sòmente o empregado era conhecedor de sua incapacidade para firmar contrato de trabalho, sòmente êle, portanto, deverá arcar com as conseqüências."
2. TRT, 1.ª (RO. n. 210/57, DJ. 14.6.1.957, r. João Batista de Almeida): "A questão não faz inexistente a relação de emprêgo nem isenta a recorrente dos seus ônus, apenas estabelecendo que a recorrente e o pai do recorrido estão sujeitos às penalidades estabelecidas nos arts. 434 e 437 da CLT."
3. TRT, 2.ª (P. n. 1.129/65, A. n. 4.529/65, r. Carlos de Figueiredo Sá, MT., janeiro de 1.966): "É princípio constitucional que todo trabalho deva ser remunerado e na base do salário mínimo. O contrário seria admitir que a lei protegesse um enriquecimento ilícito da emprêsa."
4. TRT, 2.ª (P. n. 837/61, A. n. 2.137/61, r. Fernando de Oliveira Coutinho, MT., outubro de 1961): Igual ao n. 3.
5. TRT, 2.ª (P. n. 1.992/61, A. n. 81/62, Carlos de Figueiredo Sá, MT., março de 1962): Igual ao n. 3.
6. TRT, 2.ª (P. n. 3.168/61, A. n. 992/62, r. Hélio Tupinambá Fonseca, MT., junho, 1.962): Igual ao n. 3.
7. TRT, 2.ª (P. n. 1.023/64, A. n. 2.552/64, r. Fernando de Oliveira Coutinho, MT., agôsto, 1.964): Igual ao n. 3.
8. TRT, 3.ª (P. n. 233/51, r. Newton Pereira, RT., 1.951, pg. 450): Igual ao n. 3.

OBSERVAÇÕES.

Se o menor prestar serviços antes de 12 anos de idade, nem por essa razão perderá os salários, de acôrdo com o entendimento predominante na doutrina e na jurisprudência. O princípio do enriquecimento sem causa jurídica e a irretroatividade das nulidades em direito do trabalho, fundamentam êsse ponto de vista.

Expressivos juristas de outros países sustentam a mesma tese: Planiol-Rippert, Traité Pratique de Droit Civil Français, 1.932, vol. XI, pg. 28; Mário de La Cueva, Derecho Mexicano del Trabajo, vol. I, pg. 514; Cassì, La retribuzione nel contratto di lavoro, pg. 20.

319. **SISTEMA DE COMPENSAÇÃO DO MENOR.** — O MENOR PODE TRABALHAR SOB O SISTEMA DE COMPENSAÇÃO DE HORAS?

A LEI.

Art. 413. — É vedado prorrogar a duração normal diária do trabalho do menor, salvo:

I — até mais 2 (duas) horas, independentemente de acréscimo salarial, mediante convenção ou acôrdo coletivo nos têrmos do Título VI desta Consolidação, desde que o excesso de horas de um dia seja compensado pela diminuição em outro, de modo a ser observado o limite máximo de 48 horas semanais, ou outro inferior legalmente fixado (DL. n. 5.452, de 1.5.1.943 e DL. n. 229, de 28.2.1.967).

OBSERVAÇÕES.

O menor pode trabalhar sob o sistema de compensação semanal de horas e desde que isso se dê, observadas as formalidades legais, será dispensado o pagamento do adicional de horas extraordinárias.

320. AUXÍLIO MATERNIDADE. — NOS AFASTAMENTOS PARA O PARTO A MULHER TEM DIREITO AO SALÁRIO?

A LEI.

> Art. 393 — Durante o período a que se refere o artigo 393, a mulher terá direito ao salário integral e quando variável calculado de acôrdo com a média dos 6 (seis) últimos meses de trabalho, bem como os direitos e vantagens adquiridos, sendo-lhe ainda facultado reverter à função que anteriormente ocupava (DL. n. 5.452, de 1.5.1.943 e DL. n. 229, de 28.2.1.967).

OBSERVAÇÕES.

No plano internacional, a proteção à gestante resulta das normas da Convenção n. 3, da Conferência Geral da Organização Internacional do Trabalho, através das quais a mulher não está autorizada a trabalhar no período de parto, sem prejuízo do seu ganho normal a cargo do Tesouro Público ou de um sistema de seguros. Essa Convenção foi ratificada pela República Federal Alemã, Argentina, Bulgária, Colômbia, Cuba, Chile, Espanha, França, Grécia, Hungria, Itália, Iugoslávia, Luxemburgo, Nicarágua, Panamá, Rumânia e Venezuela. Os princípios nela fixados coincidem com o ponto de vista do legislador brasileiro, salvo quanto aos encargos salariais dêsse afastamento pois no Brasil recaem sôbre o empregador e não sôbre os cofres públicos ou sistemas de seguros sociais. De acôrdo com o artigo 392 da CLT, com a nova redação dada pelo DL. n. 229, de 28.2.1.967, é proibido o trabalho da mulher grávida no período de 4 (quatro) semanas antes e 8 (oito) semanas depois do parto. O início do afastamento da empregada será determinado por atestado médico visado pela emprêsa. Em casos excepcionais, os períodos de repouso poderão ser aumentados de mais 2 (duas) semanas cada um, mediante atestado médico. Em caso de parto antecipado a mulher terá sempre direito às 12 (doze) semanas de descanso.

321. GESTANTE DISPENSADA ANTES DO PERÍODO LEGAL DE AFASTAMENTO. — A EMPREGADA GESTANTE DISPENSADA SEM JUSTA CAUSA ANTES DO PERÍODO DE AFASTAMENTO REMUNERADO, TEM DIREITO AO AUXÍLIO MATERNIDADE?

A JURISPRUDÊNCIA.

1. TST (PJ. n. 14/65): "Empregada gestante, dispensada sem motivo antes do período de seis semanas anteriores ao parto, tem direito à percepção do salário-maternidade."

OBSERVAÇÕES.

A questão suscita viva controvérsia a ponto de justificar o pronunciamento do Tribunal Superior, com a fôrça de unificar as decisões.

No entanto, o Prejulgado não quis estabelecer um direito absoluto. Há certos casos nos quais a mulher é dispensada do serviço em estado de gravidez antes das semanas do afastamento obrigatório e não receberá o auxílio-maternidade. É necessário apreciar o elemento subjetivo do ato do empregador, porque em se tratando de despedida obstativa à aquisição do direito, será justa a exigência; no entanto, se não é do conhecimento da emprêsa o estado da trabalhadora, o que ocorre nos dois ou três primeiros meses de gestação, ainda não reconhecível, a rescisão do contrato de trabalho, que não visa impedir a aquisição do direito, não pode produzir êsse encargo, não previsto em lei. Há julgados nesse sentido (TST, P. n. 3.367/54), mas, de outro lado, já se decidiu até que "o direito ao salário-maternidade é adquirido com o início da gravidez, tornando-se exigível ao atingir o prazo estabelecido na lei" (TST, P. n. 5.851/53).

322. GÊMEOS E AUXÍLIO MATERNIDADE. — NO CASO DE GÊMEOS, A MULHER TERÁ DIREITO A DUPLO AUXÍLIO-MATERNIDADE?

A DOUTRINA.

1. ALUÍSIO JOSÉ TEIXEIRA GAVAZZONI SILVA (Comentários à Consolidação das Leis do Trabalho, 1.963, vol. II, pg. 102): "Se, por acaso, der a mulher à luz gêmeos, sòmente a um benefício terá ela direito, não havendo direito à percepção de salário-maternidade em dôbro."
2. ARNALDO SUSSEKIND (Comentários à Consolidação das Leis do Trabalho e à Legislação Complementar, vol. II, pg. 417, 1.964): "O nascimento de filhos gêmeos ou a concepção de filho sem vida não alteram o valor da prestação salarial devida pelo empregador."

A JURISPRUDÊNCIA.

1. TST (A. de 30.7.1.956, 2.ª T., RR. n. 266/56, r. M. Thélio da Costa Monteiro, RTST, 1.957, pg. 415): "O salário-maternidade corresponde ao período normal de afastamento previsto em lei e, não distinguindo esta o parto duplo do simples, não tem direito a mulher gestante ao benefício dobrado por haver dado à luz filhos gêmeos."

OBSERVAÇÕES.

Salienta a doutrina, em consonância com a jurisprudência, que o parto duplo não altera o auxílio-maternidade. Assim, se a mulher der à luz gêmeos, receberá o mesmo benefício atribuído a um único filho.

323. **AUXÍLIO-MATERNIDADE E O NATI-MORTO.** — NA CIRCUNSTÂNCIA DE NASCIMENTO SEM VIDA É DEVIDO O AUXÍLIO-MATERNIDADE?

A JURISPRUDÊNCIA.

- 1. TST (P. n. 1.218/57, 2.ª T., r. M. Edgard Sanches, DJ. de 31.1.1.958, apud Sussekind, Comentários, vol. II, pg. 417): "Não é a circunstância de nascimento sem vida capaz de acarretar o pagamento pela metade do auxílio devido, pôsto que a lei não estabelece tal restrição à percepção do auxílio que é devido na sua integridade."

OBSERVAÇÕES.

Não há uma orientação definida porque são escassos os pronunciamentos sôbre o direito ao auxílio maternidade nos casos de nascimento sem vida. O A. do TST assegura, mesmo nesse caso, todos os direitos atribuídos à gestante em condições normais.

324. **AUXÍLIO-MATERNIDADE E CULPA RECÍPROCA.** — SE O CONTRATO DE TRABALHO É RESCINDIDO POR CULPA RECÍPROCA ANTES DO LICENCIAMENTO DA GESTANTE É DEVIDO O AUXÍLIO-MATERNIDADE?

A DOUTRINA.

1. ALUÍSIO JOSÉ TEIXEIRA GAVAZZONI SILVA (Comentários à Consolidação das Leis do Trabalho, 1.963, pg. 102): "Releva notar que, em casos de rescisão de contrato de trabalho por culpa recíproca, observada antes do período de licenciamento, os salários de que trata o art. 393 anteriormente comentado, não serão devidos..."
2. ARNALDO SUSSEKIND (Comentários à Consolidação das Leis do Trabalho e à Legislação Complementar, 1.964, vol. II, pg. 430): "Em caso de rescisão de contrato de trabalho por culpa recíproca ocorrida antes do período de licenciamento, afigura-se-nos que se não poderá compelir a emprêsa a pagar os salários de que trata o art. 393, visto que, sendo justificada a despedida, descabe a presunção de fraude à lei."

OBSERVAÇÕES.

A doutrina nega o auxílio-maternidade se a rescisão do contrato de trabalho se dá antes do período legal de descanso remunerado e por culpa recíproca.

325. **TRABALHO PRESTADO NO PERÍODO DO AUXÍLIO-MATERNIDADE.** — SE A EMPREGADA TRABALHAR DURANTE O PERÍODO DE AFASTAMENTO OBRIGATÓRIO RECEBERÁ O AUXÍLIO-MATERNIDADE MAIS OS SALÁRIOS CORRESPONDENTES?

A DOUTRINA.

1. ANTÔNIO LAMARCA (Contrato de Trabalho, 1.959, pg. 55): "A mulher grávida entra no gôzo do salário-maternidade, mas o parto dá-se muito tempo além das seis semanas presumidas. O evento é comuníssimo nos tribunais. Para solucionar a questão, deve-se partir do princípio de que as normas referentes ao salário-maternidade, devem ser interpretadas restritivamente, pois impõe

um ônus ao empregador, numa exceção ao princípio de sinalagmaticidade do contrato. De tal sorte, não podendo o empregador responder por salários além do que está determinado em lei, entendemos que se deve descontar o tempo gozado a mais, no período de repouso prescrito para depois do parto. Assim, se durante a gestação, a mulher gozou 60 dias, ao invés de 42, restam para depois do parto apenas 24 dias. A mesma orientação será de adotar-se quando se verifique parto prematuro: nestes casos, a mulher terá gozado, antes do parto, menos de seis semanas (42 dias) sendo justo que as recupere depois, de tal sorte a nunca ultrapassar as doze semanas da lei."

2. ARNALDO SUSSEKIND (Comentários à Consolidação das Leis do Trabalho e à Legislação Complementar, 1.964, vol. II, pg. 411): "Se ocorrer em meio ao primeiro período de repouso, ou mesmo antes de iniciado o licenciamento (êste tem início na data prevista no atestado médico), nenhuma responsabilidade poderá ser atribuída ao empregador, que não estará obrigado, por isto mesmo, a conceder à empregada licença superior a seis semanas após a "delivrance" nem a pagar-lhe em dôbro o salário dos dias em que já poderia estar licenciada."

3. ALUÍSIO JOSÉ TEIXEIRA GAVAZZONI SILVA (Comentários à Consolidação das Leis do Trabalho, 1.963, vol. II, pg. 103): Igual ao n. 2.

A JURISPRUDÊNCIA.

1. STF (AI. n. 18.287, 1.ª T., r. M. Ary Franco, A CLT vista pelo STF, Calheiros Bonfim, pg. 182): "A lei assegura à parturiente os salários do período que antecede o parto, mas é preciso que ela tenha entrado no gôzo dêsse repouso para receber o salário correspondente àquele tempo em que, não estando trabalhando, fêz jus à remuneração. Se por uma circunstância qualquer, a gestante trabalhou até o momento da "delivrance" e recebeu a contraprestação salarial, nada mais lhe deve o patrão."
2. TST (P. n. 3.469/55, 3.ª T., r. M. Jonas de Carvalho, RTST, 1.957, pg. 306): Igual ao n. 1.
3. TST (RR. n. 2.436/56, 2.ª T., A. de 29.4.1957, r. M. Oscar Saraiva, RTST, 1.959, pg. 56): Igual ao n. 1.
4. TST (A. de 5.5.1.955, 3.ª T., P. n. 3.265/53, r. M. Antônio Carvalhal, RTST, 1.957, pg. 571): "Sendo certo que a gestante trabalhou quando não devia fazê-lo, tem ela direito a receber não só o salário correspondente ao serviço que haja prestado, senão também o que se refere ao repouso que não lhe foi concedido."
5. TST (A. de 16.6.1.955, 2.ª T., P. n. 1.043/54, r. M. Edgard Sanches, RTST, 1.957, pg. 296): Igual ao n. 1.
6. TST (A. de 2.7.1.964, 2.ª T., RR. n. 1.359/64, r. M. Fernando Nóbrega, LTr. 30/178): Igual ao n. 4.

OBSERVAÇÕES.

A questão mostra-se controvertida com pronunciamentos que, de um lado, liberam o empregador de outras responsabilidades caso a gestante trabalhe durante o período de repouso compulsório, de outro lado, obrigam o pagamento dos salários e do repouso. A primeira orientação importa em nulificar parte do auxílio-maternidade; desaparecerá o direito, bastando que por qualquer circunstância a empregada venha a permanecer em atividade. Essa solução fere frontalmente o espírito da lei. Importa, também, em enriquecimento sem causa jurídica porque o empregador estaria de qualquer forma obrigado ao pagamento sem a prestação dos serviços correspondentes; liberado do auxílio-maternidade, estará pagando a mesma retribuição beneficiando-se dos resultados do trabalho da empregada.

326. AUXÍLIO-MATERNIDADE E CONTRATO SUSPENSO. — SUSPENSO O CONTRATO DE TRABALHO A EMPRÊSA É OBRIGADA AO PAGAMENTO DO AUXÍLIO-MATERNIDADE?

A DOUTRINA.

1. ARNALDO SUSSEKIND (Comentários à Consolidação das Leis do Trabalho e à Legislação Complementar, 1.964, vol. II, pg. 422): "... enquanto perdurar a suspensão do contrato de trabalho, o empregador não estará obrigado a deferir a licença remunerada à gestante. É óbvio que, se a suspensão cessar em meio ao período em que a lei proíbe o trabalho da gestante, caberá à emprêsa conceder-lhe a parte restante da licença remunerada."
2. DÉLIO MARANHÃO (Direito do Trabalho, 1.966, pg. 121): "Já se encontrando a empregada afastada do serviço, em virtude de suspensão do contrato, pouco importando a causa, cai no vazio a norma que veda o trabalho à mulher grávida."
3. HÉLIO DE MIRANDA GUIMARÃES (Repertório de Jurisprudência Trabalhista, vol. I, 1.953, pg. 103): "A importância paga à gestante nos têrmos do art. 393 e referente ao lapso de tempo determinado no art. 392, todos da Consolidação das Leis do Trabalho, não pode ser considerada como salário, eis que não há prestação de serviço. Não tem fundamento a alegação de que só a trabalhadora que estiver em serviço ativo terá direito ao amparo. Não se encontra na lei qualquer dispositivo que restrinja dessa forma a proteção à maternidade."

A JURISPRUDÊNCIA.

1. TST (P. n. 1.764/47, r. M. Oliveira Lima, DJU., de 13.1.1.948): "Suspenso o contrato de trabalho está a emprêsa obrigada ao pagamento dos salários no período previsto no artigo 393 da C.L.T."

OBSERVAÇÕES.

Não há uma orientação pacífica em nosso Direito, divergindo as opiniões, sem nítida prevalência de um entendimento. A controvérsia, no caso específico da suspensão do contrato de trabalho em virtude de licença por enfermidade, evidencia-se através de pronunciamentos conflitantes, quer denegando o direito (TST P. n. 2.990/55), quer o concedendo (TST, P. n. 2.569/51) a partir do término do auxílio-doença, quer concedendo a acumulação (TST, P. n. 2.990/55, TP; STF, AI. n. 17.645) ou, ainda, agora na aposentadoria por invalidez, negando o direito (TST, P. n. 733/57).

No entanto, afigura-se-nos inegável que o benefício não tem a natureza salarial, muito menos indenizatória; é *tempo* de repouso remunerado. A lei obriga a paralisação da atividade como medida de proteção à maternidade. Isso se dá, ainda que, por coincidência, a empregada, esteja, também, repousando por outra razão.

327. SALÁRIO E A MULHER CASADA. — A MULHER CASADA PODE DISPOR LIVREMENTE DO SEU SALÁRIO OU DEPENDE DE AUTORIZAÇÃO DO MARIDO?

A LEI.

Art. 426 — A mulher que exercer profissão lucrativa, distinta da do marido, terá direito de praticar todos os atos inerentes ao seu exercício e à sua defesa. O produto do seu trabalho assim auferido e os bens com êle adquiridos, constituem, salvo estipulação diversa em pacto ante-nupcial, bens reservados, dos quais poderá dispor livremente, com observância porém, do preceituado na parte final do art. 240 e nos ns. II e III, do art. 242 (Lei n. 4.212, de 27.8.1.962).

OBSERVAÇÕES.

A Lei 4.212 introduz modificações no Código Civil. Dispõe expressamente, e como regra geral, o direito da mulher casada quanto ao salário, por se tratar de produto do seu trabalho. Estende, ainda mais, a proteção, aos bens por ela adquiridos com êsses mesmos salários, para considerá-los bens reservados, livremente disponíveis, independentemente de outorga uxória. No entanto, nada impede que os cônjuges estabeleçam ajuste em contrário, mas deverão fazê-lo através do pacto ante-nupcial. Como, entre nós, é muito rara a estipulação dêsse contrato, sendo a grande maioria dos casamentos pelo regime da comunhão universal de bens pela ausência de qualquer opção expressa por outro regime ou condições, tem-se que, também costumeiramente, o princípio da livre disponibilidade do salário, encontra ampla aceitação. Essa liberdade é limitada, todavia, pelo dever de assistência material à família. Quanto aos bens imóveis, embora adquiridos com o produto do trabalho feminino, também há disposições restritivas da lei.

CAPÍTULO XIII

O SALÁRIO DO TRABALHADOR RURAL.

A pesquisa constante da formação dos grupos sociais, de seus usos e instituições peculiares, levou algumas nações a incluir as normas sociais de direito rural trabalhista em códigos, nos quais essas questões especializadas tiveram melhor tratamento. É o sistema adotado na Inglaterra, com a "Carta dos Lavradores Britânicos", de 1.943; na Rússia, com os "Códigos Agrários das Repúblicas Federadas" e o "Código Agrário da U.R.S.S."; no México, com o "Código Agrário Mexicano de 1.934"; na Argentina, com "O Estatuto del Peón", Decreto n. 28.169/44; no Uruguai com o "Estatuto del Trabajador Rural", de 1.946, Decreto n. 10.809.

No Brasil, da legislação esparsa passou-se à Lei n. 4.214, de 2 de março de 1.963, "Estatuto do Trabalhador Rural", iniciativa apreciável sob o prisma de esfôrço de codificação.

AS FONTES. — São fontes de direito do trabalho rural: a) a *lei*, expressão da vontade do Estado manifestada por seus órgãos; b) os *princípios gerais* específicos à matéria; c) o *direito comparado*, e as *convenções internacionais* da Organização Internacional do Trabalho; d) os *usos e costumes;* e) a *jurisprudência;* f) a *doutrina e a eqüidade*, estas não pròpriamente como fonte, mas como meio de integração da norma jurídica.

As Constituições Brasileiras de 1.934, 1.937, 1.946 e 1.967 trazem princípios dedicados à "Ordem Econômica e Social", de inteira aplicação no caso. A Consolidação das Leis do Trabalho, Decreto-lei n. 5.452, contém dispositivos que, também, se aplicam ao trabalho rural, o mesmo ocorrendo com o Decreto-lei n. 7.036, de 10.11.1.944, regulando os acidentes do trabalho, decretos-leis n.os 7.449, de 9.4.1.945 e 8.127, de 24.10.1.945, sôbre organização da vida rural, os decretos-leis n.os 6.969, de 19.10.1.944 e 9.827, de 10.9.1.946, sôbre o trabalho na lavoura canavieira, a Lei n. 605, de 5.1.1.949, sôbre o repouso semanal remunerado.

A Conferência Geral da Organização Internacional do Trabalho adotou, através da Convenção n. 12, em vigor a partir de 26 de fevereiro de 1.923, ratificada por diversos países: República Federal Alemã, Argentina, Áustria, Bélgica, Colômbia, Cuba, Checoslováquia, Chile, Dinamarca, Espanha, Finlândia, França, Haiti, Hungria, Irlanda, Itália, Iugoslávia, Luxemburgo, Marrocos, México, Nicarágua, Nova-Zelândia, Países Baixos, Panamá, Polônia, Portugal, Reino Unido, El Salvador, Suécia, Túnis e Uruguai — normas de extensão a todos os assalariados agrícolas do benefício das leis e regulamentos que têm por objeto indenizar as vítimas de acidentes ocorridos no trabalho (in, "Organização

Internacional do Trabalho", Hélio de Miranda Guimarães, pg. 144). A Convenção 11, em vigor a partir de 11 de maio de 1.923, do mesmo organismo, recomendou a tôdas as pessoas ocupadas na agricultura os mesmos direitos de associação e união dos trabalhadores na indústria (op. cit., pg. 141). A Convenção n. 101, em vigor desde 24 de julho de 1.954, estabelece aos trabalhadores empregados nas emprêsas de agricultura, assim como nas ocupações conexas, férias anuais remuneradas (op. cit., pg. 218). A Convenção n. 99, de 23 de agôsto de 1.953, é concernente aos métodos de fixação de salário mínimo na agricultura.

A jurisprudência, ainda pouco desenvolvida, e os costumes, completam as fontes do direito do trabalhador agrícola.

Por fim, o Estatuto do Trabalhador Rural, Lei n. 4.214, de 2 de março de 1.963.

A CONVENÇÃO DO TRABALHO. — Do complexo de leis e convenções que regulam a matéria, resulta o seguinte quadro de direitos assegurados em nosso País, atualmente, ao trabalhador rural, quanto ao aspecto específico do salário:

DIREITO DE ASSOCIAÇÃO. — A Convenção n. 11 da O.I.T. assegura ao trabalhador do campo o direito de associação ou união para defesa de melhores condições de trabalho, dentre as quais uma retribuição digna para os serviços prestados.

REMUNERAÇÃO DAS FÉRIAS. — A Convenção n. 101, da O.I.T. estabelece que aos trabalhadores empregados nas emprêsas de agricultura, assim como ocupações conexas, deverão ser concedidas férias anuais remuneradas, depois de um período de serviço contínuo prestado ao mesmo empregador. O preceito é reproduzido pelo artigo 43 da Lei n. 4.214.

SALÁRIO MÍNIMO. — A Convenção n. 99 da O.I.T. recomenda seja observado um salário mínimo pago em moeda ou, parcialmente, "in natura" desde que as utilidades sirvam ao uso pessoal do trabalhador e sua família e lhes tragam benefício e à medida em que sejam adotadas soluções apropriadas para que o valor dessas prestações seja justo e razoável. A Lei n. 4.214 contém dispositivo semelhante (art. 28) sôbre o salário vital e permite a prestação "in natura" desde que assegurado o pagamento de, pelo menos, 30 % em moeda (art. 33).

REPOUSO SEMANAL REMUNERADO. — O art. 42 da Lei n. 4.214 estabelece o direito do trabalhador rural ao repouso semanal remunerado, nos têrmos das normas especiais vigentes que o regulam. A Lei n. 605, de 1.949, é o estatuto específico da matéria.

ADICIONAL NOTURNO. — Todo trabalho noturno será acrescido de 25 % (vinte e cinco por cento) sôbre a remuneração normal. Para os efeitos da lei, considera-se trabalho noturno o executado entre as vinte e uma horas de um dia e as cinco horas do dia seguinte, nas atividades agrícolas, e entre as vinte horas de um dia e as quatro horas do dia seguinte, nas atividades pecuárias. A Constituição Federal também preceitua "salário noturno superior ao do diurno". A lei (art. 27) faz uma distinção entre trabalho agrícola e pecuário. A primeira é a atividade que tem por objeto a exploração da terra, pelo seu cultivo regular, quaisquer que sejam os meios e processos adotados, bem assim como as atividades conexas ou acessórias de exploração da lavoura (Malta Cardozo, Tratado, pg. 43). A pecuária é a atividade agrícola que se destina à criação, melhoria ou engorda de gados (op. cit.).

ADICIONAL DE HORAS EXTRAORDINÁRIAS. — Horas suplementares são aquelas que ultrapassam de 8 (oito) diárias; porém, não é êsse simples fato que faz nascer o direito ao acréscimo. Necessário será que o empregador não tenha utilizado, oportunamente, a faculdade de compensá-las, dentro do mês em que foram prestadas e só então haverá a obrigação de pagar o salário acrescido de 25 % em relação a êsses períodos.

ADICIONAL DE TRANSFERÊNCIA. — Ao empregador é vedado transferir o empregado sem a sua anuência para localidade diversa da estipulada no contrato. Em caso de necessidade de serviço poderá fazê-lo, porém, mediante o pagamento suplementar de 25 % dos salários, além das despesas integrais da mudança (arts. 71 e 72).

AUXÍLIO MATERNIDADE PARA A MULHER. — O Estatuto repete as normas de proteção à maternidade contidas na Consolidação. Assim, seis semanas antes e seis semanas depois do parto é consagrado o repouso com remuneração integral. Além disso, dois descansos de meia hora para amamentação (arts. 54 e seguintes).

PROTEÇÃO AO SALÁRIO. — O salário do trabalhador rural é irredutível, impenhorável, incompensável, admitidos só os descontos legais, determinados por sentença judicial, decorrentes de danos dolosamente acarretados e desde que haja prévio ajuste para o desconto; questão controvertida reside na possibilidade dos descontos das utilidades, vestuário, higiene e transporte (Ver Questão 334).

O SALÁRIO DO MENOR. — O menor de 16 anos perceberá metade do salário mínimo. O tratamento jurídico difere para o empregado urbano, pois aos aprendizes sòmente é feita igual ressalva na cidade. No campo não se cogitará do problema. Portanto, a lei ordinária estabelece uma forma de diferença de salário em razão da idade, contrariando os nossos princípios constitucionais.

BIBLIOGRAFIA. — Aluysio Sampaio, "Comentários ao Estatuto do Trabalhador Rural", 1.964; Mozart Victor Russomano, "Comentários ao Estatuto do Trabalhador Rural", 1.966; Segadas Viana, "O Estatuto do Trabalhador Rural e sua Aplicação", 1.963; Malta Cardozo, "Tratado de Direito Rural Brasileiro", 1.956; Cássio Mesquita Barros Jr., "O Estatuto do Trabalhador Rural", in LTr. 1.963; Renato Ferreira Leite, "Aplicação Prática do Estatuto do Trabalhador Rural", in LTr. 1.964; Hélio de Miranda Guimarães, "Organização Internacional do Trabalho", 1.963; Manuel Zulueta, "Derecho Agrário", 1.955; Amauri M. Nascimento, "Aspectos do Estatuto do Trabalhador Rural", in Justitia, Ano XXVI, vol. 45.

328. SALÁRIO "IN NATURA" DO TRABALHADOR RURAL. — NOS CONTRATOS DE TRABALHO RURAL É LÍCITO O PAGAMENTO INTEGRAL "IN NATURA"?

A LEI.

Art. 33 — Todo contrato de trabalho rural estipulará um pagamento em dinheiro, nunca inferior a trinta por cento (30%) do salário mínimo regional (Lei n. 4.214, de 2.3.1.963).

OBSERVAÇÕES.

Russomano vê uma aparente contradição entre o texto mencionado e o artigo 2.º do Estatuto do Trabalhador Rural, êste definindo o trabalhador rural como aquêle que presta serviços a empregador rural mediante salário pago em dinheiro, *in natura* ou parte *in natura* e parte em dinheiro; e o art. 33 estabelecendo, em qualquer caso, um pagamento nunca inferior a trinta por cento do salário mínimo. Mas reconhece a prevalência do art. 33. Nem pode ser de outra maneira, dada a clareza com que, especìficamente, regula a matéria. Não é outro o pensamento de Aluysio Sampaio.

329. TRABALHADOR RURAL À DISPOSIÇÃO DO EMPREGADOR. — SE O TRABALHADOR RURAL PERMANECE À DISPOSIÇÃO DO EMPREGADOR, TERÁ DIREITO A SALÁRIOS?

A LEI.

Art. 7.º — Considera-se de serviço efetivo o período em que o trabalhador rural esteja à disposição do empregador, aguardando ou executando ordens, salvo disposições expressamente consignadas (Lei n. 4.214, de 2.3.1.963).

OBSERVAÇÕES.

O trabalhador rural não sofrerá prejuízos salariais, desde que esteja à disposição das solicitações dos serviços, como estabelece o texto de lei. O princípio é o mesmo da Consolidação das Leis do Trabalho, artigo 4.º.

330. HORAS EXTRAS DO TRABALHADOR RURAL. — O TRABALHADOR RURAL TEM DIREITO AO ADICIONAL DE HORAS EXTRAORDINÁRIAS?

A LEI.

Art. 26 — A duração da jornada de trabalho rural poderá ser ampliada, conforme as exigências das atividades exercidas, apenas para terminar serviços que, pela sua natureza, não possam ser adiados. Nesse caso, o excesso será compensado com redução equivalente da jornada de trabalho do dia seguinte ou dos subseqüentes.

§ 1.º — As prorrogações da jornada de trabalho, bem como as reduções compensatórias, a que alude êste artigo, serão computadas por horas e meias horas, desprezadas as frações inferiores a dez minutos, e serão anotadas na Carteira Profissional do Trabalhador Rural.

§ 2.º — Se as circunstâncias não permitirem que a compensação se faça no mês em que ocorram as prorrogações da jornada de trabalho, o trabalhador rural receberá em dinheiro o excedente não compensado, com acréscimo de 25% (vinte e cinco por cento).

§ 3.º — Se o contrato de trabalho se interromper, antes de completado o mês, ser-lhe-ão pagas as horas prorrogadas ainda não compensadas, até a data da rescisão, igualmente com acréscimo de 25% (vinte e cinco por cento) (Lei n. 4.214, de 2.3.1.963).

OBSERVAÇÕES.

O sistema introduzido pelo Estatuto do Trabalhador Rural é, fundamentalmente, de *compensação mensal* das horas extraordinárias cumpridas para atender às exigências de serviços que pela sua natureza não possam ser terminados dentro da duração normal das oito horas diárias. O empregado terá direito ao adicional apenas sôbre as horas suplementares não compensadas dentro do mesmo mês; assim, o excesso da jornada de um dia importará na correspondente diminuição da jornada do dia seguinte ou subseqüentes. Portanto, não é da simples prestação dos serviços suplementares que nascerá o direito, mas sim da superação do número de horas mensais. Ainda que haja motivo de fôrça maior, o regime será o mesmo. Se o contrato de trabalho cessar, sôbre as horas não compensadas será devido o acréscimo salarial.

331. TRABALHADOR RURAL E ADICIONAL NOTURNO. — O TRABALHADOR RURAL TEM DIREITO AO ADICIONAL NOTURNO?

A LEI.

Art. 27 — Para os efeitos desta lei, considera-se trabalho noturno o executado entre as vinte e uma horas de um dia e as cinco horas do dia seguinte, nas atividades agrícolas, e entre as vinte horas de um dia e quatro horas do dia seguinte, nas atividades pecuárias.

Parágrafo único. — Todo trabalho noturno será acrescido de 25% (vinte e cinco por cento) sôbre a remuneração normal (Lei n. 4.214, de 2.3.1.963).

OBSERVAÇÕES.

A lei estabelece o direito do trabalhador rural à majoração salarial pelos serviços noturnos que vier a prestar, e que importará no acréscimo de 25% sôbre a remuneração normal, ou seja, o salário contratual e seus acessórios.

Segundo Segadas Viana (O Estatuto do Trabalhador Rural, pg. 117) se o empregado trabalhar horas extraordinárias no período noturno, a remuneração devida corresponderá ao salário normal mais 25% do salário noturno, e sôbre êsse total serão calculados os 25% do trabalho extraordinário. Faríamos, apenas, acrescentar que êsse critério prevalecerá apenas se não houver a compensação mensal das horas extras.

Os autores são unânimes em afirmar que no caso do trabalhador rural a lei não cogita da duração especial da hora noturna; será, portanto, de 60 minutos, diferindo do sistema aplicado ao trabalhador urbano (Aluysio Sampaio, Comentários ao Estatuto do Trabalhador Rural, pg. 51; Segadas Viana, op. cit., pg. 116). Sôbre os períodos considerados noturnos, são diferentes, para a lavoura e pecuária.

332. DESCONTOS NO SALÁRIO DO TRABALHADOR RURAL. — O SALÁRIO DO TRABALHADOR RURAL ESTÁ SUJEITO A DESCONTOS?

A LEI.

Art. 38 — Ao empregador é vedado efetuar qualquer desconto no salário do trabalhador rural, salvo quando resultar de adiantamento, decisão judiciária ou dispositivo de lei (Lei n. 4.214, de 2.3.1.963).

OBSERVAÇÕES.

Ao salário do empregado rural aplicam-se os mesmos princípios gerais de proteção destinados ao trabalhador urbano, com algumas especificações resultantes da natureza da atividade. No entanto, há pontos controvertidos que resultam da redação dada ao Estatuto do Trabalhador Rural. De uma forma geral, é consagrada a irredutibilidade salarial. Os descontos permitidos classificam-se, de acôrdo com a fonte de que emanam, em descontos legais, judiciais e contratuais. Quanto ao fim a que se destinam, pode haver descontos de utilidades, de danos causados ao empregador, de compensação dos adiantamentos em dinheiro e por faltas injustificadas ao serviço.

333. DESCONTOS PREVISTOS NO CONTRATO COLETIVO DO TRABALHADOR RURAL. — O SALÁRIO DO TRABALHADOR RURAL PODE SOFRER DESCONTOS ESTABELECIDOS ATRAVÉS DE CONTRATOS COLETIVOS?

A DOUTRINA.

1. ALUYSIO SAMPAIO (Comentários ao Estatuto do Trabalhador Rural, 1.963, pg. 64): "... não será válida cláusula contida em contrato coletivo de trabalho permitindo o desconto no salário do trabalhador. Tal possibilidade, porém, poderá resultar de sentença normativa, inclusive de sentença normativa meramente homologatória de acôrdo inter-sindical."

OBSERVAÇÕES.

A conclusão de Aluysio Sampaio resulta do confronto entre o artigo 38 do Estatuto do Trabalhador Rural e 462 da Consolidação das Leis do Trabalho, esta prevendo a possibilidade em foco, aquêle não. Da omissão da lei específica, surge a afirmação do ilustrado comentarista. Russomano silencia sôbre o assunto. O mesmo ocorre com Segadas

Viana. No entanto, parece-nos que o contrato coletivo é fonte de direito trabalhista, de natureza autônoma, ao lado da lei e de outras fontes. Portanto, a omissão do legislador não deverá acarretar a conseqüência apontada.

334. DESCONTOS DE UTILIDADES DO TRABALHADOR RURAL. — OS SALÁRIOS DO TRABALHADOR RURAL ESTÃO SUJEITOS A DESCONTOS DAS UTILIDADES VESTUÁRIO, HIGIENE E TRANSPORTE?

A DOUTRINA.

1. ALUYSIO SAMPAIO (Comentários ao Estatuto do Trabalhador Rural, pg. 55): "A proibição de descontos não previstos ou permitidos em lei é fundamental para que não ocorram descontos que visem reduzir o valor da remuneração do empregado. No artigo marginado, apenas três descontos são permitidos (art. 29): a) aluguel de casa; b) alimentação; c) adiantamento em dinheiro."
2. MOZART VICTOR RUSSOMANO (Comentários ao Estatuto do Trabalhador Rural, 1.966, vol. I, pg. 126): "Admite-se que, por aplicação subsidiária do art. 82, da Consolidação, os descontos por fornecimento de utilidades ao camponês não sejam apenas os indicados nas alíneas A e B do art. 29, do Estatuto, mas, sim, todos quantos correspondam às cinco parcelas integrantes do salário mínimo."
3. SEGADAS VIANA (O Estatuto do Trabalhador Rural, 1.963, pg. 120): "Em relação ao trabalhador rural o legislador foi taxativo e, como utilidades, só permitiu o desconto do aluguel e da alimentação, segundo estipulou no § 1.º do artigo 29, ora transformado em parágrafo único pelo veto oposto ao § 2.º."
4. RENATO FERREIRA LEITE (Aplicação Prática do Estatuto do Trabalhador Rural, apud LTr., 1.964, pg. 357): "O salário mínimo pode ser pago todo em dinheiro, ou parte em dinheiro e parte "in natura", nas hipóteses do art. 29 do E.T.R. (descontos correspondentes ao aluguel de casa (20%) e alimentação (25%)."

OBSERVAÇÕES.

Questão controvertida e destinada a suscitar dúvidas. Duas orientações estão traçadas, a primeira calcada na interpretação literal do artigo 29 do Estatuto do Trabalhador Rural, entende que só foram admitidas expressamente as utilidades alimentação e habitação e excluídas as demais por razões ligadas ao "truck-system". Aluysio informa as razões do veto sôbre a possibilidade de descontos de gêneros alimentícios e medicamentos; visa impedir o sistema do "vale" ou "barracão". Segadas Viana acha razoável a proibição dos descontos de transportes, por competir ao empregador os encargos dessa locomoção ao local de serviço. A segunda corrente é comandada por Russomano com um argumento que impressiona: a aplicação subsidiária da Consolidação das Leis do Trabalho determinada pelo artigo 40 do Estatuto do Trabalhador Rural; lembra, ainda, que, quando o artigo 33 do Estatuto diz que é assegurado ao trabalhador rural pagamento em dinheiro nunca inferior a trinta por cento do salário mínimo vigente, está autorizando que as utilidades fornecidas correspondam no máximo a setenta por cento daquele mínimo. Como a alimentação e a habitação nos percentuais do Estatuto somam quarenta e cinco por cento, deduz-se a possibilidade da inclusão, também, do vestuário, higiene e transporte.

Assim, a matéria, embora sujeita a debates, poderá ser solucionada dentro dos critérios normais aplicados no direito do trabalho, permitindo-se todos os descontos previstos em relação ao salário mínimo, o que, sem dúvida, é mais coerente e sistemático.

335. DANOS DOLOSOS E DESCONTOS SALARIAIS DO TRABALHADOR RURAL. — SEM AJUSTE EXPRESSO, PODEM SER DESCONTADOS OS DANOS DOLOSOS PROVOCADOS PELO TRABALHADOR RURAL?

A DOUTRINA.

1. ALUYSIO SAMPAIO (Comentários ao Estatuto do Trabalhador Rural, 1.963, pg. 65): "Para a licitude do desconto é necessário que, além da ocorrência de dolo por parte do empregado, haja acôrdo entre as partes. Assim, se houver acôrdo entre as partes mas inexistir dolo por parte do empregado, ilícito será o desconto. Do mesmo modo, se houver dolo do empregado, mas não houver acôrdo entre as partes, ilícito também será o desconto. A redação do artigo comentado não dá margem a outra conclusão. Isso, no entanto, não quer dizer que o empregador na ocorrência de dano doloso causado pelo trabalhador, não possa ressarcir-se dos prejuízos. Apenas não poderá êle próprio efetuar o desconto do salário, sem a concordância do trabalhador. Inexistindo a aquiescência dêste, poderá, por fôrça do parágrafo único, do artigo comentado, pleitear a reparação do dano no juízo trabalhista."
2. MOZART VICTOR RUSSOMANO (Comentários ao Estatuto do Trabalhador Rural, 1.966, pg. 154, vol. I): "Nos casos de divergência, no regime da Consolidação, portanto, o empregador efetua o desconto e, depois, o empregado — já tendo sofrido a dedução salarial — vai litigar contra o empregador, para reaver o que lhe foi tomado. No sistema do Estatuto, em caso de litígio, o desconto não se efetuará e qualquer das partes irá a juízo para solucionar a controvérsia. O desconto só será feito depois de julgada a ação, isto é, em conseqüência da sentença judicial."
3. SEGADAS VIANA (O Estatuto do Trabalhador Rural, 1.963, pg. 128): "... não pode haver desconto de espécie alguma no salário, salvo de acôrdo com o empregado quando êste dolosamente houver causado prejuízo ao empregador, ou independentemente de acôrdo, quando se tratar de decisão judicial passada em julgado ou dispositivo da lei."

OBSERVAÇÕES.

Os descontos por danos dolosos causados pelo trabalhador rural ao empregador, terão como fonte originária o contrato de trabalho; na ausência de ajuste, só a decisão judicial substituirá a omissão das partes, conforme o entendimento predominante.

336. FALTAS DO TRABALHADOR RURAL. — O TRABALHADOR RURAL PODE SOFRER DESCONTOS SALARIAIS PELAS FALTAS AO SERVIÇO?

A LEI.

Art. 76 — O trabalhador rural poderá deixar de comparecer ao serviço, sem prejuízo do salário: a) por três dias, em caso de falecimento de cônjuge, ascendente ou descendente, constante do registro na sua carteira profissional; b) por um dia, no caso de nascimento de filho e por mais um no curso dos primeiros quinze dias, para o fim de efetuar o respectivo registro civil (Lei n. 4.214, de 2.3.1.963).

OBSERVAÇÕES.

Além dos casos expressamente previstos na lei, são incluídas, também, as faltas para obtenção da carteira profissional (3 dias), por doença devidamente comprovada, para providenciar o título de eleitor (2 dias), para comparecimento à Justiça Trabalhista, por acidente do Trabalho. Em todos êsses casos, nenhum desconto poderá ser efetuado no salário.

337. **PRAZOS DE PAGAMENTO DO TRABALHADOR RURAL.** — QUAIS OS PRAZOS DE PAGAMENTO DOS SALÁRIOS DO TRABALHADOR RURAL?

A LEI.

Art. 33 — Todo contrato de trabalho rural estipulará um pagamento em dinheiro nunca inferior a 30% (trinta por cento) do salário mínimo regional.
Parágrafo único. — Êsse pagamento poderá ser convencionado por mês, quinzena ou semana, devendo ser efetuado até o décimo, o quinto ou terceiro dia útil subseqüente ao vencimento, respectivamente (Lei n. 4.214, de 2.3.1.963).

OBSERVAÇÕES.

A lei estabelece que o salário ajustado por mês será pago até o décimo dia útil do mês subseqüente, por quinzena até o quinto, e por semana até o terceiro dia útil da semana seguinte. Não faz qualquer menção ao salário ajustado por dia, mas Russomano propõe seja pago ao fim de cada jornada, o que é lógico. Aluysio Sampaio diz que êsses prazos referem-se sòmente à parte do salário em dinheiro. Quanto às parcelas "in natura", sustenta que podem ser cumpridas até mesmo por períodos anuais.

338. **PLANTAÇÃO INTERCALAR.** — OS RESULTADOS DA PLANTAÇÃO INTERCALAR PODEM SER COMPUTADOS NA FORMAÇÃO DO SALÁRIO MÍNIMO?

A LEI.

Art. 41 — Nas regiões em que se adote a plantação subsidiária ou intercalar (cultura secundária), a cargo do trabalhador rural, quando autorizada ou permitida, será objeto de contrato em separado.
Parágrafo único. — Embora podendo integrar o resultado anual a que tiver direito o trabalhador rural, a plantação subsidiária ou intercalar não poderá compor a parte correspondente ao salário mínimo, na remuneração geral do trabalhador, durante o ano agrícola (Lei n. 4.214, de 2.3.1.963).

OBSERVAÇÕES.

Plantação intercalar, quer em lavoura em formação, quer em área separada, pode consistir na cultura de arroz, milho, fumo etc., que o trabalhador rural planta em sistemas de parceria ou, ainda, mesmo para auferir exclusivamente os resultados com o consentimento do empregador que apenas tolera essa plantação secundária e independente das obrigações funcionais do empregado. Será, sempre, objeto de contrato separado, desvinculado da contratação principal. Os resultados provenientes dêsse ajuste paralelo, não podem compor o salário mínimo. Mas podem integrar o resultado anual a que tiver direito o trabalhador, dependendo, a nosso ver, de cláusula expressa.

339. REMUNERAÇÃO DO REPOUSO DO TRABALHADOR RURAL. — O TRABALHADOR RURAL TERÁ DIREITO A REMUNERAÇÃO DO REPOUSO SEMANAL?

A LEI.

> Art. 42 — O trabalhador rural terá direito ao repouso semanal remunerado, nos têrmos das normas especiais que o regulam (Lei n. 4.214, de 2.3.1.963).

OBSERVAÇÕES.

Ao trabalhador rural é garantida a remuneração do repouso semanal por fôrça da Lei n. 4.214, de 2.3.1.963.

340. REMUNERAÇÃO DAS FÉRIAS DO TRABALHADOR RURAL. — AO TRABALHADOR RURAL É ASSEGURADA REMUNERAÇÃO DAS FÉRIAS?

A LEI.

> Art. 43 — Ao trabalhador rural serão concedidas férias remuneradas, após cada período de doze meses de vigência do contrato de trabalho, na forma seguinte... (Lei n. 4.214, de 2.3.1.963).

OBSERVAÇÕES.

A Lei n. 4.214, de 2.3.1.963, dá ao trabalhador rural o direito a férias remuneradas, após cada doze meses de vigência do contrato de trabalho.

341. AUXÍLIO-MATERNIDADE DA TRABALHADORA RURAL. — A TRABALHADORA RURAL TERÁ DIREITO AOS SALÁRIOS NOS AFASTAMENTOS PARA O PARTO?

A LEI.

> Art. 55 — O contrato de trabalho não se interrompe durante a gravidez, em virtude do qual serão assegurados, à mulher, ainda os seguintes direitos e vantagens:

a) afastamento do trabalho seis semanas antes e seis semanas depois do parto, mediante atestado médico sempre que possível, podendo, em casos excepcionais, êsses períodos serem aumentados de mais duas semanas, cada um, mediante atestado médico;

d) percepção integral dos vencimentos durante os períodos a que se referem os itens anteriores, em base nunca inferior aos dos últimos percebidos na atividade, ou aos da média dos últimos seis meses, se esta fôr superior àqueles (Lei n. 4.214, de 2.3.1.963).

OBSERVAÇÕES.

Os descansos remunerados decorrentes da gestação não prejudicam a percepção do auxílio-natalidade concedido pelo Instituto de Previdência. Assim, ao empregador caberá o ônus dos salários, mesmo sem a correspondente prestação de serviços, e ao órgão previdenciário o pagamento do aludido benefício.

A base para o cálculo do salário será a mais favorável à trabalhadora, ou os últimos salários que vier percebendo, ou a média salarial dos últimos seis meses, em virtude de oscilações no seu ganho. Poderia ser mais explícita a lei quando se refere à base "nunca inferior aos dos últimos (vencimentos) percebidos na atividade". Qual o critério de tempo a considerar? Não há resposta. A limitação retroativa coincidirá também com os últimos seis meses? A lei silencia. É pouco provável que a hipótese ocorra, mas não é impossível que, considerando uma média salarial anual com o cômputo das partes variáveis inclusive cultura intercalar, haja um salário mais elevado percebido em períodos bastante distanciados dos meses imediatamente anteriores ao afastamento. Se isso ocorrer, não há qualquer proibição da lei para que seja considerada essa retribuição mais benéfica, dada a imprecisão do conceito de *últimos vencimentos,* que muito se assemelha, ao que penso, à maior remuneração dita pela Consolidação das Leis do Trabalho para fins de indenização (art. 477).

342. FALÊNCIA E SALÁRIOS DO TRABALHADOR RURAL. — OS SALÁRIOS DO TRABALHADOR RURAL GOZAM DE PRIVILÉGIO NA FALÊNCIA?

A LEI.

Art. 66 — Os direitos do trabalhador rural, decorrentes do contrato de trabalho, gozarão dos privilégios estatuídos na legislação falimentar, civil e trabalhista, sempre que ocorrer falência, concordata, concurso de credores, execução ou cessação da atividade rural (Lei n. 4.214, de 2.3.1.963).

OBSERVAÇÕES.

Os salários do trabalhador rural gozam de proteção especial pela sua totalidade, sobrepondo-se aos créditos com direitos reais de garantia, aos encargos e dívidas da massa, às dívidas fiscais, tudo que ocorre com os salários do trabalhador urbano. Mas, mais que êstes, expressamente, por fôrça de lei específica, isso também ocorre no concurso de credores, quando em relação ao trabalhador urbano não há norma nesse sentido, preenchendo-se a lacuna pela doutrina e jurisprudência. Nos casos de concordatas, os créditos são executados perante a Justiça do Trabalho ou Juízos de Direito competentes para a matéria trabalhista.

343. ADICIONAL DE TRANSFERÊNCIA DO TRABALHADOR RURAL. — AO TRABALHADOR RURAL É GARANTIDO O ADICIONAL DE TRANSFERÊNCIA?

A LEI.

> Art. 72 — Em caso de necessidade de serviço, o empregador poderá transferir o empregado para localidade diversa da consignada no contrato, não obstante as restrições do artigo anterior, mas nesse caso, ficará obrigado, enquanto durar a transferência, a um pagamento suplementar, nunca inferior a 25% (vinte e cinco por cento) dos salários que o empregado perceber naquela localidade (Lei n. 4.214, de 2.3.1.963).

OBSERVAÇÕES.

A lei é bastante clara em atribuir a majoração salarial de 25% nas transferências provisórias, a recair sôbre o salário contratual, computada a parcela "in natura", e a título provisório; assim, cessada a transferência, será suprimido o pagamento, lìcitamente.

344. SALÁRIO EM DÔBRO DO TRABALHADOR RURAL. — EM CASO DE RESCISÃO CONTRATUAL, OS SALÁRIOS DEVEM SER PAGOS ATÉ A AUDIÊNCIA SOB A COMINAÇÃO DO DÔBRO?

A LEI.

> Art. 85 — Em caso de rescisão do contrato de trabalho, se houver controvérsia sôbre a parte da importância dos salários, o empregador é obrigado a pagar ao trabalhador rural, à data do comparecimento perante o Conselho arbitral ou perante o juízo competente, quando não haja acôrdo naquela instância, a parte incontroversa, sob pena de ser condenado a pagá-la em dôbro (Lei n. 4.214, de 2.3.1.963).

OBSERVAÇÕES.

Os salários devidos em dôbro são aquêles incontroversos, ou por expressa confissão, ou por contestação genérica ineficaz, e desde que o contrato esteja rescindido, porque nos contratos em curso é incabível a penalidade, não satisfeitos por ocasião do comparecimento do empregador perante o Conselho Arbitral ou Justiça competente.

CAPÍTULO XIV

OS REAJUSTAMENTOS SALARIAIS

O procedimento, para fixação dos reajustamentos salariais, recomendado pela Organização Internacional do Trabalho, através da Convenção n. 98, de 1.949, é a negociação voluntária entre os interessados, através dos organismos apropriados e mediante uma sadia prática sindical que conduza ao objetivo de regular as condições de emprêgo em geral. No entanto, se em outros sistemas jurídicos, como nos Estados Unidos, República Federal Alemã, Itália etc., é o acôrdo coletivo o instrumento cercado de maior prestígio, entre nós os dissídios coletivos de natureza econômica perante Tribunais Trabalhistas constituem a forma pela qual a grande maioria dêsses conflitos de trabalho encontra solução.

HISTÓRICO. — É possível distinguir duas fases nìtidamente diferentes na evolução do problema no Brasil, antes e depois do movimento revolucionário de 1.964, em virtude das características inteiramente distintas observadas pelo legislador. No primeiro período, é absoluta a autonomia da Justiça do Trabalho ao fixar os salários, valendo-se de dados informativos estatísticos obtidos em fontes desvinculadas. No dizer de Russomano, as decisões assim proferidas sustentavam-se em princípios de pura eqüidade, baseadas em pressupostos de notoriedade da alta do custo de vida como causa de agravamento progressivo das necessidades da classe operária. O segundo período, situado no momento histórico de combate à inflação, sentiu os efeitos decorrentes da necessidade de uma disciplina submetida a uma política econômica de govêrno, de que resultou um complexo processo legislativo, desenvolvido em fases progressivas.

Em 14.7.1.964, o Decreto n. 54.018 reorganiza o Conselho Nacional de Política Salarial e estabelece normas sôbre a política salarial do govêrno, a serem aplicadas no âmbito do serviço público federal e órgãos da administração descentralizada, bem como a entidades de economia mista ou governamentais cujo regime de remuneração do pessoal não estivesse regulado por lei. Êsse ato representa o ponto de partida de uma série de outros de igual natureza mas de maior amplitude. Nêle ficaram estabelecidos critérios de reajustamento salarial com base no salário real médio dos últimos vinte e quatro meses e prevista a possibilidade dos efeitos do aumento da produtividade nacional e do resíduo inflacionário nas majorações até então restritas à área do pessoal público. Em 1.9.1.964 o govêrno, mediante o Decreto n. 54.228, traçou normas de ação do Conselho Nacional de Política Salarial na aplicação do Decreto n. 54.018. Em 13.7.1.965 adveio a Lei n. 4.725 que alterou, fundamentalmente, o processo dos dissídios coletivos regulado pelos artigos 856 e 874 da C.L.T., estendendo, ao serviço privado, as normas até ali restritas à esfera do serviço público, com algumas peculiaridades, considerando, claramente, imperioso medir a repercussão dos reajustamentos na comunidade e na economia nacional, sem desprêzo às necessidades mínimas de sobrevivência do assalariado e sua família. Em 16.12.1.965, a Lei n. 4.903 deu nova redação à Lei 4.725, encarecendo a necessidade de considerar a correção das distorções salariais para assegurar adequada hierarquia salarial. Em 13.1.1.966, o Decreto n. 57.627, regulamentando o artigo 2.º da Lei n. 4.725, trouxe, como principal medida, a proibição às Delegacias Regionais do Ministério do Trabalho e Previdência Social, de homologar contratos coletivos em desacôrdo com as condições de reajustamento salarial das Leis n.ᵒˢ 4.725 e 4.903, considerando-os sem efeito, sempre que divergentes os critérios. Em 29.7.1.966, como não houve conformidade na aplicação dos índices de recomposição do salário real médio, em virtude da concessão de percentagens diferentes de aumentos salariais até mesmo dentro de uma mesma categoria profissional, houve por bem o govêrno, na defesa da sua política salarial comprometida, em expedir o DL. n. 15, cabendo ao Poder Executivo, mensalmente, decretar os coeficientes dos quais se valeriam os Tribunais, para os cálculos salariais, acrescidos do resíduo inflacionário fornecido pelo Conselho Monetário Nacional e do percentual de aumento da produtividade, calcado nos índices do Conselho Nacional de Economia. Em 22.8.1.966, veio o Decreto n. 17, modificando a redação do Decreto-lei n. 15 e explicitando normas já contidas na Lei n. 4.725 que, no entanto, foram omitidas no Decreto-lei n. 15. O Decreto-lei n. 229, de 28.2.1.967, deu nova redação aos artigos 623 e 624 da C.L.T. Êsse é o instrumental legislativo vigente, que no dizer de Russomano, é longo e confuso, mas, convenhamos, bem intencionado.

O CRITÉRIO LEGAL. — O sistema atual é de ostensivo intervencionismo estatal em matéria de salários, sem esconder o evidente propósito de retirar da apreciação judicial a liberdade de atuação nos dissídios coletivos de natureza econômica, chamando para a área administrativa todos os podêres nesse campo da economia nacional. Os aumentos salariais obedecem, rigorosamente, aos coeficientes de correção emanados do Poder Executivo, mediante um critério denominado de reconstituição do salário real médio dos 24 meses anteriores ao ajuizamento do processo, com as repercussões do aumento da produtividade do país e dos índices de previsão inflacionária (Ver Questão 346).

O ASPECTO CONSTITUCIONAL. — Houve pronunciamentos pela inconstitucionalidade dêsses atos do Poder Público. O T.R.T. de São Paulo, em Sessão do dia 23.8.1.965, no P. n. 1/65-A, julgou inconstitucional o art. 2.º da Lei n. 4.725. A Confederação Nacional dos Trabalhadores na Indústria apresentou trabalho no mesmo sentido, quanto ao DL. n. 15. O argumento fundamental da argüição é a supressão de tôda a parcela do poder judicante dos Tribunais (C.N.T.I., parecer, Tribuna de Justiça, 4.9.1.966, pg. 7). No entanto, o Poder Judiciário aceita essa restrição, quer através do Prejulgado n. 13/65, do T.S.T., quer através do livre trânsito dos DL. n.ºs 15 e 17 nos Tribunais Trabalhistas. Mesmo porque são múltiplas as atribuições da Justiça do Trabalho nos dissídios coletivos, de dupla natureza, jurídica e econômica. Os primeiros em nada viram-se atingidos. Os segundos sofreram uma profunda afetação, mas não houve a sua supressão, pelo que não é o caso de inconstitucionalidade.

A TRANSITORIEDADE DA LEI. — A Lei n. 4.725 é transitória, quanto aos critérios por ela introduzidos para a reconstituição dos salários ou vantagens pagos em excução do julgado (art. 7.º). Sua duração é de 3 (três) anos, a partir da publicação. Os atos posteriores não modificaram a natureza transitória do sistema.

CAMPO DE APLICAÇÃO. — Por se tratar de norma de política salarial do govêrno, a aplicação do sistema estende-se ao serviço privado e público, no âmbito federal, estadual e municipal, às sociedades de economia mista, emprêsas concessionárias de serviços públicos, portanto a tôdas as pessoas físicas ou jurídicas, públicas ou privadas, que mantenham pessoal regido pela Lei Trabalhista. Atinge, também, os empregados da Marinha Mercante, dos Portos e da Rêde Ferroviária Federal S/A., salvo aquêles não submetidos à C.L.T. Nas emprêsas que dependam da fixação de tarifas, o atendimento dos novos encargos salariais só se dará após a audiência do órgão competente, cujas informações obrigarão o Juiz.

AS EXCLUSÕES. — As emprêsas deficitárias podem ser liberadas dos ônus salariais introduzidos pelas majorações. Porém, a critério do Juiz Presidente do Tribunal Regional, em caráter liminar e provisório, e do Juízo da execução, em caráter definitivo. No entanto, se invocada a incapacidade econômica ou financeira, a emprêsa não poderá distribuir lucros ou dividendos a titulares, sócios ou acionistas, atribuir gratificações a diretores e gerentes ou aumentar os seus honorários enquanto não aplicar o acôrdo coletivo ou decisão da Justiça do Trabalho.

AS COMPENSAÇÕES. — São obrigatórias as compensações de aumentos voluntários e compulsórios, inclusive abonos (antecipações ou reclassificações), salvo quando se tratar de aumento individual relativo ao término da aprendizagem, promoção, transferência e equiparação salarial.

EMPREGADOS ADMITIDOS APÓS A DATA BASE. — O Prejulgado n. 21/66 admite o aumento proporcional para os empregados contratados nos doze meses anteriores à instauração do dissídio.

ANTECIPAÇÕES SALARIAIS. —As cláusulas de antecipação do aumento salarial durante o prazo de vigência da sentença normativa ou acôrdo, são vedadas, bem como o reexame judicial. O govêrno considera causa contributiva da inflação expediente dessa natureza.

ACÔRDOS SALARIAIS. — Muito embora a proibição do Decreto n. 57.627 e do artigo 623 da CLT com a redação dada pelo Decreto-lei 229, a homologação de acôrdo coletivo referente a reajustamentos salariais ainda que firmados extrajudicialmente, é permitida pelo Prejulgado n. 26/27 do T.S.T.

O PROVIMENTO DOS RECURSOS. — Dos dissídios de competência originária dos Tribunais Regionais do Trabalho, resultam decisões recorríveis para o Tribunal Superior do Trabalho, órgão que poderá modificar o Acórdão, reduzindo o "quantum" do aumento. Nesse caso, os salários já recebidos pelos empregados não serão restituídos.

BIBLIOGRAFIA. — "Dissídios Coletivos", Cássio Mesquita Barros Jr. e Octávio Bueno Magano, 1.966; "Comentários à Consolidação das Leis do Trabalho", Mozart Victor Russomano, vol. VI, pg. 415, 1.967 (Lei n. 4.725 e Decretos-leis n.°ˢ 15 e 17); Boletim Informativo n. 9/66 do T.R.T. da 2.ª Região; Parecer da C.N.T.I., Tribuna da Justiça, 4.9.1.966; Tostes Malta, "Dicionário Jurídico Trabalhista", 1.966; Délio Maranhão, "Direito do Trabalho", 1.966.

345. A LEI N.º 4.725. — A LEI N.º 4.725, DE 13 DE JULHO DE 1965, É INCONSTITUCIONAL?

A JURISPRUDÊNCIA.

1. TST (PJ. n. 13/65): "É constitucional o artigo 2.º da Lei n. 4.725, de treze de julho de mil novecentos e sessenta e cinco."

OBSERVAÇÕES.

Ao estabelecer novos critérios para o julgamento de dissídios coletivos, a Lei n. 4.725 provocou controvérsias, a ponto de ter sido inquinado, o artigo 2.º, de inconstitucionalidade, por decisão proferida pelo Egrégio Tribunal do Trabalho de São Paulo, em Sessão realizada no dia 23.8.1.965 (Dissídio Coletivo 1/65-A). Os fundamentos dêsse entendimento podem ser sintetizados nos seguintes têrmos: a lei ordinária diz *o quando* e a própria Justiça do Trabalho *o como* devem ser decididos os processos de aumento salarial e o art. 2.º da lei impõe data-base, pré-fixa a maneira de calcular a majoração salarial, impede a compensação de aumentos concedidos entre as datas-base e a de vigência, desceu a minúcias no impor o *como* não se limitando a dizer o *quando*.

Mas, como vimos, não prevaleceu êsse ponto de vista. O insigne Délio Maranhão, no seu livro "Direito do Trabalho", pg. 403, explica as razões pelas quais, como relator do Acórdão, levou o Tribunal Superior do Trabalho a reformar o Acórdão regional: "a lei pode traçar os limites, não à competência normativa da Justiça, mas às próprias normas e condições estabelecidas pela sentença. E foi o que a lei fêz. Considerou, por outro lado, o Acórdão, que os fatôres de adequação do índice básico constituem *standards* jurídicos que permitem à Justiça fugir à rigidez do resultado matemático da reconstituição do salário médio real; que tomará por base, para atender aos aspectos sociais e humanos que o dissídio envolve, indo além daquele resultado. Por fim, cumpre notar que a lei trata apenas, dos reajustamentos salariais, sendo mais amplo o campo em que incide a competência normativa da Justiça nos dissídios coletivos."

Puseram-se na mesma linha de pensamento, Octávio Bueno Magano (Dissídios Coletivos, pg. 27) e Russomano (Comentários à Consolidação das Leis do Trabalho, vol. VI, 1.967).

Hoje, o debate tornou-se, com o Prejulgado, ocioso, sendo plena a eficácia da citada lei. Algumas modificações posteriores procuraram dotá-la de melhores condições de aplicabilidade.

346. **DISSÍDIOS COLETIVOS DE NATUREZA ECONÔMICA.** — QUAL O CRITÉRIO A SER OBSERVADO NOS REAJUSTAMENTOS SALARIAIS VERIFICADOS ATRAVÉS DOS DISSÍDIOS COLETIVOS DE NATUREZA ECONÔMICA?

A LEI.

Art. 2.º — A sentença tomará por base o índice resultante da reconstituição do salário real médio da categoria nos últimos vinte e quatro meses anteriores ao término da vigência do último acôrdo ou sentença normativa, adaptando as taxas encontradas às situações configuradas pela ocorrência conjunta ou separadamente dos seguintes fatôres:

a) repercussão dos reajustamentos salariais na comunidade e na economia nacional;

b) adequação do reajuste às necessidades mínimas de sobrevivência do assalariado e de sua família;

c) vetado;

d) perda do poder aquisitivo médio real ocorrido entre a data da entrada da representação e a da sentença;

e) necessidade de considerar a correção de distorções salariais para assegurar adequada hierarquia salarial na categoria profissional dissidente e, subsidiàriamente, no conjunto das categorias profissionais, como medida de eqüidade social.

§ 1.º — A partir de 1.º de julho de 1.966, se acrescentará ao índice referido neste artigo o percentual que traduza o aumento da produtividade nacional no ano anterior, segundo os dados do Conselho Nacional de Economia, observando o seu ajustamento ao aumento da produtividade da emprêsa ou emprêsas componentes da respectiva categoria econômica.

§ 2.º — Vetado.

§ 3.º — As normas e condições estabelecidas por sentença terão vigência a partir da data da publicação de suas conclusões no órgão oficial da Justiça do Trabalho (Lei n. 4.725, de 13.7.1.965).

Art. 1.º — Para o cálculo do índice a que se refere o art. 2.º da Lei n. 4.725, de 13 de julho de 1.965, com a redação dada pelo art. 1.º da Lei n. 4.903, de 16 de dezembro de 1.965, o Poder Executivo publicará, mensalmente, através do Decreto do Presidente da República, os índices para reconstituição do salário real médio da categoria nos últimos vinte e quatro meses anteriores à data do término da vigência dos acôrdos coletivos de trabalho ou de decisão da Justiça do Trabalho que tenham fixado valôres salariais.

Parágrafo único. — Ao índice calculado nos têrmos do "caput" dêste artigo, sòmente poderão ser adicionados o resíduo inflacionário considerado como compatível com a programação financeira, e informado pelo Conselho Monetário Nacional, nos têrmos do art. 1.º do Decreto n. 57.627, de 13 de janeiro de

1.966; e o percentual que traduza o aumento da produtividade nacional, no ano anterior, informado pelo Conselho Nacional de Economia, nos têrmos do parágrafo 1.º do art. 2.º da Lei n. 4.725, de 13 de julho de 1.965, com a redação dada pelo art. 1.º da Lei n. 4.903, de 16 de dezembro de 1.965 (Decreto-lei n. 15, de 29.7.1.966).

Art. 1.º — § 1.º — Na determinação final do índice de reajustamento, a sentença do Tribunal poderá tomar ainda em consideração os seguintes fatôres:

a) metade do resíduo inflacionário indicado pelo Conselho Monetário Nacional, na forma do artigo 1.º do Decreto n. 57.627, de 13 de janeiro de 1.966;

b) o percentual referente ao aumento da produtividade nacional no ano anterior, informado pelo Conselho Nacional de Economia;

c) a percentagem concernente à perda do poder aquisitivo médio real ocorrida entre a instauração e o julgamento do dissídio apurada segundo os índices a que se refere o "caput" dêsse artigo.

§ 2.º — Observados os critérios estabelecidos no presente Decreto-lei, poderá o Tribunal corrigir distorções salariais para assegurar adequada hierarquia salarial na categoria profissional dissidente, e, subsidiàriamente, no conjunto de categorias profissionais, como medida de eqüidade social.

§ 3.º — Para execução do disposto neste artigo, o Tribunal Superior do Trabalho expedirá instruções, com fôrça de Prejulgado, a serem observadas pelos Tribunais Regionais do Trabalho (Decreto-lei n. 17, de 22.8.1.966).

Portaria n. 630, de 10.9.1.966, do Ministério do Trabalho e Previdência Social, publicada no D.O.U. de 21.9.1.966.

Art. 1.º — Para o fim de que trata o art. 2.º da Lei n. 4.725, de 13 de julho de 1.965, com a nova redação dada pela Lei n. 4.903, de 16 de dezembro de 1.965, os índices para reconstituição do salário real médio da categoria, nos últimos vinte e quatro meses anteriores à data do término da vigência dos acôrdos coletivos de trabalho ou de decisão da Justiça do Trabalho, que tenham fixado valôres salariais, serão baixados, pelo Poder Executivo, através de decreto do Presidente da República, de acôrdo com critérios fixados pelo Ministro do Trabalho e Previdência Social, através do seu Departamento Nacional de Salário.

Art. 2.º — Para efeito da reconstituição do salário real médio de que trata o artigo anterior, os elementos computados na elaboração do cálculo da taxa de reajustamento salarial são os seguintes:

a) salário nominal médio da emprêsa nos últimos 24 meses, ou nos últimos acôrdos coletivos ou decisões judiciais, referentes à emprêsa ou categoria profissional interessada, de forma a cobrir o período de 24 meses anteriores ao mês do nôvo reajustamento;

b) relação dos índices de correção salarial publicados, mensalmente, através de decreto do Presidente da República, consoante Decreto-lei n. 15, de 29 de julho de 1.966;

c) salário real de cada um dos 24 meses anteriores ao mês do reajustamento, obtido através da multiplicação do índice de salário nominal pelo respectivo coeficiente de correção salarial.

Art. 3.º — Na determinação do índice de reajustamento salarial, a Secretaria Executiva do Conselho Nacional de Política Salarial com a colaboração do Departamento Nacional de Salário procederá na forma a seguir indicada:

a) tomada a série de 24 meses anteriores ao mês do reajustamento, multiplica-se o salário nominal, de cada mês, pelo correspondente índice de correção salarial;

b) calculada a média dos produtos encontrados, obtêm-se o salário real médio de que trata o art. 2.º da Lei n. 4.725, de 13 de julho de 1.965. Sôbre êste salário real médio incidirá o coeficiente de 5%, ou seja, a metade do resíduo inflacionário, a que alude o art. 1.º do Decreto n. 57.627, de 13 de janeiro de 1.966, informado pelo Conselho Monetário Nacional;

c) em seguida, determina-se o incremento salarial, ou seja, o percentual de reajustamento, ao qual se acrescentará a taxa de produtividade nacional, correspondente ao ano anterior, fixada pelo Conselho Nacional de Economia em 2%;

d) o percentual de reajustamento, acrescido da taxa de produtividade, incidirá sôbre o salário resultante do último acôrdo ou decisão judicial."

A JURISPRUDÊNCIA.

1. TST (PJ. n. 21/66):

I — A inicial de instauração de dissídio coletivo de caráter econômico deverá ser instruída com os documentos comprobatórios dos aumentos salariais concedidos à categoria profissional, nos dois anos anteriores à propositura da ação, através de sentença normativa, acôrdo homologado em dissídio coletivo ou cópia autenticada de acôrdo coletivo extrajudicial firmado entre as categorias em conflito (caso não homologado judicialmente).

II — Com os elementos aludidos no item anterior, o juiz instrutor ordenará a elaboração dos cálculos, que obedecerão aos seguintes critérios:

a) Partindo do índice 100 (salário nominal), como valor salarial do 24.º mês anterior ao da instauração do dissídio proceder-se-á à sua multiplicação pelo índice de correção salarial correspondente àquele mês fixado por decreto do Poder Executivo (publicação mensal na conformidade do art. 1.º do decreto-lei n. 15, de 29 de julho de 1.960), obtendo-se o salário real em cada mês, repetindo-se a operação com referência aos meses subseqüentes.

b) Somam-se os valôres mensais do salário real, dividindo-se em seguida por 24, e o resultado será o salário real médio da categoria profissional do período (art. 2.º da Lei n. 4.725, de 16.7.1.965).

c) Para se fixar a incidência do resíduo inflacionário, multiplica-se o salário médio real do período pela metade do percentual do resíduo inflacionário previsto para o ano do reajustamento pelo Conselho Monetário Nacional, e o resultado será somado ao salário real médio.

d) Obtido, pelas operações anteriores, o índice de salário reajustado, nêle já incluído o resíduo inflacionário, deverá o mesmo ser dividido pelo último índice do salário nominal, multiplicando-se o resultado apurado por 100 subtraindo-se 100 do total.

e) Ao percentual resultante soma-se a percentagem alusiva ao índice de produtividade nacional fixado pelo Conselho Nacional de Economia para o ano do reajustamento (2% em 1.966, apurado sôbre 1.965).

f) Se o processo de dissídio coletivo não fôr julgado no mês em que foi instaurado, acrescenta-se à taxa de reajustamento obtida a percentagem concernente à perda do poder aquisitivo médio real, ocorrida entre a instauração e o julgamento. Para tal fim, calcula-se a média aritmética dos índices de correção salarial constantes da tabela publicada no mês do julgamento (divisão por 24 da soma dos respectivos índices), multiplicando-se o resultado pelo número de meses de tramitação do processo considerado mês a fração superior a quatorze dias.

III — A sentença do Tribunal poderá corrigir distorções salariais verificadas no exame do respectivo processo para elevar ou reduzir o índice resultante dos cálculos de que trata o item II. A correção tem por fim assegurar adequada hierarquia salarial na categoria profissional dissidente e subsidiàriamente, no conjunto das categorias profissionais, como medida de eqüidade social.

IV — A taxa percentual final será aplicada aos salários da categoria, vigentes à data da instauração do dissídio, com as compensações previstas em lei.

V — Para os empregados admitidos nos doze meses anteriores à instauração do dissídio, o Tribunal poderá estipular taxa de reajustamento proporcional ao tempo de serviço entre a admissão e o ajuizamento, respeitado o disposto no item IV, *in fine*.

VI — A sentença proferida pelo Tribunal entrará em vigor na data da publicação das suas conclusões no órgão oficial.

OBSERVAÇÕES.

Os reajustamentos salariais, no sistema atual, resultam de um mecanismo complexo, do qual participavam, no plano administrativo, o Conselho Monetário Nacional para informar o resíduo inflacionário, o Conselho Nacional de Economia para fornecer os índices de aumento da produtividade nacional, a Presidência da República, que, por decreto, determinará os coeficientes mensais para fins de reconstituição do salário real médio da categoria nos últimos vinte e quatro meses anteriores à data do término da vigência dos acôrdos coletivos ou de decisões da Justiça do Trabalho que tenham fixado valôres salariais; no plano judiciário, a Justiça do Trabalho para dar fôrça coativa aos reajustamentos salariais assim fixados.

Os aumentos, antes calcados em critérios de reposição salarial às necessidades aquisitivas do custo de vida, com base em dados estatísticos fornecidos pelo SEPT, Prefeituras Municipais ou outros órgãos, a juízo dos Tribunais, resultam agora de dados que o próprio govêrno fornece e que, de resto, serão obrigatórios para os Tribunais. Antes as majorações recaíam sôbre o salário nominal, agora incidem sôbre a reconstituição do salário real médio.

Os cálculos, que conduzirão aos percentuais dos aumentos, tomam como ponto de partida o salário nominal da categoria ou dos interessados, em cada mês dos últimos dois anos; no entanto, será possível, também, com base nos documentos comprobatórios dos aumentos salariais concedidos à categoria através de sentença normativa ou acôrdo homologado em dissídio coletivo ou cópia autenticada de acôrdo extrajudicial firmado entre as categorias em conflito, chegar ao mesmo resultado. Em seguida, será preciso ter em mãos, também, os índices contidos na tabela mensalmente fornecida pelo Poder Executivo através de decreto presidencial, estabelecendo os coeficientes a serem aplicados sôbre os salários mensais. De posse dêsses elementos é possível iniciar a elaboração dos cálculos. O salário de cada mês, a partir do 24.º anterior ao dissídio, será multiplicado pelo coeficiente determinado no decreto, e que corresponde à denominada correção salarial correspondente àquele respectivo mês. Assim, por cálculos sucessivos, será encontrado o salário real de cada mês. A seguir, fàcilmente, pela divisão por 24, encontra-se o salário real médio dos 24 meses, a ser acrescido do resíduo inflacionário e do índice de produtividade nacional.

Seja-nos permitido exemplificar:

QUADRO EXEMPLIFICATIVO

Anos	Meses	Coeficientes	Índices do valor de Salário	Salários Reais
1965	Outubro	1,73	100	173,00
	Novembro	1,71	100	171,00
	Dezembro	1,68	100	168,00
1966	Janeiro	1,60	100	160,00
	Fevereiro	1,54	100	154,00
	Março	1,48	100	148,00
	Abril	1,41	100	141,00
	Maio	1,38	100	138,00
	Junho	1,36	100	136,00
	Julho	1,31	100	131,00
	Agôsto	1,27	100	127,00
	Setembro	1,25	100	125,00
	Outubro	1,23	100	123,00
	Novembro	1,21	130	157,30
	Dezembro	1,19	130	154,70
1967	Janeiro	1,16	130	150,80
	Fevereiro	1,14	130	148,20
	Março	1,11	130	144,30
	Abril	1,08	130	140,40
	Maio	1,05	130	136,50
	Junho	1,04	130	135,20
	Julho	1,02	130	132,60
	Agôsto	1,01	130	131,30
	Setembro	1,00	130	130,00
				3.456,30

$3.456,30 \div 24 = 144,01$ (salário real médio)
$7,5\%$ de $144,01 = 10,80\%$ (resíduo inflacionário)
$144,01 + 10,80\% = 154,81$
$154,81 \div 130 = 1,1908$
$1,1908 \times 100 = 119,08$
$119,08 - 100 = 19,08$
$ 2,00\%$ (taxa de produtividade)
$ 21,08\%$ (percentual de reajuste)

Data base: salários resultantes do último dissídio (1/11/66)

CAPÍTULO XV
O SALÁRIO E O FUNDO DE GARANTIA.

O Fundo de Garantia não trouxe maiores problemas que possam afetar o estudo sistemático do salário a não ser em um ponto que nos parece realmente de relevância, qual seja, o da natureza jurídica dos depósitos mensais obrigatórios para as emprêsas com base em taxa percentual sôbre a fôlha de pagamento dos empregados.

O propósito da lei consistiu em alterar o sistema de indenizações de antigüidade, antes pagas diretamente pelo empregador ao empregado e no momento das rescisões dos contratos de trabalho, agora depositadas num fundo bancário precedendo ao evento e independentemente de sua existência.

Com essas novas características, parece-nos que *em indenização não mais se poderá falar.*

Na verdade, só existe a obrigação de indenizar na relação de trabalho, como diz Luiz José de Mesquita (Das Gratificações no Direito do Trabalho), quando há perda ou lesão de um direito, por dolo ou culpa de outrem.

Ora, os depósitos mensais do Fundo de Garantia não se revestem dessa natureza; antes, o pagamento efetuado ao empregado, visava a reparar a lesão que sofreu por uma rescisão injustificada do contrato, agora, não há mais correspondência com qualquer dano, porque sempre e por antecipação, os depósitos devem ser feitos.

Assim, entendemos que desapareceu do nosso Direito o instituto da indenização de antigüidade, para os empregados optantes.

No seu lugar temos, com o Fundo de Garantia, segundo pensamos, uma forma de salário diferido.

BIBLIOGRAFIA. — Eduardo Gabriel Saad, "Lei do Fundo de Garantia do Tempo de Serviço", Ltr.; Eduardo Gabriel Saad, "O Fundo de Garantia e os Cargos de Diretoria, Gerência e Outros", LTr., Suplemento 42/1.967; Ricardo Nacim Saad, "Fundo de Garantia do Tempo de Serviço", LTr., Suplemento 29/1.967; Fábio Fanucchi, "As Obrigações Financeiras, Acessórias e Contábeis do Fundo de Garantia", LTr., Suplemento 13/1.967.

347. SALÁRIO E FUNDO DE GARANTIA. — QUAL O SALÁRIO BASE PARA OS DESCONTOS DO FUNDO DE GARANTIA POR TEMPO DE SERVIÇO?

A LEI.

> Art. 2.º — Para os fins previstos nesta lei tôdas as emprêsas sujeitas à Consolidação das Leis do Trabalho (CLT) ficam obrigadas a depositar até o dia 20 (vinte) de cada mês, em conta bancária vinculada, importância correspondente a 8% (oito por cento) da remuneração paga no mês anterior, a cada empregado, optante ou não, excluídas as parcelas não mencionadas nos arts. 457 e 458 da CLT (Lei n. 5.107, de 13.9.1.966).

OBSERVAÇÕES.

A lei que institui o Fundo de Garantia por tempo de serviço obriga as emprêsas a um recolhimento mensal de que resultará êsse mesmo fundo para atendimento das finalidades propostas pelo referido diploma legal. Está indicado no texto do art. 2.º da norma legal, o critério a ser observado pelas emprêsas quanto ao montante das importâncias a serem depositadas em conta bancária. A primeira observação a ser feita é a de que a lei fala em remuneração e não em salário; é sabida a diferença de conceitos e, por conseqüência, dos efeitos práticos decorrentes dessa distinção. Remuneração é a retribuição não só paga diretamente pelo empregador mas também proveniente de terceiros (a gorjeta), o seu sentido é amplo, representando o salário e seus acessórios. Integram-se nas remunerações além da contraprestação salarial, as gratificações ajustadas, o décimo terceiro salário, os salários-produção, as comissões, percentagens, diárias para viagem ou ajudas de custo que excedam de 50% dos salários, os abonos e os adicionais compulsórios, desde que habituais. Isto, porém, de uma forma geral. No caso do fundo de garantia, porém, procura-se uma fórmula diferente, porque a lei manda, expressamente, excluir as parcelas não mencionadas nos arts. 457 e 458 da C.L.T.

Ora, o salário-produção e os prêmios habituais, os adicionais compulsórios — adicional noturno, de insalubridade, de periculosidade, de horas extraordinárias, de transferência — não se acham incluídos nos arts. 457 e 458. Logo, deviam ser omitidos. Porém, como o desconto incide sôbre a quantia paga no mês anterior, é certo que também serão consideradas essas parcelas. Portanto, o desconto é variável, na conformidade da fôlha de pagamento de cada mês.

CAPÍTULO XVI

O SALÁRIO-FAMÍLIA

Salário-família é o pagamento suplementar atribuído ao empregado, proporcional aos seus encargos de família, para cuja manutenção visa contribuir.

DENOMINAÇÃO. — BOUVOISIN denominou-o "allocations"; ELEANOR RATHBONE introduziu o nome "family allowances"; na Itália tem o nome de "assegni familiari"; no Chile, "asgnación familiar"; pode, ainda, ser chamado de auxílio, prestação, subsídio etc. No Brasil, o DL, n. 3.200, de 19.4.1.941 falava em abono familiar; a Lei n. 4.266, de 3.11.1.963 preferiu a denominação salário-família que é a vigente entre nós.

FUNDAMENTOS. — A idéia-fôrça do salário-família tem a sua origem na doutrina social cristã, especialmente nas Encíclicas "Rerum Novarum" de Leão XIII e "Quadragésimo Anno" de Pio XI. Parte da necessidade de um salário suficiente para manter o trabalhador e sua família. A Encíclica "Mater et Magistra", de João XXIII aborda a questão: "É necessário que se dê aos trabalhadores um salário que lhes proporcione um nível de vida verdadeiramente humano e lhes permita enfrentar com dignidade as responsabilidades familiares". Entre nós é considerado "dentro de uma perspectiva de ascensão humana do trabalhador", conforme o projeto de André Franco Montoro.

NATUREZA JURÍDICA. — É tido como uma *indenização sui generis* (RIVA SANSEVERINO y BALLELA); *elemento integrante da remuneração* (FEODALE, DE LITALA, cit. por GINO BERTO, in La retribuzione e gli assegne familiari, Dir. del Lavoro, 1.939, vol. I, pg. 288); *instituto assistencial* (BORSI, Sul caratere degli assegni familiari, CATHARINO, BARASSI); *medida assistencial com tendência a forma assecurativa* (DEVEALI, PEREZ BOTIJA), *seguro social* (JORDANA, GARCIA OVIEDO, HERNAINZ POSADA cit. por Botija in Derecho del Trabajo, pg. 532); *salário corporativo* (FANTINI); *forma de previdência* (MAZZONI). Para PAUL PIC "s'ajoute au salaire por les bénéficiaires" mas "ne s'y incorpore pas" (Traité Élementaire de Legislation Industrielle, 1.930). SANTORO-PASSARELLI diz que é progressivamente "atratti nell"orbita della retribuzione).

Essa divergência de opiniões pode ser explicada através de MÁRIO DE LA CUEVA (Derecho Mexicano del Trabajo, pg. 653) citando PAUL DURANT e ANDRÉ VITU: "A natureza das *asignaciones familiares* varia com as distintas épocas de sua evolução. No primeiro período foram reputadas como liberalidade dos empregadores. Posteriormente, quando as leis a aceitaram como uma obrigação dos patrões foram consideradas como parte do salário. Finalmente, na era do seguro social e de sua transformação em seguridade social, adquiriram uma natureza nova, como elementos seja de seguro social, seja do sistema geral de seguridade social". Podemos acrescentar mais um outro período posterior, consubstanciado na tendência de ponderável corrente do pensamento jurídico italiano que procura atrair o instituto para a esfera da retribuição salarial. Do exposto, segue-se que são efetivamente três as categorias em que se procura enquadrar a figura jurídica: *previdência, assistência* e *retribuição.*

Se previdenciária é a sua natureza, deve atender aos pressupostos da previdência social, *uma relação de emprêgo e um risco social* (BARASSI, Previdenza Sociale e Lavoro Subordinado). A idéia seria a de segurança do futuro relativamente a determinados eventos. Se de natureza assistencial, o pressuposto a atender seria não pròpriamente um risco contra cujas conseqüências se busca proteção, mas sim uma situação de miséria comprovada de que se procura socorrer. Arnaldo Sussekind, Previdência Social Brasileira, pg. 37). Mas se se entender que a natureza jurídica é retributiva, estaria enquadrado dentre as espécies de remuneração devidas pelo empregador. O instituto é inconcluso e destinado a ulterior evolução. Entre nós vem ganhando corpo a idéia previdenciária, como primeira posição assumida pela doutrina (Octávio Bueno Magano, Salário-família; Júlio Assumpção Malhadas, Legislação do Trabalho, pg. 586). Para tanto, parece-nos, seria preciso renunciar à noção tradicional de risco como objeto da relação previdenciária, o que só será possível com total subversão do conceito de previdência social. "La assicurazioni sociali sono tute rivolte a resarcire, almeno in parte, i danno derivanti da fatti abolitivi o menorativi della capacità di lavoro e di guadagno: infortuni, malattie, invaliditá, vecchiaia, disocupazione... (BORSI cit. por VICENZO CARULLO, Tratado). A nossa lei positiva é expressa em afastá-lo da órbita salarial. O salário-família não se incorpora ao salário, diz a lei brasileira. Por conseqüência, ou se entenderá que houve um tratamento infeliz dispensado pelo legislador, ou, forçosamente, o instituto terá que ser enquadrado no campo assistencial, com a objeção de que assistência sempre é de índole facultativa e não obrigatória. Assim, na evolução do instituto, está êle sujeito a transformações que poderão levá-lo a uma posição idêntica àquela postulada pelo pensamento do direito italiano, ao procurar atrair o salário-família para a esfera remuneratória.

O CUSTEIO. — No regime anterior o salário-família era obtido através de requerimento à D.R.T., órgão ao qual competia concedê-lo; o custeio era por conta, em parte da União, em parte do Estado e Município. Atualmente, é encargo exclusivamente do empregador através de recolhimentos percentuais sôbre as respectivas fôlhas de pagamento e correspondente ao número de empregados com ou sem filhos menores; paralelamente, o empregador paga aos empregados com filhos menores de 14 anos o salário-família. Oportunamente, é feita a compensação perante o "Fundo de Compensação do Salário-Família" de que o Instituto de Previdência é mero administrador. Para o fundo, o Instituto não contribui, muito menos o Estado, nem o empregado, só o empregador. O sistema do nosso Direito positivo visou uma necessidade: possibilitar a introdução do salário-família sem o desemprêgo dos chefes de famílias numerosas com filhos menores. Não é por nenhuma razão de seguridade que o fundo existe. Ao adotar as Caixas de Compensação, nosso país aproveitou a experiência de outras nações. O autor do projeto deixa bem claras as razões dessa opção: "As razões que justificam essa solução são várias. Mas tôdas se ligam a um nôvo conceito de emprêsa que RENARD sintetizou de forma precisa. A emprêsa não é um simples feixe de contratos governados pela justiça comutativa mas uma instituição regida pela justiça distributiva e social". O sistema de compensação visou eliminar a preferência pelos empregados solteiros e, de outro lado, procurou evitar a criação de um órgão nôvo, única razão pela qual é atribuída ao Instituto de Previdência a administração do Fundo-Comum.

TUTELA JURÍDICA. — A fiscalização administrativa do cumprimento das disposições do salário-família compete às Delegacias Regionais do Trabalho. Na esfera judicial, os conflitos são atribuídos à Justiça do Trabalho, outro sinal indicativo de que a sua natureza jurídica não é previdenciária.

SUSPENSÕES DO CONTRATO DE TRABALHO. — Responde pelo pagamento do salário-família, em qualquer circunstância, quer esteja o empregado trabalhando, quer o contrato se ache temporàriamente paralisado, o empregador (Ver Questão n. 348).

BIBLIOGRAFIA. — Gino Berto, "La retribuzione e gli assegni familiari", Dir. del Lavoro, 1.939, vol. I; Borsi, "Sul caratere degli assegni familiari", in Annalli del Università di Ferrara, 1.937; José Martins Catharino, "Tratado Jurídico do Salário"; Ludovico Barassi, "Derecho del Trabajo"; vol. I; Eugênio Perez Botija, "Derecho del Trabajo"; Fantini, "Legislazione Corporativa del Lavoro", 1.938; Plastino, "Norme de Legislazione del Lavoro", 1.938; Arena, "L'assicurazione familiare e il salario", 1.937; Mazzoni, "Manuale del Diritto del Lavoro"; Venturi, "I fondamenti scientifici della sicurezza sociale"; Geri, "Natura giuridica degli assegni familiari", Rev. dir. lav., 1.953, vol II; Paul Pic, "Traité Elémentaire de Législation Industrielle", 1.930; Cataldi, "Il carattere retributivo degli assegni familiari e le condizioni poste dalla legge per la loro erogazione", 1.953; Flamia, "Assegni familiari e retribuzione" in Foro, 1.954, c. 1 331; Cherchi, "I contributi obbligatori e gli assegni familiari in relazione all'art. 36 della Costituzione, Riv. it. prev., 1.955; Simoncini, "Sulla natura giuridica degli assegni familiari", Rev. Prev. Soc., 1.958; Mário de La Cueva, "Derecho Mexicano del Trabajo", 1.960; Vicenzo Carullo, "Gli assegni familiari e le integrazione salariali", in Borsi e Pergolesi, vol. IV; Octávio Bueno Magano, "Salário-família", apud LTr., 1.963, pg. 582; Júlio Assumpção

Malhadas, "Salário-Família", in LTr., 1.963, pg. 585; Agenor B. Parente, "Lei do Salário-Família Comentada", 1.964; André Franco Montoro, "Salário-Família, Promoção Humana do Trabalhador", 1.963; Moacyr Velloso, "O Salário-Família do Trabalhador", 1.964; Amauri M. Nascimento, "Aspectos Elementares do Salário-Família", in Tribuna da Justiça, 13.1.1.965, pg. 6.

348. SALÁRIO-FAMÍLIA E OS PERÍODOS DE AFASTAMENTO. — SE AFASTADO DO SERVIÇO O EMPREGADO TEM DIREITO AO SALÁRIO FAMÍLIA?

O DECRETO.

Art. 13 — § 2.º — No caso de empregado na situação do art. 476 da Consolidação das Leis do Trabalho, a empresa solicitará ao Instituto de Aposentadoria e Pensões respectivo que passe a efetuar-lhe o pagamento da quota ou quotas de salário-família juntamente com a prestação do auxílio-doença, fazendo-se a necessária ressalva, por ocasião do reembolso de que tratam os arts. 21 e 25 (Decreto n. 59.122, de 24.8.1.966 que dá nova redação aos artigos 3.º e 19 e acrescenta parágrafo ao art. 13 do Regulamento do Salário-Família do Trabalhador).

OBSERVAÇÕES.

O pagamento do salário-família dos períodos de suspensão do contrato de trabalho não sofre solução de continuidade quando se tratar de licença por enfermidade ou aposentadoria provisória, mas os pagamentos caberão ao INPS, por provocação da empresa que fará as devidas comunicações.

349. SALÁRIO-FAMÍLIA E REMUNERAÇÃO. — O SALÁRIO-FAMÍLIA INCORPORA-SE À REMUNERAÇÃO DO EMPREGADO?

A LEI.

Art. 9.º — As quotas do salário-família não se incorporarão, para nenhum efeito, ao salário ou remuneração devidos aos empregados (Lei n. 4.266, de 3.10.1.963).

OBSERVAÇÕES.

O texto de lei em foco mereceu, de Agenor Parente (Lei do Salário-Família Comentada, 1.964, pg. 25), críticas quanto à sua constitucionalidade face à Carta de 1.946, quando estabelecia o salário mínimo familiar e não individual. Diz o conceituado advogado: "A lei do salário-família é apenas a regulamentação de uma norma maior, inscrita na Carta de 1.946, segundo a qual o legislador, ao fixar o salário mínimo, há de levar em conta não apenas as necessidades do trabalhador, como também as de sua família. Assim, o caráter salarial emana da própria Constituição." A objeção é bastante sutil e digna de estudo, tanto assim que no projeto da Constituição de 1.967 o salário mínimo de familiar passou a ser considerado individual.

350. SALÁRIO-FAMÍLIA DOS FILHOS ILEGÍTIMOS. — SE OS FILHOS SÃO ILEGÍTIMOS É DEVIDO O SALÁRIO-FAMÍLIA?

A LEI.

> Art. 2.º — O salário-família será pago sob a forma de uma quota percentual, calculada sôbre o valor do salário mínimo local arredondado êste para o múltiplo de mil seguinte, por filho menor de qualquer condição até 14 anos de idade (Lei n. 4.266, de 3.10.1.963).
>
> Art. 4.º. — Parágrafo único. — Consideram-se filhos de qualquer condição os legítimos, legitimados, ilegítimos e adotivos, nos têrmos da legislação civil (D. n. 53.153, de 1.12.1.963).

OBSERVAÇÕES.

O salário-família é pago por filho de qualquer condição, legítimo ou legitimado, ilegítimos ou adotivos. Sôbre o conceito de filiação, veja-se Washington de Barros Monteiro, Curso de Direito Civil, "Direito de Família."

351. SALÁRIO-FAMÍLIA DE FILHOS DE DESQUITADOS. — EM CASO DE DESQUITE A QUEM SERÁ PAGO O SALÁRIO-FAMÍLIA?

O DECRETO.

> Art. 14 — Ocorrendo desquite ou separação entre os pais, ou, ainda, em caso de abandono legalmente caracterizado ou de perda de pátrio poder, o salário-família poderá passar a ser pago diretamente àquele dos pais, ou, quando fôr o caso, a outra pessoa, a cujo encargo ficar o sustento do filho, se assim o determinar o Juiz competente (D. n. 53.153, de 10.12.1.963).

OBSERVAÇÕES.

O salário-família, acompanha o menor, qualquer que seja o seu responsável, assim designado pelo Juiz competente que, como é óbvio, não se trata do Juiz Trabalhista, mas sim do Juiz Comum. No entanto, já se decidiu que não é devido o salário-família por dependente do trabalhador ao menor de 14 anos cuja condição é a de enteado (TRT, 3.ª Reg., P. n. 3.472/65).

352. SALÁRIO-FAMÍLIA DUPLO. — QUANDO PAI E MÃE FOREM EMPREGADOS O SALÁRIO-FAMÍLIA SERÁ DUPLO?

O DECRETO.

> Art. 3.º — Parágrafo único. — Quando pai e mãe forem empregados, nos têrmos dêste artigo, assistirá a cada um, separadamente, o direito ao salário-família, com relação aos respectivos filhos (D. n. 53.153, de 10.12.1.963).

OBSERVAÇÕES.

Agenor Parente diz que pouco importa que a prestação de serviços seja ao mesmo empregador, pai e mãe, ainda assim, separadamente, terão o direito ao salário-família respectivo (op. cit., pg. 7). A solução, que resulta do decreto, não coincide com o ponto de vista de Júlio Assumpção Malhadas (Salário-Família, LTr., 27/585), pois o ilustre juiz entende que se a finalidade da lei foi proporcionar auxílio para a manutenção do filho, a quota há de ser paga apenas a um dos pais, àquele que tenha a responsabilidade pela manutenção do menor, como ocorre no serviço público federal. Também Octávio Bueno Magano (Salário-Família, LTr., 27/583) vislumbra, no caso, uma quebra da harmonia de nosso sistema jurídico (art. 139 do Estatuto dos Funcionários Públicos da União). Mas o critério merece os aplausos de Luiz Mélega (Salário-Família, LTr., 27/461) e de Moacyr Velloso (O Salário-família do trabalhador, 1.964, pg. 24). Êste último demonstra que, à vista do sistema de base contributiva com incidência sôbre o total dos empregados de cada emprêsa, considerando-se cada empregado isoladamente, não poderia ser outra a solução que, de resto, atende às exigências do aspecto social do problema, no que tem tôda a razão.

353. SALÁRIO-FAMÍLIA E VÁRIOS EMPREGOS. — O TRABALHADOR COM MAIS DE UM EMPRÊGO RECEBERÁ MAIS DE UM SALÁRIO-FAMÍLIA?

A DOUTRINA.

1. LUIZ MÉLEGA (Salário-Família, LTr., 27/461): "A lei em exame não tem nada que o impeça."
2. MOACYR VELLOSO (O Salário-Família do Trabalhador, 1.964, pg. 26): Igual ao n. 1.

OBSERVAÇÕES.

A doutrina inclina-se a assegurar a percepção do salário-família separadamente para cada emprêsa.

354. SALÁRIO-FAMÍLIA E TRANSFERÊNCIA DO EMPREGADO. — SE O EMPREGADO É TRANSFERIDO PARA LOCALIDADE DE SALÁRIO MÍNIMO MENOR PODE SOFRER REDUÇÃO DO SALÁRIO-FAMÍLIA?

O DECRETO.

> Art. 16. — Em caso de transferência do empregado para localidade de nível de salário mínimo diferente, as quotas de salário-família serão calculadas e pagas proporcionalmente ao número de dias do mês decorridos em uma e outra das regiões (D. n. 53.153, de 10.12.1.963).

OBSERVAÇÕES.

O salário-família guardará proporcionalidade com o salário mínimo das respectivas regiões. Assim, se o empregado é transferido para região de salário mínimo mais baixo sofrerá redução do salário-família.

ADENDO

Art. 483 — O empregado poderá considerar rescindido o contrato e pleitear a devida indenização quando : ... d) não cumprir o empregador as obrigações do contrato (DL. 5.452, de 1.5.1.943).

Art. 1.º — Os débitos de salários, indenizações e outras quantias devidas a qualquer título, pelas emprêsas abrangidas pela Consolidação das Leis do Trabalho e pelo Estatuto do Trabalhador Rural, aos seus empregados, quando não liquidados no prazo de 90 (noventa) dias contados das épocas próprias, ficam sujeitos a correção monetária, segundo os índices fixados trimestralmente pelo Conselho Nacional de Economia (DL. 75, de 21.11.1.966).

ABREVIATURAS

A.	acórdão
AI.	agravo de instrumento
Art.	artigo
AP.	agravo de petição
C.	código
CC.	código civil
CF.	Constituição Federal
CJ.	Conflito Jurisdição
CLT.	Consolidação das Leis do Trabalho
CPC.	Código de Processo Civil
DC.	Dissídio Coletivo
DJU.	Diário da Justiça da União
DF.	Distrito Federal
DOE.	Diário Oficial do Estado
ET.	Ementário Trabalhista
E.	Embargos
ed.	edição
ETR.	Estatuto do Trabalhador Rural
INPS.	Instituto Nacional de Previdência Social
JCJ.	Junta de Conciliação e Julgamento
JT.	Jurisprudência Trabalhista
LTr.	Legislação do Trabalho
MS.	Mandado de segurança
Mass. Giur. Lav.	Massimario di Giurisprudenza del Lavoro
M.	Ministro
MT.	Monitor Trabalhista
n.	número
OIT.	Organização Internacional do Trabalho
Pg.	página
PJ.	Prejulgado
p.	processo
pub.	publicado

Riv. Dir. Lav.	Rivista di Diritto del Lavoro
RDS.	Revista de Direito Social
RO.	Recurso Ordinário
Rev. For.	Revista Forense
RT.	Revista do Trabalho
RJT.	Repertório de Jurisprudência Trabalhista.
RTST	Revista do Tribunal Superior do Trabalho
STF.	Supremo Tribunal Federal
S.	súmula
T.	turma
TP.	Tribunal Pleno
Tit.	título
TIC.	Trabalho, Indústria e Comércio
TRT.	Tribunal Regional do Trabalho
TSS.	Trabalho e Seguro Social
TST.	Tribunal Superior do Trabalho
u.	unânime
v.	volume

ÍNDICE ALFABÉTICO

ACIDENTE
— danos — pg. 146
— diárias e auxílio-enfermidade — pg. 331
— do trabalho — pg. 332

AÇÕES DA EMPRÊSA
— pg. 80

ADIANTAMENTOS
— incidência de juros — pg. 140
— vencimento antecipado — pg. 140

ADICIONAIS
— cômputo nas horas extras — pgs. 258, 261
— cumulação de adicionais — pg. 261
— natureza jurídica — pg. 249
— repouso semanal remunerado — pg. 339

ADICIONAL DE HORAS EXTRAS
— comissionistas — pg. 262
— compensação de horas — pg. 253
— compensação de horas da mulher — pg. 254
— contrato de trabalho — pg. 256
— engenheiros — 355
— fôrça maior — pg. 250
— fôrça maior e trabalho da mulher — pg. 258
— intervalo da jornada — pg. 264
— jornada reduzida — pg. 257
— jornalista — pg. 359
— motorista — pg. 272
— pessoal de direção — pg. 271
— prévia estipulação — pg. 254
— prorrogação ilícita da jornada — pg. 259
— recuperação de tempo — pg. 267
— salário variável — pg. 268
— serviços inadiáveis — pg. 252
— tarefeiros — pg. 265
— trabalhador rural — pg. 379
— trabalho a domicílio — pg. 269
— vendedor — pg. 263
— vigia — pg. 269
— zelador de edifício — pg. 270

ADICIONAL DE INSALUBRIDADE
— cálculo da indenização — pg. 279
— duplo fator de insalubridade — pg. 281
— início da obrigatoriedade do pagamento — pg. 279
— perícia oficial — pg. 278
— salário superior ao mínimo — pg. 278

ADICIONAL NOTURNO
— artistas — pg. 277
— hora noturna — pg. 276
— incidência — pg. 274
— jornalista — pg. 360
— porteiro de edifício de apartamento — pg. 277
— revezamento — pg. 273
— trabalhador rural — pg. 379
— vendedor — pg. 277
— vigia — pg. 275

ADICIONAL DE PERICULOSIDADE
— cumulação de adicionais — pg. 282
— empregado de pôsto de gasolina — pg. 281
— explosivos — pg. 283
— incidência — pg. 282
— indenização — pg. 281
— inflamável — pg. 283
— pessoal de escritório — pg. 284

ADICIONAL DE TRANSFERÊNCIA
— cláusula de transferência — pg. 286
— construção civil — pg. 288
— despesas de transferência — pg. 285
— incorporação no salário — pg. 284
— salário mínimo — pg. 220
— supressão — pgs. 285, 286, 289
— transferência a pedido — pg. 287
— transferência definitiva — pg. 289
— viajante — pg. 287

ADICIONAL PARA A INDÚSTRIA
— pg. 39

AFASTAMENTO — pg. 336
— de estável — pg. 344

AGENCIADOR DE PROPAGANDA
— pg. 363

AJUDA DE CUSTO
— pgs. 322, 327

ALIMENTAÇÃO
— pg. 99

ALISTAMENTO ELEITORAL
— pg. 138

ALTERAÇÃO
— de utilidade em pecúnia — pg. 92
— descontos de aluguel de casa — pg. 133
— descontos de aquisição de casa — pg. 133
— de forma de pagamento — pg. 115
— de modo de pagamento — pg. 114
— de percentagens das utilidades — pg. 107

ANOTAÇÃO DE CARTEIRA PROFISSIONAL
— pg. 67

ARBITRAMENTO DE SALÁRIO
— pg. 64

ASSISTÊNCIA MÉDICA
— pg. 134

ATRASO DE PAGAMENTO DE SALÁRIO
— pg. 74

AUMENTOS SALARIAIS
— (Ver reajustamentos salariais)

AUXÍLIO-MATERNIDADE
— salário — pgs. 369 e 371
— culpa recíproca — pg. 371
— despedimento — pg. 369
— gêmeos — pg. 370
— nati-morto — pg. 371
— suspensão do contrato — pg. 373
— trabalhadora rural — pg. 384

AVISO PRÉVIO
— Pg. 69

BAIXA PRODUÇÃO
— salário mínimo — pg. 202

CARTEIRA PROFISSIONAL
— anotação — pg. 67

CARGO
— e função — pg. 235
— cumulação — pg. 67

CASAMENTO
— pg. 134

CAUÇÃO
— descontos salariais — pg. 132

CESSÃO
— de salário — pg. 160

CHEFIA
— equiparação salarial — pg. 244
— responsabilidade — pg. 145

CHUVA
— descontos salariais — pg. 139

COMISSÕES
— afastamento do empregado — pg. 302
— cessação das relações de trabalho — pg. 299
— cláusula "del credere" — pg. 296
— direito às comissões — pg. 298
— fôrça maior — pg. 301
— incidência — pg. 302
— indenização — pg. 303
— insolvência de cliente — pg. 303
— negócios desfeitos — pg. 300
— negócios ruinosos — pg. 295
— participação nos lucros — pg. 293
— prazos de pagamento — pg. 299
— redução — pg. 294
— remuneração por unidade de obra — pg. 294
— repouso semanal remunerado — pg. 339
— salário mínimo — pg. 215
— transferência de zona — pg. 297
— vendas diretas — pg. 295
— vendedor — pg. 291

COMISSIONISTA
— Adicional de horas extras — pg. 263

COMPENSAÇÃO E RETENÇÃO
— pg. 151

COMPENSAÇÃO DE HORAS
— adicional — pg. 253
— salário de mulher — pg. 254
— salário do menor — pg. 368

CONCORDATA
— pgs. 185 e 186
— salário em dôbro — pg. 186

CONCURSO DE CREDORES
— pg. 184

CRÉDITO PRIVILEGIADO
— concurso de credores — pg. 184
— falência — pg. 182

CONTA CORRENTE
— pg. 79

CONSTRUÇÃO CIVIL
— adicional de transferência — pg. 288
— utilidade-habitação — pg. 105

CONTESTAÇÃO GERAL
— salário em dôbro — pg. 180

CONVENÇÃO COLETIVA
— previsão de descontos — pgs. 129 e 380

CONTRATO DE EMPREITADA
— salário mínimo — pg. 211

CONTRATO DE TRABALHO
— em curso e pagamento do salário em dôbro — pg. 178
— nulo — pg. 59
— onerosidade — pg. 57

COOPERATIVA
— quotas — pg. 133

CORREÇÃO MONETÁRIA
— pg. 186

CULPA
— danos — pg. 145
— recíproca e auxílio-maternidade — pg. 371
— recíproca e décimo terceiro salário — pg. 317

DANOS
— acidentais — pgs. 142
— culposos — 145

DÉCIMO TERCEIRO SALÁRIO
— adicionais compulsórios — pg. 316
— afastamento do empregado — pg. 311
— culpa recíproca — pg. 317
— demissão — pg. 313
— despedida indireta — pg. 313
— gratificações — pg. 309
— indenização — pg. 308
— na Argentina — pg. 305
— na Itália — pg. 306
— natureza jurídica — pg. 307
— salário "in natura" — pg. 311
— salário variável — pg. 317
— trabalhador rural — pg. 312

DENTISTAS E MÉDICOS
— pg. 352

DESCONTOS
— absorção do salário — pg. 141
— alimentação — pg. 99
— alistamento eleitoral — pg. 138
— aluguel de casa — pg. 133
— aquisição de casa — pg. 133
— assistência médica — pg. 134
— casamento — pg. 134
— chefia — pg. 145
— comparecimento na Justiça do Trabalho — pg. 135
— contratos coletivos — pgs. 129 e 380
— cooperativa — pg. 133
— danos acidentais — pg. 142
— danos culposos — pg. 145
— dívidas civis e comerciais pg. 147
— dívidas para com terceiros — pg. 148
— doação de sangue — pg. 138
— estacionamento de automóvel — pg. 94
— empréstimo — pg. 148
— fôrça maior — pg. 125
— habitação — pg. 103
— limite — pg. 141
— nascimento de filho — pg. 138
— nojo — pg. 137
— paralisação em virtude de chuva — pg. 139
— vencimento antecipado — pg. 140
— prêmio de seguro de grupo — pg. 132
— previdência — pg. 141
— superveniente de utilidades — pgs. 87 e 88
— trabalhador rural — pg. 381
— utilidades — pg. 89

DESPEDIDA INDIRETA
— décimo terceiro salário — pg. 313

DIÁRIAS
— e ajuda de custo — pg. 327
— incorporação no salário — pg. 327

DIRETOR DE SOCIEDADE ANÔNIMA
— pg. 68

EMPREGADO RESERVA
— pg. 66

EMPREITADA
— pgs. 52 e 211

ENFERMIDADE
— pg. 338

EQUIPAMENTO OU VESTUÁRIO
— pg. 97

EQUIPARAÇÃO SALARIAL
— igualdade salarial — pg. 221
— assiduidade — pg. 238

- artistas e profissionais liberais - pg. 244
- chefes de departamento — pg. 244
- empregados de filiais — pg. 229
- emprêsas diferentes — pg. 226
- função e cargo — pg. 235
- horistas e tarefeiros — pg. 243
- localidades diferentes — pg 227
- interinos — pg. 230
- nacionais e estrangeiros — pg. 246
- quadro de carreira — pg. 240
- sentença normativa — pg. 236
- serventes — pg. 243
- sexo — pg. 224
- simultaneidade na prestação de serviços — pg. 233
- substituto — pg. 230
- trabalhadores rurais — pg. 243
- trabalho de igual valor — pgs. 221, 222 e 223

ESCREVENTE DE CARTÓRIO
— pg. 212

EXPERIÊNCIA
— pg. 70

FALÊNCIA
e concordata — pgs. 182 e 185
- crédito privilegiado — pg. 182
- salário do trabalhador rural — pg. 385

FALTAS AO SERVIÇO
- alistamento eleitoral — pg. 138
- casamento — pg. 134
- doação de sangue — pg. 138
- nascimento de filho — pg. 138
- nojo — pg. 137

FÉRIAS
- horistas — 344
- repouso semanal remunerado — pg. 344
- trabalhador rural — pg. 384
- tarefeiro — pg. 345
- utilidades — pg. 108

FÔRÇA MAIOR
- adicional de horas extras — pg. 250
- adicional de horas extras e o trabalho da mulher — pg. 258
- descontos — pg. 125
- redução salarial — pg. 119

FUNÇÃO E CARGO
- equiparação salarial — pg. 235

FUNCIONÁRIO MUNICIPAL
- salário mínimo — pg. 210

FUNDO DE GARANTIA DO TEMPO DE SERVIÇO
- pgs. 397 e 398

GORJETAS
- generalidades — pg. 321
- estimativa — pg. 326
- salário mínimo — pg. 325

GRATIFICAÇÃO
- contratual — pg. 306
- absorção pelo décimo terceiro salário — pg. 309
- integração no salário — pg. 319
- natalina (ver décimo terceiro salário)
- repouso semanal remunerado — pg. 342
- salário mínimo — pg. 217

GREVE
— pg. 339

HABITAÇÃO
— (Ver utilidade-habitação)

HABITAÇÃO
- coletiva — pg. 106
- descontos supervenientes — pg. 88
- obra de construção civil — pg. 105
- transferência de habitação — pg. 106
- zelador de edifício — pg. 105

HORAS EXTRAS
— (Ver adicional de horas extras)

HORAS NOTURNAS
— (Ver adicional de horas noturnas)

HONORÁRIOS
— pg. 42

IGUALDADE SALARIAL
— (Ver equiparação salarial)

INALTERABILIDADE DO SALÁRIO
— pg. 114

INDENIZAÇÃO
- remuneração base — pg. 72, 278, 280, 306, 311

INEXECUÇÃO DE SERVIÇO
— pg. 62

IRREDUTIBILIDADE SALARIAL
— pg. 117

INTERRUPÇÃO E SUSPENSÃO DO CONTRATO DE TRABALHO
— (Ver suspensão e interrupção do contrato de trabalho)

INTERVALO DA JORNADA
— adicional de horas extras — 264

JORNADA REDUZIDA
— adicional de horas extras — pg. 257
— salário mínimo — pg. 197

JORNALISTA
— adicional noturno — pg. 360
— estagiário — pg. 360
— jornada reduzida — pg. 360

JUROS
— adiantamentos — pg. 140
— salários retidos — pg. 182

MANDATO SINDICAL
— salário — pg. 336

MÉDICO
— atendimento no consultório e salário — pg. 353
— salário — pg. 352
— estagiário — pg. 353

MEDIDAS DE PROTEÇÃO DO SALÁRIO
— pg. 75

MENOR
— de 12 anos e salário — pg. 367
— de 18 anos e salário mínimo — pg. 366
— sistema de compensação de horas — pg. 368

MERCADORIAS
— e vales — pg. 80

MOEDA ESTRANGEIRA
— e salário — pg. 76

MOTORISTA
— adicional de horas extras — pg. 272

MORA SALARIAL
— configuração — pg. 168
— efeitos — pg. 170
— pagamento em dôbro — pg. 177
— purgação em audiência — pg. 175

MULHER
— auxílio-maternidade — pgs. 369, 370 371 e 373

— casada e salário — pg. 373
— fôrça maior e horas extras — pg. 258
— gestante e despedimento — pg. 369
— sistema de compensação — pg. 254

MULTA
— legitimidade — pg. 153

MUNICÍPIO
— desmembramento e salário mínimo — pg. 207

NULIDADE DO CONTRATO DE TRABALHO
— salário — pg. 59

ONEROSIDADE DO CONTRATO DE TRABALHO
— salário — pg. 57

OPORTUNIDADE DE GANHO
— pg. 61

PAGAMENTO DE SALÁRIO
— atraso — pg. 74
— conta corrente — pg. 79
— época — pg. 164
— forma — pg. 115
— horário — pg. 167
— local — pg. 161
— meio — pg. 76
— moeda estrangeira — pg. 76
— modo — pg. 114
— prova — pg. 111

PAGAMENTO EM DÔBRO
— concordata — pg. 186
— mora salarial — pg. 177
— mora salarial e contrato em curso — 178
— revelia — pg. 179
— contestação geral — pg. 180

PARALISAÇÕES
— (Ver Faltas ao Serviço)
— chuva — pg. 139
— da emprêsa — pg. 333

PARTICIPAÇÃO DO EMPREGADO NOS LUCROS DA EMPRÊSA
— generalidades — pg. 323
— e comissões — 293
— histórico — pg. 323
— modalidades — pg. 324

PENHORA
— de salário — pg. 149

PERCENTAGENS
— e comissões — pg. 291

PRÊMIO
— generalidades — pg. 322
— produção e repouso renumerado — pg. 342
— produção e salário mínimo — pg. 218
— de seguro de grupo — pg. 132
— suspensão — pg. 328

PRINCÍPIOS GERAIS SÔBRE SALÁRIO
— pg. 55

PROFESSOR
— salário — pg. 355

RACIONAMENTO DE ENERGIA ELÉTRICA
— pg. 125

RADIALISTA
— mais de um emprêgo — pg. 362
— repouso semanal remunerado — pg. 362
— trabalho gratuito — pg. 363
— viagens — pg. 362
— vídeo-tape — pg. 361

REAJUSTAMENTOS SALARIAIS
— generalidades — pg. 387
— critério legal — pgs. 388 e 391
— o aspecto da constitucionalidade — pgs. 388 e 392
— a transitoriedade da lei — pg. 389
— campo de aplicação — pg. 389
— exclusões — pg. 389
— compensações — pg. 389
— empregados admitidos após a data base — pg. 389
— antecipações salariais — pg. 389
— acôrdos salariais — pg. 389
— a lei 4.725, de 13/7/1.965 — pg. 390

RECIBO
— de salário — pg. 111

REDUÇÃO SALARIAL
— e fôrça maior — pg. 119
— prejuízos comprovados — pg. 120
— racionamento de energia elétrica — pg. 125
— redução do trabalho — pg. 121
— semana inglêsa — pg. 124
— redução sensível — pg. 123

REDUÇÃO DE COMISSÕES
— licitude — pg. 294

REMUNERAÇÃO
— conceito — pg. 23
— e salário — pg. 24

RENÚNCIA
— de salário — pg. 158
— salário mínimo — pg. 196

REPOUSO SEMANAL REMUNERADO
— comissionistas — pg. 340
— feriado que recai em domingo — pg. 339
— férias — pg. 344
— gratificações — pg. 342
— horas extras — pg. 340
— pagamento duplo — pg. 339
— prêmio-produção — pg. 342

RESERVA
— direito a salário — pg. 66

RETENÇÃO
— e compensação — pg. 151

REVELIA
— pagamento em dôbro — pg. 179

REVEZAMENTO
— adicional noturno — pg. 273

SALÁRIO
— conceito — pg. 18
— e remuneração — pg. 26
— adicional para a indústria — pg. 39
— característicos — pg. 35
— coletivo — pg. 31
— complessivo — pg. 39
— diferido — pg. 38
— de contribuição — pg. 40
— direto e indireto — pg. 36
— em sentido amplo e restrito — pg. 39
— equitativo — pg. 30
— ficto — pg. 38
— fixo — pg. 35
— garantido — pg. 30
— judicial e convencional — pg. 31
— justo — pg. 27
— legal e contratual — pg. 32
— mínimo — pgs. 46 e 189
— nominal e real — pg. 44
— peculiar e compatível — pg. 34
— profissional — pgs. 46 e 347
— simples e composto — pg. 37
— supersalário — pg. 37
— supletivo — pg. 34
— tarefa — pg. 50
— unidade de obra — pgs. 49 e 294
— unidade de obra e empreitada — pg. 52
— unidade de tempo — pg. 48
— variável — pg. 71
— vital — pg. 29
— voluntário e imperativo — pg. 33

SALÁRIO ALEATÓRIO
— pg. 63

SALÁRIO
— arbitramento — pg. 64

SALÁRIO
— componentes — pg. 56
— contrato nulo — pg. 59
— diretor de sociedade anônima — pg. 68
— descontos (ver descontos salariais)
— inexecução de serviços — pg. 62
— medidas de proteção — pg. 75
— vigência do contrato de trabalho — pg. 65
— sucessão hereditária — p. 70

SALÁRIO
— época do pagamento — pg. 164
— forma do pagamento — pg. 167
— horário do pagamento — pg. 167
— local do pagamento — pgs. 161 e 163
— modo do pagamento — pg. 76

SUSPENSÃO E INTERRUPÇÃO DO CONTRATO DE TRABALHO
— acidente de trabalho — pg. 337
— auxílio-enfermidade e diárias de acidente — pg. 337
— enfermidade — pg. 338
— férias — pgs. 344 e 345
— inquérito judicial — pg. 344
— mandato sindical — pg. 336
— paralisação da emprêsa — pg. 333
— paralisação da emprêsa por ato do Poder Público — pg. 334
— serviço militar — pg. 336
— suspensão disciplinar — 335

TÍTULOS DE CRÉDITO
— pg. 82

TRABALHADOR RURAL
— adicional de horas extras — pg. 377
— adicional noturno — pg. 376

— adicional de transferência — pg. 386
— auxílio-maternidade — pg. 384
— descontos — pgs. 380, 381 e 382
— faltas — pg. 382
— férias — 384
— menor — 366 e 367
— prazo de pagamento do salário — pg. 383
— plantação intercalar — pg. 383
— repouso semanal remunerado — pg. 384
— salário em dôbro — pg. 386
— salário e falência — pg. 385
— salário "in natura" — pg. 378
— tempo à disposição do empregador — 378

TRABALHO
— a domicílio — pgs. 71, 209 e 268
— penitenciário — pg. 71
— redução do trabalho e do salário — pg. 121

UTILIDADES
— pags. 84, 86, 87, 89, 93, 97, 99, 103, 105, 106, 107, 108, 109, 110, 206, 214, 311 e 378

VALES E MERCADORIAS
— pg. 80

VESTUÁRIO OU EQUIPAMENTO
— pg. 97

VIAJANTE
— adicional de transferência — pg. 287

VIGIA
— adicional de horas extras — pg. 269
— adicional noturno — pg. 275
— salário mínimo — pg. 212

VENDEDOR
— adicional noturno — pg. 277
— adicional de horas extras — pg. 262
— comissões — pg. 291
— alteração de zona — pg. 297